高顿财经 | 一路通关系列

GOLDEN FINANCE | YILUTONGGUANXILIE

2019年会计专业技术资格考试

# 经济法基础

## 一点一题一练

高顿财经研究院◎编著 李芳◎编

東方出版中心

图书在版编目(CIP)数据

经济法基础·一点一题一练/高顿财经研究院编著;李芳编.—上海:东方出版中心,2018.12
ISBN 978-7-5473-1403-6

Ⅰ.①经… Ⅱ.①高… ②李… Ⅲ.①经济法—中国—资格考试—自学参考资料 Ⅳ.①D922.29

中国版本图书馆CIP数据核字(2018)第295415号

策　　划　李旭　刘鑫　程静
责任编辑　曹雪敏
封面设计　天行云翼—宋晓亮

经济法基础·一点一题一练

---

出版发行:东方出版中心
地　　址:上海市仙霞路345号
电　　话:(021)62417400
邮政编码:200336
经　　销:全国新华书店
印　　刷:上海盛通时代印刷有限公司
开　　本:787×1092毫米　1/16
字　　数:1000千字
印　　张:30.75
版　　次:2018年12月第1版第1次印刷
ISBN 978-7-5473-1403-6
定　　价:68.00元

---



东方出版中心邮购部　电话:(021)52069798

# 前言

2017年会计从业资格考试正式取消。从2018年开始，初级会计资格证书事实上成为广大有志从事会计工作的人员证明自己具备相应知识和业务能力的起点“硬件”。原来暂时只想考取会计从业资格证书的百万考生直接转战初级会计职称考场，这无疑加大了初级会计资格考试的竞争性。基于我们对新考试趋势的研究，相较于之前的初级会计职称考试，未来初级会计资格考试的命题趋势是考试内容涵盖原从业考试的部分内容，试题难度会略有下降，但考核内容更全面、更细致！

现在，2019年初级会计职称复习备考正式拉开序幕。选择这套书，代表您已经顺利得到了备战的法宝；而翻开这本书，意味着您已经正式站在起跑线上！“一路通关”系列适用于备考的各个阶段。一本通，全过程，助您扫除备考中的一切障碍，“一路通关”超赞！

2019年全国会计专业技术资格考试教辅“一路通关”系列，由原会计从业资格考试和历年初级会计职称考试的专家组老师倾力打造，以多年教学经验、审题经验切实帮助考生通过初级考试为目标，对会计初级考试的所有知识点进行了精心梳理；同时结合近两年考试真题命题规律，细致全面地分析知识点，真正帮助考生掌握知识。

本系列主要包括：《初级会计实务·一点一题一练》《经济法基础·一点一题一练》《初级会计实务·考前六套卷》和《经济法基础·考前六套卷》。《一点一题一练》是编者团队在对考纲及教材仔细研究的基础上编写的。“一点”即知识点、考点，我们将按照考纲，结合教材对知识点进行讲解；“一题”即在每一知识点下增加的真题或经典例题，在此基础上设置精准到位的解析，帮助考生巩固新知，强化逻辑；“一练”即在章节结束后提供与真题同等难度的模拟题作为练习，题型全覆盖，让考生提前掌握考试逻辑。《考前六套卷》是编者团队根据多年研究真题的经验，为考生精心准备的六套模拟题。精心打磨的题目、详细精准的答案解析，是助您一路通关的必备武器！

全书主要结构以及使用方法如下：

**考情分析。**依据最新考纲、结合新教材，帮助考生系统梳理该章考点分布、权重和考试形式。

**知识点精讲。**2019年是初级会计考试改革第二年，在此模块中，本套书仍将会计从业考试和初级会计职称考试内容相结合，依据考情分析，具体讲解该章节知识点，然后以真题解析对知识点讲解到位，以“专家一对一”的栏目对重、难知识点进行归纳、整理、区分，帮助考生实现看完一点就掌握一点。“专家一点通”则是在每节学习结束后对本节及相关易错易混点进行梳理、归纳、总结，多以表格形式呈现，方便考生辨析记忆。

**知识图谱。**在每节的一轮学习结束后，我们的专家老师将以思维导图的形式，为考生绘制该节的知识图谱，帮助考生及时检测、记忆，更好地梳理学习逻辑。我们追求的不仅仅是通过考试，而且还要让考生真正拥有“会计”的逻辑。

**节节测、章章练。**初级考试要想过，章节练习别错过！本套书每个知识点都配有专项习题。除了知识点精讲中出现的经典例题和真题，本书在每节、每章后都配有大量难度层次鲜明的习题，将四大题型全覆盖，帮助考生提前适应考试，做到轻松自信上考场。

**富媒体。**独自备战总是显得有些寂寞，遇到一些复杂知识点，也许绞尽脑汁也无法理解。疑难点的掌握总是不那么容易，我们为此还特别邀请名师进行重点讲解，扫扫二维码就能观看课程视频。

最后，衷心祝愿广大考生在备考过程中一切顺利，一路通关！

本书编写组

2018年11月

# 目录

## 第五章　所得税法律制度



## 第六章　其他税收法律制度



## 第七章　税收征收管理法律制度



## 第八章　劳动合同与社会保险法律制度



CONTENTS

# 01

# 第一章 总论

# 精准考点　提前了解

考情早知道 P3

法的本质 P3

法律关系的要素 P4

诉讼时效的中止 P20

行政复议概念 P23

诉讼时效的中止与中断总结 P29

行政责任 P34

法律责任归纳 P35

# 考情早知道

## 【考情分析】

本章预计分值为10分左右，易考单选题、多选题、判断题等题型，尤其是“法律关系的要素、法律事实的分类、仲裁、诉讼管辖与诉讼时效”等内容易以小案例形式进行考核，需要准确理解并灵活运用。

## 【考题形式及重要程度】

| 节 次 | 考试题型 | 重要程度 |
|---|---|---|
| 第一节 法律基础 | 单选、多选、判断 | ★★ |
| 第二节 经济纠纷的解决途径 | 单选、多选、判断 | ★★ |
| 第三节 法律责任 | 单选、多选、判断 | ★ |

# 第一节 法律基础

## 一、法和法律

（一）法和法律的概念（★）

1.法的概念。

法是由国家制定或认可，以权利义务为主要内容，由国家强制力保证实施的社会行为规范及其相应的规范性文件的总称。

【例题·判断题】法律是以行为关系为调整对象的规范。（ ）
【答案】正确。
【解析】道德规范调整人们的内心世界，法律调整人们的行为。

2.法律的概念。

广义的法律，是指法的整体；狭义的法律是指享有国家立法权的国家机关（在我国，是指全国人民代表大会及其常务委员会）依照法定权限和程序制定颁布的规范性文件。

（二）法的本质与特征（★★）

1.法的本质。

法是统治阶级的国家意志的体现。

（1）法只能是统治阶级意志的体现，不是被统治阶级意志的体现。法体现的是统治阶级的整体意志和根本利益，而不是统治阶级每个成员个人意志的简单相加。

（2）法体现的不是一般的统治阶级意志，而是统治阶级的国家意志。

（3）法不是凭空产生的，而是由统治阶级的物质生活条件决定的，是社会客观需要的反映。

2.法的特征。

（1）法是经过国家制定或认可才得以形成的规范，具有国家意志性。

（2）法凭借国家强制力保障而获得普遍遵行的效力，具有国家强制性。

（3）法是确定人们在社会关系中的权利和义务的行为规范，具有规范性。

（4）法是明确而普遍适用的规范，具有明确公开性和普遍约束性。

【例题·单选题】（2008、2009）下列关于法的本质与特征的表述中，不正确的是（ ）。
A.法是由国家制定或认可的规范
B.法是全社会成员共同意志的体现
C.法由统治阶级的物质生活条件所决定
D.法凭借国家强制力的保障获得普遍遵行的效力
【答案】B
【解析】选项B：法体现的是统治阶级的意志，而不是全社会的共同意志。

## 二、法律关系

（一）法律关系的概念（★）

法律关系是法律规范在调整人们行为的过程中所形成的权利与义务关系，即法律上的权利义务关系。

★【专家一对一】

法律关系是法律规范在调整人们行为的过程中所形成的权利义务关系，即法律上的权利义务关系。法律关系受法律调整，如婚姻关系；非法律关系不受法律调整，如同学关系、朋友关系。

（二）法律关系的要素（★★）

法律关系的三要素：法律关系的主体、法律关系的内容和法律关系的客体。

1.法律关系的主体。

（1）法律关系主体的概念

法律关系主体是指参加法律关系，享有权利、承担义务的当事人。任何一个法律关系至少要有两个主体。

（2）法律关系主体的种类

①自然人：包括中国公民、外国公民和无国籍人。

②组织：包括法人组织和非法人组织。在我国，法人分为营利法人（有限责任公司、股份有限公司等）、非营利法人（事业单位、社会团体等）和特别法人（国家机关、村民委员会、居民委员会等）。非法人组织包括个人独资企业、合伙企业、不具有法人资格的专业服务机构。

③国家：国家可以作为一个整体成为法律关系主体。

★【专家一对一】

（1）法人不是自然人，而是一种组织。法人组织与非法人组织最本质的区别在于是否承担有限责任。法人组织都是承担有限责任的，非法人组织都是承担无限或无限连带责任的。（2）法人也不等于法定代表人，法定代表人是依法代表法人行使民事权利、履行民事义务的主要负责人，如工厂的厂长、公安局的局长、学校的校长等。有时人们将单位的法定代表人称为“法人代表”或“法人”，这是一种不规范的称谓。

【例题·多选题】（2015）钱某、王某、贾某合伙购买房屋，与房地产开发商签订买卖合同，下列选项中，属于该法律关系主体的有（　　）。

A.房地产开发商　　B.钱某　　C.王某　　D.贾某

【答案】ABCD

【解析】该买卖合同法律关系的主体是钱某、王某、贾某与房地产开发商，因为享受权利、承担义务的当事人是钱某、王某、贾某与房地产开发商。

（3）法律关系的主体资格

法律关系的主体资格包括权利能力和行为能力两方面。

①权利能力是指法律关系主体能够参加某种法律关系，依法享有一定的权利和承担一定的义务的法律资格。

②行为能力是指法律关系主体能够通过自己的行为实际取得权利和履行义务的能力。

★【专家一对一】

权利能力vs行为能力

权利能力是法律关系主体能够参加某种法律关系，享有一定的权利和承担一定的义务的“资格”，公民的权利能力都是平等的，但行为能力则与个人的年龄、智力、精神健康状态有关。有行为能力必须先有权利能力，但有权利能力不一定有行为能力。比如小明7岁，奶奶送给他一块祖传宝玉。小明有权卖掉这块宝玉，因为这块宝玉已经是他的财产了，他有卖的“权利能力”，但他现在能亲自把这宝玉卖了吗？不能，因为以他的年龄和智力，他还不能识别这一行为的意义，不具备相应的“行为能力”。即使他偷偷卖了，其行为也是无效的。

自然人的民事行为能力分为完全民事行为能力、限制民事行为能力和无民事行为能力。

第一，完全民事行为能力人：是指达到法定年龄、智力健全、能够对自己行为负完全责任的自然人。18周岁以上的自然人是成年人，具有完全民事行为能力，可以独立进行民事活动，是完全民事行为能力人。16周岁以上的未成年人，以自己的劳动收入为主要生活来源的，视为完全民事行为能力人。

第二，限制民事行为能力人：是指行为能力受到一定的限制，只有部分行为能力的自然人。8周岁以上的未成年人、不能完全辨认自己行为的成年人为限制民事行为能力人。

第三，无民事行为能力人：是指完全不能以自己的行为行使权利、履行义务的公民。不满8周岁的未成年人，8周岁以上的不能辨认自己行为的未成年人，不能辨认自己行为的成年人为无民事行为能力人。

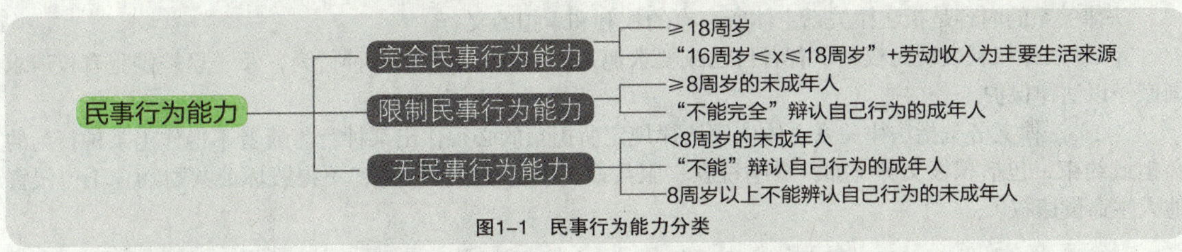


图1-1 民事行为能力分类

★【专家一对一】

“以上”包含本数，“不满”、“超过”不包含本数。

自然人的刑事责任能力可分为完全刑事责任能力、限制刑事责任能力和无刑事责任能力。

第一，完全刑事责任能力人：是指已满16周岁的人犯罪，应当负刑事责任。已满75周岁的人故意犯罪，可以从轻或减轻处罚；过失犯罪的，应当从轻或减轻处罚。间歇性精神病人在精神正常时犯罪的，应当负刑事责任。

第二，限制刑事责任能力人：是指已满14周岁不满16周岁的人，犯故意杀人、故意伤害致人重伤或死亡、强奸、抢劫、贩卖毒品、放火、爆炸、投毒罪的，应当负刑事责任。已满14周岁不满18周岁的人犯罪，应当从轻或减轻处罚。

★【专家一对一】

这8类犯罪具有暴力性、人身伤害性两大特征，而且，较之其他犯罪，未成年人更容易分辨其是否为犯罪，是否为法律所禁止。故对此8类犯罪行为，规定了较低的刑事责任年龄。

第三，无刑事责任能力人：未满14周岁的人、完全丧失辨认或控制自己行为能力的精神病人犯罪的，不负刑事责任。

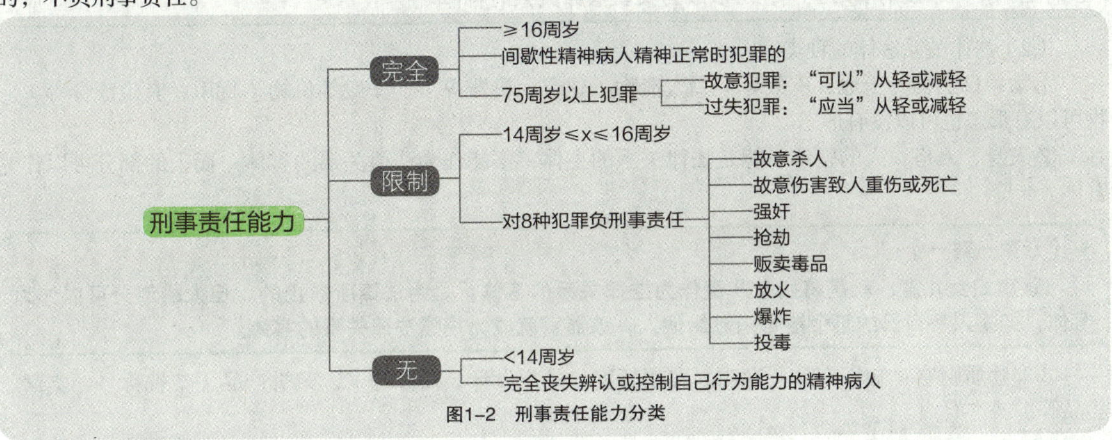


图1-2 刑事责任能力分类

【例题·多选题】（2018）下列关于自然人行为能力的表述中，正确的有（ ）。

A.14周岁的李某，以自己的劳动收入为主要生活来源，视为完全民事行为能力人

B.7周岁的王某，不能完全辨认自己的行为，是限制民事行为能力人

C.18周岁的周某，能够完全辨认自己的行为，是完全民事行为能力人

D.20周岁的赵某，完全不能辨认自己的行为，是无民事行为能力人

【答案】CD

【解析】（1）选项A：只有16周岁以上（≥16周岁）的未成年人（<18周岁），且能以自己的劳动收入为主要生活来源的，才能被“视为”完全民事行为能力人，选项A中的李某只有14周岁，以自己的劳动收入为主要生活来源，也不能被视为完全民事行为能力人，选项A错误；（2）选项B：8周岁以上（≥8周岁）的未成年人（<18周岁）或者不能完全辨认自己行为的成年人属于限制民事行为能力人，选项B中的王某只有7周岁，是无民事行为能力人，选项B错误；（3）选项C：18周岁以上（≥18周岁）属于完全民事行为能力人，选项C正确；（4）选项D：完全不能辨认自己行为的成年人属于无民事行为能力人，选项D正确。

2.法律关系的内容。

法律关系的内容是指法律关系主体所享有的权利和承担的义务。

（1）法律权利表现为权利享有者自己或要求他人作出或者不作出某种行为，及一旦被侵犯有权请求国家予以法律保护。

（2）法律义务是指法律关系主体依照法律规定所担负的必须作出某种行为或者不得作出某种行为的负担或约束，包括积极义务（如：缴纳税款、服兵役）和消极义务（如：不得毁坏公共财物、不得侵害他人生命健康权）。

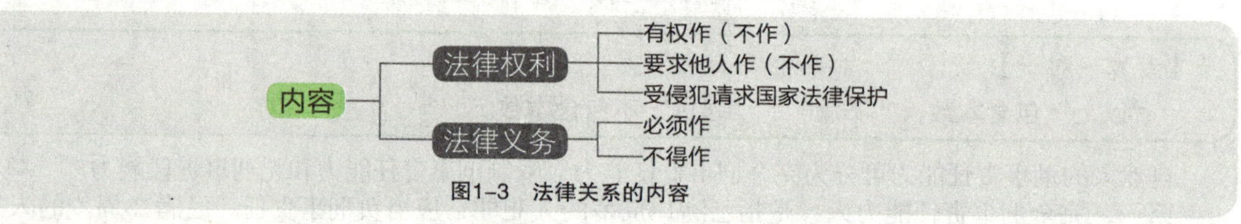

图1-3 法律关系的内容

3.法律关系的客体。

（1）法律关系客体的概念

法律关系的客体是指法律关系主体的权利义务所指向的对象。法律关系客体的内容和范围由法律规定，能成为法律关系客体应具备能为人类所控制并对人类有价值这一特征。

★【专家一对一】

（1）能否成为法律关系的客体是由法律规定的。现代社会，自然人是法律关系的主体，不能充当法律关系的客体；奴隶社会的奴隶只是法律关系的客体，是像牲口一样可以买卖的物品，不是法律关系的主体。（2）能成为法律关系客体的，应为人类所控制并对人类有价值（有一定的稀缺性），比如，阳光、空气、其他星球上的金银等无法为人类所控制，不能成为法律关系的客体。但处于特定状态的空气，如罐装的清洁空气，可以成为买卖法律关系的客体。

（2）法律关系客体的种类

①物：自然物（土地、矿藏等）、人造物（建筑、机器等）、一般等价物（货币、有价证券等）。物可以有形态也可以没有形态。

②人身、人格：人的整体只能是法律关系的主体，不能作为法律关系的客体；而人的部分可以作为客体。

★【专家一对一】

贩卖妇女儿童，就是将妇女儿童作为法律关系的客体，是为法律所禁止的。但人的部分可以作为客体，如某人将自己的某个器官捐献给他人，该器官就成为捐赠法律关系的客体。

③非物质财富：知识产品（发明、实用新型、外观设计、商标等）、荣誉产品（荣誉称号、奖章、奖品等）。

★【专家一对一】

非物质财富包括知识产品和荣誉产品。知识产品是精神形态的客体，本身不是物，但通常有物质载体。比如，张三出版一本著作，该著作是知识产品，但该著作的物质载体是书籍，书籍是物。荣誉产品是人们在社会活动中取得的荣誉，比如五一劳动奖章等。

④行为（行为结果）：生产经营行为、经济管理行为、提供一定劳务的行为、完成一定工作的行为。

【例题·多选题】（2018）下列各项中，属于法律关系的客体的有（　　）。

A.有价证券　　B.库存商品　　C.提供劳务行为　　D.智力成果

【答案】ABCD

【解析】法律关系的客体是指法律关系主体的权利义务所共同指向的对象，主要包括物、人身人格、非物质财富和行为。选项AB属于物，选项C属于行为，选项D属于非物质财富。

【例题·多选题】（2017）非物质财富可以成为法律关系的客体，下列选项中，属于非物质财富的有（　　）。

A.著作　　B.嘉奖表彰　　C.发明　　D.荣誉称号

【答案】ABCD

【解析】选项A属于知识产品；选项B属于荣誉产品；选项C属于知识产品；选项D属于荣誉产品。

## 三、法律事实

法律事实是法律关系发生、变更和消灭的直接原因。按照是否以当事人的意志为转移，法律事实分为法律事件和法律行为。

（一）法律事件（不以当事人的主观意志为转移）（★★★）

1.自然现象（绝对事件）：地震、洪水、台风、森林大火等自然灾害，或者生、老、病、死及意外事故等。

2.社会现象（相对事件）：社会革命、战争、重大政策的改变等。

（二）法律行为（以当事人的主观意志为转移）（★★★）

表1-1　法律行为分类

| 划分标准 | 内容 |
| --- | --- |
| 是否合法 | 合法行为与违法行为 |
| 表现形式 | 积极行为与消极行为 |
| 是否通过意思表示作出 | 意思表示行为 |
| | 非表示行为（拾得遗失物、发现埋藏物） |
| 主体意思表示的形式 | 单方行为（遗嘱、行政命令） |
| | 多方行为（合同） |
| 是否需要特定形式或实质要件 | 要式行为与非要式行为 |
| 主体实际参与行为的状态 | 自主行为与代理行为 |

【例题·单选题】（2018）下列各项中，属于法律行为的是（　　）。

A.爆发战争　　B.发生地震　　C.签订合同　　D.瓜熟蒂落

【答案】C

【解析】（1）选项A：战争虽然是人的行为，但战争是否爆发，爆发以后的进程如何，不是处于战争之外的人所能左右的，故爆发战争属于法律事件；（2）选项B：发生地震是不以人的意志为转移的，属于法律事件；（3）选项C：签订合同是人的有目的、有意识的活动，属于法律行为；（4）选项D：瓜熟蒂落是不以人的意志为转移的，属于法律事件。

【例题·单选题】（2016）甲公司与乙公司签订租赁合同，约定甲公司承租乙公司一台挖掘机，租期1个月，租金1万元。引起该租赁法律关系发生的法律事实是（　　）。

A.租赁的挖掘机　　B.甲公司和乙公司　　C.1万元租金　　D.签订租赁合同的行为

【答案】D

【解析】该租赁法律关系之所以发生，是因为甲公司与乙公司签订了租赁合同，是签订租赁合同的行为引起了法律关系的产生。故正确答案是选项D。

## 四、法的形式和分类

（一）法的形式（★★★）

1.我国法的主要形式。

根据创制法的国家机关、创制方式的不同，法的形式可作如下划分：

表1-2　法的主要形式

| 形式 | | 制定机关 | 名称规律 |
| --- | --- | --- | --- |
| 宪法 | | 全国人大 | |
| 法律 | 基本法律 | 全国人大 | ××法 |
| | 非基本法律 | 全国人大常委会 | |

续表

<table>
<tr><th colspan="2">形　式</th><th>制定机关</th><th>名称规律</th></tr>
<tr><td colspan="2">行政法规</td><td>国务院</td><td>××条例，<br>××法实施条例</td></tr>
<tr><td colspan="2">地方性法规<br>（自治条例和单行条例）</td><td>地方人大及其常委会</td><td>××地方××条例</td></tr>
<tr><td colspan="2">特别行政区的法</td><td>全国人大及特别行政区立法机关</td><td></td></tr>
<tr><td rowspan="2">规章</td><td>部门规章</td><td>国务院各部委等</td><td>××办法，<br>××条例实施细则</td></tr>
<tr><td>地方政府规章</td><td>地方人民政府</td><td>××地方××办法</td></tr>
<tr><td colspan="4">国际条约属于国际法，不属于国内法的范畴，但我国加入的国际条约除我国声明保留的条款外，对我国的国家机关、社会团体、事业单位和公民具有约束力</td></tr>
<tr><td colspan="4">效力排序：宪法>法律>行政法规>地方性法规>同级和下级地方政府规章</td></tr>
</table>

**【专家一对一】**

**人民法院的判决书不是我国法的形式，因为我国不实行判例法制度，法院的判决书只是一种非规范性法律文件，不能作为法的形式。比如最高人民法院公布的指导性案例，只能作为下级法院判决的参考，不能作为判决的依据。**

【例题·单选题】（2017）下列规范性文件中，属于行政法规的是（　　）。

A.国务院发布的《企业财务会计报告条例》

B.全国人民代表大会通过的《中华人民共和国民事诉讼法》

C.中国人民银行发布的《支付结算办法》

D.全国人民代表大会常务委员会通过的《中华人民共和国会计法》

【答案】A

【解析】（1）选项A属于行政法规；（2）选项BD属于法律；（3）选项C属于部门规章。

2.法律效力等级及其适用规则。

（1）上位法优于下位法

宪法 > 法律 > 行政法规 > 地方性法规 > 同级和下级地方政府规章。

（2）特别法优于一般法

特别法有规定的，适用特别法；若特别法没有规定，适用一般法。

（3）新法优于旧法

新的规定与旧的规定不一致，适用新规定。

（4）新的一般规定与旧的特殊规定不一致，按下表所述裁决：

**表1-3　法律效力适用规则**

<table>
<tr><th>情　形</th><th colspan="2">裁决机关</th></tr>
<tr><td>法律之间不一致</td><td colspan="2">全国人大常委会裁决</td></tr>
<tr><td>行政法规之间不一致</td><td colspan="2">国务院裁决</td></tr>
<tr><td>法律与行政法规不一致</td><td colspan="2">全国人大常委会裁决</td></tr>
<tr><td rowspan="4">地方性法规与规章不一致</td><td colspan="2">同一机关制定的：制定机关裁决</td></tr>
<tr><td colspan="2">部门规章之间、部门规章与地方政府规章不一致：<br>国务院裁决</td></tr>
<tr><td rowspan="2">地方性法规与部门规章之间对同一事项的规定不一致</td><td>由国务院提出意见→认为应当适用地方性法规→适用地方性法规</td></tr>
<tr><td>由国务院提出意见→认为应当适用部门规章→提请全国人大常委会裁决</td></tr>
</table>

【例题·多选题】（2017）下列关于规范性法律文件适用原则的表述中，正确的有（　　）。
A.行政法规之间对同一事项的新的一般规定与旧的特别规定不一致，不能确定如何适用时，由国务院裁决
B.根据授权制定的法规与法律不一致，不能确定如何适用时，由全国人民代表大会常务委员会裁决
C.部门规章与地方政府规章之间对同一事项的规定不一致时，由国务院裁决
D.法律之间对同一事项的新的一般规定与旧的特别规定不一致，不能确定如何适用时，由全国人民代表大会常务委员会裁决
【答案】ABCD

（二）法的分类（★★）

表1-4　法的分类

| 划分标准 | 分　类 |
|---|---|
| 法的创制方式和发布形式 | 成文法和不成文法 |
| 法的内容、效力和制定程序 | 根本法和普通法 |
| 法的内容 | 实体法和程序法 |
| 法的空间效力、时间效力或对人的效力 | 一般法和特别法 |
| 法的主体、调整对象和渊源 | 国际法和国内法 |
| 法律运用的目的 | 公法和私法 |

【例题·单选题】（2011）下列对法所作的分类中，以法的创制方式和发布形式为依据进行分类的是（　　）。
A.成文法和不成文法　B.根本法和普通法　C.实体法和程序法　D.一般法和特别法
【答案】A
【解析】（1）选项A：根据法的创制方式和发布形式为依据分为成文法和不成文法；（2）选项B：根据法的内容、效力和制定程序为依据分为根本法和普通法；（3）选项C：根据法的内容为依据分为实体法和程序法；（4）选项D：根据法的空间效力、时间效力或对人的效力为依据分为一般法和特别法。

## 五、法律部门与法律体系

（一）法律部门与法律体系的概念（★）

1.法律部门是根据一定标准和原则所划定的同类法律规范的总称。法律部门划分的标准首先是法律调整的对象。

2.一个国家现行的法律规范分类组合为若干法律部门，由这些法律部门组成的具有内在联系、相互协调的统一整体即为法律体系。

★【专家一对一】

**法律规范是构成法的最基本的单元，同类的法律规范构成法律部门，不同的法律部门构成一个国家的法律体系。**

【例题·判断题】一个国家现行的法律部门分类组合为若干法律规范，由这些法律规范组成的具有内在联系、相互协调的统一整体即为法律体系。（　　）
【答案】错误。
【解析】一个国家现行的法律规范分类组合为若干法律部门，由这些法律部门组成的具有内在联系、相互协调的统一整体即为法律体系。

（二）我国现行的法律部门与法律体系（★）

我国现行法律体系可划分为以下七大法律部门：

1.宪法及宪法相关法。

2.民商法。

3.行政法。
4.经济法。
5.社会法。
6.刑法。
7.诉讼与非诉讼程序法。

★【专家一点通】

法律事实是法律关系发生、变更或消灭的“直接”原因。比如，甲乙签订合同，则引起该合同法律关系产生的直接原因是法律行为（即双方签订合同的行为）；由于发生地震，甲乙更改合同履行的时间，则导致该法律关系发生变更的直接原因是法律事件（发生地震）；后甲乙履行合同，钱货两清，则导致该合同法律关系消灭的直接原因是法律行为（双方履行合同）。因此，法律关系的产生、变更和消灭，要么是由行为引起，要么是由事件引起。

- 法律基础
  - 法和法律
    - 法的本质：统治阶级+国家意志
    - 法的特征
      - 国家意志性
      - 国家强制性
      - 规范性
      - 明确公开性和普遍约束性
  - 法律关系
    - 主体
      - 种类：自然人+组织+国家
      - 资格
        - 权利能力
        - 行为能力
          - 完全
          - 限制
          - 无
    - 内容
      - 权利
      - 义务
    - 客体
      - 物
      - 人身、人格
      - 非物质财富
      - 法律事件
  - 法律事实
    - 法律事件
      - 绝对事件（自然现象）
      - 相对事件（社会现象）
    - 法律行为
      - 合法与违法
      - 积极与消极
      - 意思表示与非表示
      - 单方与多方
      - 要式与非要式
      - 自主与代理
  - 法律部门与法律体系
    - 法律规范—法律部门—法律体系
  - 法的形式和分类
    - 形式：宪法>法律>法规>规章
    - 分类
      - 方式：成文法与不成文法
      - 程序：根本法与普通法
      - 内容：实体法与程序法
      - 效力：一般法与特别法
      - 对象：国际法与国内法
      - 目的：公法与私法

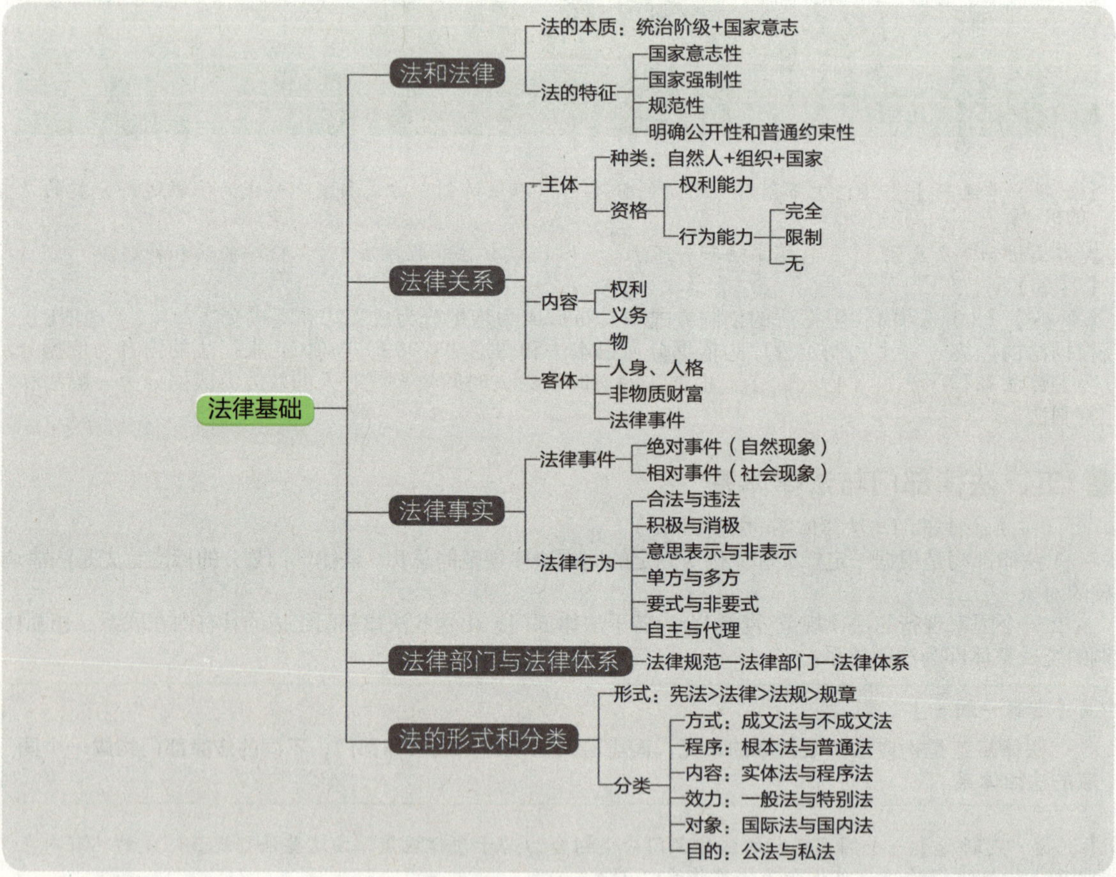

# 节节测

## 一、单项选择题

1. 法是统治阶级的国家意志的体现。以下各项中，属于对统治阶级的意志起决定作用的是（　　）。
A.全体社会成员的共同愿望
B.统治阶级的根本利益
C.统治阶级物质生活条件
D.社会生产力水平
【答案】C
【解析】法不是超阶级的，而是统治阶级国家意志的体现，这一意志的内容由统治阶级物质生活条件所决定，故正确答案是选项C。

2. 小李和小胡签订借款合同，约定小李向小胡借款1万元，两年后小李归还本金和利息共1.1万元。由此形成的法律关系的主体是（　　）。
A.借款合同　B.利息和本金1.1万元
C.借款1万元　D.签订合同的小李和小胡
【答案】D
【解析】法律关系的主体是指参加法律关系，依法享有权利和承担义务的当事人；法律关系的客体是主体的权利义务指向的对象；法律关系的内容是主体双方的权利和义务。本例中，借款合同形成的法律关系的主体是签订合同的小李和小胡，法律关系的客体是利息和本金1.1万元，法律关系的内容是小李和小胡双方各自的权利和义务。故正确答案是选项D。

3. 甲、乙双方签订一份运输大米的合同，由乙方运输甲方的一批大米。由此形成的法律关系客体是（　　）。
A.乙方运输的大米
B.甲乙双方
C.乙方运输大米的劳务行为
D.甲乙双方承担的权利和义务
【答案】C
【解析】法律关系的客体是主体的权利义务指向的对象，包括物、人身人格、非物质财富和行为。本题中，法律关系的客体是行为，即乙方运输大米这种劳务行为。

4. 下列法律事实中，属于法律事件的是（　　）。
A.纵火　B.签订合同
C.爆发战争　D.签发支票
【答案】C
【解析】（1）选项ABD：都是人有目的、有意识的活动，属于法律行为；（2）选项C：战争属于法律事件中的相对事件、社会事件。

5. 下列规范性法律文件中，属于行政法规的是（　　）。
A.财政部制定的《会计档案管理办法》
B.全国人民代表大会常务委员会制定的《中华人民共和国会计法》
C.国务院制定的《总会计师条例》
D.全国人民代表大会制定的《中华人民共和国物权法》
【答案】C
【解析】（1）选项C，行政法规是由国务院制定、发布的规范性文件，选项C属于行政法规；（2）选项A，属于部门规章；（3）选项BD，属于法律。

6. 下列各项关于适用法的效力原则的表述中，不正确的是（　　）。
A.法律之间对同一事项新的一般规定与旧的特别规定不一致，不能确定如何适用时，由全国人民代表大会常务委员会裁决
B.同一机关制定的新的一般规定与旧的特别规定不一致时，由制定机关裁决
C.部门规章与地方政府规章之间对同一事项的规定不一致时，由国务院裁决
D.地方性法规与部门规章之间对同一事项的规定不一致，不能确定如何适用时，直接提请全国人民代表大会常务委员会裁决
【答案】D
【解析】选项D，地方性法规与部门规章之间对同一事项的规定不一致，不能确定如何适用时，由国务院提出意见，国务院认为应当适用地方性法规的，应当决定在该地方适用地方性法规的规定，认为应当适用部门规章的，应当提请全国人民代表大会常务委员会裁决。

## 二、多项选择题

1. 下列关于法的本质与特征的表述中，不正确的有（　　）。
A.法是由国家制定或认可的规范
B.法是全社会成员共同意志的体现
C.法由阶级社会生产关系所决定的
D.法是确定人们在社会关系中的权利和义务的行为规范
【答案】BC
【解析】（1）选项B，法是统治阶级国家意志的体现，不是全体社会成员意志的体现；（2）选项C，法是由统治阶级的物质生活条件所决定的。

2. 下列各项中，可以成为法律关系主体的有（　　）。
A.合伙企业　B.国有企业　C.自然人　D.国家机关
【答案】ABCD

3. 根据法律关系主体能否认识自己行为的性质、意义和后果以及能否控制自己的行为并对自己的行为负责，我国将自然人划分为（　　）。
A.成年人　B.完全行为能力人
C.限制行为能力人　D.无行为能力人
【答案】BCD
【解析】根据法律关系主体能否认识自己行为的性质、意义和后果以及能否控制自己的行为并对自己的行为负责，我国将自然人划分为三类：完全行为能力人（B）、限制行为能力人（C）和无行为能力人（D）。

4. 高中生王某现年17周岁，下列关于王某行为及承担后果的表述中，正确的有（　　）。
A.王某故意伤害他人，情节严重，应承担刑事责任
B.王某故意伤害他人，情节严重，不应承担刑事责任
C.王某花5 000元到商场购买手机，其父母有权要求商场退货
D.王某花5 000元到商场购买手机，其父母无权要求

商场退货

【答案】AC

【解析】（1）选项AB，已满16周岁的人犯罪，应该承担刑事责任。王某故意伤害他人，情节严重，应承担刑事责任，故选项A正确，选项B错误；（2）选项CD，17周岁的高中生王某，属于限制民事行为能力人，只能进行与其年龄、智力相应的民事活动。王某花5 000元到商场购买手机，该行为超出了其年龄、智力的认知范围，其父母有权要求商场退货，故选项C正确，选项D错误。

5. 下列各项中，可以成为法律关系客体的有（　　）。

A.自然人　　B.发明专利
C.劳务　　D.物质资料

【答案】BCD

【解析】（1）A选项属于法律关系的主体；（2）选项BCD属于法律关系的客体。

6. 根据民事法律制度规定，下列属于法律行为的有（　　）。

A.订立合同　　B.销售货物
C.发生海啸　　D.签发支票

【答案】ABD

【解析】选项C，属于法律事件。

7. 根据法的内容，法可以分为实体法和程序法。下列属于实体法的有（　　）。

A.民法　　B.行政诉讼法
C.仲裁法　　D.企业所得税法

【答案】AD

【解析】选项BC，属于程序法。

## 三、判断题

1. 国家作为一个整体，可以成为法律关系的主体。（　　）

【答案】正确。

2. 甲、乙双方签订一份建造大型设备的合同，由甲提供主体配件和原材料，乙方提供建设服务，由此形成的法律关系客体就是乙方承建的设备。（　　）

【答案】错误。

【解析】法律关系客体是指法律主体权利和义务所共同指向的对象。甲、乙双方签订大型设备建造合同而形成的法律关系客体并不是乙方承建的设备，而是乙方的承建行为。

3. 只有合法行为才能引起法律关系的产生、变更或终止。（　　）

【答案】错误。

【解析】合法行为和违法行为都可以引起法律关系的产生、变更或终止。

4. 法律事实是法律关系发生、变更、消灭的直接原因。（　　）

【答案】正确。

5. 部门规章之间、部门规章与地方规章之间对同一事项的规定不一致时，由国务院裁决。（　　）

【答案】正确。

6. 最高人民法院的判决书是我国法的形式之一。（　　）

【答案】错误。

【解析】我国不实行判例法制度，最高人民法院的判决书只是一种非规范性法律文件，不属于法的形式。

# 第二节 经济纠纷的解决途径

## 一、经济纠纷的概念与解决途径

（一）经济纠纷的概念（★）

经济纠纷包括平等主体之间涉及经济内容的纠纷，和行政管理相对人与行政机关之间因行政管理所发生的涉及经济内容的纠纷。

★【专家一对一】

**比如，甲税务局在乙商场采购一批办公用品，此时，双方是平等的民事法律关系主体；当甲税务局检查乙商场的纳税情况时，双方之间关系就不再是平等的了，而是不平等的行政法律关系了。**

（二）经济纠纷的解决途径（★★）

经济纠纷解决途径主要有仲裁、民事诉讼、行政复议和行政诉讼。仲裁和民事诉讼主要适用于解决横向的平等主体之间的经济纠纷；行政复议和行政诉讼主要适用于解决纵向的不平等主体之间的经济纠纷。

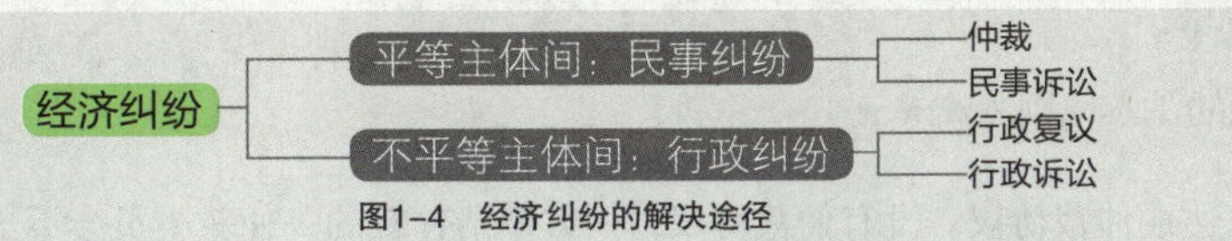


图1-4 经济纠纷的解决途径

★【专家一对一】

**仲裁和民事诉讼主要适用于平等主体的“民”与“民”之间的纠纷；行政复议和行政诉讼主要适用于不平等主体“民”与“官”之间的纠纷。**

【例题·多选题】（2015）两个公司因拖欠货款而发生纠纷，可以选择的纠纷解决方式有（　　）。

A.行政复议　　B.行政诉讼　　C.仲裁　　D.民事诉讼

【答案】CD

【解析】两个公司之间无行政隶属关系，属于平等主体，双方之间产生的纠纷，可在仲裁或者民事诉讼中选择一种。故选项CD为正确答案。

## 二、仲裁

（一）仲裁的概念和特点（★）

1.仲裁的概念。

仲裁是纠纷当事人共同选定仲裁机构，对纠纷依法定程序作出具有约束力裁决的活动。

2.仲裁的特点。

（1）仲裁以双方当事人自愿协商为基础。

（2）双方自愿选择仲裁机构。仲裁机构是民间性组织，不是国家的行政机关或司法机关，对经济纠纷案件没有强制管辖权。

（3）仲裁裁决对双方当事人都有约束力。

【例题·判断题】仲裁机构虽然是民间性组织，但仲裁裁决一旦作出，纠纷双方必须执行，否则，仲裁机构可以依法强制执行。（　　）

【答案】错误。

【解析】仲裁机构是民间性组织，不是行政机关或司法机关，对仲裁裁决没有强制执行权。一方当事人不履行裁决的，另一方当事人可以申请人民法院强制执行。

（二）仲裁的适用范围（★★★）

1.平等主体之间的合同纠纷和其他财产权益纠纷，可以仲裁。

2.下列纠纷不能仲裁：

（1）婚姻、收养、监护、扶养、继承纠纷。

（2）行政争议。

3.不适用《仲裁法》，而由别的法律调整：

（1）劳动争议。
（2）农业集体经济组织内部的农业承包合同纠纷。

★【专家一对一】

“婚姻、收养、监护、扶养、继承纠纷”不能仲裁，因为不是财产权益纠纷，而是人身类纠纷；“行政争议”不能仲裁，因为不是平等主体之间的纠纷；“劳动争议”、“农业集体经济组织内部的农业承包合同纠纷”可以仲裁，但不适用《仲裁法》，而是适用《劳动争议调解仲裁法》和《农村土地承包经营纠纷调解仲裁法》。

【例题·多选题】（2018）下列纠纷中，当事人可以提请仲裁的有（　　）。
A.王某和赵某的继承纠纷
B.张某与丙公司的商品房买卖纠纷
C.甲公司与乙公司的货物保管纠纷
D.孙某和李某的离婚纠纷
【答案】BC
【解析】（1）选项AD，虽然属于平等主体之间的纠纷，但这两类纠纷虽然涉及财产内容，但更多地具有人身性，不适用仲裁法，不能提请仲裁，可以提起民事诉讼；（2）选项BC，属于平等主体之间的财产纠纷，可以仲裁。

（三）仲裁的基本原则（★★★）

1.自愿原则。

双方自愿，达成仲裁协议。没有仲裁协议，一方申请仲裁的，仲裁委员会不予受理。即有效的仲裁协议可以排除法院的管辖权。

2.公平合理原则。

在法律没有规定或者规定不完备的情况下，仲裁庭可以按照公平合理的一般原则来解决纠纷。

3.独立仲裁原则。

仲裁机构不依附于任何机关而独立存在，仲裁依法独立进行，不受任何行政机关、社会团体和个人的干涉。

4.一裁终局原则。

仲裁裁决作出后，当事人就同一纠纷再申请仲裁或向人民法院起诉的，仲裁委员会或者人民法院不予受理。

【例题·判断题】（2015）对仲裁庭作出裁决不服时，仲裁裁决作出后，当事人可就同一纠纷再申请仲裁。（　　）
【答案】错误。
【解析】仲裁实行一裁终局原则。仲裁裁决作出后，当事人必须执行，当事人就同一纠纷再申请仲裁或向人民法院起诉的，仲裁委员会或者人民法院不予受理。

【例题·判断题】（2010）对于平等民事主体当事人之间发生的经济纠纷而言，有效的仲裁协议可排除法院的管辖权。（　　）
【答案】正确。
【解析】平等主体之间发生经济纠纷，可以在仲裁或诉讼中任选一种，当事人协商同意选择仲裁方式解决纠纷，则不能再到法院起诉，即有效的仲裁协议可排除法院的管辖权。

（四）仲裁机构（★）

仲裁机构主要是指仲裁委员会。仲裁委员会不按行政区划层层设立，仲裁委员会独立于行政机关，与行政机关没有隶属关系，仲裁委员会之间也没有隶属关系。

★【专家一对一】

仲裁委员会是“民间组织”，既不是行政机关也不是司法机关。

【例题·单选题】下列关于仲裁委员会的表述中，正确的是（　　）。
A.仲裁委员会是司法机关
B.仲裁委员会按行政区划层层设立
C.仲裁委员会独立于行政机关
D.仲裁委员会相互之间有隶属关系
【答案】C

【解析】（1）选项A，仲裁委员会是民间性组织，不是司法机关，也不是行政机关；（2）选项B，仲裁委员会根据业务需要设立，不按行政区划层层设立；（3）选项C，仲裁委员会是民间性组织，独立于行政机关；（4）选项D，仲裁委员会是民间性组织，相互之间没有隶属关系。故选项C为正确答案。

（五）仲裁协议（★★★）

1.仲裁协议的形式。

仲裁协议应以书面形式订立。口头达成仲裁的意思表示无效。

2.仲裁协议的内容。

（1）请求仲裁的意思表示。

（2）仲裁事项。

（3）选定的仲裁委员会。

仲裁协议对仲裁事项或者仲裁委员会没有约定或者约定不明确的，当事人可以补充协议；达不成补充协议的，仲裁协议无效。

★【专家一对一】

**仲裁协议对仲裁事项或者仲裁委员会没有约定或者约定不明确的，仲裁协议并不必然无效：能达成补充协议的，仲裁协议有效；达不成补充协议的，仲裁协议无效。**

3.仲裁协议的效力。

（1）仲裁协议独立存在，合同的变更、解除、终止或无效，不影响仲裁协议的效力。

（2）当事人对仲裁协议的效力有异议的，可以请求仲裁委员会作出决定或者请求法院作出裁定。一方请求仲裁委员会作出决定，另一方请求法院作出裁定的，由法院裁定。当事人对仲裁协议的效力有异议，应当在仲裁庭首次开庭前提出。

（3）当事人达成仲裁协议，一方向法院起诉未声明有仲裁协议，法院受理后，另一方在首次开庭前提交仲裁协议的，法院应当裁定驳回起诉，但仲裁协议无效的除外；另一方在首次开庭前未对法院受理该案提出异议的，视为放弃仲裁协议，法院应当继续审理。

表1-5 仲裁协议

<table>
<tr><td rowspan="9">仲裁协议</td><td>形式</td><td colspan="3">书面形式</td></tr>
<tr><td rowspan="3">内容</td><td colspan="3">请求仲裁的意思表示</td></tr>
<tr><td colspan="2">仲裁事项</td><td rowspan="2">无约定或有约定但约定不明，协议补充；达不成补充协议的，仲裁协议无效</td></tr>
<tr><td colspan="2">选定的仲裁委员会</td></tr>
<tr><td rowspan="5">效力</td><td colspan="3">仲裁协议成立即有效，不受合同变更、解除、终止或无效的影响</td></tr>
<tr><td rowspan="2">对协议效力有异议</td><td>向谁提出</td><td>可向仲裁委员会或法院提出。一方向法院提出，另一方向仲裁委员会提出，由法院裁定</td></tr>
<tr><td>何时提出</td><td>首次开庭前</td></tr>
<tr><td rowspan="2">对协议效力无异议却向法院起诉</td><td>首次开庭前提出异议</td><td>法院驳回起诉</td></tr>
<tr><td>首次开庭前未提出异议</td><td>视为双方放弃仲裁协议，法院继续审理</td></tr>
</table>

【例题·单选题】（2009）甲、乙因买卖货物发生合同纠纷，甲向法院提起诉讼。开庭审理时，乙提出双方签有仲裁协议，应通过仲裁方式解决。对该案件的下列处理方式中，符合法律规定的是（ ）。

A.仲裁协议有效，法院驳回甲的起诉

B.仲裁协议无效，法院继续审理

C.由甲、乙协商确定纠纷的解决方式

D.视为甲、乙已放弃仲裁协议，法院继续审理

【答案】D

【解析】当事人达成仲裁协议，一方向法院起诉未声明有仲裁协议，法院受理后，另一方在首次开庭前提交仲裁协议的，法院应当裁定驳回起诉。另一方在首次开庭“前”未对法院受理该案提出异议的，视为放弃仲裁协议，法院应当继续审理。本案中，甲向法院提起诉讼，乙应当在首次开庭前提交仲裁协议，但乙是在法院开庭审理时，才提出双方签有仲裁协议，因此，甲乙双方签订的仲裁协议有效，但视为双方放弃仲裁协议，法院应当继续审理。故选项D为正确答案。

（六）仲裁裁决（★★★）

1.仲裁机构的选定。

仲裁不实行级别管辖和地域管辖，由当事人协议选定仲裁委员会。

2.仲裁庭的组成。

仲裁庭由3名或者1名仲裁员组成。

（1）当事人约定由3名仲裁员组成仲裁庭的，应当各自选定或者各自委托仲裁委员会主任指定1名仲裁员，第3名仲裁员由当事人共同选定或者共同委托仲裁委员会主任指定，第3名仲裁员为首席仲裁员。

（2）当事人约定由1名仲裁员成立仲裁庭的，应当由当事人共同选定或者共同委托仲裁委员会主任指定。

3.回避制度。

（1）是本案当事人，或者当事人、代理人的近亲属。

（2）与本案有利害关系。

（3）与本案当事人、代理人有其他关系，可能影响公正仲裁的。

（4）私自会见当事人、代理人，或者接受当事人、代理人的请客送礼的。

4.仲裁应开庭进行。当事人协议不开庭的，仲裁庭可以根据仲裁申请书、答辩书以及其他材料作出裁决。

5.仲裁不公开进行。当事人协议公开的，可以公开进行，但涉及国家秘密的除外。

★【专家一对一】

开庭不等于公开。开庭是指仲裁庭在双方当事人到庭的情况下审理和裁决案件；公开是指允许旁听。

6.仲裁的和解。当事人申请仲裁后，可以自行和解。达成和解协议的，可以请求仲裁庭根据和解协议作出裁决书，也可以撤回仲裁申请。当事人达成和解协议，撤回仲裁申请后又反悔的，可以根据仲裁协议申请仲裁。

7.仲裁的调解。

（1）仲裁庭在作出裁决前，可以先行调解。当事人自愿调解的，仲裁庭应当调解。调解不成的，仲裁庭应当及时作出裁决。调解达成协议的，仲裁庭应当制作调解书或者根据协议的结果制作裁决书，调解书与裁决书具有同等的法律效力。

（2）调解书经双方当事人签收后，即发生法律效力。在调解书签收前当事人反悔的，仲裁庭应当及时作出裁决。

8.仲裁裁决。

（1）裁决应当按照多数仲裁员的意见作出。

（2）仲裁庭不能形成多数意见时，裁决应当按照首席仲裁员的意见作出。

★【专家一对一】

由3名仲裁员组成的仲裁庭，依照下列三种情形裁决：（1）3名仲裁员意见一致，即3：0，则按照一致意见裁决；（2）2名仲裁员持相同意见，另1名仲裁员持另一种意见，即2：1，则按照多数意见裁决；（3）3名仲裁员的意见都不相同，即1：1：1，则按照首席仲裁员的意见裁决。

（3）裁决书自作出之日起发生法律效力。

9.履行裁决及强制执行。

（1）仲裁裁决作出后，当事人应当履行裁决。

（2）一方当事人不履行的，另一方当事人可向人民法院申请执行。

【例题·多选题】（2011）下列关于仲裁审理的表述中，符合仲裁法律制度规定的有（　　）。

A.除当事人协议外，仲裁开庭进行　　B.仲裁员不实行回避制度

C.当事人可以自行和解　　D.仲裁庭可以进行调解

【答案】ACD

【解析】选项B：仲裁员实行回避制度，当事人对有可能影响公正裁决的仲裁员，有权申请其回避，故选项B错误。

【例题·多选题】（2010）甲、乙因合同纠纷申请仲裁，仲裁庭对案件裁决未能形成一致意见，关于该案件仲裁裁决的下列表述中，符合法律规定的有（　　）。

A.应当按照多数仲裁员的意见作出裁决
B.应当由仲裁庭达成一致意见作出裁决
C.仲裁庭不能形成多数意见时，按照首席仲裁员的意见作出裁决
D.仲裁庭不能形成一致意见时，提请仲裁委员会作出裁决
【答案】AC
【解析】仲裁庭对案件裁决未能形成一致意见，则可能是2：1或者1：1：1。当2：1时，表示形成了多数意见，按照多数意见作出裁决；当1：1：1时，表示未能形成多数意见，按照首席仲裁员的意见作出裁决。故选项AC表述正确。

## 三、民事诉讼

（一）民事诉讼的适用范围（★★）

平等主体之间因财产关系和人身关系发生的下列纠纷，可以提起民事诉讼。
1.因民法、婚姻法、继承法等调整的平等主体之间财产关系和人身关系发生的案件。
2.因经济法、劳动法调整的社会关系发生的争议。
3.适用特别程序审理的选民资格案件和宣告公民失踪、死亡等非诉案件。
4.按照督促程序解决的债务案件。
5.按照公示催告程序解决的宣告票据等无效的案件。

【例题·多选题】（2011）下列选项中，适用《民事诉讼法》的有（　　）。
A.公民名誉权纠纷案件
B.企业与银行因票据纠纷提起诉讼的案件
C.纳税人与税务机关因税收征纳争议提起诉讼的案件
D.劳动者与用人单位因劳动合同纠纷提起诉讼的案件
【答案】ABD
【解析】（1）选项ABD，属于平等主体之间因财产关系和人身关系发生纠纷，可以提起民事诉讼。（2）选项C，属于行政争议纠纷，不适用《民事诉讼法》，而是适用行政复议或行政诉讼法。

（二）审判制度（★★★）

1.合议制度。
（1）由3名以上审判人员组成审判组织。
（2）第一审民事案件，除适用简易程序、特别程序、督促程序、公示催告程序由审判员一人独任审理外，一律由审判员、陪审员组成合议庭或者由审判员组成合议庭。
（3）第二审民事案件，由审判员组成合议庭。
（4）合议庭的成员应当是3人以上的单数。
2.回避制度。
（1）审判人员、书记员、翻译人员、鉴定人、勘验人适用回避制度，证人不适用回避制度。
（2）申请回避可以书面提出，也可以口头提出。
3.公开审判制度。
（1）法院审理民事或行政案件，除涉及国家机密、个人隐私或者法律另有规定的以外，应当公开进行。
（2）离婚案件、涉及商业秘密的案件当事人申请不公开审理的，可以不公开审理。
（3）公开审判包括审判过程公开和审判结果公开两项内容，不论案件是否公开审理，一律公开宣告判决。
4.两审终审制度。
一个诉讼案件最多经过两级法院审判即告终结。
（1）四级法院：最高人民法院、高级人民法院、中级人民法院、基层人民法院。
（2）二审法院的判决、裁定是终审判决、裁定。
（3）两审终审制的例外：一审终审。
①适用特别程序、督促程序、公示催告程序和简易程序中的小额诉讼程序审理的案件；
②最高人民法院所作的一审判决、裁定。
（4）审判监督程序。
对终审判决、裁定，当事人不得上诉，如果发现终审判决确有错误，可以通过审判监督程序纠正。

【例题·判断题】（2018）对终审民事判决，当事人不得上诉。（　　）
【答案】正确。

【例题·多选题】（2012）关于民事诉讼与仲裁法律制度相关内容的下列表述中，正确的有（　　）。
A.民事经济纠纷实行或裁或审制度
B.民事诉讼与仲裁均实行回避制度
C.民事诉讼实行两审终审制度，仲裁实行一裁终局制度
D.民事诉讼实行公开审判制度，仲裁不公开进行
【答案】ABCD
【解析】（1）选项A：民事经济纠纷实行或裁或审制度，当事人在仲裁或民事诉讼中只能选择一种；（2）选项B：无论是民事诉讼还是仲裁，只要有可能影响纠纷公正审理或裁决的，均可以申请回避；（3）选项C：民事诉讼实行两审终审制度，一个案件最多经过两级法院审判即告终结，仲裁实行一裁终局制度，仲裁庭作出的裁决是终局裁决；（4）选项D：民事诉讼除涉及国家秘密、个人隐私或法律另有规定的以外，应当公开进行；仲裁不公开进行，当事人协议公开的，可以公开进行。故选项ABCD表述正确。

（三）诉讼管辖（★★★）

1.级别管辖。

根据案件性质、案情繁简、影响范围，来确定上、下级法院受理第一审案件的分工和权限。大多数民事案件均归基层法院管辖。

★【专家一对一】

基层人民法院是指区县级法院。

2.地域管辖。

（1）一般地域管辖（普通管辖）

按照当事人所在地与法院辖区的隶属关系来确定案件管辖法院。

①一般情况：原告就被告原则

由被告住所地人民法院管辖；被告住所地与经常居住地不一致的，由经常居住地人民法院管辖。

★【专家一对一】

实行原告就被告原则，有利于人民法院行使管辖权，有利于其调查取证，也有利于防止原告滥用起诉权。

②特殊情况：被告就原告原则

对不在中国境内居住的人和对下落不明或宣告失踪的人提起的有关身份关系的民事诉讼，对被采取强制性教育措施或者被监禁的人提起民事诉讼，由原告住所地人民法院管辖。

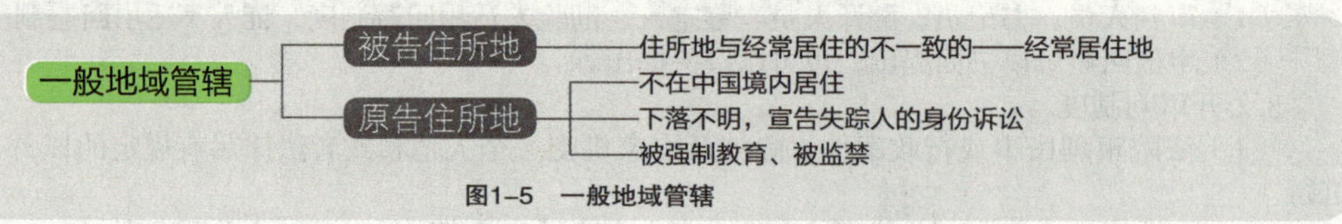


图1-5　一般地域管辖

（2）特殊地域管辖（特别管辖）

①合同纠纷，由被告住所地或合同履行地法院管辖。
②保险纠纷，由被告住所地或保险标的物所在地法院管辖。
③票据纠纷，由被告住所地或票据支付地法院管辖。
④公司设立、确认股东资格、分配利润、解散等纠纷，由公司所在地法院管辖。
⑤运输纠纷，由运输始发地、运输目的地、被告住所地法院管辖。
⑥侵权纠纷，由侵权行为地（侵权行为实施地、侵权结果发生地）或被告住所地法院管辖。
⑦铁路、公路、水上和航空事故，由事故发生地、车辆船舶最先到达地、航空器最先降落地、被告住所地法院管辖。
⑧船舶碰撞、海损事故，由碰撞发生地、碰撞船舶最先达到地、加害船舶被扣留地、被告住所地法院管辖。
⑨海难救助，由救助地或被救助船舶最先达到地法院管辖。

⑩共同海损，由船舶最先达到地、共同海损理算地、航程终止地法院管辖。

★【专家一对一】

**特殊地域管辖主要根据“诉讼标的所在地、法律事实所在地”为标准确定管辖法院，且大多特殊管辖不排除一般管辖，即仍然遵循一般地域管辖的“原告就被告”管辖原则。**

（3）专属管辖

法律强制规定某类案件必须由特定的法院管辖，其他法院无权管辖，当事人也不得协议变更的管辖。

①因不动产纠纷提起的诉讼，由不动产所在地人民法院管辖。

农村土地承包经营合同纠纷、房屋租赁合同纠纷、建设工程施工合同纠纷、政策性房屋买卖合同纠纷，按照不动产纠纷确定管辖。

政策性房屋买卖纠纷之外的商品房买卖纠纷不按照不动产纠纷确定管辖。

②因港口作业中发生纠纷提起的诉讼，由港口所在地人民法院管辖。

③因继承遗产纠纷提起的诉讼，由被继承人死亡时住所地人民法院或主要遗产所在地人民法院管辖。

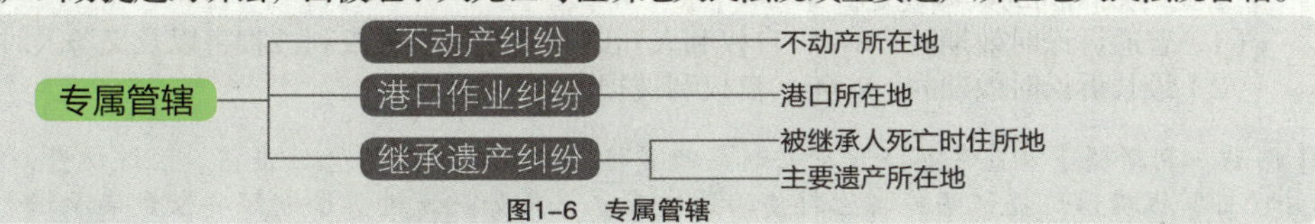


图1-6 专属管辖

（4）协议管辖。

①可协议的纠纷类型

合同纠纷或者其他财产权益纠纷。

②可协议的管辖法院

被告住所地、合同履行地、合同签订地、原告住所地、标的物所在地等与争议有实际联系的地点。

③协议管辖排除普通管辖和特别管辖，以协议约定为准，但不得违反《民事诉讼法》对级别管辖和专属管辖的规定。

（5）共同管辖（选择管辖）

两个以上人民法院都有管辖权的诉讼，原告可以向其中一个人民法院起诉；原告向两个以上有管辖权的人民法院起诉的，由最先立案的人民法院管辖。

【例题·多选题】北京的甲公司和长沙的乙公司于2018年4月1日在上海签订一项买卖合同。合同约定，甲公司向乙公司提供一批货物，双方应于2018年4月10日在厦门交货并付款。双方就合同纠纷管辖权未作约定。其后，甲公司依约交货，但乙公司拒绝付款。经交涉无效，甲公司准备对乙公司提起诉讼。根据《民事诉讼法》的规定，下列各地方的人民法院中，对甲公司拟提起的诉讼有管辖权的有（ ）。

A.北京　　B.长沙　　C.上海　　D.厦门

【答案】BD

【解析】因合同纠纷提起的诉讼，当事人对管辖权未作约定的，由被告住所地（长沙）或者合同履行地（厦门）的人民法院管辖。

（四）诉讼时效（★★★）

1.诉讼时效的概念。

诉讼时效，是指权利人在法定期间内不行使权利而失去诉讼保护的制度。

（1）诉讼时效期间届满，权利人丧失的是胜诉权，实体权利和起诉权并不丧失。

★【专家一对一】

**规定诉讼时效的目的在于督促当事人及时行使权利，以免当事人之间的债权债务关系长期处于悬而未决状态。诉讼时效期满后，权利人仍然享有起诉权和实体权利，但丧失胜诉权。比如，甲欠乙10万元货款，诉讼时效期满后，乙仍有权向法院起诉，法院应该受理。但如果乙起诉后，甲以超过诉讼时效为由主张诉讼时效抗辩的，法院审查确认后，会以超过了诉讼时效期限为由驳回乙的起诉，即乙丧失胜诉权。如果诉讼时效期满后，甲主动归还货款，乙有权接受，甲事后不得以诉讼时效届满为由主张还款行为无效，即乙的实体权利并未消灭。**

（2）诉讼时效的期间、计算方法以及中止、中断的事由由法律规定，当事人约定无效。

★【专家一对一】

比如，甲、乙在买卖合同中约定："买受人乙到期不支付货款，出卖人在任何时候都可以主张债权，不受诉讼时效的限制。"这种约定是无效的。

（3）人民法院不得主动适用诉讼时效的规定

★【专家一对一】

诉讼时效期满后，权利人起诉的，义务人如果不知道诉讼时效已经期满，法院应该"装傻"，不应当主动适用诉讼时效驳回权利人的起诉，也不能主动告诉义务人说诉讼时效期满了。即法院只有在被告主张诉讼时效抗辩的情况下，才可以被动适用诉讼时效的规定。因为，是否主张诉讼时效，是当事人意思自治的范围。法院如果主动适用诉讼时效，无异于鼓励和提醒义务人逃避债务，有违诚实信用的基本原则。

2.诉讼时效期间的具体规定。

（1）普通诉讼时效期间：3年，自权利人知道或者应当知道权利被损害以及义务人时起计算。

（2）最长诉讼时效期间：20年，自权利被损害之日起计算。

【例题·判断题】2015年2月8日夜，赵某回家路上被人用木棍从背后击伤。经过访查，赵某于2015年4月10日掌握确凿证据证明将自己打伤的是钱某。赵某如果通过诉讼途径要求钱某承担责任的话，则应该于2018年2月8日之前提起诉讼。（ ）

【答案】错误。

【解析】2015年4月10日赵某才知道打伤自己的是钱某，即此时才知道义务人，故诉讼时效期间应该从2015年4月10日计算，往后推延3年是2018年4月10日，赵某应该在2018年4月10日提起诉讼，题干表述错误。

3.诉讼时效的中止。

（1）在诉讼时效期间的最后6个月内，因客观原因导致权利人不能行使请求权的，诉讼时效期间中止。从中止时效的原因消除之日起满6个月，诉讼时效期间届满。

（2）导致诉讼时效中止的法定障碍

①不可抗力；

②无民事行为能力人或者限制民事行为能力人没有法定代理人，或者法定代理人死亡、丧失民事行为能力、丧失代理权；

③继承开始后未确定继承人或遗产管理人；

④权利人被义务人或者其他人控制。

★【专家一对一】

在诉讼时效期间的最后6个月以前发生法定事由，到最后6个月开始时法定事由已消除的，则不能导致诉讼时效中止。该事由到最后6个月开始时仍然存在，则应从最后6个月开始时中止诉讼时效，直到该障碍消除。

【例题·多选题】（2018）根据民事法律制度的规定，在诉讼时效期间最后6个月内，造成权利人不能行使请求权的下列情形中，可以导致诉讼时效中止的有（ ）。

A.继承开始后未确定继承人或者遗产管理人

B.不可抗力

C.限制民事行为能力人的法定代理人丧失民事行为能力

D.无民事行为能力人没有法定代理人

【答案】ABCD

【解析】诉讼时效期间的中止事由主要是客观原因导致不能行使请求权，包括：继承开始后未确定继承人或者遗产管理人（选项A）；不可抗力（选项B）；无民事行为能力人或者限制民事行为能力人没有法定代理人，或者法定代理人死亡、丧失民事行为能力、丧失代理权（选项C、D）；权利人被义务人或者其他人控制；其他导致权利人不能行使请求权的障碍。

4.诉讼时效的中断。

（1）在诉讼时效期间，发生法定事由，而使已经经过的时效期间全部归于无效。从中断、有关程序终结时起，诉讼时效期间重新计算。

（2）导致诉讼时效中断的法定事由

①权利人向义务人提出履行请求；

②义务人同意履行义务；

③权利人提起诉讼或者申请仲裁；

④与提起诉讼或者申请仲裁有同等效力的其他情形。

★【专家一对一】

“客观原因”导致“中止”——暂停；“主观原因”导致“中断”——复位。

【例题·多选题】张三借款10万给李四用于生意周转，李四逾期未还款。在诉讼时效期内，下列属于可导致诉讼时效中断的情形有（　　）。

A.张三请求李四还款

B.李四同意还款

C.张三向法院起诉李四

D.李四死亡尚未确定继承人

【答案】ABC

【解析】（1）选项ABC，在诉讼时效期间，因权利人或义务人的主观原因而采取的行动可导致诉讼时效的中断，主要包括：权利人向义务人提出履行请求、义务人同意履行义务、权利人提起诉讼或者申请仲裁、与提起诉讼或者申请仲裁有同等效力的其他情形。故选项ABC表述正确。（2）选项D，属于可以导致诉讼时效中止的情形。

5.不适用诉讼时效的情形。

（1）请求停止侵害、排除妨碍、消除危险。

（2）不动产物权和登记的动产物权的权利人请求返还财产。

（3）请求支付抚养费、赡养费或者扶养费。

★【专家一对一】

之所以规定有些情形不适用诉讼时效，主要体现对特定当事人的生存权、财产权的保护。比如，张三侵占了李四的房屋拒不返还，如果适用诉讼时效，则不利于对李四合法财产权利的保护。再比如，基于身份关系发生的请求支付抚养费、赡养费或者扶养费，与生存权息息相关，若不支付，则往往会使对方生活没有保障，适用诉讼时效则会有害于基本人权，而不适用于诉讼时效也是法律对这类弱势群体多提供一条救济途径。

【例题·多选题】下列各项请求权中，不适用诉讼时效的有（　　）。

A.债权人张三请求借款人李四返还借款

B.商品房业主王某请求租户李某返还被占用的房屋

C.未登记的小汽车所有人张某请求返还小汽车

D.李小二请求父亲支付抚养费

【答案】BD

【解析】选项A：适用诉讼时效；选项B：属于不动产物权的权利人请求返还财产，不适用诉讼时效；选项C：登记的动产物权的权利人请求返还财产不适用诉讼时效，题目中的小汽车未登记，未登记的动产物权的权利人请求返还财产适用诉讼时效；选项D：不适用诉讼时效。故选项BD为正确答案。

（五）判决和执行（★）

1.调解。

（1）法院审理民事案件，根据当事人自愿的原则，进行调解。当事人一方或者双方坚持不愿调解的，应当及时裁判。

（2）法院审理离婚案件，应当进行调解，但不应久调不决。

（3）适用特别程序、督促程序、公示催告程序的案件，婚姻等身份关系确认案件以及其他根据案件性质不能调解的案件，不得调解。

（4）调解书经双方当事人签收后，即发生法律效力。

★【专家一对一】

“离婚案件”与“婚姻身份关系确认案件”是有区别的。离婚是指解除合法婚姻关系，法院审理离婚案件，应当进行调解；“婚姻身份关系确认”是确认双方的婚姻关系是否有效。因为婚姻、收养等身份关系要么有效要么无效，这是法律事实确认问题，而不是法律事实协商问题，因此，“婚姻身份关系确认”案件不能调解。

【例题·多选题】下列民事纠纷不得调解的有（　　）。

A.离婚案件　　B.确认婚姻关系　　C.督促程序　　D.公示催告程序

【答案】BCD

【解析】选项A：法院审理离婚案件，应当进行调解，但不应久调不决；选项B：婚姻等身份关系确认案件，不得调解；选项CD：适用特别程序、督促程序、公示催告程序的案件，不得调解。故选项BCD为正确答案。

2.判决。

（1）当事人不服地方人民法院第一审判决的，有权在判决书送达之日起15日内向上一级人民法院提起上诉。

（2）最高人民法院的判决，以及依法不准上诉或者超过上诉期没有上诉的判决是发生法律效力的判决。

（3）第二审人民法院的判决，是终审判决。

表1-6　判决

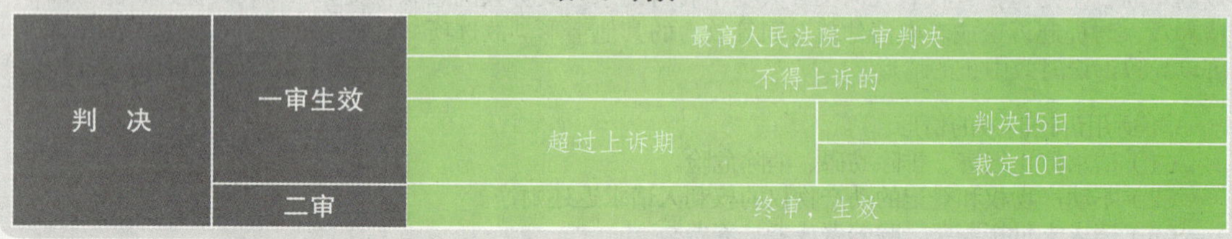

| 判决 | 一审生效 | 最高人民法院一审判决 | |
|---|---|---|---|
| | | 不得上诉的 | |
| | | 超过上诉期 | 判决15日 |
| | | | 裁定10日 |
| | 二审 | 终审，生效 | |

【例题·多选题】下列法律文书属于发生法律效力的法律文书的有（　　）。

A.送达当事人之日起经过15日的一审判决书

B.送达当事人之日起经过5日的一审裁定书

C.制作的调解书，已经由审判人员、书记员签名，并加盖了人民法院印章，当事人尚未签收

D.二审的判决书和裁定书

【答案】AD

【解析】（1）选项AB，一审判决书自送达当事人之日起15内当事人未上诉的发生法律效力，一审裁定书自送达当事人之日起10内当事人未上诉的发生法律效力，故选项A是发生法律效力的法律文书，选项B，是未发生法律效力的法律文书。（2）选项C，调解书，应由审判人员、书记员签名，并加盖人民法院印章，送达双方当事人签收后才发生法律效力，故此调解书未发生法律效力。（3）选项D，二审判决和裁定是发生法律效力的终审的判决裁定。

3.执行。

（1）发生法律效力的民事判决、裁定，当事人必须履行。一方当事人拒绝履行的，对方当事人申请法院执行，也可由审判员移送执行员执行。

（2）调解书和其他应由法院执行的法律文书，一方当事人拒绝履行的，对方当事人申请法院执行。

（3）发生法律效力的民事判决、裁定，以及刑事判决、裁定的财产部分，由第一审法院或与第一审法院同级的被执行财产所在地法院执行；其他法律文书，由被执行财产所在地法院或被执行人住所地法院执行。

表1-7　执行

| 法律文件 | 执行的发起 | 执行机关 |
|---|---|---|
| 判决、裁定（民事及刑事案件中的财产部分） | 申请执行：当事人申请法院执行 | 第一审法院或与第一审法院同级的被执行财产所在地法院 |
| | 移送执行：审判员移送执行员执行 | |
| 调解书和其他应由法院执行的法律文书 | 申请执行：当事人申请法院执行 | 被执行财产所在地法院、被执行人住所地法院 |

【例题·多选题】根据民事诉讼法律制度的规定，下列关于执行启动方式的表述中正确的有（　　）。

A.发生法律效力的民事判决、裁定，一方拒绝履行的对方当事人可以向人民法院申请执行

B.发生法律效力的民事判决、裁定一方拒绝履行的，可以由审判员移送执行员执行
C.调解书和其他应当由人民法院执行的法律文书，一方拒绝履行的，对方当事人可以向人民法院申请执行
D.调解书和其他应当由人民法院执行的法律文书，一方拒绝履行的，可以由审判员移送执行员执行
【答案】ABC
【解析】发生法律效力的民事判决、裁定可由对方当事人向人民法院申请执行，也可由审判员移送执行员执行；而调解书和其他应当由人民法院执行的法律文书，只能由对方当事人向人民法院申请执行。

## 四、行政复议

（一）行政复议范围（★）

1.行政复议概念。

行政管理相对人认为行政机关的具体行政行为侵犯其合法权益，符合《行政复议法》规定范围的，可以申请行政复议。

★【专家一对一】

**行政复议就是公民对行政机关的具体行政行为不服而提请行政机关进行复议。只能对行政机关的具体行政行为申请复议，对行政机关的抽象行政行为不能申请行政复议。凡不针对特定对象、可以反复适用的就是抽象行政行为；针对特定对象实施的就是具体行政行为。比如，上海市人民政府发布的《上海市旅游业管理办法》就是抽象行政行为，上海市旅游局依据《上海市旅游业管理办法》对旅行社作出的罚款10万元的行政处罚就是具体行政行为。**

2.可以申请行政复议的事项。

（1）对行政机关作出的警告、罚款、没收违法所得、没收非法财物、责令停产停业、暂扣或者吊销许可证、暂扣或者吊销执照、行政拘留等行政处罚决定不服的。

（2）对行政机关作出的限制人身自由或者查封、扣押、冻结财产等行政强制措施决定不服的。

（3）对行政机关作出的有关许可证、执照、资质证、资格证等证书变更、中止、撤销的决定不服的。

（4）对行政机关作出的关于确认土地、矿藏、水流、森林、山岭、草原、荒地、滩涂、海域等自然资源的所有权或者使用权的决定不服的。

（5）认为行政机关侵犯合法的经营自主权的。

（6）认为行政机关变更或者废止农业承包合同，侵犯其合法权益的。

（7）认为行政机关违法集资、征收财物、摊派费用或者违法要求履行其他义务的。

（8）认为符合法定条件，申请行政机关颁发许可证、执照、资质证、资格证等证书，或者申请行政机关审批、登记有关事项，行政机关没有依法办理的。

（9）申请行政机关履行保护人身权利、财产权利、受教育权利的法定职责，行政机关没有依法履行的。

（10）申请行政机关依法发放抚恤金、社会保险金或者最低生活保障费，行政机关没有依法发放的。

（11）认为行政机关的其他具体行政行为侵犯其合法权益的。

当事人认为行政机关的具体行政行为所依据的国务院部委和地方人民政府的规定不合法，在对具体行政行为申请行政复议时，可以一并向行政复议机关提出对该规定的审查申请。

★【专家一对一】

**可以“一并”申请附带审查的仅限于各种“规定”，不包括国务院部委和地方人民政府“规章”。**

3.行政复议的排除事项。

（1）不服行政机关作出的行政处分或者其他人事处理决定。

（2）不服行政机关对民事纠纷作出的调解或者其他处理。

★【专家一对一】

**行政复议针对行政机关对外部的行政管理相对人行使行政权而提起的，行政机关没有行使行政权或者是行政机关内部的行为，则不能提起行政复议。比如，税务局工作人员张三不服税务局的行政处分，则张三不能申请行政复议，但可以依据《公务员法》提起申诉。再比如，李四到商场购买了假货向工商**

局举报，若工商局对商场进行了行政处罚，同时，还对李四与商场之间的民事纠纷进行了调解，则商场对行政处罚不服，可以提起行政复议。商场对工商局作出的民事调解不服，不能申请行政复议，但可向人民法院提起民事诉讼。

【例题·单选题】（2017）下列各项中，属于行政复议范围的是（　　）。
A.赵某对工商局暂扣其营业执照的决定不服而引起的纠纷
B.王某对税务局将其调职到其他单位的决定不服而引起的纠纷
C.张某对交通局解除劳动合同的决定不服而引起的纠纷
D.李某对环保局给予其撤职处分决定不服而引起的纠纷
【答案】A
【解析】当事人认为行政机关的具体行政行为侵犯其合法权益，可以申请行政复议。（1）选项A：可以申请行政复议；（2）选项BD：属于内部行政行为，不能申请行政复议，也不能提起行政诉讼，可按规定提出申诉；（3）选项C：属于劳动纠纷，不适用行政复议和行政诉讼。故选项A为正确答案。

（二）行政复议的申请和受理（★）

1.申请时间：自知道该具体行政行为之日起60日内提出行政复议申请。但是法律规定的申请期限超过60日的除外。因不可抗力或者其他正当理由耽误法定申请期限的，申请期限自障碍消除之日起继续计算。

2.申请方式：可以书面申请，也可以口头申请。

3.当事人向人民法院提起行政诉讼，人民法院已经依法受理的，不得申请行政复议。

4.费用：不收费。

5.行政复议期间，具体行政行为不停止执行。

6.下列情形，具体行政行为可以停止执行：

（1）被申请人认为需要停止执行的。

（2）行政复议机关认为需要停止执行的。

（3）申请人申请停止执行，行政复议机关认为其要求合理，决定停止执行的。

（4）法律规定停止执行的。

★【专家一对一】

行政复议期间，具体行政行为是否停止执行，由行政机关决定。

【例题·单选题】下列关于行政复议的表述中，正确的是（　　）。
A.行政复议期间申请人认为具体行政行为需要停止执行的，具体行政行为可以停止执行
B.申请人申请行政复议，应当采取书面形式
C.行政复议申请人申请行政复议，需要先向行政复议机关预交行政复议费
D.申请人自知道具体行政行为之日起60日内提出行政复议申请
【答案】D
【解析】（1）选项A：行政复议期间被申请人认为具体行政行为需要停止执行的，具体行政行为可以停止执行，如果是申请人申请停止执行的，必须是行政复议机关认为其要求合理，才决定停止执行，A错误；（2）选项B：申请人申请行政复议，可以书面申请，也可以口头申请；（3）选项C：行政复议不收费。

（三）行政复议参加人和行政复议机关（★★★）

1.行政复议参加人。

行政复议参加人包括申请人、被申请人和第三人。

★【专家一对一】

行政复议参加人是指行政复议当事人以及与行政复议当事人法律地位相类似的人。行政复议参加人不包括行政复议机关。

【例题·单选题】（2013）下列各项中，不属于行政复议参加人的是（　　）。
A.申请人　　B.被申请人　　C.第三人　　D.行政复议机关
【答案】D
【解析】行政复议参加人包括申请人、被申请人和第三人。行政复议参加人不包括行政复议机关。

2.行政复议机关。

（1）对县级以上地方各级人民政府工作部门的具体行政行为不服的，由申请人选择，可以向该部门的本级人民政府申请行政复议，也可以向上一级主管部门申请行政复议。

（2）对海关、金融、外汇管理等实行垂直领导的行政机关和国家安全机关的具体行政行为不服的，向上一级主管部门申请行政复议。

（3）对地方各级人民政府的具体行政行为不服的，向上一级地方人民政府申请行政复议。对省、自治区人民政府依法设立的派出机关所属的县级地方人民政府的具体行政行为不服的，向该派出机关申请行政复议。

（4）对国务院部门或者省、自治区、直辖市人民政府的具体行政行为不服的，向作出该具体行政行为的国务院部门或者省、自治区、直辖市人民政府申请行政复议。对行政复议决定不服的，可以向人民法院提起行政诉讼；也可以向国务院申请裁决，国务院依照规定作出最终裁决。

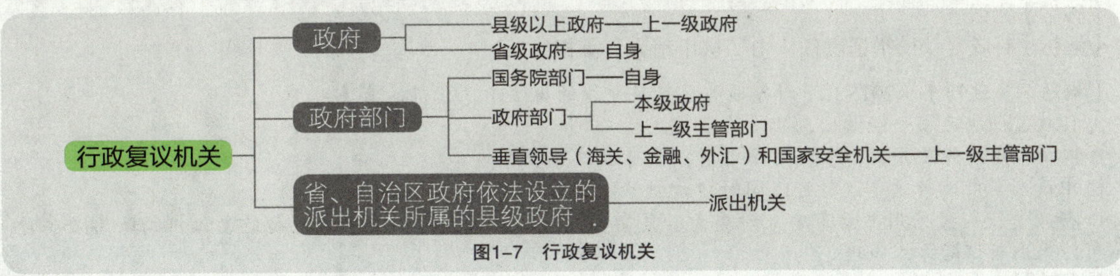


图1-7 行政复议机关

【例题·多选题】（2014）下列对行政复议机关的表述中，正确的有（ ）。

A.对地方各级人民政府的具体行政行为不服的，向上一级人民政府申请行政复议

B.对某县税务局的具体行政行为不服的，可向上一级主管部门申请行政复议

C.对国家税务总局的具体行政行为不服的，向国家税务总局申请行政复议

D.对县级以上各级人民政府工作部门的具体行政行为不服的，可以向本级人民政府申请行政复议

【答案】ABCD

（四）行政复议决定（★★）

1.方式。

行政复议原则上采取书面审查方法。

对重大、复杂的案件，申请人提出要求或者行政复议机构认为必要时可以采取听证的方式审理。与仲裁和诉讼不同，其既不开庭也不公开进行。

2.举证责任：倒置。

行政复议的举证责任，由被申请人承担。被申请人不按照法律规定提出书面答复，提交当初作出具体行政行为的证据等，视为无证据。

3.复议时间：60+30。

行政复议机关应当自受理申请之日起60日内作出行政复议决定；但是法律规定的行政复议期限少于60日的除外。情况复杂，不能在规定期限内作出行政复议决定的，经行政复议机关的负责人批准，可以适当延长，但延长期限最多不得超过30日。

4.决定种类。

（1）具体行政行为认定事实清楚，证据确凿，适用依据正确，程序合法，内容适当的，决定维持。

（2）被申请人不履行法定职责的，决定其在一定期限内履行。

（3）具体行政行为有下列情形之一的，决定撤销、变更或者确认该具体行政行为违法：

①主要事实不清、证据不足的；②适用依据错误的；③违反法定程序的；④超越或者滥用职权的；⑤具体行政行为明显不当的。

5.重新作出具体行政行为。

决定撤销或者确认该具体行政行为违法的，可以责令被申请人在一定期限内重新作出具体行政行为，责令重新作出具体行政行为的，被申请人不得以同一事实和理由，作出相同或基本相同的具体行政行为。

6.生效。

复议决定书一经送达即发生法律效力。

★【专家一对一】

**仲裁调解书“签收”后，发生法律效力；仲裁裁决书“作出”之日起发生法律效力；民事诉讼一审判决书“送达之日起15日”内不上诉生效，一审民事裁定书“送达之日起10日”内不上诉生效。**

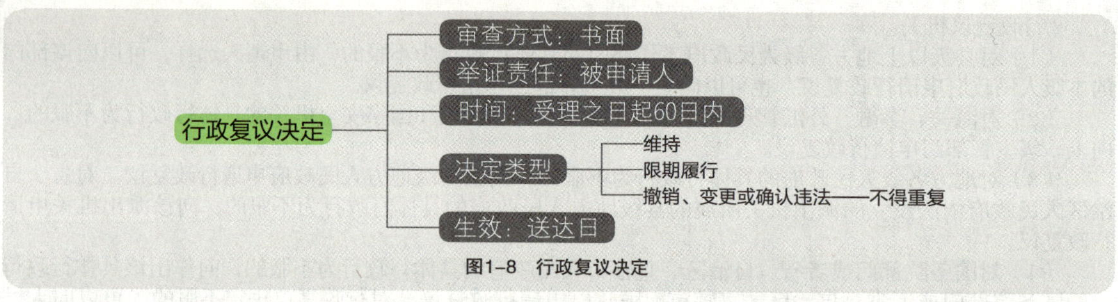

图1-8 行政复议决定

【例题·判断题】（2016）行政复议的举证责任，由申请人承担。（ ）
【答案】错误。
【解析】行政复议的举证责任，由“被申请人”承担。

【例题·多选题】（2015）下列各项关于行政复议的说法中，正确的有（ ）。
A.行政复议决定书一经做出，即发生法律效力
B.申请人申请行政复议，可以书面申请，也可以口头申请
C.申请人在申请行政复议时可以同时申请赔偿
D.行政复议一般采用书面审查，对重大、复杂的案件，申请人提出要求或者行政复议机构认为必要时可以采取听证的方式审理
【答案】BCD
【解析】选项A：复议决定书一经“送达”即发生法律效力。

## 五、行政诉讼

（一）行政诉讼的适用范围（★）

1.可以提起行政诉讼的事项。

（1）对行政拘留、暂扣或者吊销许可证和执照、责令停产停业、没收违法所得、没收非法财物、罚款、警告等行政处罚不服的。

（2）对限制人身自由或者对财产的查封、扣押、冻结等行政强制措施和行政强制执行不服的。

（3）申请行政许可，行政机关拒绝或者在法定期限内不予答复，或者对行政机关作出的有关行政许可的其他决定不服的。

（4）对行政机关作出的关于确认土地、矿藏、水流、森林、山岭、草原、荒地、滩涂、海域等自然资源的所有权或者使用权的决定不服的。

（5）对征收、征用决定及其补偿决定不服的。

（6）申请行政机关履行保护人身权、财产权等合法权益的法定职责，行政机关拒绝履行或者不予答复的。

（7）认为行政机关侵犯其经营自主权或者农村土地承包经营权、农村土地经营权的。

（8）认为行政机关滥用行政权力排除或者限制竞争的。

（9）认为行政机关违法集资、摊派费用或者违法要求履行其他义务的。

（10）认为行政机关没有依法支付抚恤金、最低生活保障待遇或者社会保险待遇的。

（11）认为行政机关不依法履行、未按照约定履行或者违法变更、解除政府特许经营协议、土地房屋征收补偿协议等协议的。

（12）认为行政机关侵犯其他人身权、财产权等合法权益的。

2.法院不受理的诉讼：

（1）国防、外交等国家行为。

（2）行政法规、规章或者行政机关制定、发布的具有普遍约束力的决定、命令。

（3）行政机关对行政机关工作人员的奖惩、任免等决定。

（4）法律规定由行政机关最终裁决的具体行政行为。

★【专家一对一】

行政诉讼与行政复议一样，都是针对行政机关对行政管理相对人行使行政权而提起的，如果行政机关不是行使行政权或者是行政机关内部的行为，则不能提起行政诉讼或行政复议。

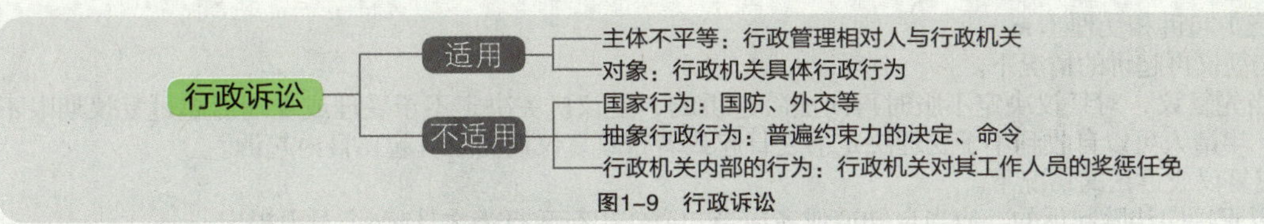

图1-9 行政诉讼

【例题·单选题】（2017）下列纠纷中，不属于人民法院行政诉讼受理范围的是（ ）。
A.对税务机关采取的阻止纳税人出境措施不服引发的纠纷
B.对公安机关作出的行政拘留决定不服引发的纠纷
C.对工商行政管理机关作出的任免决定不服引发的纠纷
D.对环境保护管理部门作出的罚款决定不服引发的纠纷
【答案】C
【解析】行政管理相对人对行政机关的具体行政行为不服可以提起行政诉讼。选项ABD：行政管理相对人对行政机关的具体行政行为不服，属于人民法院行政诉讼受理范围行政诉讼；选项C：属于行政机关对行政机关工作人员的奖惩、任免等决定，不属于人民法院行政诉讼受理范围。

（二）诉讼管辖（★）

1.级别管辖。

（1）基层人民法院管辖第一审行政案件（一般情况下）。

（2）中级人民法院管辖下列第一审行政案件：

①对国务院各部门或者县级以上地方人民政府所作的具体行政行为提起诉讼的案件；

②海关处理的案件；

③本辖区内重大、复杂的案件；

④其他。

2.地域管辖。

①行政案件由最初作出具体行政行为的行政机关所在地人民法院管辖。经行政复议的案件，也可以由复议机关所在地人民法院管辖。

②经最高人民法院批准，高级人民法院可以根据审判工作的实际情况，确定若干人民法院跨行政区域管辖行政案件。

③对限制人身自由的行政强制措施不服提起的行政诉讼案件，由被告所在地或者原告所在地人民法院管辖。

④因不动产提起的行政诉讼，由不动产所在地人民法院管辖。

表1-8 地域管辖

| | | | |
|---|---|---|---|
| 地域管辖 | 一般情况 | 未复议 | 作出行政行为的行政机关所在地 |
| | | 复议 | 作出行政行为的行政机关所在地 |
| | | | 复议机关所在地 |
| | 特殊情况 | 限制人身自由的强制措施 | 被告所在地 |
| | | | 原告所在地 |
| | | 不动产 | 不动产所在地 |
| | | 跨地区 | 经最高院批准，高院可以确定若干法院跨行政区域管辖 |

【例题·多选题】（2016）下列关于行政诉讼地域管辖的表述中，正确的有（ ）。
A.经过行政复议的行政诉讼案件，可由行政复议机关所在地人民法院管辖
B.因不动产提起的行政诉讼案件，由不动产所在地人民法院管辖
C.对限制人身自由的行政强制措施不服提起的行政诉讼案件，由被告所在地或者原告所在地人民法院管辖
D.对责令停产停业的行政处罚不服直接提起行政诉讼的案件，由作出该行政行为的行政机关所在地人民法院管辖
【答案】ABCD

（三）起诉和受理（★）

1.先复议再起诉的情况下。

应当先复议，对复议决定不服时再向法院起诉的，复议机关决定不予受理或受理后超过复议期限不作答复，申请人可以自收到不予受理决定书之日起或者行政复议期满之日起15日内起诉。

2.或复议或诉讼的情况下。

可以直接向法院起诉的，应当自知道或者应当知道作出行政行为之日起6个月内提出。

3.行政诉讼时效期间。

因不动产提起诉讼的案件自行政行为作出之日起超过20年，其他案件自行政行为作出之日起超过5年提起诉讼的，人民法院不予受理。

4.行政机关不作为的情况下。

公民、法人或其他组织申请行政机关履行保护其人身权、财产权等合法权益的法定职责，行政机关在接到申请之日起2个月内不履行的，可以起诉。紧急情况下不受该期限限制。

5.起诉形式。

起诉应当向法院递交起诉状，并按照被告人数提出副本。书写起诉状确有困难的，可以口头起诉。

6.法院受理。

法院接到起诉状，对符合条件的，应当登记立案。当场不能判定的，应在7日内决定是否立案。不符合起诉条件的，作出不予立案的裁定，裁定书应当载明不予立案的理由。原告对裁定不服的，可以提起上诉。

7.附带审查。

公民、法人或者其他组织认为行政行为所依据的国务院部门和地方人民政府及其部门制定的规范性文件不合法，在对行政行为提起诉讼时，可以一并请求对该规范性文件进行审查，但不包括规章。

表1-9 起诉和受理

<table>
<tr><td rowspan="6">起诉和受理</td><td rowspan="4">起诉期限</td><td rowspan="3">作为</td><td>知道或应知道</td><td colspan="2">6个月</td></tr>
<tr><td rowspan="2">不知道</td><td>不动产</td><td>作出日起20年</td></tr>
<tr><td>其他</td><td>作出日起5年</td></tr>
<tr><td>不作为</td><td colspan="3">接到申请日起2个月</td></tr>
<tr><td rowspan="2">起诉形式</td><td colspan="4">口头</td></tr>
<tr><td colspan="4">书面</td></tr>
</table>

【例题·多选题】下列关于行政诉讼起诉和受理的表述中，正确的有（ ）。

A.行政管理相对人直接向人民法院提起诉讼，应当自知道或者应当知道行政行为作出之日起15日内提出

B.因动产提起诉讼的案件自行政行为作出之日起超过20年，人民法院不予受理

C.行政管理相对人申请行政机关履行保护其人身权、财产权等合法权益的法定职责，行政机关在接到申请之日起2个月内不履行的，可以起诉

D.行政诉讼可以采取口头或书面形式

【答案】CD

【解析】（1）选项A：必经复议的情况下，复议机关决定不予受理或受理后超过复议期限不作答复，申请人可以自收到不予受理决定书之日起或者行政复议期满之日起15日内起诉；选择复议的情况下，公民、法人或其他组织直接向人民法院提起诉讼的，应当自知道或者应当知到作出行政行为之日起6个月内提出；（2）选项B：因不动产提起诉讼的案件自行政行为作出之日起超过20年，其他案件自行政行为作出之日起超过5年提起诉讼的，人民法院不予受理。

（四）审理和判决（★★）

1.公开审理。

人民法院公开审理行政案件，但涉及国家秘密、个人隐私和法律另有规定的除外。

涉及商业秘密的案件，当事人申请不公开审理的，可以不公开审理。

★【专家一对一】

行政诉讼和民事诉讼，应当公开审理，涉及国家秘密、个人隐私和法律另有规定的，不得公开审理，涉及“商业秘密”的，当事人申请不公开审理的，可以不公开审理。仲裁由于涉及当事人的商业秘密，不公开进行，但当事人协议公开的，可以公开。

2.回避制度。

当事人认为审判人员、书记员、翻译人员、鉴定人、勘验人与本案有利害关系或者有其他关系可能影响公正审判，有权申请上述人员回避。

3. 调解。

审理行政案件，不适用调解。但行政赔偿、补偿以及行政机关行使法律、法规规定的自由裁量权的案件可以调解。

★【专家一对一】

**行政决定不能调解，但行政案件中民事部分可以调解。**

4.审理依据。

（1）依据：以法律和行政法规、当地的地方性法规为依据。

（2）参照：以规章为参照。

5.上诉期。

（1）一审判决：判决书送达之日起15日内。

（2）一审裁定：裁定书送达之日起10日内。

【例题·多选题】（2015）下列关于人民法院审理行政案件是否适用调解的表述中，正确的有（ ）。

A.人民法院审理行政案件，不适用调解，但存在例外情况

B.人民法院审理行政赔偿的案件，可以调解

C.人民法院审理行政补偿的案件，可以调解

D.人民法院审理行政机关行使法律、法规规定的自由裁量权的案件，可以调解

【答案】ABCD

★【专家一点通】

**诉讼时效的中止vs中断**

| | | |
|---|---|---|
| 中 止 | 情形（客观原因） | 不可抗力 |
| | | 无民事行为能力人或者限制民事行为能力人没有法定代理人，或者法定代理人死亡、丧失行为能力、丧失代理权 |
| | | 继承开始后未确定继承人或者遗产管理人 |
| | | 权利人被义务人或者其他人控制 |
| | 发生时间 | 诉讼时效期间的最后6个月内 |
| | 法律效力（暂停+继续算） | 暂停 |
| | | 从中止时效的原因消除之日起，诉讼时效继续计算 |
| 中 断 | 情形（主观原因） | 权利人向义务人提出履行要求 |
| | | 义务人同意履行义务 |
| | | 权利人提起诉讼或者申请仲裁 |
| | | 与提起诉讼或者申请仲裁具有同等效力的其他情形 |
| | 发生时间 | 诉讼时效进行中 |
| | 法律效力（清零+重新算） | 清零 |
| | | 从中断、有关程序终结时起，诉讼时效期间重新计算 |

★【专家一点通】

**仲裁、民事诉讼、行政复议与行政诉讼**

| | 仲 裁 | 民事诉讼 | 行政复议 | 行政诉讼 |
|---|---|---|---|---|
| 适用范围 | 平等主体 | 平等主体 | 不平等主体 | 不平等主体 |
| 收费 | 收费 | 收费 | 不收费 | 收费 |

续表

| | 仲　裁 | 民事诉讼 | 行政复议 | 行政诉讼 |
|---|---|---|---|---|
| 审判制度 | 一裁终局 | 两审终审 | | 两审终审 |
| 合议庭 | 1人或3名人 | 3名以上单数 | | 3名以上单数 |
| 回避 | 实行回避 | 实行回避 | 实行回避 | 实行回避 |
| 开庭 | 开庭审理 | 开庭审理 | 不开庭 | 开庭审理 |
| 公开 | 不公开 | 公开 | | 公开 |
| 级别管辖 | 不实行 | 实行 | | 实行 |
| 地域管辖 | 不实行 | 实行 | | 实行 |
| 生效时间 | 调解书：签收日<br>裁决书：作出日 | 一审：判决送达15日内不上诉；一审：裁定送达10日内不上诉 | 送达 | 一审：判决送达15日内不上诉；<br>一审：裁定送达10日内不上诉 |
| 强制执行 | 法院执行 | 法院执行 | | 法院执行 |

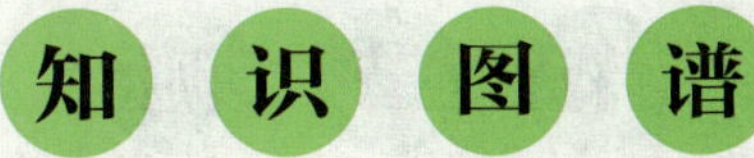

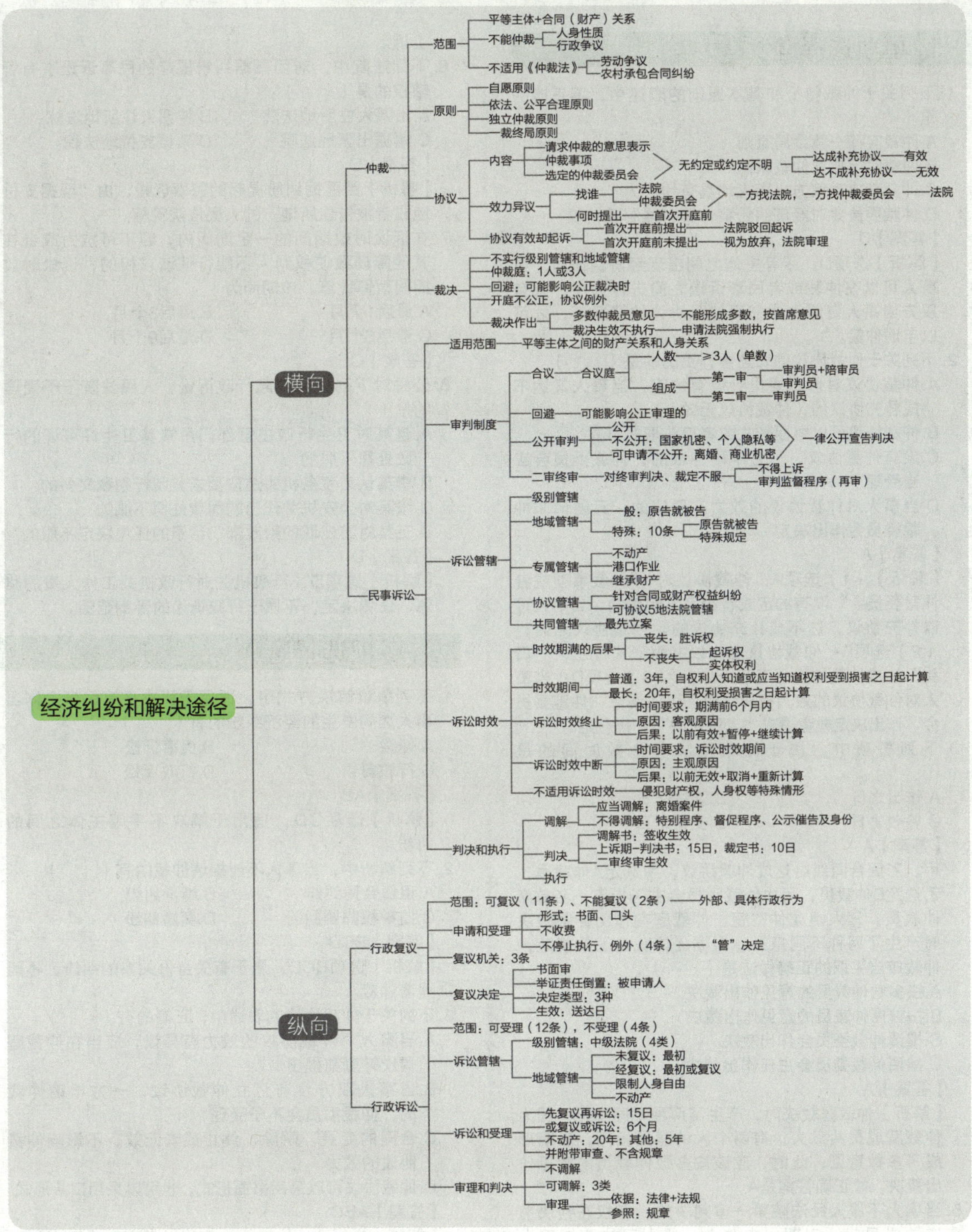

- 经济纠纷和解决途径
  - 横向
    - 仲裁
      - 范围
        - 平等主体+合同（财产）关系
        - 不能仲裁
          - 人身性质
          - 行政争议
        - 不适用《仲裁法》
          - 劳动争议
          - 农村承包合同纠纷
      - 原则
        - 自愿原则
        - 依法、公平合理原则
        - 独立仲裁原则
        - 裁终局原则
      - 协议
        - 内容
          - 请求仲裁的意思表示
          - 仲裁事项
          - 选定的仲裁委员会
          - 〉无约定或约定不明
            - 达成补充协议——有效
            - 达不成补充协议——无效
        - 效力异议
          - 找谁
            - 法院
            - 仲裁委员会
            - 〉一方找法院，一方找仲裁委员会——法院
          - 何时提出——首次开庭前
        - 协议有效却起诉
          - 首次开庭前提出——法院驳回起诉
          - 首次开庭前未提出——视为放弃，法院审理
      - 裁决
        - 不实行级别管辖和地域管辖
        - 仲裁庭：1人或3人
        - 回避：可能影响公正裁决时
        - 开庭不公正，协议例外
        - 裁决作出
          - 多数仲裁员意见——不能形成多数，按首席意见
          - 裁决生效不执行——申请法院强制执行
    - 民事诉讼
      - 适用范围——平等主体之间的财产关系和人身关系
      - 审判制度
        - 合议——合议庭
          - 人数——≥3人（单数）
          - 组成
            - 第一审
              - 审判员+陪审员
              - 审判员
            - 第二审——审判员
        - 回避——可能影响公正审理的
        - 公开审判
          - 公开
          - 不公开：国家机密、个人隐私等
          - 可申请不公开：离婚、商业机密
          - 〉一律公开宣告判决
        - 二审终审——对终审判决、裁定不服
          - 不得上诉
          - 审判监督程序（再审）
      - 诉讼管辖
        - 级别管辖
        - 地域管辖
          - 一般：原告就被告
          - 特殊：10条
            - 原告就被告
            - 特殊规定
        - 专属管辖
          - 不动产
          - 港口作业
          - 继承财产
        - 协议管辖
          - 针对合同或财产权益纠纷
          - 可协议5地法院管辖
        - 共同管辖——最先立案
      - 诉讼时效
        - 时效期满的后果
          - 丧失：胜诉权
          - 不丧失
            - 起诉权
            - 实体权利
        - 时效期间
          - 普通：3年，自权利人知道或应当知道权利受到损害之日起计算
          - 最长：20年，自权利受损害之日起计算
        - 诉讼时效终止
          - 时间要求：期满前6个月内
          - 原因：客观原因
          - 后果：以前有效+暂停+继续计算
        - 诉讼时效中断
          - 时间要求：诉讼时效期间
          - 原因：主观原因
          - 后果：以前无效+取消+重新计算
        - 不适用诉讼时效——侵犯财产权，人身权等特殊情形
      - 判决和执行
        - 调解
          - 应当调解：离婚案件
          - 不得调解：特别程序、督促程序、公示催告及身份
        - 判决
          - 调解书：签收生效
          - 上诉期—判决书：15日，裁定书：10日
          - 二审终审生效
        - 执行
  - 纵向
    - 行政复议
      - 范围：可复议（11条）、不能复议（2条）——外部、具体行政行为
      - 申请和受理
        - 形式：书面、口头
        - 不收费
        - 不停止执行、例外（4条）——“管”决定
      - 复议机关：3条
      - 复议决定
        - 书面审
        - 举证责任倒置：被申请人
        - 决定类型：3种
        - 生效：送达日
    - 行政诉讼
      - 范围：可受理（12条），不受理（4条）
      - 诉讼管辖
        - 级别管辖：中级法院（4类）
        - 地域管辖
          - 未复议：最初
          - 经复议：最初或复议
          - 限制人身自由
          - 不动产
      - 诉讼和受理
        - 先复议再诉讼：15日
        - 或复议或诉讼：6个月
        - 不动产：20年；其他：5年
        - 并附带审查、不含规章
      - 审理和判决
        - 不调解
        - 可调解：3类
        - 审理
          - 依据：法律+法规
          - 参照：规章

# 节节测

## 一、单项选择题

1. 下列关于仲裁特征和基本原则的表述中，不正确的是（　　）。
A.仲裁实行一裁终局原则
B.仲裁实行独立仲裁原则
C.仲裁裁决对双方当事人均具有约束力
D.仲裁委员会对经济纠纷案件具有强制管辖权
【答案】D
【解析】选项D：平等主体之间出现经济纠纷时，当事人可以在仲裁或者民事诉讼之间进行选择；只有双方当事人自愿达成书面仲裁协议的情况下，才可以申请仲裁。
2. 下列关于仲裁协议的表述中，正确的是（　　）。
A.仲裁协议对仲裁委员会没有约定，当事人又达不成补充协议的，仲裁协议无效
B.仲裁协议可以书面形式或者口头形式订立
C.没有仲裁协议，一方申请仲裁的，仲裁委员会应当受理
D.当事人对仲裁协议的效力有异议的，只能请求仲裁委员会作出决定
【答案】A
【解析】（1）选项A：仲裁协议对“仲裁事项或者仲裁委员会”没有约定或者约定不明确的，当事人可以补充协议，达不成补充协议的，仲裁协议无效；（2）选项B：仲裁协议应当以书面形式订立，“口头”达成仲裁的意思表示无效；（3）选项D：当事人对仲裁协议的效力有异议时，可以请求“仲裁委员会”作出决定或者请求“人民法院”作出裁定。
3. 下列各项中，属于仲裁裁决书生效时间的是（　　）。
A.作出之日　　B.送达之日
C.签收之日　　D.交付之日
【答案】A
4. 甲、乙因合同纠纷达成仲裁协议，甲选定A仲裁员，乙选定B仲裁员，另由仲裁委员会主任指定一名首席仲裁员，三人组成仲裁庭。仲裁庭在作出仲裁裁决时产生了两种不同意见。根据《仲裁法》的规定，仲裁应当采取的正确做法是（　　）。
A.按多数仲裁员的意见作出裁决
B.按首席仲裁员的意见作出裁决
C.提请仲裁委员会作出裁决
D.提请仲裁委员会主任作出裁决
【答案】A
【解析】仲裁庭裁决时，产生了两种不同意见，因为仲裁庭成员共三人，有两个人的意见相同，表明形成了多数意见，此时，应该按多数仲裁员的意见作出裁决，故正确答案是A。
5. 当事人不服人民法院第一审判决的，有权在判决书送达之日起一定期间内向上一级人民法院提起上诉。该期间是（　　）。
A.5日　　B.10日　　C.15日　　D.30日
【答案】C
【解析】当事人不服地方人民法院第一审判决的，有权在判决书送达之日起15日内向上一级法院提起上诉。
6. 下列法院中，对因票据纠纷提起的民事诉讼享有管辖权的是（　　）。
A.出票人住所地法院　　B.持票人住所地法院
C.票据出票地法院　　D.票据支付地法院
【答案】D
【解析】因票据纠纷提起的民事诉讼，由“票据支付地或者被告住所地”的人民法院管辖。
7. 在诉讼时效期间的一定期间内，因不可抗力或者在其他障碍致使权利人不能行使请求权的，诉讼时效期间暂停计算，该期间为（　　）。
A.最后1个月　　B.最后3个月
C.最后6个月　　D.最后9个月
【答案】C
8. 公民对下列事项提起行政诉讼，人民法院不予受理的是（　　）。
A.赵某对卫生行政主管部门吊销其卫生许可证的行政处罚不服的
B.李某认为税务机关违法要求其履行纳税义务的
C.张某对公安机关作出的罚款处罚不服的
D.王某对其任职的财政部门给予的任免决定不服的
【答案】D
【解析】选项D，行政机关对行政机关工作人员的奖惩、任免决定，不属于行政诉讼的受案范围。

## 二、多项选择题

1. 下列争议解决方式中，适用于解决平等民事主体当事人之间发生的经济纠纷的有（　　）。
A.仲裁　　B.民事诉讼
C.行政复议　　D.行政诉讼
【答案】AB
【解析】选项CD，适用于解决不平等主体之间的纠纷。
2. 下列纠纷中，当事人不能提请仲裁的有（　　）。
A.租赁合同纠纷　　B.继承纠纷
C.监护权归属纠纷　　D.离婚纠纷
【答案】BCD
【解析】选项BCD，属于有关身份关系的纠纷，不能提请仲裁。
3. 下列关于仲裁协议的表述中，正确的有（　　）。
A.当事人对仲裁协议的效力有异议，应当在仲裁庭首次开庭前提出
B.当事人双方没有订立仲裁协议，一方申请仲裁的，仲裁委员会不予受理
C.合同的变更、解除、终止或者无效，不影响仲裁协议的效力
D.仲裁协议可以采用书面形式，也可以采用口头形式
【答案】ABC
【解析】选项D，仲裁协议应当以书面形式订立，口头达成仲裁的意思表示无效。
4. 下列关于仲裁法律制度的各项表述中，不正确的是（　　）。
A.仲裁实行自愿原则
B.当事人不履行仲裁裁决的，另一方当事人可以依

照《民事诉讼法》的规定申请人民法院强制执行
C.当事人不服仲裁裁决的，可以向人民法院提起诉讼
D.仲裁不实行级别管辖和地域管辖
【答案】C
【解析】选项C，仲裁一裁终局，当事人不服仲裁裁决的，不能再向人民法院起诉。

5.下列案件中，适用《民事诉讼法》的有（　　）。
A.公民离婚纠纷案件
B.公安局与商场之间的货物买卖合同纠纷案件
C.公安局与公民个人的行政处罚争议案件
D.劳动者与用人单位因劳动合同纠纷提起诉讼的案件
【答案】ABD
【解析】（1）选项AB，属于普通民事案件，适用《民事诉讼法》；（2）选项D，属于因劳动争议提起的诉讼，属于民事诉讼，适用《民事诉讼法》；（3）选项C：属于行政争议纠纷，不适用《民事诉讼法》。

6.某企业对甲省乙市税务部门给予其行政处罚的决定不服，申请行政复议。下列各项中，应当受理该企业行政复议申请的机关是（　　）。
A.乙市税务部门　　B.乙市人民政府
C.甲省税务部门　　D.甲省人民政府
【答案】BC
【解析】对县级以上地方人民政府工作部门的具体行政行为不服的，可以向该部门的本级人民政府申请行政复议（B），也可以向该部门的上一级主管机关（C）提出申请，故正确答案是BC。

7.下列情形中，属于公民可以提起行政诉讼的有（　　）。
A.张某认为某行政机关违法限制其人身自由
B.赵某认为其所在行政机关对其作出不适当任免决定
C.王某认为某行政机关没有依法发给其抚恤金
D.李某认为某行政法规规定不合理
【答案】AC
【解析】（1）选项B，属于行政机关对行政机关工作人员的任免决定，不属于行政诉讼的范围；（2）选项D，行政法规是具有普遍约束力文件，不能提起行政诉讼。

8.公民、法人或者其他组织对下列事项提出的诉讼中，属于人民法院行政诉讼受理范围的有（　　）。
A.认为国务院部门制定的规章不合法
B.对没收违法所得的行政处罚决定不服
C.申请行政许可，遭到行政机关的拒绝
D.认为行政机关滥用行政权力限制竞争的
【答案】BCD
【解析】（1）选项A，行政法规、规章等是具有普遍约束力文件，不能提起行政诉讼，故选项A不属于人民法院行政诉讼的受理范围；（2）选项BCD，都属于行政诉讼受理范围。

9.下列第一审行政案件中，由中级人民法院管辖的有（　　）。
A.对市级人民政府的具体行政行为提起诉讼的案件
B.海关处理的案件
C.确认发明专利权案件
D.本辖区内重大、复杂的案件
【答案】ABD
【解析】中级人民法院管辖的第一审行政案件包括：（1）对国务院部委或者县级以上人民政府的具体行政行为提起诉讼的案件；（2）海关处理的案件；（3）本辖区内重大、复杂的案件。故选项ABD所述案件属于中级人民法院管辖。至于选项C所述“确认发明专利权案件”应该依案件本身的实际影响确定管辖的法院级别。

## 三、判断题

1.买卖合同当事人发生纠纷，没有仲裁协议，一方申请仲裁的，仲裁委员会应予受理。（　　）
【答案】错误。
【解析】仲裁协议是申请仲裁的前提，没有仲裁协议的，仲裁委员会不予受理。

2.买卖合同当事人在仲裁裁决作出后，就同一纠纷再申请仲裁或者向人民法院起诉的，仲裁委员会或人民法院不予受理。（　　）
【答案】正确。
【解析】仲裁实行一裁终局原则，题目表述正确。

3.当事人申请仲裁，必须按照级别管辖和地域管辖的规定选择仲裁委员会。（　　）
【答案】错误。
【解析】仲裁不实行级别管辖和地域管辖。

4.甲公司与乙公司解除合同关系，则合同中的仲裁条款也随之失效。（　　）
【答案】错误。
【解析】仲裁协议效力独立存在，合同解除后，合同中的仲裁条款仍然有效。

5.仲裁不公开进行，当事人协议公开的，可以公开进行，但涉及国家秘密的除外。（　　）
【答案】正确。

6.因不动产提起的民事诉讼，由不动产所有权人住所地人民法院管辖。（　　）
【答案】错误。
【解析】因不动产纠纷提起的民书诉讼，由该“不动产所在地”人民法院管辖。

7.甲向乙借款1万元，约定1个月后归还。但逾期3年，甲一直不还，乙于是向法院提起诉讼，要求甲归还借款。法院审查起诉状后，以已逾诉讼时效为由，驳回起诉。法院的驳回起诉合法。（　　）
【答案】错误。
【解析】法院驳回起诉不合法，诉讼时效期满后，权利人仍然有起诉权，法院不能主动适用诉讼时效而驳回权利人的起诉。法院只有在被告主张诉讼时效抗辩的情况下，才可以适用诉讼时效的规定。

8.行政复议决定书一经作出，即发生法律效力。（　　）
【答案】错误。
【解析】自“送达”之日起发生法律效力。

# 第三节 法律责任

## 一、法律责任的概念（★）

法律责任是指法律关系主体违反法定的义务而应承受的不利的法律后果。

## 二、法律责任的种类

法律责任分为民事责任、行政责任和刑事责任。

（一）民事责任（★★★）

1.民事责任是民事主体之间因为民事违法、违约或根据法律规定所应承担的不利民事后果。

2.承担民事责任的方式有11种，具体包括：（1）停止侵害；（2）排除妨碍；（3）消除危险；（4）返还财产；（5）恢复原状；（6）修理、重作、更换；（7）继续履行；（8）赔偿损失；（9）支付违约金；（10）消除影响、恢复名誉；（11）赔礼道歉。

3.各类民事责任可以单独适用，也可合并适用。

【例题·多选题】（2018）下列法律责任形式中，属于民事责任形式的有（　　）。

A.罚金　　B.罚款　　C.恢复原状　　D.支付违约金

【答案】CD

【解析】（1）选项A：属于刑事责任；（2）选项B：属于行政责任；（3）选项CD：属于民事责任。

（二）行政责任（★★★）

1.行政责任是指违反法律法规规定的单位和个人所应承受的由国家行政机关或国家授权单位对其依行政程序所给予的制裁。

2.行政责任包括行政处罚和行政处分。

3.行政处罚是指行政主体对行政相对人违反行政法律规范尚未构成犯罪的行为所给予的制裁。分为人身自由罚（行政拘留）、行为罚（责令停产停业、暂扣或吊销许可证和执照）、财产罚（罚款、没收违法所得、没收非法财物）和声誉罚（警告）等。

4.行政处分是指对违反法律规定的国家机关工作人员或被授权、委托的执法人员所实施的内部制裁措施。包括警告、记过、记大过、降级、撤职、开除等。

★【专家一对一】

**行政处罚是行政机关对行政管理相对人的制裁；行政处分主要是行政机关对“内部工作人员”的制裁。行政管理相对人根本就不是行政机关内部的工作人员，就不可能有“记过、记大过、降级、撤职、开除”等行政处分，但可“警告”。行政处罚和行政处分里都规定有“警告”。**

【例题·单选题】（2018）下列法律责任形式中，属于行政责任形式的是（　　）。

A.责令停产停业　　B.支付违约金　　C.继续履行　　D.赔偿损失

【答案】A

【解析】（1）选项A，属于行政责任里的行政处罚；（2）选项BCD，属于民事责任。

【例题·多选题】（2017）下列行政责任形式中，属于行政处罚的有（　　）。

A.撤职　　B.行政拘留　　C.没收非法财物　　D.开除

【答案】BC

【解析】（1）选项AD，属于行政处分；（2）选项BC，属于行政处罚。

（三）刑事责任（★★）

刑事责任分为主刑和附加刑。

1.主刑（只能独立适用，不能附加适用）。

（1）管制：不关押，限制一定的自由。期限为3个月以上2年以下，数罪并罚最高不超过3年。

（2）拘役：剥夺短期人身自由。期限为1个月以上6个月以下，数罪并罚最高不超过1年。

（3）有期徒刑：剥夺一定期限的人身自由、实行劳动改造。期限为6个月以上15年以下。数罪并罚，总和刑期不满35年的，最高不能超过20年，总和刑期在35 年以上的，最高不能超过25年。

（4）无期徒刑：剥夺终身自由、实行劳动改造。

（5）死刑：剥夺生命。可立即执行或缓期两年执行。

2.附加刑（可独立用，或附加主刑用）。

（1）罚金：向国家缴纳金钱。

（2）剥夺政治权利。剥夺的具体政治权利是指：选举权和被选举权；言论、出版、集会、结社、游行、示威自由的权利；担任国家机关职务的权利；担任国有企业、事业单位和人民团体领导职务的权利。

（3）没收财产：将个人财产无偿收归国有。

（4）驱逐出境：适用外国人。

3.数罪中有判处附加刑的，附加刑仍须执行，其中附加刑种类相同的，合并执行，种类不同的，分别执行。

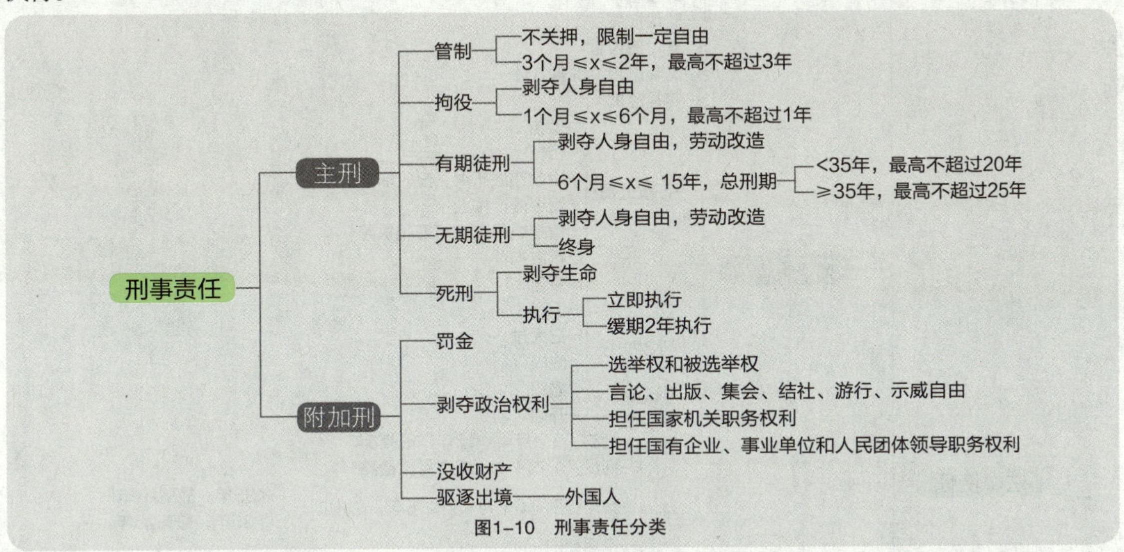


图1-10　刑事责任分类

【例题·多选题】（2016）甲行政机关财务负责人刘某因犯罪被人民法院判处有期徒刑，并处罚金和没收财产，后被甲行政机关开除。刘某承担的法律责任中，属于刑事责任的有（　　）。

A.没收财产　　B.罚金　　C.有期徒刑　　D.开除

【答案】ABC

【解析】（1）选项ABC：属于刑事责任；（2）选项D：是行政处分，属于行政责任。

★【专家一点通】

罚款vs罚金

| | 性质 | 实施机关 |
|---|---|---|
| 罚款 | 行政责任（行政处罚） | 行政机关 |
| 罚金 | 刑事责任 | 人民法院 |

★【专家一点通】

行政拘留vs拘役

| | 性质 | 实施机关 |
|---|---|---|
| 行政拘留 | 行政责任（行政处罚） | 行政机关 |
| 拘役 | 刑事责任 | 人民法院 |

★【专家一点通】

没收违法、所得没收非法财物、没收财产

| | 性质 | 实施机关 |
|---|---|---|
| 没收违法所得 | 行政责任（行政处罚） | 行政机关 |
| 没收非法财物 | 行政责任（行政处罚） | 行政机关 |
| 没收财产 | 刑事责任 | 人民法院 |

- 法律责任
  - 民事责任
    - 停止侵害
    - 排除障碍
    - 消除危险
    - 返还财产
    - 恢复原状
    - 修理、重作、更换
    - 继续履行
    - 赔偿损失
    - 支付违约金
    - 消除影响、恢复名誉
    - 赔礼道歉
  - 行政责任
    - 行政处罚
      - 警告
      - 罚款
      - 没收违法所得，没收非法财物
      - 责令停产停业
      - 暂扣或吊销许可证和执照
      - 行政拘留
    - 行政处分
      - 警告
      - 记过
      - 记大过
      - 降级
      - 撤职
      - 开除
  - 刑事责任
    - 主刑
      - 管制：3个月≤x≤2年，最高3年
      - 拘役：1个月≤x≤6个月，最高1年
      - 有期徒刑：6个月≤x≤15年，总刑期
        - <35年，最高20年
        - ≥35年，最高25年
      - 无期徒刑
      - 死刑
        - 立即执行
        - 缓期2年执行
    - 附加刑
      - 罚金
      - 剥夺政治权利
        - 选举权和被选举权
        - 言论、出版、集会、结社、游行、示威自由
        - 担任国家机关职务权利
        - 担任国有企业、事业单位和人民团体领导职务
      - 没收财产
      - 驱逐出境——外国人

# 节 节 测

## 一、单项选择题

1. 下列法律责任形式中，属于民事责任的是（　　）。
A.拘役　　B.记过
C.赔偿损失　　D.暂扣许可证
【答案】C
【解析】（1）选项A，属于刑事责任中的主刑；（2）选项B，属于行政责任中的行政处分；（3）选项D，属于行政责任中的行政处罚。

2. 下列法律责任形式中，属于行政责任的是（　　）。
A.支付违约金　　B.罚金
C.罚款　　D.返还财产
【答案】C
【解析】（1）选项 AD，属于民事责任；（2）选项B，属于刑事责任。

3. 某纳税人甲因偷税涉嫌犯罪，有权判定该纳税人应承担刑事责任的机关是（　　）。
A.税务部门　B.司法局　C.人民法院　D.人民政府
【答案】C
【解析】（1）刑事责任只能由国家审判机关人民法院判处；（2）选项ABD均属于行政机关，有权要求相对人承担“行政”责任。

4. 下列各项中，属于拘役法定量刑期的是（　　）。
A.15天以下　　B.1个月以上6个月以下
C.3个月以上2年以下　　D.6个月以上15年以下
【答案】B
【解析】拘役的期限通常为1个月以上6个月以下。

5. 下列各项中，属于死刑缓期执行期限的是（　　）。
A.1年　B.2年　C.3年　D.半年
【答案】B

6. 某甲犯二宗罪，分别被判处有期徒刑15年和有期徒刑12年，则数罪并罚的最高刑期不能超过（　　）年。
A.15　B.20　C.25　D.27
【答案】B
【解析】一人犯数罪的，除判处死刑和无期徒刑的以外，应该在总和刑期以下、数刑中最高刑期以上，酌情决定执行的刑罚，但是，有期徒刑总和刑期不满35年的，最高不能超过20年。该二宗罪的总和刑期是27年，未满35年，故执行的刑期不能超过20年，正确选项应该是B。

## 二、多项选择题

1. 下列行政责任形式中，属于行政处罚的有（　　）。
A.撤职　　B.行政拘留
C.没收非法财物　　D.开除
【答案】BC
【解析】选项 AD，属于行政处分。

2. 下列各项中，属于行政处分的有（　　）。
A.罚款　B.撤职　C.记过　D.开除
【答案】BCD
【解析】选项A，属于行政处罚。

3. 甲行政机关财务负责人刘某因犯罪被人民法院判处有期徒刑，并处罚金和没收财产，后被甲行政机关开除。刘某承担的法律责任中，属于刑事责任的有（　　）。
A.没收财产　B.罚金　C.有期徒刑　D.开除
【答案】ABC
【解析】选项D：属于行政责任。

4. 下列各项中，属于附加刑的有（　　）。
A.罚金　　B.剥夺政治权利
C.驱逐出境　　D.没收财产
【答案】ABCD

5. 被告人因实施犯罪被依法判处剥夺政治权利，其被剥夺的具体政治权利包括（　　）。
A.担任事业单位和人民团体领导职务的权利
B.选举权和被选举权
C.担任国家机关职务的权利
D.担任国有公司、企业领导职务的权利
【答案】ABCD

6. 下列各项中，属于刑事责任的是（　　）。
A.赔偿损失　　B.没收违法所得
C.罚金　　D.没收财产
【答案】CD
【解析】（1）选项A，属于民事责任；（2）选项B，属于行政责任；（3）选项CD，属于刑事责任。

## 三、判断题

1. 罚款、罚金、没收违法所得和没收非法财物、没收财产，都是强制违法者缴纳一定数额的金钱，性质相同。（　　）
【答案】错误。
【解析】罚款、没收违法所得和没收非法财物属于行政责任，由行政机关决定并执行；罚金、没收财产属于刑事责任，由人民法院判决并执行。以上两类法律责任，性质完全不同。

2. 某公司员工，因为上班经常迟到，被开除。此处的开除属于行政处分。（　　）
【答案】错误。
【解析】此处的开除，属于劳动合同行为，与国家机关开除其工作人员的性质不同。

3. 附加刑可以单独适用，也可以与主刑同时适用，也可以一次判处几种不同的附加刑。（　　）
【答案】正确。

# 章 章 练

## 一、单项选择题

1. 甲公司和乙公司签订买卖合同，由甲公司向乙公司购买10台打印机，总价款为30万元，该买卖合同法律关系的主体是（　　）。
A.甲公司和乙公司签订的买卖合同
B.甲公司和乙公司
C.30万元价款
D.10台打印机
2. 下列公民中，视为完全民事行为能力人的是（　　）。
A.赵某，9周岁，系某小学学生
B.王某，15周岁，系某高级中学学生
C.张某，13周岁，系某初级中学学生
D.李某，17周岁，系某宾馆服务员，以自己劳动收入为主要生活来源
3. 下列各项中，不属于法律关系客体的是（　　）。
A.水流　B.荒地　C.电力　D.阳光
4. 甲公司与乙公司签订一份运输合同，约定甲公司为乙公司运输100台电冰箱，运费2万元。合同签订后，甲公司预付了5千元运输费。引起该运输合同法律关系发生的法律事实是（　　）。
A.预付5千元运费
B.签订合同的甲公司和乙公司
C.支付2万元运费
D.甲公司和乙公司签订运输合同的行为
5. 下列各项中，属于法律事件的是（　　）。
A.投毒　B.办理公证
C.爆发战争　D.继承遗产
6. 下列各项中，属于单方法律行为的是（　　）。
A.刘某立下遗嘱，将自己的财产捐赠给某希望小学
B.张三李四结婚
C.甲公司向乙银行贷款
D.丙在超市购买商品
7. 下列各项中，会直接引起法律关系发生、变更、消灭的是（　　）。
A.法律事实　B.法律事件
C.法律行为　D.法律主体
8. 下列对法所作的分类中，属于以法的空间效力、时间效力或对人的效力为依据进行分类的是（　　）。
A.国际法和国内法　B.根本法和普通法
C.实体法和程序法　D.一般法和特别法
9. 下列争议中，可以适用《仲裁法》进行仲裁的是（　　）。
A.某公司与其职工李某因解除劳动合同发生的争议
B.高某与其弟弟因财产继承发生的争议
C.某学校因购买电脑的质量问题与某商场发生的争议
D.王某因不服某公安局对其作出的罚款决定与该公安局发生的争议
10. 下列关于仲裁审理的表述中，符合仲裁法律制度规定的是（　　）。
A.仲裁不开庭进行，当事人要求开庭的除外
B.仲裁应当公开进行，涉及国家秘密和商业秘密的除外
C.仲裁员可以不实行回避制度
D.当事人可以自行和解，仲裁庭也可以进行调解
11. 仲裁庭裁决案件时，仲裁庭成员的意见可能出现下列情形。其中应当按首席仲裁员的意见裁决的是（　　）。
A.二种意见，其中二个人的意见相同，2∶1
B.三种意见，每个人的意见都不相同，1∶1∶1
C.一种意见即一致意见，三个人的意见相同，3∶0
D.三个人都未表达意见
12. 下列各项中，属于仲裁裁决发生法律效力的时间的是（　　）。
A.送达当事人时　B.作出时
C.当事人签收时　D.经公证机关公证后
13. 某支票记载事项有：出票人甲，收款人乙，付款人丙银行。该支票经背书后，最后持票人是丁。根据民事诉讼法律制度的规定，对票据纠纷拥有管辖权的人民法院是（　　）。
A.出票人甲所在地　B.收款人乙所在地
C.付款人丙银行所在地　D.最后持票人丁所在地
14. 诉讼时效期满后，权利人将丧失的权利是（　　）。
A.起诉权　B. 胜诉权　C.实体权　D.上诉权
15. 2015年1月1日，王某与好友赵某签订一份房屋租赁协议，约定王某租住赵某的的一套住房，每年的12月31日支付当年的租金。2015年12月31日是支付租金的日期，王某未付租金，也未说明原因。赵某因碍于情面，一开始也没有催讨。2018年11月20日，赵某出差遭遇泥石流被困，无法行使请求权的时间为10天。赵某向王某主张权利的最后期限是（　　）。
A.2018年1月1日　B.2019年1月1日
C.2018年12月31日　D.2019年1月10日
16. 当事人不服人民法院第一审判决的，有权在判决书或裁定书送达之日起一定期间内向上一级人民法院提起上诉。该期间是（　　）。
A.10日/5日　B.15日/10日
C.15日/5日　D.30日/10日
17. 甲省人民政府在乙县依法设立了丙派出机关。公民张某对乙县人民政府的具体行政行为不服，申请行政复议的，应当向（　　）申请行政复议。
A.甲省人民政府
B.乙县人民政府
C.丙派出机关
D.乙县人民政府的上一级政府
18. 除法律另有规定外，行政复议机关应当自受理申请之日起一定的时间内作出复议决定，下列各项所述的时间中，符合规定的是（　　）。
A.15日　B. 30日　C.60日　D.90日
19. 因下列各项引起的行政纠纷，属于行政诉讼范围的是（　　）。
A.某市市民小胡认为某市人民政府颁布的关于禁止摩托车在市区行驶的规定侵犯了自己的合法权益
B.某派出所民警李某对该派出所调整自己工作岗位的决定不服
C.刘某认为某公安局对其罚款的处罚决定违法

D.高某对法院判决自己拘役3个月不服

20.下列关于人民法院审理行政案件是否适用调解的表述中，不正确的是（ ）。

A.人民法院审理行政案件，一律不适用调解

B.人民法院审理行政赔偿的案件，可以调解

C.人民法院审理行政补偿的案件，可以调解

D.人民法院审理行政机关行使法律、法规规定的自由裁量权的案件，可以调解

21.下列关于法律文书生效时间的表述，正确的是（ ）。

A.仲裁裁决书自仲裁庭作出时生效

B.民事诉讼中，人民法院的一审判决书和裁定书自送达当事人时生效

C.行政复议决定书自作出时生效

D.行政诉讼判决书和裁定书，自法庭宣读完生效

22.下列法律责任形式中，属于民事责任的是（ ）。

A.拘役 B.拘留

C.暂扣许可证 D.赔偿损失

23.下列各项中，不属于行政处分的是（ ）。

A.记过 B.降级

C.免职 D.撤职

24.下列各项中，属于刑事责任的是（ ）。

A.罚款 B.罚金

C. 赔偿损失 D.支付违约金

## 二、多项选择题

1.下列关于自然人民事行为能力决定因素的说法中正确的有（ ）。

A.年龄 B.财产

C.精神状况 D.文化程度

2.下列各项行为中，属于当事人可以独立进行的行为有（ ）。

A.19周岁的在校大学生小胡，欲将自己父母送他的一部10 000元的照相机送给自己的女友

B.14周岁的初中生小何，欲用自己的压岁钱买一部5 000元的手机

C.17周岁的王军，欲将自己的一辆价值15 000元摩托车转让他人。王军开一小商店，以商店盈利为自己的主要生活来源。

D.8周岁的小明，想用自己的压岁钱买一个8元的文具盒

3.下列各项中，属于法律行为的有（ ）。

A.订立合同 B.帮同学请假

C.发生地震 D.承兑汇票

4.当事人之间发生民事争议时，可以选择的解决方式有（ ）。

A.行政诉讼 B. 行政复议

C. 民事诉讼 D.仲裁

5.根据《仲裁法》的规定，下列纠纷中，不能提请仲裁的有（ ）。

A.农业承包合同纠纷 B.劳动合同纠纷

C.监护权归属纠纷 D.离婚纠纷

6.根据《仲裁法》的规定，仲裁协议中缺少下列事项，将导致仲裁协议无效的有（ ）。

A.约定的仲裁事项 B.请求仲裁的意思表示

C.选定的仲裁庭 D.选定的仲裁委员会

7.根据仲裁法规定，仲裁协议必须包括的内容有（ ）。

A.请求仲裁的意思表示 B.选定的仲裁机构

C.具体的仲裁事由 D.约定的仲裁事项

8.下列民事案件，应当不公开审理的情形有（ ）。

A.涉及商业秘密的民事案件

B.离婚案件

C.涉及国家秘密的民事案件

D.涉及个人隐私的民事案件

9.某人民法院审理民事案件时，审判庭的下列组成成员中，正确的有（ ）。

A.由4名审判员组成

B.由3名审判员组成

C.由2名审判员，1名人民陪审员组成

D.由1名审判员独任审判

10.2016年10月10日，小张向小李借了1万元钱，约定2017年10月10日归还。到期后小张以种种借口推辞，拒不归还。小李拟通过诉讼途径追讨。依照法律规定，诉讼时效期限是3年，小李可以在2020年10月10日前向人民法院起诉，要求小张归还欠款。下列各项中，不属于可以导致该诉讼时效中止的情形有（ ）。

A.2018年2月10日，因山洪爆发，交通阻断10天

B.2019年5月10日，小李重病住院2个月

C.2020年2月10日，小李被劫匪绑架1个月

D.2020年5月10日，小李因车祸住院2个月

11.下列民事案件不得调解的有（ ）。

A.离婚案件

B.确认婚姻关系案件

C.适用督促程序和公示催告程序的案件

D.民事赔偿案件

12.下列行政责任形式中，属于行政处罚的有（ ）。

A.撤职 B.行政拘留

C.没收非法财物 D.开除

13.某行政机关负责人张某因犯罪被人民法院判处有期徒刑16年，并处罚金20万元，并被该行政机关开除公职，纪检机关开除党籍。对张某下列处罚中，属于刑事责任的有（ ）。

A.有期徒刑16年 B.罚金20万元

C.开除公职 D.开除党籍

14.下列各项中，由行政机关决定并执行的有（ ）。

A.罚款 B.没收违法所得

C. 没收非法财物 D.没收财产

15.甲犯四宗罪，分别被判有期徒刑15年、8年、5年、2年，则对甲决定执行的有期徒刑的表述中正确的有（ ）。

A.14年 B.18年 C.20年 D. 25年

## 三、判断题

1.自然人能够参加法律关系，成为法律关系的主体，是因为其具有行为能力。（ ）

2.某合资厂工人张某，自食其力。张某在自己17岁生日时，从自己的工资收入中拿出5 000元到商场购买一部苹果手机。其父亲以张某尚未成年为理由，要求商场退货。则商场应该答应张某父亲的请求，为张某退货。（ ）

3.张某十五周岁，盗窃国家财物，情节严重，应该负刑事责任，但是应当减轻处罚。（ ）

4.地方性法规的效力高于同级政府制定的规章的效力。（ ）

5.为有利于经济纠纷的解决，发生纠纷，当事人申请

仲裁时，应当向纠纷发生地仲裁机构申请仲裁。（　　）

6. 甲公司与乙公司签订一份货物运输合同，并在合同中约定合同履行过程中发生的争议提交丙仲裁委员会仲裁。后甲公司单方面解除合同，则乙不能向丙仲裁委员会申请仲裁。（　　）
7. 仲裁裁决作出后，一方当事人不履行仲裁裁决的，对方当事人可以申请作出裁决的仲裁机构强制执行。（　　）
8. 当事人可以约定诉讼时效的期间、计算方法以及中止、中断。（　　）
9. 对甲县公安局的具体行政行为不服的，可以向甲县人民政府申请行政复议，也可以向甲县公安局的上一级主管部门乙市公安局申请行政复议。（　　）
10. 行政复议决定书自复议机关作出时发生法律效力。（　　）

## 四、不定项选择题

（一）武汉市洪山区某农产品贸易公司甲公司2017年发生下列事项：

（1）2月10，与孝感市云梦县农户乙签订黄桃买卖合同，约定6月30日乙向甲提供黄桃10吨，价款2万元。约定违约金5 000元。合同履行地为乙所在地。甲向乙预付款项1万元。合同中还约定："合同履行过程中发生的纠纷，提交仲裁机构仲裁"。6月30日，甲公司去乙处提货时，被告知黄桃已卖给了出价更高的购买方。甲公司当即要求乙退还预付款，并支付违约金，被乙拒绝。

（2）8月10日，甲公司向武汉市仲裁委员会申请仲裁，武汉市仲裁委员会查明双方未约定仲裁机构，纠纷发生后双方仍未达成补充协议，武汉市仲裁委员会决定不予受理。

（3）10月20日，甲公司再次催促乙，如果再不退还预付款，并支付违约金，将向法院起诉。

（4）10月25日，甲向法院提起诉讼。法院经过审理，1 2月10日，判决乙归还预付款，并支付违约金5千元。

（5）11月20日，甲公司因销售变质水果，被洪山区工商机关罚款8 000元，甲公司不服。

根据以上事项，回答下列问题：

1. 根据事项（2），仲裁委员会不予受理的理由是（　　）。

A. 请求仲裁的事项不属于仲裁受理的范围

B. 双方不应该在合同中约定仲裁条款，应该订立独立的仲裁合同

C. 甲公司未按法律规定选择有管辖权的仲裁机构

D. 甲公司和乙未在仲裁协议中明确约定确定的仲裁机构，事后也没有达成补充协议，导致仲裁协议无效

2. 根据事项（3），如果甲公司提起诉讼，应在哪个时间期限内起诉？（　　）

A. 2月10日开始的3年内　　B. 6月30日开始的3年内

C. 8月10开始的3年内　　D. 8月10日开始的20年内

3. 根据事项（3），甲公司应该向哪个法院起诉？（　　）

A. 武汉市中级人民法院　　B. 洪山区基层人民法院

C. 孝感市中级人民法院　　D. 云梦县基层人民法院

4. 根据事项（4），下列表述正确的是（　　）。

A. 12月10，法院的判决发生法律效力

B. 如果乙对判决不服，应该在12月20日前上诉

C. 如果乙上诉，应该向孝感市中级人民法院上诉

D. 如果乙提起上诉，且二审判决维持原判的，乙还可以向湖北省高级人民法院上诉

# 章章练参考答案及解析

## 一、单项选择题

1.【答案】B
【解析】该买卖合同法律关系的主体是甲公司和乙公司。因为享受权利、承担义务的当事人是甲公司和乙公司。
2.【答案】D
【解析】（1）ABC属于限制民事行为能力人；（2）选项D，16周岁以上的未成年人，以自己的劳动收人为主要生活来源的，视为完全民事行为能力人。故选项D正确。
3.【答案】D
【解析】阳光不具有稀缺性，不为人们所控制，因而不属于法律关系的客体。
4.【答案】D
【解析】（1）选项AC，预付和支付运费属于履行合同的行为，不是运输合同法律关系发生的原因；（2）选项B，甲公司和乙公司是签订合同的双方当事人，属于合同法律关系的主体；（3）选项D：甲公司和乙公司签订运输合同的行为是甲公司与乙公司之间产生运输合同法律关系的直接原因。
5.【答案】C
【解析】（1）选项ABD，属于法律行为；（2）选项C，属于法律事件。
6.【答案】A
【解析】立遗嘱属于单方法律行为。
7.【答案】A
【解析】法律事实包括法律事件和法律行为，是引起法律关系发生、变更、消灭的直接原因，本题是单选题，故应该选择A。
8.【答案】D
【解析】以法的空间效力或时间效力为依据法分为一般法和特别法。
9.【答案】C
【解析】（1）选项A，该争议属于劳动争议，劳动争议不适用于《仲裁法》；（2）选项B，继承纠纷不能提请仲裁；（3）选项C，该争议属于民事争议，可以申请仲裁；（4）选项D，该争议属于行政争议，行政争议不能提请仲裁。
10.【答案】D
【解析】（1）选项A，仲裁应当开庭，当事人协议不开庭的可以不开庭；（2）选项B，仲裁不公开进行，当事人协议公开的，可以公开，但涉及国家秘密的除外；（3）选项C，仲裁员应当实行回避制度。
11.【答案】B
【解析】（1）选项A，形成了多数意见，按多数意见裁决；（2）选项B，此仲裁庭未能形成多数意见，按首席仲裁员的意见作出裁决，故选项B正确；（3）选项C，形成一致意见，按一致意见裁决；（4）选项D，不可能出现该种情形。
12.【答案】B
13.【答案】C
【解析】票据纠纷案件实行特别管辖，由票据支付地或被告住所地法院管辖，故正确答案是选项C。
14.【答案】B
【解析】诉讼时效期满后，权利人仍然享有实体权利（如果义务人履行义务的，权利人仍然有权接受），权利人也仍然享有起诉权和上诉权。诉讼时效期满后，权利人丧失的是胜诉权，即丧失依据诉讼程序强制义务人履行义务的权利。
15.【答案】D
【解析】王某2017年12月31日未按规定支付租金，则赵某应在2017年12月31日——2020年12月31日间主张权利，要求王某支付租金。鉴于赵某在期满前的最后六个月内因泥石流遇阻不能行使权利，发生诉讼时效中止的效力，故时效顺延10天，截止日是2021年1月10日，故正确答案是选项D。
16.【答案】B
【解析】不服一审判决上诉期是15日，不服一审裁定的上诉期是10日，故选项B正确。
17.【答案】C
【解析】对省、自治区人民政府依法设立的派出机关所属的县级地方人民政府的具体行政行为不服的，向该派出机关申请行政复议。故应该向丙派出机关申请行政复议。答案应该是选项C。
18.【答案】C
19.【答案】C
【解析】（1）选项A，法院不受理对行政法规、规章或者行政机关制定发布的具有普遍约束力的决定命令提起的诉讼，故该项不属于行政诉讼受案范围；（2）选项B，该项决定属于行政机关内部的人事安排，不属于行政诉讼的受案范围；（3）选项C，该项属于行政处罚，属于行政诉讼的受案范围；（4）选项D，属于司法判决，不属于行政诉讼范围。
20.【答案】A
【解析】人民法院审理行政案件，不适用调解，但存在例外情况，故选项A错误。
21.【答案】A
【解析】（1）选项A正确；（2）选项B，除依法不准上诉的外，经过规定的上诉期限后当事人未上诉的，发生法律效力，故该选项错误；（3）选项C，送达当事人时生效，故该选项错误；（4）选项D，经过规定的上诉期限，当事人未上诉的，发生法律效力。故该选项错误。
22.【答案】D
【解析】选项A，属于刑事责任；选项BC，属于行政责任；选项D，属于民事责任。
23.【答案】C
【解析】（1）选项ABD，属于行政处分；（2）选项C，属于正常的职务任免行为，不属于法律责任的形式。
24.【答案】B
【解析】（1）选项A，属于行政责任；（2）选项B，属于刑事责任；（3）选项CD，属于民事责任。

## 二、多项选择题

1.【答案】AC

【解析】自然人的民事行为能力由其年龄和精神状况决定，和财产无关。文化程度可能影响自然人的认知，但不是决定其行为能力的决定因素。

2.【答案】ACD

【解析】（1）选项A，19周岁的成年人，具有完全民事行为能力；（2）选项B，14周岁，属于限制民事行为能力人，购买价值5000元的手机，其不具有相应的识别能力，故不能进行该行为；（3）选项C，16周岁以上的未成年人，以自己的劳动劳动收入为主要生活来源的，视为完全民事行为能力人，故王军视为完全民事行为能力人，他可以处理自己的摩托车；（4）选项D，小明属于限制民事行为能力人，其具有购买价值很小的物品相应的识别能力，故自己可以进行购买文具盒的行为。

3.【答案】AD

【解析】B是一般的行为，不具有法律意义，不是法律行为。C属于法律事件。

4.【答案】CD

【解析】AB属于行政争议的解决方式。

5.【答案】ABCD

【解析】选项AB虽然可以申请仲裁，但不属于《仲裁法》所规定的仲裁。故所有选项都不能申请仲裁。

6.【答案】ABD

【解析】选项C，仲裁协议只约定仲裁委员会，仲裁庭是提请仲裁后再选定仲裁员组成的。

7.【答案】ABD

【解析】选项C，仲裁协议一般是在纠纷发生前订立的，纠纷发生前，具体的仲裁事由并不知晓，所以具体的仲裁事由并不是仲裁协议必须具备的内容。

8.【答案】CD

【解析】（1）选项AB，属于“可以’不公开审理的案件，当事人申请不公开审理的，可以不公开审理；（2）选项CD，属于“应当”不公开审理的案件。

9.【答案】BCD

【解析】人民法院审理民事案件，应当由三名以上的审判人员组成合议庭，合议庭的审判人员可以全部是审判员，也可以由审判员和人民陪审员组成，合议庭成员应当是单数。选项A，合议庭是双数，不合法，选项BC合法。适用简易程序、特别程序等审理的案件，可以由一名审判员独任审判，故选项D合法。

10.【答案】ABC

【解析】4个选项所列情况虽然都可能导致诉讼时效中止，但是由于发生的时间原因，并不能都导致时效中止。只有在诉讼时效终止前的最后6个月内发生才可能发生中止的效力，此题中规定的应该是2020年4月10日——2020年10月10日，故只有选项D所述情形可以导致时效中止，选项ABC所述情形都不能导致诉讼时效中止。

11.【答案】BC

【解析】人民法院审理离婚案件，应当进行调解；婚姻关系是关于身份关系的，所以确认婚姻关系的案件不能调解；适用督促程序和公示催告程序的案件适用特别程序，不能调解。民事赔偿案件可以调解，故本题正确答案是BC。

12.【答案】BC

【解析】选项AD，属于行政处分。

13.【答案】AB

【解析】（1）选项AB，属于刑事责任；（2）选项CD，C属于行政处分，D属于党纪处分，都不属于刑事责任。

14.【答案】ABC

【解析】选项ABC都属于行政处罚，由行政机关决定并执行。选项D，没收财产属于刑事责任，由人民法院判决并执行。

15.【答案】BC

【解析】“一人犯数罪的，除判处死刑和无期徒刑的以外，应当在总和刑期以下、数刑中最高刑期以上，前情决定执行的刑罚。有期徒刑总和刑期不满35年的，最高不能超过20年；总和刑期在35年以上的，最高不能超过25年。”因为甲犯的四宗罪，最高刑期15年，总和刑期30年，故实际执行的刑期应该在15年以上，20年以下，故正确答案是选项BC。

## 三、判断题

1.【答案】错误。

【解析】自然人能够参加法律关系，成为法律关系的主体，是因为其具有法律规定的相应的“权利能力”，而不是因为其具有行为能力。

2.【答案】错误。

【解析】18周岁以上的自然人具有完全民事行为能力；16周岁以上的未成年人，以自己的劳动收人为主要生活来源的，视为完全民事行为能力人。张某已满16周岁，且以自己的劳动收人为主要生活来源，应视为完全民事行为能力人。张某依据自己真实的意思表示做出的行为是有效的，受法律保护的。因此，商场有权拒绝张某父亲的请求，不予退货。

3.【答案】错误。

【解析】不负刑事责任。已满14周岁不满16周岁的未成年人，犯故意杀人、故意伤害致人重伤或者死亡、强奸、抢劫、贩卖毒品、放火、爆炸、投毒罪的，应当负刑事责任。盗窃罪不属于上述严重犯罪，因为张某不满16周岁，不负刑事责任。

4.【答案】正确。

5.【答案】错误。

【解析】仲裁不实行级别管辖和地域管辖，仲裁委员会由当事人协议选定。

6.【答案】错误。

【解析】仲裁协议的效力独立存在，合同解除不影响仲裁协议的效力。

7.【答案】错误。

【解析】仲裁机构是民间组织，无强制执行权，一方当事人履行仲裁的，对方当事人只能申请人民法院强制执行。

8.【答案】错误。

【解析】诉讼时效的期间、计算方法以及中止、中断，只能由法律规定，当事人约定无效。

9.【答案】正确。

10.【答案】错误。

【解析】行政复议决定书自送达时生效。

## 四、不定项选择题

（一）【答案】1.D；2.C；3.D；4.C：

【解析】

1.（1）选项A，合同纠纷属于仲裁的受理范围，故该项错误；（2）选项B，仲裁协议可以采用签订独立的仲裁协议或在合同中约定仲裁条款的形式，故该项错误；（3）选项C，仲裁不实行级别管辖和地域管辖，故该项错误；（4）选项D，合同中只是约定“合同履行过程中发生的纠纷，提交仲裁机构仲裁”，并没有约定特定的仲裁机构，事后也没有达成补充协议，因而导致仲裁协议无效。故正确答案是选项D。

2.按照合同规定，乙应该在2017年6月30日履行合同，而这天乙未按照合同规定履行合同，甲公司的权利受到了损害，甲公司应该自2017年6月30日开始的3年内向乙主张权利，因为甲公司8月10申请仲裁，发生诉讼时效中断的效力，时效自8月10日起重新计算，故甲公司可以在2017年8月10——2020年8月10内提起诉讼。

3.根据法律规定，合同纠纷，由被告住所地或合同履行地法院管辖，本案中，被告住所地和合同履行地是一致的。而根据案件情况，此案应由基层人民法院管辖。故此案应由云梦县基层人民法院管辖，正确答案是选项D。

4.（1）选项A，经过规定的上诉期后，一审判决才发生法律效力，故选项A表述错误；（2）选项B，对一审判决书不服的，上诉期是15日，应该在12月25日前上诉，选项B表述错误；（3）选项C，对一审判决不对的，向原审法院的上一级法院上诉，孝感市中级人民法院是云梦县基层人民法院的上一级法院，故选项C表述正确；（4）选项D，人民法院审理民事案件，实行二审终审制，二审判决和裁定，是终审判决和裁定，不能上诉，故选项D表述错误。

02

# 第二章 会计法律制度

# 精准考点　提前了解

保证会计资料的真实和完整 P51

会计凭证和会计账簿 P53

会计工作的政府监督 P62

会计人员回避制度 P72

会计工作交接 P72

会计法律与会计职业道德的联系与区别 P78

违反会计法律制度的法律责任 P82

# 考情早知道

## 【考情分析】

本章原为会计从业资格考试内容，因会计从业资格考试已于2017年取消，2018年开始本章新增为初级经济法的考试内容。本章考点不多，部分内容和会计实务的内容相关，整体难度不大。复习本章内容，需要准确地理解。本章分值预计10分左右，各种题型都可能出现，其中不定项选择题的主要考核点：会计核算、会计工作交接、会计人员的回避、会计档案的保管期限和销毁程序、违反会计法律制度的法律责任等。

## 【考题形式与重要程度】

| 节　次 | 考试题型 | 重要程度 |
| --- | --- | --- |
| 第一节　会计法律制度的构成 | 单选、多选、判断 | ★ |
| 第二节　会计核算与监督 | 单选、多选、判断、不定项选择题 | ★★★ |
| 第三节　会计机构和会计人员 | 单选、多选、判断、不定项选择题 | ★★★ |
| 第四节　会计职业道德 | 单选、多选、判断 | ★ |
| 第五节　违反会计法律制度的法律责任 | 单选、多选、判断 | ★★ |

# 第一节　会计法律制度的构成

## 一、会计法律制度的概念（★★）

1.会计法律制度是国家权力机关和行政机关制定的关于会计工作的法律、法规、规章和规范性文件的总称，是调整会计关系的法律规范。

★【专家一对一】

“总称”，就意味着不是单一的一部法律文件；会计法律制度调整的是会计关系，而不是一般的经济关系或社会关系。

【例题·单选题】下列关于会计法律制度调整对象的说法中，正确的是（　　）。

A.会计关系　　B.经济关系　　C.社会关系　　D.管理关系

【答案】A

【解析】会计法律制度是调整会计关系的法律规范。

2.会计关系是指会计机构和会计人员在办理会计事务过程中发生的经济关系以及国家在管理会计工作过程中发生的经济关系。

★【专家一对一】

会计关系包括两方面，只提一方面是错误的。

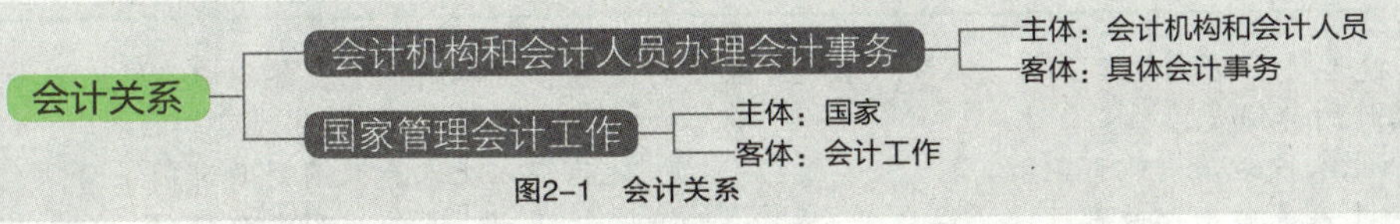


图2-1　会计关系

【例题·多选题】下列关于会计关系的表述中，正确的有（　　）。

A.单位负责人和会计人员因会计行为而发生的经济关系

B.单位负责人管理会计工作过程中发生的经济关系

C.会计机构和会计人员在办理会计事务过程中发生的经济关系

D.国家在管理会计工作过程中发生的经济关系
【答案】CD
【解析】会计关系是指会计机构和会计人员在办理会计事务过程中发生的经济关系以及国家在管理会计工作过程中发生的经济关系。

3.我国会计法律制度的主要构成。
（1）法律（全国人大常委会制定）：《会计法》。
（2）行政法规（国务院制定）：《总会计师条例》、《企业财务会计报告条例》。
（3）部门规章主要由（财政部制定）：《代理记账管理办法》、《会计档案管理办法》、《企业内部控制基本规范》、《会计基础工作规范》、《企业会计准则》及其解释。

【例题·多选题】下列会计法律制度中，由国务院制定的有（　　）。
A.《中华人民共和国会计法》
B.《总会计师条例》
C.《代理记账管理办法》
D.《企业财务会计报告条例》
【答案】BD
【解析】（1）选项A，属于会计法律，由全国人大常委会制定；（2）选项C，属于部门规章，由财政部制定；（3）选项BD，属于行政法规，由国务院制定。

## 二、会计法律制度的适用范围（★）

1.国家机关、社会团体、公司、企业、事业单位和其他组织办理会计事务必须依照《会计法》办理。
2.国家实行统一的会计制度，国家统一的会计制度由国务院财政部门制定，具体包括：
（1）国家统一的会计核算制度。
（2）国家统一的会计监督制度。
（3）国家统一的会计机构和会计人员管理制度。
（4）国家统一的会计工作管理制度。

【例题·多选题】下列各项中，属于国家统一的会计制度的有（　　）。
A.国家统一的会计核算制度
B.国家统一的会计监督制度
C.国家统一的会计机构和会计人员管理制度
D.国家统一的会计工作管理制度
【答案】ABCD
【解析】选项ABCD都属于国家统一的会计制度的内容。

【例题·判断题】为了吸引外商投资，特殊情况下，外商投资企业可不适用《会计法》。（　　）
【答案】错误。
【解析】在我国境内的一切单位办理会计事务都必须依照《会计法》。

## 三、会计工作管理体制

（一）会计工作的行政管理（★★）
1.国务院财政部门主管全国的会计工作。
2.县级以上地方各级人民政府财政部门管理本行政区域内的会计工作。

★【专家一对一】
**财政部主管全国的会计工作；县级以上的财政部门管理本行政区域的会计工作，县级以下的乡镇财管所无会计工作管理权限。**

【例题·单选题】我国实行“统一领导，分级管理”的会计管理体制。下列各项中，管理本行政区域内的会计工作的部门是（　　）。
A.县级以上人民政府财政部门
B.地市级以上人民政府财政部门
C.省级以上人民政府财政部门
D.乡镇级以上人民政府财政部门
【答案】A
【解析】（1）选项A，会计法规定，县级以上人民政府财政部门管理本行政区域内的会计工作，故选项A是正确选项；（2）选项BC，缩小了会计工作管理部门的范围，（3）选项D，扩大了会计工作管理部门的范围，乡镇财政部门无会计工作管理权限。

（二）单位内部的会计工作管理（★★）

1.单位负责人对本单位的会计工作和会计资料的真实性、完整性负责。

2.单位负责人应当保证会计机构、会计人员依法履行职责，不得授意、指使、强令会计机构、会计人员违法办理会计事项。

★【专家一对一】

**单位负责人是指单位的法定代表人或者法律、法规规定代表单位行使职权的主要负责人。一是单位的法定代表人，如国有工业企业的厂长、经理，公司制企业的董事长、国家机关的行政首长等；二是按照法律、行政法规的规定代表单位行使职权的负责人，如代表合伙企业执行合伙企业事务的合伙人、个人独资企业投资人等。如题目仅说"合伙企业合伙人"，则不是单位负责人。**

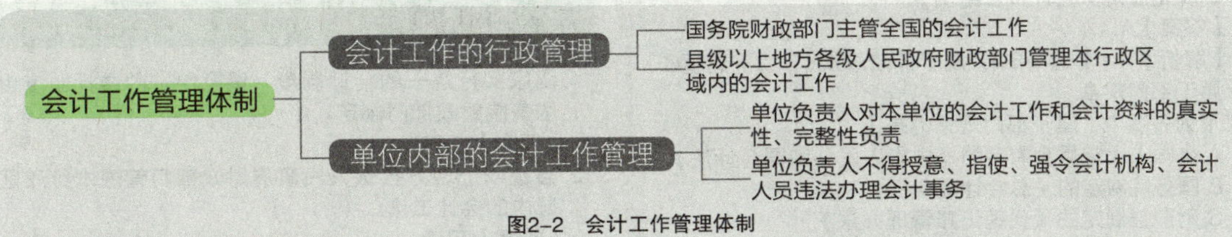


图2-2 会计工作管理体制

【例题·单选题】下列人员中，应当对甲公司的会计工作和会计资料的真实性、完整性负责的是（　　）。

A.甲公司主管会计工作的负责人　　B.甲公司的法定代表人

C.甲公司的会计人员和会计机构负责人　　D.甲公司的内部审计人员

【答案】B

【解析】（1）选项B，会计法规定，单位负责人对本单位会计工作和会计资料的真实性、完整性负责。法定代表人属于单位负责人，故甲公司的法定代表人应当对甲公司的会计工作和会计资料的真实性、完整性负责。（2）选项ACD中，所列人员均不属于单位负责人，不属于应当对单位的会计工作和会计资料的真实性、完整性负责的人员。

★【专家一点通】

**我国会计法律制度的构成**

| | 制定机关 | 名称（举例） |
|---|---|---|
| 会计法律 | 全国人大常委会 | 《中华人民共和国会计法》（简称《会计法》） |
| 会计行政法规 | 国务院 | 《总会计师条例》 |
| | | 《企业财务会计报告条例》 |
| 会计部门规章 | 财政部 | 《代理记账管理办法》 |
| | | 《企业内部控制基本规范》 |
| | | 《企业会计准则》 |
| | 财政部、国家档案局 | 《代理记账管理办法》 |
| 效力等级：会计法律＞会计行政法规＞会计部门规章 | | |

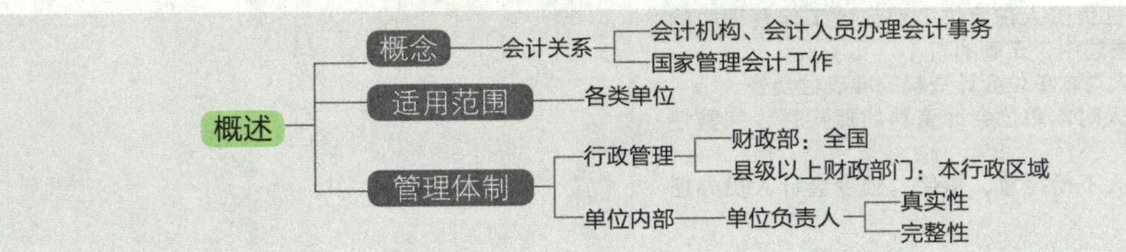

# 节节测

## 一、单项选择题

1. 下列各项中，属于会计法律的是（　　）。
A.《中华人民共和国会计法》
B.《总会计师条例》
C.《代理记账管理办法》
D.《企业财务会计报告条例》
【答案】A
【解析】（1）选项BD，属于行政法规；（2）选项C属于部门规章。

2. 下列各项中，属于部门规章的是（　　）。
A.全国人大常委会制定的《中华人民共和国会计法》
B.国务院制定的《总会计师条例》
C.财政部制定的《代理记账管理办法》
D.国务院制定的《企业财务会计报告条例》
【答案】C
【解析】（1）选项A，属于会计法律；（2）选项BD，属于行政法规；（3）选项C，属于部门规章。

3. 下列各项中，属于行政法规的是（　　）。
A.全国人大常委会制定的《中华人民共和国会计法》
B.国务院制定的《总会计师条例》
C.财政部制定的《代理记账管理办法》
D.财政部和国家档案局联合制定的《会计档案管理办法》
【答案】B
【解析】（1）选项A，属于会计法律；（2）选项B，属于行政法规；（3）选项CD，属于部门规章。

4. 下列各项中，属于主管全国会计工作的部门的是（　　）。
A.国务院财政部门　　B.国务院税务部门
C.国务院审计部门　　D.国务院监察部门
【答案】A
【解析】国务院财政部门主管全国的会计工作。

## 二、多项选择题

1. 国家统一的会计制度，由国务院财政部门根据《会计法》制定，包括会计核算制度和其他相关制度。下列各项中，属于该“其他相关制度”的有（　　）。
A.会计监督制度
B.会计机构和会计人员管理制度
C.会计工作管理制度
D.法律责任
【答案】ABC
【解析】会计法规定，“国家统一的会计制度，是指国务院财政部门根据本法制定的关于会计核算、会计监督、会计机构和会计人员以及会计工作管理的制度。”所以，选项D不属于。

2. 下列关于单位负责人在单位内部会计工作管理中的职责的各项表述中，正确的有（　　）。
A.单位负责人对本单位会计资料的准确性负责
B.单位负责人对本单位会计资料的真实性、完整性负责
C.单位负责人不得授意、指使、强令会计人员办理违法事项
D.单位负责人应依法做好会计核算工作
【答案】BC
【解析】（1）选项BC，属于单位负责人在会计工作管理中的职责范围；（2）选项AD，“对本单位会计资料的准确性负责”，“依法做好会计核算工作”，属于会计机构和会计人员会计核算职责。

## 三、判断题

1. 国家实行统一的会计制度，国家统一的会计制度由国务院财政部门制定。（　　）
【答案】正确。

2. 县级以上地方各级人民政府财政部门管理本行政区域内的会计工作。（　　）
【答案】正确。

3. 会计关系仅指会计机构和会计人员在办理会计事务过程中发生的各种经济关系。（　　）
【答案】错误。
【解析】会计关系包括两方面，题目表述不全面。

4. 单位负责人就是指单位法定代表人。（　　）
【答案】错误。
【解析】单位负责人是指单位法定代表人或者法律、行政法规规定代表单位行使职权的主要负责人。单位负责人包括单位的法定代表人，但不限于法定代表人。

5. 根据会计法的规定，国务院主管全国的会计工作。（　　）
【答案】错误。
【解析】国务院财政部门主管全国的会计工作。

# 第二节　会计核算与监督

## 一、会计核算

（一）会计核算基本要求（★★★）

1.依法建账。

（1）各单位都应当依照会计法的规定建账，进行会计核算。

（2）设置的账簿的种类和具体要求，要符合会计法、会计法规和国家统一的会计制度的规定。

（3）不得私设会计账簿。

【例题·判断题】依法设置会计账簿是单位进行会计核算的最基本要求之一。此处所说的“法”就是指《会计法》。（　　）

【答案】错误。

【解析】所说的“法”，既包括会计法，也包括会计法规和国家统一的会计制度等。

2.根据实际发生的经济业务进行会计核算。

根据实际发生的经济业务进行会计核算，体现了会计核算的真实性、客观性要求。

【例题·单选题】下列各项中，属于进行会计核算，填制会计凭证，登记会计账簿，编制财务会计报告依据的是（　　）。

A.实际发生的经济业务事项　　B.预计发生的经济业务事项

C.单位编制的预算　　D.单位签订的经济合同

【答案】A

【解析】各单位必须根据实际发生的经济业务事项进行会计核算，填制会计凭证，登记会计账簿，编制财务会计报告。选项BCD，都不属于实际发生的经济业务事项，不能作为会计核算的依据。

3.保证会计资料的真实和完整。

（1）会计资料的真实性是指会计资料所反映的内容和结果，应当同单位实际发生的经济业务的内容和结果相一致。会计资料的完整性是指构成会计资料的各项要素齐全，以使会计资料如实、全面地记录和反映经济业务发生情况。

★【专家一对一】

会计资料上的内容和结果，同实际发生的经济业务事项的内容和结果不相符的，就属于不真实的会计资料。比如，某单位会计人员在审核一张购买原材料的原始凭证时，发现凭证上的单价和金额数字有涂改痕迹，且材料单价也明显高于市场价格，该凭证就属于不真实的原始凭证。会计资料的各项要素不齐全，该记载的未记载，就属于不完整的会计资料。比如，一张发票上未记载金额，这张原始凭证就属于不完整的原始凭证。

（2）真实性和完整性是会计资料最基本的质量要求，是会计工作的生命。

★【专家一对一】

会计资料有合法性、正确性、准确性等要求，但这些都不是会计资料最基本的质量要求，真实性和完整性才是会计资料最基本的质量要求，是会计工作的生命。因此，单位负责人要保证会计资料的真实性和完整性。

（3）伪造和变造是造成会计资料不真实、不完整的重要手段。伪造会计资料，是以虚假的经济业务事项为前提编制不真实的会计凭证、会计账簿和其他会计资料的行为。变造会计资料，是指采用涂改、挖补等手段改变会计凭证、会计账簿的真实内容，以歪曲事实真相。

★【专家一对一】

伪造就是虚构事实、无中生有。变造就是篡改事实。比如，明明买的是香烟，却要求商家开打印机发票，或者买打印机实际支付2 000元，却要求商家开3 000元发票，这些发票是不真实的会计凭证，导致它们不真实所采取的手段是伪造。明明发票上记载的商品名称是香烟，却将“香烟”涂改为“打印机”，或者购买打印机的发票金额明明是2 000元，却将发票的金额涂改为3 000元，这些会计凭证是不真实的会计凭证，导致它们不真实所采取的手段是变造。

【例题·单选题】某学校中秋节在超市购买一批月饼发给教职工作为节日福利，却要求超市开具办公用品发票。则下列各项中，属于对该发票性质的正确表述的是（　　）。

A.该发票属于不合法的原始凭证　　B.该发票属于不真实的原始凭证

C.该发票属于不合法的记账凭证　　D.该发票属于不真实的记账凭证

【答案】B

【解析】（1）选项CD，发票属于原始凭证，而不是记账凭证，故选项CD首先就可以断定为错误。（2）选项A，购买的是月饼，发票却开具的是办公用品，和事实不符，故属于不真实的原始凭证，故选项A也是错误的。正确答案是选项B。

4.正确采用会计处理方法。

（1）采用不同的会计处理方法，或者在不同会计期间采用不同的会计处理方法，都会影响会计资料的一致性和可比性。

（2）各单位采用的会计处理方法，前后各期应当一致，不得随意变更；确有必要变更的，应当按照国家统一的会计制度的规定变更，并将变更的原因、情况及影响在财务会计报告中说明。

★【专家一对一】

**会计处理方法不是绝对不能变更，而是不能随意变更。**

【例题·多选题】在不同会计期间采用不同的会计处理方法，都会影响会计资料的（　　）。

A.一致性　　B.可比性　　C.使用性　　D.完整性

【答案】AB

5.正确使用会计记录文字。

会计记录文字应当使用中文。在民族自治地方，会计记录可以同时使用当地通用的一种民族文字。中国境内的外商投资企业、外国企业和其他外国组织的会计记录可以同时使用一种外国文字。

★【专家一对一】

**会计记录可以只使用中文，也可以在使用中文的前提下并用一种民族文字或外国文字，但不能仅使用民族文字或外国文字。当然，“并用”只是针对民族地区或者外国组织而言，不是所有单位都可以“并用”。**

【例题·多选题】中国境内的下列各单位中，使用会计记录文字符合规定的有（　　）。

A.某少数民族地区甲公司，只使用其本民族文字进行会计记录

B.某少数民族地区乙公司，并用中文和民族文字进行会计记录

C.某外资企业丙公司，只使用其本国文字进行会计记录

D.某外商投资企业丁公司，只使用中文作为会计记录文字

【答案】BD

【解析】会计记录文字，可以只使用中文，也可以在使用中文的前提下，并用一种民族文字或者外国文字，但是不能只使用民族文字或外国文字，故选项BD正确，选项AC错误。

6.使用电子计算机进行会计核算，必须符合法律规定。

（1）使用电子计算机进行会计核算的，其使用的会计软件必须符合国家统一的会计制度的规定。

（2）使用电子计算机生成的会计资料，必须符合国家统一的会计制度的规定。

（3）使用电子计算机进行会计核算的，其会计账簿的登记、更正，应当符合国家统一的会计制度的规定。

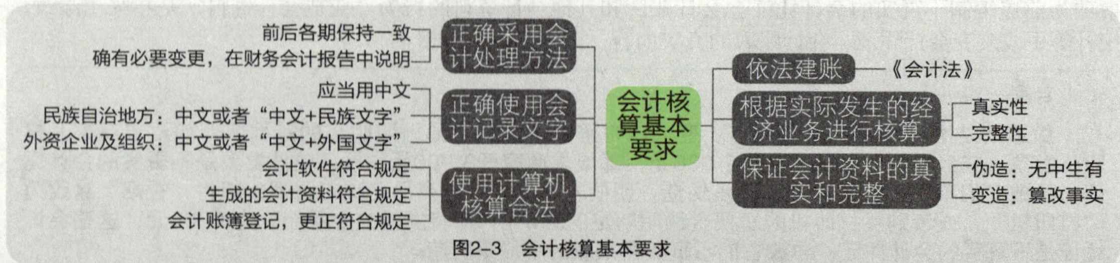


图2-3　会计核算基本要求

（二）会计核算的内容（★★★）

下列经济业务事项，应当办理会计手续，进行会计核算：

1.款项和有价证券的收付。

2.财物的收发、增减和使用。

3.债权债务的发生和结算。

4.资本、基金的增减。

5.收入、支出、费用、成本的计算。

6.财务成果的计算和处理。

7.需要办理会计手续、进行会计核算的其他事项。

（三）会计年度（★）

1.我国的会计年度实行公历年制，即以每年公历1月1日起至12月31日止为一个会计年度。

2.每个会计年度还可以按照公历日期具体划分为半年度、季度、月度。

★【专家一对一】

**会计年度的划分中，半年度是指1月—6月和7月—12月，单纯连续6个月的时长如从2月至7月的6个月并不构成半年度。季度的划分同理。**

【例题·多选题】下列各项中，属于我国会计年度正确的划分区间的有（　　）。

A.1月1日—1月31日　　B.4月1日—6月30日

C.3月1日—5月31日　　D.7月1日—12月31日

【答案】ABD

【解析】（1）选项A，属于月度；选项B，属于季度；选项D，属于半年度。（2）选项C，虽然时间跨度是3个月，但这3个月不在同一个季度里，故不属于季度。所以，本题正确答案是ABD。

（四）记账本位币（★★）

1.会计核算以人民币为记账本位币。

2.业务收支以人民币以外的货币为主的单位，可以选定其中一种货币作为记账本位币，但是编制的财务会计报告应当折算为人民币。

★【专家一对一】

**只有业务收支以外币为主的单位才可以选定一种外币记账，而且编制财务会计报告时必须折算为人民币，以便于财务报告使用者的阅读和使用，也便于税务等部门通过财务会计报告计算应缴纳税款等事项。**

【例题·多选题】下列关于中国境内的单位，使用记账本位币的做法，正确的有（　　）。

A.甲单位，人民币记账，人民币编制财务会计报告　B.乙单位，外币记账，外币编制财务会计报告

C.丙单位，人民币记账，外币编制财务会计报告　D.丁单位，外币记账，人民币编制财务会计报告

【答案】AD

【解析】会计核算以人民币为记账本位币，业务收支以人民币以外的货币为主的单位，可以选定其中一种货币作为记账本位币，但是编制的财务会计报告应当折算为人民币，故本题正确答案是选项AD。

（五）会计凭证和会计账簿（★★★）

1.会计凭证。

会计凭证按来源和用途，分为原始凭证和记账凭证。

（1）原始凭证填制的基本要求。

①会计机构、会计人员必须按照国家统一的会计制度的规定对原始凭证进行审核，对不真实、不合法的原始凭证有权不予接受，并向单位负责人报告；对记载不准确、不完整的原始凭证予以退回，并要求按照国家统一的会计制度的规定更正、补充。

★【专家一对一】

**不真实、不合法的原始凭证，一般是故意造成的，因此，对这类原始凭证不予接受，并向单位负责人报告；不准确、不完整的原始凭证，一般是粗心大意造成的，因此，对这类原始凭证退回，更正、补充后，合乎要求的，仍然可以接受。**

②原始凭证记载的各项内容均不得涂改；原始凭证有错误的，应当由出具单位重开或者更正，更正处应当加盖出具单位印章。原始凭证金额有错误的，应当由出具单位重开，不得在原始凭证上更正。

★【专家一对一】

**金额错误，只能重开，不能更正；非金额错误，可以重开也可以更正。无论重开还是更正，只能由原出具单位进行。**

【例题·多选题】下列各项中，属于会计机构、会计人员收到不真实、不合法的原始凭证后的正确做法的有（　　）。

A.不予接受　　B.向单位负责人报告

C.请求查明原因，追究有关当事人的责任　　D.予以退回，要求更正、补充

【答案】ABC

【解析】（1）选项ABC，会计机构、会计人员对不真实、不合法的原始凭证，有权不予接受，并向单位负责人报告，请求查明原因，追究有关当事人的责任。（2）选项D，属于对不准确、不完整的原始凭证的正确做法。

（2）记账凭证填制的基本要求。

①记账凭证应当根据经过审核的原始凭证及有关资料编制。

②一张原始凭证所列支出需要由两个以上单位共同负担时，应当由保留该原始凭证的单位开具原始凭证分割单给其他单位，该其他单位以原始凭证分割单作账务处理。

★【专家一对一】

**不能凭发票的复印件或者证明等做账务处理。**

表2-1　会计凭证的分类

<table>
<tr><td rowspan="6">会计凭证</td><td rowspan="4">原始凭证</td><td>不真实、不合法</td><td colspan="2">不予接受+报告</td></tr>
<tr><td>不准确、不完整</td><td colspan="2">退回+“更正、补充”</td></tr>
<tr><td rowspan="2">有错误</td><td>非金额错误</td><td>重开或更正+盖章</td></tr>
<tr><td>金额错误</td><td>重开</td></tr>
<tr><td rowspan="2">记账凭证</td><td>编制依据</td><td colspan="2">经过审核的原始凭证及有关资料</td></tr>
<tr><td>一张原始凭证支出由多家单位负担</td><td colspan="2">原始凭证分割单</td></tr>
</table>

【例题·单选题】甲公司和乙公司共同向丙公司支付了50万元款项，丙公司只开出了一张发票交给甲公司保存，如果乙公司要依法记账，下列做法中正确的是（　　）。

A.甲公司记账后再将发票原件交乙公司记账

B.甲公司保存发票原件，并向乙公司出具发票复印件作为其记账依据

C.由丙公司向乙公司出具发票的复印件作为其记账依据

D.由甲公司保存发票原件，并向乙公司开出原始凭证分割单作为其记账依据

【答案】D

【解析】根据规定，“一张原始凭证的款项由两个以上单位承担的，保存该原始凭证的单位应当向其他应承担的单位开出原始凭证分割单”。故正确做法是，由甲公司保存发票原件，并向乙公司开出原始凭证分割单作为其记账依据，正确答案是选项D。

2.会计账簿。

（1）会计账簿种类

①总账，也叫总分类账，一般有订本账和活页账两种形式。

②明细账，也叫明细分类账，一般采用活页账形式。

③日记账，是一种特殊的序时账簿，包括现金日记账、银行存款日记账，日记账通常采用订本账的形式。

④其他辅助账簿，也叫备查账簿，是为备忘备查而设置的账簿，备查账簿没有固定的形式。备查账簿主要有：各种租借设备、物资的辅助登记或有关应收、应付款项的备查簿，担保、抵押备查簿等。

（2）登记会计账簿的基本要求

①必须依据经过审核的会计凭证登记会计账簿。

★【专家一对一】

登记会计账簿一般以经过审核的记账凭证为依据，但有时也可以直接以原始凭证为依据。

②登记会计账簿必须按照记账规则进行，包括按照连续编号的页码顺序登记；会计账簿记录发生错误或者隔页、缺号、跳行的，应当按照国家统一会计制度的规定更正，并由会计人员和会计机构负责人（会计主管人员）在更正处盖章。

③任何单位不得在法定会计账簿之外私设会计账簿。

【例题·判断题】会计账簿登记，只能以经过审核的记账凭证为依据。（ ）
【答案】错误。
【解析】登记会计账簿，一般以记账凭证为依据，有时也以原始凭证为依据，题干表述不全面。

（六）财务会计报告（★★★）

1.财务会计报告的构成。

（1）企业财务会计报告由会计报表、会计报表附注和财务情况说明书组成。其中，会计报表包括资产负债表、利润表、现金流量表及相关附表。

★【专家一对一】

企业财务会计报告包括四表（资产负债表、利润表、现金流量表及其附表）、一注（会计报表附注）、一说明（财务情况说明书）。凭证、账簿、单位计划、审计报告、会计凭证、会计账簿等都不属于财务会计报告的组成部分。

（2）企业财务会计报告按照涵盖的时间分为年度、半年度、季度和月度财务会计报告。季度、月度财务会计报告通常仅指会计报表，会计报表至少应当包括资产负债表和利润表。

季度、月度财务会计报告可以只报送资产负债表和利润表。

【例题·单选题】（2018）下列各项中，不属于企业财务会计报告组成部分的是（ ）。
A.审计报告　　B.财务情况说明书　　C.会计报表　　D.会计报表附注
【答案】A
【解析】企业财务会计报告包括会计报表（包括资产负债表、利润表、现金流量表及相关附表）、会计报表附注和财务情况说明书。
【解析】财务会计报告分为年度、半年度、季度和月度财务会计报告。

2.财务会计报告的对外提供。

（1）单位负责人应当保证财务会计报告的真实、完整。

（2）企业对外提供的财务会计报告应当由单位负责人和主管会计工作的负责人、会计机构负责人（会计主管人员）签名并盖章；设置总会计师的单位，还须由总会计师签名并盖章。

（3）国有企业、国有控股的或者占主导地位的企业，应当至少每年一次向本企业的职工代表大会公布财务会计报告，并重点说明下列事项：

①反映与企业职工利益密切相关的信息；
②内部审计发现的问题及纠正情况；
③注册会计师审计的情况；
④国家审计机关发现的问题；
⑤重大的投资、融资和资产处置决策及其原因的说明等。

（4）企业向不同的会计资料使用者提供的财务会计报告，其编制基础、编制依据、编制原则和方法应当一致。

（5）财务会计报告须经注册会计师审计的，企业应当将注册会计师及其所在的会计师事务所出具的审计报告随同财务会计报告一并对外提供。

★【专家一对一】

“财务会计报告须经注册会计师审计的”，是一种虚拟语态，并不是所有的财务会计报告都必须经过注册会计师审计。

（6）接受企业财务会计报告的组织或个人，在企业财务会计报告未正式对外披露前，应当对其内容保密。

表2-2 财务会计报告

<table>
<tr><td rowspan="13">财务会计报告</td><td rowspan="7">构成</td><td rowspan="3">按内容</td><td colspan="2">会计报表</td></tr>
<tr><td colspan="2">会计报表附注</td></tr>
<tr><td colspan="2">财务情况说明书</td></tr>
<tr><td rowspan="4">按时间</td><td colspan="2">年度</td></tr>
<tr><td colspan="2">半年度</td></tr>
<tr><td>季度</td><td rowspan="2">仅指会计报表</td></tr>
<tr><td>月度</td></tr>
<tr><td rowspan="6">对外提供</td><td rowspan="4">签名“并”盖章</td><td colspan="2">企业负责人</td></tr>
<tr><td colspan="2">主管会计工作的负责人</td></tr>
<tr><td colspan="2">会计机构负责人（会计主管）</td></tr>
<tr><td colspan="2">总会计师</td></tr>
<tr><td colspan="3">编制基础、依据、原则、方法一致</td></tr>
<tr><td colspan="3">与审计报告一并提供</td></tr>
</table>

【例题·多选题】下列人员中，应当在单位财务会计报告上签名并盖章的有（ ）。

A.单位负责人　　B.总会计师　　C.会计机构负责人　　D.出纳人员

【答案】ABC

【解析】（1）选项ABC，财务会计报告由单位负责人和主管会计工作的负责人、会计机构负责人（会计主管人员）签名并盖章；设置总会计师的单位，还须由总会计师签名并盖章。（2）选项D，出纳人员不属于以上人员之列，不需要在财务会计报告上签名盖章。

（七）账务核对及财产清查（★★★）

1.账务核对。

（1）账务核对即对账，包括账账核对、账表核对、账证核对，是保证会计账簿记录质量的重要程序。

（2）各单位应当定期将会计账簿记录与实物、款项及有关资料相互核对，保证会计账簿记录与实物及款项的实有数额相符、会计账簿记录与会计凭证的有关内容相符、会计账簿之间相对应的记录相符、会计账簿记录与会计报表的有关内容相符。

★【专家一对一】

**对账要做到“四个相符”，即账实相符、账证相符、账账相符、账表相符。**

【例题·单选题】（2018）下列关于账务核对的表述中，不正确的是（ ）。

A.保证会计账簿记录与实物及款项的实有数额相符

B.保证会计账簿记录与年度财务预算相符

C.保证会计账簿之间相对应的记录相符

D.保证会计账簿记录与会计凭证的有关内容相符

【答案】B

【解析】各单位应当定期将会计账簿记录与实物、款项及有关资料相互核对，保证会计账簿记录与实物及款项的实有数额相符（选项A）、会计账簿记录与会计凭证的有关内容相符（选项D）、会计账簿之间相对应的记录相符（选项C）、会计账簿记录与会计报表的有关内容相符。

2.财产清查。

（1）各单位在编制年度财务会计报告前，必须进行财产清查，并对账实不符等问题进行会计处理。

（2）财产清查分为定期清查和不定期清查，全面清查和部分清查。

★【专家一对一】

**编制年度财务会计报告前必须进行财产清查，编制半年度、季度、月度财务会计报告前，是否进行财产清查，不作强制性规定。**

## 二、会计档案管理

（一）会计档案的概念（★★）

1.会计档案是指单位在进行会计核算等过程中接收或形成的，记录和反映单位经济业务事项的，具有保存价值的文字、图表等各种形式的会计资料，包括通过计算机等电子设备形成、传输和存储的电子会计档案。

2.单位的计划、预算、制度等文件，属于文书档案，不属于会计档案。

【例题·多选题】下列各项中，不属于会计档案的有（ ）。

A.会计档案移交清册 B.银行对账单 C.基本存款账户开户许可证 D.年度工作计划

【答案】CD

【解析】（1）选项AB，属于其他类会计档案；（2）选项CD，属于文书档案，不属于会计档案。

（二）会计档案的归档（★★）

1.会计档案的分类。

（1）会计凭证类：原始凭证、记账凭证。

（2）会计账簿类：总账、明细账、日记账、固定资产卡片及其他辅助性账簿。

（3）财务会计报告类：月度、季度、半年度、年度财务会计报告。

（4）其他类：银行存款余额调节表、银行对账单、纳税申报表、会计档案移交清册、会计档案保管清册、会计档案销毁清册、会计档案鉴定意见书及其他具有保存价值的会计资料。

2.会计档案的归档要求。

（1）同时满足下列条件的，单位内部形成的属于归档范围的电子会计资料可仅以电子形式保存，形成电子会计档案：

①形成的电子会计资料来源真实有效，由计算机等电子设备形成和传输；

②使用的会计核算系统能够准确、完整、有效接收和读取电子会计资料，能够输出符合国家标准归档格式的会计凭证、会计账簿、财务会计报表等会计资料，设定了经办、审核、审批等必要的审签程序；

③使用的电子档案管理系统能够有效接收、管理、利用电子会计档案，符合电子档案的长期保管要求，并建立了电子会计档案与相关联的其他纸质会计档案的检索关系；

④采取有效措施，防止电子会计档案被篡改；

⑤建立电子会计档案备份制度，能够有效防范自然灾害、意外事故和人为破坏的影响；

⑥形成的电子会计资料不属于具有永久保存价值或者其他重要保存价值的会计档案。

（2）满足（1）所列条件，单位从外部接收的电子会计资料附有符合《中华人民共和国电子签名法》规定的电子签名的，可仅以电子形式归档保存，形成电子会计档案。

（3）单位会计管理机构负责会计资料的整理立卷，编制会计档案保管清册。

（4）当年形成的会计档案，在会计年度终了后，可由单位会计管理机构临时保管一年，再移交单位档案管理机构保管。因工作需要确需推迟移交的，应当经单位档案管理机构同意。

（5）单位会计管理机构临时保管会计档案最长不超过3年。临时保管期间，会计档案的保管应当符合国家档案管理的有关规定，出纳人员不得兼管会计档案。

【例题·判断题】某单位的会计档案在会计年度终了后，由单位的会计管理机构保管了4年，该做法合法。（ ）

【答案】错误。

【解析】当年形成的会计档案，在会计年度终了后，可由单位会计管理机构临时保管1年，再移交单位档案管理机构保管；因工作需要确需推迟移交的，应当经单位档案管理机构同意。单位会计管理机构临时保管会计档案最长不超过3年。该档案在会计管理机构保管了4年，超过了最长保管期限，该做法不合法。

（三）会计档案的移交和利用（★★）

1.会计档案的移交。

（1）单位会计管理机构在办理会计档案移交时，应当编制会计档案移交清册，并按照国家档案管理的有关规定办理移交手续。

（2）纸质会计档案移交时应当保持原卷的封装。电子会计档案移交时应当将电子会计档案及其元数据一并移交，且文件格式应当符合国家档案管理的有关规定。特殊格式的电子会计档案应当与其读取平台一并移交。

（3）单位档案管理机构接收电子会计档案时，应当对电子会计档案的准确性、完整性、可用性、安全性进行检测，符合要求的才能接收。

【例题·多选题】单位之间办理会计档案的移交手续的下列做法中，不正确的有（　　）。
A.纸质会计档案原卷的封装已经破损
B.移交电子档案时未移交元数据
C.移交特殊格式的电子档案时，还一并移交了读取平台
D.接收单位对电子档案未经检测，即直接接收
【答案】ABD
【解析】（1）选项A，纸质的会计档案移交时应当保存原卷的封装；（2）选项B，移交电子档案时，应当一并移交元数据；（3）选项C，一并移交读取平台，该做法正确；（4）选项D，移交电子档案时，接收单位应当对电子档案进行检测，符合要求的才能接收，该单位未经检测直接接收，不正确。

2.会计档案的利用。

（1）单位保存的会计档案一般不得对外借出。确因工作需要且根据国家有关规定必须借出的，应当严格按照规定办理相关手续。

（2）会计档案借用单位要确保借入会计档案的安全完整，并在规定时间内归还。

表2-3　会计档案的移交和利用

| | | | |
|---|---|---|---|
| 移交和利用 | 移　交 | 纸质 | 保持原卷封装 |
| | | 电子 | “电子档案+元数据”一并移交 |
| | | | “电子档案+读取平台”一并移交 |
| | 利　用 | 本单位保存的一般不外借 | |

【例题·判断题】单位保存的会计档案一律不得对外借出。（　　）
【答案】错误。
【解析】单位保存的会计档案一般不得对外借出。确因工作需要且根据国家有关规定必须借出的，应当严格按照规定办理相关手续。

（四）会计档案的保管期限（★★★）

1.会计档案的保管期限分为永久和定期两类，其中定期保管期限一般分为10年和30年。

2.定期保管期限是最低保管期限。

3.定期保管期限从会计年度终了后的第一天算起。

★【专家一对一】
当年形成的会计档案，无论形成或归档于哪一天，保管期限统一从第2年的1月1日开始算起。

表2-4　会计档案的保管期限

| | | |
|---|---|---|
| 永　久 | 会计档案保管清册 | |
| | 会计档案销毁清册 | |
| | 会计档案鉴定意见书 | |
| | 年度财务会计报告 | |
| 定　期 | 30年 | 原始凭证、记账凭证 |
| | | 总账、明细账、日记账、其他辅助账簿 |
| | | 会计档案移交清册 |
| | 10年 | 月度、季度、半年度财务会计报告 |
| | | 银行存款余额调节表、银行对账单 |
| | | 纳税申报表 |
| | 5年 | 固定资产卡片，固定资产报废清理后保管5年 |

【例题·多选题】下列有关会计档案保管期限的表述中，正确的有（　　）。
A.半年度财务报告永久保管　　B.日记账保管30年

C.会计凭证保管10年　　D.总账、明细账保管30年
【答案】BD
【解析】（1）选项A，半年度财务报告保管期限10年；（2）选项 C，会计凭证（包括原始凭证和记账凭证）保管期限为30年。

（五）会计档案的鉴定和销毁（★★★）

1.会计档案的鉴定。

（1）单位应当定期对已到保管期限的会计档案进行鉴定，并形成会计档案鉴定意见书。经鉴定，仍需继续保存的会计档案，应当重新划定保管期限；对保管期满，确无保存价值的会计档案，可以销毁。

（2）会计档案鉴定工作应当由单位档案管理机构牵头，组织单位会计、审计、纪检监察等机构或人员共同进行。

2.销毁程序。

经鉴定可以销毁的会计档案，应当按照以下程序销毁：

（1）单位档案管理机构编制会计档案销毁清册。

（2）单位负责人、档案管理机构负责人、会计管理机构负责人、档案管理机构经办人、会计管理机构经办人在会计档案销毁清册上签署意见。

（3）单位档案管理机构负责组织会计档案销毁工作，并与会计管理机构共同派员监销。监销人在会计档案销毁前，应当按照会计档案销毁清册所列内容进行清点核对；在会计档案销毁后，应当在会计档案销毁清册上签名或盖章。

电子会计档案的销毁还应当符合国家有关电子档案的规定，并由单位档案管理机构、会计管理机构和信息系统管理机构共同派员监销。

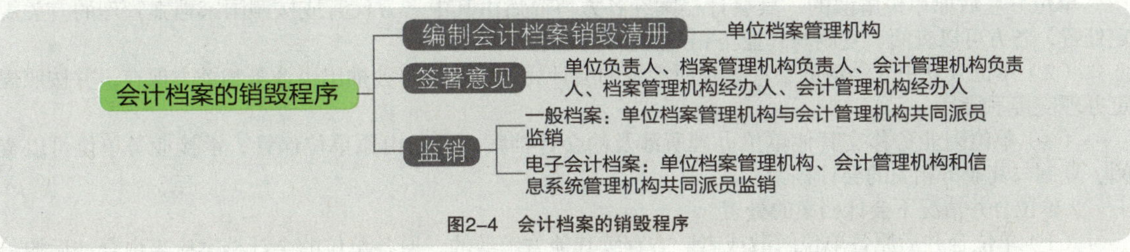


图2-4　会计档案的销毁程序

【例题·多选题】下列关于会计档案销毁的表述中，不正确的有（　　）。
A.单位负责人、档案管理机构负责人、会计管理机构负责人、档案管理机构经办人、会计管理机构经办人应当在会计档案销毁清册上签署意见
B.监销人在会计档案销毁前，应当按照会计档案销毁清册所列内容进行清点核对；在会计档案销毁后，在会计档案销毁清册上签名并盖章
C.单位档案管理机构负责组织会计档案销毁工作，并与审计机构共同派员监销
D.电子会计档案的销毁应当符合国家有关电子档案的规定，并由单位档案管理机构和信息系统管理机构共同派员监销
【答案】BCD
【解析】（1）选项B，监销人在会计档案销毁前，应当按照会计档案销毁清册所列内容进行清点核对；在会计档案销毁后，应当在会计档案销毁清册上“签名或盖章”，不是“签名并盖章”；（2）选项C，单位档案管理机构负责组织会计档案销毁工作，并与会计管理机构共同派员监销；（3）选项D，电子会计档案的销毁应当符合国家有关电子档案的规定，并由单位档案管理机构、会计管理机构和信息系统管理机构3个机构共同派员监销，仅由单位档案管理机构和信息系统管理机构2个机构派员监销不合法。

【例题·判断题】（2018）会计档案销毁之后，监销人应该在销毁清册上签名和盖章。（　　）
【答案】错误。
【解析】监销人在会计档案销毁后，应当在会计档案销毁清册上签名“或”盖章。

3.不得销毁的会计档案。

（1）保管期满但未结清的债权债务会计凭证。

（2）涉及其他未了事项的会计凭证。

（3）纸质会计档案应单独抽出立卷，电子会计档案单独转存，保管到未了事项完结时为止。

【例题·多选题】某高级中学拟销毁一批保管期满的会计档案，其中包括两张未结清的债权债务原始凭证，主管会计工作的副校长在会计档案销毁清册上签署销毁意见后，由该中学的档案管理部门负责对该批会计档案进行销毁，销毁后遂向校党委书记报告。下列各项中，属于该中学在会计档案销毁过程中不正确做法的有（　　）。

A.销毁了会计档案中未结清的债权债务原始凭证

B.销毁会计档案由副校长在销毁清册上签署意见

C.档案管理部门独自销毁会计档案。

D.编制会计档案销毁清册前，未对会计档案进行鉴定

【答案】ABCD

【解析】（1）选项A，未结清的债权债务原始凭证不得销毁；（2）销毁会计档案仅由负责会计工作的副校长在销毁清册上签署意见不正确，应有单位负责人（校长）、档案管理机构负责人、会计管理机构负责人、档案管理机构经办人、会计管理机构经办人在销毁清册上签署意见；（3）选项C，会计档案应该由档案管理部门和会计管理部门共同派员监销，档案管理部门独自销毁会计档案不合法；（4）编制会计档案销毁清册前，未对会计档案进行鉴定不合法，应该先对会计档案进行鉴定，形成会计档案鉴定意见书，再据以编制会计档案销毁清册。

（六）特殊情况下的会计档案处置（★）

1.单位分立情况下会计档案处置。

（1）单位分立后原单位存续的，其会计档案由分立后的存续方统一保管，其他方可以查阅、复制与其业务相关的会计档案。

单位分立后原单位解散的，其会计档案经各方协商后由其中一方代管或按照国家档案管理的有关规定处置，各方可以查阅、复制与其业务相关的会计档案。

（2）单位分立中未结清的会计事项所涉及的会计凭证，应当单独抽出由业务相关方保存，并按照规定办理交接手续。

（3）单位因业务移交其他单位办理所涉及的会计档案，应当由原单位保管，承接业务单位可以查阅、复制与其业务相关的会计档案。

2.单位合并情况下会计档案的处置。

（1）单位合并后原各单位解散或者一方存续其他方解散的，原各单位的会计档案应当由合并后的单位统一保管。

（2）单位合并后原各单位仍存续的，其会计档案仍应当由原各单位保管。

3.建设单位项目建设会计档案的交接。

建设单位在项目建设期间形成的会计档案，需要移交给建设项目接收单位的，应当在办理竣工财务决算后及时移交，并按照规定办理交接手续。

4.单位之间交接会计档案的手续。

（1）单位之间交接会计档案时，交接双方应当办理会计档案交接手续。

（2）移交会计档案的单位，应当编制会计档案移交清册。

（3）交接会计档案时，交接双方应当按照会计档案移交清册所列内容逐项交接，并由交接双方的单位有关负责人负责监督。

（4）交接完毕后，交接双方经办人和监督人应当在会计档案移交清册上签名或盖章。

（5）电子会计档案应当与其元数据一并移交，特殊格式的电子会计档案应当与其读取平台一并移交。

**表2-5　特殊情况下的会计档案处置**

| | | | |
|---|---|---|---|
| 特殊情况下的处置 | 单位分立 | 原单位存续 | 存续一方保管，其他方可以查阅、复制 |
| | | 原单位解散 | 各方协商由其中一方代管或按规定处置，各方可以查阅、复制 |
| | | 未结清的事项 | 由业务相关方保存 |
| | 单位合并 | 原各单位解散或一方存续其他方解散 | 由合并后的单位统一保管 |
| | | 原各单位仍存续 | 由原各单位保管 |
| | 建设单位项目建设会计档案的交接 | 办理竣工财务决算后及时移交 | |
| | 单位之间交接会计档案的手续 | | |

【例题·判断题】（2018）单位合并后一方存续其他方解散的，各单位的会计档案应由存续方统一保管。（　　）
【答案】正确。
【解析】单位合并后原各单位解散或者一方存续其他方解散的，原各单位的会计档案应当由合并后的单位统一保管。

## 三、会计监督

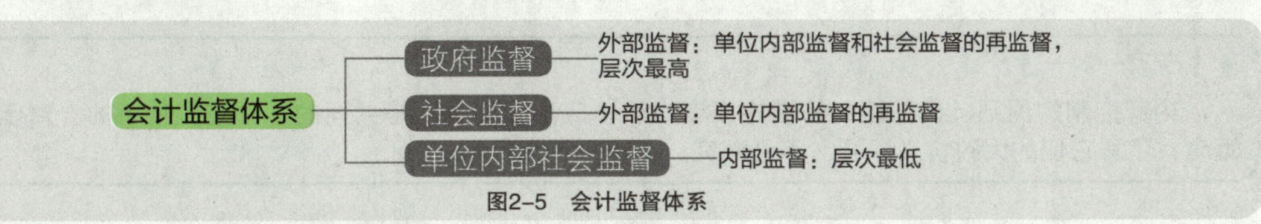

图2-5　会计监督体系

（一）单位内部会计监督（★★★）

1.单位内部会计监督的概念。

（1）单位内部会计监督是指会计机构、会计人员依照法律规定，通过会计手段对单位的经济活动的合法性、合理性和有效性进行的监督。

（2）内部监督的主体：单位的会计机构、会计人员。

（3）内部监督的对象：单位的经济活动。

★【专家一对一】
**单位内部会计监督的对象是单位的经济活动，而不是单位的会计行为。**

2.单位内部会计监督的要求。

（1）会计机构、会计人员对违反会计法和国家统一的会计制度规定的会计事项，有权拒绝办理或者按照职权予以纠正。

（2）会计机构、会计人员发现会计账簿记录与实物、款项及有关资料不相符的，按照国家统一的会计制度的规定有权自行处理的，应当及时处理；无权处理的，应当立即向单位负责人报告，请求查明原因，作出处理。

（3）单位负责人应当保证会计机构、会计人员依法履行职责，不得授意、指使、强令会计机构、会计人员违法办理会计事项。

【例题·单选题】下列各项中，属于单位内部会计监督的主体是（　　）。
A.财政部门、税务机关、政府审计机关　　B.注册会计师及其所在的会计师事务所
C.单位的会计机构和会计人员　　D.单位内部的审计机构和审计人员
【答案】C
【解析】单位内部会计监督的主体是各单位的会计机构和会计人员。（1）选项A，属于政府会计监督的主体；（2）选项B，属于社会会计监督的主体；（3）选项C，属于单位内部的会计监督主体；（4）选项D，属于单位内部审计监督的主体。

3.单位内部控制制度。

内部控制是指单位为实现控制目标，通过制定制度、实施措施和执行程序，对经济活动的风险进行防范和管控。

（1）内部控制的原则

①全面性原则，指内部控制应当贯穿单位经济活动的决策、执行和监督全过程；②重要性原则，指在全面控制的基础上，应当关注单位重要经济活动和经济活动的重大风险；③制衡性原则，指内部控制应当在治理结构、机构设置及权责分配、业务流程等方面形成相互制约、相互监督；④适应性原则，指内部控制应当符合国家有关规定和单位的实际情况，并随着情况的变化及时加以调整；⑤成本效益原则，这是指企业内部控制应当权衡实施成本与预期效益，以适当的成本实现有效控制。

（2）企业内部控制措施

①不相容职务分离控制；②授权审批控制；③会计系统控制；④财产保护控制；⑤预算控制；⑥运营分析控制；⑦绩效考评控制。

（3）行政事业单位内部控制措施

①不相容岗位相互分离；②授权审批控制；③会计控制；④财产保护控制；⑤预算控制；⑥归口管理；⑦单据控制；⑧信息内部公开。

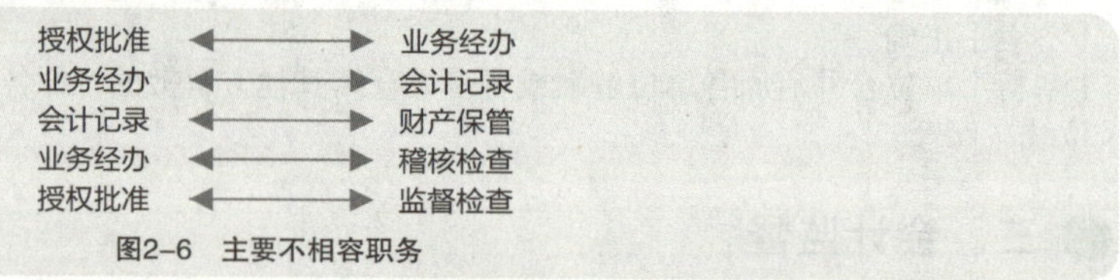


图2-6 主要不相容职务

★【专家一对一】

**内部控制的原则、内部控制的措施或者方法，应当分清哪些是共同的，哪些是特有的。对于这些概念，了解它们的大致含义即可，不必深究。**

【例题·多选题】下列各项中，不属于企业内部控制应当遵循的原则的有（　　）。

A.独立性原则　　B.制衡性原则　　C.成本效益原则　　D.准确性原则

【答案】AD

【解析】企业内部控制应当遵循的原则有：全面性原则、重要性原则、制衡性原则、适应性原则、成本效益原则。

【例题·多选题】下列选项中，属于不相容职务的是（　　）。

A.授权批准与业务经办　B.业务经办与会计记录

C.现金日记账与出纳　D.业务经办与稽核检查

【答案】ABD

【解析】（1）选项ABD：不相容职务主要包括：授权批准与业务经办（A）、业务经办与会计记录（B）、会计记录与财产保管、业务经办与稽核检查（D）、授权批准与监督检查等。（2）选项C：出纳人员可以负责现金日记账的记录，不属于不相容职务。

（二）会计工作的政府监督（★★★）

1.政府监督的概念。

（1）会计工作的政府监督，主要是指财政部门代表国家对各单位和单位中相关人员的会计行为实施的监督检查，以及对发现的违法行为实施行政处罚。

（2）审计、税务、人民银行、证券监管、保险监管等部门依法对有关单位的会计资料实施监督检查。

★【专家一对一】

**财政部门是政府会计监督的主要主体，其监督面向辖区的“各单位”，以及单位会计工作的“各个方面”；而审计、税务、人民银行、证券监管、保险监管等其他部门只能对“有关单位”的“会计资料”实施监督。**

【例题·多选题】下列各项中，属于会计工作政府监督范畴的有（　　）。

A.财政部门对各单位会计核算工作的检查监督

B.人民银行对有关金融单位会计账簿的检查监督

C.证券监管部门对证券公司会计资料的检查监督

D.注册会计师对委托单位的财务会计报告的审计监督

【答案】ABC

【解析】选项D，属于社会会计监督的范畴。

2.财政部门会计监督的主要内容。

（1）是否依法设置会计账簿。

（2）会计凭证、会计账簿、财务会计报告和其他会计资料是否真实、完整。

（3）会计核算是否符合会计法和国家统一的会计制度的规定。

（4）从事会计工作的人员是否具备专业能力、遵守职业道德的情况。

国务院财政部门及其派出机构在对有关单位会计资料的真实性、完整性实施监督检查过程中，发现重大违法嫌疑时，可以向与被检查单位有经济业务往来的单位或者被检查单位开立账户的金融机构查询有关情况。

【例题·多选题】下列各项中，属于财政部门实施会计监督检查的内容有（ ）。
A.单位是否依法设置会计账簿
B.单位是否依法纳税
C.会计人员是否遵守职业道德
D.会计人员是否具备从事会计工作的相应的专业能力
【答案】ACD
【解析】选项B，属于税务部门的职权。

（三）会计工作的社会监督（★★）

1. 会计工作社会监督的概念。

（1）会计工作的社会监督，主要是指由注册会计师及其所在的会计师事务所等中介机构接受委托，依法对委托单位的经济活动进行审计，出具审计报告，发表审计意见的一种监督制度。

（2）单位和个人检举违反会计法和国家统一会计制度的行为，也属于会计工作的社会监督。

【例题·多选题】下列各项中，属于对会计工作社会监督的有（ ）。
A.注册会计师及其所在的会计师事务所对委托单位的经济活动进行的审计
B.人民银行对单位会计资料的检查监督
C.单位和个人检举违反会计法和国家统一的会计制度的行为
D.财政部门对违法的会计行为的行政处罚
【答案】AC
【解析】选项BD：属于会计工作的政府监督。

2.注册会计师的审计报告。

（1）审计报告的概念和要素。

①注册会计师应当就财务报表是否在所有重大方面按照适当的财务会计报告编制基础编制并实现公允反映形成审计意见。

★【专家一对一】

**注册会计师进行审计，是为了针对财务会计报告的“合法性”和“公允性”发表意见，而不是为了“查账”或“纠错”。**

②审计报告应当包括下列要素：标题；收件人；引言段；管理层对财务报表的责任段；注册会计师的责任段；审计意见段；注册会计师的签名和盖章；会计师事务所的名称、地址及盖章；报告日期。

（2）审计报告的种类。

审计报告分为标准审计报告和非标准审计报告。

①标准审计报告：不含有说明段、强调事项段、其他事项段或其他任何修饰性用语的无保留意见的审计报告。包含其他报告责任段，但不含有强调事项段或其他事项段的无保留意见的审计报告视为标准审计报告。

②非标准审计报告：带强调事项段或其他事项段的无保留意见的审计报告和非无保留意见的审计报告。非无保留审计意见，包括保留意见、否定意见和无法表示意见三类。

（3）审计意见的类型。

表2-6 审计意见的类型

| 审计意见类型 | | 适用情形 |
|---|---|---|
| 无保留意见 | | 注册会计师认为财务报表在所有重大方面按照适用的财务报告编制基础编制并实现公允反映时。 |
| 非无保留意见 | 保留意见 | 在获取充分、适当的审计证据后，注册会计师认为错报单独或汇总起来对财务报表影响重大，但不具有广泛性。 |
| | | 注册会计师无法获取充分、适当的审计证据以作为形成审计意见的基础，但认为未发现的错报（如存在）对财务报表可能产生的影响重大，但不具有广泛性。 |
| | 否定意见 | 在获取充分、适当的审计证据后，认为错报单独或汇总起来对财务报表的影响重大且具有广泛性。 |
| | 无法表示意见 | 无法获取充分、适当的审计证据以作为形成审计意见的基础，但认为未发现的错报（如存在）对财务报表可能产生的影响重大且具有广泛性。 |

【例题·多选题】下列各项中，属于审计报告要素的有（　　）。

A.标题　　B.管理层对财务报表的责任段

C.审计意见段　　D.强调事项段

【答案】ABC

【解析】审计报告应当包括下列要素：（1）标题（A）；（2）收件人；（3）引言段；（4）管理层对财务报表的责任段（B）；（5）注册会计师的责任段；（6）审计意见段（C）；（7）注册会计师的签名和盖章；（8）会计师事务所的名称、地址及盖章；（9）报告日期。不包括强调事项段。

★【专家一点通】

各类型单位内部控制制度的异同

| 项目 | 行政事业单位 | 企业 | 小企业 |
|---|---|---|---|
| 内部控制原则 | 全面性原则 | 全面性原则 | 风险导向原则 |
| | 重要性原则 | 重要性原则 | 实质重于形式原则 |
| | 制衡性原则 | 制衡性原则 | |
| | 适应性原则 | 适应性原则 | 适应性原则 |
| | | 成本效益原则 | 成本效益原则 |
| 内部控制措施或方法 | 不相容岗位相互分离控制 | 不相容职务分离控制 | |
| | 内部授权审批控制 | 授权审批控制 | |
| | 会计控制 | 会计系统控制 | |
| | 财产保护控制 | 财产保护控制 | |
| | 预算控制 | 预算控制 | |
| | | 营运分析控制 | |
| | | 绩效考评控制 | |
| | 归口管理 | | |
| | 单据控制 | | |
| | 信息内部公开 | | |

★【专家一点通】

单位内部会计监督、政府监督与社会监督

| | 监督主体 | 监督对象 | 监督内容 |
|---|---|---|---|
| 单位内部会计监督 | 会计机构、会计人员 | 单位经济活动 | 监督单位经济活动的合法性、合理性和有效性 |
| 政府监督 | 财政部门监督 | "各单位"的会计行为 | 是否依法设账 |
| | | | 会计资料是否真实、完整 |
| | | | 会计核算是否合法合规 |
| | | | 会计人员是否具备专业能力 |
| | | | 会计人员遵守会计职业道德的情况 |
| | 审计、税务、人民银行、证券监督、保险监督 | "有关单位"的会计资料 | |
| 社会监督 | 主要是注册会计师及其所在的会计师事务所 | 委托单位的经济活动进行审计鉴证 | |

# 知识图谱

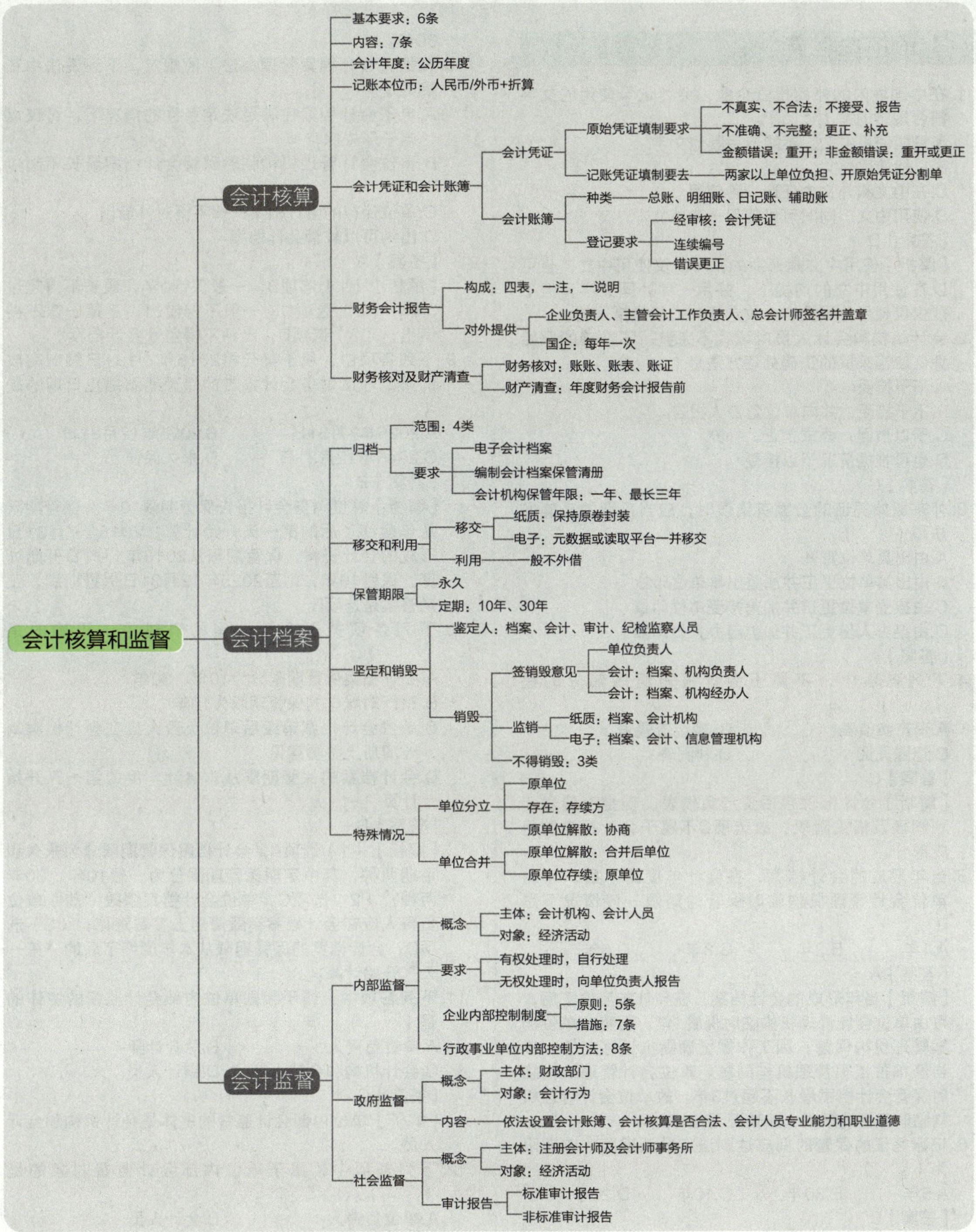

- 会计核算和监督
  - 会计核算
    - 基本要求：6条
    - 内容：7条
    - 会计年度：公历年度
    - 记账本位币：人民币/外币+折算
    - 会计凭证和会计账簿
      - 会计凭证
        - 原始凭证填制要求
          - 不真实、不合法：不接受、报告
          - 不准确、不完整：更正、补充
          - 金额错误：重开；非金额错误：重开或更正
        - 记账凭证填制要求——两家以上单位负担、开原始凭证分割单
      - 会计账簿
        - 种类——总账、明细账、日记账、辅助账
        - 登记要求
          - 经审核：会计凭证
          - 连续编号
          - 错误更正
    - 财务会计报告
      - 构成：四表，一注，一说明
      - 对外提供
        - 企业负责人、主管会计工作负责人、总会计师签名并盖章
        - 国企：每年一次
    - 财务核对及财产清查
      - 财务核对：账账、账表、账证
      - 财产清查：年度财务会计报告前
  - 会计档案
    - 归档
      - 范围：4类
      - 要求
        - 电子会计档案
        - 编制会计档案保管清册
        - 会计机构保管年限：一年、最长三年
    - 移交和利用
      - 移交
        - 纸质：保持原卷封装
        - 电子：元数据或读取平台一并移交
      - 利用——一般不外借
    - 保管期限
      - 永久
      - 定期：10年、30年
    - 坚定和销毁
      - 鉴定人：档案、会计、审计、纪检监察人员
      - 销毁
        - 签销毁意见
          - 单位负责人
          - 会计：档案、机构负责人
          - 会计：档案、机构经办人
        - 监销
          - 纸质：档案、会计机构
          - 电子：档案、会计、信息管理机构
        - 不得销毁：3类
    - 特殊情况
      - 单位分立
        - 原单位
        - 存在：存续方
        - 原单位解散：协商
      - 单位合并
        - 原单位解散：合并后单位
        - 原单位存续：原单位
  - 会计监督
    - 内部监督
      - 概念
        - 主体：会计机构、会计人员
        - 对象：经济活动
      - 要求
        - 有权处理时，自行处理
        - 无权处理时，向单位负责人报告
      - 企业内部控制制度
        - 原则：5条
        - 措施：7条
      - 行政事业单位内部控制方法：8条
    - 政府监督
      - 概念
        - 主体：财政部门
        - 对象：会计行为
      - 内容——依法设置会计账簿、会计核算是否合法、会计人员专业能力和职业道德
    - 社会监督
      - 概念
        - 主体：注册会计师及会计师事务所
        - 对象：经济活动
      - 审计报告
        - 标准审计报告
        - 非标准审计报告

# 节节测

## 一、单项选择题

1. 在中国境内的外商投资企业，会计记录使用的文字符合规定的是（　　）。
A.只能使用中文，不能使用其他文字
B.只能使用外文
C.在中文和外文中任选一种使用
D.使用中文，同时可以使用一种外文
【答案】D
【解析】使用中文是必须的，可以仅使用中文，也可以在使用中文的前提下，并用一种外国文字，但不能仅仅使用外国文字。故选项ABC都是错误的。

2. 会计机构和会计人员对记载不完整、不准确的原始凭证应当采取的正确处理方法是（　　）。
A.不予接受
B.不予接受，并向单位负责人报告
C.予以退回，要求更正、补充
D.也可根据情况予以接受
【答案】C

3. 外来原始凭证的金额有错误时，应当采取的正确做法是（　　）。
A.由出具单位重开
B.由出具单位更正并加盖出具单位印章
C.由接受单位更正并加盖接受单位印章
D.由经办人员更正并加盖经办人员印章
【答案】A

4. 下列各项中，不属于会计报表组成部分的是（　　）。
A.资产负债表　　B. 现金流量表
C.记账凭证　　D.利润表
【答案】C
【解析】会计报表包括资产负债表、现金流量表、利润表及相关附表，故选项C不属于会计报表的组成部分。

5. 当年形成的会计档案，在会计年度终了后，可由单位会计管理机构临时保管的期限一般情况下是（　　）。
A.1年　　B.2年　　C.3年　　D.5年
【答案】A
【解析】当年形成的会计档案，在会计年度终了后，可由单位会计管理机构临时保管1年，再移交单位档案管理机构保管；因工作需要确需推迟移交的，应当经单位档案管理机构同意。单位会计管理机构临时保管会计档案最长不超过3年。故单位会计管理机构临时保管的期限一般情况下是1年。

6. 记账凭证的保管时间应达到法定最低期限，该期限为（　　）。
A.5年　　B.30年　　C.10年　　D.20年
【答案】B
【解析】记账凭证的最低保管期限为30年。

7. 在我国，会计档案定期保管的，其保管期限最长的是（　　）。
A.5年　　B.10年　　C.25年　　D.30年
【答案】D
【解析】定期保管期限有10年和30年两类，最长的是30年。

8. 根据《会计档案管理办法》的规定，下列说法中正确的是（　　）。
A.电子会计档案在满足法定条件的情况下，可仅以电子形式保存
B.单位会计管理机构临时保管会计档案最长不超过2年
C.单位保存的会计档案一律不得对外借出
D.出纳可以兼管会计档案
【答案】A
【解析】（1）选项B，一般保管1年，最长不得超过3年；（2）选项C，一般不得借出，不是一律不得借出；（3）选项D，出纳不得监管会计档案。

9. 下列各项中，属于某公司2015年7月31日编制完成的第二季度财务会计报告的保管期满截止日期的是（　　）。
A.2025年7月31日　　B.2025年12月31日
C.2045年12月31日　　D.永久保管
【答案】B
【解析】季度财务会计报告保管期限10年。保管期限从年度终了后的第一天开始计算，2015年7月31日形成的会计资料，保管期限从2016年1月1日开始计算，保管10年，则至2025年12月31日保管期满，正确答案是选项B。

10. 下列各项关于会计档案的表述中，正确的是（　　）。
A.会计档案保管期限分为10年、30年
B.银行对账单的保管期限为10年
C.单位会计档案销毁后单位负责人应在会计档案销毁清册上签署意见
D.会计档案的保管期限从本会计年度的第一天开始计算
【答案】B
【解析】（1）选项A，会计档案保管期限分为永久和定期两种，其中定期保管期限分为一般10年、30年两种；（2）选项C，单位会计档案销毁"前"单位负责人应在会计档案销毁清册上签署意见；（3）选项D，会计档案的保管期限从本年度终了后的"第一天"开始计算。

11. 下列各项中，属于我国单位内部会计监督的主体的是（　　）。
A.单位负责人　　B.总会计师
C.会计机构和会计人员　　D.审计人员
【答案】C
【解析】单位内部会计监督的主体是会计机构和会计人员。

12. 下列各项中，属于单位内部会计监督对象的是（　　）。
A.单位负责人　　B.会计人员
C.会计机构　　D.单位的经济活动
【答案】D
【解析】单位内部会计监督的对象是单位的经济活动，故正确答案是选项D；选项BC，属于单位内部会计监督的主体；选项A，既不属于内部会计监督的主体，也不是监督的对象。

13. 下列各项中，不属于财政部门实施会计监督检查的内容的是（ ）。
A.各单位是否依法设置会计账簿
B.各单位的会计资料是否真实、完整
C.是否按照国家统一会计制度的要求进行会计核算
D.会计人员是否具备会计专业专科毕业文凭
【答案】D
【解析】选项D，会计人员学历情况，不是财政部门会计监督检查的内容。

14. 下列各项中，有权对各单位会计工作行使监督权，并依法对违法会计行为实施行政处罚的是（ ）。
A.县级以上人民政府财政部门
B.县级以上人民政府税务部门
C.县级以上人民政府公安部门
D.县级以上人民政府审计部门
【答案】A
【解析】（1）选项BD，税务部门和审计部门只能对有关单位的会计资料进行检查，无权检查有关单位的会计工作，对违法的会计行为无行政处罚权（2）选项C，公安部门无权对有关单位的会计工作和会计资料进行监督检查，更无对违法会计行为的行政处罚权。

15. 下列行为中，属于会计工作政府监督的是（ ）。
A.个人检举会计违法行为
B.会计师事务所对单位经济活动进行审计
C.单位内部审计机构审核本单位会计账簿
D.财政部门对各单位的会计工作进行监督检查
【答案】D
【解析】会计工作的政府监督，主要是指财政部门代表国家对各单位和单位中相关人员的会计行为实施的监督检查，以及对发现的违法会计行为实施行政处罚。

16. 根据单位内部控制制度的要求，下列各项中，属于出纳人员不能担任的职务的是（ ）。
A.管理现金
B.管理票据和有价证券
C.兼记固定资产明细账
D.兼任会计档案保管
【答案】D
【解析】出纳人员不得兼任稽核、会计档案保管和收入、支出、费用、债权债务账目的登记工作。

17. 下列各项中，不属于企业内部控制应当遵循的原则的是（ ）。
A.全面性原则 B.重要性原则
C. 可比性原则 D.制衡性原则
【答案】C
【解析】企业内部控制应当遵循的原则包括：全面性、重要性、制衡性、适应性和成本效益原则，无可比性原则。

18. 企业、行政事业单位建立与实施内部控制，以下不属于行政事业单位应遵循的内部控制原则是（ ）。
A.成本效益原则 B.全面性原则
C.重要性原则 D.制衡性原则
【答案】A
【解析】选项A，属于企业内部控制的原则。

## 二、多项选择题

1. 下列各项中，属于会计核算基本要求的有（ ）。
A.依法建账
B.保证会计资料的真实和完整
C.正确使用会计记录文字
D.根据实际发生的经济业务进行会计核算
【答案】ABCD

2. 下列各项中，属于会计核算内容的有（ ）。
A.资本、基金的增减 B.债权债务的发生和结算
C.财务成果的计算和处理 D.款项和有价证券的收付
【答案】ABCD
【解析】会计核算的内容包括：款项和有价证券的收付（选项D）；财物的收发、增减和使用；债权债务的发生和结算（选项B）；资本、基金的增减（选项A）；收入、支出、费用、成本的计算；财务成果的计算和处理（选项C）；需要办理会计手续、进行会计核算的其他事项。

3. 下列各项账簿中，不属于备查账的有（ ）。
A.银行存款日记账 B.库存商品明细账
C.租借固定资产登记簿 D.合同登记簿
【答案】AB
【解析】（1）选项A属于日记账，选项B属于明细账，都不属于备查账。（2）选项CD，属于备查账。

4. 下列各项中，属于会计报表至少应当具备的部分的有（ ）。
A.资产负债表 B.现金流量表
C. 利润表 D.相关附表
【答案】AC
【解析】会计报表至少应当包括资产负债表和利润表

5. 下列人员中，应当在财务会计报告上签名并盖章的有（ ）。
A.单位负责人
B.总会计师
C.会计机构负责人
D.单位内部的审计机构负责人
【答案】ABC
【解析】财务会计报告由单位负责人和主管会计工作的负责人、会计机构负责人（会计主管 人员）签名并盖章；设置总会计师的单位，还须由总会计师签名并盖章。选项D，单位内部的审计机构负责人不需要在在财务会计报告上签名并盖章。

6. 下列说法中，属于会计工作的社会监督的范畴的有（ ）。
A.注册会计师及其所在的会计师事务所依法实施的监督
B.审计、税务和人民银行对有关单位的会计资料进行的监督
C.县级以上人民政府财政部门对各单位和单位中的相关人员依法实施的监督
D.新闻媒体对会计违法行为的曝光
【答案】AD
【解析】（1）选项AD属于社会会计监督；（2）选项BC，属于政府会计监督。

7. 下列各项中，属于非标准审计报告的有（ ）。
A.不包含说明段、强调事项段、其他报告责任段或其他任何修饰性用语的无保留意见的审计报告
B.带强调事项段的无保留意见的审计报告
C.带其他事项段的无保留意见的审计报告
D.否定意见审计报告
【答案】BCD
【解析】（1）选项A，为标准审计报告；（2）非标准审计报告包括，包括无保留意见审计报告（分

为带强调事项的无保留意见审计报告和带其他事项的无保留意见审计报告）和非无保留意见审计报告（分为保留意见审计报告、否定意见审计报告和无法表示意见审计报告），选项BC，都属于无保留意见审计报告，选项D，属于非无保留审计报告，选项BCD属于非标准审计报告。

8. 下列各项中，属于不得销毁的会计档案的有（ ）。
A.已保管20年的原始凭证
B.年度财务会计报告
C.保管期满未结清债权债务的原始凭证
D.涉及未了事项的原始凭证
【答案】ABCD
【解析】（1）选项A，原始凭证保管期限为30年，保管20年的原始凭证，保管期限未满，不得销毁；（2）选项B，年度财务会计报告永久保管，不得销毁；（3）选项CD，保管期满但未结清的债权债务会计凭证和涉及其他未了事项的会计凭证不得销毁。

9. 下列关于单位之间办理交接会计档案的手续的各项表述中，不正确的有（ ）。
A.单位之间交接会计档案时，交接双方应当办理会计档案交接手续
B.移交会计档案的单位，应当编制会计档案移交清册，列明应当移交的会计档案名称、卷号、册数、起止年度等信息
C.交接会计档案时，交接双方应当按照会计档案移交清册所列内容逐项交接，并由移交档案方的单位有关负责人负责监督
D.交接完毕后，交接双方单位负责人应当在会计档案移交清册上签名或盖章
【答案】CD
【解析】（1）选项C，交接会计档案时，交接双方应当按照会计档案移交清册所列内容逐项交接，并由"交接双方"的单位有关负责人负责监督，而不是仅由移交方的单位有关负责人负责监督；（2）选项D，交接完毕后，交接双方"经办人和监督人"应当在会计档案移交清册上签名或盖章，而不是由双方的单位负责人签名或盖章。

10. 企业的下列会计档案中，需要保管30年的有（ ）。
A.银行对账单　　B.现金日记账
C.明细账　　D.会计档案移交清册
【答案】BCD
【解析】定期保管的会计档案的保管期限有10年和30年两类。（1）选项A，银行对账单保管10年。（2）选项BCD，保管30年。

11. 下列各项中，属于企业内部控制措施的有（ ）。
A.不相容职务分离控制　　B.绩效考评控制
C.财产保护控制　　D.运营分析控制
【答案】ABCD
【解析】企业内部控制措施包括：不相容职务分离控制（A）、授权审批控制、会计系统控制、财产保护控制（C）、预算控制、运营分析控制（D）和绩效考评控制（B）等。

12. 下列各项中，属于单位内部控制应当遵循的原则的有（ ）。
A.全面性原则　　B.准确性原则
C.制衡性原则　　D.成本效益原则
【答案】ACD
【解析】单位建立与实施内部控制，均应遵循全面性原则、重要性原则、制衡性原则、适应性原则、成本效益原则。

13. 下列各项中，属于行政事业单位内部控制方法的有（ ）。
A.财产保护控制　　B.会计控制
C.内部授权审批控制　　D.预算控制
【答案】ABCD
【解析】行政事业单位内部控制的控制方法一般包括：不相容岗位相互分离、内部授权审批控制（C）、归口管理、预算控制（D）、财产保护控制（A）、会计控制（B）、单据控制、信息内部公开等。

14. 下列各项中，属于应当依照有关法律、行政法规规定的职责，对有关单位的会计资料实施监督检查的部门有（ ）。
A.人民银行　　B.财政、审计、税务
C.保险监管　　D.证券监管
【答案】ABCD
【解析】财政、审计、税务、人民银行、证券监管、保险监管等部门应当依照有关法律、行政法规规定的职责，对有关单位的会计资料实施监督检查。

## 三、判断题

1. 甲单位接受一张乙单位开具的发票，因为发票的商品名称有误，遂要求对方改正。乙单位的行为属于变造会计凭证的行为。（ ）
【答案】错误。
【解析】乙单位的行为，属于正常的更正错误的行为，不属于变造会计凭证的行为。

2. 业务收支以人民币以外的货币为主的单位，其编制的财务会计报告可以选择其中一种外币列示。（ ）
【答案】错误。
【解析】会计核算以人民币为记账本位币，业务收支以人民币以外的货币为主的单位，可以选定其中一种货币作为记账本位币，但是编制的财务会计报告应当折算为人民币。

3. 备查账簿是所有单位都必须设置的。（ ）
【答案】错误。
【解析】不是所有单位都必须设置备查账簿，根据需要确定是否设置。

4. 根据接受对象的具体情况，为了更有针对性，企业提供给不同部门、单位和社会公众的财务会计报告，其编制基础、编制依据、编制原则和编制方法，可以不同。（ ）
【答案】错误。
【解析】企业向有关各方提供的财务会计报告，其编制基础、编制依据、编制原则和编制方法必须一致。

5. 各单位当年形成的会计档案，应当由单位档案机构按照归档要求，负责整理立卷，装订成册，编制会计档案保管清册。（ ）
【答案】错误。
【解析】各单位每年形成的会计档案，应当由"会计机构"按照归档要求，负责整理立卷，装订成册，编制会计档案保管清册。

6. 会计档案销毁清册的保管期限与会计档案移交清册的保管期限相同。（ ）
【答案】错误。
【解析】会计档案销毁清册的保管期限是永久，会计

档案移交清册的保管期限30年。

7. 单位之间交接会计档案时，由交接双方的会计机构负责人监交。（　　）

【答案】错误。

【解析】单位之间交接会计档案时，由交接双方的“单位负责人”监交。

8. 行政事业单位在内部控制中应遵循成本效益原则。（　　）

【答案】错误。

【解析】成本效益原则是企业内部控制应遵循的原则。

9. 某企业为加强内部管理，提高工作效率，决定由总账会计小张兼任财物保管工作。该决定合法。（　　）

【答案】错误。

【解析】这一决定违反了“不相容职务相互分离”的规定。

10. 注册会计师及其所在的会计师事务所是会计工作政府监督的实施主体。（　　）

【答案】错误。

【解析】注册会计师及其所在的会计师事务所是会计工作“社会”监督的实施主体。

# 第三节 会计机构和会计人员

## 一、会计机构（★★）

各单位应当根据会计业务的需要，设置会计机构，或者在有关机构中设置会计人员并指定会计主管人员；不具备设置条件的，应当委托经批准设立从事会计代理记账业务的中介机构代理记账。

会计机构——会计业务需要——具备设置条件的——设会计机构；在有关机构中设置会计人员并指定会计主管
不具备设置条件的——代理记账

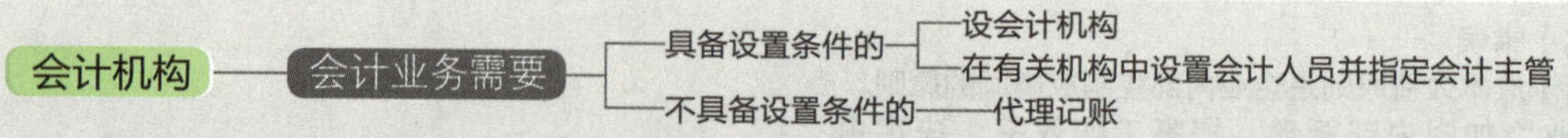

图2-7 会计机构

【例题·单选题】下列关于会计机构设置的表述中，不正确的是（ ）。
A.单位必须设置会计机构
B.单位可以根据业务的需要，决定是否设置会计机构
C.不具备设置会计机构条件的，应当委托经批准设立从事会计代理记账业务的中介机构代理记账
D.企业可以不设置会计机构，而在有关机构中设置会计人员并指定其中的某人为会计主管人员
【答案】A
【解析】各单位可以根据本单位的会计业务繁简情况和会计管理工作的需要决定是否设置会计机构。

## 二、代理记账

（一）代理记账的概念（★）

1.代理记账是指代理记账机构接受委托办理会计业务。

（1）代理记账机构是指依法取得代理记账资格，从事代理记账业务的机构。

（2）代理记账机构包括两类：

①会计师事务所；②会计师事务所以外的其他代理记账机构。

★【专家一对一】

**代理记账是指委托代理记账机构记账，不是指委托个人记账。**

（二）代理记账机构的审批（★★）

1.会计师事务所及其分所可以依法从事代理记账业务。

2.会计师事务所以外的机构从事代理记账业务应当经县级以上地方人民政府财政部门批准，领取由财政部统一规定样式的代理记账许可证书。

★【专家一对一】

**会计师事务所及其分所从事代理记账业务，不需要另外申请取得代理记账许可，因为其注册时营业执照上记载的经营范围一般就有代理记账。**

【例题·判断题】所有申请设立代理记账机构的，都应当经县级以上人民政府财政部门批准，发给代理记账许可证书。（ ）
【答案】错误。
【解析】申请设立"会计师事务所以外的其他"代理记账机构，应当经县级以上人民政府财政部门批准，发给代理记账许可证书。

（三）代理记账的业务范围（★）

1.根据委托人提供的原始凭证和其他相关资料，按照国家统一的会计制度的规定进行会计核算，包括审核原始凭证、填制记账凭证、登记会计账簿、编制财务会计报告等。

2.对外提供财务会计报告。

3.向税务机关提供税务资料。

4.委托人委托的其他会计业务。

【例题·多选题】下列各项中，属于代理记账机构可以接受委托，代表委托人办理的业务事项有（ ）。
A.填制原始凭证和记账凭证　　B.编制财务会计报告

C.向税务机关提供税务资料　　　　　　　　D.对外提供财务会计报告

【答案】BCD

【解析】选项A，代理记账机构审核原始凭证，填制记账凭证。填制原始凭证由委托人负责。故选项A错误。

（四）委托人、代理记账机构及其从业人员的义务（★）

1.委托人的义务：

（1）对本单位发生的经济业务事项，应当填制或者取得符合国家统一的会计制度规定的原始凭证；

（2）应当配备专人负责日常货币收支和保管；

（3）及时向代理记账机构提供真实、完整的原始凭证和其他相关资料；

（4）对于代理记账机构退回的，要求按照国家统一的会计制度的规定进行更正、补充的原始凭证，应当及时予以更正、补充。

2.代理记账机构及其从业人员的义务：

（1）遵守有关法律、法规和国家统一的会计制度的规定，按照委托合同办理代理记账业务；

（2）对在执行业务中知悉的商业秘密予以保密；

（3）对委托人要求其作出不当的会计处理，提供不实的会计资料，以及其他不符合法律、法规和国家统一的会计制度行为的，予以拒绝；

（4）对委托人提出的有关会计处理相关问题予以解释。

3.代理记账机构为委托人编制的财务会计报告，经代理记账机构负责人和委托人负责人签名并盖章后，按照有关法律、法规和国家统一的会计制度的规定对外提供。

【例题·单选题】下列各项中，属于代理记账机构可以接受委托，代表委托人办理的业务事项的是（　　）。

A.填制和审核原始凭证　　B.编制财务会计报告　　C.保管委托人的现金　　D.出具审计报告

【答案】B

【解析】（1）选项AC，属于委托人的义务，由委托人自己办理；（2）选项D，属于注册会计师及其所在的事务所的业务范围。

## 三、会计岗位的设置

（一）会计工作岗位设置要求（★★★）

1.各单位应当根据会计业务需要设置会计工作岗位。

2.会计工作岗位一般可分为：会计机构负责人或者会计主管人员，出纳、财产物资核算、工资核算、成本费用核算、财务成果核算、资金核算、往来结算、总账报表、稽核、档案管理等。

★【专家一对一】

**档案管理部门管理会计档案的岗位，不属于会计岗位。**

3.会计工作岗位，可以一人一岗、一人多岗或者一岗多人。但出纳人员不得兼管稽核、会计档案保管和收入、费用、债权债务账目的登记工作。

4.会计人员的工作岗位应当有计划地进行轮换。

5.担任单位会计机构负责人（会计主管人员）的，应当具备会计师以上专业技术职务资格或者从事会计工作3年以上经历。

6.因有提供虚假财务会计报告，做假账，隐匿或者故意销毁会计凭证、会计账簿、财务会计报告，贪污，挪用公款，职务侵占等与会计职务有关的违法行为被依法追究刑事责任的人员，不得再从事会计工作。

【例题·多选题】某公司负责存货明细账登记的会计刘某因公出差，财务部经理指定由出纳李某暂时兼任刘某的工作，并办理了交接手续。关于这一做法是否符合规定的下列表述中，正确的有（　　）。

A.不符合规定，因为会计工作岗位只能一人一岗

B.不符合规定，因为出纳人员不得登记账簿
C.符合规定，因为在不违反内部牵制制度的情况下会计人员可以一人多岗
D.符合规定，因为出纳人员可以登记存货明细账
【答案】CD
【解析】（1）选项A，会计工作岗位可以一人一岗、一岗多人、一人多岗，选项A表述错误；（2）选项B，出纳人员登记现金日记账和银行存款日记账，除此以外，还可以兼记和单位货币资金不直接有关的账簿，选项B错误；（3）选项CD，表述正确。

（二）会计人员回避制度（★★★）

1.国家机关、国有企业、事业单位任用会计人员应当适用回避制度。

★【专家一对一】

**国有性质的单位任用会计人员应当回避。其他单位如个体户、私营企业等，是否回避，不作强制性要求，由其自行决定。**

2.单位负责人的直系亲属不得担任本单位的会计机构负责人、会计主管人员。

★【专家一对一】

**单位负责人与本单位的出纳之间不必回避，因为二者不是直接上下级关系，如果二者想串通舞弊，还有会计机构负责人可以起到牵制、制约作用。**

3.会计机构负责人、会计主管人员的直系亲属不得在本单位会计机构中担任出纳。
4.需要回避的直系亲属为：夫妻关系、直系血亲关系、三代以内旁系血亲关系以及配偶亲关系。

★【专家一对一】

**（1）直系血亲关系，如父母与子女、祖父母（外祖父母）与孙子女（外孙子女）等。三代以内旁系血亲关系包括：自己的兄弟姐妹及其子女；父母的兄弟姐妹及其子女。配偶亲关系包括：配偶的父母、兄弟姐妹；儿女的配偶；儿女配偶的父母。（2）因收养形成的关系视同血亲关系。**

【例题·多选题】甲国有单位的单位负责人胡某的下列亲属中，不得在甲单位担任会计机构负责人的有（　　）。
A.儿子　　B.弟弟的女儿　　C.儿子的岳父　　D.前妻
【答案】ABC
【解析】单位领导人的直系亲属不得担任本单位的会计机构负责人、会计主管人员，直系亲属包括夫妻关系、直系血亲关系、三代以内旁系血亲以及配偶亲关系。（1）选项A，属于直系血亲关系；（2）选项B，属于三代以内旁系血亲关系；（3）选项C，属于配偶亲关系；（4）选项D，与前妻不属于夫妻关系，不需要回避。

（三）会计工作交接（★★★）

1.会计人员调动工作、离职、因病暂时不能工作，应与接管人员办清交接手续。

★【专家一对一】

**因病暂时不能工作的会计人员，恢复工作的，应当再办理一次交接手续。**

2.一般会计人员交接办理交接手续，由会计机构负责人（会计主管人员）监交；会计机构负责人（会计主管人员）办理交接手续，由单位负责人监交，必要时可由上级主管部门派人会同监交。
3.移交人员在办理移交时，要按移交清册逐项移交；接替人员要逐项核对点收。
4.交接完毕后，交接双方和监交人要在移交清册上签名或者盖章，并应在移交清册上注明：单位名称，交接日期，交接双方和监交人的职务、姓名，移交清册页数以及需要说明的问题和意见等。
5.移交清册一般应当填制一式三份，交接双方各执一份，存档一份。

★【专家一对一】

**监交人不留存。**

6.接替人员应当继续使用移交的会计账簿，不得自行另立新账，以保持会计记录的连续性。

7.移交人员对所移交的会计凭证、会计账簿、会计报表和其他有关资料的合法性、真实性承担法律责任。

★【专家一对一】

**移交人员因病或者其他特殊原因不能亲自办理移交或委托他人代办移交的，仍由其承担法律责任。**

【例题·单选题】一般会计人员办理会计工作交接，应当安排专人监交。下列各项中，属于可以担任监交人的是（　　）。

A.单位主管会计工作的负责人　　B.会计机构负责人

C.其他会计人员　　D.单位内部审计人员

【答案】B

【解析】一般会计人员办理会计工作交接，由会计机构负责人（会计主管人员）监交。

（四）会计专业职务与会计专业技术资格（★）

1. 会计专业职务。

会计专业职务分为高级会计师、会计师、助理会计和会计员。其中，高级会计师为高级职务，会计师为中级职务，助理会计师和会计员为初级职务。

★【专家一对一】

**会计专业职务是区分会计人员业务技能的技术等级，会计专业职务不包括“总会计师”，也不包括“注册会计师”。考试中会计专业“职务”有时表述为会计专业“职称”。**

2.会计专业技术资格。

（1）会计专业技术资格，是担任会计专业职务的任职资格，分为高级资格、中级资格和初级资格三个级别。

（2）目前，初级、中级会计资格实行全国统一考试制度，高级会计师资格实行考试与评审相结合制度。

（3）会计专业职务的聘任。

①已取得中级会计资格并符合国家有关规定的，可聘任会计师职务。

②已取得初级会计资格的人员，如具备大专毕业且担任会计员职务满2年，或中专毕业担任会计员职务满4年，或者不具备规定学历的，担任会计员职务满5年，并符合国家有关规定的，可聘任助理会计师职务。

③不符合以上条件的人员，可聘任会计员职务。

★【专家一对一】

**（1）取得某个级别的会计专业技术资格是担任相应等级的会计专业职务的前提和必要条件，比如：你取得了高级资格，只是有了担任高级会计师这个高级职务的可能，但你不一定就可以担任高级会计师，因为单位评定职称还有名额限制，还有其他条件；但是，假如未取得高级会计资格，就一定不能担任高级会计师。**

**（2）区分五个“会计师”，就是“高级会计师、会计师、助理会计师、总会计师、注册会计师”，它们的名称中都有“会计师”三字，但高级会计师、会计师、助理会计师属于会计专业职务，即通常说的会计职称。总会计师是单位行政领导职务，相当于单位主管会计工作的行政副职，虽然担任总会计师需要具备相应的会计专业技术职务资格，但是总会计师本身不是会计专业职务。注册会计师不是行政职务，也不是会计专业职务，而是指取得注册会计师证书并在会计师事务所执业的人员，英文简称为CPA。**

【例题·多选题】根据会计法律制度的规定，下列各项中，属于会计专业职务的有（　　）。
A.总会计师　　B.注册会计师　　C.会计师　　D.会计员
【答案】CD
【解析】（1）选项A，总会计师是单位负责财务会计工作的行政领导成员，不属于会计专业职务；（2）选项B，注册会计师，是指取得注册会计师证书并在会计师事务所执业的人，不属于会计专业职务；（3）选项CD，属于会计专业职务。

（五）会计专业技术人员继续教育（★）

具有会计专业技术资格的人员，或不具有会计专业技术资格但从事会计工作的人员(以下简称会计专业技术人员)享有参加继续教育的权利和接受继续教育的义务。

继续教育内容包括公需科目和专业科目。公需科目包括专业技术人员应当普遍掌握的法律法规、理论政策、职业道德、技术信息等基本知识。专业科目包括会计专业技术人员从事会计工作应当掌握的财务会计、管理会计、财务管理、内部控制与风险管理、会计信息化、会计职业道德、财税金融、会计法律法规等相关专业知识。

具有会计专业技术资格的人员应当自取得会计专业技术资格的次年开始参加继续教育，并在规定时间内取得规定学分。不具有会计专业技术资格但从事会计工作的人员应当自从事会计工作的次年开始参加继续教育。

会计专业技术人员参加继续教育实行学分制管理，每年参加继续教育取得的学分不少于90学分。其中，专业科目一般不少于总学分的2/3。会计专业技术人员参加继续教育取得的学分，在全国范围内有效，且不得结转以后年度。

会计专业技术人员参加继续教育情况，应当作为聘任会计专业技术职务或者申报评定上级资格的重要条件。

对会计专业技术人员参加继续教育情况实行登记管理。

（六）总会计师（★★★）

1.总会计师是主管本单位会计工作的行政领导，是单位行政领导成员，是单位会计工作的主要负责人。

2.总会计师全面负责单位的财务会计管理和经济核算，参与单位的重大经营活动。

3.国有的和国有资产占控股地位或者主导地位的大、中型企业必须设置总会计师；其他单位可以根据业务需要，自行决定是否设置总会计师。

★【专家一对一】

**“同时”满足2个条件的单位：一是国有性质；二是大中型企业，必须设置总会计师。**

【例题·多选题】下列企业中，必须设置总会计师的有（　　）。
A.国有大、中型企业
B.国有资产占主导地位的大、中型企业
C.国有资产占控股地位的大、中型企业
D.大型股份有限公司
【答案】ABC
【解析】（1）国有的和国有资产占控股地位或者主导地位的大、中型企业必须设置总会计师，故选项ABC，必须设置总会计师；（2）选项D，大型股份有限公司不一定是国有或国有资产占主导地位或控股地位，故不属于必须设置总会计师的单位。

【例题·多选题】（2018）下列关于总会计师地位的表述中，正确的有（　　）。
A.是单位内部审计机构负责人　　B.是单位会计机构负责人
C.是单位会计工作的主要负责人　　D.是单位行政领导成员
【答案】CD
【解析】总会计师是主管本单位会计工作的行政领导，是单位行政领导成员，是单位会计工作的主要负责人。

★【专家一点通】

会计人员回避制度

| 项　目 | 内　容 | 备　注 |
|---|---|---|
| 适用单位 | 国家机关、国有企业、事业单位 | 其他单位如个体户、私营企业等，不作要求，是否回避，自行决定 |
| 回避的内容 | 单位负责人的直系亲属不得担任本单位的会计机构负责人、会计主管人员 | 单位负责人与本单位的出纳之间不必回避 |
| | 会计机构负责人、会计主管人员的直系亲属不得在本单位会计机构中担任出纳 | |
| 需要回避的直系亲属 | 夫妻关系 | |
| | 直系血亲关系 | 如父母与子女、祖父母（外祖父母）与孙子女（外孙子女）等 |
| | 三代以内旁系血亲关系 | 旁系血亲是指具有共同祖先的非直系血亲，如兄弟姐妹、叔侄等。计算旁系血亲的代数时，以低辈份为第一代往上数，上数几代为共同的祖先即为几代以内旁系血清，如双方辈份不同，则从辈份较低的一方开始往上数 |
| | 配偶亲关系 | 包括：配偶的父母、兄弟姐妹，配偶的父母，儿女的配偶，儿女配偶的父母，继父母与继子女 |

★【专家一点通】

会计工作交接

| 项　目 | 具体规定 | |
|---|---|---|
| 应当交接 | 会计人员调动工作、离职、因病暂时不能工作 | |
| 移交点收 | 移交人员按移交清册逐项移交；接替人员逐项核对点收。 | |
| 专人负责监交 | 一般会计人员交接 | 会计机构负责人（会计主管人员）监交 |
| | 会计机构负责人（会计主管人员）交接 | 由单位负责人监交，必要时可由上级主管部门派人会同监交。 |
| 交接后事项 | 交接完毕后，交接双方和监交人员要在移交清册上签名或者盖章。 | |
| | 移交清册一式三份，交接双方各执一份，存档一份。 | |
| | 接替人员应当继续使用移交的会计账簿，不得自行另立新账 | |
| 责任承担 | 移交人员对所移交的会计资料的合法性、真实性承担法律责任。 | |

★【专家一点通】

会计专业职务与会计专业技术资格

| 会计专业职务 | | 对应关系 | 会计专业技术资格 | |
|---|---|---|---|---|
| 等　级 | 职　务 | | 等　级 | 取得方式 |
| 高级职务 | 高级会计师 | | 高级资格 | 全国统一考试 |
| 中级职务 | 会计师 | | 中级资格 | |
| 初级职务 | 助理会计师、会计员 | | 初级资格 | 考试与评审相结合 |

# 知识图谱

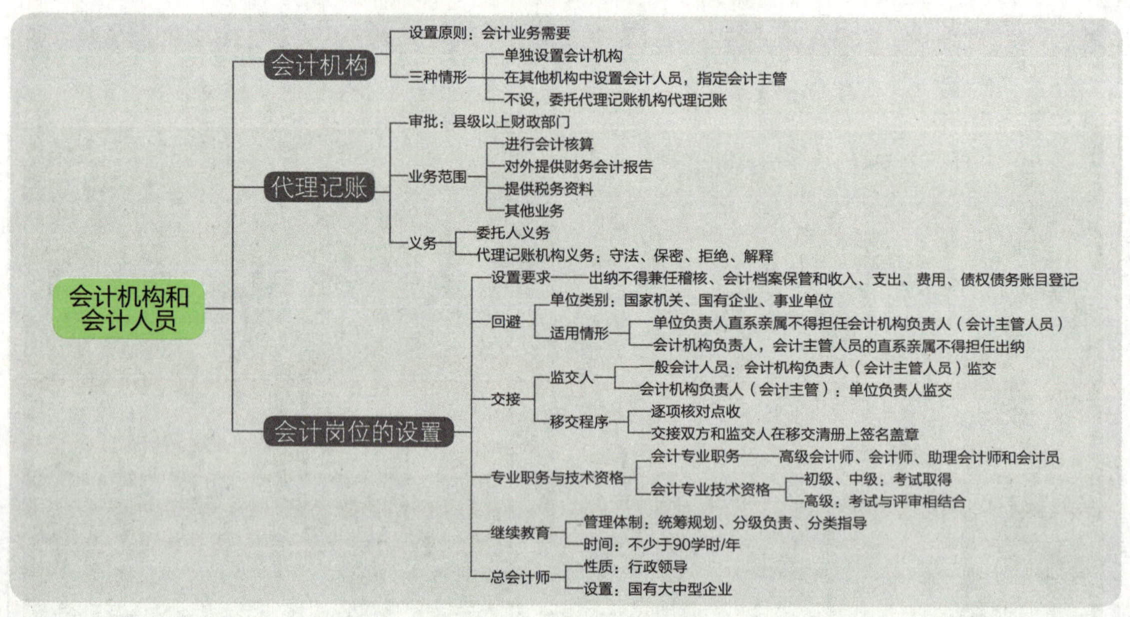


# 节节测

## 一、单项选择题

1. A公司准备聘请会计主管人员，下列应聘人员中符合《会计法》所规定的条件的是（　　）。
   A.胡某，取得注册会计师资格，但未从事过会计相关工作
   B.李某，会计专业本科毕业后，任某单位出纳2年
   C.王某，在单位担任仓库保管员4年
   D.刘某，会计专科学位，刚刚获得会计师专业技术职务资格
   【答案】D
   【解析】担任单位会计机构负责人（会计主管人员）的，应当具备会计师以上专业技术职务资格或者从事会计工作3年以上经历。（1）选项A，胡某虽然取得了注册会计师资格，但注册会计师不是会计专业职务，又未从事会计工作，故不符合条件；（2）选项B，李某，担任会计工作，不足3年，故不符合条件；（3）选项C，仓库保管员不是会计工作岗位，不符合条件；（4）选项D，获得会计师专业技术资格，符合条件。

2. 下列各项中，不属于会计工作岗位的是（　　）。
   A.出纳
   B.会计机构中的会计档案保管
   C.财务会计报告的编制
   D.仓库保管员
   【答案】D
   【解析】选项D：财产物资核算属于会计工作岗位，而财产物资的保管本身不属于会计工作岗位。

3. 下列会计工作岗位中，出纳可以兼任的是（　　）。
   A.稽核　　B.债权债务账目的登记
   C.固定资产明细账的登记　　D.会计档案保管
   【答案】C
   【解析】（1）选项ABD，出纳不得兼任稽核、会计档案保管和收入、支出、费用、债权债务账目的登记工作。（2）选项C，固定资产明细账和单位资金不直接相关，出纳可以登记。

4. 下列各项中，不属于回避制度中所说的直系亲属的是（　　）。
   A.夫妻关系　　B.子女与父母
   C.表姐的儿子　　D.配偶的父母
   【答案】C
   【解析】（1）直系亲属包括夫妻关系（A）、直系血亲关系（B）、三代以内旁系血亲以及配偶亲关系（D）。（2）选项C，属于四代以内旁系血亲，不属于必须回避的亲属关系。

5. 下列各选项不属于会计专业职称的是（　　）。
   A.高级会计师　　B.助理会计师
   C.会计员　　D.总会计师
   【答案】D
   【解析】会计专业职务分为高级会计师、会计师、助理会计师和会计员。选项D：总会计师是主管本单位会计工作的行政领导，是单位行政领导成员，不是会计专业职务。

6. 下列各项中，属于对总会计师正确定位的是（　　）。
   A.会计专业技术资格　　B.会计机构负责人
   C.专业技术职务　　D.单位行政领导成员

【答案】D
【解析】总会计师是主管本单位会计工作的行政领导，是单位行政领导成员，是单位会计工作的主要负责人。

## 二、多项选择题

1. 下列各项中，不属于代理记账机构义务的有（　　）。
A. 遵守有关法律、法规和国家统一的会计制度的规定，按照委托合同办理代理记账业务
B. 配备专人负责日常货币收支和保管
C. 对在执行业务的过程中知悉的商业秘密予以保密
D. 及时向委托人提供真实、完整的原始凭证和其他相关资料
【答案】BD
【解析】（1）选项AC，属于代理记账机构的义务；（2）选项BD，属于委托人的义务。
2. 下列人员中，属于不得再从事会计工作的有（　　）。
A. 甲因出具虚假财务会计报告被追究刑事责任
B. 乙因作假账被追究刑事责任
C. 丙因贪污、挪用公款被追究刑事责任
D. 丁因醉驾被判拘役3个月
【答案】ABC
【解析】（1）选项ABC，所犯罪行都是会计职务犯罪，并都被追究刑事责任，故ABC所述人员，不得再从事会计工作；（2）选项D，虽然被追究刑事责任，但不是因为会计职务犯罪，故仍然可以从事会计工作。
3. 下列各项中，属于会计工作岗位设置可以采取的方法有（　　）。
A. 一人一岗　B. 一人多岗　C. 一岗多人　D. 多人多岗
【答案】ABC
【解析】会计工作岗位可以一人一岗、一人多岗或者一岗多人。
4. 甲国有单位的单位负责人胡某的下列亲属中，可以在甲单位会计机构担任出纳的有（　　）。
A. 儿子　　B. 弟弟的女儿
C. 儿子的岳父　　D. 前妻的母亲
【答案】ABCD
【解析】单位负责人和出纳之间不需要回避。
5. 会计人员工作交接完毕后，应当在移交清册上签名或盖章的人员中有（　　）。
A、监交人　　B. 移交方
C. 接受方　　D. 单位会计档案管理人员
【答案】ABC
【解析】会计工作交接完毕后，交接双方和监交人在移交清册上签名或盖章。
6. 下列各项中，属于我国会计专业职务的有（　　）。
A. 高级会计师　　B. 中级会计师
C. 初级会计师　　D. 会计员
【答案】AD
【解析】会计专业职务分为高级会计师、会计师、助理会计师和会计员，不存在中级会计师和初级会计师职务。

## 三、判断题

1. 单位必须设置会计机构。（　　）
【答案】错误。
【解析】单位会计机构的设置可以采用三种方式：设置单独的会计机构；在有关机构中设置会计人员并指定会计主管人员；代理记账。故单位不是必须设置会计机构。
2. 档案机构内部管理会计档案的岗位，属于会计岗位。（　　）
【答案】错误。
【解析】会计机构内部，管理会计档案的岗位属于会计岗位；档案机构内部，管理会计档案的岗位不属于会计岗位。
3. 出纳人员不得兼管稽核、会计档案保管和收入、支出、费用、债权债务账目的登记工作。（　　）
【答案】正确。
【解析】出纳不得兼任稽核、会计档案保管和收入、支出、费用、债权债务账目的登记工作。
4. 担任单位会计机构负责人（会计主管人员）的，应当具备会计师以上专业技术职务资格或者从事会计工作5年以上经历。（　　）
【答案】错误。
【解析】具备会计师以上专业技术职务资格或者从事会计工作3年以上经历。
5. 会计机构负责人（会计主管人员）办理交接手续时，由单位负责人监交，必要时，主管单位可以派人会同监交。（　　）
【答案】正确。
6. 会计工作交接后，原移交人员因其经手的会计资料已办理移交而不再对所移交的会计资料的真实性、完整性负责。（　　）
【答案】错误。
【解析】移交人员对所移交的会计凭证、会计账簿、会计报表和其他有关资料的合法性、真实性承担法律责任。
7. 会计工作交接以后，为分清责任，接替人员不必继续使用移交前的账簿。（　　）
【答案】错误。
【解析】接替人员应继续使用移交前的账簿，不得擅自另立账簿，以保证会计记录前后衔接，内容完整。
8. 大、中型企业必须设置总会计师。（　　）
【答案】错误。
【解析】“国有的和国有资产占控股地位或主导地位”的大、中型企业必须设置总会计师。

# 第四节　会计职业道德

## 一、会计职业道德的概念

（一）会计职业道德的概念（★）

会计职业道德指在会计职业活动中应当遵循的、体现会计职业特征的、调整会计职业关系的职业行为准则和规范。

★【专家一对一】

**会计职业道德与一般职业道德相比，具有一定的强制性和较多关注社会公共利益。**

（二）会计法律与会计职业道德的联系和区别（★★）

1.会计法律制度与会计职业道德的联系。

会计职业道德与会计法律制度在内容上相互渗透、相互吸收；在作用上相互补充、相互协调。会计职业道德是对会计法律制度的重要补充，会计法律制度是对会计职业道德的最低要求。

2.会计法律制度与会计职业道德的区别。

（1）性质不同。会计法律制度通过国家行政权力强制执行，具有很强的他律性；会计职业道德依靠会计从业人员的自觉性，具有很强的自律性。

（2）作用范围不同。会计法律制度侧重于调整会计人员的外在行为和结果的合法化，具有较强的客观性；会计职业道德不仅调整会计人员的外在行为，还调整会计人员内在的精神世界。

（3）表现形式不同。会计法律制度是通过一定的程序由国家立法部门或者行政管理部门制定、颁布的，其表现形式是具体的、明确的、正式形成文字的成文规定；会计职业道德出自于会计人员的职业生活和职业实践，其表现形式既有成文的规范，也有不成文的规范。

（4）实施保障机制不同。会计法律制度依靠国家强制力保证其贯彻执行；会计职业道德主要依靠道德教育、社会舆论、传统习俗和道德评价来实现。

（5）评价标准不同。会计法律制度以法律规定为评价标准，会计职业道德以道德评价为标准。

【例题·多选题】下列关于会计职业道德和会计法律制度二者关系的表述中，不正确的有（　　）。

A.会计职业道德和会计法律制度在实施过程中相互作用、相互补充

B.会计法律制度是会计职业道德的最高要求

C.违反会计法律制度一定违反会计职业道德

D.违反会计职业道德一定违反会计法律制度

【答案】BD

【解析】（1）选项B，会计法律制度是会计职业道德的“最低”要求；（2）选项D，会计职业道德是会计法律制度的最高要求，违反会计职业道德不一定违反会计法律制度。

## 二、会计职业道德的主要内容（★★★）

会计职业道德主要包括爱岗敬业、诚实守信、廉洁自律、客观公正、坚持准则、提高技能、参与管理、强化服务八个方面内容。

表2-7　会计职业道德的主要内容

| 规范内容 | 具体要求 |
|---|---|
| 爱岗敬业 | 要求会计人员正确认识会计职业，树立职业荣誉感；热爱会计工作，敬重会计职业；安心工作，任劳任怨；严肃认真，一丝不苟；忠于职守，尽职尽责。 |
| 诚实守信 | 要求会计人员做老实人，说老实话，办老实事，不搞虚假；保密守信，不为利益所诱惑；执业谨慎，信誉至上。 |
| 廉洁自律 | 要求会计人员树立正确的人生观和价值观；公私分明、不贪不占；遵纪守法，一身正气。廉洁就是不贪污钱财，不收受贿赂，保持清白。自律的核心是用道德观念自觉抵制自己的不良欲望。 |
| 客观公正 | 要求会计人员端正态度，依法办事；实事求是，不偏不倚；如实反映，保持应有的独立性。 |
| 坚持准则 | 要求会计人员熟悉国家法律、法规和国家统一的会计制度，始终坚持按法律、法规和国家统一的会计制度的要求进行会计核算，实施会计监督。会计人员在实际工作中，应当以准则作为自己的行动指南，在发生道德冲突时，应坚持准则，维护国家利益、社会公众利益和正常的经济秩序。 |

续表

| 规范内容 | 具体要求 |
|---|---|
| 提高技能 | 要求会计人员具有不断提高会计专业技能的意识和愿望；具有勤学苦练的精神和科学的学习方法，刻苦钻研，不断进取，提高业务水平。 |
| 参与管理 | 要求会计人员在做好本职工作的同时，努力钻研业务，全面熟悉本单位经营活动和业务流程，主动提出合理化建议，积极参与管理，使管理活动更有针对性和实效性。 |
| 强化服务 | 要求会计人员树立服务意识，提高服务质量，努力维护和提升会计职业的良好社会形象。 |

★【专家一对一】

**会计人员的一项行为，可能符合或者违反了数项会计职业道德规范的要求，在作单选题的时候，应选择最符合题意的选项，如果是多选题，则应该选择所有符合题意的选项。爱岗敬业、提高技能、参与管理往往联系在一起，而诚实守信、客观公正、坚持准则往往联系在一起。**

【例题·多选题】下列各项关于会计职业道德客观公正的表述中，不正确的有（　　）。

A.不贪污钱财，不收受贿赂

B.为管理者当参谋，为管理活动服务

C.端正态度，依法办事

D.按事物的本来面目去反映，不掺杂个人的主观愿望

【答案】AB

【解析】（1）选项A，属于廉洁自律的要求；（2）选项B，属于参与管理的要求。

【例题·单选题】某公司为获得一项工程合同，拟向工程发包的有关人员支付好处费10万元。公司市场部人员持公司董事长的批示到财务部领取该笔款项时，财务部经理小王认为该项支出不符合有关规定，但考虑到公司主要领导已作了同意的批示，遂支付了此款项。则小王的做法，违反的会计职业道德是（　　）。

A.诚实守信　　B.参与管理　　C.客观公正　　D.坚持准则

【答案】D

【解析】小王本来已经知道这样是违法行为，但他屈服于公司主要领导的同意批示，违背了“坚持准则”的要求。

【例题·单选题】出纳人员李某，工作中经常出现差错，保管的现金出现短少就用自己的钱补上，出现长款，也留在保险柜里不占为己有。对小李的行为，下列表述中正确的是（　　）。

A.违背了诚实守信的要求　　B.违背了爱岗敬业的要求

C.违背了提高技能的要求　　D.是廉洁自律的表现

【答案】C

【解析】工作中经常出现错误，就应该加强学习，提高自己的业务技能，出现长、短款，应当及时查找原因，而不是简单的用自己的钱补上了事。故小李的行为违背了会计职业道德规范提高技能的要求。

【例题·单选题】某公司连续3年亏损，该公司财务人员经过仔细分析，提出了有效的对策，一举扭转了亏损局面，这体现的会计职业道德的是（　　）。

A.爱岗敬业　　B.参与管理　　C.提高技能　　D.强化服务

【答案】B

★【专家一点通】

**会计法律制度与会计职业道德的区别与联系**

| | | | |
|---|---|---|---|
| 联　系 | 内容上：相互渗透、相互吸收 | | 会计职业道德是会计法律制度的重要补充，会计法律制度是会计职业道德的最低要求 |
| | 作用上：相互补充、相互协调 | | |
| 区　别 | 性质不同 | 会计法律制度 | 通过国家权力强制执行，具有很强的他律性 |
| | | 会计职业道德 | 依靠会计从业人员的自觉，具有很强的自律性 |
| | 作用范围不同 | 会计法律制度 | 侧重于调整会计人员的外在行为和结果的合法性，具有较强的客观性 |

续表

| 区别 | | | |
|---|---|---|---|
| 区 别 | | 会计职业道德 | 不仅调整会计人员的外在行为，而且调整会计人员内在的精神世界，具有较强的主观性 |
| | 表现形式不同 | 会计法律制度 | 国家制定颁布，表现为具体的、明确的、正式形成文字的成文规定 |
| | | 会计职业道德 | 来自于会计人员的职业生活和职业实践，既有成文的规范，也有不成文的规范 |
| | 实施保障机制不同 | 会计法律制度 | 主要依靠国家强制力为后盾保证执行 |
| | | 会计职业道德 | 主要依靠道德教育、社会舆论、传统习俗和道德评价来实现 |
| | 评价标准不同 | 会计法律制度 | 以法律规定为评价标准 |
| | | 会计职业道德 | 以道德评价为标准 |

## 知识图谱

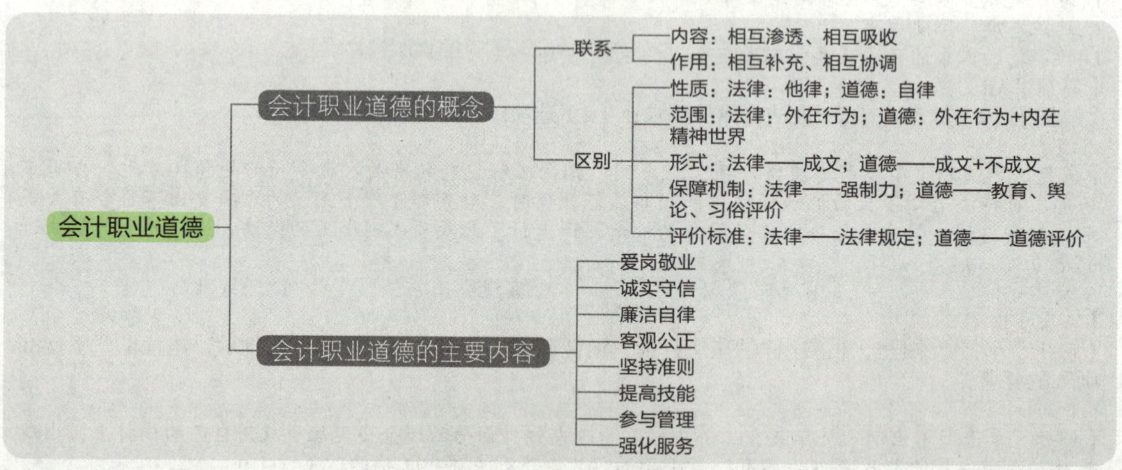


## 节节测

### 一、单项选择题

1. 会计人员不怕吃苦，不计较个人得失，体现的会计职业道德规范是（　　）。
A.诚实守信　B.爱岗敬业　C.廉洁自律　D.提高技能
【答案】B
【解析】爱岗敬业的基本要求中包括安心工作，任劳任怨。不怕吃苦，不计较个人得失是任劳任怨的具体表现。

2. 会计人员公私分明、不贪不占、遵纪守法、一身正气，所体现的会计职业道德规范是（　　）。
A.爱岗敬业　B.客观公正　C.坚持准则　D.廉洁自律
【答案】D
【解析】廉洁自律的基本要求包括：树立正确的人生观和价值观，公私分明、不贪不占，遵纪守法，一身正气。

3. 某单位领导将自己的私人应酬费发票拿到单位报销，出纳人员刘某虽然知道这种做法违反了财经纪律和单位规定，仍然按照该领导的要求办理了有关手续。刘某的做法违背的会计职业道德规范有（　　）。
A.客观公正　B.坚持准则　C.爱岗敬业　D.强化服务
【答案】B

4. 下列各项中，不属于会计职业道德规范“提高技能”的要求的是（　　）。
A.安心工作，任劳任怨
B.勤学苦练，刻苦钻研
C.不断提高会计技能的意识和愿望
D.科学的学习方法
【答案】A
【解析】选项A属于爱岗敬业的要求。

5. 下列各项中，属于“活到老，学到老”所体现的会计职业道德的内容的是（　　）。
A.坚持准则　B.提高技能　C.参与管理　D.廉洁自律
【答案】B

6. 坚持依法办理会计事项，所体现的会计职业道德内容的是（ ）。
A.坚持准则 B.提高技能 C.参与管理 D.廉洁自律
【答案】A

## 二、多项选择题

1. 下列关于会计职业道德与会计法律制度关系的表述中，不正确的有（ ）。
A.两者在内容上相互渗透 、相互吸收
B.两者在作用上相互补充、相互协调
C.会计法律制度是会计职业道德的最高要求
D.两者在表现形式上都是具体的、明确的和成文的
【答案】CD
【解析】选项C，会计法律制度是会计职业道德的最低要求；选项D，会计法律制度在表现形式上都是具体的、明确的和成文的规范，会计职业道德其表现形式既有明确的成文的规范，也有不成文的规范。
2. 下列各项中，属于会计职业道德与会计法律制度主要区别的有（ ）。
A.性质不同 B.作用范围不同
C.表现形式不同 D.实施保障机制不同
【答案】ABCD
3. 下列各项中，不属于廉洁自律的要求的有（ ）。
A.树立正确的人生观价值观
B.正确认识会计职业，树立职业荣誉感
C.公私分明，不贪不占
D.保守秘密，不为利益所诱惑
【答案】BD
【解析】（1）选项B，属于爱岗敬业的要求；（2）选项D，属于诚实守信的要求。
4. 下列各项中，属于会计职业道德“客观公正”的基本要求的有（ ）。
A.实事求是 B. 依法办事
C.保持应有的独立性 D.公私分明
【答案】ABC
【解析】选项D，公私分明是廉洁自律的要求。

## 三、判断题

1. 会计法律制度具有很强的他律性，会计职业道德具有很强的自律性 。（ ）
【答案】正确。
2. 爱岗敬业是会计职业道德的基础。（ ）
【答案】正确。
3. 会计人员应依法保守单位秘密，这是会计职业道德规范爱岗敬业的要求。（ ）
【答案】错误。
【解析】会计人员应依法保守单位秘密，这是诚实守信的具体体现。
4. 中国现代会计学之父潘序伦先生终身倡导：“信以立志，信以守身，信以处事，信以待人，毋忘‘立信’，当必有成”，强调的就是诚实守信。（ ）
【答案】正确。
5. 会计人员在任何情况下向外界提供或者泄露单位的会计信息都是违反诚实守信原则的行为。（ ）
【答案】错误。
【解析】在法律规定和单位领导人同意外，会计人员向外界提供或者泄露单位的会计信息不属于违反诚实守信原则的行为。
6. 会计人员应认真执行国家统一的会计制度，依法履行会计监督职责，发生道德冲突时，应优先维护单位的利益。（ ）
【答案】错误。
【解析】会计人员在发生道德冲突时，应坚持准则，维护国家利益和社会公众利益。
7. 会计人员遵循参与管理的职业道德原则，就是要积极主动参与到企业管理工作中，对企业经营活动作出决策。（ ）
【答案】错误。
【解析】参与管理应该是间接的参与。
8. 强化服务，就是要在会计工作中提供上乘的服务质量，不管服务主体提出什么样的要求，会计人员都要尽量满足其需要。（ ）
【答案】错误。
【解析】质量上乘，并非是无原则地满足服务主体的需要，而是在坚持原则、坚持会计准则的基础上尽量满足用户或服务主体的需要。

## 四、不定项选择题

（一）甲公司2017年发生如下事项：
（1）会计人员分析坏账形成原因，提出加强授信管理、加快货款回收的建议。
（2）会计人员积极参加财政部门组织的会计法规制度培训，对单位提出合理化建议。
（3）出纳员李某认为干会计没出息，工作上应付差事，敷衍了事，也从未参加会计人员继续教育。
（4）会计人员王某将接触到本公司的商业秘密提供给其在乙民营企业任总经理的好朋友，致使乙企业获利，给甲公司造成一定损失，王某获得了好朋友给他的好处。
根据上述材料，回答下列问题：
1. 业务（1）中，符合的会计职业道德要求有（ ）。
A.符合会计职业道德强化服务要求
B.符合会计职业道德参与管理要求
C.符合会计职业道德爱岗敬业要求
D.符合会计职业道德坚持准则要求
【答案】ABC
2. 业务（2）中，符合的会计职业道德要求有（ ）。
A.符合会计职业道德提高技能要求
B.符合会计职业道德参与管理要求
C.符合会计职业道德爱岗敬业要求
D.符合会计职业道德坚持准则要求
【答案】ABC
3. 业务（3）中，违背了会计职业道德要求有（ ）。
A.违背了提高技能的会计职业道德要求
B.违背了廉洁自律的会计职业道德要求
C.违背了爱岗敬业的会计职业道德要求
D.违背了坚持准则的会计职业道德要求
【答案】AC
4. 业务（4）中，违背了会计职业道德要求有（ ）。
A.违背了提高技能的会计职业道德要求
B.违背了廉洁自律的会计职业道德要求
C.违背了诚实守信的会计职业道德要求
D.违背了坚持准则的会计职业道德要求
【答案】BC

# 第五节　违反会计法律制度的法律责任

## 一、违反国家统一的会计制度行为的法律责任（★★★）

1.违反国家统一会计制度行为种类。

（1）不依法设置会计账簿的。

（2）私设会计账簿的。

★【专家一对一】

**私设会计账簿和不依法设置会计账簿是并列关系，而不是包含关系。私设会计账簿是指搞“二本账”，“账外账”；不依法设置会计账簿是应当设置账簿而不设置账簿，或者虽然设置了账簿但是没有按照国家统一的会计制度的规定设置。**

（3）未按照规定填制、取得原始凭证或者填制、取得的原始凭证不符合规定的。

（4）以未经审核的会计凭证为依据登记会计账簿或者登记会计账簿不符合规定的。

（5）随意变更会计处理方法的。

（6）向不同的会计资料使用者提供的财务会计报告编制依据不一致的。

（7）未按照规定使用会计记录文字或者记账本位币的。

（8）未按照规定保管会计资料，致使会计资料毁损、灭失的。

（9）未按照规定建立并实施单位内部会计监督制度或者拒绝依法实施的监督或者不如实提供有关会计资料及有关情况的。

（10）任用会计人员不符合《会计法》规定的。

2.违反国家统一会计制度行为的法律责任。

（1）由县级以上人民政府财政部门责令限期改正，可以对单位并处3 000元以上5万元以下的罚款。

★【专家一对一】

**法律责任中，“责令限期改正”仅适用于上述违反国家统一的会计制度的行为，注意和后面的“通报”适用范围相区别。**

（2）对其直接负责的主管人员和其他直接责任人员，可以处2 000元以上2万元以下的罚款，属于国家工作人员的，还应当由其所在单位或者有关单位依法给予行政处分。

（3）构成犯罪的，依法追究刑事责任。

（4）会计人员有上述所列行为之一，情节严重的，5年内不得从事会计工作。

【例题·多选题】某学校将附属商店的租金收入1万元不纳入学校统一的会计账簿进行核算，而另设会计账簿进行核算，以解决教职工的福利问题。则该学校及相关人员应承担的法律责任有（　　）。

A.责令其限期改正

B.通报

C.对该学校并处3 000元以上5万元以下的罚款

D.对直接负责的主管人员和其他直接责任人员处2 000元以上2万元以下的罚款

【答案】ACD

【解析】该行为属于私设会计账簿的行为，选项ACD属于其应当承担的责任。选项B，通报属于违反国家统一的会计制度以外的其他违法行为的法律责任。

## 二、伪造、变造行为会计凭证、会计账簿，编制虚假财务会计报告行为的法律责任（★★★）

1.构成犯罪的，依法追究刑事责任。

2.尚不构成犯罪的，由县级以上人民政府财政部门予以通报，可以对单位并处5 000元以上10万元以下的罚款。

3.对其直接负责的主管人员和其他直接责任人员，可以处3 000元以上5万元以下的罚款。

4.属于国家工作人员的，还应当由其所在单位或者有关单位依法给予撤职直至开除的行政处分。

5.其中的会计人员，5年内不得从事会计工作。

【例题·单选题】某单位为迎接上级单位的评估验收，需要采购大量办公用品，办公室主任胡某指使采购人员刘某伪造购物发票，多报销2 000元。对该行为，县级以上财政部门可以对刘某进行的处罚是（　　）。

A.通报，处2 000元以上2万元以下的罚款　　B.通报，处3 000元以上5万元以下的罚款

C.责令限期改正，处2 000元以上2万元以下的罚款　　D.责令限期改正，处3 000元以上5万元以下的罚款

【答案】B

【解析】县级以上人民政府对违法行为视情节轻重，在予以通报的同时，可以对单位并处5 000元以上10万元以下的罚款，对其直接负责的主管人员和其他直接责任人员，可以处3 000元以上5万元以下的罚款。故正确答案是选项B。

## 三、隐匿或者故意销毁依法应当保存的会计凭证、会计账簿、财务会计报告行为的法律责任（★★★）

1.构成犯罪的，依法追究刑事责任。

隐匿或者故意销毁依法应当保存的会计凭证、会计账簿、财务会计报告，情节严重的，处5年以下有期徒刑或者拘役，并处或者单处2万元以上20万元以下罚金。单位犯前款罪的，对单位判处罚金，并对其直接负责的主管人员和其他直接责任人员，依照前款的规定处罚。

2.尚不构成犯罪的。

（1）由县级以上人民政府财政部门予以通报，可以对单位并处5 000元以上10万元以下的罚款。

（2）对其直接负责的主管人员和其他直接责任人员，可以处3 000元以上5万元以下的罚款。

（3）属于国家工作人员的，还应当由其所在单位或者有关单位依法给予撤职直至开除的行政处分。

（4）其中的会计人员，5年内不得从事会计工作。

【例题·多选题】隐匿或者故意销毁依法应当保存的会计凭证、会计账簿、财务会计报告，尚不构成犯罪的，有关单位和直接责任人员应当承担的法律责任有（　　）。

A.责令限期改正　　B.通报

C.对单位罚款5 000元以上10万元以下　　D.对直接责任人员罚款3 000元以上5万元以下

【答案】BCD

【解析】对隐匿或者故意销毁依法应当保存的会计凭证、会计账簿、财务会计报告，尚不构成犯罪的，在通报的同时，可以对单位并处5 000元以上10万元以下的罚款，对直接责任人员罚款3 000元以上5万元以下。故本题正确答案是选项BCD。

## 四、授意、指使、强令会计机构、会计人员及其他人员伪造、变造会计凭证、会计账簿，编制虚假财务会计报告或者隐匿、故意销毁依法应当保存的会计凭证、会计账簿、财务会计报告行为的法律责任（★★★）

1.构成犯罪的，依法追究刑事责任。

2.尚不构成犯罪的。

（1）可以处5000元以上5万元以下的罚款。

（2）属于国家工作人员的，还应当由其所在单位或者有关单位依法给予降级、撤职、开除的行政处分。

★【专家一对一】

这里的罚款只是针对个人，因为授意、指使、强令行为只能是个人行为，故只能对个人罚款

【例题·多选题】甲公司由于经营不善，难以实现公司年初提出的当年完成利润50万元的目标。为此，公司董事长高某指使财务部会计人员胡某在会计账簿上做一些“技术处理”，胡某照办，将甲公司当年亏损状态处理为盈利55万元。已知该行为尚未构成犯罪，则下列各项中，属于甲公司及相关人员应承担的法律责任的有（　　）。

A.对高某处以5 000元以上5万元以下的罚款

B.胡某5年内不得从事会计工作

C.对胡某处以3 000元以上5万元以下的罚款

D.责令甲公司限期改正，并处5 000元以上10万元以下的罚款

【答案】ABC

【解析】选项D，应当是通报，并处5 000元以上10万元以下的罚款。

## 五、单位负责人对依法履行职责、抵制违反《会计法》规定行为的会计人员实行打击报复的法律责任（★★★）

单位负责人对依法履行职责、抵制违反《会计法》规定行为的会计人员以降级、撤职、调离工作岗位、解聘或者开除等方式实行打击报复。

1.构成犯罪的，依法追究刑事责任。

公司、企业、事业单位、机关、团体的领导人，对依法履行职责、抵制违反《会计法》行为的会计人员实行打击报复，情节恶劣的，处3年以下有期徒刑或者拘役。

2.尚不构成犯罪的，由其所在单位或者有关单位依法给予行政处分。

3.对受打击报复的会计人员，应当恢复其名誉和原有职务、级别。

★【专家一对一】

对受打击报复的会计人员，应当恢复其名誉和原有职务、级别。工作岗位不是必须恢复的，因为其一：受打击的会计人员可能找到了更中意的单位或者岗位，不能强制或者勉强会计人员再回原单位或原岗位；其二，接替者也不一定不胜任，甚至可能做得更好。有时题目中将"恢复名誉"表述为"赔礼道歉"，也正确。

【例题·多选题】对受到打击报复的会计人员，采取必要的补救措施，下列各项中，属于必须恢复的有。（　　）

A.名誉　　B.原有职务　　C.原有级别　　D.工作岗位

【答案】ABC

【解析】工作岗位只能在征得会计人员同意的情况下才能恢复，故不选D。

## 六.财政部门及有关行政部门工作人员职务违法行为的法律责任（★）

1.财政部门及有关行政部门的工作人员在实施监督管理中滥用职权、玩忽职守、徇私舞弊或者泄露国家秘密、商业秘密，构成犯罪的，依法追究刑事责任；尚不构成犯罪的，依法给予行政处分。

2.收到对违反会计法和国家统一的会计制度行为检举的部门及负责处理检举的部门，将检举人姓名和检举材料转给被检举单位和被检举人个人的，由所在单位或者有关单位依法给予行政处分。

★【专家一对一】

对将检举人姓名和检举材料转给被检举者的，只规定了行政处分。

★【专家一点通】

违反会计法的法律责任

| 违法类别 | 具体情形 | 法律责任 |
|---|---|---|
| 违反国家统一的会计制度的行为 | 10种情形（略） | 1.责令限期改正<br>2.罚款：<br>单位：3 000元以上50 000以下；<br>个人：2 000元以上20 000以下<br>3.行政处分（国家工作人员）<br>4.构成犯罪，追究刑事责任<br>5.情节严重的会计人员五年内不得从事会计工作。 |
| 其他会计违法行为 | （一）伪造、变造会计凭证、会计账簿，编制虚假财务会计报告 | 1.不构成犯罪的：（1）通报；（2）罚款——单位：5 000元以上10万元以下；个人：3 000元以上5万元以下；（3）行政处分（国家工作人员，撤职直至开除）；（4）会计人员五年内不得从事会计工作。<br>2.构成犯罪的，追究刑事责任。 |

续表

| 违法类别 | 具体情形 | 法律责任 |
|---|---|---|
| 其他会计违法行为 | （二）隐匿或故意销毁依法应当保存的会计凭证、会计账簿、财务会计报告 | 1.不构成犯罪的：（1）通报；（2）罚款——单位：5 000元以上10万元以下；个人：3 000元以上5万元以下；（3）行政处分：撤职直至开除；（4）会计人员，五年内不得从事会计工作。<br>2.构成犯罪的，追究刑事责任，情节严重的，处5年以下有期徒刑或拘役，并处或单处2万元以上20万元以下罚金。单位犯前款罪的，处罚金。 |
| | （三）授意、指使、强令会计机构、会计人员及其他人员伪造、变造会计凭证、会计账簿，编制虚假财务会计报告或者隐匿、故意销毁依法应当保存的会计凭证、会计账簿、财务会计报告 | 1.构成犯罪的，依法追究刑事责任；<br>2.尚不构成犯罪的，处5千元以上5万元以下罚款；<br>3.行政处分：降级、撤职直至开除 |

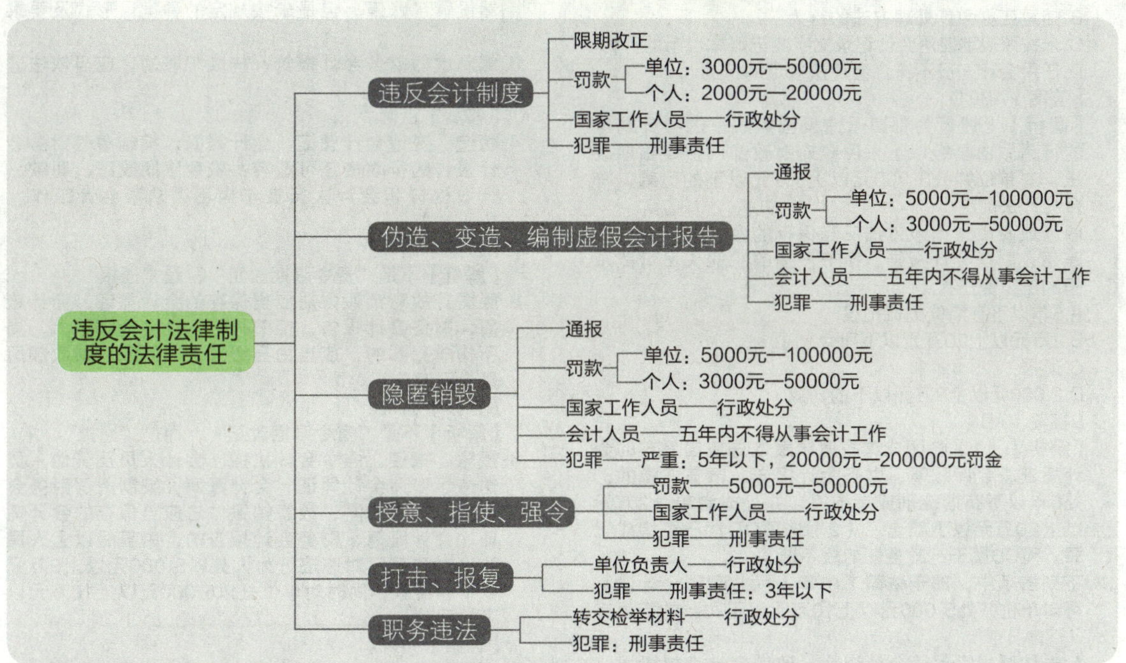

# 节节测

## 一、单项选择题

1. 对随意变更会计处理方法的单位，由县级以上人民政府财政部门责令限期改正，并可以处一定数额的罚款。下列各项中，属于规定数额罚款的是（　　）。
A .2 000元以上5万元以下的罚款
B.3 000元以上5万元以下的罚款
C.4 000元以上5万元以下的罚款
D.5 000元以上5万元以下的罚款
【答案】B
【解析】对随意变更会计处理方法的单位，县级以上人民政府财政部门责令限期改正，并可以处3 000元以上5万元以下的罚款。

## 二、多项选择题

1. 下列行为中，由县级以上人民政府财政部门责令限期改正，可以对单位并处3 000元以上5万元以下的罚款的有（　　）。
A.不依法设置会计账簿的行为
B.随意变更会计处理方法的行为
C.未按照规定使用会计记录文字或记账本位币的行为
D.任用会计人员不符合会计法规定的行为
【答案】ABCD
【解析】上述行为都属于违反国家统一的会计制度的行为，由县级以上人民政府财政部门责令限期改正，对单位并处3 000元以上5万元以下的罚款，符合会计法规定。
2. 隐匿或者故意销毁依法应当保存的会计凭证、会计账簿、财务会计报告，情节严重的犯罪人员可能承担的法律责任有（　　）。
A.5年以下有期徒刑或拘役
B.2万元以上20万元以下罚金
C.通报
D.2 000元以上2万元以下的罚款
【答案】AB
【解析】（1）隐匿或者故意销毁依法应当保存的会计凭证、会计账簿、财务会计报告，情节严重的，处5年以下有期徒刑或者拘役，并处或者单处2万元以上20万元以下罚金。（2）选项CD，已经构成犯罪，而CD属于行政责任，故不选。
3. 下列各项中，属于依照《中华人民共和国会计法》可对单位并处5 000元以上10万元以下罚款的行为有（　　）。
A.未按照规定保管会计资料，致使会计资料毁损、灭失
B.伪造会计凭证、会计账簿，编制虚假财务会计报告
C.私设会计账簿
D.隐匿或故意销毁依法应当保存的会计凭证、会计账簿、财务会计报告
【答案】BD
【解析】选项AC：属于违反国家统一的会计制度的行为，可以对单位处3 000元以上5万元以下的罚款。
4. 授意、指使、强令会计机构，会计人员及其他人员伪造、变造会计凭证、会计账簿，编制虚假财务报告，故意销毁依法应当保存的会计凭证、会计账簿、财务会计报告，尚不构成犯罪的除依法可处以规定数额的罚款外，对属于国家工作人员的还应当由其所在单位或者有关单位依法给予的行政处分有（　　）。
A.降级　　B.撤职　　C.开除　　D.警告
【答案】ABC

## 三、判断题

1. 私设会计账簿的行为，就是不依法设置会计账簿的行为。（　　）
【答案】错误。
【解析】私设会计账簿是指在规定的账簿以外另外设置一套账簿，即所谓“账外账”、“二本账“；不依法设置会计账簿是指应当设置账簿而不设置账簿，或者设置了账簿但是没有按照要求设置。
2. 不依法设置会计账簿的行为就是指应当设置会计账簿的单位不设置会计账簿的行为。（　　）
【答案】错误。
【解析】表述不全面。不依法设置会计账簿的行为是指应当设置会计账簿的单位不设置会计账簿或者虽然设置了账簿，但是未按规定的种类、形式及要求设置。
3. 编制虚假财务会计报告，构成犯罪的，应当依法追究刑事责任。（　　）
【答案】正确。
4. 伪造、变造会计凭证、会计账簿，编制虚假财务会计报告的行政责任可能有：责令限期改正、罚款、行政处分和会计人员五年内不得从事会计工作。（　　）
【答案】错误。
【解析】不是“责令限期改正”，是“通报”。
5. 隐匿、故意销毁依法应当保存的会计凭证、会计账簿、财务会计报告，情节较轻，社会危害不大，尚不构成犯罪的，应当由县级以上人民政府财政部门责令限期改正。（　　）
【答案】错误。
【解析】不是“责令限期改正”，而是“通报”。
6. 授意、指使、强令会计机构、会计人员及其他人员伪造、变造会计凭证、会计账簿，编制虚假财务会计报告或者隐匿、故意销毁依法应当保存的会计凭证、会计账簿、财务会计报告的，由县级以上人民政府财政部门对违法行为人处以5 000元以上5万元以下的罚款，同时对单位处以5 000元以上10万元以下的罚款。（　　）
【答案】错误。
【解析】该行为只对直接责任人员处以罚款，不对单位处以罚款。
7. 单位负责人对依法履行职责、抵制违反《会计法》规定行为的会计人员打击报复的方式主要包括降级、撤职、调离工作岗位、解聘或者开除等方式。（　　）
【答案】正确。
8. 单位负责人对依法履行职责、抵制违反《中华人民共和国会计法》规定行为的会计人员实行打击报复，尚不构成犯罪的，由其所在单位或者有关单位依法给予行政处分。（　　）
【答案】正确。

# 章 章 练

## 一、单项选择题

1. 下列各项中，属于我国会计工作行政管理主管部门的是（　　）。
A.财政部　　B.中国人民银行
C.审计署　　D.国家税务总局
2. 会计资料最基本的质量要求是（　　）。
A.真实性和相关性　　B.明晰性和谨慎性
C.真实性和完整性　　D.重要性和及时性
3. 下列各项中，不属于会计核算内容的是（　　）。
A.固定资产盘盈　　B.合同的审核和签订
C.无形资产的购入　　D.货币资金的收入
4. 下列各项中，属于原始凭证的金额有错误时，应当采取的正确做法的是（　　）。
A.由出具单位更正并加盖出具单位印章
B.由出具单位重开
C.由接受单位更正并加盖接受单位印章
D.由经办人员更正并加盖经办人员印章
5. 下列各项中，属于合同登记簿所属类别的是（　　）。
A.总账　　B.明细账
C.日记账　　D.其他辅助账簿
6. 下列各项中，属于财务会计报告组成部分的是（　　）。
A.生产计划表
B.预算表
C.会计报表附注
D.注册会计师出具的审计报告
7. 下列有关在财务会计报告上签章的做法中，符合规定的是（　　）。
A.签名　　B.盖章
C.签名或盖章　　D.签名并盖章
8. 下列各项中，属于单位内部会计监督对象的是（　　）。
A.单位的货币资金　　B.单位的财产物资
C.单位的经济活动　　D.单位的财务工作
9. 下列事项中，可以由同一个人承办的是（　　）。
A.授权批准与业务经办　　B.业务经办与会计记录
C.现金日记账与出纳　　D.业务经办与稽核检查
10. 下列各项中，不属于企业内部控制和行政事业单位内部控制共同措施的是（　　）。
A.不相容岗位相互分离　　B.预算控制
C.财产保护控制　　D.绩效考评控制
11. 下列各项中，不属于会计工作政府监督主体的是（　　）。
A.县级以上人民政府财政部门
B.政府的审计部门
C.税务机关
D.单位负责人
12. 下列人员中，可以担任会计机构负责人（会计主管人员）的是（　　）。
A.甲担任会计工作1年
B.乙担任会计工作2年
C.丙担任会计工作4年
D.丁在某超市做收银员10年
13. 会计人员工作交接完毕后，下列人员中，不必在移交清册上签名或盖章的是（　　）。
A.监交人　　B.移交方
C.接受方　　D.单位负责人
14. 下列会计资料不属于会计档案的是（　　）。
A.记账凭证　　B.会计档案移交清册
C.年度财务计划　　D.银行对账单
15. 当年形成的会计档案，可由单位会计管理机构临时保管的时间是（　　）。
A.1年　　B.2年　　C.3年　　D.5年
16. 下列各单位中，必须设置总会计师的是（　　）。
A.国有大、中型企业　　B.大、中型私营企业
C.大、中型集体企业　　D.股份有限公司
17. 接替人员在交接时因疏忽没有发现所交接会计资料存在真实性、合法性方面的问题，事后发现的，则对该问题承担责任的主体是（　　）。
A.接替人　　B.移交人
C.监交人　　D.会计机构负责人
18. 会计法律制度的遵循主要依赖国家强制性，会计职业道德主要靠会计人员的自觉遵守，这体现的两者的区别是（　　）。
A.评价标准不同　　B.表现形式不同
C.作用范围不同　　D.实施保障机制不同
19. 下列各项中，要求会计人员“严肃认真、一丝不苟”的是（　　）。
A.强化服务　　B.爱岗敬业
C.提高技能　　D.参与管理
20. “做老实人，说老实话，办老实事”，体现的会计职业道德规范内容是（　　）。
A.坚持准则　　B.诚实守信
C.爱岗敬业　　D.提高技能
21. “坚持好制度胜于做好事，制度大于天，人情薄如烟”，这句话所体现的会计职业道德规范是（　　）。
A.参与管理　　B.提高技能
C.坚持准则　　D.强化服务
22. 出纳人员李某具有不断提高会计业务技能的意识和愿望，主动向银行工作人员请教辨别假钞的技术，积极参加各项会计技能培训，李某的行为体现的会计职业道德内容是（　　）。
A.爱岗敬业　　B.诚实守信
C.提高技能　　D.廉洁自律
23. 会计专业技术人员参加继续教育实行学分制管理，每年参加继续教育取得的学分不得少于（　　）。
A.30学分　　B.60学分　　C.90学分　　D.100学分
24. 对于变造、伪造会计凭证的法律责任的承担，下列说法中正确的是（　　）。
A.对单位罚款3 000元以上5万元以下
B.对个人罚款3 000元以上5万元以下
C.对单位罚款5 000元以上5万元以下
D.对个人罚款5 000元以上10万元以下

## 二、多项选择题

1. 下列各项中属于变造会计凭证行为的有（　　）。
A.某业务员将购货发票上的金额50万元修改为80万元报账
B.某企业为客户虚开销货发票一张，并按票面金额收取20%的好处费
C.某企业出纳将一张报销凭证上的金额6 000元涂改为8 000元

D.购货部门转来一张购货发票，原货物名称有误，出票单位已作更正并加盖单位印章

2. 下列关于正确使用会计记录文字的各项表述中，正确的有（　　）。
A.中国境内的所有单位，会计记录均应当使用中文
B.民族自治地方，会计记录可以只使用当地通用的一种民族文字
C.中国境内的外商投资企业、外国企业和其他外国组织，会计记录可以只使用中文
D.中国境内的外商投资企业、外国企业和其他外国组织，会计记录可以只使用中文，也可以只使用其本国文字

3. 会计机构、会计人员有权不予受理的原始凭证包括（　　）。
A.不真实的原始凭证　B.不合法的原始凭证
C.不准确的原始凭证　D.不完整的原始凭证

4. 下列各项中，属于财务会计报告分类的有（　　）。
A.年度财务会计报告　B.半年度财务会计报告
C.季度财务会计报告　D.月度财务会计报告

5. 下列关于会计档案的表述中，不正确的有（　　）。
A.财务会计报告应当永久保管
B.银行存款余额调节表的保管期限为30年
C.保管期满的会计档案应当一律销毁
D.销毁电子会计档案，应当由档案机构、会计机构和电子信息管理机构共同派员监销

6. 下列各项中，属于企业内部控制和行政事业单位内部控制共同措施的有（　　）。
A.不相容岗位相互分离　B.预算控制
C.单据控制　D.运营分析控制

7. 下列各项中，属于企业内部控制和行政事业单位内部控制都要遵循的原则的有（　　）。
A.全面性原则　B.重要性原则
C.制衡性原则　D.成本效益原则

8. 下列各项中，属于出纳人员不得兼管的工作有（　　）。
A.稽核　B.会计档案保管
C.登记银行存款日记账　D.登记收入总账

9. 下列各项中，没有违背会计人员回避制度规定的有（　　）。
A.甲公立中学校长的妻子担任该中学财务部主任
B.乙医院会计科长的女儿担任该医院出纳
C.丙公安局长的儿子担任该局出纳
D.丁公司财务总监的恋人担任丁公司出纳

10. 下列各项中，属于应与接管人员办理交接手续的情形有（　　）。
A.调动工作　B.离职
C.因事请假半天　D.因病暂时不能工作

11. 下列各项关于会计职业道德和会计法律制度两者区别的论述中，不正确的有（　　）。
A.会计法律制度具有很强的他律性，会计职业道德具有很强的自律性。
B.会计法律制度调整会计人员的外在行为，会计职业道德只调整会计人员的内心精神世界
C.会计法律制度有成文规定，会计职业道德无具体的表现形式
D.违反会计法律制度可能会受到法律制裁，违反会计职业道德只会受到道德谴责

12. 下列各项中，符合会计职业道德"提高技能"要求的有（　　）。
A.出纳人员向银行工作人员请教辨别假钞的技术
B.会计主管与单位其他会计人员交流隐瞒业务收入的做法
C.会计人员积极参加会计业务培训
D.总会计师通过自学提高会计职业判断能力

13. 下列各项中，属于违反国家统一的会计制度规定行为的有（　　）。
A.未按规定保管会计资料，致使会计资料毁损灭失的
B.随意变更会计处理方法的行为
C.未在规定期限办理纳税申报的行为
D.未按规定建立并实施单位内部会计监督制度的行为

14. 下列行为中，可以由县级以上人民政府财政部门责令限期改正，并对单位并处3 000以上5万元以下的罚款的有（　　）。
A.不依法设置会计账簿的
B.以未经审核的会计凭证为依据登记会计账簿或者登记会计账簿不符合规定的
C.未按规定建立并实施单位内部的会计监督制度
D.未按照规定使用会计记录文字或者记账本位币的

15. 根据会计法律制度的规定，下列情形中，属于违法行为的有（　　）。
A.指使会计人员编制虚假财务会计报告
B.变造会计账簿
C.隐匿依法应当保存的会计凭证
D.拒绝接收金额记载错误的原始凭证

## 三、判断题

1. 单位负责人对本单位的会计工作和会计资料的真实性、完整性负责。（　　）
2. 为了增强财务会计报告的可信度，企业对外提供的所有财务会计报告都必须委托注册会计师审计并出具审计报告。（　　）
3. 会计档案的保管期限分为5年、10年和30年。（　　）
4. 单位之间交接会计档案完毕后，交接双方经办人应当在会计档案移交清册上签名或者盖章。（　　）
5. 审计、税务、人民银行、证券监管、保险监管等部门依照有关法律、行政法规规定的职责和权限，也可以对各单位的会计资料实施监督检查。（　　）
6. 社会监督的主体主要是注册会计师及其所在的会计事务所。（　　）
7. 在会计工作交接中，接替人员不对所移交的会计资料的真实性、完整性承担法律责任。（　　）
8. 会计人员进行会计工作交接时，移交清册一般应填制一式三份，移交方、接收方和监交方各执一份。（　　）
9. 会计职业道德的表现形式都是不成文的规范，无具体的表现形式。（　　）
10. 在对单位（或雇主）的忠诚与国家及社会公众利益发生冲突时，会计人员应该忠实于国家、忠实于社会公众，承担起维护国家和社会公众利益的责任。（　　）

## 四、不定项选择题

（一）【材料1】2017年，甲公司发生下列事项：
（1）1月，公司一批会计档案保管期满，其中有尚未结清的债权债务原始凭证。公司档案管理机构请会计机构负责人张某及相关人员在会计档案销毁清册上签署意见后，将该批会计档案全部销毁。
（2）9月，出纳郑某调离，与接替其工作的王某办理了会计工作交接。
（3）12月，为完成当年利润指标，会计机构负责人

张某采取虚增营业收入等方法，调整了财务会计报告，并经法定代表人周某同意，向乙公司提供了未经审计的财务会计报告。

要求，根据上述资料，不考虑其他因素，分析回答下列小题。

1. 关于甲公司销毁会计档案的下列表述中，正确的是（ ）。
   A. 档案管理机构负责人应在会计档案销毁清册上签署意见
   B. 法定代表人周某应在会计档案销毁清册上签署意见
   C. 会计机构负责人张某不应在会计档案销毁清册上签署意见
   D. 保管期满但未结清的债权债务原始凭证不得销毁
2. 下列关于会计人员郑某与王某交接会计工作的表述中，正确的是（ ）。
   A. 郑某与王某应按移交清册逐项移交，核对点收
   B. 应由会计机构负责人张某监交
   C. 移交完毕，郑某与王某以及监交人应在移交清册上签名或盖章
   D. 移交完毕，王某可自行另立新账进行会计记录
3. 关于甲公司向乙公司提供财务会计报告的下列表述中，正确的是（ ）。
   A. 财务会计报告经注册会计师审计后才能对乙公司提供
   B. 会计机构负责人张某应在财务会计报告上签名并盖章
   C. 主管会计工作的负责人应在财务会计报告上签名并盖章
   D. 法定代表人周某应在财务会计报告上签名并盖章
4. 关于会计机构负责人张某采取虚增营业收入等方法调整财务会计报告行为性质及法律后果的下列表述中，正确的是（ ）。
   A. 可对张某处以罚款
   B. 该行为属于编制虚假财务会计报告
   C. 张某5年之内不得从事会计工作
   D. 可对张某处以行政拘留

（二）【材料2】某市财政部门在对某小型国有企业甲公司2017年的会计工作进行检查时，发现以下情况：

（1）3月，甲公司精简机构，将财务科撤并到公司办公室，由该办公室负责行政工作的副主任陈某兼任会计主管人员，陈某自参加工作以来一直从事行政工作。（2）4月，陈某儿子的女友邓某大学毕业，进入甲公司工作，陈某安排其担任出纳兼会计档案保管工作，并兼记固定资产明细账。（3）5月，原工资核算岗位的李某调往计划科，其工作移交给王某，因会计主管人员出差，公司董事长安排由人事科科长监交，后来王某发现李某移交的会计资料有短缺的问题。（4）12月，邓某与陈某的儿子结婚后，离开出纳岗位，改任总账会计，同时保管会计档案。

要求：根据上述资料，回答下列问题：

1. 根据事项（1），下列表述正确的是（ ）。
   A. 甲公司应当设置会计机构，将财务科撤并到公司办公室的做法不合法
   B. 甲公司必须委托代理记账机构记账
   C. 甲公司可以委托代理记账机构记账
   D. 陈某兼任会计主管人员符合会计法规定的条件
2. 根据事项（2），下列表述中，正确的是（ ）。
   A. 邓某是陈某儿子的女友，担任出纳工作违背了会计人员回避制度的规定
   B. 邓某担任出纳工作，未违背会计人员回避制度的规定
   C. 邓某可以担任出纳兼会计档案保管
   D. 邓某可以担任出纳兼记固定资产明细账
3. 根据事项（3），下列表述正确的是（ ）。
   A. 由人事科长监交符合规定
   B. 王某接替李某的工作后，可以另立账簿
   C. 对会计资料短缺问题，应当由王某负责
   D. 对会计资料短缺问题，应当由李某负责
4. 根据事项（4），下列表述不正确的是（ ）。
   A. 邓某与陈某的儿子结婚后，可以继续担任出纳
   B. 邓某任总账会计，违背会计人员回避制度
   C. 邓某改任总账会计，因仍然在甲公司会计部门工作，可以不办理会计工作交接
   D. 邓某担任总账会计，同时保管会计档案不符合规定

（三）【材料3】甲企业为国有企业，内部事项如下：

（1）会计人员李某负责收入账目的登记工作，同时负责会计档案保管；（2）该企业业务收支活动以欧元为主，采用欧元作为记账本位币，财务会计也以欧元列示；（3）该企业的会计机构负责人赵某为单位负责人范某的叔叔；（4）该企业规定，各部门定期对财产物资进行清查，对于账实不符的情况，会计机构负责人赵某负责处理所有事宜。

根据上述资料，分别回答下列问题。

1. 事项（1），下列说法中正确的是（ ）。
   A. 李某可以同时负责收入账目的登记工作和会计档案保管工作
   B. 李某不可以同时负责收人账目的登记工作和会计当案保管工作
   C. 李某同时负责收入账目的登记工作和会计档案保管工作，不符合设置会计工作岗位的基本原则
   D. 李某同时负责收入账目的登记工作和会计档案保管工作，不能达到内部控制制度的要求。
2. 针对事项（2），下列说法中正确的是（ ）。
   A. 该企业可以采用欧元作为记账本位币
   B. 该企业不可以采用欧元作为记账本位币
   C. 该企业编制的财务会计报告可以以欧元列示
   D. 该企业编制的财务会计报告应当折算为人民币
3. 针对事项（3），下列说法中正确的是（ ）。
   A. 该企业的做法符合规定
   B. 该企业的做法不符合规定
   C. 赵某与范某不属于直系亲属关系，赵某可以担任会计机构负责人
   D. 赵某与范某属于直系亲属关系，赵某不能担任会计机构负责人
4. 针对事项（4），下列说法中正确的是（ ）。
   A. 该企业的做法符合规定
   B. 该企业的做法不符合规定
   C. 对于账实不符的情况，应当立即向单位负责人报告，经批准后由会计机构作出处理
   D. 对于账实不符的情况，按照国家统一的会计制度的规定会计机构、会计人员有权自行处理的，应当及时处理；无权处理的，应当立即向单位负责人报告，请求查明原因，作出处理。

# 章章练参考答案及解析

## 一、单项选择题

1.【答案】A
【解析】选项BCD，人民银行、审计、税务部门对有关单位的会计资料进行监督检查，是配合财政部门进行管理的部门，不是会计工作的主要管理部门。
2.【答案】C
【解析】会计资料的“真实性和完整性”，是对会计资料最基本的质量要求，是会计工作的生命，各单位必须保证所提供的会计资料真实和完整。
3.【答案】B
【解析】选项B，合同的审核和签订本身并不引起资金运动，不需要进行会计核算。
4.【答案】B
【解析】原始凭证金额错误的，只能重开；非金额错误的，可以重开也可以更正。故正确答案是B。
5.【答案】D
6.【答案】C
【解析】（1）选项AB，财务会计报告由会计报表、会计报表附注和财务情况说明书组成。生产计划表、预算表不属于财务会计报告的组成部分。（2）选项D，企业在对外公布财务会计报告时，应当将注册会计师的审计报告和财务会计报告一并对外公布，但注册会计师的审计报告不是财务会计报告本身。
7.【答案】D
【解析】有关人员在财务会计报告上签章的正确做法是“签名并盖章”，选项ABC都不符合规定。
8.【答案】C
【解析】单位内部会计监督的对象是“单位的经济活动”（C）。
9.【答案】C
【解析】（1）选项ABD：“不相容职务主要包括：授权批准与业务经办、业务经办与会计记录、会计记录与财产保管、业务经办与稽核检查、授权批准与监督检查等。”ABD，属于不相容职务，不能由同一个人承办；（2）选项C：出纳人员可以负责现金日记账的记录，不属于不相容职务，故可以由同一个人承办。
10.【答案】D
【解析】选项D，绩效考评控制仅是企业内部控制措施。
11.【答案】D
【解析】（1）县级以上人民政府财政部门为各单位会计工作的监督检查部门，对各单位会计工作行使监督权，对违法会计行为实施行政处罚。审计、税务、人民银行、证券监管、保险监管等部门依照有关法律、行政法规规定的职责和权限，可以对有关单位的会计资料实施监督检查。故选项ABC属于会计工作的政府监督主体；（2）选项D，单位负责人是单位会计责任主体，他不是政府会计监督的主体，也不是单位会计监督主体。
12.【答案】C
【解析】担任单位会计机构负责人（会计主管人员）的，应当具备会计师以上专业技术职务资格或者从事会计工作3年以上经历。（1）选项ABD，AB不足3年，D从事的不是会计工作，故ABD都不能担任；（2）选项C，丙担任会计工作4年，符合条件，可以担任。
13.【答案】D
【解析】会计工作交接完毕后，交接双方和监交人在移交清册上签名或盖章。
14.【答案】C
【解析】（1）选项A，属于凭证类会计档案；（2）选项BD，属于其他类会计档案；（3）选项C，属于文书档案，不属于会计档案。
15.【答案】A
【解析】当年形成的会计档案，在会计年度终了后，可由单位会计管理机构临时保管1年，再移交单位档案管理机构保管。
16.【答案】A
【解析】国有的和国有资产占控股地位或者主导地位的大、中型企业必须设置总会计师，选项A符合要求，必须设置；选项BC，在经济性质上不符合，故不是必须设置的；选项D，无经济性质和规模限定，故不是必须设置总会计师的单位。
17.【答案】B
【解析】“移交人员”对所移交的会计凭证、会计账簿、会计报表和其他有关资料的合法性、真实性承担法律责任。
18.【答案】D
19.【答案】B
【解析】爱岗敬业的基本要求是正确认识会计职业，树立职业荣誉感；热爱会计工作，敬重会计职业；安心工作，任劳任怨；严肃认真，一丝不苟；忠于职守，尽职尽责。
20.【答案】B
【解析】诚实守信要求会计人员“做老实人，说老实话，办老实事”。
21.【答案】C
22.【答案】C
23.【答案】C
【解析】选项C，会计专业技术人员参加继续教育实行学分制管理，每年参加继续教育取得的学分不得少于90学分。
24.【答案】B
【解析】伪造、变造会计凭证、会计账簿，编制虚假财务会计报告，尚不构成犯罪的，由县级以上人民政府财政部门予以通报，可以对单位并处5 000元以上10万元以下的罚款；对其直接负责的主管人员和其他直接责任人员，可以处3 000元以上5万元以下的罚款。

## 三、多项选择题

1.【答案】AC
2.【答案】AC
【解析】根据会计法规定，会计记录文字，可以只使用中文，也可以在使用中文的前提下，并用一种民族文字或者外国文字，但是不能只使用民族文字或者外国文字，故选项AC正确，选项BD错误。

3.【答案】AB

4.【答案】ABCD

5.【答案】ABC

【解析】（1）选项A，年度财务会计报告永久保管，月度、季度、半年度财务会计报告保管10年；（2）选项B，保管10年；（3）选项C保管期满但未结清债权债务的原始凭证和涉及其他未了事项的原始凭证不得销毁。

6.【答案】AB

【解析】（1）选项AB，不相容岗位相互分离和预算控制是企业内部控制和行政事业单位内部控制的共同措施；（2）选项C，单据控制是行政事业单位内部控制措施；（4）选项D，运营分析控制是企业内部控制措施。

7.【答案】ABC

【解析】选项D，成本效益原则是企业内部控制应当遵循的原则，不适用于行政事业单位内部控制。

8.【答案】ABD

【解析】（1）ABD，出纳不得兼任稽核、会计档案保管和收入、支出、费用、债权债务账目的登记工作。（2）选项C，银行存款日记账由出纳登记。

9.【答案】CD

【解析】（1）选项A，夫妻关系属于直系亲属关系，单位负责人与会计机构负责人、会计主管人员存在夫妻关系的，应当回避；（2）选项B，父女关系属于直系血亲关系，会计机构负责人、会计主管人员与出纳存在父女关系的，应当回避；（3）选项C，单位负责人和出纳，不是必须回避的关系，（4）选项D，“恋爱关系”不属于回避范围。

10.【答案】ABD

【解析】因事请假半天并不需要办理交接手续。

11.【答案】BCD

12.【答案】ACD

13.【答案】ABD

【解析】选项C，属于违反税法的行为。

14.【答案】ABCD

【解析】选项ABCD，四项行为都属于违反国家统一的会计制度的行为，都可以由县级以上人民政府财政部门责令限期改正，并对单位并处三千元以上五万元以下的罚款，故正确答案包括四个选项。

15.【答案】ABC

【解析】原凭证金额有错误，只能重开，选项D属合法行为。

## 三、判断题

1.【答案】正确。

2.【答案】错误。

【解析】并非所有的财务会计报告都必须经注册会计师审计。

3.【答案】错误。

【解析】会计档案的保管期限分为永久、定期两类，其中定期保管期限一般分为10年和30年。

4.【答案】错误。

【解析】“交接双方经办人和监交人”应当在会计档案移交清册上签名或者盖章。

5.【答案】错误。

【解析】审计、税务、人民银行、证券监管、保险监管等部门依照有关法律、行政法规规定的职责和权限，也可以对“有关单位”，不是“各单位”的会计资料实施监督检查。

6.【答案】正确。

【解析】会计工作的社会监督主要是指由注册会计师及其所在的会计师事务所依法对委托单位的经济活动进行审计，出具审计报告，发表审计意见的一种监督制度。

7.【答案】正确。

8.【答案】错误。

【解析】移交清册一式三份，交接双方各执一份，存档一份。

9.【答案】错误。

【解析】会计职业道德既有明确的成文的规定，也有不成文的规范，有的有具体的表现形式，有的则无具体表现形式。

10.【答案】正确。

## 四、不定项选择题

（一）【答案】1.ABD；2.ABC；3.BCD；4.ABC

【解析】

1.（1）选项ABC，根据规定，销毁会计档案时，单位负责人、档案管理机构负责人、会计管理机构负责人、档案管理机构经办人、会计管理机构经办人在会计档案销毁清册上签署意见，故选项AB正确，选项C错误；（2）选项D，保管期满但未结清的债权债务原始凭证和涉及其他未了事项的会计凭证不得销毁，故选项D正确。

2.选项A，移交人员在办理移交时，要按移交清册逐项移交；接替人员要逐项核对点收，故选项A表述正确；（2）选B，一般会计人员交接，由会计机构负责人（会计主管人员）监交，故选项B表述正确；（3）选项C，交接完毕后，交接双方和监交人应当在移交清册上签名或盖章，故选项C表述正确（3）选项D，接替人员应当继续使用移交的会计账簿，不得自行另立新账，以保持会计记录的连续性，故选项D表述错误。

3.（1）选项A，并非所有的财务会计报告都必须经过审计，故该项表述错误；（2）选项BCD，企业对外提供的财务会计报告应当由企业负责人（D）和主管会计工作的负责人（C）、会计机构负责人（会计主管人员）（D）签名并盖章。

4.（1）选项B，张某虚增营业收入等方式调整财务会计报告，属于编制虚假的财务会计报告的行为，故选项B表述正确；（2）选项ACD，根据会计法的规定，编制虚假财务会计报告构成犯罪的，依法追究刑事责任；尚不构成犯罪的：①由县级以上人民政府财政部门予以通报，可以对单位并处5 000元以上10万元以下的罚款；②对其直接负责的主管人员和其他直接责任人员，可以处3 000元以上5万元以下的罚款（A）；③属于国家工作人员的，还应当由其所在单位或者有关单位依法给予撤职直至开除的行政处分；④其中的会计人员，5年内不得从事会计工作（C）。（3）选项D，违反会计法的法律责任中，无行政拘留，故选项D表述错误。

（二）【答案】1.C；2.BD；3.D；4.ABC

【解析】

1.会计法规定：各单位应当根据会计业务的需要，设置会计机构，或者在有关机构中设置会计人员并指定会计主管人员；不具备设置条件的，应当委托经批准设立从事会计代理记账业务的中介机构代理记账。（1）选项A，甲公司可以不设置会计机构，而在公司办公室设置会计人员并指定会计主管人员，故选项A表述错误；（2）选项B，甲公司可以设置会计机构，也可以不设置会计机构而是在有关机构中设置会计人员并指定会计主管人员，还可以实行代理记账，故选项B表述错误；（3）选项D，陈某无会计工作经历，也无会计专业技术职务资格，故担任会计主管人员不符合会计法规定，该选项错误。

2.（1）选项A，会计主管人员和出纳人员之间属于回避制度的适用范围，但是邓某是陈某儿子的女友，不是应当回避的关系，不需要回避，选项A表述错误；（2）选项C，出纳人员不得兼管会计档案，选项C表述错误；（3）选项D，固定资产明细账和单位货币资金无直接关系，出纳可以兼记固定资产明细账，选项D表述正确。

3.（1）选项A，一般会计人员交接，由会计机构负责人（会计主管人员）监交，由人事科长监交不规定，故选项A表述错误；（2）选项B，接替人员应当继续使用移交的账簿，不得自行另立账簿，故选项B表述错误；（3）选项CD，对移交的会计资料存在的问题，即使是事后发现，也应当由移交方负责，故选项C表述错误，选项D表述正确。

4.（1）选项AB，邓某与陈某的儿子结婚后，二人成为配偶亲关系，如邓某继续担任出纳，则违背会计人员回避制度，但担任出纳以外工作，无需回避，故选项AB表述错误；（2）选项C，邓某离开出纳岗位，其岗位由他人接手，应当办理交接手续，选项C表述错误；（3）选项D，出纳人员不能兼管会计档案，因为出纳人员直接管理单位货币资金，如其兼管会计档案，则可能改动会计档案记载，为其侵吞单位资金提供方便，故出纳不能监管会计档案。但是，总账会计和会计档案保管岗位，都不直接管理单位货币资金，故可以由一个人兼任，选项D表述错误。

（三）【答案】1.A；2.AD；3.BD；4.BD

【解析】

1.出纳人员不得兼任稽核、会计档案保管和收入、支出、费用、债权债务账目的登记工作。但李某不是出纳，可以同时负责收入账目的登记工作和会计档案的保管。

2.业务收支以人民币以外的货币为主的单位，可以选定其一中种货币作为记账本位币，但是编制的财务会计报告应当折算为人民币。

3.单位负责人的直系亲属不得担任本单位的会计机构负责人（会计主管人员），叔叔属于三代以内旁系血亲关系，属于应当回避的亲属关系。

4.会计机构、会计人员对违反《会计法》和国统的会计制度规定的会计事项，有权拒绝办理或者按照职权予以纠正。发现会计账簿记录与实物、款项及有关资料不相符的，按照国家统一的会计制度的规定有权自行处理的，应当及时处理；无权处理的，应当立即向单位负责人报告，请求查明原因，作出处理。

# 03

# 第三章 支付结算法律制度

# 精准考点　提前了解

支付结算的原则
P96

基本存款账户 P103

票据 P114

银行卡计息与
收费 P147

第三方支付交
易流程 P155

托收承付 P158

违反支付结算
法律制度的法
律责任 P170

# 考情早知道

## 【考情分析】

本章分值16分左右，单选、多选题、判断题和不定项选择题都可能涉及。本章内容抽象难懂，各类题型都易以小案例形式出现，复习难度较大，需要准确理解，尤其是银行结算账户、票据易出不定项选择题，必须在准确理解的基础上灵活运用。

## 【考题形式及重要程度】

| 节　次 | 考试题型 | 重要程度 |
|---|---|---|
| 第一节　支付结算概述 | 单选、多选、判断 | ★ |
| 第二节　银行结算账户 | 单选、多选、判断、不定项选择 | ★★★ |
| 第三节　票据 | 单选、多选、判断、不定项选择 | ★★★ |
| 第四节　银行卡 | 单选、多选、判断、不定项选择 | ★★★ |
| 第五节　网上支付 | 单选、多选、判断 | ★★ |
| 第六节　结算方式和其他支付工具 | 单选、多选、判断 | ★★ |
| 第七节　结算纪律与法律责任 | 单选、多选、判断 | ★ |

# 第一节　支付结算概述

## 一、支付结算的概念（★）

1.支付结算是指单位、个人在社会经济活动中使用票据、银行卡和汇兑、托收承付、委托收款等结算方式进行货币给付及资金清算的行为。

★【专家一对一】

**支付结算是转账结算，不包括现金结算。**

2.银行、单位和个人是办理支付结算的主体，银行是支付结算和资金清算的中介机构。未经中国人民银行批准的非银行金融机构和其他单位不得作为中介机构办理支付结算业务。

【例题·多选题】下列经济事项中属于支付结算行为的有（　　）。
A.甲公司用银行汇票支付货款
B.乙公司用现金发放工资
C.张三通过银行汇兑支付材料款
D.丙公司出纳用信用卡支付商场办公用品费用
【答案】ACD
【解析】选项B，属于现金结算，不属于支付结算。

## 二、支付结算的工具（★）

1.传统的人民币非现金支付工具主要包括“三票一卡”和结算方式。
2.“三票一卡”是指汇票、本票、支票和银行卡。
3.结算方式是指汇兑、托收承付和委托收款。
4.我国已形成了以票据和银行卡为主体、以电子支付为发展方向的非现金支付工具体系。

【例题·多选题】（2012）下列非现金支付工具中，属于结算方式的有（　　）。
A.票据　　B.银行卡　　C.汇兑　　D.委托收款
【答案】CD
【解析】非现金支付工具，主要包括“三票一卡”和结算方式。选项AB，属于“三票一卡”；选项CD属于结算方式。

## 三、支付结算的原则（★★）

（一）恪守信用，履约付款

1.恪守信用、履约付款是办理支付结算必须遵守的基本原则。

2.结算当事人要做到按照合同规定及时付款，不得无故拖延或者拒绝支付。

（二）谁的钱进谁的账，由谁支配

1.他人支付给存款人的资金，应当收入存款人的银行账户，存款人自主支配其账户内的资金，任何人无权擅自动用、处理和任意转移。

2.银行不仅要为客户款项保密，而且要严格按客户的委托依法合规办理款项收付。除法律法规另有规定外，银行无权在未经存款人授权或委托的情况下，擅自动用存款人在银行账户里的资金。

（三）银行不垫款

银行是办理支付结算的中介结构，应按照付款人的委托，将资金支付给付款人指定的收款人，或者按照收款人的委托，将归收款人所有的资金转账收入到收款人的账户。

## 四、支付结算的基本要求（★★★）

1.单位、个人和银行办理支付结算，必须使用按中国人民银行统一规定印制的票据凭证和结算凭证。

2.单位、个人和银行应当按照《银行账户管理办法》的规定开立、使用账户。在银行开立存款账户的单位和个人办理支付结算，账户内须有足够的资金保证支付。除国家法律法规另有规定外，银行不得为任何单位或个人查询账户情况，不得为任何单位或个人冻结、扣划款项，不得停止单位、个人存款的正常支付。

3.票据和结算凭证上的签章和其他记载事项应当真实，不得伪造、变造。伪造是指无权限人假冒他人或虚构人名义签章的行为。变造是指无权更改票据内容的人，对票据上签章以外的记载事项加以改变的行为。

★【专家一对一】

“伪造”针对“签章”而言，“变造”针对“签章以外”的记载事项而言。

【例题·多选题】（2012、2016）下列各项中，属于变造票据的行为有（　　）。

A.原记载人更改付款人名称并在更改处签章证明

B.剪接票据非法改变票据记载事项

C.涂改出票金额

D.假冒他人在票据上背书签章

【答案】BC

【解析】（1）选项A，属于正当票据更改行为；（2）选项BC，是对票据上“签章以外”的记载事项加以改变的行为，属于变造行为；（3）选项D，属于伪造行为。

4.出票金额、出票日期、收款人名称不得更改，更改的票据无效；更改的结算凭证，银行不予受理。对票据和结算凭证上的“其他”记载事项，“原记载人”可以更改，更改时应当由原记载人在更改处签章证明。

★【专家一对一】

“出票金额”涉及到义务负担，“收款人名称”涉及到权利人，“出票日期”涉及到票据权利时效、提示付款日期等，因此，“出票金额、出票日期、收款人名称”不得更改，否则，就是“废票”。

【例题·单选题】（2018）2017年8月18日，甲公司向乙公司签发一张金额为10万元、用途为服务费的转账支票，发现填写有误。该支票记载的下列事项中，可以更改的是（　　）。

A.出票金额　　B.收款人名称　　C.出票日期　　D.用途

【答案】D

【解析】出票金额、出票日期、收款人名称不得更改，更改的票据无效。

5.票据和结算凭证上的签章，为签名、盖章或者签名加盖章。单位、银行在票据和结算凭证上的签章，为该单位、银行的盖章，加其法定代表人或其授权的代理人的签名或者盖章。个人在票据和结算凭证上的签章，为该个人本人的签名或者盖章。

★【专家一对一】

单位在票据和结算凭证上的签章是两项，即“公”+“私”。“公”是“财务专用章”（银行的各类专用章）或“公章”；“私”是单位的法定代表人或其授权的代理人的“签名”或者“盖章”。个人在票据和结算凭证上的签章“签名”或“盖章”。注意，是“或”，不是“和”！

【例题·多选题】下列关于单位在票据上的签章的说法中，正确的有（　　）。

A.单位的盖章和法定代表人的签名

B.单位的盖章和法定代表人的签名及盖章

C.单位的盖章和法定代表人授权的代理人的签名

D.单位的盖章或法定代表人授权的代理人的签名

【答案】AC

【解析】（1）选项B：应该为单位的盖章和法定代表人的签名或盖章；（2）选项D：应该为单位的盖章和法定代表人授权的代理人的签名。

6.填写票据和结算凭证应当规范。

（1）收款人名称。

单位和银行的名称应当记载全称或规范化简称。

（2）出票日期。

①出票日期必须使用中文大写。

②规范写法：在填写月、日时，月为壹、贰和壹拾的，日为壹至玖和壹拾、贰拾和叁拾的，应当在其前加零；日为拾壹至拾玖的，应当在其前加壹。

★【专家一对一】

（1）加“零”或“壹”，是为防止变造出票或签发日期。比如，“壹月”前不加“零”，可被变造为“壹拾月”、“壹拾壹月”；“叁月”前面不需加“零”，因为不存在“壹拾叁月”、“贰拾叁月”等。（2）10月（10日）应当记为“零壹拾月”（零壹拾日）。

【例题·单选题】（2014）某票据的出票日期为2013年7月15日，其规范写法是（　　）。

A.贰零壹叁年零柒月壹拾伍日

B.贰零壹叁年柒月壹拾伍日

C.贰零壹叁年零柒月拾伍日

D.贰零壹叁年柒月拾伍日

【答案】B

（3）金额。

票据和结算凭证金额以中文大写和阿拉伯数码同时记载，二者必须一致。二者不一致的票据无效；二者不一致的结算凭证，银行不予受理。

★【专家一对一】

四种票据无效：更改出票金额、出票日期及收款人名称的票据，中文大写金额和阿拉伯数码不一致的票据。

【例题·多选题】（2018）下列关于办理支付结算基本要求的表述中，正确的有（　　）。

A.结算凭证的金额以中文大写和阿拉伯数码同时记载，二者必须一致

B.票据上出票金额、收款人名称不得更改

C.票据的出票日期可以使用阿拉伯数码记载

D.票据上的签章为签名、盖章或者签名加盖章

【答案】ABD

【解析】选项C，票据的出票日期必须使用中文大写，使用小写记载的，票据无效。

★【专家一点通】

办理支付结算的基本要求

| 事　项 | 具体规定 |
| --- | --- |
| 不得伪造、变造签章 | 伪造：是指假冒他人或虚构他人名义签章。 |
| | 变造：是指无权更改票据内容的人更改签章以外的记载事项。 |

续表

| 事　项 | 具体规定 |
|---|---|
| 不得更改的内容 | "出票金额、收款人名称和出票日期"不得更改。 |
| 可以更改的内容 | "出票金额、收款人名称和出票日期"以外的事项，可以由"原记载人"更改，并在更改处签章证明。 |
| 签章要求 | 单位："预留的"单位的盖章+法定代表人或者法定代表人授权的人签章。 |
| | 个人："预留的"签名或盖章。 |
| 金额记载 | 中文大写和阿拉伯小写数码"同时记载，且二者必须一致"。 |
| 日期记载 | 1.必须使用中文大写。 |
| | 2.月为壹、贰和壹拾的，日为壹至玖和壹拾、贰拾和叁拾的，应当在其前加零；日为拾壹至拾玖的，应当在其前加壹。 |
| 收款人名称 | 必须记载全称或者"规范化的简称"。 |

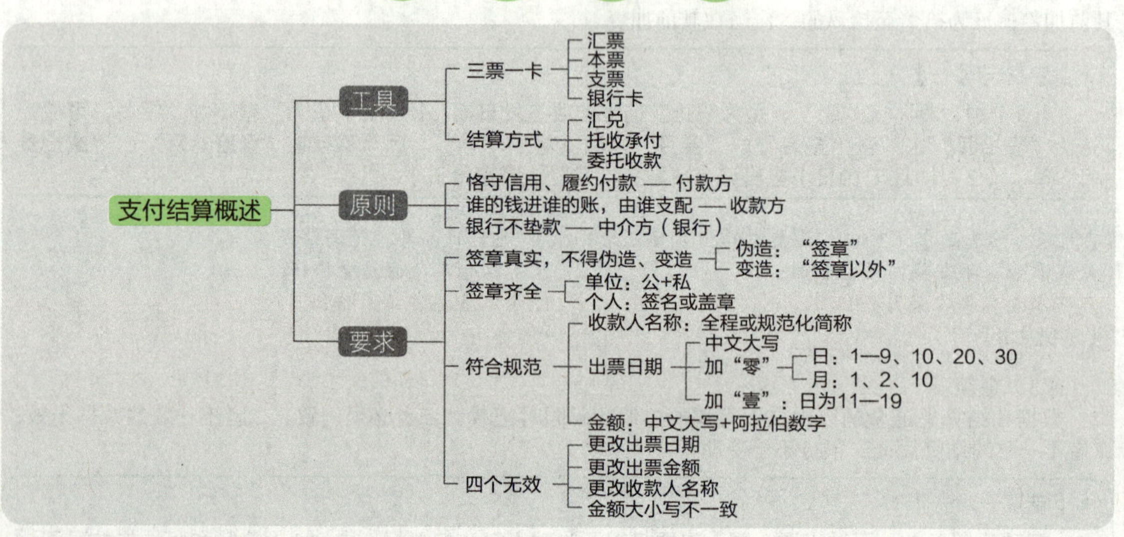

# 节 节 测

## 一、单项选择题

1. 下列主体中属于可以办理支付结算业务的有（　　）。
A.银行　B.企业　C.个人　D.单位
【答案】ABCD
【解析】选项ABCD都属于支付结算的主体，但选项A属于支付结算的中介机构。

2. 下列行为中，属于伪造票据的是（　　）。
A .挖补票据金额　B.覆盖票据到期日
C .涂改票据收款人名称　D.假冒票据签章
【答案】D
【解析】（1）选项ABC，属于票据的变造（2）选项D，属于票据的伪造。

3. 下列属于票据和结算凭证可以更改的项目是（　　）。
A .金额　B.出票日期
C.收款人名称　D.付款人名称
【答案】D

4. 某单位于2013年10月19开出一张支票。下列有关支票日期的写法中，符合要求的是（　　）。
A .贰零壹叁年拾月拾玖日
B.贰零壹叁年壹拾月壹拾玖日
C.贰零壹叁年零壹拾月拾玖日
D.贰零壹叁年零壹拾月壹拾玖日
【答案】D
【解析】在填写月、日时，月为壹、贰和壹拾的，日为壹至玖和壹拾、贰拾和叁拾的，应当在其前加“零”；日为拾壹至拾玖的，应当在其前加“壹”。

5. 票据的金额以中文大写和数码小写同时记载，若两者不一致，则下列表述中正确的有（　　）。
A.在票据上修改后使用　B.以中文大写为准
C.以数码小写为准　D.票据无效
【答案】D
【解析】票据和结算凭证金额以中文大写和阿拉伯数码同时记载，二者必须一致。二者不一致的票据无效；二者不一致的结算凭证，银行不予受理。

## 二、多项选择题

1. 下列非现金支付工具中，属于结算方式的有（　　）。
A .本票　B.银行卡　C.汇兑　D.托收承付
【答案】CD
【解析】非现金支付工具，主要包括“三票一卡”和结算方式。选项AB，属于 “三票一卡”；选项CD，属于结算方式。

2. 下列属于支付结算工具的有（　　）。
A.现金　B.银行本票　C.支票　D.汇票
【答案】BCD
【解析】选项A，现金结算不是支付结算。

3. 下列各项中，属于无效票据的有（　　）。
A.更改出票金额的票据
B.更改出票日期及收款人名称的票据
C.出票日期使用小写填写的票据
D.中文大写金额和阿拉伯数码不一致的票据
【答案】ABCD

## 三、判断题

1. 支付结算是单位、个人在社会经济活动中使用现金、票据、银行卡和汇兑、托收承付、委托收款等结算方式进行货币给付及其资金清算的行为。（　　）
【答案】错误。
【解析】支付结算不包括“现金”结算。

2. 在支付结算中，当付款人账户内资金不足时银行可以先垫付资金，事后向客户收回所垫付的款项即可。（　）
【答案】错误。
【解析】违背了“银行不垫款”原则。

3. 为了存款人的利益，银行可以在未经存款人授权或委托的情况下，动用存款人在银行账户里的资金。（　　）
【答案】错误。
【解析】银行无权在未经存款人授权或委托的情况下，擅自动用存款人在银行账户里的资金。

4. 结算当事人必须严格恪守结算信用，履行付款义务，按照约定的付款金额和日期进行支付。（　　）
【答案】正确。

5. 票据变造是指无权更改票据内容的人，对票据上签章以外的记载事项加以改变的行为。（　　）
【答案】正确。

6. 票据和结算凭证上的任何记载事项都不得更改。更改的票据无效；更改的结算凭证，银行不予受理。（　　）
【答案】错误。
【解析】“出票金额、出票日期、收款人名称”不得更改，其他记载事项，“原”记载人可以更改。

7. 个人在票据上的签章是签名并加盖个人名章。（　　）
【答案】错误。
【解析】个人在票据和结算凭证上的签章，为该个人本人的签名“或者”盖章。

8. 票据的出票日期既可以使用中文大写也可以使用小写。（　　）
【答案】错误。
【解析】票据出票日期“必须”使用“中文大写”，以小写记载的，票据无效。

# 第二节　银行结算账户

## 一、银行结算账户的概念和分类（★）

1.银行结算账户是指银行为存款人开立的办理资金收付结算的人民币活期存款账户。

★【专家一对一】

（1）银行结算账户全称“人民币银行结算账户”，只能办理人民币收付结算，不办理外币业务；（2）银行结算账户是活期存款账户，可以随时存取款项；（3）开立银行结算账户的目的是为了办理资金的收付结算，而开立储蓄账户的目的是存取本金和支取利息，储蓄账户不具有结算功能。

2.银行结算账户按存款人的不同，分为单位银行结算账户和个人银行结算账户。

3.单位银行结算账户按用途不同，分为基本存款账户、一般存款账户、专用存款账户和临时存款账户。

4.个体工商户凭营业执照以字号或经营者姓名开立的银行结算账户纳入单位银行结算账户管理。

5.存款人凭个人身份证件以自然人名称开立的银行结算账户为个人银行结算账户。

6.财政部门为实行财政国库集中支付的预算单位在商业银行开设的零余额账户按基本存款账户或专用存款账户管理。

【例题·多选题】下列关于银行结算账户的分类方式中，表述正确的有（　　）。

A.按用途可分为基本存款账户、一般存款账户、专用存款账户和临时存款账户

B.按存款人不同可分为个人银行结算账户和单位银行结算账户

C.按存入币种不同可分为人民币结算账户和外币结算账户

D.按存款期限不同可分为定期存款账户和活期存款账户

【答案】AB

【解析】（1）选项C：银行结算账户只能是人民币账户；（2）选项D：银行结算账户只能是活期存款账户。

## 二、银行结算账户的开立、变更和撤销

（一）银行结算账户的开立（★★）

1.开立地点。

存款人应在注册地或住所地开立银行结算账户。符合条件的，也可以异地开立。

【例题·多选题】下列各项中，属于存款人开立银行结算账户的地点是（　　）。

A.注册地　　B.住所地　　C.经营地　　D.本地

【答案】AB

2.开立账户应遵循的原则。

开立银行结算账户应遵循存款人自主原则，除国家法律、行政法规和国务院规定外，任何单位和个人不得强令存款人到指定银行开立银行结算账户。

3.开立程序。

（1）填制开户申请书。

存款人申请开立银行结算账户时，应填制“开立银行结算账户申请书”。单位开立时，应填写“开立单位银行结算账户申请书”，并加盖单位公章和法定代表人（单位负责人）或其授权代理人的签名或者盖章。个人开立时，应填写“开立个人银行结算账户申请书”，并签章。

（2）开立账户。

银行应对存款人的开户申请书填写的事项和相关证明文件的真实性、完整性、合规性进行认真审查。开户申请书填写的事项齐全，符合开立核准类账户条件的，银行应将存款人的开户申请书，相关的证明文件和银行审核意见等开户资料报送人民银行当地分支行核准。符合开立备案类账户条件的，银行应办理开户手续，并于开户之日起5个工作日内向人民银行当地分支行备案。

★【专家一对一】

（1）需要人民银行核准才能开立的是核准类账户，包括基本存款账户、临时存款账户(因注册验资和增资验资开立的除外)、预算单位专用存款账户和合格境外机构投资者在境内从事证券投资开立的人民币特殊账户和人民币结算资金账户。

（2）不需要人民银行核准即可直接开立的账户属于备案类账户，包括：一般存款账户、其他专用存款账户和个人银行结算账户。

人民银行当地分支行应于2个工作日内对开户银行报送的核准类账户的开户资料的合规性予以审核。符合开户条件的，予以核准，颁发基本(或临时或专用)存款账户开户许可证；不符合开户条件的，应在开户申请书上签署意见，连同有关证明文件一并退回报送银行由其转送存款人。

（3）签订协议。

开立银行结算账户时，银行应与存款人签订银行结算账户管理协议，明确双方的权利与义务。银行应建立存款人预留签章卡片，并将签章式样和有关证明文件的原件或复印件留存归档。

4.账户名称。

存款人在申请开立单位银行结算账户时，其申请开立的银行结算账户的账户名称、开户证明文件上记载的存款人名称以及预留银行签章中公章或财务专用章的名称应保持一致，但下列情形除外：

（1）因注册验资开立的临时存款账户，其账户名称为工商部门核发的“企业名称预先核准通知书”或政府有关部门批文中注明的名称，其预留银行签章中公章或财务专用章的名称应是存款人与银行在银行结算账户管理协议中约定的出资人名称；

（2）预留银行签章中公章或财务专用章的名称依法可使用简称的，账户名称应与其保持一致；

（3）无字号的个体工商户开立的银行结算账户，其预留签章应是“个体户”字样加营业执照上载明的经营者的签字或盖章。自然人开立银行结算账户的名称，应与其提供的有效身份证件中的名称全称一致。

5.预留签章。

（1）银行应建立存款人预留签章卡片，并将签章式样和有关证明文件的原件或复印件留存归档。

（2）存款人为单位的，其预留签章为该单位的公章或财务专用章加其法定代表人（单位负责人）或其授权的代理人的签名或者盖章。存款人为个人的，其预留签章为该个人的签名或盖章。

【例题·多选题】（2017）关于单位存款人申请变更预留银行的单位财务专用章的下列表述中，正确的有（　　）。

A.需提供原预留的单位财务专用章　　B.需提供单位书面申请

C.需重新开立单位存款账户　　D.可由法定代表人直接办理，也可授权他人办理

【答案】ABD

【解析】选项C：办理变更手续即可，无需重新开户。

6.防范电信网络犯罪的规定。

（1）法定代表人或者负责人对单位经营规模及业务背景等情况不清楚、注册地和经营地均在异地的单位，银行应与其法定代表人或者负责人“面签”银行结算账户管理协议，并留存视频、音频资料等，开户初期原则上不开通非柜面业务，待后续了解后审慎开通。

（2）银行为存款人开通非柜面转账业务时，双方应签订协议，约定非柜面渠道向非同名银行账户和支付账户转账的日累计限额、笔数和年累计限额等，超出限额和笔数的，应柜面办理。

【例题·多选题】下列各项中，属于银行为防范电信网络新型违法犯罪，可以采取的措施有（　　）。

A.与开立账户的法定代表人或者负责人面签银行结算账户管理协议，并留存视频、音频资料等

B.开户初期不开通非柜面业务，待后续了解后再审慎开通

C.与存款人约定非柜面渠道向非同名银行账户和支付账户转账的日累计限额、笔数和年累计限额等

D.存款人办理业务一律在银行柜面办理

【答案】ABC

7.单位银行结算账户开始办理付款业务的时间。

存款人开立单位银行结算账户，自正式开立之日起3个工作日后，方可使用该账户办理付款业务；但是，注册验资的临时存款账户转为基本存款账户、因借款转存开立的一般存款账户除外。

（二）银行结算账户的变更

1.存款人更改名称，但不改变开户银行及账号的，应于5个工作日内向开户银行提出银行结算账户的变更申请，并出具有关部门的证明文件。

2.单位的法定代表人或主要负责人、住址以及其他开户资料发生变更时，应于5个工作日内书面通知开户银行并提供有关证明。

★【专家一对一】

如果存款人拟改变开户银行及账号，不属于银行结算账户的变更。

【例题·单选题】（2015）存款人更改名称，但不改变开户银行及账号的，应于一定期限向其开户银行提出银行结算账户的变更申请，该期限是（　　）。

A.5个工作日内　　B.3个工作日内　　C.3日内　　D.5日内

【答案】A

【解析】存款人更改名称，但不改变开户银行及账号的，应于5个工作日内向开户银行提出银行结算账户的变更申请。

【例题·多选题】存款人下列账户资料变更后，应及时向开户银行办理变更手续的有（　　）。

A.存款人的账户名称变更的　　B.单位的法定代表人或主要负责人被撤销的

C.地址、邮编、电话等其他开户资料　　D.存款人破产的

【答案】ABC

【解析】选项D，办理撤销手续。

（三）银行结算账户的撤销

1.银行在收到存款人撤销银行账户的申请后，对于符合销户条件的，应在2个工作日内办理撤销手续。

2.存款人撤销银行结算账户，必须与开户银行核对银行结算账户存款余额，交回各种重要空白票据及结算凭证和开户许可证，银行核对无误后方可办理销户手续。

存款人撤销银行结算账户时，未按规定交回各种重要空白票据及结算凭证的，应出具有关证明，造成损失的，由其自行承担。

3.应当撤销账户的情形。

（1）被撤并、解散、宣告破产或关闭的。

（2）注销、被吊销营业执照的。

（3）因迁址需要变更开户银行的。

（4）其他原因需要撤销银行结算账户的。

银行得知存款人主体资格终止情况的，存款人超过规定期限未主动办理撤销银行结算账户手续的，银行有权停止其银行结算账户的对外支付。

★【专家一对一】

存款人因迁址但不变更开户银行的，办理变更手续；迁址需要变更开户银行的，办理撤销手续，再到新地址重新开户。

4.存款人有被撤并、解散、宣告破产或关闭的、注销、被吊销营业执照等情形的，应于5个工作日内向开户银行提出撤销银行结算账户的申请。撤销银行结算账户时，应先撤销一般存款账户、专用存款账户、临时存款账户，将账户资金转入基本存款账户后，方可办理基本存款账户的撤销。

5.存款人因迁址需要变更开户银行，撤销基本存款账户后10日内申请重新开立基本存款账户。

6.存款人尚未清偿其开户银行债务的，不得申请撤销该银行结算账户。

7.对于按规定应撤销而未办理销户手续的单位银行结算账户，银行应通知该单位银行结算账户的存款人自发出通知之日起30日内办理销户手续，逾期视同自愿销户，未划款项列入久悬未取专户管理。

表3–1　银行结算账户的撤销

| 撤销 | 情形 | 被撤并、解散、宣告破产或关闭 | 5个工作日内申请 |
|---|---|---|---|
| | | 注销、被吊销营业执照 | 2个工作日内撤销 |
| | | 因迁址需要变更开户银行 | 撤销后10日内重新开立基本存款账户 |
| | 顺序 | 先撤销：一般存款账户、专用存款账户、临时存款账户<br>后撤销：基本存款账户 | |
| | 不得撤销 | 未清偿开户银行债务 | |
| | 强制撤销 | 应撤销而未办理撤销手续的，超过30日 | |

【例题·多选题】（2016）下列情形中，存款人应向开户银行提出撤销银行结算账户申请的有（　　）。
A.存款人被宣告破产的　　B.存款人因迁址需要变更开户银行的
C.存款人被吊销营业执照的　　D.存款人被撤并的
【答案】ABCD

【例题·判断题】（2012）撤销银行结算账户时，应先撤销基本存款账户，然后再撤销一般存款账户、专用存款账户和临时存款账户。（　　）
【答案】错误。
【解析】撤销银行结算账户时，应先撤销一般存款账户、专用存款账户、临时存款账户，将账户资金转入基本存款账户后，方可办理基本存款账户的撤销。

(四)基本存款账户备案制试点（★）

经国务院批准，中国人民银行自2018年6月11日起，在江苏省泰州市和浙江省台州市试点取消企业银行账户开户许可证核发，试点地区人民银行分支机构对银行为企业(企业法人、非法人企业、个体工商户)开立、变更、撤销基本存款账户实行备案制，不再核发基本存款账户开户许可证，企业开立的基本存款账户，自开立之日即可办理收付款业务。

## 三、各类具体银行结算账户的开立和使用

（一）基本存款账户（★★★）

1.基本存款账户的概念。

基本存款账户是存款人因办理日常转账结算和现金收付需要开立的银行结算账户；是存款人的主办账户。

2.可以开立基本存款账户的主体。

（1）企业法人；（2）非法人企业；（3）机关、事业单位；（4）团级（含）以上军队、武警部队及分散执勤的支（分）队；（5）社会团体；（6）民办非企业组织；（7）异地常设机构；（8）外国驻华机构；（9）个体工商户；（10）居民委员会、村民委员会、社区委员会；（11）单位设立的独立核算的附属机构，包括食堂、招待所、幼儿园；（12）其他组织（如业主委员会、村民小组等）。

3.基本存款账户开立的证明文件。

营业执照正本、批文、证明或登记证书等。

4.基本存款账户的使用。

基本存款账户是存款人的主办账户，一个单位只能开立一个基本存款账户。存款人日常经营活动的资金收付及其工资、奖金和现金的支取，应通过基本存款账户办理。

【例题·多选题】关于基本存款账户的下列表述中，正确的有（　　）。
A.基本存款账户只能办理现金支取业务
B.一个单位经营业务需要可以开立2个基本存款账户
C.单位设立的非独立核算的附属机构不得开立基本存款账户
D.基本存款账户是存款人的主办账户
【答案】CD
【解析】（1）选项A，基本户可存、取现金；（2）选项B，一个单位只能开立1个基本户。

（二）一般存款账户（★★★）

1. 一般存款账户的概念。

一般存款账户是指存款人因借款或其他结算需要，在基本存款账户开户银行以外的银行营业机构开立的银行结算账户。

★【专家一对一】

开立基本存款账户是开立其他账户的前提。存款人应首先开立基本存款账户，然后才能申请开立一般存款账户。

2.一般存款账户的开户证明文件。

（1）开立基本存款账户规定的证明文件。

（2）基本存款账户开户许可证。

（3）存款人因向银行借款需要，应出具借款合同。

（4）存款人因其他结算需要，应出具有关证明。

3.一般存款账户的使用范围。

一般存款账户用于办理存款人借款转存、借款归还和其他结算的资金收付。该账户可以办理现金缴存，但不得办理现金支取。

★【专家一对一】

**开立一般存款账户没有数量限制。一般存款账户自正式开立之日起3个“工作日”后，方可使用该账户办理“付款”业务，但因“借款转存”开立的一般存款账户除外。**

【例题·多选题】下列关于一般存款账户的表述，正确的有（　　）。

A.可以存入现金　　B.可以支取现金

C.可以办理借款转存和借款归还　　D.可以在基本存款账户的同一银行营业机构办理开户

【答案】AC

【解析】（1）选项B：一般存款账户不得支取现金；（3）选项D：一般存款账户应在基本存款账户开户银行以外的银行营业机构开立。

（三）专用存款账户（★★★）

1.专用存款账户的概念。

专用存款账户是存款人按照法律、行政法规和规章，对其特定用途资金进行专项管理和使用而开立的银行结算账户。

【例题·单选题】（2014）下列各项中，属于存款人对其特定用途资金进行专项管理和使用而成立的银行结算账户的是（　　）。

A.一般存款账户　　B.专用存款账户　　C.基本存款账户　　D.临时存款账户

【答案】B

2.专用存款账户的适用范围。

（1）基本建设资金；（2）更新改造资金；（3）粮、棉、油收购资金；（4）证券交易结算资金；（5）期货交易保证金；（6）信托基金；（7）政策性房地产开发资金；（8）单位银行卡备用金；（9）住房基金；（10）社会保障基金；（11）收入汇缴资金和业务支出资金；（12）党、团、工会设在单位的组织机构经费；（13）其他需要专项管理和使用的资金。

★【专家一对一】

**“注册验资”应该开立临时存款账户，而不是专用存款账户。**

3.开户证明文件。

存款人申请开立专用存款账户，应向银行出具其开立基本存款账户规定的证明文件、基本存款账户开户许可证和其他相关证明文件。

4.专用存款账户的使用。

（1）单位银行卡账户的资金必须由基本存款账户转账存入，该账户不得办理现金收付业务。

（2）证券交易结算资金、期货交易保证金和信托基金专用存款账户，不得支取现金。

（3）基本建设资金、更新改造资金、政策性房地产开发资金账户需要支取现金的，应在开户时报中国人民银行当地分支行批准。

（4）粮、棉、油收购资金、社会保障基金、住房基金和党、团、工会经费专用存款账户支取现金应按照国家现金管理的规定办理。

（5）收入汇缴资金和业务支出资金，是指基本存款账户存款人附属的非独立核算单位或者派出机构发生的收入和支出的资金。收入汇缴账户除向其基本存款账户或者预算外资金财政专用存款账户划缴款项外，只收不付，不得支取现金；业务支出账户除从其基本存款账户拨入款项外，只付不收，其现金支取必须按照国家现金管理的规定办理。

★【专家一对一】

**单位银行卡账户既不能存现金也不能取现金；证券交易结算资金、期货交易保证金和信托基金专用存款账户，可以存现金，不得支取现金。**

【例题·多选题】下列专用账户中不能支取现金的有（　　）。
A.单位银行卡备用金　　B.证券交易结算资金
C.期货交易保证金　　D.信托基金
【答案】ABCD

（四）预算单位零余额账户（★★）

1.预算单位使用财政性资金，应当按照规定的程序和要求，向财政部门提出设立零余额账户的申请，财政部门同意预算单位开设零余额账户后通知代理银行。

2.一个基层预算单位只能开设一个零余额账户。

3.使用要求。

（1）预算单位零余额账户用于财政授权支付。

（2）可以办理转账、提取现金等结算业务。

（3）可以向本单位按账户管理规定保留的相应账户划拨工会经费、住房公积金及提租补贴，以及财政部门批准的特殊款项。

（4）不得违反规定向本单位其他账户和上级主管单位、所属下级单位账户划拨资金。

【例题·单选题】（2014）下列关于预算单位零余额账户使用的表述中，正确的是（　　）。
A.不得支取现金
B.可以向所属下级单位账户划拨资金
C.可以向上级主管单位账户划拨资金
D.可以向本单位按账户管理规定保留的相应账户划拨工会经费
【答案】D
【解析】（1）选项A，预算单位零余额账户用于财政授权支付，可以办理转账、提取现金等结算业务，故选项A错误；（2）选项BC，预算单位零余额账户不得违反规定向本单位其他账户和上级主管单位、所属下级单位账户划拨资金，故选项BC错误。

（五）临时存款账户（★★）

1.临时存款账户的概念。

临时存款账户是指存款人因临时需要并在规定期限内使用而开立的银行结算账户。

2.适用范围。

（1）设立临时机构（如工程指挥部、摄制组）。

（2）异地临时经营活动（如建筑施工及安装单位在异地的临时经营活动）。

（3）注册（增资）验资。

（4）军队、武警单位承担基本建设或者异地执行作战、演习、抢险救灾、应对突发事件等临时任务。

★【专家一对一】
**异地常设机构可以申请开立基本存款账户；异地临时经营活动可以申请开立临时存款账户。**

【例题·单选题】（2016）某电影制作企业临时到外地拍摄，其在外地设立的摄制组可以开立的账户为（　　）。
A.专用存款账户　　B.基本存款账户　　C.一般存款账户　　D.临时存款账户
【答案】D
【解析】临时设立摄制组属于“设立临时机构”，可以开立临时存款账户。

3.开户证明文件。

(1)临时机构，出具驻在地主管部门同意设立临时机构的批文。

(2)异地建筑施工及安装单位，出具营业执照正本或隶属单位的营业执照正本，以及施工安装地建设主管部门核发的许可证或建筑施工安装合同。

(3)异地从事临时经营活动的单位，出具营业执照正本以及临时经营地工商部门批文。

(4)境内单位在异地从事临时活动的，应出具政府有关部门批文。

(5)境外(含港、澳、台地区)机构在境内从事经营活动的，应出具政府有关部门批文。

(6)军队、武警单位因执行作战，演习、抢险救灾、应对突发事件等需要开立银行账户时，出具团级部门的批件或证明。

(7)注册验资资金，出具企业名称预先核准通知书或有关部门的批文。

(8)增资验资资金，应出具股东会或董事会决议等证明文件。

上述第(2)、(3)、(4)、(8)项还应出具基本存款账户开户许可证。

4.临时存款账户的使用。

（1）临时存款账户的有效期最长不得超过2年。

（2）用于验资的临时存款账户，在验资期间只收不付；其他临时存款账户支取现金时应按国家现金管理的规定办理。

★【专家一对一】

**临时机构以及存款人临时经营活动开立的临时存款账户可以办理资金的收付，但用于注册验资的临时存款账户，在验资期间只收不付。**

【例题·多选题】下列关于临时存款账户的表述中，正确的有（　　）。

A.临时存款账户的有效期最长不得超过2年

B.用于验资的临时存款账户，在验资期间只收不付

C.异地常设机构可以开立临时存款账户

D.军队承担异地执行作战、演习、抢险救灾等临时任务可以开立临时存款账户

【答案】ABD

【解析】异地常设机构可以申请开立基本存款账户；异地临时经营活动可以申请开立临时存款账户。

（六）个人银行结算账户（★）

1.个人银行结算账户的概念。

（1）个人银行结算账户是指存款人因投资、消费、结算等需要而凭个人身份证件以自然人名称开立的银行结算账户。

（2）个人银行账户的类型。

①个人银行账户分为Ⅰ类银行账户、Ⅱ类银行账户和Ⅲ类银行账户。

②银行可通过Ⅰ类银行账户为存款人提供存款、购买投资理财产品等金融产品、转账、消费和缴费支付、支取现金等服务。

③Ⅱ类户可以办理存款、购买投资理财产品等金融产品、限额消费和缴费、限额向非绑定账户转出资金业务，可以配发银行卡实体卡片。经银行柜面、自助设备加以银行工作人员现场面对面确认身份的，Ⅱ类户还可以办理存取现金、非绑定账户资金转入业务，非绑定账户转入资金、存入现金日累计限额合计为1万元、年累计限额合计为20万元；消费和缴费、向非绑定账户转出资金、取出现金日累计限额合计为1万元、年累计限额合计为20万元。银行可以向Ⅱ类户发放本银行贷款资金并通过Ⅱ类户还款，发放贷款和贷款资金归还，不受转账限额规定。

④Ⅲ类户可以办理限额消费和缴费、限额向非绑定账户转出资金业务。经银行柜面、自助设备加以银行工作人员现场面对面确认身份的，Ⅲ类户还可以办理非绑定账户资金转入业务。Ⅲ类账户任一时点账户余额不得超过2 000元。

【例题·单选题】（2017）关于个人银行结算账户管理的下列表述中，不正确的是（　　）。

A.银行可以通过Ⅱ类银行账户为存款人提供单笔无限额的存取现金服务

B.银行可以通过Ⅲ类银行账户为存款人提供限定金额的消费和缴费支付服务

C.银行可以通过Ⅰ类银行账户为存款人提供购买投资理财产品服务

D.银行可以通过Ⅱ类银行账户为存款人提供购买投资理财产品服务

【答案】A

【解析】选项A：Ⅱ类户消费和缴费、向非绑定账户转出资金、取出现金日累计限额合计为1万元，年累计限额合计为20万元；Ⅱ类户非绑定账户转入资金、存入现金日累计限额合计为1万元，年累计限额合计为20万元。

2.开户方式。

（1）柜面开户。

通过柜面受理银行账户开户申请的，银行可为开户申请人开立Ⅰ类、Ⅱ类或Ⅲ类户。

（2）自助机具开户。

银行工作人员现场核验开户申请人身份信息的，可以开立Ⅰ类户；银行工作人员未现场核验开户申

请人身份信息的，可以开立Ⅱ类或Ⅲ类户。

（3）电子渠道开户。

通过网上银行和手机银行等电子渠道受理申请的，银行可为申请人开立Ⅱ类或Ⅲ类户。

①银行通过电子渠道非面对面为个人开立Ⅱ类户或Ⅲ类户时，应当向绑定账户开户行验证Ⅱ类户或Ⅲ类户与绑定账户为同一人开立，绑定账户为本人Ⅰ类户或者信用卡账户，不得绑定非银行支付机构开立的支付账户进行身份验证。

表3–2　开户方式

| | 银行柜面 | 自助机具 | 电子渠道 |
|---|---|---|---|
| Ⅰ类户 | √ | 现场核验身份信息 | × |
| Ⅱ类户 | √ | √ | √ |
| Ⅲ类户 | √ | √ | √ |

②开户时，银行应当要求开户申请人登记验证的手机号码与绑定账户使用的手机号码保持一致。

③开户申请人开立个人银行账户或者办理其他个人银行账户业务，原则上应当由开户申请人本人亲自办理；符合条件的，可以由他人代理办理。

④他人代理开立个人银行账户的，银行应要求代理人出具代理人、被代理人的有效身份证件以及合法的委托书等。银行认为有必要的，应要求代理人出具证明代理关系的公证书。

⑤存款人开立代发工资、教育、社会保障（如社保、医保、军保）、公共管理（如公共事业、拆迁、捐助、助农扶农）等特殊用途个人银行账户时，可由所在单位代理办理。

⑥单位代理个人开立银行账户的，应提供单位证明材料、被代理人有效身份证件的复印件或影印件。单位代理开立的个人银行账户，在被代理人持本人有效身份证件到开户银行办理身份确认、密码设（重）置等激活手续前，该银行账户只收不付。

★【专家一对一】

**他人代理开立个人银行账户的，要出具被代理人的有效身份证件“原件”；单位代理个人开立银行账户的，不需要出具被代理人的身份证原件，只需要出具被代理人有效身份证件的“复印件或影印件”。**

【例题·单选题】（2017）甲拟通过电子渠道申请开立两个个人银行存款账户，根据规定，下列选项中，甲可以成功开立的是（　　）。

A.Ⅰ类银行账户和Ⅱ类银行账户　　B.Ⅰ类银行账户和Ⅲ类银行账户

C.Ⅱ类银行账户和Ⅲ类银行账户　　D.两个均为Ⅰ类银行账户

【答案】C

3.开户证明文件。

开立个人银行账户实行实名制，存款人申请开立个人银行结算账户时，应向银行出具本人有效身份证件，银行通过有效身份证件仍无法准确判断开户申请人身份的，应要求其出具辅助身份证明材料。

4.个人银行结算账户的使用。

（1）下列款项可以转入个人银行结算账户：

①工资、奖金收入；②稿费、演出费等劳务收入；③债券、期货、信托等投资的本金和收益；④个人债权或产权转让收益；⑤个人贷款转存；⑥证券交易结算资金和期货交易保证金；⑦继承、赠与款项；⑧保险理赔、保费退还等款项；⑨纳税退还；⑩农、副、矿产品销售收入。

★【专家一对一】

**个人的所有合法收入都可以转入个人银行结算账户。**

（2）当个人持出票人为单位的支票向开户银行委托收款，将款项转入其个人银行结算账户的，或者个人持申请人为单位的银行汇票和银行本票向开户银行提示付款，将款项转入其个人银行结算账户的，个人应当出具有关收款依据。存款人应对其提供的收款依据或付款依据的正确性、合法性负责。

（3）单位从其银行结算账户支付给个人银行结算账户的款项，每笔超过5万元（不包含5万元）的，应向其开户银行提供相应的付款依据。但付款单位若在付款用途栏或备注栏注明事由，可不再另行出具付款依据，但付款单位应对支付款项事由的真实性、合法性负责。

【例题·多选题】（2015）下列资金中，可以转入个人人民币卡账户的有（　　）。
A.个人合法的劳务报酬　B.个人合法的投资回报　C.工资性款项　D.单位的款项
【答案】ABC
【解析】选项D，单位款项不能存入个人银行账户。

（七）异地银行结算账户（★）

1.存款人应在注册地或者住所地开立银行结算账户，符合异地开户条件的，也可以在异地开立银行结算账户。

2.适用范围。

（1）营业执照注册地与经营地不在同一行政区域（跨省、市、县）需要开立基本存款账户的。

（2）办理异地借款和其他结算需要开立一般存款账户的。

（3）存款人因附属的非独立核算单位或派出机构发生的收入汇缴或业务支出需要开立专用存款账户的。

（4）异地临时经营活动需要开立临时存款账户的。

（5）自然人根据需要在异地开立个人银行结算账户的。

【例题·多选题】存款人有下列情形之一的，可以在异地开立有关银行结算账户（　　）。
A.营业执照注册地与经营地不在同一行政区域（跨省、市、县）需要开立基本存款账户的
B.办理异地借款和其他结算需要开立一般存款账户的
C.存款人因附属的非独立核算单位或派出机构发生的收入汇缴或业务支出需要开立专用存款账户的
D.异地临时经营活动需要开立临时存款账户的
【答案】ABCD

## 四、银行结算账户的管理

（一）银行结算账户的实名制管理（★）

1.存款人应以实名开立银行结算账户，并对其出具的开户（变更、撤销）申请资料实质内容的真实性负责，法律、行政法规另有规定的除外。

2.存款人应按照账户管理规定使用银行结算账户办理结算业务，不得出租、出借银行结算账户，不得利用银行结算账户套取银行信用或进行洗钱活动。

【例题·单选题】（2017）关于银行结算账户管理的下列表述中，不正确的是（　　）。
A.存款人可以出借银行结算账户　B.存款人应当以实名开立银行结算账户
C.存款人不得利用银行结算账户洗钱　D.存款人不得出租银行结算账户
【答案】A
【解析】选项A，存款人应当按照账户管理规定使用银行结算账户办理结算业务，不得出租、出借银行结算账户。

（二）银行结算账户的变更事项的管理（★）

存款人申请临时存款账户展期、变更、撤销单位银行账户以及补（换）发开户许可证时，可由法定代表人或单位负责人直接办理也可授权他人办理。

【例题·多选题】（2016）甲公司法定代表人为李某，其授权的代理人为张某。下列关于甲公司到开户银行办理银行手续的表述中，正确的有（　　）。
A.申请临时申请账户展期，张某不能办理　B.变更银行结算账户事项，可由张某办理
C.申请补发开户许可证，可由张某办理　D.撤销单位银行结算账户，张某不能办理
【答案】BC

（三）存款人预留银行签章的管理（★）

1.单位银行签章的管理。

（1）单位遗失预留公章或财务专用章。

单位遗失预留公章或财务专用章的，应向开户银行出具书面申请、开户登记证、营业执照等相关证明文件。

（2）单位更换预留公章或财务专用章。

①单位更换预留公章或财务专用章时，应向开户银行出具书面申请、原预留公章或财务专用章等相关证明文件。无法提供原预留公章或财务专用章的，应向开户银行出具原印鉴卡片、开户许可证、营业执照正本、司法部门的证明等相关文件。

②单位更换预留公章或财务专用章，可由法定代表人或单位负责人直接办理，也可授权他人办理。

【例题·多选题】（2017）关于单位存款人申请变更预留银行的单位财务专用章的下列表述中，正确的有（ ）。

A.需提供原预留的单位财务专用章

B.需提供单位书面申请

C.需重新开立单位存款账户

D.可由法定代表人直接办理，也可授权他人办理

【答案】ABD

【解析】（1）选项AB：更换预留公章或者财务专用章时，应向开户银行出具书面申请、原预留公章或者财务专用章等相关证明文件；（2）选项C：允许依法申请变更，无需重新开户。

2.个人银行签章的管理。

①个人遗失或更换预留个人印章或更换签字人时，应向开户银行出具经签名确认的书面申请，以及原预留印章或签字人的个人身份证件。银行应留存相应的复印件，并凭以办理预留银行签章的变更。

②单位存款人申请更换预留个人签章，可由法定代表人或单位负责人直接办理，也可授权他人办理。由法定代表人或单位负责人直接办理的，应出具加盖该单位公章的书面申请以及法定代表人或单位负责人的身份证件。授权他人办理的，应出具加盖该单位公章的书面申请、法定代表人或单位负责人的身份证件及其出具的授权书、被授权人的身份证件。无法出具法定代表人或单位负责人的身份证件的，应出具加盖该单位公章的书面申请、该单位出具的授权书以及被授权人的身份证件。

（四）银行结算账户的对账管理（★）

银行结算账户的存款人应与银行按规定核对账务。存款人收到对账单或对账信息后，应及时核对账务并在规定期限内向银行发出对账回单或确认信息。

【例题·判断题】（2015）银行结算账户的存款人收到银行对账单或对账信息后，应及时核对账务并在规定期限内向银行发出对账回单或确认信息。（ ）

【答案】正确。

★【专家一对一】

不得支取现金的账户有：（1）一般存款账户；（2）证券交易结算资金、期货交易保证金和信托基金专用存款账户；（3）单位银行卡账户；（4）收入汇缴账户；（5）验资账户；（6）Ⅲ类个人银行账户。

★【专家一点通】

个人银行结算账户的有关限额

| 类别<br>项目 | Ⅰ类户 | Ⅱ类户 | Ⅲ类户 |
|---|---|---|---|
| 存款 | √ | √ | × |
| 存取现金 | √ | √<br>确认+限额 | × |
| 向非绑定账户转出资金 | √ | √<br>限额 | √<br>限额 |
| 向非绑定账户转入资金 | √ | √<br>确认+限额 | √<br>确认+限额 |
| 消费和缴费 | √ | √<br>限额 | √<br>限额 |
| 购买投资理财产品 | √ | √ | × |
| 能否配发实体介质 | √ | √ | × |
| 余额限制 | × | × | ≤1000元 |
| 限额 | | Ⅱ类户日累计限额合计为1万元，年累计限额合计为20万元 | Ⅲ类户非绑定账户资金转入日累计限额为5 000元，年累计限额为10万元。 |

☆【专家一点通】

银行结算账户对比

| | 开立主体 | 账户数量 | 账户性质、用途和要求 |
|---|---|---|---|
| 1.基本存款账户 | 独立核算单位 | 一个单位只能开一个 | 存款人因办理日常转账结算和现金收付需要开立的银行结算账户；是存款人的主办账户 |
| 2.一般存款账户 | 开立基本存款的单位 | 无数量限制 | （1）借款转存、借款归还和其他结算的资金收付 |
| | | | （2）可办理现金缴存，不得办理现金支取 |
| | | | （3）自正式开立之日起3个工作日后，方可使用该账户办理付款业务；但因“借款转存”开立的除外 |
| 3.专用存款账户 | 管理特定用途资金的单位 | 根据需要开立 | （1）用于对特定用途资金的专项管理和使用 |
| | | | （2）单位银行卡账户不能存取现金；证券交易结算资金、期货交易保证金和信托基金专用存款账户，可以存现金，不得支取现金 |
| 4.预算单位零余额账户 | 预算单位 | 一个基层预算单位开设一个零余额账户 | （1）用于财政授权支付 |
| | | | （2）转账、提取现金等 |
| | | | （3）可以向本单位按账户管理规定保留的相应账户划拨工会经费、住房公积金及提租补贴，以及财政部门批准的特殊款项 |
| | | | （4）不得违反规定向本单位其他账户和上级主管单位、所属下级单位账户划拨资金 |
| 5.临时存款账户 | 有临时结算需要的单位 | 根据需要开立 | （1）有效期最长不得超过2年 |
| | | | （2）用于验资的临时存款账户，验资期间只收不付；其他临时存款账户支取现金时应按国家现金管理的规定办理 |
| 6.个人银行结算账户 | 自然人 | 可以开立多个 | （1）用于个人投资、消费、结算等，可存取现金<br>（2）分为Ⅰ类、Ⅱ类和Ⅲ类户：Ⅰ类户可以存款、购买投资理财产品等金融产品、转账、消费和缴费支付、支取现金等；Ⅱ类户可以办理存款、购买投资理财产品等金融产品、限额消费和缴费、限额向非绑定账户转出资金业务；Ⅲ类户可办理限额消费和缴费、限额向非绑定账户转出资金业务。Ⅲ类户不得配发实体卡片 |

- 银行结算账户
  - 开立
    - 开户要求
      - 单位账户
      - 个人账户
    - 开立程序
      - 填写开户申请书
      - 开户银行审查（真实性、完整性、合规性）
      - 开户——签订协议，预留签章卡片
      - 备案——开立日起5个工作日内
      - 账户名称：3个一致
      - 例外情况：注册验资、简称、无字号个体户
    - 对外付款
      - 一般：正式开立之日3日后
      - 例外：注册验资转为基本户、借款转存的开户日
    - 防范网络违法犯罪的规定
      - （1）账户管理协议
      - （2）约定向非同名银行账户和支付账户转账的限额、笔数
  - 变更
    - （1）仅改变名称，5日内申请
    - （2）其他变更，5日内通知
  - 撤销
    - 撤销事由
    - 时间要求——5日内申请撤销
    - 撤销顺序——其他户资金转入基本户——撤销其他户——撤销基本户
    - 注意事项
      - 交回空白票据及结算凭证
      - 存款人主体资格终止，超过期限未办理撤销手续的，银行有权停止账户对外支付
      - 未清偿银行账务的，不得撤销账户
  - 各类账户基本规定
    - 基本存款账户
      - 主办账户：日常经营活动的资金收付及其工资、奖金和现金的支取
      - 开立主体：独立核算单位
      - 一个单位只能开立一个
      - 证明文件
    - 一般存款账户
      - 使用范围：借款转存、借款归还和其他结算的资金收付（可存现金，不能取现）
      - 开立主体：有借款或其他结算需要的单位
      - 无数量限制
      - 证明文件
    - 专用存款账户
      - 使用范围：特定用途资金
      - 单位银行卡账户不能存取现金；证券交易结算资金、期货交易保证金和信托基金专用存款账户，可存现，不得取现
      - 证明文件
    - 预算单位零余额账户
      - 使用范围：（1）财政授权支付；（2）转账、提现等；（3）向本单位相应账户划拨工会经费、住房公积金及提租补贴；（4）不得向本单位其他账户和上级主管单位、所属下级单位账户划拨资金
      - 一个基层预算单位只能开一个
    - 临时存款账户
      - 使用范围：设立临时机构；异地临时经验；注册（增资）验资等
      - 有效期最长不得超过2年
      - 验资临时存款账户验资期间只收不付
    - 个人银行结算账户
      - 分类
        - Ⅰ类户：存款、购买投资理财产品、转账、消费和缴费支付、取现
        - Ⅱ类户：存款、购买投资理财产品、限额消费和缴费、限额向非绑定账户转出资金，可配发实体卡片
        - Ⅲ类户：限额消费和缴费、限额向非绑定账户转出资金
      - 开户方式：(1)柜面 (2)自助机具(3)电子渠道
      - 证明文件
    - 异地银行结算账户
      - 开户主体：单位、个人
      - 证明文件：开立相应账户的证明文件
  - 账户管理
    - 实名制管理
      - 存款人应以实名开立账户
      - 不得出租出借银行账户
    - 账户变更事项管理—单位应由法定代表人办理或授权他人办理，出具规定的证明文件
    - 预留签章管理—单位、个人
    - 对账管理

# 节 节 测

## 一、单项选择题

1. 下列存款人，不得开立基本存款账户的是（　　）。
   A.临时机构
   B.非法人企业
   C.异地常设机构
   D.单位设立的独立核算的附属机构
   【答案】A
   【解析】选项A：基本存款账户用于满足“日常”银行结算的需要；设立临时机构，可以申请开立临时存款账户。
2. 主要办理存款人日常经营活动的资金收付及其工资、奖金和现金的支取的账户是（　　）。
   A.一般存款账户　B.基本存款账户
   C.专用存款账户　D.临时存款账户
   【答案】B
3. 存款人可以办理现金缴存，但不得办理现金支取的账户是（　　）。
   A .一般存款账户　B.基本存款账户
   C.专用存款账户　D.临时存款账户
   【答案】A
4. 预算单位应向（　　）申请开立零余额账户。
   A.中国人民银行　B.财政部门
   C.上级主管部门　D.社保部门
   【答案】B
   【解析】预算单位使用财政性资金，应当按照规定的程序和要求，向财政部门提出设立零余额账户的申请，财政部门同意预算单位开设零余额账户后通知代理银行。
5. 临时存款账户的有效期最长不得超过（　　）。
   A.6个月　B.1年　C.2年　D.3年
   【答案】C
   【解析】临时存款账户的有效期最长不得超过2年。

## 二、多项选择题

1. 下列对银行结算账户的表述中，正确的有（　　）。
   A.银行结算账户是存款人只能办理现金收付结算的账户
   B.银行结算账户是活期存款账户
   C.存款人可以是在中国境内开立银行结算账户的单位
   D.存款人可以是在中国境内开立银行结算账户的个体工商户和自然人
   【答案】BCD
   【解析】选项A：银行结算账户是指银行为存款人开立的办理资金收付结算的活期存款账户。
2. 下列单位中，可以申请开立基本存款账户的有（　　）。
   A.居民委员会　B.幼儿园
   C.个体工商户　D.个人独资企业
   【答案】ABCD
3. 下列各项中，属于可以申请开立基本存款账户的存款人有（　　）。
   A.非法人企业
   B.民办非企业组织
   C.个体工商户
   D.居民委员会、村民委员会、社区委员会
   【答案】ABCD
4. 下列各项中，属于一般存款账户使用范围的有（　　）。
   A.办理借款转存　B.办理借款归还
   C.办理现金支取　D.办理现金缴存
   【答案】ABD
   【解析】一般存款账户用于办理存款人借款转存、借款归还和其他结算的资金收付。
5. 下列有关银行账户的表述中，正确的是（　　）。
   A.一个单位只能在一家银行开立一个基本存款账户
   B.一个单位可以在多家银行开立多个基本存款账户
   C.现金缴存可以通过一般存款账户办理
   D.现金支付不能通过一般存款账户办理
   【答案】AC
6. 对下列资金的管理与使用，存款人可以申请开立专用存款账户的是（　　）。
   A.证券交易结算资金　B.粮、棉、油收购资金
   C.期货交易保证金　D.注册验资
   【答案】ABC
7. 存款人有下列情况的，可以申请开立临时存款账户的是（　　）。
   A.设立临时机构
   B.异地常设机构
   C.党、团、工会设在单位的组织机构经费
   D.注册验资
   【答案】AD
   【解析】异地常设机构可以申请开立基本存款账户；异地临时经营活动可以申请开立临时存款账户。
8. 根据银行结算账户使用管理的规定，下列各项中，说法正确的有（　　）。
   A.基本存款账户办理存款人日常经营活动的资金收付及其工资、奖金和现金的支取
   B.一般存款账户可以办理现金缴存，但不得办理现金支取
   C.单位银行卡账户的资金（备用金）必须由其基本存款账户转账存入
   D.注册验资的临时存款账户在验资期间只收不付
   【答案】ABCD
9. 下列款项中，可以转入个人银行结算账户的有（　　）。
   A.工资、奖金收入
   B.继承、赠与款项
   C.农、副、矿产品销售收入
   D.个人贷款转存
   【答案】ABCD

## 三、判断题

1. 只有法人组织才可以开立基本存款账户。（　　）
   【答案】错误。
   【解析】法人组织和非法人组织都可以开立基本存款账户。
2. 一般存款账户可以在开立基本存款账户的同一银行

营业机构办理开户。（　　）
【答案】错误。
【解析】一般存款账户在基本存款账户开户银行以外的银行营业机构开立。
3. 一般存款账户既可办理现金缴存，也可办理现金支取。（　　）
【答案】错误。
4. 专用存款账户用于办理各项专用资金的收付。（　　）
【答案】正确。
5. 单位银行卡账户的资金必须由基本存款账户转账存入，该账户可以办理现金收付业务。（　　）
【答案】错误。
【解析】单位银行卡账户的资金必须由基本存款账户转账存入，该账户不得办理现金收付业务。
6. Ⅲ类户账户余额不得超过5 000元。（　　）
【答案】错误。
【解析】Ⅲ类户账户余额不得超过“1 000元”。（　　）
7. 银行可通过Ⅰ类银行账户为存款人提供存款、购买投资理财产品等金融产品、转账、消费和缴费支付、支取现金等服务。（　　）
【答案】正确。
8. 单位代理开立的个人银行账户，在被代理人持本人有效身份证件到开户银行办理身份确认、密码设（重）置等激活手续前，该银行账户只收不付。（　　）
【答案】正确。
9. 单位从其银行结算账户支付给个人银行结算账户的款项，每笔超过5万元（不包含5万元）的，应向其开户银行提供相应的付款依据。但付款单位若在付款用途栏或备注栏注明事由，可不再另行出具付款依据，但付款单位应对支付款项事由的真实性、合法性负责。（　　）
【答案】正确。
10. 存款人应按照账户管理规定使用银行结算账户办理结算业务，不得利用银行结算账户套取银行信用或进行洗钱活动，但特殊情况下可以出租、出借银行结算账户。（　　）
【答案】错误。
【解析】存款人不得出租、出借银行结算账户，不得利用银行结算账户套取银行信用或进行洗钱活动。

## 四、不定项选择题

（一）【材料1】甲公司于2013年1月7日成立，王某为法定代表人。2013年1月10日，甲公司因办理日常结算需要，在P银行开立了基本存款账户。2015年2月10日，甲公司因资金需求，在Q银行借款300万元，开立了一般存款账户。2016年5月19日，甲公司因被吊销营业执照而撤销其基本存款账户。

已知：甲公司只有上述两个银行结算账户。

1. 甲公司在P银行申请开立基本存款账户应出具的证明文件是（　　）。
A.企业法人营业执照正本
B.财政部门同意其开户的证明
C.甲公司章程
D.政府主管部门的批文
【答案】A
【解析】企业法人申请开立基本存款账户，应出具企业法人营业执照正本。
2. 甲公司在P银行预留的签章可以是（　　）。
A.甲公司发票专用章加王某的签名
B.甲公司财务专用章加王某的个人名章
C.甲公司合同专用章加王某的个人名章
D.甲公司单位公章加王某的签名
【答案】BD
【解析】存款人为单位的，其预留签章为该单位的“公章或财务专用章”加其法定代表人（单位负责人）或其授权的代理人的签名“或者”盖章。
3. 甲公司在Q银行开立的一般存款账户可以办理的业务是（　　）。
A.缴存现金5万元　　B.归还借款100万元
C.转存借款300万元　　D.支取现金10万元
【答案】ABC
【解析】（1）选项BC，一般存款账户用于办理存款人借款转存、借款归还和其他结算的资金收付；（2）选项AD，一般存款账户可以办理现金缴存，但不得办理现金支取。
4. 关于甲公司撤销其基本存款账户的下列表述中，符合法律规定的是（　　）。
A.应清偿在Q银行的债务，并将在Q银行的账户资金转入基本存款账户
B.应与P银行核对该基本存款账户存款余额
C.应先撤销在Q银行开立的一般存款账户
D.应将各种重要空白票据、结算凭证和开户许可证文件交回银行
【答案】ABCD
【解析】（1）选项AC，撤销银行结算账户时，应先撤销一般存款账户、专用存款账户、临时存款账户，将账户资金转入基本存款账户后，方可办理基本存款账户的撤销；（2）选项BD，存款人撤销银行结算账户，必须与开户银行核对银行结算账户存款余额，交回各种重要空白票据及结算凭证和开户许可证，银行核对无误后方可办理销户手续。

# 第三节 票据

## 一、票据的含义与特征

（一）票据的含义和种类（★）

1.票据是指出票人依法签发的，约定自己或者委托付款人在见票时或指定的日期向收款人或持票人无条件支付一定金额的有价证券。

2.《票据法》中的票据包括汇票、本票和支票。汇票分为银行汇票和商业汇票。商业汇票根据承兑人的不同，分为银行承兑汇票和商业承兑汇票；本票在我国仅指银行本票。支票分为现金支票、转账支票和普通支票。

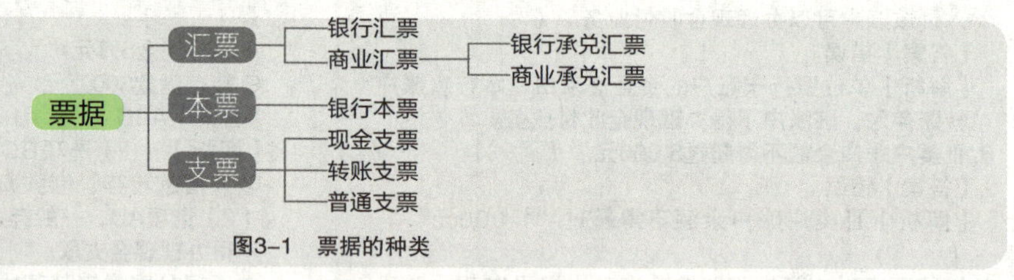


图3-1 票据的种类

（二）票据当事人（★★★）

1.基本当事人：在票据作成和交付时就已经存在的当事人，票据的基本当事人包括出票人、收款人和付款人。

（1）出票人。是指签发票据并将票据交付给收款人的人。银行汇票的出票人为银行；商业汇票的出票人为银行以外的企业和其他组织；银行本票的出票人为出票银行；支票的出票人，为在银行开立支票存款账户的企业、其他组织和个人。

（2）收款人。票据正面记载的到期后有权收取票据所载金额的人。

（3）付款人。由出票人委托付款或自行承担付款责任的人。商业承兑汇票的付款人是合同中应给付款项的一方当事人，即该汇票的承兑人；银行承兑汇票的付款人是承兑银行；支票的付款人是出票人的开户银行；本票的付款人是出票人。

★【专家一对一】

**注意区分票据中的付款人和交易中款项的实际支付者，二者一般是不一致的。比如支票，款项的实际支付者是出票人，付款人是出票人的开户银行。**

【例题·多选题】（2007、2009）下列各项中，属于票据基本当事人的有（　　）。

A.出票人　　B.收款人　　C.付款人　　D.保证人

【答案】ABC

2.非基本当事人：在票据作成并交付后，通过一定的票据行为加入票据关系而享有一定权利、承担一定义务的当事人。非基本当事人包括承兑人、背书人、被背书人和保证人。

（1）承兑人。接受汇票出票人的付款委托，同意承担支付票款义务的人。

（2）背书人与被背书人。背书人是指在转让票据时，在票据背面或粘单上签字或盖章，并将该票据交付给受让人的票据收款人或持有人。被背书人是指被记名受让票据或接受票据转让的人。

（3）保证人。为票据债务提供担保的人，由票据债务人以外的第三人担当。

★【专家一对一】

**票据的非基本当事人是否存在，取决于相应票据行为是否发生。比如某张票据未经过背书，就不会有背书人和被背书人。**

【例题·单选题】下列项中，属于票据非基本当事人的是（　　）。

A.收款人　　B.被背书人　　C.付款人　　D.出票人

【答案】B

（三）票据的特征和功能（★）

1.票据的特征。

（1）票据是完全有价证券。

票据权利与票据本身融为一体、不可分离；票据权利的产生、行使、转让和消灭都离不开票据。完全有价证券这一特征可以通过票据的“设权证券”、“提示证券”、“交付证券”和“缴回证券”等特征来体现。

①票据为设权证券：票据权利的产生必须通过出票来创设。

②票据为提示证券：行使票据权利必须出示票据。

③票据为交付证券：转让票据权利必须交付票据。

④票据为缴回证券：票据权利实现时要缴回票据。

（2）票据为文义证券。

票据上的权利义务必须依票据上所记载的文义而定，不得以文义之外的任何事项来主张票据权利。比如票据上记载的出票日与实际出票日不一致时，以票据上记载的为准。

（3）票据为无因证券。行使权利不看取得票据的原因。

（4）票据为金钱债权证券。票据上体现的权利性质是财产权，请求支付一定的金钱而不是物品。

（5）票据是要式证券。票据的制作、形式、文义都有规定的格式和要求，必须符合《票据法》的规定。

（6）票据是流通证券。票据权利的转让无须通知债务人，通过背书行为直接转让。

【例题·多选题】（2015）下列各项中，体现票据“完全有价证券”特征的有（　　）。

A.交付证券　　B.提示证券　　C.设权证券　　D.缴回证券

【答案】ABCD

【解析】票据是完全有价证券，这一特征可以通过票据的“设权证券”、“提示证券”、“交付证券”、“缴回证券”等特征来体现。

2.票据的功能。

（1）支付功能。票据可以充当支付工具，代替现金使用。

（2）汇兑功能。票据可以代替货币在不同地方之间运送。

（3）信用功能。票据当事人可以凭借自己的信誉，将未来才能获得的金钱作为现在的金钱来使用。

（4）结算功能。即债务抵销功能。

（5）融资功能。票据的融资功能通过票据的贴现、转贴现和再贴现实现。

【例题·单选题】（2015）企业以未到期的汇票向银行申请贴现，体现了票据的（　　）功能。

A.支付功能　　B.汇兑功能　　C.融资功能　　D.结算功能

【答案】C

【解析】票据的融资功能是通过票据的贴现、转贴现和再贴现实现的。

## 二、票据权利与责任

（一）票据权利的概念和分类（★★★）

1.票据权利的概念。

票据权利是票据持票人向票据债务人请求支付票据金额的权利，包括付款请求权和追索权。

2.票据权利。

（1）付款请求权。付款请求权是指持票人向汇票的承兑人、本票的出票人、支票的付款人出示票据要求付款的权利。付款请求权是第一顺序的权利。

行使付款请求权的持票人可以是票据记载的收款人或最后的被背书人。

（2）追索权。追索权是票据当事人行使付款请求权遭到拒绝或其他法定原因存在时，向其前手请求偿还票据金额及其他法定费用的权利。追索权是第二顺序的权利，只有当付款请求权得不到实现的时候才可以再行使追索权。

行使追索权的当事人除了票据记载的收款人和最后的被背书人外，还可能是代为清偿票据债务的保证人、背书人。

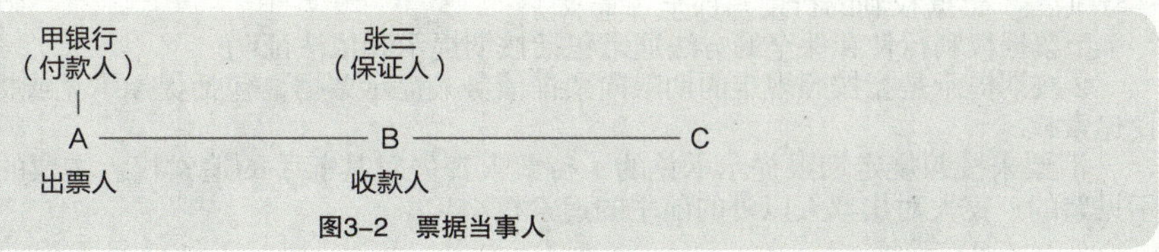


图3-2　票据当事人

比如：A签发一张转账支票给B，甲银行为付款人，张三是B的保证人。B将票据背书转让给了C，C享有票据权利，C应该首先向甲银行行使付款请求权。如果甲银行付款了，则C的票据权利得到了实现，票据上的一切权利和义务消灭。如果甲银行拒绝付款，就应将票据退给C，同时出具拒绝付款理由书，C的付款请求权得不到实现，就可以行使第二顺序的权利——追索权。行使追索权没有先后顺序之分。C可以向自己的所有前手追索，包括A、B和张三。假设C向张三行使追索权，张三将支票款项偿还给C后（付款人叫"付款"，其他被追索对象叫"清偿"或者"偿还"），张三还可以向被保证人B或者出票人A行使追索权。假设张三向B行使追索权，B清偿款项后还可以向A追索。注意，追索只能向前手追索。

【例题·单选题】甲公司持支票到开户银行请求付款。则甲公司行使的票据权利是（　　）。

A.付款请求权　　B.利益返还请求权　　C.票据追索权　　D.票据返还请求权

【答案】A

【解析】持票人行使的第一顺序的权利是付款请求权。

（二）票据权利的取得（★★★）

1.基本规定。

票据的取得，必须给付对价。因税收、继承、赠与可以依法无偿取得票据的，则不受给付对价的限制，但是所享有的票据权利不得优于其前手。

★【专家一对一】

**比如：张三销售货物给甲公司，甲公司以支票付款给张三。李四盗窃张三支票，并将其赠送给女朋友小丽。小丽享有的票据权利不得优于其前手李四。由于李四是盗窃而取得票据，李四不享有票据权利，因此，小丽也不享有票据权利。**

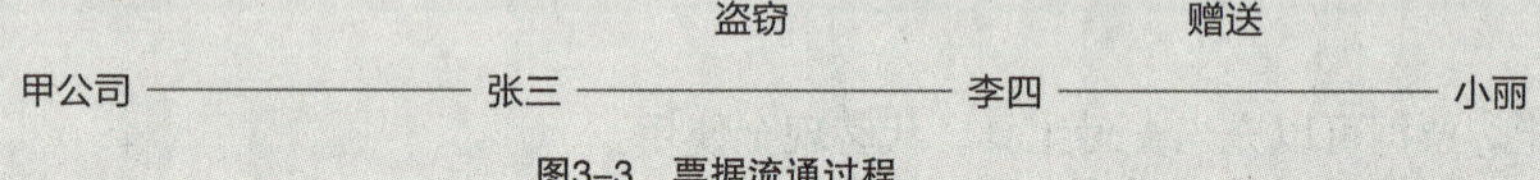


图3-3　票据流通过程

2.取得票据享有票据权利的情形。

（1）依法接受出票人签发的票据。

（2）依法接受背书转让的票据。

（3）因税收、继承、赠与可以依法无偿取得的票据。

3.取得票据不享有票据权利的情形。

（1）以欺诈、偷盗或者胁迫等手段取得票据的，或者明知有前列情形，出于恶意取得票据的。

★【专家一对一】

**比如：甲公司签发一张票据给乙，假设丙从乙手中盗取该票据。由于丙是以偷盗手段取得票据，不享有票据权利。此后丙又将票据背书转让给丁，假设丁知道票据是偷来的，此时丁即为恶意取得人，不享有票据权利。**

（2）持票人因重大过失取得不符合《票据法》规定的票据的。

【例题·单选题】（2013）张某因采购货物签发一张票据给王某，胡某从王某处窃取该票据，陈某明知胡某系窃取所得但仍受让该票据，并将其赠与不知情的黄某，下列取得票据的当事人中，享有票据权利的是（　　）。

A.王某　　B.胡某　　C.陈某　　D.黄某

【答案】A

【解析】张某因采购货物签发一张票据给王某，说明王某获得票据付出了对价，王某享有票据权利。以欺诈、偷盗或者胁迫等手段取得票据的，或者明知有上述情形，出于恶意取得票据的，不享有票据权利。

（三）票据权利的行使与保全（★★）

1.票据权利行使和保全的方法通常包括按期提示和依法证明。

2.按期提示是指按照规定的期限向票据债务人提示票据，包括提示承兑或提示付款，以及时保全或行使追索权。

汇票未按照规定期限提示承兑的，持票人丧失对其前手的追索权。本票的持票人未按照规定期限提示见票的，丧失对出票人以外的前手的追索权。

3.依法证明是指持票人为了证明自己曾经依法行使票据权利而遭拒绝或根本无法行使票据权利而以法律规定的时间和方式取得相关的证据。

4.持票人对票据债务人行使票据权利，或者保全票据权利，应当在票据当事人的营业场所和营业时间内进行，票据当事人无营业场所的，应当在其住所进行。

【例题·判断题】持票人对票据债务人行使票据权利，或者保全票据权利，应当在票据当事人的住所进行。（　　）
【答案】错误。
【解析】持票人对票据债务人行使票据权利，或者保全票据权利，应当在票据当事人的营业场所和营业时间内进行，票据当事人无营业场所的，应当在其住所进行。

（四）票据权利丧失补救（★★★）

票据丧失后可以采取挂失止付、公示催告、普通诉讼三种形式进行补救。

★【专家一对一】

**票据丧失有两种，一是绝对丧失，如被火烧毁、被水洗烂等；二是相对丧失，如丢失或被盗等。由于票据是完全证券，失票人因失去票据，不能行使票据权利。但失票人能够采取“挂失止付、公示催告、普通诉讼”等法定救济方法，防止损失。对于票据来说，“登报声明作废”是不发生法律效力的。**

1.挂失止付。

（1）概念。

挂失止付是指失票人将丧失票据的情况通知付款人或代理付款人，由接受通知的付款人或代理付款人审查后暂停支付。

（2）可以挂失止付的票据。

只有确定付款人或代理付款人的票据丧失，才可进行挂失止付，具体包括：①已承兑的商业汇票；②支票；③填明“现金”字样和代理付款人的银行汇票；④填明“现金”字样的银行本票。

★【专家一对一】

**未确定付款人及其代理付款人的票据，由于无法确定挂失止付的对象，不能挂失止付。**

（3）挂失止付的作用。

挂失止付并不是票据丧失后采取的必经措施，而只是一种暂时的预防措施，最终要通过申请公示催告或提起普通诉讼来补救票据权利。

★【专家一对一】

**失票人可以先挂失止付，然后在通知挂失止付后的3日内，向人民法院申请公示催告或提起普通诉讼；也可以在票据丧失后，不经挂失止付，直接向人民法院申请公示催告或者提起普通诉讼。挂失止付是为防止票据金额被人冒领而采取的紧急措施，如票据绝对丧失，不存在被冒领的可能，则不必挂失止付，直接申请公示催告或提起普通诉讼即可。**

（4）挂失止付通知书。

失票人需要挂失止付的，应填写挂失止付通知书并签章。挂失止付通知书应当记载下列事项：①票据丧失的时间、地点、原因；②票据的种类、号码、金额、出票日期、付款日期、收款人名称、付款人名称；③挂失止付人的姓名、营业场所或者住所以及联系方法。

（5）止付期。

付款人或者代理付款人自收到挂失止付通知书之日起12日内没有收到人民法院的止付通知书的，自第13日起，不再承担止付责任，持票人提示付款即依法向持票人付款。付款人或者代理付款人在收到挂失止付通知书之前，已经向持票人付款的，不再承担责任。但是，付款人或者代理付款人以恶意或者重大过失付款的除外。

【例题·多选题】（2015）下列选项所述票据丢失后，可以挂失止付的有（　　）。
A.未承兑的商业汇票　　B.转账支票
C.现金支票　　D.填明“现金”字样的银行本票
【答案】BCD

【解析】已承兑的商业汇票、支票、填明“现金”字样和代理付款人的银行汇票以及填明“现金”字样的银行本票丧失，可以由失票人通知付款人或者代理付款人挂失止付。未填明“现金”字样和代理付款人的银行汇票以及未填明“现金”字样的银行本票丧失，不得挂失止付。

2.公示催告。

（1）公示催告的概念。

公示催告是指在票据丧失后由失票人向人民法院提出申请，请求人民法院以公告方式通知不确定的利害关系人限期申报权利，逾期未申报者，则由法院通过除权判决宣告所丧失的票据无效的一种制度或程序。

（2）申请公示催告的时间和地点。

失票人应当在通知挂失止付后的3日内，也可以在票据丧失后，依法向票据支付地人民法院申请公示催告。

（3）申请人。

申请公示催告的主体必须是可以背书转让的票据的最后持票人。

（4）程序。

①申请。填写公示催告申请书，申请书内容包括：票面金额；出票人、持票人、背书人；申请的理由、事实；通知挂失止付的时间；付款人或代理付款人的名称、地址、电话。

②受理。人民法院决定受理公示催告申请，应当同时通知付款人及代理付款人停止支付，并自立案之日起3日内发出公告，催促利害关系人申报权利。付款人或者代理付款人收到人民法院的止付通知后，应当立即停止支付，直至公示催告程序终结。

③公告。公示催告公告应在全国性的报刊上登载。公示催告的期间，国内票据自公告发布之日起60日，涉外票据可以根据具体情况适当延长，但最长不得超过90日。

④转让。在公示催告期间，转让票据权利的行为无效。以公示催告的票据贴现、质押，因贴现、质押而接受该票据的持票人主张票据权利的，人民法院不予支持，但公示催告期间届满以后人民法院作出除权判决以前取得该票据的除外。

⑤判决。利害关系人应当在公示催告期间向人民法院申报。人民法院收到利害关系人的申报后，应当裁定终结公示催告程序，并通知申请人和支付人。公示催告期间届满，没有人申报权利的，人民法院应当根据申请人的申请，作出除权判决，宣告票据无效。自判决公告之日起，申请人有权向支付人请求支付。利害关系人因正当理由不能在判决前向人民法院申报的，自知道或者应当知道判决公告之日起1年内，可以向作出判决的人民法院起诉。

【例题·单选题】（2014）有权受理失票人公示催告申请的人民法院是（　　）。

A.票据收款地法院　　B.票据支付地法院　　C.失票人所在地法院　　D.出票人所在地法院

【答案】B

【解析】选项C，失票人应当在通知挂失止付后的3日内，也可以在票据丧失后，依法向票据支付地人民法院申请公示催告。

3.普通诉讼。

普通诉讼，是指丧失票据的人为原告，以承兑人或出票人为被告，请求法院判决其向失票人付款的诉讼活动。如果与票据上的权利有利害关系的人是明确的，无需公示催告，可按一般的票据纠纷向法院提起诉讼。

（五）票据权利的时效（★★★）

1.票据权利时效概念。

票据权利时效是指票据权利在时效期间内不行使，即引起票据权利丧失。

2.票据权利时效期间。

票据权利在下列期限内不行使而消灭：

（1）对出票人或承兑人的权利。

①持票人对远期汇票的出票人、承兑人的权利自票据到期日起2年；见票即付的汇票、本票自出票日起2年。②持票人对支票出票人的权利，自出票日起6个月。

（2）对出票人、承兑人以外的其他前手的权利。

①持票人对前手的首次追索权，自被拒绝承兑或者被拒绝付款之日起6个月；

②持票人对前手的再追索权，自清偿日或者被提起诉讼之日起3个月。

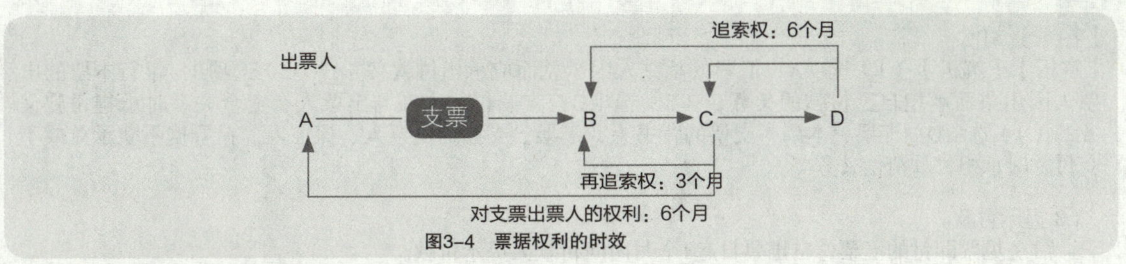

图3-4 票据权利的时效

3.持票人因超过票据权利时效或者因票据记载事项欠缺而丧失票据权利的，其仍享有民事权利，可以请求出票人或者承兑人返还其与未支付的票据金额相当的利益。

【例题·多选题】（2018）关于票据权利时效的下列表述中，不正确的有（ ）。
A.持票人在票据权利时效期间内不行使票据权利的，该权利丧失
B.持票人对前手的追索权，自被拒绝承兑或被拒绝付款之日起3个月内不行使的，该权利丧失
C.持票人对支票出票人的权利自出票日起3个月内不行使的，该权利丧失
D.持票人对票据承兑人的权利自票据到期日起6个月内不行使的，该权利丧失
【答案】BCD
【解析】（1）选项B，①持票人对一般前手的首次追索权，自被拒绝承兑或者被拒绝付款之日起“6个月”不行使的，该权利丧失；②持票人对一般前手的再追索权，自清偿日或者被提起诉讼之日起3个月。（2）选项C，持票人对支票出票人的权利，自出票日起“6个月”不行使才会丧失。（3）选项D，持票人对远期汇票的出票人、承兑人的权利，自票据到期日起“2年”不行使才会丧失。

（六）票据责任（★★★）

1.票据责任概念。

票据责任是指票据债务人向持票人支付票据金额的责任。

2.票据责任人。

（1）汇票承兑人因承兑而承担付款义务。

（2）本票的出票人因出票而承担自己付款的义务。

（3）支票的付款人在与出票人有资金关系时承担付款义务。

★【专家一对一】

支票的付款人在与出票人有资金关系时才承担付款义务，无资金关系，如出票人签发的是空头支票，则付款人不承担付款义务。

（4）汇票、本票、支票的背书人，汇票、支票的出票人、保证人，在票据不获承兑或不获付款时承担清偿义务。

★【专家一对一】

当持票人付款请求权被拒绝或不能得到实现时，汇票、本票、支票的背书人，汇票、支票的出票人、保证人承担清偿义务（不能称为“付款义务”）。比如汇票的背书人，如果将汇票背书转让给他人，该背书人就应当担保他所背书的汇票会得到承兑或付款。如果得不到承兑或者付款，那么，他的所有后手都可以向他追索，他必须对向他追索的后手清偿票据金额。

【例题·多选题】（2017）下列主体中，应当向持票人承担票据责任的有（ ）。
A.空头支票出票人的开户行Q银行　　B.不获承兑的汇票出票人乙公司
C.签发银行本票的P银行　　D.对汇票予以承兑的甲公司
【答案】BCD
【解析】（1）选项A，支票的出票人签发空头支票的，付款人（出票人的开户银行）不承担票据责任；（2）选项B，商业汇票的出票人在票据不获承兑或者不获付款时应承担票据责任；（3）选项C，银行本票的出票人因出票而承担自己付款的义务；（4）选项D，商业汇集的承兑人因承兑而承担付款义务。

【例题·多选题】（2008）下列人员中，行使付款请求权时，对持票人负有付款义务的有（ ）。
A.汇票的承兑人　　B.银行本票的出票人　　C.支票的付款人　　D.汇票的背书人

【答案】ABC
【解析】【解析】（1）选项A：汇票的承兑人因承兑而应承担付款义务；（2）选项B：银行本票的出票人因出票而承担自己付款的义务；（3）选项C：支票付款人在与出票人有资金关系时承担付款义务；（4）选项D：汇票、本票、支票的背书人，汇票、支票的出票人、保证人，在票据不获承兑或不获付款时承担付款清偿义务。

3.提示付款。

（1）见票即付的汇票，自出票日起1个月内向付款人提示付款。

（2）定日付款、出票后定期付款或者见票后定期付款的汇票，自到期日起10日内向承兑人提示付款。

持票人未按规定期限提示付款的，在作出说明后，承兑人或者付款人仍应当继续对持票人付款。

★【专家一对一】

支票的提示付款期限自出票日起10日；银行汇票的提示付款日期自出票日起1个月；银行本票的提示付款日期自自出票日起2个月。

【例题·单选题】甲公司于2018年2月1日签发一张出票后1个月付款的商业汇票用于支付乙公司货款，下列关于乙公司提示付款期限的最迟日期的说法中，正确的有（　　）。

A.2018年3月1日　　B.2018年3月2日　　C.2018年3月11日　　D.2018年2月11日

【答案】C
【解析】定日付款、出票后定期付款或者见票后定期付款的汇票，自到期日起10日内向承兑人提示付款。该汇票的到期日是2018年3月1日，则乙公司的提示付款日期最迟为2018年3月11日。

4.拒绝付款（票据的抗辩）。

（1）对物的抗辩。

如果存在背书不连续等合理事由，票据债务人可以对票据权利人拒绝履行义务。

所谓背书连续，是指在票据转让中，转让汇票的背书人与受让汇票的被背书人在汇票上的签章依次前后衔接。持票人以背书的连续，证明自己享有票据权利。下图中，A公司将票据背书转让给甲公司，甲公司背书转让给乙公司，乙公司背书转让给丙公司。这个背书就是连续的。

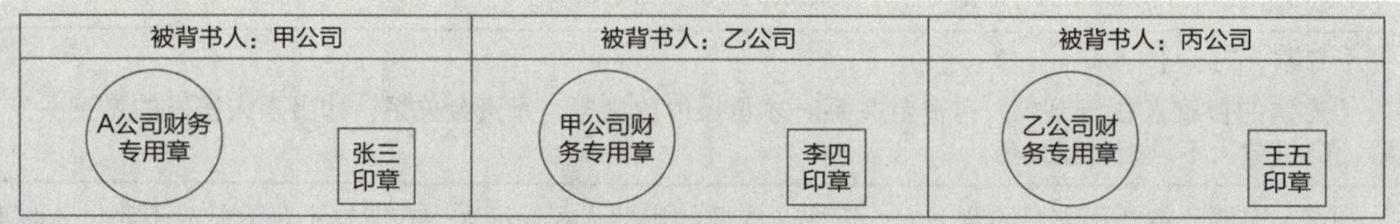


图3-5　背书连续

（2）对人的抗辩。

①票据债务人可以对不履行约定义务的与自己有直接债权债务关系的持票人进行抗辩。

★【专家一对一】

比如：甲将票据背书转让给乙，乙背书转让给丙，丙背书转让给丁。事后，乙发现，丙发的货物是假货。则乙可以抗辩丙（乙丙之间有直接债权债务关系），但乙不得抗辩丁（乙丁之间没有直接债权债务关系）。

②票据债务人不得以自己与出票人或者与持票人的前手之间的抗辩事由对抗持票人。但是，持票人明知存在抗辩事由而取得票据的除外。

★【专家一对一】

银行承兑汇票，银行一旦承兑，就成为主债务人，负有无条件付款的责任。承兑银行不得以自己与出票人或者与持票人的前手之间的抗辩事由对抗持票人。

【例题·判断题】票据债务人可以对不履行约定义务的持票人进行抗辩。（　　）

【答案】错误。
【解析】票据债务人可以对不履行约定义务的与自己有直接债权债务关系的持票人进行抗辩。

5.相关银行责任。

（1）持票人委托的收款银行的责任，限于按照票据上记载事项将票据金额转入持票人账户。

（2）付款人委托的付款银行的责任，限于按照票据上记载事项从付款人账户支付票据金额。

（3）付款人以恶意或有重大过失付款的以及到期日之前付款的，付款人自行承担责任。

【例题·多选题】下列有关票据责任的说法中，错误的有（　　）。
A.付款人以恶意或有重大过失付款的以及到期日之前付款的，付款人自行承担责任
B.持票人未按照规定期限提示付款的，付款人的票据责任解除
C.持票人委托的收款银行的责任，限于按照票据上记载事项将票据金额转入持票人账户
D.付款人委托的付款银行的责任，限于按照票据上记载事项从付款人账户支付票据金额，不必审查背书连续
【答案】BD
【解析】持票人未按照规定期限提示付款的，在作出说明后，承兑人或者付款人仍应当对持票人承担付款责任，选项B错误。付款人付款时需要审查背书连续，选项D错误。

## 三、票据行为

票据行为是指票据当事人以发生票据债务为目的、以在票据上签名或盖章为权利义务成立要件的法律行为。票据行为包括出票、背书、承兑和保证。

★【专家一对一】

**并非与票据有关的行为就是票据行为，如提示付款、付款、挂失止付、公示催告、普通诉讼等，都不属于票据行为。因为这些并不产生票据债务，相反，有的还消灭票据债务，如付款行为。**

（一）出票（★★★）

1.出票的概念。

出票是指出票人签发票据并将其交付给收款人的行为。

2.出票的基本要求。

出票人必须与付款人具有真实的委托付款关系，并且具有支付票据金额的可靠资金来源，不得签发无对价的票据用以骗取银行或者其他票据当事人的资金。

3.票据的记载事项。

（1）必须记载事项（也称绝对记载事项）：票据法明文规定必须记载的，不记载，则票据无效。

（2）相对记载事项：未记载，按法律规定执行。

（3）任意记载事项：是否记载，允许当事人自行选择。记载了就产生相应票据效力，不记载不影响票据效力。

★【专家一对一】

**“不得转让”事项，其效力因记载人的不同而异：出票人在汇票上记载“不得转让”字样的，则该汇票不得转让，背书转让的，受让人不享有票据权利；背书人在票据上记载“不得转让”字样，其后手再背书转让的，原背书人对后手的被背书人不承担保证责任。**

（4）记载不产生票据法上的效力的事项：该记载事项不具有票据法效力，银行不负审查责任。

【例题·判断题】甲公司收到乙公司一张支票，出票人在该支票记载了“不得转让”字样，该记载事项不影响甲公司将该支票背书转让。（　　）
【答案】错误。
【解析】“不得转让”事项为“任意记载事项”，不记载时不影响票据效力，记载时则产生票据效力。出票人已经记载了“不得转让”字样，那么该支票就是不得转让的，否则受让人不享有票据权利。

4.出票的效力。

出票人签发票据后，即承担该票据承兑或付款的责任。在票据得不到承兑或者付款时，出票人应当向持票人清偿规定的金额和费用。

（二）背书（★★★）

1.概念和种类。

（1）背书是指在票据背面或者粘单上记载有关事项并签章的行为。

（2）以背书目的为标准，背书分为转让背书和非转让背书。转让背书是指以转让票据权利为目的的背书；非转让背书是指以授予他人行使一定的票据权利为目的的背书，非转让背书包括委托收款背书和质押背书。

（3）委托收款背书是背书人委托被背书人行使票据权利的背书。委托收款背书的被背书人不得再以背书转让票据权利。委托收款背书，应记载"委托收款"字样。

（4）质押背书是以担保债务而在票据上设定质权为目的的背书。被背书人依法实现其质权时，可以行使票据权利。

【例题·多选题】（2010）甲公司将一张银行承兑汇票转让给乙公司，乙公司以质押背书方式向W银行取得贷款。贷款到期，乙公司偿还贷款，收回汇票并转让给丙公司。票据到期后，丙公司作成委托收款背书，委托开户银行提示付款。根据票据法律制度的规定，下列背书中，属于非转让背书的有（　　）。

A.甲公司背书给乙公司　　B.乙公司质押背书给W银行

C.乙公司背书给丙公司　　D.丙公司委托收款背书

【答案】BD

【解析】选项AC属于转让背书。

2.背书记载事项。

（1）背书由背书人签章并记载背书日期。背书未记载日期的，视为在票据到期日前背书。

（2）以背书转让或以背书将一定的票据权利授予他人行使时，必须记载被背书人名称。

背书人未记载被背书人名称即将票据交付他人的，持票人在被背书人栏内记载自己的名称与背书人记载具有同等法律效力。

★【专家一对一】

**背书人签章、被背书人名称属于必须记载事项，背书日期属于相对记载事项。未记载背书日期的，视为到期日前背书。**

（3）委托收款背书应记载委托收款字样、被背书人和背书人签章。质押背书应记载质押字样、质权人和出质人签章。

（4）票据凭证不能满足背书人记载事项的需要，可以加附粘单，粘附于票据凭证之上；粘单上的第一记载人，应当在票据和粘单的粘接处签章。

【例题·单选题】（2010）甲公司将一张银行汇票背书转让给乙公司，该汇票需加附粘单，甲公司为粘单上的第一记载人，丙公司为甲公司的前手，丁公司为汇票记载的收款人。根据支付结算法律制度的规定，下列公司中，应当在汇票和粘单的粘接处签章的是（　　）。

A.甲公司　　B.乙公司　　C.丙公司　　D.丁公司

【答案】A

【解析】粘单上的"第一记载人"，应当在票据和粘单的粘接处签章。粘单的第一记载人是指第一手使用粘单的背书人。

3.背书效力。

（1）背书人以背书转让票据后，即承担保证其后手所持票据会得到承兑和付款的责任。

（2）以背书转让的票据，背书应当连续。持票人以背书的连续，证明其票据权利。

非经背书转让，而以其他合法方式取得票据的，依法举证，证明其票据权利。

（3）背书连续，是指在票据转让中，转让票据的背书人与受让票据的被背书人在票据上的签章依次前后衔接。

【例题·判断题】（2009）以下为某银行转账支票背书签章的示意图。该转账支票背书连续，背书有效。（　　）

| 被背书人：甲公司 | 被背书人：乙公司 | 被背书人：丙公司 |
| --- | --- | --- |
| A公司财务专用章　张三印章 | 甲公司财务专用章　李四印章 | 乙公司财务专用章　王五印章 |

【答案】正确。
【解析】A公司将支票背书转让给甲公司，甲公司背书转让给乙公司，乙公司背转让给丙公司，背书连续。

4.背书特别规定。

（1）条件背书——条件无效。

背书不得附有条件，背书附有条件的，所附条件不具票据上的效力。

★【专家一对一】

**背书时附有条件的，所附条件不具有票据上的效力，但背书仍然有效，即“条件无效、背书有效。”**

【例题·多选题】甲、乙签订一份购销合同，甲将自己取得的银行承兑汇票背书转让给乙，以支付货款。甲在汇票的背书栏记载：“若乙不按期履行交货义务，则不享有票据权利”，乙又将此汇票背书转让给丙。根据支付结算法律制度的规定，下列表述中，正确的有（　　）。

A.甲将汇票背书给乙的行为为附条件背书，背书的效力待定

B.乙在未履行交货义务时，不得主张票据权利

C.甲背书时所附条件不产生汇票上的效力，乙无论交货与否均享有票据权利

D.无论乙是否履行交货义务，乙将票据背书转让后，丙取得票据权利

【答案】CD

【解析】选项A错误：背书附有条件的，所附条件不具有汇票上的效力，即条件无效，背书有效；选项B错误：甲向乙的背书有效，乙无论交货与否均取得票据权利，乙将该汇票背书转让给丙后，丙取得票据权利。

（2）部分背书、多头背书——背书无效。

将票据金额的一部分转让或者将票据金额分别转让给2人以上的背书无效。

（3）限制背书。

①出票人记载“不得转让”字样，票据不得背书转让。

“不得转让”属于任意记载事项，不记载不影响票据效力，记载了则发生相应的效力。“出票人”记载“不得转让”字样，票据有效，但是背书无效，即丧失了流通性。如下图，丙向付款人提示付款时，付款人不会付款，因为丙没有票据权利，但这张票据仍然有效，乙可以向付款人提示付款。

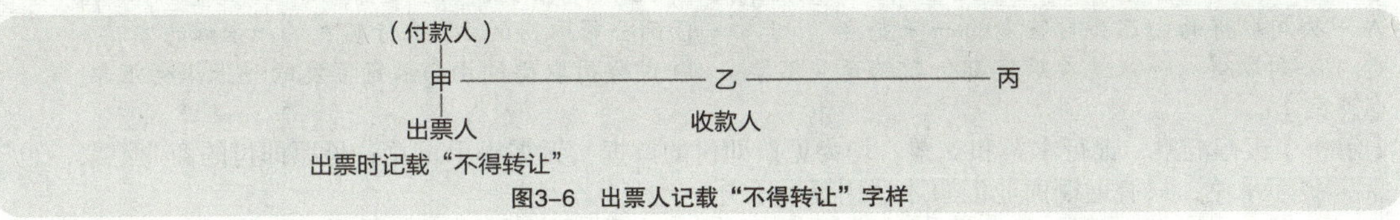

图3-6 出票人记载“不得转让”字样

②背书人在汇票上记载“不得转让”字样，其后手再背书转让的，原背书人对后手的被背书人不承担保证责任。

★【专家一对一】

**“背书人”在汇票上记载“不得转让”字样，其后手再背书转让的，背书有效，但是原背书人只对直接的被背书人即直接后手承担责任，对其他后手不承担票据责任。如下图，乙在背书给丙时，在票据上记载“不得转让”，但丙仍然将票据背书转让给丁。如果丁持票据向付款人A提示付款被拒绝的话，可以向甲、丙追索，但是不能向乙追索，因为乙背书时事先已经记载了“不得转让”。**

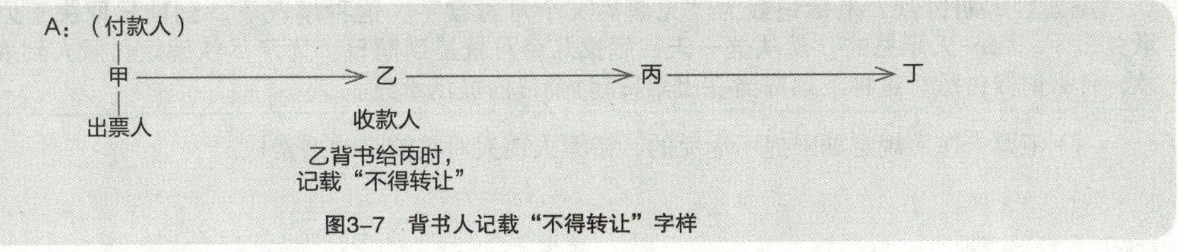

图3-7 背书人记载“不得转让”字样

表3-3 背书行为的效力

| 具体情形 | 背书的效力 |
| --- | --- |
| 背书人未签章 | 背书无效 |
| 未记载背书日期 | 背书有效 |
| 背书人未记载被背书人名称即将票据交付他人的，持票人在被背书人栏内记载自己的名称 | 背书有效 |
| 附条件的背书 | 背书有效 |
| 部分背书、多头背书 | 背书无效 |
| 背书人在汇票上记载“不得转让”字样，其后手再背书转让的 | 背书有效 |

【例题·单选题】（2017）关于票据背书效力的下列表述中，不正确的是（　　）。
A.背书人在票据上记载“不得转让”字样，其后手再背书转让的，原背书人对后手的被背书人不承担保证责任
B.背书附有条件的，所附条件不具有票据上的效力
C.背书人背书转让票据后，即承担保证其后手所得票据承兑和付款的责任
D.背书未记载背书日期的，属于无效背书
【答案】D
【解析】选项D：背书未记载背书日期的，视为在票据到期日前背书。

（4）期后背书。

被拒绝承兑、被拒绝付款或者超过付款提示期限，不得背书转让；背书转让的，背书人应当承担票据责任。

（三）承兑（★★★）

1.承兑是指汇票付款人承诺在汇票到期日支付汇票金额并签章的行为，仅适用于商业汇票。

★【专家一对一】

银行汇票、银行本票、支票和见票即付的商业汇票，无需提示承兑；只有远期商业汇票才需要提示承兑。

【例题·单选题】（2015）下列票据中，必须向付款人提示承兑的是（　　）。
A.甲公司取得的由乙公司签发的一张支票
B.丙公司取得的由P银行签发的一张银行本票
C.丁公司取得的一张见票后定期付款的商业汇票
D.戊公司取得的由Q银行签发的一张银行汇票
【答案】C
【解析】银行汇票、银行本票和支票，均为见票即付的票据，无需提示承兑；见票即付的商业汇票，也无需提示承兑，只有远期商业汇票才适用提示承兑。

2.提示承兑。

（1）定日付款或者出票后定期付款的汇票：持票人在到期日前向付款人提示承兑。

（2）见票后定期付款的汇票：持票人自出票日起1个月内向付款人提示承兑。

★【专家一对一】

定日付款是指记载为“×年×月×日付款”，到期日可以从汇票上直接看出；出票后定期付款，是指记载为：“出票后×个月付款”，到期日可以根据出票日推出。这两种情况，都要在到期日前向付款人提示承兑，即请付款人作出到期付款的承诺。

见票后定期付款，是指记载为“见票后×个月付款”。这种情况下，到期日取决于见票日（即承兑日），哪一天承兑的，就从这一天往后推几个月就是到期日。为了尽快确定付款人到底会不会付款，什么时候付款，这种汇票应当在出票日起1个月内提示承兑。

（3）汇票未按照规定期限提示承兑的，持票人丧失对其前手的追索权。

★【专家一对一】

**汇票未按照规定期限提示承兑的，持票人只是丧失对其前手的追索权，对主债务人的票据权利并未消灭。**

【例题·单选题】甲公司持有一张2018年4月1日出票、出票后3个月付款的商业汇票，则甲公司提示承兑的日期最迟应是（　　）。

A.2018年4月1日　　B.2018年7月1日　　C.2018年5月1日　　D.2018年4月11日

【答案】B

【解析】甲公司持有的汇票属于出票后定期付款的商业汇票，持票人应在到期日前（2018年7月1日）向付款人提示承兑。

3.受理。

付款人应当自收到提示承兑的汇票之日起3日内承兑或拒绝承兑。3日内不作承兑与否的表示的，视为拒绝承兑。

4.记载承兑事项。

（1）必须记载事项：付款人承兑汇票时，应在汇票正面记载承兑字样和承兑人签章。

（2）相对记载事项：承兑日期。见票后定期付款的汇票，应当在承兑时记载付款日期。未记载承兑日期的，以收到提示承兑的汇票之日起3日内的最后一日为承兑日期。

5.承兑效力。

（1）承兑不得附有条件，承兑附有条件的，视为拒绝承兑。

（2）付款人承兑汇票后，应当承担到期付款的责任。

【例题·单选题】乙公司在与甲公司交易中获得300万元的汇票一张，付款人为丙公司。乙公司请求承兑时，丙公司在汇票上签注："承兑。甲公司款到后支付。"下列关于丙公司付款责任的表述中，正确的是（　　）。

A丙公司已经承兑，应承担付款责任

B.应视为丙公司拒绝承兑，丙公司不承担付款责任

C.甲公司给丙公司付款后，丙公司才承担付款责任

D.按甲公司给丙公司付款的多少确定丙公司应承担的付款责任

【答案】B

【解析】选项B，丙公司的承兑附有"甲公司款到后支付"的条件，应视为拒绝承兑。

（四）保证

1.保证的概念。

（1）保证是票据债务人以外的人，为担保特定债务人履行票据债务而在票据上记载有关事项并签章的行为。

（2）国家机关、以公益为目的的事业单位、社会团体、企业法人的分支机构和职能部门作为票据保证人的，保证无效。但经国务院批准为使用外国政府或者国际经济组织贷款进行转贷，国家机关提供票据保证的，以及企业法人的分支机构在法人书面授权范围内提供票据保证的除外。

2.保证的记载事项。

（1）必须记载事项。

保证人必须在票据上记载保证字样并签章。

★【专家一对一】

**（1）票据保证的保证人必须在票据上记载保证事项并签章，如果另行签订保证合同的，不属于票据保证，而属于一般保证。（2）在票据保证中，持票人可以向所有前手追索；而在一般保证中，保证人只对被保证人的直接后手承担保证责任。（3）在票据保证中，保证人清偿票据债务后，依法可以行使对被保证人及其前手的追索权；而在一般保证中，保证人清偿所担保的债务后，只能向被保证人追偿。**

（2）相对记载事项。

①未记载被保证人名称的，已承兑的汇票，承兑人为被保证人；未承兑的汇票，出票人为被保证人。

②未记载保证日期的，出票日期为保证日期。

★【专家一对一】

**出票日期属于必须记载事项，背书日期、保证日期、承兑日期和付款日期均为相对记载事项。未记载付款日期的，视为见票即付；未记载背书日期的，视为汇票到期日前背书；未记载承兑日期的，以承兑人收到提示承兑的汇票之日起的第3日为承兑日期；未记载保证日期的，以出票日期为保证日期。**

【例题·多选题】（2015）票据或粘单未记载下列事项，保证人仍需承担保证责任的有（　　）。

A.保证人签章　B.保证日期　C.被保证人名称　D.保证字样

【答案】BC

【解析】（1）选项AD：属于“必须记载事项”，未记载的，票据保证行为不成立，保证人无须承担票据保证责任；（2）选项BC：属于“相对记载事项”，未记载的，保证人仍应承担票据保证责任。

3.保证责任的承担。

（1）被保证的汇票，保证人应当与被保证人对持票人承担连带责任。票据到期得不到付款的，持票人有权向保证人请求付款。

（2）保证人为两人以上的，保证人之间承担连带责任。

4.保证效力。

（1）保证人对合法取得汇票的持票人所享有的汇票权利，承担保证责任。但是，被保证人的债务因汇票记载事项欠缺而无效的除外。

（2）保证不得附有条件，附有条件的，不影响对票据的保证责任。

★【专家一对一】

**票据行为附条件的后果：（1）保证不得附条件，保证附条件的，条件无效，保证有效；（2）背书不得附条件，背书附有条件的，条件无效，背书有效；（3）承兑不得附有条件，承兑附有条件的，视为拒绝承兑。**

（3）保证人清偿汇票债务后，可以行使持票人对被保证人及其前手的追索权。

【例题·多选题】（2011、2016）关于票据保证的下列表述中，正确的有（　　）。

A.票据上未记载保证日期的，被保证人的背书日期为保证日期

B.保证人未在票据或粘单上记载被保证人名称的，已承兑票据，承兑人为被保证人

C.保证人为两人以上的，保证人之间承担连带责任

D.保证人清偿票据债务后，可以对被保证人及其前手行使追索权

【答案】BCD

【解析】选项A：票据上未记载保证日期的，以出票日期为保证日期。

## 四、票据的追索

（一）适用情形（★★★）

1.到期后追索。

票据到期后被拒绝付款的，持票人可以向出票人、背书人以及票据的其他债务人行使追索权。

2.到期前追索。

在汇票到期日前，有下列情况之一的，持票人可以行使追索权：

（1）汇票被拒绝承兑；

（2）承兑人或者付款人死亡、逃匿的；

（3）承兑人或者付款人被依法宣告破产；

（4）承兑人或者付款人因违法被责令终止业务活动的。

【例题·多选题】甲公司开具商业汇票，并持该汇票与乙公司交易，该汇票由丁银行承兑。乙将该银行承兑汇票背书转让给丙公司。则下列各项中，丙公司可以在汇票到期日前行使追索权的有（　　）。

A.甲公司被依法宣告破产　B.乙公司申请注销法人资格

C.丁银行被吊销营业执照　D.丁银行因违法被责令终止业务活动

【答案】CD

【解析】只有“承兑人或者付款人”（丁银行）被依法宣告破产或者因违法被责令终止业务活动的，持票人才可以在汇票到期日之前行使追索权。

（二）被追索人的确定（★★★）

1.票据的出票人、背书人、承兑人和保证人对持票人承担连带责任。

2.持票人行使追索权，可以不按照票据债务人的先后顺序，对其中任何一人、数人或者全体行使追索权。

3.持票人对票据债务人中的一人或者数人已经进行追索的，对其他票据债务人仍可以行使追索权。

（三）追索内容（★★★）

1.持票人的追索内容。

（1）被拒绝付款的汇票金额。

（2）票据金额从到期日或者提示付款日起至清偿日止，按照中国人民银行规定的利率计算的利息。

（3）取得有关拒绝证明和发出通知书的费用。

2.被追索人的再追索内容。

（1）已经清偿的全部金额。

（2）再发生的利息。

（3）发出通知书的费用。

【例题·多选题】（2016）下列各项中，票据持票人行使首次追索权时，可以请求被追索人支付的金额和费用有（　　）。

A.因汇票资金到位不及时，给持票人造成的税收滞纳金损失

B.取得有关拒绝证明和发出通知书的费用

C.票据金额自到期日或者提示付款日起至清偿日止，按规定的利率计算的利息

D.被拒绝付款的票据金额

【答案】BCD

【解析】票据的追索金额，都是持票人的直接损失，不包括持票人的间接损失。选项A，属于间接损失，不得列入追索金额。

（四）追索权的行使（★★★）

1.取得有关证明。

持票人行使追索权时，应当提供相关证明（包括拒绝证明，承兑人或付款人的死亡、逃匿证明，司法文书等）；持票人不能出示相关证明的，将丧失对其前手的追索权，但是承兑人或者付款人仍应当对持票人承担责任。

【例题·单选题】（2017）关于票据追索权行使的下列表述中，正确的是（　　）。

A.持票人不得在票据到期前追索

B.持票人应当向票据的出票人、背书人、承兑人和保证人同时追索

C.持票人在行使追索权时，应当提供被拒绝承兑或拒绝付款的有关证明

D.持票人应当按照票据的承兑人、背书人、保证人和出票人的顺序行使追索权

【答案】C

【解析】（1）选项A，在票据到期日前，有规定情形的，持票人可以行使追索权：①汇票被拒绝承兑的；②承兑人或者付款人死亡、逃匿的；③承兑人或者付款人被依法宣告破产的；④承兑人或者付款人因违法被责令终止业务活动的。（2）选项BD，持票人行使追索权，可以不按照票据债务人的先后顺序，对其中任何一人、数人或者全体行使追索权。（3）选项C，持票人行使追索权时，应当提供被拒绝承兑或拒绝付款的有关证明，不能出示的，丧失对其前手的追索权；但承兑人或者付款人仍应当对持票人承担责任。

2.行使追索。

（1）持票人应当自收到被拒绝承兑或者被拒绝付款的有关证明之日起3日内，将被拒绝事由书面通知其前手；其前手应当自收到通知之日起3日内书面通知其再前手。

（2）持票人未按照规定期限（3日）发出追索通知的，持票人仍可以行使追索权。因延期通知给其前手或者出票人造成损失的，由其承担赔偿责任，但所赔偿的金额以汇票金额为限。

★【专家一对一】

未按照规定期限发出追索通知的，仍可以行使追索权，但要赔偿损失；未取得拒绝付款证明的，丧失对出票人、承兑人以外的前手的追索权；未按照规定期限提示付款的，丧失对出票人、承兑人以外的前手的追索权；未按照规定期限提示承兑的，丧失对出票人以外的前手的追索权。

（五）清偿效力（★）

被追索人依照规定清偿债务后，其责任解除，与持票人享有同一权利。

## 五、银行汇票

（一）银行汇票的概念和适用范围（★★）

1.银行汇票是出票银行签发的，由其在见票时按照实际结算金额无条件支付给收款人或者持票人的票据。出票银行是银行汇票的付款人。

2.银行汇票可用于转账，填明“现金”字样的银行汇票也可以支取现金。

3.单位和个人各种款项结算，均可使用银行汇票。

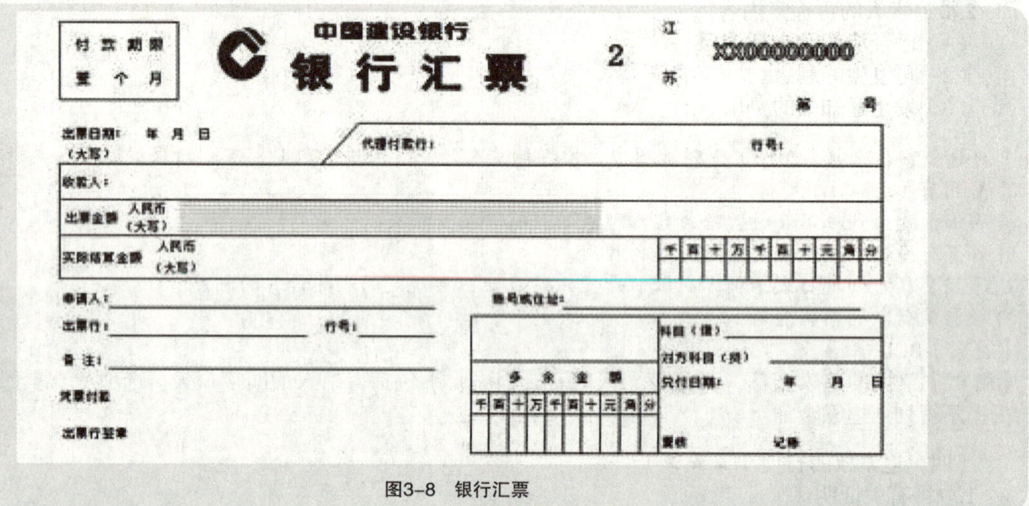

付款期限 壹个月

中国建设银行 银行汇票 2 江苏 XX00000000

第 号

出票日期（大写）： 年 月 日　　代理付款行：　　行号：

收款人：

出票金额 人民币（大写）

实际结算金额 人民币（大写）　千 百 十 万 千 百 十 元 角 分

申请人：　　账号或住址：

出票行：　　行号：

备注：

凭票付款

出票行签章

多余金额　千 百 十 万 千 百 十 元 角 分

科目（借）

对方科目（贷）

兑付日期： 年 月 日

复核　记账

图3–8　银行汇票

【例题·单选题】由出票银行签发的，由其在见票时按照实际结算金额无条件支付给收款人或者持票人的票据是（　　）。

A.商业承兑汇票　　B.银行本票　　C.支票　　D.银行汇票

【答案】D

（二）银行汇票的出票（★★）

1.申请。

（1）申请人使用银行汇票，应向出票银行填写银行汇票申请书。

（2）签发现金银行汇票，申请人和收款人必须均为个人。申请人或者收款人为单位的，银行不得为其签发现金银行汇票。

★【专家一对一】

只有双方都是个人的，银行才可以为其签发现金银行汇票。

2.签发并交付。

（1）出票银行受理银行汇票申请书，收妥款项后签发银行汇票，并将银行汇票和解讫通知一并交给申请人。

（2）银行汇票必须记载下列事项，欠缺任何一项，银行汇票无效：

①表明银行汇票的字样；②无条件支付的承诺；③出票金额；④付款人名称；⑤收款人名称；⑥出票日期；⑦出票人签章。

（3）申请人应将银行汇票和解讫通知一并交付给汇票上记明的收款人。

【例题·判断题】出票银行受理银行汇票申请书，收妥款项后签发银行汇票，只需要将银行汇票交给申请人，不用交付解讫通知。（　　）

【答案】错误。

【解析】出票银行受理银行汇票申请书，收妥款项后签发银行汇票，并将银行汇票和解讫通知一并交给申请人。

（三）填写实际结算金额（★★★）

1.收款人根据实际需要的款项办理结算，将实际结算金额和多余金额准确、清晰地填入银行汇票和解讫通知的有关栏内。

2.银行汇票的实际结算金额低于出票金额的，其多余金额由出票银行退交申请人。

3.未填明实际结算金额和多余金额或实际结算金额超过出票金额的，银行不予受理。

4.银行汇票的实际结算金额一经填写不得更改，更改实际结算金额的银行汇票无效。

【例题·判断题】（2014）未填明实际结算金额和多余金额或者实际结算金额超过出票金额的银行汇票，银行不予受理。（　　）

【答案】正确。

（四）银行汇票背书（★★★）

银行汇票（限于转账银行汇票）的背书转让以不超过出票金额的实际结算金额为准，未填写实际结算金额或实际结算金额超过出票金额的银行汇票不得背书转让。

（五）银行汇票提示付款（★★）

1.银行汇票限于见票即付，提示付款期限自出票日起1个月；持票人超过付款期限提示付款的，代理付款人不予受理；持票人超过期限向代理付款银行提示付款不获付款的，须在票据权利时效内向出票银行作出说明，并提供本人身份证件或单位证明，持银行汇票和解讫通知向出票银行请求付款。

【例题·单选题】（2016）下列关于银行汇票使用的表述中，正确的是（　　）。

A.银行汇票不能用于个人款项结算

B.银行汇票不能支取现金

C.银行汇票的提示付款期限为自出票日起1个月

D.银行汇票必须按出票金额付款

【答案】C

【解析】（1）选项A：单位和个人各种款项结算，均可使用银行汇票；（2）选项B：银行汇票可以用于转账，填明“现金”字样的银行汇票也可以用于支取现金；（3）选项D：银行汇票按不超过出票金额的实际结算金额办理结算。

2.持票人向银行提示付款时，须同时提交银行汇票和解讫通知，缺少任何一联，银行不予受理。

（六）银行汇票退款和丧失（★★）

1.申请人因银行汇票超过付款提示期限或其他原因要求退款时，应将银行汇票和解讫通知同时提交到出票银行。申请人是单位的，出具单位证明；申请人是个人的，出具本人的身份证件。

2.要求退款的，转账银行汇票，只能转入原申请人账户；现金银行汇票，才能退付现金。

3.申请人缺少解讫通知要求退款的，出票银行应于银行汇票提示付款期满1个月后办理。

4.银行汇票丧失，失票人可以凭人民法院出具的其享有票据权利的证明（如除权判决书），向出票银行请求付款或退款。

★【专家一对一】

**银行汇票的退款由出票银行处理，代理付款行不负责。**

【例题·判断题】（2014）申请人缺少解讫通知要求退款的，出票银行应于银行汇票提示付款期满1个月后办理。（　　）

【答案】正确。

## 六、商业汇票

（一）商业汇票的概念、种类和适用范围（★★★）

1.商业汇票是出票人签发的，委托付款人在指定日期无条件支付确定的金额给收款人或者持票人的票据。商业汇票按照承兑人的不同分为商业承兑汇票和银行承兑汇票。商业承兑汇票由银行以外的付款人承兑；银行承兑汇票由银行承兑。

2.电子商业汇票是出票人依托电子商业汇票系统，以数据电文形式制作的，委托付款人在指定日期无条件支付确定的金额给收款人或者持票人的票据。电子商业汇票也分为电子银行承兑汇票和电子商业承兑汇票：电子银行承兑汇票由银行业金融机构、财务公司承兑；电子商业承兑汇票由金融机构以外的法人或其他组织承兑。

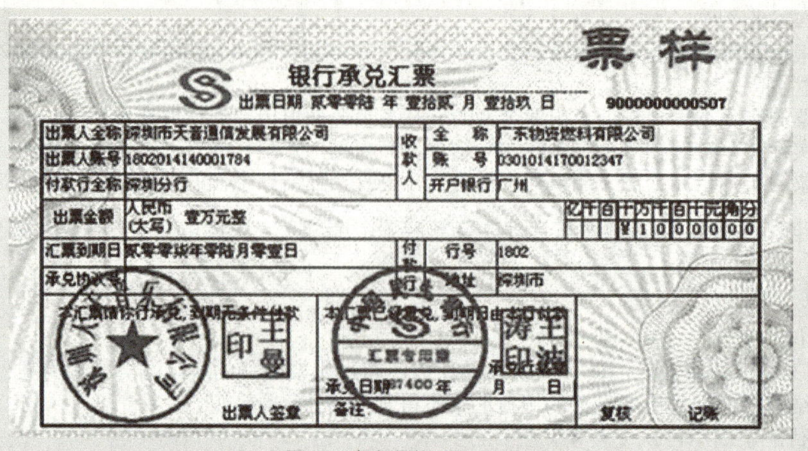

票样

银行承兑汇票

出票日期 贰零零陆 年 壹拾贰 月 壹拾玖 日　　9000000000507

| 出票人全称 | 深圳市天音通信发展有限公司 | 收款人 | 全　称 | 广东物资燃料有限公司 |
|---|---|---|---|---|
| 出票人账号 | 1802014140001784 | | 账　号 | 0301014170012347 |
| 付款行全称 | 深圳分行 | | 开户银行 | 广州 |
| 出票金额 | 人民币（大写）壹万元整 | | | ¥1000000 |
| 汇票到期日 | 贰零零柒年零陆月零壹日 | 付款行 | 行号 | 1802 |
| 承兑协议号 | | | 地址 | 深圳市 |

出票人签章　备注　复核　记账

图3–9　银行承兑汇票

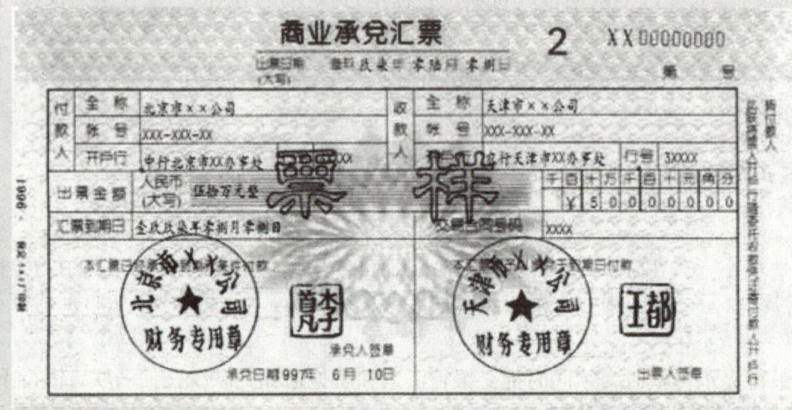

商业承兑汇票　2　XX 00000000

| 付款人 | 全　称 | 北京市××公司 | 收款人 | 全　称 | 天津市××公司 |
|---|---|---|---|---|---|
| | 账　号 | XXX–XXX–XX | | 账　号 | XXX–XXX–XX |
| | 开户行 | 中行北京市XX办事处 | | 开户行 | 中行天津市XX办事处　行号 3XXXX |
| 出票金额 | 人民币（大写）伍拾万元整 | | | | ¥5000000 |

承兑人签章　承兑日期97年 6月 10日　出票人签章

图3–10　商业承兑汇票

★【专家一对一】

商业汇票的付款人为承兑人。

3.在银行开立存款账户的法人以及其他组织之间，才能使用商业汇票。

★【专家一对一】

只有单位才能使用商业汇票，个人不能使用商业汇票。

【例题·多选题】甲签发一张汇票给乙，该汇票由丙银行进行承兑。则下列有关票据当事人的表述中，正确的有（　　）。

A.甲是出票人　　B.乙是收款人　　C.甲是承兑申请人　　D.丙银行是付款人

【答案】ABCD

（二）商业汇票的出票（★★★）

1.出票人的资格条件。

（1）商业承兑汇票的出票人，为在银行开立存款账户的法人及其他组织，并与付款人具有真实的委托付款关系、具有支付汇票金额的可靠资金来源。

（2）银行承兑汇票的出票人，为在承兑银行开立存款账户的法人及其他组织，并与承兑银行具有真实的委托付款关系、资信状况良好，具有支付汇票金额的可靠资金来源。

（3）出票人办理电子商业汇票业务，还应同时具备签约开办对公业务的企业网银等电子服务渠道、与银行签订《电子商业汇票业务服务协议》。

（4）单张出票金额在100万元以上的商业汇票原则上应全部通过电子商业汇票办理；单张出票金额

在300万元以上的商业汇票应全部通过电子商业汇票办理。

【例题·多选题】出票人办理电子商业汇票业务，应同时具备的条件是（　　）。
A.签约开办对公业务的企业网银等电子服务渠道　　B.与银行签订《电子商业汇票业务服务协议》
C.与付款人具有真实的委托付款关系　　D.有支付汇票金额的资金
【答案】ABC
【解析】选项D错误，商业汇票具有信用功能，只要有可靠资金来源就可以办理商业汇票，不需要办理时有支付汇票金额的资金。

2.出票人的确定。

（1）商业承兑汇票可以由付款人签发并承兑，也可以由收款人签发交付款人承兑。

（2）银行承兑汇票应由在承兑银行开立存款账户的存款人签发。

3.出票的记载事项。

（1）纸质商业汇票必须记载事项。

表明“商业承兑汇票”或“银行承兑汇票”的字样；无条件支付的委托；确定的金额；付款人名称；收款人名称；出票日期；出票人签章。

（2）电子商业汇票必须记载事项。

表明“电子商业承兑汇票”或“电子银行承兑汇票”的字样；无条件支付的委托；确定的金额；出票人名称；付款人名称；收款人名称；出票日期；票据到期日；出票人签章。

★【专家一对一】

**电子商业汇票比纸质商业汇票多“票据到期日”和“出票人名称”这两项必须记载事项。**

【例题·多选题】（2018）下列关于商业汇票出票的表述中，正确的有（　　）。
A.商业承兑汇票可以由收款人签发　　B.签发银行承兑汇票必须记载付款人名称
C.银行承兑汇票应由承兑银行签发　　D.商业承兑汇票可以由付款人签发
【答案】ABD
【解析】（1）选项AD，商业承兑汇票可以由付款人签发并承兑，也可以由收款人签发交由付款人承兑。（2）选项B，签发商业汇票必须记载下列事项：表明“商业承兑汇票”或“银行承兑汇票”的字样；无条件支付的委托；确定的金额；付款人名称；收款人名称；出票日期；出票人签章。（3）选项C，银行承兑汇票应由在承兑银行开立存款账户的存款人签发。

（3）商业汇票的付款期限记载有形式3种：

①定日付款：在汇票上记载具体的到期日。

②出票后定期付款：到期日自出票日起按月计算，并在汇票上记载。

③见票后定期付款：到期日自承兑或者拒绝承兑日起按月计算，并在汇票上记载。

④纸质商业汇票的付款期限，自出票日起最长不得超过6个月；电子商业汇票的付款期限，自出票日至到期日最长不得超过1年。

★【专家一对一】

**付款期限不同于提示付款期限。记载到期日的汇票，其提示付款期限是自汇票到期日起10日，比如：2018年1月10日，甲公司签发一张纸质汇票，汇票上记载：“见票后叁个月付款”。2018年1月20日，收款人乙公司持汇票向付款人丙银行承兑，2018年1月22日，丙银行承兑该汇票，并在汇票上记载；“贰零壹捌年伍月零壹拾日付款。”自出票日2018年1月10日到汇票到期日2018年5月10日，共4个月，即付款期限是4个月。提示付款期限是指从到期日2018年5月10日开始到2018年5月20日，共10天。**

【例题·多选题】（2018）下列属于商业汇票付款期限记载形式的有（　　）。
A.见票后定期付款　　B.定日付款　　C.出票后定期付款　　D.见票即付
【答案】ABC
【解析】商业汇票的付款期限记载有形式3种：定日付款的商业汇票、出票后定期付款的商业汇票和见票后定期付款。

（三）商业汇票的承兑（★★★）

1.商业汇票可以在出票时向付款人提示承兑后使用，也可以在出票后先使用再向付款人提示承兑。付款人承兑汇票后，应当承担到期付款的责任。

2.银行的信贷部门负责对申请提示承兑的汇票的出票人资格、资信、购销合同和汇票记载内容等进行审核。

3.对资信良好的企业申请电子商业汇票承兑的，金融机构可通过审查合同、发票等材料的影印件，企业电子签名的方式，对其真实交易关系和债权债务关系进行在线审核。

4.对电子商务企业申请电子商业汇票承兑的，金融机构可通过审查电子订单或电子发票的方式，对电票的真实交易关系和债权债务关系进行在线审核。

5.银行承兑汇票的承兑银行，应按票面金额向出票人收取万分之五的手续费。

【例题·判断题】商业汇票必须先承兑后使用。（ ）
【答案】错误。
【解析】商业汇票可以在出票时向付款人提示承兑后使用，也可以在出票后先使用再向付款人提示承兑。

（四）票据信息登记与电子化（★★）

纸质票据贴现前，金融机构办理承兑、质押、保证等业务，应当在票据市场基础设施即上海票据交易所完成相关信息登记工作。纸质商业承兑汇票完成承兑后，承兑人开户行应当根据承兑人委托代其进行承兑信息登记。纸质票据票面信息与登记信息不一致的，以纸质票据票面信息为准。电子商业汇票签发、承兑、质押、保证、贴现等信息应当通过电子商业汇票系统同步传送至票据市场基础设施。

（五）商业汇票的贴现（★★★）

1.贴现的概念。

贴现是指持票人在商业汇票到期之前，为提前获得现金向银行贴付一定利息而发生的票据转让行为。贴现按照交易方式，分为买断式、回购式。贴现属于转让背书。

★【专家一对一】

**贴现是持票人以贴息为代价将票据权利“背书转让”给银行，以提前获得现金。贴现是商业汇票特有的，银行汇票、银行本票、支票等见票即付的票据无须、也不能办理贴现。**

2.贴现的基本规定。

（1）贴现条件。

①票据未到期；

②未记载“不得转让”字样；

③持票人是在银行开立存款账户的企业法人以及其他组织；

④持票人与出票人或者直接前手之间具有真实的商品交易关系；

⑤持票人应提供与其直接前手之间进行商品交易的增值税发票和商品发运单据复印件；

⑥企业申请电子银行承兑汇票贴现的，无须向金融机构提供合同、发票等资料；

⑦电子商业汇票贴现必须记载：贴出人名称；贴入人名称；贴现日期；贴现类型；贴现利率；实付金额；贴出人签章；

⑧电子商业汇票回购式贴现赎回时应作成背书，并记载原贴出人名称、原贴入人名称、赎回日期、赎回利率、赎回金额、原贴入人签章。

★【专家一对一】

**转让票据的是贴出人；受让票据的是贴入人。**

【例题·多选题】（2016）持票人甲公司在P银行办理商业汇票贴现必须具备的条件有（ ）。
A.该汇票未到期
B.甲公司在P银行开立了存款账户
C.甲公司与出票人或者直接前手之间具有真实的商品交易关系
D.该汇票未记载“不得转让”事项
【答案】ABCD

贴现人办理纸质票据贴现时，应当通过票据市场基础设施查询票据承兑信息，并在确认纸质票据必须记载事项与已登记承兑信息一致后，为贴现申请人办理贴现，贴现申请人无需提供合同、发票等资料；信息不存在或者纸质票据必须记载事项与已登记承兑信息不一致的，不得办理贴现。

贴现人可以选择商业银行对纸质票据进行保证增信。保证增信行对纸质票据进行保管并为贴现人的偿付责任进行先行偿付。

纸质票据贴现后，其保管人可以向承兑人发起付款确认。付款确认可以采用实物确认或者影像确认，两者具有同等效力。

（2）贴现利息的计算。

①实付贴现金额按票面金额扣除贴现日至汇票到期日前1日的利息计算。

②承兑人在异地的，贴现的期限以及贴现利息的计算应另加3天的划款日期。

★【专家一对一】

**贴现利息＝票面金额×贴现率×贴现期/360**

**贴现期：贴现日至汇票到期前1日。**

【例题·单选题】（2013）10月4日，王某在与甲公司的交易中获得一张到期日为10月31日的商业承兑汇票（承兑人乙公司在异地）。10月10日，王某持该汇票到丙银行申请贴现。根据支付结算法律制度的规定，下列有关贴现利息的计算中，正确的是（　　）。

A.票面金额×年利率×（贴现日至到期日前1日的天数）＝贴现利息

B.票面金额×日利率×（贴现日至到期日前1日的天数）＝贴现利息

C.票面金额×日利率×（贴现日至到期日前1日的天数＋3）＝贴现利息

D.票面金额×年利率×（贴现日至到期日前1日的天数＋3）＝贴现利息

【答案】C

（3）贴现的收款。

①票据到期，贴现银行（作为票据的持票人）应向付款人（承兑人）提示付款；不获付款的，贴现银行应向其前手追索票款。

★【专家一对一】

**票据到期，贴现银行作为票据的持票人应向承兑人提示付款。**

②贴现银行追索票款时可从贴现申请人的存款账户直接收取票款。

③办理电子商业汇票贴现及提示付款业务，可选择票款对付方式、同城票据交换、通存通兑、汇兑等方式清算票据资金。

④电子商业汇票当事人在办理回购式贴现业务时应明确赎回开放日、赎回截止日。

（六）票据交易（★★）

票据交易包括转贴现、质押式回购和买断式回购等。

票据贴现、转贴现的计息期限，从贴现、转贴现之日起至票据到期日止，到期日遇法定节假日的顺延至下一工作日。

【例题·多选题】下列各项中，属于票据交易的有（　　）。

A.转贴现　　B.质押式回购　　C.买断式回购　　D.承兑

【答案】ABC

(七)商业汇票的到期处理（★★★）

1.票据到期后偿付顺序。

(1)票据未经承兑人付款确认和保证增信即交易的，若承兑人未付款，应当由贴现人先行偿付。该票据在交易后又经承兑人付款确认的，应当由承兑人付款;若承兑人未付款，应当由贴现人先行偿付。

(2)票据经承兑人付款确认且未保证增信即交易的，应当由承兑人付款；若承兑人未付款，应当由贴现人先行偿付。

(3)票据保证增信后即交易且未经承兑人付款确认的，若承兑人未付款，应当由保证增信行先行偿付；保证增信行未偿付的，应当由贴现人先行偿付。

(4)票据保证增信后且经承兑人付款确认的，应当由承兑人付款；若承兑人未付款，应当由保证增信行先行楼付；保证增信行未偿付的，应当由贴现人先行偿付。

【例题·多选题】票据未经承兑人付款确认和保证增信即交易的，若承兑人未付款，应当由贴现人先行偿付。（　　）
【答案】正确。

2.提示付款。

(1)远期商业汇票的提示付款期限，自汇票到期日起10日；见票即付的商业汇票，其提示付款期限为出票日起10日。持票人应在提示付款期内向付款人提示付款。

★【专家一对一】

**远期商业汇票是指定日付款、出票后定期付款、见票后定期付款的商业汇票。**

【例题·多选题】定日付款、出票后定期付款、见票后定期付款的商业汇票，提示付款期限，自汇票出票日起10日。（　　）
【答案】错误。
【解析】定日付款、出票后定期付款、见票后定期付款的商业汇票，提示付款期限，自汇票到期日起10日。

(2)持票人在提示付款期内通过票据市场基础设施提示付款的，承兑人应当在提示付款当日进行应答或者委托其开户行进行应答。承兑人存在合法抗辩事由拒绝付款的，应当在提示付款当日出具或者委托其开户行出具拒绝付款证明，并通过票据市场基础设施通知持票人。承兑人或者承兑人开户行在提示付款当日未作出应答的，视为拒绝付款，票据市场基础设施提供拒绝付款证明并通知持票人。

(3)商业承兑汇票承兑人在提示付款当日同意付款的，承兑人账户余额足够支付票款的，承兑人开户行应当代承兑人作出同意付款应答，并于提示付款日向持票人付款。承兑人账户余额不足以支付票款的，视同承兑人拒绝付款。承兑人开户行应当于提示付款日代承兑人作出拒付应答并说明理由，同时通过票据市场基础设施通知持票人。

银行承兑汇票的承兑人已于到期前进行付款确认的，票据市场基础设施应当根据承兑人的委托于提示付款日代承兑人发送指令划付资金至持票人资金账户。

【例题·多选题】商业承兑汇票承兑人在提示付款当日，其账户余额不足以支付票款的，则视同承兑人拒绝付款。（　　）
【答案】正确。

(4)纸质商业汇票的持票人在提示付款期内通过开户银行委托收款或直接向付款人提示付款的，对异地委托收款的，持票人可匡算邮程，提前通过开户银行委托收款。超过提示付款期限提示付款的，持票人开户银行不予受理，但在作出说明后，承兑人或者付款人仍应承担付款责任。

(5)商业承兑汇票的付款人开户银行收到通过委托收款寄来的汇票，应通知付款人。付款人收到开户银行的付款通知，应在当日通知银行付款。付款人在接到通知日的次日起3日内(遇法定休假日顺延，下同)未通知银行付款的，视同付款人承诺付款。付款人提前收到由其承兑的商业汇票，应通知银行于汇票到期日付款。银行应于汇票到期日将票款划给持票人。

付款人存在合法抗辩事由拒绝付款的，应自接到通知的次日起3日内，作成拒绝付款证明送交开户银行，银行将拒绝付款证明和商业承兑汇票邮寄持票人开户银行转交持票人。

(6)纸质银行承兑汇票的承兑银行应于汇票到期日或到期日后的见票当日支付票款。承兑银行存在合法抗辩事由拒绝支付的，应自接到商业汇票的次日起3日内作出拒绝付款证明，连同银行承兑汇票邮寄持票人开户银行转交持票人。

(7)银行承兑汇票的出票人应于汇票到期前将票款足额交存其开户银行，到期日未能足额交存的，承兑银行付款后，对出票人尚未支付的汇票金额按照每天万分之五计收利息。

(8)保证增信行或者贴现人承担偿付责任时，应当委托票据市场基础设施代其发送指令划付资金至持票人资金账户。

【例题·多选题】（2017）2016年12月13日，乙公司持一张汇票向承兑银行P银行提示付款，该汇票出票人为甲公司，金额为100万元，到期日为2016年12月12日。经核实，甲公司当日在P银行的存款账户余额为10万元。关于P银行对该汇票处理措施的下列表述中，符合法律规定的是（）。

A.P银行待甲公司票款足额到账后向乙公司付款100万元

B.P银行当日向乙公司付款100万元

C.P银行向乙公司出具拒绝付款证明，不予付款

D.P银行当日向乙公司付款10万元

【答案】B
【解析】银行承兑汇票的出票人于汇票到期日未能足额交存票款时，承兑银行仍应向持票人无条件付款，但对出票人尚未支付的汇票金额按照每天0.5‰计收利息。

## 七、银行本票

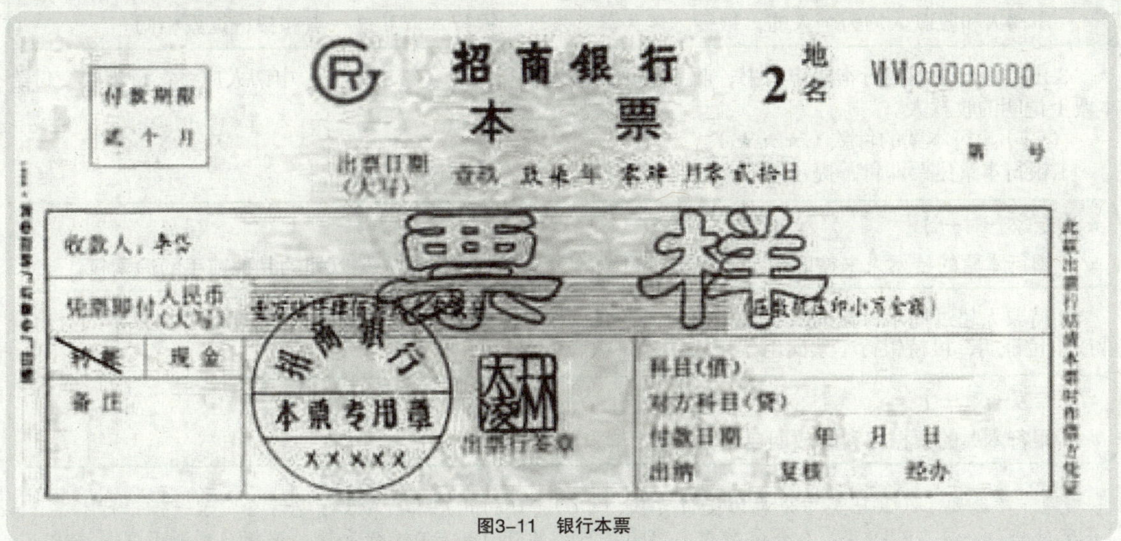


图3–11　银行本票

（一）银行本票的概念和适用范围（★）

1.概念。

银行本票是出票人（银行）签发的，承诺自己在见票时无条件支付确定的金额给收款人或持票人的票据。在我国，本票限于银行本票，即银行出票，银行付款。

★【专家一对一】

银行本票的基本当事人只有出票人和收款人。银行本票由银行出票、银行自己付款，向银行申请签发银行本票的当事人是本票申请人，而非出票人，出票人是银行。

2.适用范围。

（1）银行本票可以用于转账，注明“现金”字样的银行本票可以用于支取现金。

★【专家一对一】

记载“转账”字样的银行本票的收款人可以将银行本票背书转让给被背书人。记载“现金”字样的银行本票不得背书转让。

（2）单位和个人在同一票据交换区域需要支付的各种款项，均可以使用银行本票。

【例题·单选题】（2015、2017）关于银行本票使用的下列表述中，不正确的是（　　）。

A.银行本票的出票人在持票人提示见票时，必须承担付款的责任

B.注明“现金”字样的银行本票可以用于支取现金

C.银行本票只限于单位使用，个人不得使用

D.收款人可以将转账银行本票背书转让给被背书人

【答案】C

【解析】选项C：“单位和个人”在同一票据交换区域需要支付的各种款项，均可以使用银行本票。

（二）银行本票的出票（★★）

1.必须记载事项。

表明“银行本票”的字样、无条件支付的承诺、确定的金额、收款人名称、出票日期、出票人签章。

★【专家一对一】

本票的必须记载事项为6项，无“付款人名称”。

2.申请人或收款人为单位的，银行不得为其签发现金银行本票。

★【专家一对一】

申请人和收款人均为个人的，银行才能为其签发现金银行本票。这一点和银行汇票相同。

3.出票银行受理银行本票申请书，收妥款项，签发银行本票交给申请人；申请人应将银行本票交付给本票上记明的收款人。

（三）银行本票的付款（★★★）

1.银行本票见票即付，提示期限付款自出票日起最长不得超过2个月。

★【专家一对一】

银行本票的持票人未按照规定期限提示付款的，丧失对“出票人”以外的其他前手的追索权。

2.持票人超过提示付款期限不获付款的，在票据权利时效内向出票银行作出说明，并提供本人身份证件或单位证明，可持银行本票向出票银行请求付款。

★【专家一对一】

银行本票的票据权利时效期自出票日起2年。

【例题·单选题】（2015）甲公司为支付货款，于6月7日向开户银行A银行申请签发了一张银行本票，并交付给乙公司，8月9日，乙公司持该本票委托自己的开户银行B银行收款，被拒绝，则下列说法中正确的是（　　）。

A.乙公司可以向甲公司追索

B.乙公司可以向B银行追索

C.乙公司可以向A银行追索

D.乙公司未在规定期限内提示付款，票据权利消灭

【答案】C

【解析】银行本票见票即付，提示期限付款自出票日起最长不得超过2个月。银行本票的持票人未按照规定期限提示付款的，将丧失对“出票人”以外的前手的追索权。

（四）银行本票的退款和丧失（★）

1.申请人因银行本票超过提示付款期限或其他原因要求退款时，应将银行本票提交出票银行。申请人为单位的，应出具该单位的证明；申请人为个人的，应出具该本人的身份证件。

2.出票银行对于在本行开立存款账户的申请人，只能将款项转入原申请人账户；对于现金银行本票和未在本行开立存款账户的申请人，才能退付现金。

3.银行本票丧失，失票人可以凭人民法院出具的其享有票据权利的证明，向出票银行请求付款或退款。

【例题·判断题】（2015、2017）甲公司向开户银行P银行申请签发的本票超过提示付款期限后，甲公司申请退款，P银行只能将款项转入甲公司的账户，不能退付现金。（　　）

【答案】正确。

【解析】（1）由于申请人是单位，该本票只能是转账银行本票；（2）申请人因银行本票超过提示付款期限或者其他原因要求退款的，对于在本行开立存款账户的申请人，出票银行只能将款项转入原申请人账户；对于现金银行本票和未在本行开立存款账户的申请人，才能退付现金。

## 八、支票

（一）支票的概念、种类及适用范围（★★）

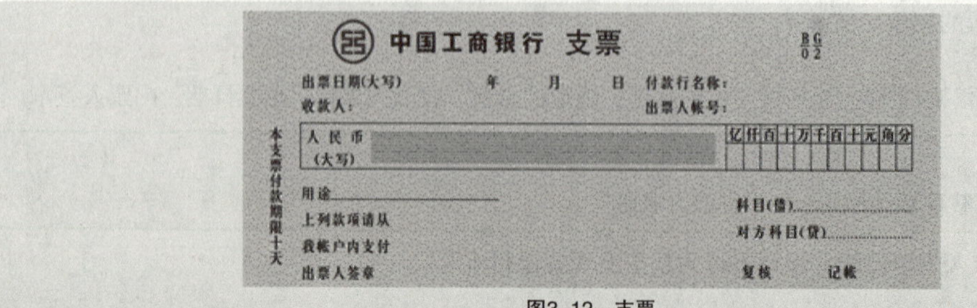

中国工商银行　支票　BG 02

出票日期(大写)　年　月　日　付款行名称:

收款人:　出票人帐号:

人民币(大写)　亿 仟 百 十 万 千 百 十 元 角 分

本支票付款期限十天

用途

上列款项请从我帐户内支付

出票人签章

科目(借)

对方科目(贷)

复核　记帐

图3–12　支票

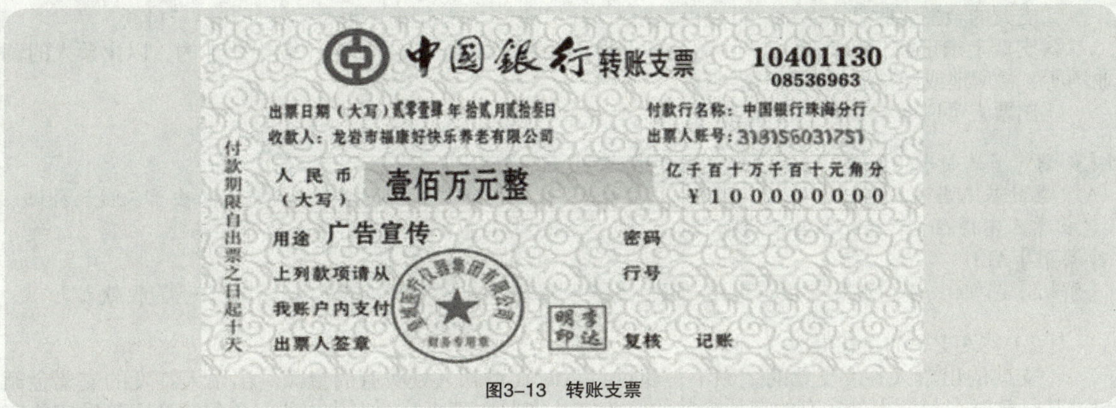
中国银行 转账支票　10401130
08536963

出票日期（大写）贰零壹肆年拾贰月贰拾叁日　付款行名称：中国银行珠海分行
收款人：龙岩市福康好快乐养老有限公司　出票人账号：31815603175 1

付款期限自出票之日起十天

人民币（大写）壹佰万元整　亿千百十万千百十元角分 ¥100000000
用途 广告宣传　密码
上列款项请从　行号
我账户内支付
出票人签章　复核　记账

图3-13　转账支票

1.概念。

支票是出票人签发的、委托办理支票存款业务的银行在见票时无条件支付确定的金额给收款人或者持票人的票据。支票的基本当事人包括出票人、付款人（出票人的开户银行）和收款人。

2.种类。

（1）现金支票：现金支票是支票上标明现金字样的支票，现金支票只能用于支取现金。

（2）转账支票：转账支票是支票上标明了转账字样的支票，转账支票只能用于转账。

（3）普通支票：支票上既无现金字样，也无转账字样，属于普通支票。普通支票可以用于支取现金，也可用于转账。在普通支票左上角划两条平行线的，为划线支票，划线支票只能用于转账，不能支取现金。

★【专家一对一】

（1）划线支票不属于独立的支票种类，只是在普通支票上标了个记号而已。（2）注意“用于支取现金的支票”和“现金支票”、“用于转账的支票”和“转账支票”的含义不同。

【例题·多选题】下列各项中，可用于转账的有（　　）。

A.现金支票　B.转账支票　C.普通支票　D.划线支票

【答案】BCD

3.适用范围。

（1）单位和个人的各种款项结算，均可以使用支票。

（2）全国支票影像系统支持全国使用。

★【专家一对一】

银行汇票、银行本票、支票均允许个人使用。个人不得使用商业汇票。

【例题·多选题】（2010）下列票据中，允许个人使用的有（　　）。

A.支票　B.银行承兑汇票　C.银行本票　D.银行汇票

【答案】ACD

【解析】选项B：商业汇票（包括商业承兑汇票和银行承兑汇票），个人不能使用。

（二）支票的出票（★★）

1.开立支票存款账户。

开立支票存款账户，申请人必须使用本名，提交证明其身份的合法证件，并应当预留其本名的签名式样和印鉴。

2.出票。

（1）支票的记载事项。

①签发支票必须记载下列事项：表明“支票”的字样、无条件支付的委托、确定的金额、付款人名称、出票日期、出票人签章。

★【专家一对一】

支票的必须记载事项有6项，无“收款人名称”。

②支票的金额、收款人名称，可以由出票人授权补记，未补记前不得背书转让和提示付款。

③支票上未记载付款地的，以付款人的营业场所为付款地。支票上未记载出票地的，以出票人的营业场所、住所地或经常居住地为出票地。

④出票人可以在支票上记载自己为收款人。

【例题·多选题】（2011）下列关于支票的表述中，正确的有（　　）。

A.支票的基本当事人包括出票人、付款人、收款人 B.支票的金额和收款人名称可以由出票人授权补记

C.出票人不得在支票上记载自己为收款人 D.支票的付款人是出票人的开户银行

【答案】ABD

【解析】选项C：单位签发支票向其开户银行支取现金时，出票人可以在支票上记载自己为收款人。

（2）签发支票的注意事项。

①支票的出票人签发支票的金额不得超过付款时在付款人处实有的金额。出票人签发的支票金额超过其付款时在付款人处实有的存款金额的，为空头支票。禁止签发空头支票。单位或个人签发空头支票，不以骗取财物为目的的，由中国人民银行处以票面金额5%但不低于1000元的罚款；持票人有权要求出票人赔偿支票金额2%的赔偿金。

【例题·单选题】（2013）签发票面金额1.6万元的空头支票应由中国人民银行处以罚款（　　）元。

A.200 B.800 C.1 000 D.2 000

【答案】C

【解析】票面金额为16 000元，16 000×5%=800元，低于1 000元，罚款1 000元。

②支票上的出票人签章，出票人为单位的，其在支票上的签章为与该单位在银行预留签章一致的财务专用章或者公章，加其法定代表人或者其授权的代理人的签名或者盖章。

★【专家一对一】

**单位在支票上的签章是两个章"公"+"私"。"公"可以财务专用章或者公章，不能是合同专用章。如果出票人的签章不符合规定，该支票无效。**

③出票人为个人的，为与该个人在银行预留签章一致的签名或者盖章。

④支票的出票人预留银行的签章是银行审核支票付款的依据。出票人不得签发与其预留银行签章不符的支票。

（三）支票付款（★★★）

1.支票的提示付款期限自出票日起10日，持票人可以委托开户银行收款或者直接向付款人提示付款。

★【专家一对一】

**支票的持票人超过提示付款期限提示付款的，付款人不予受理；持票人丧失对前手的追索权，但出票人仍应当对持票人承担付款责任。支票的票据权利时效期自出票日起6个月。**

2.用于支取现金的支票仅限于收款人向付款人提示付款，不能背书转让。

3.出票人在付款人处的存款足以支付支票金额时，付款人应当在见票当日足额付款。

【例题·多选题】（2015）2014年2月18日，甲公司签发一张转账支票交付乙公司，乙公司于2月20日将该支票背书转让给丙公司，丙公司于3月3日向甲公司开户银行P银行提示付款，P银行拒绝付款，关于丙公司行使票据权利的下列表述中，正确的有（　　）。

A.丙公司有权向乙公司行使追索权 B.丙公司有权向P银行行使追索权

C.P银行有权拒绝付款 D.丙公司有权向甲公司行使追索权。

【答案】CD

【解析】支票的提示付款期限自出票日起10日，支票的持票人超过提示付款期限提示付款的，付款人不予付款；但出票人仍应当对持票人承担付款责任。丙公司超过提示付款期限提示付款，付款人P银行不予付款；但出票人甲公司仍应当对持票人承担付款责任。

★【专家一点通】

票据归纳表

| 票据种类 | | 商业汇票（纸质） | 银行汇票 | 银行本票 | 支　票 |
|---|---|---|---|---|---|
| 适用主体 | | 单位 | 单位、个人 | 单位、个人 | 单位、个人 |
| 使用地域 | | 同城、异地 | 同城、异地 | 同城 | 同城、异地 |
| 基本当事人 | | 出票人、付款人、收款人 | 出票人、付款人、收款人 | 出票人、收款人 | 出票人、付款人、收款人 |
| 绝对记载事项 | | 7项（3个基本当事人） | 7项（3个基本当事人） | 6项（3个基本当事人，无付款人名称） | 6项（3个基本当事人，无收款人名称） |
| 可否授权补记 | | × | × | × | 出票金额和收款人名称可授权补记 |
| 相对记载事项 | 到期日 | 未记载，视为见票即付 | 见票即付，无须记载 | | |
| | 背书日期 | 未记载，视为到期日前背书 | | | |
| 支付文句 | | 无条件支付的委托 | 无条件支付的承诺 | 无条件支付的承诺 | 无条件支付的委托 |
| 可否支取现金 | | × | 用于支取现金的票据可支取现金 | | |
| 可否挂失止付 | | 经承兑的：√<br>未承兑的：× | 记明“现金”字样及代理付款人的：√ | 填明“现金”字样√ | √ |
| 可否背书转让 | | √ | 用于支取现金的票据可背书转让<br>用于支取现金的票据不得背书转让 | | |
| 是否需要承兑 | | （1）记载有到日期日的：√<br>（2）见票即付的：× | 见票即付，无须承兑 | | |
| 提示付款 | 提示付款期限 | 记载到期日：10日/未记载到期日：1个月 | 1个月 | 2个月 | 10日 |
| | 期限的起点 | 出票日/到期日 | 出票日 | 出票日 | 出票日 |
| | 超过期限的后果 | | 持票人在作出说明，并提供有关证明后，出票银行仍应当付款 | 持票人在作出说明，并提供有关证明后，出票银行仍应当付款 | 付款人不予受理，持票人可向出票人追索 |
| 账户不足支付的处理 | | （1）银行承兑汇票：承兑人无条件付款，对出票人尚未支付的金额按日计收利息。<br>（2）商业承兑汇票：视同承兑人拒绝付款 | 不存在不足支付的情况 | | 付款人不予受理 |

★【专家一点通】

票据有关期限

<table>
<tr><th colspan="2" rowspan="3"></th><th rowspan="3">提示<br>承兑期限</th><th rowspan="3">提示<br>付款期限</th><th colspan="3">票据权利时效</th></tr>
<tr><th rowspan="2">对出票人、承兑人的票据权利消灭时效</th><th colspan="2">对其他前手追索权</th></tr>
<tr><th>首次追索</th><th>再追索</th></tr>
<tr><td rowspan="3">商业汇票</td><td>定日付款、出票后定期付款</td><td>到期日前</td><td>到期日起10日</td><td>到期日2年</td><td rowspan="6">被拒绝承兑或者拒绝付款之日起6个月内</td><td rowspan="6">清偿日起或者被提起诉讼之日起3个月内</td></tr>
<tr><td>见票后定期付款</td><td>出票日起1个月内</td><td>到期日起10日</td><td>到期日2年</td></tr>
<tr><td>见票即付</td><td>无须承兑</td><td>出票日起1个月</td><td>出票日起2年</td></tr>
<tr><td colspan="2">银行汇票</td><td>无须承兑</td><td>出票日起1个月</td><td>出票日起2年</td></tr>
<tr><td colspan="2">银行本票</td><td>无须承兑</td><td>出票日起2个月</td><td>出票日起2年</td></tr>
<tr><td colspan="2">支票</td><td>无须承兑</td><td>出票日起10日</td><td>出票日起6个月</td></tr>
</table>

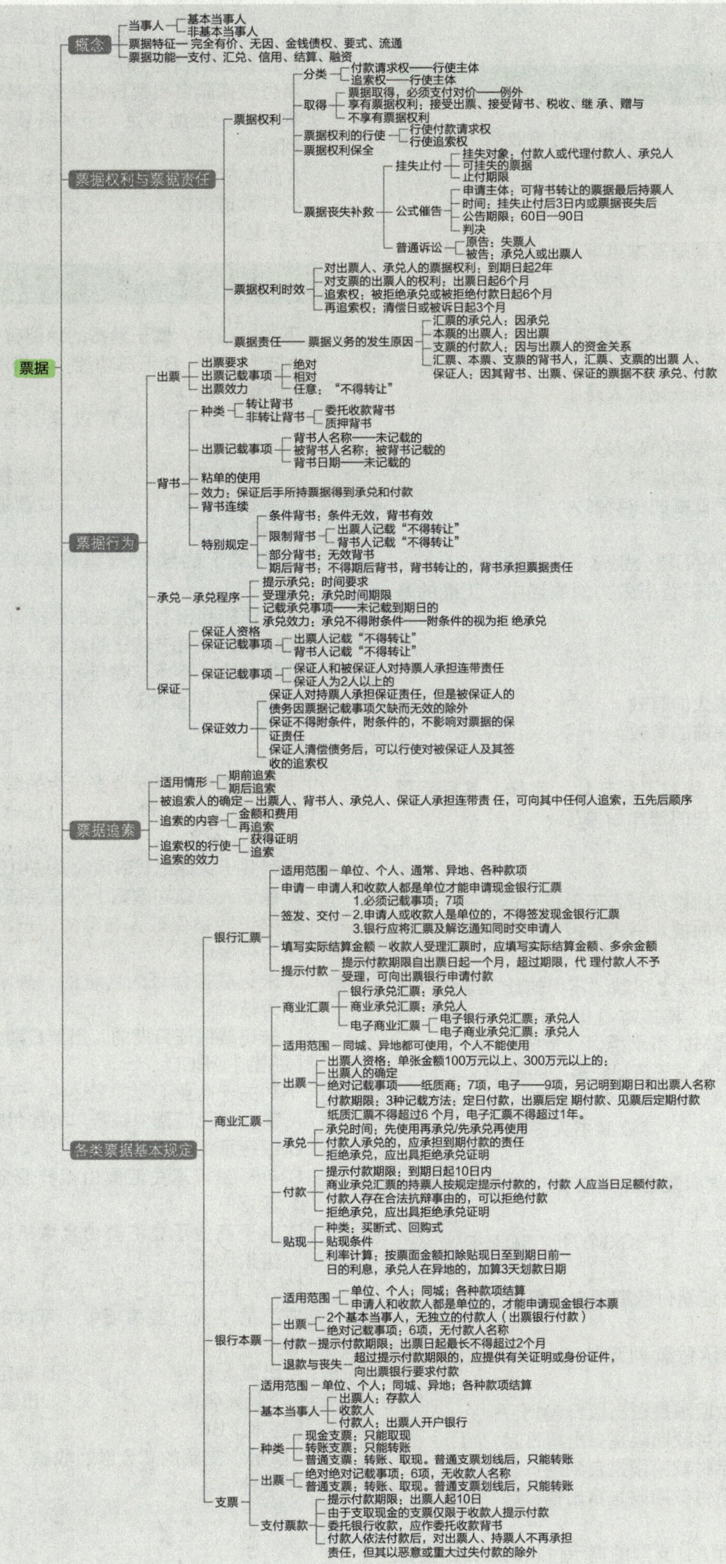

- 票据
  - 概念
    - 当事人
      - 基本当事人
      - 非基本当事人
    - 票据特征—完全有价、无因、金钱债权、要式、流通
    - 票据功能—支付、汇兑、信用、结算、融资
  - 票据权利与票据责任
    - 票据权利
      - 分类
        - 付款请求权——行使主体
        - 追索权——行使主体
      - 取得
        - 票据取得，必须支付对价——例外
        - 享有票据权利：接受出票、接受背书、税收、继承、赠与
        - 不享有票据权利
      - 票据权利的行使
        - 行使付款请求权
        - 行使追索权
      - 票据权利保全
      - 票据丧失补救
        - 挂失止付
          - 挂失对象：付款人或代理付款人、承兑人
          - 可挂失的票据
          - 止付期限
        - 公式催告
          - 申请主体：可背书转让的票据最后持票人
          - 时间：挂失止付后3日内或票据丧失后
          - 公告期限：60日—90日
          - 判决
        - 普通诉讼
          - 原告：失票人
          - 被告：承兑人或出票人
    - 票据权利时效
      - 对出票人、承兑人的票据权利：到期日起2年
      - 对支票的出票人的权利：出票日起6个月
      - 追索权：被拒绝承兑或被拒绝付款日起6个月
      - 再追索权：清偿日或被诉日起3个月
    - 票据责任——票据义务的发生原因
      - 汇票的承兑人：因承兑
      - 本票的出票人：因出票
      - 支票的付款人：因与出票人的资金关系
      - 汇票、本票、支票的背书人，汇票、支票的出票人、保证人：因其背书、出票、保证的票据不获承兑、付款
  - 票据行为
    - 出票
      - 出票要求
      - 出票记载事项
        - 绝对
        - 相对
        - 任意："不得转让"
      - 出票效力
    - 背书
      - 种类
        - 转让背书
        - 非转让背书
          - 委托收款背书
          - 质押背书
      - 出票记载事项
        - 背书人名称——未记载的
        - 被背书人名称：被背书记载的
        - 背书日期——未记载的
      - 粘单的使用
      - 效力：保证后手所持票据得到承兑和付款
      - 背书连续
      - 特别规定
        - 条件背书：条件无效，背书有效
        - 限制背书
          - 出票人记载"不得转让"
          - 背书人记载"不得转让"
        - 部分背书：无效背书
        - 期后背书：不得期后背书，背书转让的，背书承担票据责任
    - 承兑—承兑程序
      - 提示承兑：时间要求
      - 受理承兑：承兑时间期限
      - 记载承兑事项——未记载到期日的
      - 承兑效力：承兑不得附条件——附条件的视为拒绝承兑
    - 保证
      - 保证人资格
      - 保证记载事项
        - 出票人记载"不得转让"
        - 背书人记载"不得转让"
      - 保证记载事项
        - 保证人和被保证人对持票人承担连带责任
        - 保证人为2人以上的
      - 保证效力
        - 保证人对持票人承担保证责任，但是被保证人的债务因票据记载事项欠缺而无效的除外
        - 保证不得附条件，附条件的，不影响对票据的保证责任
        - 保证人清偿债务后，可以行使对被保证人及其签收的追索权
  - 票据追索
    - 适用情形
      - 期前追索
      - 期后追索
    - 被追索人的确定—出票人、背书人、承兑人、保证人承担连带责任，可向其中任何人追索，五先后顺序
    - 追索的内容
      - 金额和费用
      - 再追索
    - 追索权的行使
      - 获得证明
      - 追索
    - 追索的效力
  - 各类票据基本规定
    - 银行汇票
      - 适用范围—单位、个人、通常、异地、各种款项
      - 申请—申请人和收款人都是单位才能申请现金银行汇票
      - 签发、交付
        - 1.必须记载事项：7项
        - 2.申请人或收款人是单位的，不得签发现金银行汇票
        - 3.银行应将汇票及解讫通知同时交申请人
      - 填写实际结算金额—收款人受理汇票时，应填写实际结算金额、多余金额
      - 提示付款—提示付款期限自出票日起一个月，超过期限，代理付款人不予受理，可向出票银行申请付款
    - 商业汇票
      - 商业汇票
        - 银行承兑汇票：承兑人
        - 商业承兑汇票：承兑人
        - 电子商业汇票
          - 电子银行承兑汇票：承兑人
          - 电子商业承兑汇票：承兑人
      - 适用范围—同城、异地都可使用，个人不能使用
      - 出票
        - 出票人资格：单张金额100万元以上、300万元以上的：
        - 出票人的确定
        - 绝对记载事项——纸质商：7项，电子——9项，另记明到期日和出票人名称
        - 付款期限：3种记载方法：定日付款，出票后定期付款、见票后定期付款 纸质汇票不得超过6个月，电子汇票不得超过1年。
      - 承兑
        - 承兑时间：先使用再承兑/先承兑再使用
        - 付款人承兑的，应承担到期付款的责任
        - 拒绝承兑，应出具拒绝承兑证明
      - 付款
        - 提示付款期限：到期日起10日内
        - 商业承兑汇票的持票人按规定提示付款的，付款人应当日足额付款，付款人存在合法抗辩事由的，可以拒绝付款
        - 拒绝承兑，应出具拒绝承兑证明
      - 贴现
        - 种类：买断式、回购式
        - 贴现条件
        - 利率计算：按票面金额扣除贴现日至到期日前一日的利息，承兑人在异地的，加算3天划款日期
    - 银行本票
      - 适用范围
        - 单位、个人；同城；各种款项结算
        - 申请人和收款人都是单位的，才能申请现金银行本票
      - 出票
        - 2个基本当事人，无独立的付款人（出票银行付款）
        - 绝对记载事项：6项，无付款人名称
      - 付款—提示付款期限：出票日起最长不得超过2个月
      - 退款与丧失—超过提示付款期限的，应提供有关证明或身份证件，向出票银行要求付款
    - 支票
      - 适用范围—单位、个人；同城、异地；各种款项结算
      - 基本当事人
        - 出票人：存款人
        - 收款人
        - 付款人：出票人开户银行
      - 种类
        - 现金支票：只能取现
        - 转账支票：只能转账
        - 普通支票：转账、取现。普通支票划线后，只能转账
      - 出票
        - 绝对绝对记载事项：6项，无收款人名称
        - 普通支票：转账、取现。普通支票划线后，只能转账
      - 支付票款
        - 提示付款期限：出票人起10日
        - 由于支取现金的支票仅限于收款人提示付款
        - 委托银行收款，应作委托收款背书
        - 付款人依法付款后，对出票人、持票人不再承担责任，但其以恶意或重大过失付款的除外

# 节节测

## 一、单项选择题

1. 依法定方式签发票据并将票据交付给收款人的人是（　　）。
A.收款人　B.付款人　C.出票人　D.背书人
【答案】C
2. 下列各项中，属于票据基本当事人的是（　　）
A.承兑人　B.保证人　C.背书人　D.出票人
【答案】D
3. 票据凭证不能满足背书人记载事项的需要，可以加附粘单；粘单上的第一记载人，应当在票据和粘单的粘接处签章。该第一记载人是（　　）。
A.承兑人
B.票据上最后一手背书的背书人
C.粘单上第一手背书的背书人
D.粘单上的第一手背书的被背书人
【答案】C
4. 甲将一张100万元的汇票分别背书转让给乙70万元、丙30万元，下列有关背书效力的表述中，正确的是（　　）。
A.背书无效
B.背书有效
C.乙和丙中数额较大的有效
D.乙和丙中签章在前的有效
【答案】A
5. 背书人在汇票上记载“不得转让”字样，其后手再背书转让的，将产生的法律后果是（　　）。
A.该汇票无效
B.该背书转让无效
C.原背书人对后手的被背书人不承担保证责任
D.原背书人对后手的被背书人承担保证责任
【答案】C
【解析】背书人在汇票上记载“不得转让”字样，其后手再背书转让的，票据本身仍然有效，只是原背书人对后手的被背书人不承担保证责任。
6. 下列各项中，属于背书任意记载事项的是（　　）。
A.不得转让　B.背书日期
C.被背书人名称　D.背书人签章
【答案】A
7. 电子承兑汇票付款期限自出票日至到期日不得超过一定期限，该期限为（　　）。
A.6 个月　B.1年　C.3个月　D.2年
【答案】B
【解析】电子承兑汇票付款期限自出票日至到期日不超过 1 年。
8. 下列关于票据提示付款期限的表述中，正确的是（　　）。
A.支票的提示付款期限是自出票日起1个月
B.银行汇票的提示付款期限是自出票日起1个月
C.商业汇票的提示付款期限是自到期日起1个月
D.银行本票的提示付款期限是自出票日起1个月
【答案】B
【解析】（1）选项A：支票的提示付款期限自出票日起10日。（2）选项C：商业汇票的提示付款期限，自汇票到期日起10日。（3）选项 D：银行本票的提示付款期限自出票日起最长不得超过2个月。
9. 根据票据法的规定，下列各项中，属于第一顺序权利的是（　　）。
A.付款权　B.清偿权
C.付款请求权　D.票据追索权
【答案】C

## 二、多项选择题

1. 下列各项中，属于票据的功能有（　　）。
A.支付功能　B.汇总功能　C.信用功能　D.结算功能
【答案】ACD
2. 票据的融资功能可以通过下列事项实现的有（　　）。
A.票据贴现　B.票据转贴现
C.票据再贴现　D.票据背书
【答案】ABC
3. 下列属于能够取得票据享有票据权利的情形有（　　）。
A.依法接受出票人签发的票据
B.依法接受背书转让的票据
C.因税收、继承、赠与可以依法无偿取得的票据
D.持票人因重大过失取得不符合《票据法》规定的票据
【答案】ABC
4. 下列各项中，属于票据行为的有（　　）。
A.背书　B.付款　C.承兑　D.出票
【答案】ACD
5. 下列关于保证记载事项的说法中正确的有（　　）。
A.保证人必须在票据上记载保证字样并签章
B.未记载被保证人名称的，已承兑的汇票，承兑人为被保证人
C.未记载被保证人名称的，未承兑的汇票，出票人为被保证人
D.未记载保证日期的，出票日期为保证日期
【答案】ABCD
6. 下列关于商业汇票的表述中，正确的有（　　）。
A.商业承兑汇票由银行以外的付款人承兑
B.银行承兑汇票由银行承兑
C.电子银行承兑汇票由银行业金融机构、财务公司承兑
D.电子商业承兑汇票由金融机构以外的法人或其他组织承兑
【答案】ABCD
7. 支票的下列记载事项中，可以由出票人授权补记的有（　　）。
A.出票人名称　B.确定金额
C收款人名称　D出票日期
【答案】BC
【解析】支票的“金额、收款人名称”，可由出票人授权补记。

## 三、判断题

1. 票据的基本当事人是指在票据作成并交付后，通过一定的票据行为加入票据关系而享有的一定权利、承担一定义务的当事人。（ ）
【答案】错误。
【解析】票据的基本当事人是指票据做成和交付时就业已存在的当事人。
2. 未填明“现金”字样和代理付款人的银行汇票以及未填明“现金”字样的银行本票丧失，可以挂失止付。（ ）
【答案】错误。
【解析】未填明“现金”字样和代理付款人的银行汇票以及未填明“现金”字样的银行本票丧失，不得挂失止付。
3. 背书时，背书人和被背书人都必须在票据上签章，背书才能成立。否则，背书行为无效。（ ）
【答案】错误。
【解析】背书时，背书人在票据上签章，被背书人名称记载在票据上。
4. 承兑是指汇票付款人承诺在汇票到期日支付汇票金额并签章的行为，仅适用于商业汇票。（ ）
【答案】正确。
5. 商业承兑汇票可以由付款人签发并承兑，也可以由收款人签发交由付款人承兑。（ ）
【答案】正确。
6. 单位或者个人签发空头支票，不以骗取财物为目的的，持票人有权要求出票人赔偿支票金额5%但不低于1 000元的赔偿金。（ ）
【答案】错误。
【解析】持票人有权要求出票人赔偿支票金额2%的赔偿金。
7. 票据保证中，保证人为两人以上的，若保证人之间约定了保证份额的，则保证人之间按照约定承担按份责任。（ ）
【答案】错误。
【解析】票据保证中，保证人为两人以上的，保证人之间承担连带责任。
8. 用于支取现金的支票仅限于收款人向付款人提示付款，不能背书转让。（ ）
【答案】正确。
9. 出票人签发票据后，即承担该票据承兑或付款的责任。在票据得不到承兑或者付款时，应当向持票人清偿《票据法》规定的金额和费用。（ ）
【答案】正确。

# 第四节 银行卡

## 一、银行卡的概念和分类

（一）银行卡的概念（★）

银行卡，是指由商业银行（含邮政金融机构）向社会发行的具有消费信用、转账结算、存取现金等全部或部分功能的信用支付工具。

★【专家一对一】
**此处所述功能是从整体上而言的，不同的银行卡实际具备的功能可能不同。**

【例题·判断题】每一张银行卡都具备消费信用、转账结算、存取现金功能。（ ）
【答案】错误。
【解析】不同的银行卡实际具备的功能可能不同，比如借记卡就没有信用功能。

（二）银行卡的分类（★★★）

1.按是否具备透支功能，分为信用卡和借记卡。信用卡可以透支，借记卡不能透支。

（1）信用卡按是否需要向发卡银行交存备用金分为贷记卡、准贷记卡。贷记卡不需要交存备用金，准贷记卡需要交存备用金。

贷记卡有一定的信用额度，持卡人可在信用额度内先消费、后还款。

准贷记卡须先交存一定金额的备用金，当备用金账户余额不足支付时，可在发卡银行规定的信用额度内透支。

（2）借记卡按功能不同，分为转账卡（含储蓄卡）、专用卡、储值卡。

转账卡是实时扣账的借记卡，具有转账结算、存取现金和消费功能；专用卡是具有专门用途、在特定区域使用的借记卡，具有转账结算、存取现金功能；储值卡是发卡银行根据持卡人要求将其资金转至卡内储存，交易时直接从卡内扣款的预付钱包式借记卡。

借记卡的主要功能包括消费、存取款、转账、代收付、外汇买卖、投资理财、网上支付等。

（3）联名（认同）卡，是商业银行与营利性机构/非营利性机构合作发行的银行卡附属产品，其所依附的银行卡品种必须是经批准的品种，并应当遵守相应品种的业务章程或管理办法。

2.银行卡按币种不同分为人民币卡、外币卡。

3.银行卡按发行对象不同分为单位卡（商务卡）、个人卡。

4.银行卡按信息载体不同分为磁条卡、芯片（IC）卡。

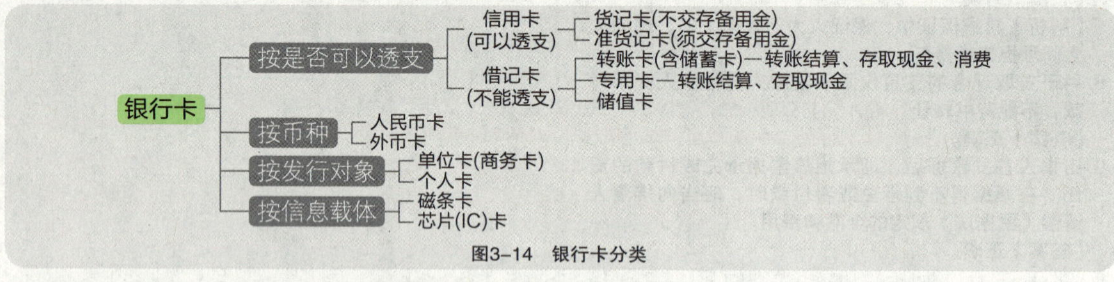


图3-14 银行卡分类

【例题·单选题】（2011、2016）下列银行卡分类中，以是否具有透支功能划分的是（ ）。
A.磁条卡与芯片卡　　B.人民币卡与外币卡　　C.信用卡与借记卡　　D.单位卡与个人卡
【答案】C

【解析】（1）选项C，银行卡按是否具有透支功能分为信用卡和借记卡，前者可以透支，后者不具备透支功能。（2）选项A，属于按信息载体划分；（3）选项B，属于按币种划分；（4）选项D，属于按发行对象划分。

## 二、银行卡账户和交易

（一）银行卡申领、注销和丧失（★★★）

表3-4　银行卡申领、注销和丧失

<table>
<tr><td rowspan="3">申　领</td><td>提交申请</td><td>（1）填写申请表，连同有关资料交发卡银行<br>（2）发卡行可要求提供担保，担保方式有保证、抵押或质押</td></tr>
<tr><td>需提供的证件</td><td>（1）单位申领单位卡：凭中国人民银行核发的开户许可证<br>（2）个人申领银行卡（储值卡除外）：向发卡银行提供本人的有效身份证件，经发卡银行审查合格后，为其开立记名账户</td></tr>
<tr><td>申领条件</td><td>（1）单位：在中国境内开立有基本存款账户<br>（2）个人（贷记卡）：年满18周岁，有固定职业和稳定收入，工作单位和户口在常住地；填写申请表，并亲笔签字；提供本人及附属卡持卡人、担保人的身份证复印件<br>（3）银行卡及其账户只限经发卡银行批准的持卡人本人使用，不得出租和转借</td></tr>
<tr><td>注　销</td><td colspan="2">（1）持卡人在还清全部交易款项、透支本息和有关费用后，可申请销户。销户时，单位人民币卡账户的资金转入其基本存款账户，单位外币卡账户的资金转回相应的外汇账户，不得提取现金<br>（2）发卡行受理注销之日起45日后，被注销信用卡账户方能清户</td></tr>
<tr><td>丧　失</td><td colspan="2">持卡人丧失银行卡，应持本人身份证件或其他有效证明，向发卡银行或代办银行申请挂失</td></tr>
</table>

【例题·单选题】（2016）某公司已在本地P银行开立基本存款账户，则该公司申请单位银行卡的凭据是（　　）。

A.法人授权委托书　　B.营业执照　　C.资信证明　　D.开户许可证

【答案】D

【解析】（1）选项D，凡在中国境内金融机构开立基本存款账户的单位，应当凭中国人民银行核发的开户许可证申领单位卡，故本题正确答案是D；（2）选项ABC，授权委托书只是在授权他人代理进行某些事项的情况下需要提供，开立账户时需要提供营业执照，申请银行卡不需要资信证明。

（二）银行卡交易的基本规定（★★★）

1.银行卡资金来源。

（1）单位人民币卡账户的资金一律从其基本存款账户转账存入，不得存取现金，不得将销货收入存入单位卡账户；单位外币卡账户的资金应从其单位的外汇账户转账存入，不得在境内存取外币现钞。

（2）个人人民币卡账户的资金以其持有的现金存入或以其工资性款项、属于个人的合法的劳务报酬、投资回报等收入转账存入；个人外币卡账户的资金以其个人持有的外币现钞存入或从其外汇账户（含外钞账户）转账存入。

严禁将单位的款项转入个人卡账户存储。

2.单位卡透支规定。

单位人民币卡可办理商品交易和劳务供应款项的结算，但不得透支。单位卡不得支取现金。

【例题·单选题】（2015）下列关于单位人民币卡账户使用的表述中，正确的是（　　）。

A.可支取现金　　B.可转存销货收入

C.可办理商品交易和劳务供应款项的结算　　D.可存入现金

【答案】C

【解析】（1）选项AD，单位人民币卡账户的资金一律从其基本存款账户转账存入，不得存取现金；（2）选项B，销货收入不得存入单位卡账户；（3）选项C，单位人民币卡可办理商品交易和劳务供应款项的结算，但不得透支。

3.信用卡预借现金业务。

（1）信用卡预借现金业务包括现金提取、现金转账和现金充值。

现金提取，是指持卡人通过柜面和自动柜员机（ATM）等自助机具，以现钞形式获得信用卡预借现金额度内资金；

现金转账，是指持卡人将信用卡预借现金额度内资金划转到本人银行结算账户；

现金充值，是指持卡人将信用卡预借现金额度内资金划转到本人的支付账户。

（2）持卡人通过ATM等自助机具办理现金提取业务，每卡每日累计不得超过人民币1万元；持卡人通过柜面办理现金提取业务、通过各类渠道办理现金转账业务的每卡每日限额，由发卡机构与持卡人通过协议约定；发卡机构可自主确定是否提供现金充值服务，并与持卡人协议约定每卡每日限额。

（3）发卡机构不得将持卡人信用卡预借现金额度内资金划转至其他信用卡，以及非持卡人的银行结算账户或支付账户。

表3-5 划转资金情况分类

| 划转资金流向 | | 可否划转 |
|---|---|---|
| 将张三在甲银行的A信用卡预借现金额度内资金划转到 | 李四的银行结算账户 | × |
| | 张三的银行结算账户 | √ |
| | 张三在甲银行的B信用卡 | × |
| | 张三在乙银行的C信用卡 | × |
| | 张三的支付账户 | √ |
| | 李四的支付账户 | × |

（4）发卡银行应当对借记卡持卡人在自动柜员机（ATM机）取款设定交易上限，每卡每日累计提款不得超过2万元人民币。

储值卡的面值或卡内币值不得超过1 000元人民币。

★【专家一对一】

**信用卡每卡每日累积提款不得超过1万元。**

【例题·多选题】信用卡发卡机构甲银行将张三在甲银行的信用卡预借现金额度内资金划转到到下列账户的业务中，不可以办理的有（　　）。

A.张三在甲银行开办的另一张信用卡账户

B.李四在甲银行的结算账户

C.张三在乙银行的结算账户

D.张三的支付账户

【答案】AB

【解析】发卡机构不得将持卡人信用卡预借现金额度内资金划转至其他信用卡（A），以及非持卡人的银行结算账户（B）或支付账户。

4.免息还款期和最低还款额待遇。

贷记卡持卡人非现金交易可享受免息还款期和最低还款额待遇。银行记账日到发卡银行规定的到期还款日之间为免息还款期，持卡人在到期还款日前偿还所使用全部银行款项有困难的，可按照发卡银行规定的最低还款额还款。持卡人透支消费享受免息还款期和最低还款额待遇的条件和标准，由发卡机构自主确定。

★【专家一对一】

**贷记卡持卡人透支消费方可享受免息还款期、最低还款额待遇；准贷记卡透支、贷记卡持卡人透支取现不享受免息还款期、最低还款额待遇。**

【例题·单选题】（2015）张某3月1日向银行申请了一张贷记卡，6月1日取现2 000元，对张某的上述做法，下列说法中正确的是（　　）。

A.张某取现2 000元符合法律规定

B.张某取现2 000元可享受免息还款期

C.张某申请贷记卡需要向银行交存一定金额的备用金

D.张某取现2 000元可享受最低还款额

【答案】A

【解析】（1）选项A，信用卡持卡人通过ATM等自助机器办理现金提取业务，每卡每日累计不得超过人民币1万元，张某取现2 000元，未超过限额，故选项A表述正确；（2）选项BD，非现金交易才可以享受免息还款期和最低还款额待遇，张某取现金不能享受免息还款期和最低还款额待遇，故选项BD错误；（3）选项C，贷记卡不需要缴存备用金，准贷记卡才需要缴存备用金，故选项C错误。

5.透支款项和诈骗款项追偿途径。

（1）扣减持卡人保证金。

（2）依法处理抵押物和质物。
（3）向保证人追索透支款项。
（4）通过司法机关的诉讼程序进行追偿。

★【专家一对一】
追偿途径无“冻结银行账户”。冻结银行账户应该由国家机关决定，银行无权决定冻结持卡人银行账户。

【例题·多选题】（2015）下列各项中，属于发卡银行追偿透支款项和诈骗款项的途径有（　　）。
A.向保证人追索透支款项
B.依法处理抵押物和质物
C.通过司法机关的诉讼程序进行追偿
D.冻结持卡人银行账户
【答案】ABC
【解析】发卡银行通过下列途径追偿透支款项和诈骗款项：（1）扣减持卡人保证金、依法处理抵押物和质物（B）；（2）向保证人追索透支款项（A）；（3）通过司法机关的诉讼程序进行追偿（C）。选项D，冻结银行账户应该由国家机关决定，银行无权决定冻结持卡人银行账户。

## 三、银行卡计息与收费（★★★）

1.发卡银行对准贷记卡及借记卡（不含储值卡）账户内的存款，按照中国人民银行规定的同期同档次存款利率及计息办法计付利息。

【例题·多选题】下列银行卡里的资金，发卡行应当计付利息的有（　　）。
A.贷记卡　　B.准贷记卡
C.借记卡（不包括储值卡）　　D.储值卡
【答案】BC
【解析】（1）选项A，对信用卡溢缴款是否计付利息及其利率标准，由发卡机构自主确定。（2）选项BC，发卡银行对准贷记卡及借记卡（不含储值卡）账户内的存款，按照中国人民银行规定的同期同档次存款利率及计息办法计付利息。（3）选项D，储值卡里资金不计付利息。

2.对信用卡透支利率实行上限和下限管理，透支利率上限为日利率万分之五，透支利率下限为日利率万分之五的0.7倍。信用卡透支的计结息方式，以及对信用卡溢缴款是否计付利息及其利率标准，由发卡机构自主确定。

★【专家一对一】
（1）“信用卡溢缴款”，此处的“信用卡”仅指贷记卡，因为准贷记卡里资金应当给付利息。（2）溢缴款，指信用卡用户还款时多缴的资金或存放在信用卡账户内的资金。比如这个月需要还款1 800元，你往里面存入2 000元，那多出的200元就是溢缴款。对信用卡溢缴款是否计付利息及其利率标准，由发卡机构自主确定。

3.发卡机构调整信用卡利率标准的，应至少提前45个自然日按照约定方式通知持卡人。持卡人有权在新利率标准生效之日前选择销户，并按照已签订的协议偿还相关款项。

4.对于持卡人违约逾期未还款的行为，发卡机构应与持卡人通过协议约定是否收取违约金，以及相关收取方式和标准。发卡机构向持卡人提供超过授信额度用卡服务的，不得收取超限费。

★【专家一对一】
是否收取违约金，通过协议约定。

发卡机构对向持卡人收取的违约金和年费、取现手续费、货币兑换费等服务费用不得计收利息。

★【专家一对一】
即只能对透支的本金计收利息，不得对延迟缴纳的违约金、年费等计收利息。

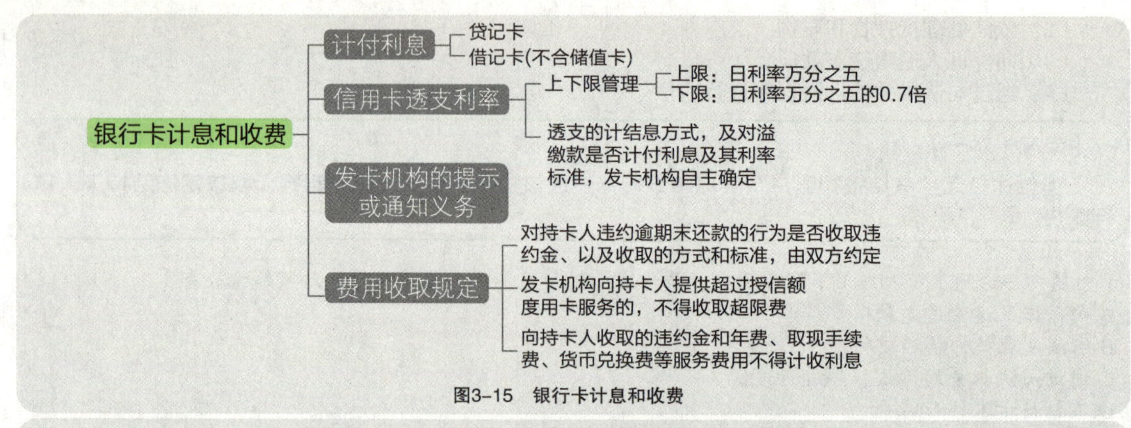

图3-15　银行卡计息和收费

【例题·多选题】（2017）徐女士在P银行申请一张信用卡，关于该信用卡计息和收费的下列表述中，符合法律规定的有（　　）。

A.若徐女士欠缴信用卡年费，P银行可对该欠费计收利息

B.P银行应在信用卡协议中以显著方式提示信用卡利率标准和计结息方式，并经徐女士确认接受

C.P银行确定的信用卡透支利率可为日利率万分之五

D.若P银行要调整信用卡利率，应至少提前45个自然日按照约定方式通知徐女士

【答案】BCD

【解析】选项A，发卡机构对向持卡人收取的违约金和年费、取现手续费、货币兑换费等服务费用“不得计收利息”，故对欠缴的年费计收利息不符合法律规定。

## 四、银行卡清算市场（★）

1.自2015年6月1日起，我国放开银行卡清算市场，符合条件的内外资企业，均可申请在中国境内设立银行卡清算机构。

2.申请成为银行卡清算机构的，注册资本不低于10亿元人民币。

3.目前，中国银联股份有限公司，是唯一经国务院同意，由中国人民银行批准设立的银行卡清算机构。

## 五、银行卡收单

（一）银行卡收单业务概念（★）

1.银行卡收单业务，即持卡人在银行签约商户处刷卡消费，银行将持卡人刷卡消费的资金在规定周期内结算给商户，并从中扣取一定比例的手续费。

2.银行卡收单机构。

（1）从事银行卡收单业务的银行业金融机构。

（2）获得银行卡收单业务许可、为实体特约商户提供银行卡受理并完成资金结算服务的支付机构，如快钱、拉卡拉等。

（3）获得网络支付业务许可、为网络特约商户提供银行卡受理并完成资金结算服务的支付机构。如支付宝、财付通等。

【例题·判断题】我国的银行卡收单机构都是银行业金融机构。（　　）

【答案】错误。

【解析】除了银行业金融机构，还包括非银行的金融机构。

3.特约商户。

特约商户分为实体特约商户和网络特约商户，包括：

（1）与收单机构签订银行卡受理协议的企事业单位、个体工商户或其他组织。

（2）开展网络商品交易等经营活动的自然人。

（二）银行卡收单业务管理规定（★★）

1.特约商户管理。

（1）收单机构拓展特约商户，应当对特约商户实行实名制管理，严格审核特约商户的营业执照等证明文件，以及法定代表人或负责人有效身份证件等申请材料。特约商户为自然人的，应当审核其有效身份证件。特约商户使用单位银行结算账户作为收单银行结算账户的，收单机构还应当审核其合法拥有该

账户的证明文件。

（2）收单机构应当与特约商户签订银行卡受理协议，就可受理的银行卡种类、开通的交易类型、收单银行结算账户的设置和变更、资金结算周期、结算手续费标准、差错和争议处理等事项，明确双方的权利、义务和违约责任。

（3）特约商户的收单银行结算账户应为其同名单位银行结算账户，或其指定的、与其存在合法资金管理关系的单位银行结算账户。特约商户为个体工商户和自然人的，为同名个人银行结算账户。

（4）收单机构应当对实体特约商户收单业务进行本地化经营和管理，不得跨省（区、市）域开展收单业务。

【例题·多选题】（2017）关于银行卡收单业务的下列表述中，正确的有（　　）。
A.收单机构向特约商户收取的收单服务费由收单机构与特约商户协商确定具体费率
B.特约商户为个体工商户或自然人的，可以使用其同名个人银行结算账户作为收单银行结算账户
C.特约商户使用单位银行结算账户作为收单银行结算账户的，收单机构应当审核其合法拥有该账户的证明文件
D.收单机构应当对实体特约商户收单业务进行本地化经营和管理，不得跨省（自治区、直辖市）域开展收单业务
【答案】ABCD

2.业务和风险管理。

（1）风险管理。收单机构应当对实体特约商户、网络特约商户分别进行风险评级，对于风险等级较高的特约商户，应当对其开通的受理卡种和交易类型进行限制，并采取强化交易监测、设置交易限额、延迟结算、增加检查频率、建立特约商户风险准备金等风险管理措施。

（2）资金结算时限及差错处理。收单机构应按协议约定及时将交易资金结算到特约商户的收单银行结算账户，资金结算时限最迟不得超过持卡人确认可直接向特约商户付款的支付指令生效之日起30个自然日。收单机构应当根据交易发生时的原交易信息发起银行卡交易差错处理、退货交易，将资金退至持卡人原银行卡账户，若原银行卡账户已经撤销的，应当退至持卡人指定的本人其他银行账户。

（3）风险事件。收单机构发现特约商户发生疑似银行卡套现、洗钱、欺诈、移机、留存或泄漏持卡人账户信息等风险事件的，应当对特约商户采取延迟资金结算、暂停银行卡交易或收回受理终端（关闭网络支付接口）等措施，并承担因未采取措施导致的风险损失责任；发现涉嫌违法犯罪活动的，应当及时向公安机关报案。

【例题·多选题】收单机构应当强化业务和风险管理措施，对于风险等级较高的特约商户，收单机构应当采取有效措施防范风险。下列各项中，属于收单机构可以采取的风险防范措施的有（　　）。
A.限制开通的受理卡种和交易类型　　B.强化交易检测
C.设置交易限额　　D.建立特约商户风险准备金
【答案】ABCD
【解析】对于风险等级较高的特约商户，收单机构应当对其开通的受理卡种和交易类型进行限制，并采取强化交易监测、设置交易限额、延迟结算、增加检查频率、建立特约商户风险准备金等风险管理措施。

（三）结算收费（★）

收单机构向商户收取的收单服务费由收单机构与商户协商确定具体费率；发卡机构向收单机构收取的发卡行服务费不区分商户类别，实行政府指导价、上限管理。

★【专家一对一】
**收单服务费由收单机构向商户收取（不是向持卡人即消费者收取，持卡人在商户消费，商户赚了钱，向商户收取，合情合理）；发卡行服务费由发卡机构向收单机构收取（收单机构提供收单业务，赚了钱，向收单机构收取，合情合理）。**

1.费率水平：借记卡交易不超过交易金额的0.35%，单笔收费金额不超过13元；贷记卡交易不超过0.45%。

★【专家一对一】
**对于借记卡交易，先按交易金额乘以规定的百分率，得出的数值大于或等于13元的，按13元收取，小于13元的，按算出的数额收取。**

2.对非营利性的医疗机构、教育机构、社会福利机构、养老机构、慈善机构刷卡交易，实行发卡行服

务费、网络服务费全额减免。

【例题·单选题】2016年5月1日，甲持借记卡在某家电公司刷卡消费，购买1万元的家电。则发卡机构向收单机构收取的发卡行服务费为（　　）元。

A.13　　B.20　　C.35　　D.45

【答案】A

【解析】发卡机构向收单机构收取的发卡行服务费为：借记卡交易，不超过交易金额的0.35%，单笔收费金额不超过13元。该笔交易金额1万元，1万元的0.35%是35元，大于13元，故只能收取13元，答案是选项A。

★【专家一点通】

信用卡vs借记卡

<table>
<tr><th colspan="2">银行卡种类</th><th>是否交存备用金</th><th>可否透支</th><th>卡内存款是否计付利息</th></tr>
<tr><td rowspan="2">信用卡</td><td>贷记卡</td><td>×</td><td>√</td><td>是否计付利息及利率标准，由发卡机构自主确定</td></tr>
<tr><td>准贷记卡</td><td>√</td><td>√</td><td rowspan="3">按照中国人民银行规定的同期同档次存款利率及计息办法计付利息</td></tr>
<tr><td rowspan="3">借记卡</td><td>转账卡（含储蓄卡）</td><td rowspan="3">×</td><td rowspan="3">×</td></tr>
<tr><td>专用卡</td></tr>
<tr><td>储值卡</td><td>×</td></tr>
</table>

## 知识图谱

- 银行卡
  - 分类
    - 按可否透支
      - 信用卡
        - 贷记卡
        - 准贷记卡
      - 借记卡
        - 转账卡
        - 专用卡
        - 储蓄卡
    - 按币种
    - 按发行对象
      - 单位卡
      - 个人卡
    - 按信息载体
  - 单位人民币卡
    - 资金来源—该单位的基本存款账户(唯一来源)
    - 使用—可办理商品交易和劳务供应款项结算，不得透支，不得支取现金
    - 注销—注销时，卡内资金转回本单位基本存款账户，不得支取现金
  - 申领、注销、丧失
  - 贷记卡
    - 可透支
    - 预借现金
      - 通过ATM现金提取，每卡每日累计不得超过人民币1万元
      - 柜面办理现金提取、通过各类渠道办理现金转账业务的每卡每日限额，由发卡机构与持卡人协议约定
    - 免息还款期和最低还款额待遇－享受条件和标准由发卡行确定
    - 透支款项和诈骗款项的追偿途径
  - 计息与收费
    - 信用卡透支利率
      - 上限：日利率万分之五
      - 下限：日利率万分之五的0.7倍
    - 发卡机构义务及其自主确定事项
    - 协议事项
    - 不得收取的费用
      - 向持卡人收取的违约金和年费、取现手续费、货币兑换费等服务费用不得计收利息
      - 发持机构持卡人提供超过授信额度用卡服务的，不得收取超限费
  - 银行卡清算—清算机构
    - 注册资金10亿
    - 内外资企业
    - 中国银联
  - 银行卡收单
    - 收费业务管理
      - 特约商户管理
      - 业务与风险管理
    - 交易及结算流程
    - 结算收费(标准)
      - 收单服务费
      - 发卡行服务费
      - 网络服务费

# 节　节　测

## 一、单项选择题

1. 下列支付工具中，可以透支的是（　　）。
A.储值卡　B.信用卡　C.预付卡　D.储蓄卡
【答案】B
【解析】（1）选项AD，银行卡按是否具有透支功能分为信用卡和借记卡（包括储值卡、储蓄卡），前者可以透支，后者不能透支。（2）选项C，预付卡无透支功能。

2. 下列关于信用卡透支利率及利息管理的表述中，不正确的是（　　）。
A.透支的计结息方式由发卡机构自主确定
B.透支的利率标准由发卡机构与申请人协商确定
C.透支利率实行下限管理
D.透支利率实行上限管理
【答案】B
【解析】（1）选项AB，信用卡透支的计结息方式，以及对信用卡溢缴款是否计付利息及其利率标准，由发卡机构自主确定，故A正确，B错误；（2）选项CD，信用卡透支利率实行上下限管理，透支利率上限为日利率万分之五，下限为日利率万分之五的0.7倍。CD正确。

3. 单位银行卡账户及交易管理要求的下列表述中，不正确的是（　　）。
A.单位人民币卡账户的资金一律从其基本存款账户转账存入
B.单位外币卡账户的资金应从其单位的外汇账户转账存入
C.单位人民币卡账户不得存取现金
D.单位人民币卡账户可以存入销货收入
【答案】D
【解析】（1）选项ACD，单位人民币卡账户的资金一律从其基本存款账户转账存入，不得存取现金，不得将销货收入存入单位卡账户，故AC正确，D不正确；（2）选项B，单位外币卡账户的资金应从其单位的外汇账户转账存入，B正确。

4. 借记卡持卡人在自动柜员机取款的，每日累计不得超过的数额是（　　）。
A.5 000元　B.1万元　C.2万元　D.5万元
【答案】C
【解析】发卡银行应当对借记卡持卡人在自动柜员机取款设定交易上限，每卡每日累计提款不得超过2万元人民币。

5. 下列各项中，属于个人申领银行卡应提供的资料的是（　　）。
A.完税证明　B.身份证明
C.信用证明　D.缴纳社保的证明
【答案】B
【解析】选项B，个人申请银行卡，应向发卡机构出具身份证件，故本题正确答案是B。

6. 下列关于信用卡计息和收费的各项表述中，正确的是（　　）。
A.发卡机构向信用卡持卡人按约定收取的违约金，不计收利息
B.发卡机构向信用卡持卡人提供超过授信额度用卡的，应收取超限费
C.发卡机构向信用卡持卡人收取的取现手续费，计收利息
D.发卡机构向信用卡持卡人收取的年费，计收利息
【答案】A
【解析】（1）选项ACD，发卡机构对向持卡人收取的违约金和年费、取现手续费、货币兑换费等服务费用不得计收利息，故选项A正确，选项CD表述错误；（2）选项B，发卡机构向持卡人提供超过授信额度用卡服务的，不得收取超限费，故选项B表述错误。

## 二、多项选择题

1. 某银行规定的信用卡透支利率中，符合规定的有（　　）。
A.万分之三　B.五万分之三点五
C.万分之四　D.万分之六
【答案】BC
【解析】信用卡透支利率实行上限和下限管理，透支利率上限为日利率万分之五，透支利率下限为日利率万分之五的0.7倍。选项A低于规定利率，选项D超过了规定利率。

2. 下列各项中，属于银行卡收单业务风险事件的有（　　）。
A.套现　B.移机
C.洗钱　D.泄露持卡人账户信息
【答案】ABCD
【解析】银行卡收单业务风险事件包括银行卡套现、洗钱、欺诈、移机、留存或泄漏持卡人账户信息等。

3. 下列关于收单机构向商户收取的发卡行服务费的做法，表述正确的有（　　）。
A.实行政府指导价、上限管理，并对借记卡、贷记卡差别计费
B.借记卡交易不超过交易金额的0.35%
C.贷记卡交易不超过交易金额的0.35%
D.借记卡交易单笔收费金额不超过13元
【答案】ABD
【解析】选项C，发卡机构收取的发卡行服务费，贷记卡交易不超过交易金额的“0.45%”。

## 三、判断题

1. 银行卡及其账户一般不得出租和转借他人使用，但可以交予家人使用。（　　）
【答案】错误。
【解析】银行卡及其账户只限经发卡银行批准的持卡人本人使用，不得出租和转借。

2. 信用卡预借现金业务包括现金提取、现金转账、现金存款和现金充值。（　　）
【答案】错误。
【解析】信用卡预借现金业务包括现金提取、现金转账和现金充值。

3. 发卡机构一次性为某储值卡充值超过2 000元人民币，该做法正确。（　　）

【答案】错误。

【解析】储值卡的面值或卡内币值不得超过1 000元人民币，一次性充值2 000元，其卡内币值必然超过1 000元，故题干表述错误。

4. 发卡银行对信用卡账户内的存款，按照中国人民银行规定的同期同档次存款利率及计息办法计付利息。(　　)

【答案】错误。

【解析】信用卡分为贷记卡和准贷记卡。(1)发卡银行对准贷记卡及借记卡(不含储值卡)账户内的存款，按照中国人民银行规定的同期同档次存款利率及计息办法计付利息。(2)对信用卡溢缴款是否计付利息及其利率标准，由发卡机构自主确定。故对于贷记卡里的存款，是否计付利息以及利息标准，由发卡银行自主确定。

5. 银行卡的发行机构对向持卡人收取的年费不得计收利息。(　　)

【答案】正确。

【解析】发卡机构对向持卡人收取的违约金和年费、取现手续费、货币兑换费等服务费用不得计收利息，题干表述正确。

6. 信用卡发卡机构甲银行拟调整信用卡利率标准，遂提前60个自然日按照约定方式通知持卡人张三，该做法正确。(　　)

【答案】正确。

【解析】用卡发卡机构甲银行拟调整信用卡利率标准，应至少提前“45个自然日”通知，提前60日通知符合要求。

7. 发卡机构向收单机构收取的发卡行服务费，实行政府指导价、上限管理，其中，借记卡费率水平为不超过交易金额的0.45%，单笔收费金额不超过13元。(　　)

【答案】错误。

【解析】发卡机构向收单机构收取的发卡行服务费，实行政府指导价、上限管理，费率水平“借记卡交易”不超过交易金额的0.35%，单笔收费金额不超过13元“贷记卡交易”不超过0.45%。

8. 为了更好的拓展业务，收单机构可以在全国范围内开展收单业务。(　　)

【答案】错误。

【解析】收单机构应当对实体特约商户收单业务进行本地化经营和管理，不得跨省(自治区、直辖市)域开展收单业务

# 第五节　网上支付

网上支付，是指电子交易的当事人（消费者、厂商和金融机构），使用电子支付手段通过网络进行的货币或资金流转。网上支付的主要方式有网上银行和第三方支付。

## 一、网上银行

（一）网上银行的概念（★）

网上银行，包含两个层次的含义：

1.机构概念，指通过信息网络开办业务的银行。

2.业务概念，指银行通过信息网络提供的金融服务，包括传统银行业务和因信息技术应用带来的新兴业务。人们通常使用第二层次的概念，即网上银行服务的概念。

（二）网上银行的分类（★）

1.按服务对象分——企业网上银行、个人网上银行。

2.按经营组织分——分支型网上银行、纯网上银行。

3.按业务种类分——零售银行、批发银行。

【例题·多选题】网上银行可以按服务对象分加以分类，下列各项中，属于按服务对象划分的有（　　）。

A.企业网上银行　　B.个人网上银行　　C.零售银行　　D.批发银行

【答案】AB

【解析】选项CD，网上银行按业务种类分为零售银行和批发银行。

（三）网上银行的主要业务功能（★）

表3-6　网上银行的主要业务功能

| 企业网上银行子系统主要业务功能 | 个人网上银行子系统具体业务功能 |
| --- | --- |
| （1）账户信息查询 | （1）账户信息查询 |
| （2）支付指令 | （2）人民币转账业务 |
| （3）B2B网上支付 | （3）银证转账业务 |
| （4）批量支付 | （4）外汇买卖业务 |
| | （5）账户管理业务 |
| | （6）B2C网上支付 |

【例题·多选题】下列各项中，不属于企业网上银行子系统主要业务功能的是（　　）。

A.账户信息查询　　B.支付指令　　C.B2C　　D. 外汇买卖业务

【答案】CD

【解析】选项CD，都属于个人网上银行子系统的具体业务功能。

【例题·单选题】下列关于网上银行的表述中，不正确的是（　　）。

A.纯网上银行是只有一个站点的银行

B.企业网上银行既适用于企业单位，也适用于事业单位

C.个人网上银行子系统的功能包括银证转账业务

D.B2C指的是企业与企业之间进行的电子商务活动

【答案】D

【解析】选项D，B2C指的是企业与个人之间进行的电子商务活动。

（四）网上银行主要业务流程（★）

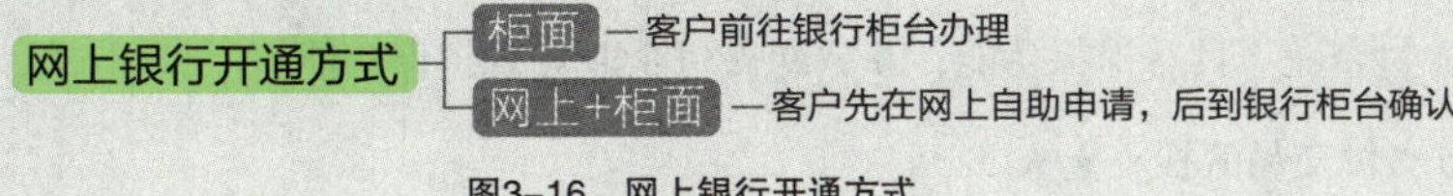


图3-16　网上银行开通方式

【例题·判断题】为了加强实名制管理，客户开通网上银行的只能在银行柜台办理。（　　）
【答案】错误。
【解析】客户开通网上银行有两种方式：一是客户前往银行柜台办理；二是客户先网上自助申请，后到柜台签约。

## 二、第三方支付

（一）第三方支付的概念（★）

1.第三方支付，是指非金融机构作为收、付款人的支付中介所提供的网络支付、预付卡发行与受理、银行卡收单以及中国人民银行确定的其他支付服务。

2.第三方支付的特点：（1）独立于商户和银行；（2）为客户提供支付结算服务；（3）方便快捷；（4）安全可靠；（5）开放创新。

（二）第三方支付的开户要求（★）

1.支付机构为个人开立支付账户的，同一个人在同一家支付机构只能开立一个Ⅲ类账户。

2.支付机构为单位和个人开立支付账户，应当与单位和个人签订协议，约定支付账户与支付账户、支付账户与银行账户之间的日累计转账限额和笔数，超过规定限额和笔数的，不得再办理转账业务。

【例题·判断题】支付机构为个人开立支付账户时，同一个人可以在同一家支付机构开立多个Ⅲ类账户。（　　）
【答案】错误。
【解析】支付机构为个人开立支付账户时，同一个人在同一家支付机构只能开立“一个”Ⅲ类账户

（三）第三方支付的种类（★★）

1.线上支付方式：通过互联网实现的用户和商户、商户与商户之间的在线货币支付、资金清算、查询统计等过程。

广义的线上支付包括直接使用网上银行进行的支付和通过第三方支付平台间接使用网上银行进行的支付。

狭义的线上支付仅指通过第三方支付平台实现的互联网在线支付，包括网上支付和移动支付中的远程支付。

2.线下支付方式：通过非互联网线上的方式对购买商品或服务所产生的费用进行的资金支付行为，包括：POS机刷卡支付、拉卡拉等自助终端支付、电话支付、手机近端支付、电视支付等。

【例题·单选题】（2016）下列情形中，属于线上支付的是（　　）。
A.董某在机场购物，使用手机近端支付购物款
B.吴某在超市购物，使用公交一卡通支付购物款
C.周某在商场购物，通过POS机刷卡支付购物款
D.郑某网上购物，通过支付宝支付货款
【答案】D
【解析】选项ABC，属于线下支付。线上支付包括直接使用网上银行进行的支付和通过第三方支付平台间接使用网上银行进行的支付。

（四）第三方支付的行业分类及主流品牌（★）

1.行业分类。

（1）金融型支付企业：不具有担保功能，仅为用户提供支付产品和支付系统解决方案，侧重行业需求和开拓行业应用，是立足于企业端的金融型支付企业。以银联商务、快钱、易宝支付、汇付天下、拉卡拉等为代表。

（2）互联网支付企业：提供担保功能，依托自有电子商务网站，以在线支付为主，是立足于个人消费者端的互联网型支付企业。以支付宝、财付通等为代表。

2.主流品牌。交易规模前三位：支付宝、银联商务、财付通。

【例题·判断题】金融型支付企业具有担保功能，互联网支付企业仅能够在线支付，不具有担保功能。（　　）
【答案】错误。
【解析】金融型支付企业不具有担保功能，互联网支付企业具有担保功能。

（五）第三方支付交易流程（★★）

1.开立账户。支付者（即付款人）需要通过支付账户向他人付款的，需要在第三方支付机构开立支付账户（如支付宝账号）：登录支付机构网站，注册账号，提交身份信息、手机号码等，绑定自己的银行卡。

2.充值。支付者向第三方支付机构平台提供信用卡或账户信息，将自己银行卡中的资金划转到自己的支付账户，即向支付账户"充值"。

3.支付。支付者通过支付平台，将支付账户的资金划转到收款人的支付账户，交易完成。

★【专家一对一】

**支付账户的资金是虚拟的资金，不同于在银行的存款。第三方平台结算支付模式的资金划拨是在平台内部进行的，此时划拨的是虚拟的资金，实体资金需要通过实际支付层完成。账户主人如果需要实体资金，可以将支付账户的资金划转到自己的银行结算账户得到实体资金。**

【例题·单选题】（2016）消费者在超市购物，消费总金额500元，通过支付宝扫码方式使用中信银行信用卡结账。根据支付结算法律制度的规定，下列说法正确的是（　　）。

A.支付宝属于银行卡清算机构　　B.支付宝属于第三方支付机构

C.支付宝属于网上银行　　D.消费者应支付收单结算手续费1.9元

【答案】B

【解析】（1）选项A，支付宝属于银行卡收单机构，不是银行卡清算机构，故选项A错误；（2）选项B，支付宝属于第三方支付机构，故选项B正确；（3）选项C，支付宝不是网上银行，选项C错误；（4）选项D，该业务属于收单业务，交易手续费应向"商户"而不是消费者收取，故选项D错误。

## 知识图谱

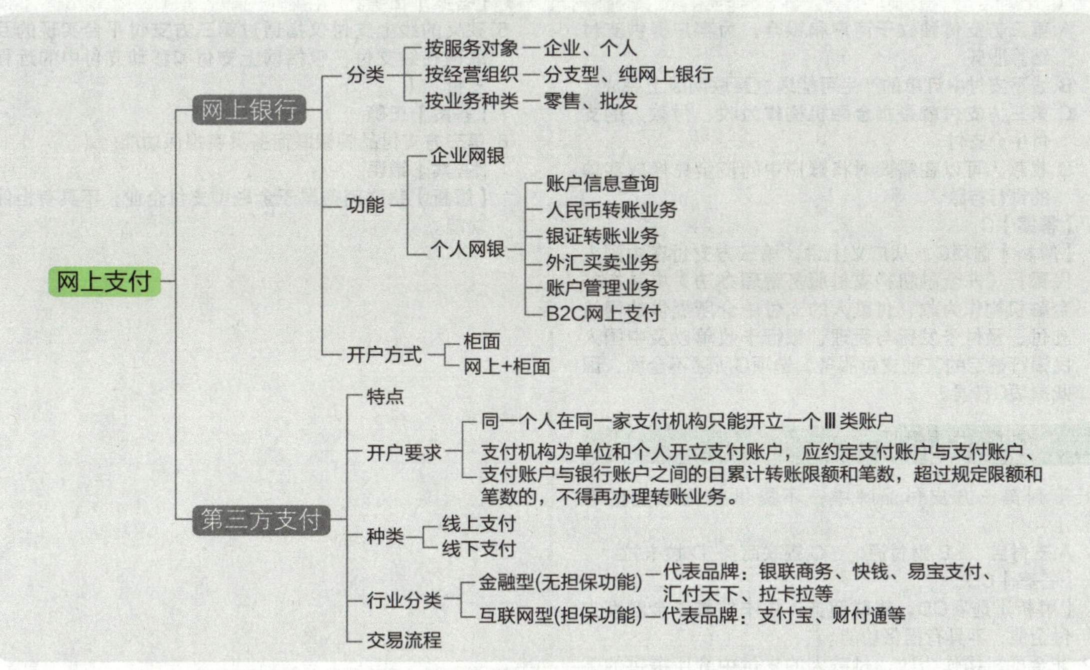

# 节节测

## 一、单项选择题

1. 下列关于网上银行的表述中，不正确的是（　　）。
   A.企业网上银行主要适用于企业单位，事业单位不适用
   B.纯网上银行是只有一个站点的银行
   C.B2B指的是企业与企业之间进行的电子商务活动
   D.个人银行子系统的功能包括银证转账业务
   【答案】A
   【解析】选项A，企业网上银行适用于企事业单位。
2. 下列各项中，不属于个人网上银行子系统功能的是（　　）。
   A.账户信息查询　　B.支付指令
   C.银证转账业务　　D.B2C网上支付
   【答案】B
   【解析】（1）选项A，既属于企业网上银行子系统功能，又属于个人网上银行子系统功能；（2）选项B，只是企业网上银行子系统功能；（3）选项CD，只是个人网上银行子系统功能，故本题正确答案是B。
3. 下列关于第三方支付的各项表述中，不正确的是（　　）。
   A.第三方支付独立于商户和银行，为客户提供支付结算服务
   B.线下支付中订单的产生可能通过互联网线上完成
   C.第三方支付就是指金融机构作为收、付款人的支付中介支付
   D.收款人可以在需要时将账户中的资金兑换成实体的银行存款
   【答案】C
   【解析】选项C，从广义上讲，第三方支付在中国人民银行《非金融机构支付服务管理办法》中是指非金融机构作为收、付款人的支付中介所提供的网络支付、预付卡发行与受理、银行卡收单以及中国人民银行确定的其他支付服务，选项C所述不全面，因此选项C错误。

## 二、多项选择题

1. 下列第三方支付品牌中，不提供担保功能的有（　　）。
   A.支付宝　　B.财付通　　C.银联商务　D.拉卡拉
   【答案】CD
   【解析】选项CD，银联商务、拉卡拉属于金融型支付企业，不具有担保功能。
2. 非金融机构作为收、付款人的支付中介所提供的下列服务中，属于第三方支付业务的有（　　）。
   A.网络支付　　B.预付卡发行与受理
   C.银行卡发行　　D.银行卡收单
   【答案】ABD
   【解析】（1）第三方支付，是指非金融机构作为收、付款人的支付中介所提供的网络支付、预付卡发行与受理、银行卡收单以及中国人民银行确定的其他支付服务。（2）银行卡发行不属于第三方支付业务。

## 三、判断题

1. 网上银行按经营组织分为分支型网上银行和主干型网上银行。（　　）
   【答案】错误。
   【解析】网上银行按经营组织分为分支型网上银行和纯网上银行。
2. 企业网上银行子系统和个人网上子系统都可以进行账户信息查询。（　　）
   【答案】正确。
   【解析】账户信息查询是企业网上银行和个人网上银行都具备的功能，故题目表述正确。
3. 支付机构为单位和个人开立支付账户，应当与单位和个人签订协议，约定支付账户与支付账户、支付账户与银行账户之间的日累计转账限额和笔数，超过规定限额和笔数的，不得再办理转账业务。（　　）
   【答案】正确。
4. 线上支付是指通过互联网实现的用户和商户、商户和商户之间在线货币支付、资金清算、查询统计等过程。（　　）
   【答案】正确。
5. 狭义的线上支付仅指通过第三方支付平台实现的互联网在线支付，包括网上支付和移动支付中的远程支付。（　　）
   【答案】正确。
6. 第三方支付品牌银联商务具有担保功能。（　　）
   【答案】错误。
   【解析】银联商务属于金融型支付企业，不具有担保功能。

# 第六节　结算方式和其他支付工具

## 一、汇兑

（一）汇兑的概念和种类（★）

1.汇兑是汇款人委托银行将其款项支付给收款人的结算方式。汇兑分为信汇、电汇两种，由汇款人选择使用。

2.单位和个人的各种款项的结算，均可使用汇兑结算方式。

3.汇兑同城、异地均可以使用。

★【专家一对一】

**所谓"同城、异地均可以使用"，是指汇款人和收款人双方不论是在同城，还是在异地，都可以使用。**

【例题·判断题】汇兑仅适用于单位之间的商品交易款项的结算。（　　）

【答案】错误。

【解析】"单位和个人"的"各种款项"的结算，均可使用汇兑结算方式。

（二）办理汇兑的程序（★★）

1.签发汇兑凭证。必须记载：（1）表明"信汇"或"电汇"的字样；（2）无条件支付的委托；（3）确定的金额；（4）收款人名称；（5）汇款人名称；（6）汇入地点、汇入行名称；（7）汇出地点、汇出行名称；（8）委托日期；（9）汇款人签章。欠缺上列记载事项之一的，银行不予受理。汇兑凭证记载的汇款人名称、收款人名称，其在银行开立存款账户的，必须记载其账号。欠缺记载的，银行不予受理。

★【专家一对一】

**"汇款人"不要与"付款人"混淆。**

2.银行受理。汇出银行受理汇款人签发的汇兑凭证，经审查无误后，应及时向汇入银行办理汇款，并向汇款人签发汇款回单。汇款回单只能作为汇出银行受理汇款的依据，不能作为该笔汇款已转入收款人账户的证明。

3.汇入处理。汇入银行对开立存款账户的收款人，应将汇给收款人的款项直接转入收款人账户，并向其发出收账通知。收账通知是银行将款项确已收入收款人账户的凭据。

★【专家一对一】

**汇款回单——交汇款人，收账通知——交收款人。**

【例题·多选题】（2018）下列关于办理汇兑业务的表述中，正确的有（　　）。

A.汇款回单可以作为该笔汇款已转入收款人账户的证明

B.汇兑凭证记载的汇款人、收款人在银行开立存款账户的，必须记载其账号

C.汇款回单是汇出银行受理汇款的依据

D.收账通知是银行将款项确已转入收款人账户的凭据

【答案】BCD

【解析】（1）选项AC，汇款回单只能作为汇出银行受理汇款的依据，不能作为该笔汇款已转入收款人账户的证明，故选项A错误，选项C正确。（2）选项B，汇兑凭证记载的汇款人、收款人在银行开立存款账户的，必须记载其账号，故选项B正确。（3）选项D，收账通知是银行将款项确已收入收款人账户的凭据，故选项D正确。

（三）汇兑的撤销（★）

汇款人对汇出银行尚未汇出的款项可以申请撤销。申请撤销时，应出具正式函件或本人身份证件及原信汇、电汇回单。

★【专家一对一】

**函件或身份证件证明身份，回单证明你在汇出行办理过汇款业务。**

【例题·单选题】下列关于汇兑的各项表述中，正确的是（　　）。
A.单位和个人均可使用汇兑
B.无论是否汇出，汇款人都可以申请撤销
C.收账通知是汇出银行受理汇款的依据
D.汇款回单是银行将款项确已收入收款人账户的凭据
【答案】A
【解析】（1）选项B，尚未汇出的款项才可以申请撤销，故选项B错误；（2）选项CD，汇款回单是汇出银行受理汇款的依据，收账通知是银行将款项确已收入收款人账户的凭据，选项CD错误。

## 二、托收承付

（一）托收承付的概念和适用范围（★★）

1.托收承付是根据购销合同由收款人发货后委托银行向异地付款人收取款项，由付款人向银行承认付款的结算方式。托收承付结算每笔的金额起点为1万元，新华书店系统为1 000元。

托收承付结算方式仅适用于异地结算。

★【专家一对一】

**托收承付本来就手续繁琐，收付双方既然在同城，收款人直接去找付款人索款即可。**

2.办理托收承付结算的款项，必须是商品交易，以及因商品交易而产生的劳务供应的款项。代销、寄销、赊销商品的款项，不得办理托收承付结算。

★【专家一对一】

**比如：甲公司销售10万元家电给乙公司，并负责送货，运输费5 000元，因为5 000元的运输费是由于销售家电而产生的，故5 000元运输费可以和10万元的货款一并办理托收承付结算。如果是一项单独发生的运输行为，则运输费不得办理托收承付结算。**

3.使用托收承付结算方式的收款单位和付款单位，必须是国有企业、供销合作社以及经营管理较好，并经开户银行审查同意的城乡集体所有制工业企业。收付双方使用托收承付结算必须签有符合《合同法》的购销合同，并在合同中订明使用托收承付结算方式。

【例题·单选题】下列款项中，可以使用托收承付方式办理结算的是（　　）。
A.供销社为国有企业代销商品应支付的款项
B.国有企业与国有企业之间的商品交易款项
C.国有企业向国有企业提供劳务应收取的款项
D.集体所有制企业向国有企业赊销商品应收取的款项
【答案】B
【解析】办理托收承付结算的款项，必须是商品交易，以及因商品交易而产生的劳务供应的款项。代销、寄销、赊销商品的款项，不得办理托收承付结算。故选项ACD不可以办理托收承付结算。

4.收款人办理托收，必须具有商品确已发运的证件（如运输部门签发的运单、运单副本和邮局包裹回执）。

5.收款人对同一付款人发货托收累计3次收不回货款的，收款人开户银行应暂停收款人向该付款人办理托收；付款人累计3次无理拒付的，付款人开户银行应暂停其向外办理托收。

★【专家一对一】

**比如：甲对乙累计3次托收收不回货款的，则暂停甲对乙办理托收，免得无谓浪费精力，但甲对其他单位仍可办理托收；如果乙累计3次无理拒付的（不一定是对同一收款人），则暂停乙对外办理托收。**

【例题·单选题】（2010）关于托收承付结算方式使用要求的下列表述中，不正确的是（　　）。
A.托收承付只能用于异地结算
B.收付双方使用托收承付结算方式必须签有合法的购销合同
C.收款人对同一付款人发货托收累计3次收不回货款的，收款人开户银行应暂停收款人办理所有托收业务
D.付款人累计3次提出无理拒付的，付款人开户银行应暂停其向外办理托收
【答案】C
【解析】选项C，收款人对同一付款人发货托收累计3次收不回货款的，收款人开户银行应当暂停收款人向“该付款人”办理托收，而不是暂停所有付款人的托收。

（二）办理托收承付的程序（★）

1.签发凭证。签发托收承付凭证必须记载下列事项：（1）表明“托收承付”的字样；（2）确定的金额；（3）付款人名称及账号；（4）收款人名称及账号；（5）付款人开户银行名称；（6）收款人开户银行名称；（7）托收附寄单证张数或册数；（8）合同名称、号码；（9）委托日期；（10）收款人签章。

★【专家一对一】

**是“收款人签章”，不“付款人签章”，因为办理托收手续的是收款人即销售方。**

2.托收。收款人按照购销合同发货后，委托银行办理托收。收款人应将托收凭证并附发运证件或其他符合托收承付结算的有关证明和交易单证送交开户银行审查。

3.承付。付款人开户银行收到托收凭证及其附件后，应当及时通知付款人。承付分为验单付款和验货付款两种，由收付双方商量选用，并在合同中明确规定。

验单付款的承付期为3天，从付款人开户银行发出承付通知的次日算起（承付期内遇法定休假日顺延）。验货付款的承付期为10天，从运输部门向付款人发出提货通知的次日算起。

★【专家一对一】

**都是从发出通知的“次日”算起，而不是从“当日”算起。**

付款人在承付期内，未向银行表示拒付，银行即视作承付，并在承付期满的次日（遇法定休假日顺延）上午银行开始营业时，将款项划给收款人。付款人也可以在承付期内提前向银行表示承付，通知银行提前付款，银行应立即办理划款。

★【专家一对一】

**验单承付期3天，其间遇法定休假日则顺延，无论是第一天、第二天还是第三天遇上法定休假日，都应当顺延；验货承付期限10天，其间遇法定休假日的不顺延（只是期满后的第一日遇法定休假日的才顺延划款时间），因为验货承付期比验单承付期长，即使期间内遇法定休假日，付款人也有足够的时间承付。**

【例题·单选题】（2010）2009年3月1日，甲公司销售给乙公司一批化肥，双方协商采取托收承付验货付款方式办理货款结算。3月4日，运输公司向乙公司发出提货单。乙公司在承付期内未向其开户银行表示拒绝付款。已知3月7日、8日、14日和15日为法定休假日。则乙公司开户银行向甲公司划拨货款的日期为（　　）。

A.3月6日　　B.3月9日　　C.3月13日　　D.3月16日

【答案】D

【解析】托收承付结算方式中，验货付款的承付期为10天，从运输部门向付款人发出提货通知的次日算起。付款人在承付期内，未向银行表示拒绝付款，银行即视作承付，并在承付期满的次日（遇法定休假日顺延）上午银行开始营业时，将款项划给收款人。本题中，3月4日发出提货通知，从3月5日开始计算，10天后，3月14日承付期满，应于3月15日付款。因为3月15日为法定休假日，顺延一天，所以乙公司开户银行向甲公司划货款的日期为3月16日。

4.逾期付款。付款人在承付期满日银行营业终了时，如无足够资金支付，其不足部分，按逾期付款处理。

【例题·判断题】托收承付结算方式下，付款人在承付期满日银行营业终了时，账户无足够资金支付，银行应拒绝付款。（　　）

【答案】错误。

【解析】付款人在承付期满日银行营业终了时，如无足够资金支付，银行仍然应当付款，只是对其不足部分，按逾期付款处理。

5.拒绝付款。对下列情况，付款人在承付期内，可向银行提出全部或部分拒绝付款：

（1）没有签订购销合同或合同未订明托收承付结算方式。

（2）未经双方事先达成协议，收款人提前交货或因逾期交货付款人不再需要该项货物。

（3）未按合同规定的到货地址发货。

（4）代销、寄销、赊销商品的款项。

★【专家一对一】

其实，这些情况下本来都不能办理托收。

（5）验单付款，发现所列货物的品种、规格、数量、价格与合同规定不符，或货物已到，经查验货物与合同规定或发货清单不符。

（6）验货付款，经查验货物与合同规定或与发货清单不符。

（7）已经支付或计算有错误。

6.重办托收。收款人对被无理拒绝付款的托收款项，在收到退回的结算凭证及其所附单证后，可以委托银行重办托收。经开户银行审查，确属无理拒绝付款，可以重办托收。

## 三、委托收款

（一）委托收款的概念和适用范围（★★）

1.概念。委托收款是收款人委托银行向付款人收取款项的结算方式。单位和个人凭已承兑商业汇票、债券、存单等付款人债务证明办理款项的结算，均可以使用委托收款结算方式。

★【专家一对一】

委托收款是指委托银行收款，委托其他单位和个人代收款项，不是此处所说的委托收款，比如网上购物采用货到付款方式，快递员将货物送达收件人后代为收取款项，不属于“委托收款”。

【例题·多选题】下列各项中，属于委托收款结算方式下收款人向银行办理委托收款手续的凭据的有（　　）。

A.已承兑商业汇票　　B.债券　　C.存单　　D.债务人所立的借据

【答案】ABC

【解析】选项ABC，单位和个人凭已承兑商业汇票（A）、债券（C）、存单（C）等付款人债务证明办理款项的结算，均可以使用委托收款结算方式。

2.适用范围。同城、异地均可使用。

（二）办理委托收款的程序（★★）

1.签发凭证。签发委托收款凭证必须记载下列事项：（1）表明“委托收款”的字样；（2）确定的金额；（3）付款人名称；（4）收款人名称；（5）委托收款凭据名称及附寄单证张数；（6）委托日期；（7）收款人签章。

委托收款以银行以外的单位为付款人的，必须记载付款人开户银行名称；以银行以外的单位或在银行开立存款账户的个人为收款人的，必须记载收款人开户银行名称；未在银行开立存款账户的个人为收款人的，必须记载被委托银行名称。

2.委托。收款人办理委托收款应向银行提交委托收款凭证和有关的债务证明。

3.付款。银行接到寄来的委托收款凭证及债务证明，审查无误办理付款。

（1）以银行为付款人的（如支票、银行承兑汇票），银行应在当日将款项主动支付给收款人。

（2）以单位为付款人的（如商业承兑汇票、企业债券），银行应及时通知付款人。付款人应于接到通知的当日书面通知银行付款。付款人未在接到通知日的次日起3日内通知银行付款的，视同付款人同意付款，银行应于付款人接到通知日的次日起第4日上午开始营业时，将款项划给收款人。银行在办理划款时，付款人存款账户不足支付的，应通过被委托银行向收款人发出未付款项通知书。

比如张三委托自己的开户银行甲银行收款，付款人是李四，李四的开户银行是乙银行。乙银行在办理划款时，发现李四的账户不足支付，应通过甲银行向张三发出通知，不是直接通知张三。张三未在乙银行开户，乙银行何以联系张三？

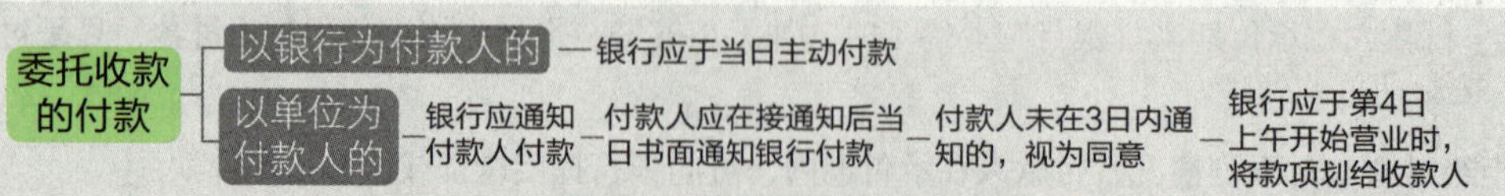

图3-17　委托收款的付款

（3）拒绝付款。付款人审查有关债务证明后，对收款人委托收取的款项需要拒绝付款的，可以办理拒绝付款。

以银行为付款人的，该银行应自收到委托收款及债务证明的次日起3日内出具拒绝证明连同有关债务证明、凭证寄给被委托银行，由被委托银行转交收款人。

以单位为付款人的，应在付款人接到通知日的次日起3日内出具拒绝证明，持有债务证明的，应将其送交开户银行。银行将拒绝证明、债务证明和有关凭证一并寄给被委托银行，转交收款人。

【例题·多选题】（2017）关于委托收款结算方式的下列表述中，正确的有（　　）。
A.以银行以外的单位为付款人的，委托收款凭证必须记载付款人开户银行名称
B.银行在为单位办理划款时，付款人存款账户不足支付的，应通知付款人交足存款
C.单位凭已承兑的商业汇票办理款项结算，可以使用委托收款结算方式
D.委托收款仅限于异地使用
【答案】AC
【解析】（1）选项B，银行在办理划款时，付款人存款账户不足支付的，应通过被委托银行向收款人发出未付款项通知书，而不是通知付款人交足款项；（2）选项D，委托收款在“同城、异地均可使用”。

## 四、国内信用证

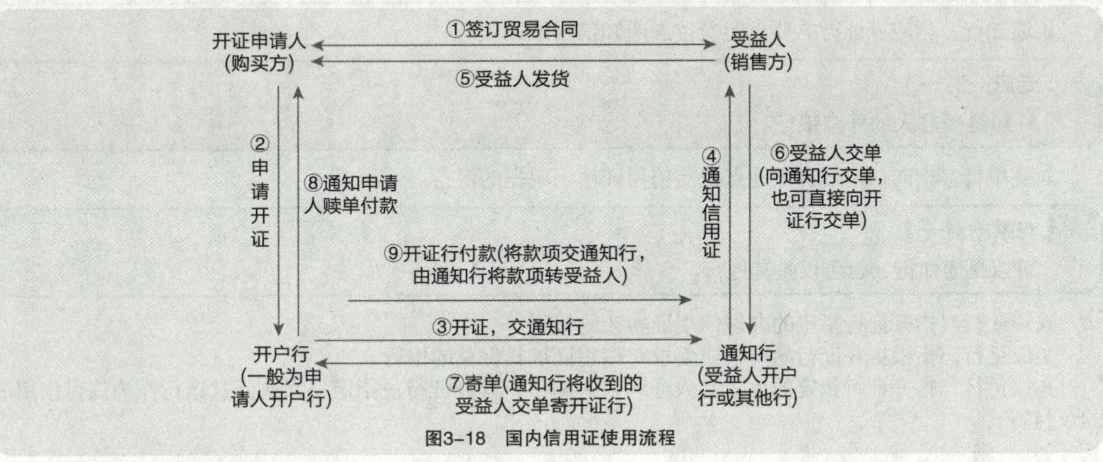

图3-18　国内信用证使用流程

（一）概念（★★）

1.国内信用证（简称信用证），是指银行依照申请人的申请开立的、对相符交单予以付款的承诺。
2.我国的信用证是以人民币计价、不可撤销的跟单信用证。
3信用证适用于国内企事业单位之间货物和服务贸易。
4.信用证只限于转账结算，不得支取现金。

★【专家一对一】
因为信用证只能单位之间使用，故只能转账结算，不能支取现金，这一点和商业汇票相同。

5.信用证按付款期限分为即期信用证和远期信用证。
（1）即期信用证，开证行应在收到相符单据次日起5个营业日内付款。

★【专家一对一】
营业日，即扣除了休息日和法定假日。

（2）远期信用证，开证行应在收到相符单据次日起5个营业日内确认到期付款，并在到期日付款。远期的表示方式包括：单据日后定期付款、见单后定期付款、固定日付款等。

★【专家一对一】
分别类似于商业汇票的“出票后定期付款”、“见票后定期付款”和“定日付款”。

（3）信用证付款期限最长不超过1年。

★【专家一对一】
商业汇票付款期限最长6个月。

【例题·多选题】下列对我国国内信用证描述不正确的有（　　）。
A.可取现　　B.可修改　　C.可撤销　　D.可转让
【答案】AC
【解析】（1）选项A，国内信用证只限于转账结算，不得支取现金；（2）选项C，国内信用证是以人民币计价、“不可撤销”的跟单信用证；（3）选项BD，国内信用证目前可以按照法律规定的条件进行修改和转让。

（二）国内信用证当事人（★）

1.申请人，指申请开立信用证的当事人，一般为货物购买方或服务接受方。

2.受益人，指接受信用证并享有信用证权益的当事人，一般为货物销售方或服务提供方。

3.开证行，指应申请人申请开立信用证的银行。

★【专家一对一】
一般是申请人的开户银行。

4.通知行，指应开证行的要求向受益人通知信用证的银行。

★【专家一对一】
一般是受益人的开户银行。

5.交单行，指向信用证有效地点提交信用证项下单据的银行。

★【专家一对一】
可以是通知行，也可以是其他行。

6.转让行，指开证行指定的办理信用证转让的银行。

7.保兑行，指根据开证行的授权或要求对信用证加具保兑的银行。

8.议付行，指开证行指定的为受益人办理议付的银行，开证行应指定一家或任意银行作为议付信用证的议付行。

【例题·单选题】（2013）关于国内信用证的下列表述中，正确的是（　　）。
A.可用于支取现金
B.开证申请人可以是个人
C.付款期限最长不超过9个月
D.国内信用证为以人民币计价、不可撤销的跟单信用证
【答案】D
【解析】（1）选项A，信用证只限于转账结算，“不得支取现金”；（2）选项B，信用证结算适用于国内企事业单位之间货物和服务贸易结算，故“只能单位使用，个人不能使用”；（3）选项C，信用证付款期限“最长不超过1年”。

（三）办理国内信用证的基本程序（★★）

1.开证。

（1）开证申请。申请人申请开立信用证，应当填具开证申请书，并提交其与受益人签订的贸易合同。

（2）受理开证。开证行可要求申请人交存一定数额的保证金，并可根据申请人资信情况要求其提供抵押、质押、保证等合法有效的担保。

（3）开证。信用证应使用中文开立，开立方式有信开和电开两种。

【例题·多选题】根据信用证法律制度的规定，下列各种中，属于开证行为保障其资金安全，在开证时，可以采取的措施的有（　　）。
A.要求申请人交存一定数额的保证金　　B.要求申请人提供抵押
C.要求申请人提供质押　　D.要求申请人提供保证
【答案】ABCD
【解析】开证行可要求申请人交存一定数额的保证金，并可根据申请人资信情况要求其提供抵押、质押、保证等合法有效的担保。

2.保兑。

保兑是指保兑行根据开证行的授权或要求，在开证行承诺之外做出的对相符交单付款、确认到期付款或议付的确定承诺。保兑行自对信用证加具保兑之时起即不可撤销地承担对相符交单付款、确认到期付款或议付的责任。

★【专家一对一】

**保兑相当于汇票的承兑，但二者有一定的区别：承兑必须是无条件的，承兑如附条件，视为拒绝承兑；保兑是附有条件，即承诺对相符交单付款、确认到期付款或议付，反言之，对交单不符的信用证不予付款或议付。**

3.修改。

开证申请人需对已开立的信用证内容修改的，应向开证行提出修改申请，明确修改的内容。

4.通知。

通知行可由开证申请人指定，如开证申请人没有指定，开证行有权指定通知行。通知行可自行决定是否通知。通知行同意通知的，应于收到信用证次日起3个营业日内通知受益人。

【例题·判断题】在国内信用证中，通知行可自行决定是否通知。通知行同意通知的，应于收到信用证次日起5个营业日内通知受益人。（　　）

【答案】错误。

【解析】通知行同意通知的，应于收到信用证次日起3个营业日内通知受益人。

5.转让。

转让是指由转让行应第一受益人的要求，将可转让信用证的部分或全部转为可由第二受益人兑用。可转让信用证只能转让一次。

★【专家一对一】

**转让和票据的背书类似，但票据可以多次背书，且不能部分背书；信用证只能转让一次，信用证金额可以全部转让，也可以部分转让。**

【例题·判断题】国内信用证最多可以转让二次。（　　）

【答案】错误。

【解析】国内信用证最多只能转让一次。

6.议付。

（1）议付指可议付信用证项下单证相符或在开证行或保兑行已确认到期付款的情况下，议付行在收到开证行或保兑行付款前购买单据、取得信用证项下索款权利，向受益人预付或同意预付资金的行为。

（2）信用证未明示可议付，任何银行不得办理议付；信用证明示可议付，如开证行仅指定一家议付行，未被指定为议付行的银行不得办理议付，被指定的议付行可自行决定是否办理议付。

（3）议付行在受理议付申请的次日起5个营业日内审核信用证规定的单据并决定议付的，应在信用证正本背面记明议付日期、业务编号、议付金额、到期日并加盖业务用章。议付行拒绝议付的，应及时告知受益人。

★【专家一对一】

**议付类似于票据的贴现。议付适用于远期付款信用证，如果是即期付款信用证，则不必议付。**

【例题·判断题】信用证未明示不可议付的，任何银行都可以办理议付。（　　）

【答案】错误。

【解析】信用证未明示可议付，任何银行不得办理议付。

7.索偿。

（1）议付行将注明付款提示的交单面函（寄单通知书）及单据寄开证行或保兑行索偿资金。

★【专家一对一】

**信用证本来是应该开证行或保兑行付款的，议付行替开证行或保兑行提前支付了，故可以向开证行或保兑行索偿。**

（2）议付行议付时，必须与受益人书面约定是否有追索权。若约定有追索权，到期不获付款，议付行可向受益人追索。若约定无追索权，到期不获付款，议付行不得向受益人追索，但议付行与受益人约定的例外情况或受益人存在信用证欺诈的情形除外。

★【专家一对一】

**索偿对象：开证行或保兑行；追索对象：受益人。**

8.寄单索款。

（1）受益人委托交单行交单，应在信用证交单期和有效期内填制信用证交单委托书，并提交单据和信用证正本及信用证通知书、信用证修改书正本及信用证修改通知书（如有）。交单行应在收单次日起5个营业日内对其审核相符的单据寄单。

（2）受益人直接交单时，应提交信用证正本及信用证通知书、信用证修改书正本及信用证修改通知书（如有）、开证行（保兑行、转让行、议付行）认可的身份证明文件。

9.付款。

（1）开证行或保兑行在收到交单行寄交的单据及交单面函（寄单通知书）或受益人直接递交的单据的次日起5个营业日内，及时核对是否为相符交单。

（2）单证相符或单证不符但开证行或保兑行接受不符点的，对即期信用证，应于收到单据次日起5个营业日内支付相应款项给交单行或受益人（受益人直接交单时，下同）；对远期信用证，应于收到单据次日起5个营业日内发出到期付款确认书，并于到期日支付款项给交单行或受益人。

（3）若受益人提交了相符单据或开证行已发出付款承诺，即使申请人交存的保证金及其存款账户余额不足支付，开证行仍应在规定的时间内付款。

★【专家一对一】

**和商业汇票规定相同。**

【例题·判断题】信用证受益人提交了相符单据，但申请人交存的保证金及其存款账户余额不足支付的，开证行有权拒绝付款。（ ）

【答案】错误。

【解析】若受益人提交了相符单据或开证行已发出付款承诺，即使申请人交存的保证金及其存款账户余额不足支付，开证行仍应在规定的时间内付款。

10.注销。

（1）信用证注销是指开证行对信用证未支用的金额解除付款责任的行为。

（2）开证行、保兑行、议付行未在信用证有效期内收到单据的，开证行可在信用证逾有效期一个月后予以注销。

（3）其他情况下，须经开证行、已办理过保兑的保兑行、已办理过议付的议付行、已办理过转让的转让行与受益人协商同意，或受益人、上述保兑行（议付行、转让行）声明同意注销信用证，并与开证行就全套正本信用证收回达成一致后，信用证方可注销。

【例题·单选题】下列关于国内信用证的说法中，错误的是（ ）。

A.开证行可要求申请人交存一定数额的保证金，或提供其他形式的担保

B.开证行、保兑行、议付行未在信用证有效期内收到单据的，开证行可在信用证逾有效期一个月后予以注销

C.通知行只能由开证申请人指定

D.可转让信用证可以部分转为由第二受益人兑用

【答案】C

【解析】选项C，通知行可由开证申请人指定，如开证申请人没有指定，开证行有权指定通知行。

## 五、预付卡

（一）预付卡的概念和分类（★★）

1.预付卡，是指发卡机构以特定载体和形式发行的、可在发卡机构之外购买商品或服务的预付价值。预付卡不得具有透支功能。

2.分类

（1）按是否记载持卡人身份信息：记名预付卡和不记名预付卡。

（2）按用途：单用途卡和多用途卡。

单用途卡由商业企业发行，只能在本企业或同品牌的连锁企业购买商品和服务。

多用途卡由专营发卡机构发行，可跨地区、跨行业、跨法人使用。

【例题·判断题】预付卡是指发卡机构以特定载体和形式发行的、可在发卡机构之外购买商品或服务的预付价值。（　　）

【答案】正确。

（二）预付卡的相关规定（★★★）

1.预付卡限额。

预付卡以人民币计价，单张记名预付卡资金限额不超过5 000元，单张不记名预付卡资金限额不超过1 000元。

2.预付卡期限。

记名预付卡应当可挂失，可赎回，不得设置有效期。

不记名预付卡不挂失，不赎回，另有规定的除外。

不记名预付卡有效期不得低于3年，超过有效期尚有余额的预付卡，可以通过延期、激活、换卡方式继续使用。

【例题·单选题】下列关于预付卡的各项表述中，不正确的是（　　）。

A.记名预付卡可挂失，可赎回，不得设置有效期

B.不记名预付卡不挂失，不赎回，另有规定的除外。

C.预付卡的有效期不得低于3年

D.超过有效期尚有资金余额的预付卡，可通过延期、激活、换卡等方式继续使用

【答案】C

【解析】选项C，记名预付卡不得设置有效期，不记名预付卡的有效期不得低于3年

3.预付卡办理。

（1）个人或单位购买记名预付卡或一次性购买不记名预付卡1万元以上的，应当使用实名并提供有效身份证件。

（2）发卡机构应当识别购卡人、单位经办人的身份，核对有效身份证件，登记身份基本信息，并留存有效身份证件的复印件或影印件。

（3）使用实名购买预付卡的，发卡机构应当登记购卡人姓名或单位名称、单位经办人姓名、有效身份证件名称和号码、联系方式、购卡数量、购卡日期、购卡总金额、预付卡卡号及金额等信息。

（4）单位一次性购买预付卡5 000元以上，个人一次性购买预付卡5万元以上的，应当通过银行转账等非现金结算方式购买，不得使用现金。

（5）购卡人不得使用信用卡购买预付卡。

【例题·单选题】（2017）下列关于预付卡的表述中，正确的是（　　）。

A.记名预付卡的有效期最长为3年

B.单张记名预付卡的资金限额不得超过1 000元

C.购卡人可以使用信用卡购买预付卡

D.预付卡以人民币计价，不具有透支功能

【答案】D

【解析】（1）选项A，记名预付卡不得设置有效期，不记名预付卡有效期不得低于3年，故A选项错误；（2）选项 B，单张记名预付卡资金限额不得超过5 000元，单张不记名预付卡资金限额不得超过1 000元，故选项B错误；（3）选项C，购卡人不得使用信用卡购买预付卡，故选项C错误。

4.预付卡充值。

（1）预付卡只能通过现金、银行转账方式充值，不得使用信用卡充值。

（2）一次性充值5 000元以上的，不得使用现金。

★【专家一对一】

**购卡时：单位5 000元以上，个人50 000元以上，不能使用现金。**

（3）预付卡现金充值应当通过发卡机构网点进行，但单张预付卡同日累计现金充值在200元以下

的，可通过自助充值终端、销售合作机构代理等方式充值。

（4）单张预付卡充值后的资金余额不得超过规定限额。

★【专家一对一】

**记名卡的规定限额为5 000元，不记名卡的规定限额为1 000元。**

【例题·判断题】（2018）多用途预付卡可以使用信用卡进行充值。（　　）

【答案】错误。

【解析】预付卡只能通过现金或银行转账方式进行充值，不得使用信用卡为预付卡充值。

5.预付卡使用。

预付卡不得用于或变相用于提取现金；不得用于购买、交换非本发卡机构发行的预付卡、单一行业卡及其他商业预付卡或向其充值；卡内资金不得向银行账户或向非本发卡机构开立的网络支付账户转移。

【例题·单选题】（2015、2017）下列关于预付卡使用的表述中，正确的是（　　）。

A.可在发卡机构拓展、签约的特约商户中使用

B.可用于提取现金

C.可用于购买、交换非本发卡机构发行的预付卡

D.卡内资金可向银行账户转移

【答案】A

【解析】（1）选项B，预付卡“不得用于或变相用于”提取现金，故选项B错误；（2）选项C，预付卡“不得用于”购买、交换非本发卡机构发行的预付卡，故选项C错误；（3）选项D，卡内资金“不得向”银行账户或向非本发卡机构开立的网络支付账户转移，故选项D错误。

6.预付卡赎回。

（1）记名预付卡可在购卡3个月后办理赎回，赎回时，持卡人应出示预付卡及持卡人和购卡人的有效身份证件。由他人代理赎回的，应当同时出示代理人和被代理人的有效身份证件。

（2）单位购买的记名预付卡，只能由单位办理赎回。

7.预付卡发卡机构。

发卡机构必须经中国人民银行核准，取得《支付业务许可证》。

发卡机构必须在商业银行开立备付金专用存款账户存放预付资金，不得挪用、挤占。

【例题·单选题】（2014）预付卡发卡机构必须在商业银行开立备付金账户存放预付资金，并与银行签订存管协议，接受银行对备付金使用情况的监督。根据支付结算法律制度的规定，该备付金账户是（　　）。

A.基本存款账户　　B.一般存款账户　　C.专用存款账户　　D.临时存款账户

【答案】C

【解析】预付卡发卡机构必须在商业银行开立备付金“专用存款账户”存放预付资金，并与银行签订存管协议，接受银行对备付金使用情况的监督。

★【专家一点通】

**记名预付卡vs不记名预付卡**

| | 记名预付卡 | 不记名预付卡 |
|---|---|---|
| 单张资金限额 | 不超过5 000元 | 不超过1 000元 |
| 可否挂失 | 可挂失 | 不可挂失 |
| 可否赎回 | 可赎回 | 不可赎回，另有规定的除外。 |
| 有效期 | 不得设置有效期 | 有效期不得低于3年，超过有效期尚有余额的，可通过延期、激活、换卡方式继续使用 |
| 办理 | 个人或单位购买记名预付卡，应当使用实名并提供有效身份证件。 | 一次性购买不记名预付卡1万元以上的，应当使用实名并提供有效身份证件。 |

★【专家一点通】

信用证的索款、索偿与付款

信用证的索偿、索款与付款，虽然都涉及款项的支付，但款项的支付者不同。

（1）索款，字面意思就是索要款项，是指受益人委托交单行向开证行或保兑行交单或直接向开证行交单，要求开证行支付信用证金额。资金流向：开证行→受益人

（2）索偿，是指议付行向开证行或保兑行索取款项，要求偿还已向受益人议付的信用证金额。因为议付行替开证行或者保兑行将信用证金额给了受益人，而信用证金额本来是应该你开证行或保兑行付款的，所以现在它要求你开证行或者保兑行将信用证金额偿还给它。资金流向：开证行（保兑行）→议付行

（3）付款，是指开证行或保兑行收到交单行转交的或受益人直接提交的单据等，经过审查后付款或确认到期付款。资金流向：开证行（保兑行）→受益人

★【专家一点通】

各种结算工具的比较

| 项　目 | | 使用主体 | 适用地域 | 结算资金的范围 | 可否透支 | 可否支取现金 |
|---|---|---|---|---|---|---|
| 汇兑 | | 单位、个人 | 同城、异地 | 各种款项 | 不能 | 符合条件的可以 |
| 托收承付 | | 特定单位 | 异地 | 特定的商品交易款项 | 不能 | 不能 |
| 委托收款 | | 单位、个人 | 同城、异地 | 各种款项 | 不能 | 不能 |
| 国内信用证 | | 单位 | 同城、异地 | 货物及服务贸易 | 不能 | 不能 |
| 网上支付 | | 单位、个人 | 单位、个人 | 单位、个人 | 不能 | 不能（需要实体资金，先转到银行账户） |
| 预付卡 | | 单位、个人 | 在发卡机构规定的范围内使用 | 各种款项 | 不能 | 不能 |
| 银行卡 | 单位卡 | 单位 | 同城、异地 | 商品交易和劳务供应 | 不能 | 不能 |
| | 个人卡 | 个人 | 同城、异地 | 各种款项 | 信用卡可以 | 可以 |
| 商业汇票 | | 单位 | 同城、异地 | 货物及服务贸易 | 不能 | 不能 |
| 银行汇票 | | 单位、个人 | 同城、异地 | 各种款项 | 不能 | 可以 |
| 支票 | | 单位、个人 | 同城、异地 | 各种款项 | 不能 | 可以 |
| 银行本票 | | 单位、个人 | 同城 | 各种款项 | 不能 | 可以 |

- 结算方式和其他支付工具
  - 汇兑
    - 汇款回单：受理汇款业务的凭据
    - 收账通知：款项收入收款人账户的凭据
    - 汇兑撤销：仅适用于尚未汇出的款项
  - 托收承付
    - 使用限制 — 地域、起点金额、主体、款项限制、合同约定
    - 办理程序
      - 签发
      - 托收：提交相关单证、合同
      - 承付
        - 验单：3天
        - 验货：10天
      - 逾期付款：不足支付部分、作逾期付款处理
  - 委托收款
    - 适用范围：单位、个人；同城、异地；各种款项
    - 签发时必须记故事项
      - 以银行以外单位为付款人的，必须记载该单位开户银行名称
      - 以银行以外单位或在银行开立存款账户的个人为收款人的，必须记载收款人开户银行名称
      - 未在银行开立存款账户的个人为收款人的，必须记载被委托银行名称
    - 付款注意事项
  - 国内信用证
    - 概念
      - 适用范围 — 国内企事业单位之间的货物和服务贸易结算
      - 分类 — 分类
        - 即期
        - 远期
      - 付款期限：最长不得超过1年
    - 当事人 — 8项
    - 使用程序 — 10项
  - 预付卡
    - 分类
      - （1）多用途卡与单用途卡
      - （2）记名卡与不记名卡
    - 相关规定
      - 限额
        - 记名单账不得超过5 000元
        - 不记名单账不得超过1 000元
      - 期限
        - 记名卡可挂失，可赎回，不得设置有效期
        - 记名卡一般不挂失，不赎回
      - 办理
        - 实名制：个人或单位购买记名卡或一次性购买不记名卡1万元以上的，应使用实名
        - 单位一次性购买5 000元以上，个人一次性购买5万元以上，应转账购买
      - 充值 — 充值只能通过现金或转账，不能使用信用卡；一次性5 000以上的，不得使用现金
      - 使用 — 禁止的用途：提取现金、用于购买、交换非本发卡机构的预付卡、单一行业卡及其他商业预付卡或向其充值，卡内资金向银行账户或非本发卡机构开立的网络支付账户转移
      - 赎回 — 时间：购卡后三个月，赎回时，出示预付卡及本人证件.
      - 发卡机构
        - 支付机构
        - 相关规定

# 节 节 测

## 一、单项选择题

1. 下列选项中，不属于签发汇兑凭证必须记载的事项的是（　　）。
A.收款人名称　　B.付款人名称
C.汇款人签章　　D.确定的金额
【答案】B
【解析】签发汇兑凭证必须记载下列事项：表明“信汇”或“电汇”的字样；无条件支付的委托；确定的金额（D）；收款人名称（A）；汇款人名称；汇入地点、汇入行名称；汇出地点、汇出行名称；委托日期；汇款人签章（C）。选项B付款人名称不属于签发汇兑凭证必须记载的事项。

2. 下列关于委托收款的特征的表述中，不符合法律规定的是（　　）。
A.办理委托收款应向银行提交委托收款凭证和有关的债务证明
B.委托收款在同城、异地均可以使用
C.委托收款结算方式单位和个人都可以使用
D.以单位为付款人的，银行应当在当日将款项主动支付给收款人
【答案】D
【解析】选项D，以银行为付款人的，银行应当在当日将款项主动支付给收款人。以单位为付款人的，付款银行应及时通知付款人，付款人接到通知后应及时通知银行付款，而不是由银行直接付款。

3. 小朱到发卡机构一次性购买6万元不记名预付卡，则下列各项中，属于发卡机构办理该业务不正确的做法的是（　　）。
A.要求小朱实名购买
B.留存小朱有效身份证件的复印件
C.要求小朱使用现金购买
D.登记小朱的购卡数量和购卡总金额
【答案】C
【解析】选项C，个人一次性购买预付卡5万元以上的，通过银行转账等非现金结算方式购买，不得使用现金。

## 二、多项选择题

1. 王某一次性购买6万元的预付卡，下列支付方式中，王某不得使用的有（　　）。
A.转账支票　B.现金　C.信用卡　D.借记卡
【答案】BC
【解析】单位一次性购买预付卡5 000元以上，个人一次性购买预付卡5万元以上的，应当通过银行转账等非现金结算方式购买，不得使用现金；购卡人不得使用信用卡购买预付卡。故王某不能使用现金和信用卡购买预付卡，正确答案是BC。

2. 下列各项关于预付卡充值的表述中，正确的有（　　）。
A.预付卡只能通过现金、银行转账方式充值
B.预付卡可以使用信用卡充值
C.预付卡一次性充值5 000元以上的，不得使用现金
D.预付卡现金充值应当一律通过发卡机构网点进行
【答案】AC
【解析】（1）选项AB，“预付卡只能通过现金、银行转账方式充值，不得使用信用卡充值”，故选项A正确，B错误；（2）选项C，正确；（3）选项D，“预付卡现金充值应当通过发卡机构网点进行，但单张预付卡同日累计现金充值在200元以下的，可通过自助充值终端、销售合作机构代理等方式充值”，故选项D错误。

## 三、判断题

1. 汇出银行受理汇款人签发的汇兑凭证，向汇入银行办理汇款后，应向汇款人签发收账通知。（　　）
【答案】错误。
【解析】汇出银行受理汇款人签发的汇兑凭证，向汇入银行办理汇款后，应向汇款人签发“汇款回单”

2. 劳务供应款项可以单独办理托收承付结算。（　　）
【答案】错误。
【解析】劳务供应款项不能单独办理托收承付结算。因商品交易附带产生的劳务供应款项才可以与商品交易款项一并办理托收承付结算。

3. 付款人在承付期内，未向银行表示拒付，银行应视作付款人拒绝承付。（　　）
【答案】错误。
【解析】付款人在承付期内，未向银行表示拒付，银行即视作承付，并在承付期满的次日（遇法定休假日顺延）上午银行开始营业时，将款项划给收款人。

4. 委托收款结算方式下，银行在办理划款时，付款人存款账户不足支付的，付款人开户银行应向收款人发出未付款项通知书。（　　）
【答案】错误。
【解析】不是付款人开户银行直接向收款人发出通知，而是通过“被委托银行”向收款人发出通知。

5. 信用证受益人可以直接将国内信用证转让给他人。（　　）
【答案】错误。
【解析】转让是指由转让行应第一受益人的要求，将可转让信用证的部分或全部转为可由第二受益人兑用。不是由受益人直接转让，而是由转让行应第一受益人的要求转让。

6. 信用证明示可议付的，开证行指定的议付行的可自行决定是否办理议付。（　　）
【答案】正确。

7. 某预付卡发卡机构发行的不记名预付卡设置的有效期为5年。该做法正确。（　　）
【答案】正确。
【解析】不记名预付卡有效期不得低于3年，设置5年的有效期符合法律规定。

8. 预付卡卡内资金可向非本发卡机构开立的网络支付账户转移 。（　　）
【答案】错误。
【解析】卡内资金不得向银行账户或向非本发卡机构开立的网络支付账户转移。

9. 小张用信用卡支付了1 000元，以个人名义购买了一张不记名预付卡，支付机构要求其出具个人身份证件。该做法正确。（　　）
【答案】错误。
【解析】个人一次性购买不记名预付卡未超过10 000元，不需要出具身份证件。但是小张使用信用卡购买，不符合规定，因为购卡人不能使用信用卡购买预付卡。

# 第七节 结算纪律与法律责任

## 一、结算纪律

（一）单位和个人办理支付结算应遵守的结算纪律（★）

1.不准签发无资金保证的票据或远期支票，套取银行信用。

2.不准签发、取得和转让没有真实交易和债权债务的票据，套取银行和他人资金。

3.不准无理拒绝付款，任意占用他人资金。

4.不准违反规定开立和使用账户。

（二）银行办理支付结算应遵守的结算纪律（★★）

1.不准以任何理由压票、任意退票、截留挪用客户和他行资金。

2.不准无理拒绝支付应由银行支付的票据款项。

3.不准受理无理拒付、不扣少扣滞纳金。

4.不准违章签发、承兑、贴现票据，套取银行资金。

5.不准签发空头银行汇票、银行本票和办理空头汇款。

6.不准在支付结算制度之外规定附加条件，影响汇路畅通。

7.不准违反规定为单位和个人开立账户。

8.不准拒绝受理、代理他行正常结算业务。

【例题·单选题】（2017）下列关于结算纪律的各项表述中，正确的是（　　）。

A.银行办理支付结算，不得以任何理由压票

B.单位和个人办理支付结算，不得以任何理由拒绝付款

C.银行办理支付结算，可以在支付结算制度之外附加条件

D.单位和个人办理支付结算，可以签发无资金保证的票据

【答案】A

【解析】（1）选项B，不准"无理"拒绝支付应由银行支付的票据款项，是不准无理拒付，而不是不得以任何理由拒付，比如签发的空头支票，就应该拒付；（2）选项C，不准在支付结算制度之外规定附加条件，影响汇路畅通，故选项C错误；（3）选项D，单位和个人办理支付结算，不准签发没有资金保证的票据或远期支票，套取银行信用，故选项D正确。

## 二、违反支付结算法律制度的法律责任

（一）签发空头支票、印章与预留签章不符，未构成犯罪的法律责任（★★★）

1.签发空头支票或签发与其预留签章不符的支票，不以骗取财物为目的的，由中国人民银行处以票面金额5%但不低于1 000元的罚款；持票人有权要求出票人赔偿支票金额2%的赔偿金。

★【专家一对一】

**（1）由人民银行罚款，不是由其开户银行罚款，开户银行属于商业银行，无行政处罚权。**

**（2）罚款有最低限额，最低1 000元，赔偿无最低限额。**

2.屡次签发空头支票的，银行停止为其办理支票或全部支付结算业务。

【例题·单选题】（2013、2016）甲公司向乙公司签发金额为200 000元的支票，用于支付货款，乙公司按期提示付款时被告知甲公司在付款人处实有的存款金额仅为100 000元，乙公司有权要求甲公司支付的赔偿金是（　　）。

A.100 000×5%＝5 000元

B.100 000×2%＝2 000元

C.200 000×5%＝10 000元

D.200 000×2%＝4 000元

【答案】D

【解析】赔偿金按票面金额的2%计算，故正确答案是选项D。

（二）无理拒付，占用他人资金的法律责任（★）

1.商业承兑汇票的付款人对见票即付或到期的票据，故意压票、退票、拖延支付的，根据票据金额按

照压票、拖延支付的期间每日万分之七罚款。

2.银行机构违反票据承兑等结算业务规定，不予兑现，不予收付入账，压单、压票或违反规定退票的，由国务院银行业监督管理机构责令改正，有违法所得的，没收违法所得，违法所得5万元以上的，处违法所得1倍以上5倍以下罚款；没有违法所得或违法所得不足5万元的，处5万元以上50万元以下罚款。

（三）违反账户规定行为的法律责任（★★）

表3-7　违反账户规定行为的法律责任

| 违法类型 | 具体行为 | 法律责任 |
| --- | --- | --- |
| 开立、撤销银行账户违反规定 | （1）违反规定开立银行结算账户<br>（2）伪造、变造证明文件欺骗银行开立银行结算账户<br>（3）违反规定不及时撤销银行结算账户 | （1）非经营性存款人：警告+1 000元罚款<br>（2）经营性存款人：警告+1万元以上3万元以下罚款<br>（3）构成犯罪的，依法追究刑事责任 |
| | （4）伪造、变造、私自印制开户登记证 | （1）非经营性存款人：1 000元罚款<br>（2）经营性存款人：1万元以上3万元以下罚款<br>（3）构成犯罪的，依法追究刑事责任 |
| 违法使用银行结算账户 | （1）违反规定将单位款项转入个人银行结算账户<br>（2）违反规定支取现金<br>（3）利用开立银行结算账户逃废银行债务<br>（4）出租、出借银行结算账户<br>（5）从基本存款账户之外的银行结算账户转账存入、将销货收入存入或现金存入单位信用卡账户 | （1）非经营性存款人：警告+1 000元罚款<br>（2）经营性存款人：警告+5 000元以上3万元以下罚款 |
| | （6）法定代表人或主要负责人、存款人地址及其他开户资料的变更事项未在规定期限内通知银行 | 警告+1 000元罚款 |

（四）票据欺诈等行为的法律责任（★）

伪造、变造票据、托收凭证、汇款凭证、信用证，伪造信用卡等；或使用伪造、变造的票据的；签发空头支票或故意签发与其预留的本名签名式样或印鉴不符的支票，骗取财物的；签发无可靠资金来源的汇票、本票，骗取资金的；汇票、本票的出票人在出票时作虚假记载，骗取财物的；冒用他人的票据，或故意使用过期或作废的票据，骗取财物的；付款人同出票人、持票人恶意串通，实施前六项所述行为之一的，依法追究刑事责任。

其中，伪造、变造票据、托收凭证、汇款凭证、信用证，伪造信用卡的，处5年以下有期徒刑或拘役，并处或单处2万元以上20万元以下罚金；情节严重的，处5年以上10年以下有期徒刑，并处5万元以上50万元以下罚金；情节特别严重的，处10年以上有期徒刑或无期徒刑，并处5万元以上50万元以下罚金或没收财产。

有下列情形之一，妨害信用卡管理的，处3年以下有期徒刑或拘役，并处或单处1万元以上10万元以下罚金；数量巨大或其他严重情节的，处3年以上10年以下有期徒刑，并处2万元以上20万元以下罚金：明知是伪造的信用卡而持有、运输的，或明知是伪造的空白信用卡而持有、运输，数量较大的；非法持有他人信用卡，数量较大的；使用虚假的身份明骗领信用卡的；出售、购买、为他人提供伪造的信用卡或以虚假的身份证明骗领的信用卡的；窃取、收买或非法提供他人信用卡信息资料的。

有下列情形之一，进行信用卡诈骗活动，数额较大的，处5年以下有期徒刑或拘役，并处2万元以上20万元以下罚金；数额巨大或其他严重情节的，处5年以上10年以下有期徒刑，并处5万元以上50万元以下罚金；数额特别巨大或其他特别严重情节的，处10年以上有期徒刑或无期徒刑，并处5万元以上50万元以下罚金或没收财产：使用伪造的信用卡，或使用以虚假的身份证明骗领的信用卡的；使用作废的信用卡的；冒用他人信用卡的；恶意透支的。

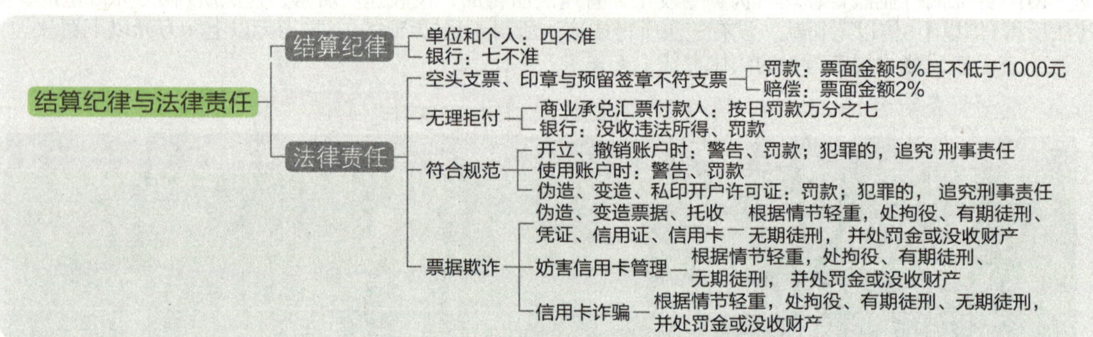


# 节 节 测

## 一、单项选择题

1. 下列关于经营性存款人违反账户结算的行为中，适用给予警告并处以5 000元以上3万元以下罚款的是（　　）。

A.出租、出借银行结算账户

B.违反规定不及时撤销银行结算账户

C.伪造、变造开户许可证

D.伪造、变造证明文件欺骗银行开立结算账户

【答案】A

【解析】（1）选项BD，对经营性存款人给予警告并处以1万元以上3万元以下的罚款；（2）选项C，对经营性存款人处以1万元以上3万元以下的罚款。

2. 关于银行结算账户管理的下列表述中，不正确的是（　　）。

A.存款人可以出借银行结算账户

B.存款人应当以实名开立银行结算账户

C.存款人不得利用银行结算账户洗钱

D.存款人不得出租银行结算账户

【答案】A

【解析】存款人应当按照账户管理规定使用银行结算账户办理结算业务，“不得出租、出借银行结算账户”，不得利用银行结算账户套取银行信用或进行洗钱活动。

## 二、多项选择题

1. 人民银行应当对当事人签发或转让的下列票据支票，处以罚款的有（　　）。

A.空头支票

B.印鉴与预留签章不符的支票

C.支付密码错误的支票

D.背书不连续的支票

【答案】AB

【解析】（1）选项AB，“签发空头支票或签发与其预留签章不符的支票，不以骗取财物为目的的，由中国人民银行处以票面金额5%但不低于1 000元的罚款；持票人有权要求出票人赔偿支票金额2%的赔偿金”。（2）选项CD，退票即可，不处罚款。

## 三、判断题

1. 甲公司出纳人员因工作失误，签发了一张票面金额10 000元的空头支票，则应由中国人民银行处以500元罚款。（　　）

【答案】错误。

【解析】10 000的5%是500元，最低罚款额是1 000元，故应处罚款1 000元。

2. 商业承兑汇票的付款人对见票即付或到期的票据，故意压票、退票、拖延支付的，根据票据金额按照压票、拖延支付的期间每日万分之七罚款。（　　）

【答案】正确。

3. 伪造、变造票据，情节严重的，处5年以上10年以下有期徒刑，并处5万元以上50万元以下罚金。（　　）

【答案】正确。

4. 伪造信用卡的，情节特别严重的，处10年以上有期徒刑或无期徒刑并处5万元以上50万元以下罚金或没收财产。（　　）

【答案】正确。

# 章章练

## 一、单项选择题

1. 支付结算不能使用的结算方式是（　　）。
A.票据　　B.信用卡　　C.托收承付　D.现金
2. 单位、银行在票据和结算凭证上的签章应是该单位、银行的盖章加（　　）。
A.会计师的签章
B.会计的签章
C.审核人员的签章
D.法定代表人或其授权的代理人的签章
3. 某单位于2018年6月19日开出一张支票，下列有关支票日期的写法中符合要求的有（　　）。
A.贰零壹捌年六月拾玖日
B.贰零壹捌年六月壹拾玖日
C.贰零壹捌年陆月拾玖日
D.贰零壹捌年陆月壹拾玖日
4. 下列关于银行结算账户的说法中，正确的是（　　）。
A.银行结算账户既包括人民币存款结算业务，也包括外币存款结算业务
B.银行结算账户属于单位定期存款账户
C.银行结算账户不同于储蓄账户
D.银行结算账户仅限于单位存款人结算开立
5. 下列存款人，不得开立基本存款账户的是（　　）。
A.非法人企业
B.异地临时机构
C.异地常设机构
D.单位设立的独立核算的附属机构
6. 关于基本存款账户的下列表述中，不正确的是（　　）。
A.基本存款账户可以办理现金支取业务
B.一个单位只能开立一个基本存款账户
C.单位设立的非独立核算的附属机构可以开立基本存款账户
D.基本存款账户是存款人的主办账户
7. 下列关于一般存款账户的表述中，不正确的是（　　）。
A.一般存款账户是存款人在基本存款账户开户银行以外的银行营业机构开立的银行结算账户
B.一般存款账户是与基本存款账户的存款人不在同一地点的单位办理异地借款和其他结算需要开立的账户
C.存款人可以通过一般存款账户办理转账结算和现金缴存，但不得办理现金支取
D.一般存款账户是存款人的主要存款账户
8. 江星有限责任公司在工商银行A市支行开立了基本存款账户，现因经营需要向建设银行B分行申请贷款100万元，经审查同意办理贷款，其应在B分行开立（　　）。
A.基本存款账户　　B.一般存款账户
C.临时存款账户　　D.个人银行结算账户
9. 下列各项中，属于商业承兑汇票的付款人是（　　）。
A.合同中应给付款项的一方当事人
B.承兑银行
C.出票人的开户银行
D.出票人
10. 下列各项中，属于银行承兑汇票的付款人是（　　）
A.合同中应给付款项的一方当事人
B.承兑银行
C.出票人的开户银行
D.出票人
11. 下列各项中不属于支票基本当事人的有（　　）。
A.出票人　B.付款人　C.承兑人　D.收款人
12. 接受汇票出票人的付款委托同意承担付款票款义务的人，是（　　）。
A.被背书人　B.背书人　C.承兑人　D.保证人
13. 在转让票据时，在票据背面签字或盖章，并将该票据交付给受让人的票据收款人或持有人称为（　　）。
A.承兑人　B.背书人　C.被背书人　D.保证人
14. 甲公司持有一张商业汇票，到期委托开户银行向承兑人收取票款。甲公司行使的票据权利是（　　）。
A.付款请求权　　B.利益返还请求权
C.票据追索权　　D.票据返还请求权
15. 下列关于票据背书的表述中，正确的是（　　）。
A.以背书转让的票据，背书应当连续
B.背书时附有条件的，背书无效
C.委托收款背书的被背书人可再以背书转让票据权利
D.票据上第一背书人为出票人
16. 乙公司持有出票人为甲公司的汇票，乙公司在与丙公司交易时以汇票支付。乙公司请丁公司为该汇票作保证，丁公司在汇票背书栏签注“若乙丙公司之间合同真实有效，本公司愿意保证”。后经了解乙丙公司之间的合同无效。根据票据法律制度的规定，下列表述中，正确的是（　　）。
A.丁公司应承担一定赔偿责任
B.丁公司只承担一般保证责任，不承担票据保证责任
C.丁公司应当承担票据保证责任
D.丁公司不承担任何责任
17. 下列关于银行本票的表述中，不正确的是（　　）。
A.银行本票的付款人见票时必须无条件付款给持票人
B.持票人超过提示付款期限不获付款的，可向出票银行请求付款
C.银行本票不可以背书转让
D.注明“现金”字样的银行本票可以用于支取现金
18 .下列结算方式中，仅适用于单位之间款项结算的是（　　）。
A.电汇　　B.信汇　　C.委托收款　D.托收承付
19. 下列关于票据提示付款期限的表述中，不正确的是（　　）。
A.银行汇票的提示付款期限为自出票日起1个月
B.商业汇票的提示付款期限为自出票日起10日
C.银行本票的提示付款期限为自出票日起最长不得超过2个月
D.支票的提示付款期限为自出票日起10日
20. 下列各种银行卡中，属于发卡银行给予持卡人一定的信用额度，持卡人可在信用额度内先消费、后还款的是（　　）。
A.转账卡　B.专用卡　C.贷记卡　D.储值卡
21. 下列关于信用卡透支利率及利息管理的各项表述

中，不正确的是（ ）。
A.透支的计结息方式由发卡机构自主确定
B.透支的利率标准由发卡机构与申请人协商确定
C.透支利率实行下限管理
D.透支利率实行上限管理

22.下列各项中，属于汇款人撤销汇兑时不需要出具的证件或凭据的是（ ）
A.正式函件 B.本人身份证件
C.原信汇、电汇回单 D.收账通知

23.下列结算方式中，仅适用于单位之间款项结算的是（ ）。
A.电汇 B.信汇 C.委托收款 D.托收承付

24.个人或单位购买记名预付卡或一次性购买不记名预付卡达到一定金额以上的，应当使用实名并提供有效身份证件。下列各项中，属于该“一定金额”的是（ ）。
A.1 000元 B.5 000元 C.10 000元 D.50 000元

## 二、多项选择题

1.下列非现金支付工具中，属于票据结算的有（ ）。
A.银行卡 B.支票 C.汇兑 D.汇票

2.关于填写票据的表述正确的有（ ）。
A.收款人名称不得记载规范化简称
B.出票日期须使用中文大写
C.金额应以中文大写和阿拉伯数码同时记载，且二者须一致
D.收款人名称填写错误的应由原记载人更正，并在更正处签章证明

3.下列各项中，可以支取现金的有（ ）。
A.基本存款账户 B.一般存款账户
C.临时存款账户 D.单位银行卡账户

4.下列各项中，属于票据特征的有（ ）。
A.票据是债券凭证和金钱凭证
B.票据是设权证券
C.票据是文义证券
D.票据权利与票据可分离

5.根据票据法的规定，下列各项中，可以行使付款请求权的有（ ）。
A.票据记载的收款人
B.最后的被背书人
C.代为清偿票据债务的保证人
D.代为清偿票据债务的背书人

6.根据票据法的规定，下列各项中，可以行使追索权的有（ ）。
A.票据记载的收款人
B.最后的被背书人
C.代为清偿票据债务的保证人
D.代为清偿票据债务的背书人

7.票据持有人不得享有票据权利的情形有（ ）。
A.以欺诈、偷盗、胁迫等手段取得票据的
B.明知前手欺诈、偷盗、胁迫等手段取得票据而出于恶意取得票据的
C.因重大过失取得不符合《票据法》规定的票据
D.自合法取得票据的前手处因赠与取得票据的

8.下列选项关于票据权利丧失补救的表述中，正确的是（ ）。
A.申请公示催告必须先申请挂失止付
B.办理挂失止付应有确定的付款人，因此未填明代理付款人的银行汇票不得挂失止付
C.利害关系人因正当理由不能在判决前向人民法院申报的，自知道或者应当知道判决公告之日起1年内，可以向作出判决的人民法院起诉
D.公示催告可以在当地晚报上刊发

9.下列各项中，属于不得进行的背书的有（ ）。
A.将票据金额分别转让给两人以上的背书
B.将票据金额转让给一个人的背书
C.出票人记载“不得转让”的，其后手再背书转让
D.背书人在汇票上记载不得转让字样，其后手再背书转让的

10.下列关于汇票背书的说法中正确的有（ ）。
A.第一位使用粘单的被背书人应在汇票和粘单的粘接处签章
B.如果背书实质不连续付款人应拒绝付款
C.超过提示付款期限的汇票不得背书转让
D.背书必须连续

11.票据追索时，可以追索的金额主要有（ ）。
A.汇票金额
B.票据金额从到期日或者提示付款日起至清偿日止，按照中国人民银行规定的利率计算的利息
C.取得有关拒绝证明和发出通知书的费用
D.持票人的各类损失

12.下列各项中，属于无效票据的有（ ）。
A.出票时未记载收款人名称的支票
B.金额中文大写与阿拉伯数码不一致的银行本票
C.企业自行印制并签发的商业汇票
D.出票后更改收款人名称的银行汇票

13.下列账户中，可以支取现金的有（ ）。
A.基本存款账户 B.一般存款账户
C.临时存款账户 D.单位人民币卡

14.下列各项关于银行卡风险控制的表述中，正确的有（ ）。
A.借记卡持卡人通过ATM机办理现金提取业务，每卡每日累计不得超过人民币1万元
B.信用卡持卡人通过ATM机办理现金提取业务，每卡每日累计不得超过人民币2万元
C.发卡机构可自主确定是否提供现金充值服务，并与持卡人协议约定每卡每日限额
D.储值卡面值或卡内币值不得超过1 000元

15.下列各项中，属于违反支付结算法律制度的行为的有（ ）。
A.出票人签发无资金保证的汇票、本票
B.出票人签发空头支票
C.出租、出借银行结算账户
D.银行对到期的票据故意压票、拖延支付的

## 三、判断题

1.对票据和结算凭证上除出票金额、出票日期、收款人名称以外的记载事项，任何人都可以更改，但需要由更改人在更改处签章证明。（ ）

2.个人可以通过开立的Ⅰ类银行账户存取现金。（ ）

3.背书时，背书人和被背书人都必须在票据背面或粘单上记载有关事项并签章。（ ）

4.张三将一张汇票赠送给李四，则李四享有和张三同样的票据权利。（ ）

5.甲公司收到乙公司签发的一张支票，该支票记载了“不得转让”字样。该记载事项不影响甲公司将该

支票背书转让。（　　）

6. 电子商业汇票贴现必须记载的事项中包括贴入人名称及贴入人签章。（　　）

7. B2C网上支付，属于企业网上银行的业务。（　　）

8. 汇出银行向汇款人签发的汇款回单是银行将款项确已转入收款人账户的凭据。（　　）

9. 国有企业甲公司采购国有企业乙公司一批家电，价值10万元，乙公司代为运输，运输费1万元。如双方采用托收承付结算方式结算，则结算的费用是10万元，1万元的运输费用不能使用托收承付方式结算，因为运输费用属于劳务供应款项。（　　）

10. 发卡机构必须在商业银行开立备付金专用存款账户存放预付资金，并与银行签订存管协议，接受银行对备付金使用情况的监督。（　　）

## 四、不定项选择题

（一）【材料1】甲公司申请出票银行（丁银行）签发一张银行汇票，出票日期为2013年2月5日，金额为50万元，收款人为乙银行。甲公司交给乙银行时填写实际结算金额为45万元。2月8日，乙银行向丙公司购买50万元的货物，将该汇票背书转让给丙公司。

要求：根据上述资料，不考虑其他因素，分析回答下列小题。

1. 签发银行汇票时必须记载的事项包括（　　）。
A.出票日期　　B.出票银行签章
C.收款人名称　　D.出票金额

2. 关于多余5万元的处理，下列表述正确的是（　　）。
A.多余5万元由乙银行退交甲公司
B.多余5万元由乙银行退交丙公司
C.多余5万元由丁银行退交甲公司
D.多余5万元由丁银行退交丙公司

3. 关于乙银行和丙公司之间的货物买卖，下列表述正确的是（　　）。
A.差5万元，由乙银行向丙公司签发银行本票支付
B.差5万元，由乙银行向丙公司签发支票
C.该银行汇票应按出票金额50万元支付
D.因实际结算金额低于应付货款，该银行汇票不能用于向丙公司结算货款

4. 该银行汇票的提示付款期限截止日期为（　　）。
A.2013年4月5日　　B.2013年3月5日
C.2013年2月8日　　D.2013年2月15日

（二）【材料2】2015年3月4日，甲公司为履行与乙公司的货物买卖合同，签发一张商业汇票交付乙公司。汇票收款人为乙公司，由Q银行承兑，到期日为9月4日。7月9日，乙公司财务人员不慎将该汇票丢失，于当日同时申请挂失止付和公示催告。7月10日，法院通知Q银行停止支付并发出公告，公告期间为自公告之日起60日。

丙公司法定代表人张某捡到该汇票并自行在票据上记载丙公司为被背书人。9月5日，丙公司向Q银行提示付款。

要求：根据上述资料，不考虑其他因素，分析回答下列小题。

1. Q银行承兑时必须在汇票上记载的事项是（　　）。
A.Q银行住所　　B."承兑"字样
C.承兑日期　　D.Q银行签章

2. 下列当事人中，属于该汇票债务人的是（　　）。
A.乙公司　B.甲公司　C.丙公司　D.Q银行

3. 乙公司申请挂失止付，挂失止付通知书应记载的事项是（　　）。
A.乙公司的名称、营业场所或者住所以及联系方式
B.该汇票的种类、号码、金额
C.该汇票丧失的时间、地点、原因
D.该汇票的出票日期、付款日期、收款人名称、付款人名称

4. 关于该汇票付款责任的下列表述中，正确的是（　　）。
A.丙公司是持票人，Q银行应予付款
B.乙公司丢失票据，丧失票据权利，Q银行不应向乙公司付款
C.乙公司是票据权利人，在法院作出除权判决并公告后，Q银行应向乙公司付款
D.Q银行应向丙公司付款，但需请求法院提前结束公示催告程序

（三）【材料3】2015年1月张某为方便投资理财、网上购物等需求到P银行办理一张借记卡，并开通网上银行业务转入到期存款20万元；

2016年2月张某在P银行申领一张信用卡用于日常生活消费；

2016年8月，因女儿李某（15周岁）即将到外地上学，为方便其学习生活，张某拟为李某申办一张信用卡，到Q银行咨询相关事宜；

2017年3月，张某的信用卡丢失，因担心被盗刷，遂申请销户。

要求：根据上述资料，不考虑其他因素，分析回答下列小题。

1. 张某通过网上银行可以办理的业务是（　　）。
A.向李某的银行结算账户转账
B.向张某的股票投资账户转账
C.在某网站购物时向商家支付货款
D.为张某的信用卡消费还款

2. 张某使用其信用卡可以办理的业务包括（　　）。
A.通过银行柜面业务提取现金
B.将该卡预借现金额度内的资金均转到张某本人的银行结算账户
C.通过ATM等自助机提取现金
D.将该卡预借现金额度内的资金划到李某的银行结算账户

3. 关于张某为女儿李某申办信用卡的下列表述中，符合法律规定的是（　　）。
A.张某可以以自己的名义再办一张信用卡交由李某使用
B.李某申办信用卡需要父母提供相关担保
C.张某出示本人和李某的身份证即可为李某办理信用卡
D.李某不符合信用卡申领条件，不得申领

4. 关于张某信用卡销户事项表述中，符合法律规定的是（　　）。
A.张某须还清该卡的全部透支利息
B.张某须还清该卡的全部交易款项
C.P银行受理注销之日起45日后，该卡账户方能清户
D.P银行应收取该卡的销户手续费

# 章章练参考答案及解析

## 一、单项选择题

1.【答案】D
【解析】支付结算是指“转账结算”，不包括使用现金。
2.【答案】D
【解析】单位、银行在票据和结算凭证上的签章，为该单位、银行的盖章，加其法定代表人或其授权的代理人的签名“或者”盖章。
3.【答案】D
【解析】在填写月、日时，月为壹、贰和壹拾的，日为壹至玖和壹拾、贰拾和叁拾的，应当在其前加“零”；日为拾壹至拾玖的，应当在其前加“壹”。
4.【答案】C
【解析】（1）选项A，银行结算账户只包括人民币存款结算业务，不包括外币存款结算业务。
5.【答案】B
【解析】选项B，应申请开立“临时存款账户”。
6.【答案】C
【解析】（1）选项ABD，基本存款账户是存款人的主办账户，一个单位只能开立一个基本存款账户；存款人的日常经营活动的资金收付及其工资、奖金和现金支取，应通过基本存款账户办理。（2）选项C，单位设立的独立核算的附属机构，包括食堂、招待所、幼儿园，可以申请开立基本存款账户。
7.【答案】D
8.【答案】B
9.【答案】A
10.【答案】B
11.【答案】C
12.【答案】C
13.【答案】B
14.【答案】A
【解析】持票人行使的第一顺序的权利是付款请求权。
15.【答案】A
【解析】（1）选项B，背书时附有条件的，所附条件不具有票据上的效力，背书有效；（2）选项C，委托收款背书的被背书人不得再以背书转让票据权利；（3）选项D，票据上的第一背书人为票据收款人。
16.【答案】C
【解析】保证不得附有条件，附有条件的，条件无效，保证有效。
17.【答案】C
【解析】选项C，银行本票的收款人可以将银行本票背书转让给被背书人。
18.【答案】D
【解析】（1）选项ABC，汇兑（包括信汇和电汇）、委托收款、银行汇票、银行本票、支票，单位和个人均可使用；（2）选项D，国内信用证、托收承付、商业汇票，个人不能使用。
19.【答案】B
【解析】商业汇票的提示付款期限为自到期日起10日。
20.【答案】C
【解析】（1）选项C，贷记卡是指发卡银行给予持卡人一定的信用额度，持卡人可在信用额度内先消费、后还款的信用卡，故本题正确选项是C；（2）选项ABD，都属于借记卡，无信用额度，不能透支。
21.【答案】B
【解析】信用卡透支的利率标准由发卡机构自主确定，故选项B表述错误。
22.【答案】D
【解析】（1）选项ABC，汇款人对汇出银行尚未汇出的款项可以申请撤销。申请撤销时，应出具正式函件（A）或本人身份证件（B）及原信汇、电汇回单（C）；（2）选项D，收账通知是款项确已转入收款人账户的证明，如果款项已经转入收款人账户，则不能撤销汇兑，故选项D不需要出具。
23.【答案】D
【解析】托收承付仅使用单位，个人不能使用。
24.【答案】C
【解析】选项C，个人或单位购买记名预付卡或一次性购买不记名预付卡1万元以上的，应当使用实名并提供有效身份证件。

## 二、多项选择题

1.【答案】BD
【解析】非现金支付工具，主要包括“三票一卡”和结算方式，“三票一卡”是指汇票、支票、本票和银行卡，结算方式包括汇兑、托收承付和委托收款。选项A属于非现金支付工具中的银行卡；选项B属于非现金支付工具中的票据；选项C属于结算方式。
2.【答案】BC
3.【答案】AC
【解析】（1）选项B，一般存款账户可以办理现金缴存，但不得办理现金支取；（2）选项D，单位银行卡账户不得办理现金收付业务。
4.【答案】ABC
5.【答案】AB
6.【答案】ABCD
7.【答案】ABC
【解析】取得票据不享有票据权利的情形：（1）以欺诈、偷盗或者胁迫等手段取得票据的，或者明知有上述情形，出于恶意取得票据的；（2）持票人因重大过失取得不符合《票据法》规定的票据的。
8.【答案】BC
【解析】选项A错误，挂失止付不是公示催告的必经程序；选项D错误，公告在全国性的报刊刊登。
9.【答案】AC
10.【答案】CD
【解析】（1）A错误，第一位使用粘单的背书人都应在汇票和粘单的粘接处签章；（2）选项B错误：背书形式连续，付款人就应当付款；背书形式不连续，付款人应拒绝付款。

11.【答案】ABC

【解析】追索金额包括汇票金额、利息和费用，但不包括持票人的间接损失。

12.【答案】BCD

【解析】选项A，支票的金额和收款人名称，可以由出票人授权补记，出票时未记载并不导致支票无效。

13.【答案】AC

【解析】（1）选项A，基本存款账户可以支取现金；（2）选项B，一般存款账户可以缴存现金，但不得支取现金；（3）选项C，临时存款账户可以支取现金，但应当按国家现金管理的规定办理；（4）选项D，单位人民币卡可办理商品交易和劳务供应款项的结算，但不得支取现金。

14.【答案】CD

【解析】（1）选项A，不能超过2万元；（2）选项B，不能超过1万元。

15.【答案】ABCD

## 三、判断题

1.【答案】错误。

【解析】对票据和结算凭证上除出票金额、出票日期、收款人名称以外的记载事项，“原”记载人可以更改，更改时应当由原记载人在更改处“签章”证明。

2.【答案】正确。

3.【答案】错误。

【解析】票据背书时，“背书人”在票据背面或粘单上记载有关事项并签章。

4.【答案】错误。

【解析】李四因赠与依法无偿取得票据，李四享有票据权利，但李四所享有的票据权利不得优于其前手张三的票据权利。

5.【答案】错误。

【解析】出票人记载“不得转让”的，票据不得背书转让。

6.【答案】错误。

【解析】电子商业汇票贴现必须记载的事项中包括贴入人名称及贴出人签章。

7.【答案】错误。

【解析】B2C网上支付，属于“个人网上银行”的业务。

8.【答案】错误。

【解析】汇款回单是汇出银行受理汇款的凭据，收账通知是银行将款项确已收入收款人账户的凭据。

9.【答案】错误。

【解析】运输费用虽然属于劳务供应款项，单独的劳务供应款项不能使用托收承付方式结算，但该笔运输费用是因为商品交易行为附带产生的，可以和商品价款10万元一起办理托收承付结算。

10.【答案】正确。

## 四、不定项选择题

（一）【答案】1.ABCD；2.C；3.AB；4.B

【解析】

1.签发银行汇票必须记载下列事项：表明“银行汇票”的字样；无条件支付的承诺；出票金额；付款人名称；收款人名称；出票日期；出票人签章。

2.银行汇票的实际结算金额低于出票金额的，其多余金额由出票银行（丁银行）退交申请人（甲公司）。

3.银行汇票的背书转让以不超过出票金额的实际结算金额为准。本题中，乙银行将实际结算金额为45万元的银行汇票背书转让给丙公司时，丙公司取得的票据权利为45万元，对于不足的5万元，债务人乙银行可以选择签发银行本票或者支票的方式向债权人丙公司另行支付。

4.银行汇票的提示付款期限自出票日（2013年2月5日）起1个月，不计大小月，对月对日，因此，提示付款期限截止日期为2013年3月5日。

（二）【答案】1.BD；2.BD；3.ABCD；4.C

【解析】

1.“承兑”字样、承兑人签章，属于承兑行为的必须记载事项。

2.由于丙公司无对价取得票据，不享有票据权利，该汇票的票据权利人仍为乙公司；出票人甲公司和承兑人Q银行应当承担票据责任，属于票据债务人。

3.挂失止付通知书应当记载下列事项：①票据丧失的时间、地点、原因（选项C）；②票据的种类、号码、金额、出票日期、付款日期、收款人名称、付款人名称（选项BD）；③挂失止付人的姓名、营业场所或者住所以及联系方式（选项A）。

4.（1）选项AD，丙公司无对价取得票据，不享有票据权利，且丙公司提示付款时尚在该汇票公示催告期间，Q银行不得付款。（2）选项BC，如果公示催告期间届满没有利害关系人申报权利的，人民法院可以根据乙公司的申请作出除权判决并公告、通知Q银行；自除权判决公告之日起，乙公司有权要求Q银行支付票款。

（三）【答案】1.ABCD；2.ABC；3.D；4.ABC

【解析】

1.个人网上银行包括：账户信息查询、人民币转账（AD）、银证转账（B）、外汇买卖、账户管理、B2C网上支付（C）。

2.（1）选项ABC，信用卡预借现金业务包括现金提取、现金转账和现金充值。现金提取，是指持卡人通过柜面和自动柜员机等自助机具，以现钞形式获得信用卡预借现金额度内资金（选项AC）；现金转账，是指持卡人将信用卡预借现金额度内资金划转到本人银行结算账户（选项B）。（2）选项D，发卡机构不得将持卡人信用卡预借现金额度内资金划转至其他信用卡，以及非持卡人的银行结算账户或支付账户。

3.（1）选项A，银行卡及其账户只限经发卡银行批准的持卡人本人使用，不得出租和转借，故选项A错误；（2）选项BCD，“个人申请贷记卡的基本条件：年满18周岁，有固定职业和稳定收入，---”李某15周岁，不具备申请信用卡的条件，故BC错误，选项D正确。

4.（1）选项ABC，根据有关规定，信用卡销户的条件是：持卡人在还清全部交易款项、透支本息和有关费用后，可申请办理销户；发卡行受理注销之日起45日后，被注销信用卡账户方能清户。故选项ABC正确。（2）选项D，销户未规定应该收取销户手续费，故选项D错误。

# 04

# 第四章 增值税、消费税法律制度

# 精准考点　提前了解

税法要素 P182

混合销售 P194

消费税的征税
范围 P221

# 考情早知道

## 【考情分析】

本章历来为初级经济法的考试重点内容。本章考点多，整体难度较大，和财务工作联系紧密。复习本章内容，需要准确的理解，要在准确理解的基础上多做练习，在练习的基础上进一步加深对相关知识的理解。本章分值预计15分左右，各种题型都可能出现，其中不定项选择题考生抽中的机率非常大。

## 【考题形式及重要程度】

| 节　次 | 考试题型 | 重要程度 |
| --- | --- | --- |
| 第一节　税收法律制度概述 | 单选、多选、判断 | ★ |
| 第二节　增值税法律制度 | 单选、多选、判断、不定项选择题 | ★★★ |
| 第三节　消费税法律制度 | 单选、多选、判断、不定项选择题 | ★★★ |

## 【考纲新动态】

本章特别是增值税部分改动较大。主要改动有：

1.税收法律制度概述。

税收征收管理体制部分，因为国税和地税重新整合为统一的税务系统，取消了原国税系统和地税系统之间负责征收、管理的税种的划分。

2.增值税法律制度。

（1）增值税纳税人一般纳税人和小规模纳税人的划分标准，取消了以前分行业分别规定50万元、80万元和500万元三种不同的年销售额标准，实行统一的年销售额500万元的标准。

（2）增值税税率变更，原17%的基本税率调低为16%，11%的低税率调低为10%。

# 第一节　税收法律制度概述

## 一、税收与税收法律关系

（一）税收与税法（★）

1.税收的概念。

税收是国家为实现其职能，凭借政治权力，按照法定标准无偿取得财政收入的一种特定的分配形式。税收是国家财政收入最主要的来源。

2.税收的作用。

资源配置、收入再分配、稳定经济和维护国家政权。

3.税收的特征。

强制性、无偿性和固定性。

★【专家一对一】

最核心的特征——无偿性。

4.税法的概念。

税法是调整税收关系的法律规范的总称。

【例题·判断题】税收与其他财政收入形式相比，具有强制性、无偿性、灵活性和固定性的特征。（　　）

【答案】错误。

【解析】税收具有强制性、无偿性和固定性的特征，不包括灵活性。

（二）税收法律关系（★★）

税收法律关系由主体、客体和内容三个方面构成。

1.主体。

主体是指税收法律关系中享有权利和承担义务的当事人，包括征税主体和纳税主体。

（1）征税主体：是指代表国家行使征税职责的机关，包括税务机关和海关。

★【专家一对一】

**征税机关不包括财政部门；海关征税，但海关不是税务机关。**

（2）纳税主体：是指履行纳税义务的人，包括法人、自然人和其他组织。

★【专家一对一】

**税务代理人如税务师事务所，不属于纳税主体。**

对纳税主体的确定，实行属地兼属人原则，在华外国企业、组织、外籍人、无国籍人等凡在中国境内有所得来源的，都是我国税收法律关系的主体。

★【专家一对一】

**通俗地讲，属地原则就是只要在中国境内就要适用中国税法，即使你是外国人；属人原则就是只要是中国公民或组织，就要适用中国税法，即使其所得来源于外国。**

2.客体。

客体即征税对象，是主体的权利、义务所共同指向的对象。

3.内容。

（1）内容是主体所享受的权利和所承担的义务。

（2）内容是税收法律关系最实质的东西，是税法的灵魂。

【例题·多选题】（2017）2016年9月主管税务机关对甲公司2015年度企业所得税纳税情况进行检查，要求甲公司补缴企业所得税税款56万元并在规定时限内申报缴纳。甲公司以2015年企业所得税税款是聘请乙税务师事务所计算申报为由，请求主管税务机关向乙税务师事务所追缴税款。主管税务机关未接受甲公司的请求，并依照法律规定责令甲公司提供纳税担保。甲公司请丙公司提供纳税担保并得到税务机关的确认。上述事件中涉及的机关和企业中，属于税收法律关系主体的有（　　）。

A.乙税务师事务所　　B.主管税务机关　　C.甲公司　　D.丙公司

【答案】BCD

【解析】（1）税收法律关系的主体包括征税主体和纳税主体，选项B属于征税主体，选项CD属于纳税主体；（2）选项A，属于税务代理人，不属于税收法律关系主体。

## 二、税法要素（★★）

税法要素包括以下10项：纳税义务人、征税对象、税目、税率、计税依据、纳税环节、纳税期限、纳税地点、税收优惠和法律责任等。

【例题·单选题】下列各项中，属于税法构成要素的是（　　）。

A.应纳税额　　B.纳税义务发生时间　　C.纳税期限　　D.扣缴义务人

【答案】C

【解析】（1）税法的构成要素一般包括纳税义务人、征税对象、税目、税率、计税依据、纳税环节、纳税期限（选项C）、纳税地点、税收优惠、法律责任等项目。（2）选项B，纳税义务发生时间包含在纳税期限中，故不选。

1.纳税义务人（简称纳税人），是依法直接负有纳税义务的法人、自然人和其他组织。

★【专家一对一】

**纳税义务人区别于扣缴义务人。扣缴义务人是指负有代扣税款并向国库交纳义务的单位。如：单位在发放职工工资时，应当代扣个人所得税并向国库交纳，该单位就是个人所得税的扣缴义务人。**

2.征税对象。

征税对象，也称课税对象，是税收法律关系的客体，是区别不同税种的重要标志。

★【专家一对一】

比如：企业所得税对企业的各种所得征税，个人所得税对个人的各种所得征税，我们所以能把企业所得税和个人所得税区分开，最主要的就是因为二者的征税对象不同。

【例题·判断题】区别不同税种最重要的标志是征税对象。（ ）

【答案】正确。

3.税目。

税目是征税对象的具体化。

★【专家一对一】

比如：个人所得税的征税对象是“个人的各种所得”，个人的各种所得，是个比较笼统的概念，它可以分为各种具体的项目，比如工资薪金所得、劳务报酬所得、偶然所得等等，这些具体的项目，就是个人所得税的税目，税目是个比征税对象小的概念。

【例题·判断题】规定税目的主要目的是明确征税的具体范围，并对不同的征税项目加以区分，从而制定高低不同的税率。（ ）

【答案】正确。

4.税率。

税率是计算税额的尺度。我国现行税率主要有：比例税率、定额税率、累进税率。

（1）比例税率：对同一征税对象，不论数量多少、数额大小，均按同一比例征税。比例税率采用百分比形式。

（2）累进税率：根据征税对象数额的逐渐增大，按不同等级逐步提高的税率。分为全额累进税率、超额累进税率、超率累进税率。

★【专家一对一】

我国现行税法累进税率包括超额累进税率、超率累进税率，已取消全额累进税率。

①全额累进税率：按征税对象数额的逐步递增划分为若干等级，并按等级规定逐步提高的税率，达到相应等级，就全部数额适用相应的税率，不分段计算。

②超额累进税率：将征税对象数额划分为若干等级，按等级规定相应的递增税率，对每个等级分别计算税额。超额累进税率代表税种是个人所得税中的综合所得（包括工资薪金所得、劳务报酬所得、稿酬所得和特许权使用费所得）。

③超率累进税率：按征税对象的某种递增比例划分若干等级，按等级规定相应的递增税率，对每个等级分别计算税额。超率累进税率的代表税种是土地增值税。

（3）定额税率（固定税额）：按征税对象的一定单位直接规定固定的税额，不采取百分比形式。

【例题·多选题】下列各项中，属于我国目前税法中采用的税率的有（ ）。

A.全额累进税率　　B.超额累进税率　　C.超率累进税率　　D.比例税率

【答案】BCD

【解析】（1）选项A，我国现已不采用全额累进税率。（2）选项B，个人所得税中的综合所得、经营所得采用超额累进税率。（3）选项C，土地增值税采用超率累进税率。

5.计税依据。

计税依据指计算应纳税额的根据或标准，即根据什么计算纳税人应当缴纳的税额，分为从价计征和从量计征。

（1）从价计征：以征税对象的金额为计税依据。

★【专家一对一】

从价计征下，税额的多少和征税对象的重量、体积、数量等无关。

（2）从量计征：以征税对象的重量、体积、数量等为计税依据。

★【专家一对一】

从量计征下，税额的多少和征税对象的金额无关。

6.纳税环节。

指征税对象从生产到消费的流转过程中应当缴纳税款的环节。不同的税种或同一税种的子税种，其纳税环节可能不同。

7.纳税期限。

指依法缴纳税款的期限，具体包括纳税义务发生时间、纳税期限和缴库期限。

8.纳税地点。

指具体申报缴纳税款的地点。

【例题·单选题】下列关于税法构成要素的表述中，不正确的是（　　）。

A.征税对象是税收法律关系中征纳双方权利义务所指向的对象

B.税率是衡量税负轻重的重要标志

C.纳税地点是纳税人具体申报缴纳税收的地方

D.税目是区分不同税种的主要标志

【答案】D

【解析】选项D，征税对象是是区分不同税种的重要标志，税目是征收对象的具体范围。

9.税收优惠。

指国家对某些纳税人和征税对象给予鼓励和照顾的特殊规定。

（1）减税和免税。

①减税：对应纳税款少征一部分税款。

②免税：对应纳税额全部免征。

（2）起征点。

开始征税的数额界限。未达到起征点的不征税，达到或超过起征点的就全部数额征税。

（3）免征额。

征税对象总额中免予征税的数额，只就减除后的剩余部分征税。

【例题·判断题】如果税法规定某一税种的起征点是800元，那么超过起征点的，只对超过800元的部分征税。（　　）

【答案】错误。

【解析】征税对象的数额没有达到规定起征点的不征税；达到或超过起征点的，就其全部数额征税。

10.法律责任。

对违反税法规定的行为人采取的处罚措施。税法中的法律责任包括行政责任和刑事责任。

## 三、税收征收管理体制（★★）

我国的税收征收管理机关有税务局和海关。

税务局负责征收、管理的税种包括：（1）国内增值税；（2）国内消费税；（3）企业所得税；（4）个人所得税；（5）资源税；（6）城镇土地使用税；（7）城市维护建设税；（8）印花税；（9）土地增值税；（10）房产税；（11）车船税；（12）车辆购置税；（13）烟叶税；（14）耕地占用税；（15）契税；（16）环境保护税；（17）出口产品退税（增值税、消费税）。非税收入和社会保险费的征收也由税务机关负责。

海关负责征收、管理的税种包括：（1）关税；（2）船舶吨税；（3）委托代征的进口环节增值税和消费税。

【例题·多选题】下列税种中，属于海关系统主要负责征收和管理的有（　　）。

A.关税

B.船舶吨税

C.委托代征的进口环节增值税

D.国内销售环节的消费税

【答案】ABC

【解析】选项D，委托代征的进口环节消费税才是由海关代征。

★【专家一点通】

起征点vs免征额

起征点，是开始征税的数额界限，未达到起征点的不征税，达到或超过起征点的就“全部数额”征税。免征额，是征税对象总额中免予征税的数额，只就减除后的剩余部分征税。

假设某税种的税率为10%，起征点和免征额都是1 000元。则起征点和免征额下，应纳税额如下表（单位：元）：

| 纳税人 | 征税对象的数额 | 起征点下应纳税额 | | 免征额下应纳税额 | |
|---|---|---|---|---|---|
| | | 是否征税 | 税额 | 是否征税 | 税额 |
| 甲 | 990 | 未达起征点：× | 0 | 不足抵扣免征额：× | 0 |
| 乙 | 1000 | 已达起征点：√ | 1000×10%=100 | 扣除免征额后为零：× | （1000-1000）×10%=0 |
| 丙 | 1010 | 超过起征点：√ | 1010×10%=101 | 扣除免征额后有余值：√ | （1010-1000）×10%=1 |

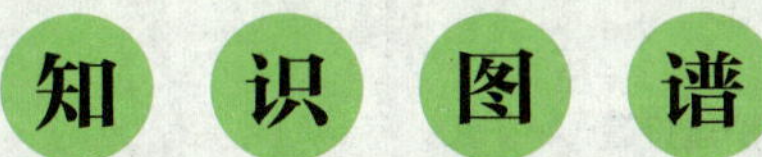


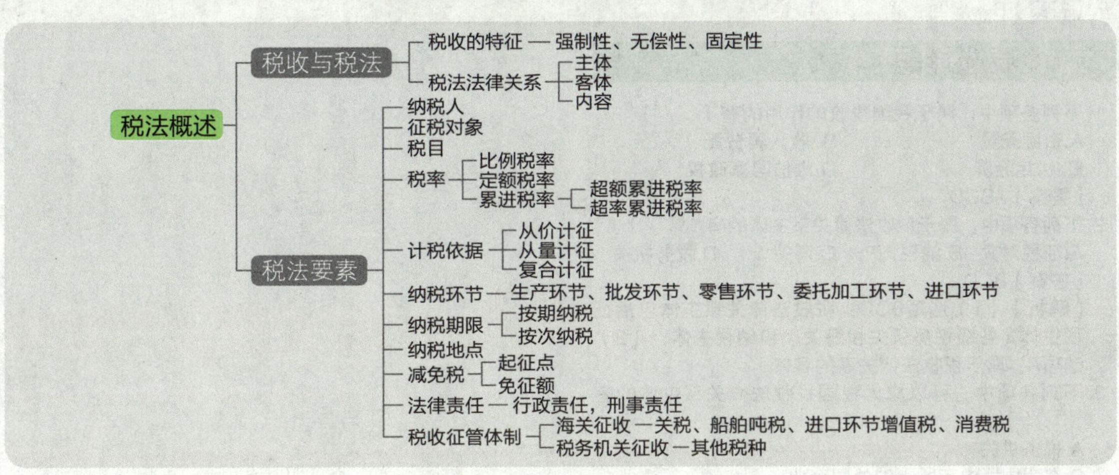

# 节节测

## 一、单项选择题

1. 在税收优惠中，对纳税对象中的一部分数额给予减免，只就减除后的剩余部分计征税款，被给予减免的这部分数额是（　　）。
A.计税依据　B.免征额　C.税基　D.起征点
【答案】B
【解析】（1）选项B，免征额是指对征税对象总额中免予征税的数额。即对纳税对象中的一部分给予减免，只就减除后的剩余部分计征税款。（2）选项D，起征点是指对征税对象开始征税的数额界限。征税对象的数额没有达到规定起征点的不征税；达到或超过起征点的，就其全部数额征税。

2. 下列税种中，由海关负责征收的是（　　）。
A.个人所得税　B.关税
C.城镇土地使用税　D.城市维护建设税
【答案】B

## 二、多项选择题

1. 下列各项中，属于我国税收的作用的有（　　）。
A.资源配置　B. 收入再分配
C. 稳定经济　D.维护国家政权
【答案】ABCD

2. 下列各项中，属于税收法律关系主体的有（　　）。
A.征税对象　B.纳税人　C.海关　D.税务机关
【答案】BCD
【解析】（1）选项BCD：税收法律关系主体包括征税主体（各级税务机关和海关）和纳税主体；（2）选项A：属于税收法律关系的客体。

3. 下列各项中，可以成为我国税收法律关系主体的有（　　）。
A.税务机关
B.在我国境内有所得的外国企业
C.海关
D.在我国境内有所得的外籍个人
【答案】ABCD
【解析】（1）选项AC，属于征税主体；（2）选项BD，属于纳税主体。

4. 下列税种中，属于税务机关负责征收和管理的有（　　）。
A.增值税　B.消费税
C.证券交易印花税　D.车船税
【答案】ABCD

## 三、判断题

1. 税收法律关系的内容是指税收法律关系主体双方的权利和义务所共同指向的对象。（　　）
【答案】错误。
【解析】税收法律关系的内容是指税收法律关系"主体所享受的权利和承担的义务"。

2. 累进税率是根据征税对象数额的大小，规定不同等级的税率。即征税对象数额越大，税率越低。（　　）
【答案】错误。
【解析】征税对象数额越大，"税率越高"。

3. 纳税地点主要是指根据各个税种纳税对象的纳税环节和有利于对税款的源泉控制而规定的纳税人（"包括"代征、代扣、代缴义务人）的具体纳税地点。（　　）
【答案】正确。

4. 税法规定的起征点是对纳税对象中的一部分给予减免，只就减除后剩余的部分计征税款。（　　）
【答案】错误。
【解析】题干所述对象为"免征额"。起征点是征税对象的数额没有达到规定起征点的不征税，达到或超过起征点的，就其"全部数额"征税。

# 第二节　增值税法律制度

## 一、增值税纳税人和扣缴义务人

（一）纳税人（★）

1.在中国境内销售货物或者加工、修理修配劳务（以下简称劳务），销售服务、无形资产、不动产以及进口货物的单位和个人，为增值税纳税人。

单位，是指企业、行政单位、事业单位、军事单位、社会团体及其他单位。个人，是指个体工商户和其他个人。

★【专家一对一】

**税法中，个人分为个体工商户（也称个体经营者）和其他个人，这和第三章支付结算法律制度中将个体工商户纳入单位管理不同。**

2.单位以承包、承租、挂靠方式经营的，承包人、承租人、挂靠人（以下统称承包人）以发包人、出租人、被挂靠人（以下统称发包人）名义对外经营并由发包人承担相关法律责任的，以发包人为纳税人。否则，以承包人为纳税人。

资管产品运营过程中发生的增值税应税行为，以资管产品管理人为纳税人。

【例题·判断题】单位承包经营的，承包人以发包人的名义对外经营并由发包人承担相关法律责任的，以该发包人为纳税人。（　　）

【答案】正确。

（二）纳税人的分类（★★★）

根据经营规模和会计核算健全程度的不同，增值税纳税人分为小规模纳税人和一般纳税人。年销售额是划分不同纳税人的主要标准。

1.小规模纳税人。

（1）小规模纳税人的标准：年应征增值税销售额500万元及以下。年应税销售额，是指纳税人在连续不超12个月或4个季度的经营期内累计应征增值税销售额，包括纳税申报销售额、稽查查补销售额、纳税评估调整销售额。

★【专家一对一】

**此处所述“销售额”可以跨年度累计计算，不一定是同一个公历年度内的销售额。**

（2）小规模纳税人转登记。

已经登记为一般纳税人的单位和个人，在2018年12月31日前，可转登记为小规模纳税人，其未抵扣的进项税额作转出处理。

★【专家一对一】

**规定转登记，是因为2018年5月1日前后，税法规定的小规模纳税人标准不同。2018年5月1日前，根据增值税纳税人经营行业不同，规定了不同的小规模纳税人标准，有年销售额50万元、80万元和500万元三种，其中500万元仅适用于销售服务、无形资产和不动产。自2018年5月1日起，不分行业，实行统一的小规模纳税人标准，即年销售额500万元及以下。这样，2018年5月1日前已经登记为一般纳税人的，其年销售额可能只有几十万元，远远低于新标准500万元。这样的纳税人，可以选择继续按一般纳税人纳税，也可以选择转登记为小规模纳税人。**

（3）小规模纳税人会计核算健全，能够提供准确税务资料的，可以向主管税务机关申请登记为一般纳税人，不再作为小规模纳税人。会计核算健全，是指能够按照国家统一的会计制度的规定设置账簿，提供合法有效的凭证进行会计核算。

（4）小规模纳税人实行简易征税办法，一般不使用增值税专用发票，但可以申请税务机关代开增值税专用发票。

住宿业、建筑业和鉴证咨询业等行业小规模纳税人试点自行开具增值税专用发票（但销售其取得的不动产除外），税务机关不再为其代开。

【例题·单选题】（2017）下列关于小规模纳税人征税规定的表述中，不正确的是（　　）。
A.实行简易征税办法　　B.一律不使用增值税专用发票
C.不允许抵扣增值税进项税额　　D.可以请税务机关代开增值税专用发票
【答案】B
【解析】选项B，小规模纳税人一般不使用增值税专用发票，但可以申请税务机关代开。同时，住宿业、建筑业和鉴证咨询业等行业小规模纳税人试点自行开具增值税专用发票。

2.一般纳税人。

一般纳税人，是指年应税销售额超过小规模纳税人标准（即年销售额超过500万元）的企业和企业性单位。

年应税销售额超过小规模纳税人标准的，除另有规定的以外，应当向主管税务机关办理一般纳税人登记。

年应税销售额未超过规定标准的纳税人，会计核算健全，能够提供准确税务资料的，可以向主管税务机关办理一般纳税人登记。

★【专家一对一】

（1）"年应税销售额"到底指的是什么，应结合具体语境理解。此处是介绍增值税，故此处指的是"年应征增值税销售额"。

（2）年应税销售额超过500万元的，应当登记为一般纳税人（另有规定的除外）；未超过500万元的，属于小规模纳税人，但是会计核算健全的，也可以申请登记为一般纳税人。

纳税人登记为一般纳税人后，不得转为小规模纳税人，国家税务总局另有规定的除外。

下列纳税人不办理一般纳税人登记：

（1）按照政策规定，选择按照小规模纳税人纳税的；

（2）年应税销售额超过规定标准的其他个人。

★【专家一对一】

此处应当理解为："其他个人"年应税销售额即使超过小规模纳税人标准也不能登记为一般纳税人。

【例题·判断题】（2016、2018）除个体工商户以外的其他个人不属于增值税一般纳税人。（　　）
【答案】正确。
【解析】个体工商户可以登记为一般纳税人，但其他个人不能成为一般纳税人。

（三）扣缴义务人（★）

境外单位或者个人在境内发生应税行为，在境内未设有经营机构的，以购买方为增值税扣缴义务人。财政部和国家税务总局另有规定的除外。

【例题·判断题】（2018）中国境外单位或者个人在境内发生应税行为，在境内未设有经营机构的，以购买方为增值税扣缴义务人。（　　）
【答案】正确。

## 二、增值税征税范围

增值税征税范围包括在中国境内销售货物或劳务，销售服务、无形资产、不动产以及进口货物。

★【专家一对一】

此处"劳务"是指加工、修理修配劳务；"货物"不包括房屋等不动产，销售房屋属于销售不动产。

（一）销售货物（★★★）

在中国境内销售货物，是指销售货物的起运地或者所在地在境内。

销售货物，是指有偿转让货物的所有权。货物，是指有形动产，包括电力、热力、气体在内。

★【专家一对一】

（1）有偿是指从购买方取得货币、货物或者其他经济利益，不限于给付货币。

（2）电力、热力、气体属于“有形”动产，此处的“有形”，不是“有形状”的意思，而是和“无形资产”的“无形”相对的。

（二）销售劳务（★★★）

在中国境内销售劳务，是指劳务发生地在境内。

销售劳务，是指有偿提供加工、修理修配劳务。单位或者个体工商户聘用的员工为本单位或者雇主提供加工、修理修配劳务，不包括在内。

单位，是指企业、行政单位、事业单位、军事单位、社会团体及其他单位。个人，是指个体工商户和其他个人。

★【专家一对一】

销售加工劳务，要求原料及主要材料由委托方提供，受托方只提供辅助材料并加工；如果是由受托方提供原料和主要原料，不属于加工，应视作受托方销售自产货物。

【例题·单选题】（2018）下列各项中，应按照“提供应税劳务”计缴增值税的是（　　）。

A.制衣厂员工为本厂提供的加工服装服务　　B.有偿提供安装空调服务

C.有偿修理机器设备服务　　D.有偿提供出租车服务

【答案】C

【解析】（1）选项A：单位或者个体工商户聘用的员工为本单位或者雇主提供加工、修理修配劳务，不征收增值税；（2）选项BD，按照销售服务缴纳增值税。

（三）销售服务（★★★）

销售服务，是指有偿提供交通运输服务、邮政服务、电信服务、建筑服务、金融服务、现代服务、生活服务。

1.交通运输服务。

交通运输服务，是指利用运输工具将货物或者旅客送达目的地，使其空间位置得到转移的业务活动。

表4-1　交通运输服务内容

| 税　目 | 子税目 | 备　注 |
|---|---|---|
| 交通运输服务 | （1）陆路运输服务 | 1.水路运输的程租、期租业务，属于水路运输服务<br>2.出租车公司向使用本公司自有出租车司机收取的管理费用，按照陆路运输缴纳增值税<br>3.航空运输的湿租业务，属于航空运输服务<br>4.无运输工具承运业务，按照交通运输服务缴纳增值税 |
| | （2）水路运输服务 | |
| | （3）航空运输服务 | |
| | （4）管道运输服务 | |

★【专家一对一】

（1）远洋运输的程租业务，是指远洋运输企业为租船人完成某一特定航次的运输任务并取得租赁费的业务；期租业务，是指远洋运输企业将配备有操作人员的船舶承租给他人使用一定期限，承租期内听候承租方调遣，不论是否经营，均按一定标准向承租方收取租赁费。

（2）航空运输的湿租，既提供飞机，又配备机组人员；干租仅租赁飞机，不配备机组人员。

（3）无运输工具承运业务，通俗的讲，就是你有货要运，我没有运输工具，但是我接手你这个货物的运单后再找别人运输。

2.邮政服务。

邮政服务，是指中国邮政集团公司及其所属邮政企业提供邮件寄递、邮政汇兑和机要通信等邮政基本服务的业务活动。包括邮政普遍服务、邮政特殊服务和其他邮政服务。

★【专家一对一】

快递公司从事的活动不是邮政服务，而是属于交通运输业，或者“现代服务业—物流辅助服务—收派服务”。

3.电信服务。

（1）基础电信服务，是指利用固网、移动网、卫星、互联网，提供语音通话服务的业务活动，以及出租或者出售带宽、波长等网络元素的业务活动。

（2）增值电信服务，是指利用固网、移动网、卫星、互联网、有线电视网络，提供短信和彩信服务、电子数据和信息的传输及应用服务、互联网接入服务等业务活动。

卫星电视信号落地转接服务，按照增值电信服务计算缴纳增值税。

【例题·判断题】（2015）卫星电视信号落地转接服务，属于增值电信服务。（ ）
【答案】正确。
【解析】卫星电视信号落地转接服务，按照增值电信服务计算缴纳增值税。

4.建筑服务。

建筑服务包括：

（1）工程服务，是指新建、改建各种建筑物、构筑物的工程作业。

（2）安装服务，是指生产设备、动力设备、起重设备、运输设备、传动设备、医疗实验设备以及其他各种设备、设施的装配、安置工程作业。

固定电话、有线电视、宽带、水、电、燃气、暖气等经营者向用户收取的安装费、初装费、开户费、扩容费以及类似收费，按照安装服务缴纳增值税。

（3）修缮服务，是指对建筑物、构筑物（而非货物）进行修补、加固、养护、改善，使之恢复原来的使用价值或者延长其使用期限的工程作业。

（4）装饰服务，是指对建筑物、构筑物进行修饰装修，使之美观或者具有特定用途的工程作业。

（5）其他建筑服务，如钻井（打井）、拆除建筑物或者构筑物、平整土地、园林绿化、疏浚（不包括航道疏浚）、建筑物平移、搭脚手架、爆破、矿山穿孔、表面附着物（包括岩层、土层、沙层等）剥离和清理等工程作业。

【例题·单选题】（2017）下列各项中，应按照“销售服务——建筑服务”税目计缴增值税的是（ ）。

A.平整土地　　B.出售住宅

C.出租办公楼　　D.转让土地使用权

【答案】A

【解析】（1）选项B，按照“销售不动产”计缴增值税；（2）选项C，按照“销售服务——租赁服务”计缴增值税；（3）选项D，按照“销售无形资产”计缴增值税。

5.金融服务。

（1）贷款服务。

各种占用、拆借资金取得的收入，包括金融商品持有期间（含到期）利息（保本收益、报酬、资金占用费、补偿金等）收入、信用卡透支利息收入、买入返售金融商品利息收入、融资融券收取的利息收入，以及融资性售后回租、押汇、罚息、票据贴现、转贷等业务取得的利息及利息性质的收入，按照贷款服务缴纳增值税。

以货币资金投资收取的固定利润或者保底利润，按照贷款服务缴纳增值税。

（2）直接收费金融服务。

包括提供货币兑换、账户管理、电子银行、信用卡、信用证、财务担保、资产管理、信托管理、基金管理、金融交易场所（平台）管理、资金结算、资金清算、金融支付等服务。

（3）保险服务。包括人身保险服务和财产保险服务。

（4）金融商品转让。

金融商品转让，是指转让外汇、有价证券、非货物期货和其他金融商品（包括基金、信托、理财产品等各类资产管理产品和各种金融衍生品）所有权的业务活动。

【例题·多选题】下列各项中，属于“金融服务”的有（ ）。

A.融资性售后回租　　B.动产融资租赁

C.财产保险服务　　D.转让外汇

【答案】ACD

【解析】选项B，属于“现代服务——租赁服务”。

6.现代服务。

表4-2　现代服务具体内容

| 子税目 | 具体规定 |
| --- | --- |
| 1.研发和技术服务 | 研发服务、合同能源管理服务、工程勘察勘探服务、专业技术服务 |
| 2.信息技术服务 | 软件服务、电路设计及测试服务、信息系统服务、业务流程管理服务和信息系统增值服务 |
| 3.文化创意服务 | 设计服务、知识产权服务、广告服务和会议展览服务 |
| 4.物流辅助服务 | 航空服务、港口码头服务、货运客运场站服务、打捞救助服务、装卸搬运服务、仓储服务和收派服务——物流辅助服务注意不要交通运输服务混淆 |
| 5.租赁服务 | （1）包括融资租赁服务和经营租赁服务，但不包括融资性售后回租，融资性售后回租按贷款服务缴纳增值税<br>（2）将建筑物、构筑物等不动产或者飞机、车辆等有形动产的广告位出租给其他单位或者个人用于发布广告，按照经营租赁服务缴纳增值税。—不是按广告业<br>（3）车辆停放服务、道路通行服务（包括过路费、过桥费、过闸费等）按照不动产经营租赁服务缴纳增值税 |
| 6.鉴证咨询服务 | （1）包括认证服务、鉴证服务和咨询服务<br>（2）翻译服务和市场调查服务按照"咨询服务"征收增值税 |
| 7.广播影视服务 | 广播影视节目（作品）的制作服务、发行服务和播映（含放映）服务 |
| 8.商务辅助服务 | 企业管理服务、经纪代理服务、人力资源服务、安全保护服务 |
| 9.其他现代服务 | |

【例题·单选题】下列各项中，不属于按照“现代服务”征收增值税的是（　　）。

A.广告设计　　B.有形动产租赁

C.不动产租赁　　D. 文化体育服务

【答案】D

【解析】选项D，文化体育服务属于生活服务

7.生活服务。

生活服务，指为满足居民日常生活需求提供的各类服务。

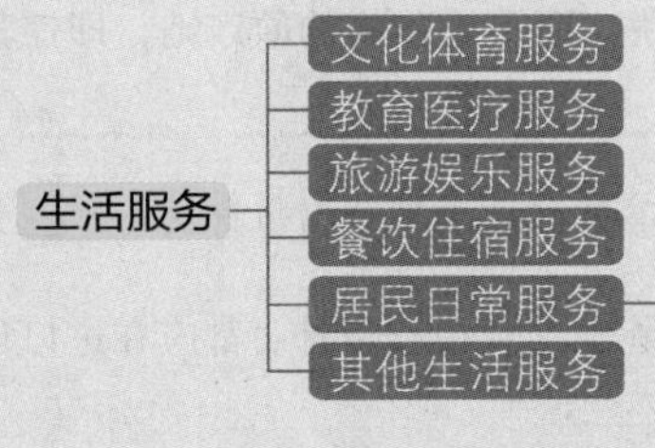


包括市容市政管理、家政、婚庆、养老、殡葬、照料和护理、救助救济、美容美发、按摩、桑拿、氧吧、足疗、沐浴、洗染、摄影扩印等服务

图4-1　生活服务的具体内容

【例题·单选题】（2017）下列各项中，应按照“销售服务——生活服务”税目计缴增值税的是（　　）。

A.文化创意服务　　B.车辆停放服务

C.广播影视服务　　D.旅游娱乐服务

【答案】D

【解析】（1）选项A，按照“销售服务——文化创意服务”计缴增值税；（2）选项B，按照“销售服务——租赁服务”计缴增值税；（3）选项C，按照“销售服务——广播影视服务”计缴增值税。

（四）销售无形资产（★★）

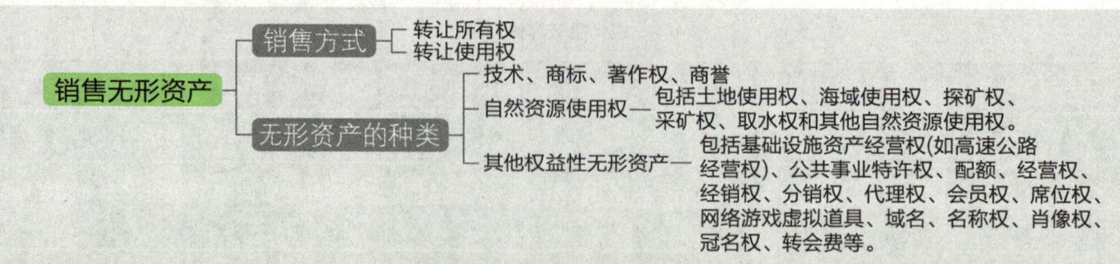


图4-2 无形资产的销售方式和种类

【例题·单选题】（2017）下列行为中，不属于销售无形资产的是（ ）。
A.转让专利权 B.转让建筑永久使用权 C.转让网络虚拟道具 D.转让采矿权
【答案】B
【解析】选项B，属于销售不动产。

（五）销售不动产（★★）

销售不动产是指转让不动产所有权的业务活动。

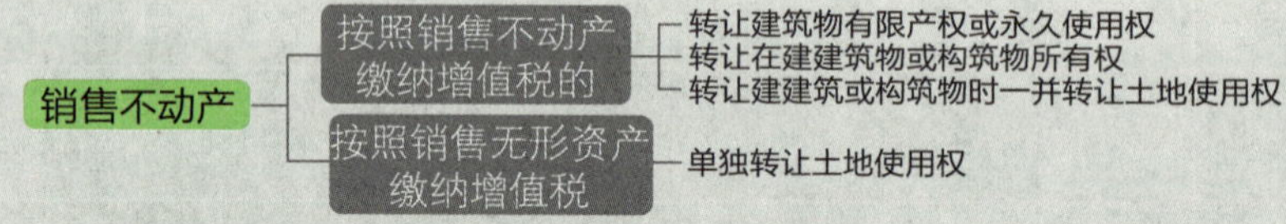


图4-3 销售不动产的分类

【例题·单选题】（2017）下列行为中，应按照“销售不动产”税目计缴增值税的是（ ）。
A.将建筑物广告位出租给其他单位用于发布广告 B.销售底商（建筑物底层商铺）
C.转让高速公路经营权 D.转让国有土地使用权
【答案】B
【解析】（1）选项A，按“现代服务—租赁服务”计缴增值税；（2）选项CD，按照“销售无形资产”计缴增值税。

（六）进口货物（★★★）

只要是报关进口的应税货物，均属于增值税的征税范围，除享受免税政策外，都应当在进口环节缴纳增值税。

★【专家一对一】

**除享受免税政策的以外，进口货物都要缴纳进口环节增值税，而不论货物的原产地，即使其原产于中国。**

【例题·判断题】（2016）外购进口的原属于中国境内的货物，不征收进口环节增值税。（ ）
【答案】错误。
【解析】只要是报关进口的应税货物，均属于增值税征税范围，除享受免税政策外，都应在进口环节缴纳增值税。

（七）非经营活动的界定（★★）

1.销售服务、无形资产或者不动产，是指有偿提供服务、有偿转让无形资产或者不动产。

下列属于非经营活动的除外：

（1）行政单位收取的同时满足以下条件的政府性基金或者行政事业性收费：①国务院或财政部批准设立的政府性基金，国务院或省级人民政府及其财政、价格主管部门批准设立的行政事业性收费;②收取时开具省级以上（含省级）财政部门监（印）制的财政票据;③所收款项全额上缴财政。

★【专家一对一】

**3个条件：级别，合法票据，款项全额上缴。**

（2）单位或者个体工商户聘用的员工为本单位或者雇主提供取得工资的服务。
（3）单位或者个体工商户为聘用的员工提供服务。

★【专家一对一】

如：甲公司聘用的司机马某为甲公司提供驾驶服务，每天接送甲公司职工上下班，其余时间还对外提供客运服务。马某按月在甲公司领取工资。则马某为甲公司提供的服务不属于营业活动，马某不缴纳增值税。甲公司每天接送职工上下班属于非营业活动，不缴纳增值税；但是对外提供的客运服务，则属于营业活动，应当缴纳增值税。

（4）财政部和国家税务总局规定的其他情形。
2.在境内销售服务、无形资产或者不动产，是指：
（1）服务（租赁不动产除外）或者无形资产（自然资源使用权除外）的销售方或者购买方在境内。
（2）所销售或者租赁的不动产在境内。
（3）所销售自然资源使用权的自然资源在境内。
（4）财政部和国家税务总局规定的其他情形。
3.下列不属于在境内销售服务或者无形资产：
（1）境外单位或者个人向境内单位或者个人销售完全在境外发生的服务。
（2）境外单位或者个人向境内单位或者个人销售完全在境外使用的无形资产。
（3）境外单位或者个人向境内单位或者个人出租完全在境外使用的有形动产。
（4）财政部和国家税务总局规定的其他情形。

★【专家一对一】

必须同时满足2个条件才不属于在境内销售：一是主体特定，即提供方必须是境外单位或个人，接受方必须是境内单位或个人；二是必须完全在境外发生或使用。

（八）视同销售（★★★）
1.视同销售货物。
（1）将货物交付其他单位或者个人代销。
（2）销售代销货物。
（3）设有两个以上机构并实行统一核算的纳税人，将货物从一个机构移送其他机构用于销售，但相关机构设在同一县（市）的除外。
（4）将自产或者委托加工的货物用于非增值税应税项目。
（5）将自产、委托加工的货物用于集体福利或者个人消费。
（6）将自产、委托加工或者购进的货物作为投资，提供给其他单位或者个体工商户。
（7）将自产、委托加工或者购进的货物分配给股东或者投资者。
（8）将自产、委托加工或者购进的货物无偿赠送其他单位或者个人。

记忆提示：（1）生产或委托加工的货物，无论用于任何方面，都视同销售或者本身就是销售；（2）外购货物，用于投资、分配、赠送的视同销售，用于其他方面的，不视同销售。

★【专家一对一】

（1）视同销售为什么要缴纳增值税？一为公平税负；二为阻塞税收的漏洞；（2）视同销售的税务处理：视同销售就要缴纳增值税，相应的进项税额也可以抵扣；既不属于销售，也不属于视同销售的，则不需要缴纳增值税，相应的进项税额也不能抵扣。

【例题·多选题】（2009）下列行为中，应视同销售货物征收增值税的有（　　）。
A.将自产货物用于集体福利　　B.将外购货物用于个人消费
C.将自产货物无偿赠送他人　　D.将外购货物分配给股东
【答案】ACD
【解析】（1）选项AC，自产货物用于任何方面都视同销售；（2）选项BD，外购货物用于投资、分配、赠送的视同销售，用于其他方面的不视同销售。故选项D视同销售，选项B不视同销售。

2.视同销售服务、无形资产或不动产。
（1）单位或者个体工商户向其他单位或者个人无偿提供服务，但用于公益事业或者以社会公众为对象的除外。

（2）单位或者个人向其他单位或者个人无偿转让无形资产或者不动产，但用于公益事业或者以社会公众为对象的除外。

（3）财政部和国家税务总局规定的其他情形。

【例题·判断题】某家政公司无偿为养老院提供护理服务，应当视同销售服务缴纳增值税。（　　）
【答案】错误。
【解析】单位或者个体工商户向其他单位或者个人无偿提供服务视同销售服务，但用于公益事业或者以社会公众为对象的除外。

（九）混合销售（★★★）

1.一项销售行为既涉及货物又涉及服务的，为混合销售。

从事货物的生产、批发或者零售的单位和个体工商户（包括以货物的生产、批发或零售为主，并兼营销售服务的单位和个体工商户）的混合销售行为，按照销售货物缴纳增值税；其他单位和个体工商户的混合销售行为，按照销售服务缴纳增值税。

★【专家一对一】

**即以纳税人的主业确定究竟是按销售货物还是按销售服务缴纳增值税，比如某超市销售一台洗衣机1 500元，同时送货上门收取运费50元。销售洗衣机属于销售货物，送货属于运输服务，因为超市以销售货物为主，而不是以销售运输服务为主，故50元的运费应当和1 500元的货款一并按销售货物计征增值税。再比如，张三等人在某歌厅点歌花费1 000元，同时消费啤酒饮料瓜子等600元。对于歌厅来说，点歌收入属于销售服务的收入，出售啤酒饮料瓜子等属于销售货物，因为销售服务是歌厅的主要业务，故收取的600元和1 000点歌费应一并按销售服务计征增值税。**

2.自2017年5月起，纳税人销售活动板房、机器设备、钢结构件等自产货物的同时提供建筑、安装服务，不属于混合销售，应分别核算货物和建筑服务的销售额，分别适用不同的税率或征收率。

★【专家一对一】

**这几种情况比较特殊，难以分辨究竟是销售货物为主还是销售服务为主，故不作为混合销售处理，而是分别核算，分别缴纳增值税。**

【例题·多选题】（2010）下列行为中，应当一并按销售货物征收增值税的有（　　）。
A.家电公司销售电梯同时负责安装
B.超市销售商品同时负责运输
C.建材商店销售建材，并从事装修、装饰业务
D.酒店提供餐饮服务，同时销售烟酒
【答案】AB
【解析】（1）选项AB，属于混合销售，应当一并按销售货物征收增值税；（2）选项CD，属于兼营，应当分别核算适用不同税率或征收率的销售额，未分别核算的，从高适用税率或征收率。

（十）兼营（★★★）

1.兼营，是指纳税人的经营中包括销售货物、加工修理修配劳务以及销售服务、无形资产和不动产的行为。

2.纳税人发生兼营行为，应当分别核算适用不同税率或征收率的销售额，未分别核算销售额的，按照以下办法适用税率或征收率：

（1）兼有不同税率的销售货物、加工修理修配劳务、服务、无形资产或者不动产，从高适用税率。

（2）兼有不同征收率的销售货物、加工修理修配劳务、服务、无形资产或者不动产，从高适用征收率。

（3）兼有不同税率和征收率的销售货物、加工修理修配劳务、服务、无形资产或者不动产，从高适用税率。

【例题·单选题】下列关于混合销售与兼营的表述中，正确的是（　　）。
A.混合销售是指纳税人既销售货物又销售服务
B.兼营是指纳税人的经营范围既包括销售货物和应税劳务，又包括销售服务、无形资产或者不动产
C.兼营发生在同一项销售行为中
D.混合销售行为发生在不同销售行为中

【答案】B
【解析】（1）选项A，混合销售是指一项销售行为既涉及货物又涉及服务；（2）选项CD，混合销售发生在同一项销售行为中，兼营发生在不同销售行为中。

（十一）不征收增值税的项目（★★）

1.根据国家指令无偿提供的铁路运输服务、航空运输服务。

2.存款利息。

3.被保险人获得的保险赔付。

4.房地产主管部门或有关机构代收的住宅专项维修资金。

5.在资产重组过程中，通过合并、分立、出售、置换等方式，将全部或者部分实物资产以及相关的债权、负债和劳动力一并转让给其他单位和个人，其中涉及的不动产、土地使用权和货物转让行为。

6.在资产重组过程中，通过合并、分立、出售、置换等方式，将全部或者部分实物资产以及相关的债权、负债和劳动力一并转让给其他单位和个人，不属于增值税征税范围，不征收增值税。

## 三、增值税税率和征税率

增值税一般纳税人采用比例税率，分为基本税率、低税率和零税率。小规模纳税人采用征收率。

（一）基本税率（★★★）

增值税基本税率16%，适用范围如下：

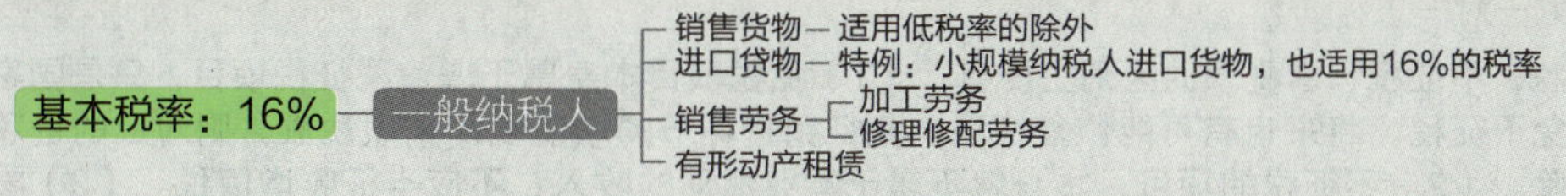

基本税率：16% — 一般纳税人
- 销售货物 — 适用低税率的除外
- 进口货物 — 特例：小规模纳税人进口货物，也适用16%的税率
- 销售劳务
  - 加工劳务
  - 修理修配劳务
- 有形动产租赁

图4-4　增值税基本税率适用范围

【例题·单选题】（2016）下列各项增值税服务中，增值税税率为16%的是（　　）。
A.邮政服务　　B.交通运输服务　　C.有形动产租赁服务　　D.增值电信服务
【答案】C
【解析】（1）选项AB，税率10%；（2）选项C，税率16%；（3）选项D，税率6%。

（二）低税率（★★★）

低税率包括10%和6%两档，具体适用范围见下表：

表4-3　低税率具体使用范围

| 税　率 | 具体使用范围 |
| --- | --- |
| 10% | （1）农产品（初级）；（2）食用植物油、食用盐、自来水、暖气、冷气、热水、煤气、石油液化气、天然气、沼气、居民用煤炭制品；（3）音像制品、图书、报纸、杂志、电子出版物；（4）饲料、化肥、农药、农机、农膜；（5）二甲醚；（6）交通运输、邮政、基础电信、建筑、不动产租赁服务、销售不动产、转让土地使用权<br>注：（1）农产品，是指种植业、养殖业、林业、牧业、水产业生产的各种植物、动物的初级产品；（2）饲料，是指用于动物饲养的产品或其加工品；（3）音像制品，是指正式出版的录有内容的录音带、录像带、唱片、激光唱盘和激光视盘 |
| 6% | （1）增值电信；（2）金融服务；（3）现代服务（除有形动产租赁和不动产租赁服务）；（4）生活服务；（5）销售无形资产（转让土地使用权除外） |

★【专家一对一】

动产租赁和不动产租赁采用不同税率的原因主要是：（1）动产租赁税率为16%的原因：企业用于租赁的动产是企业购买的，购买时适用的税率是16%，故出租动产也应当适用16%的税率，使前后一致。（2）不动产租赁税率为10%的原因：不动产是企业自建或者购买的。如果是自建的话，建筑服务和转让土地使用权的税率是10%；如果是购买的话，购买时适用的税率是10%。故不动产租赁也应当适用10%的税率，使其前后一致。

【例题·多选题】（2016）一般纳税人销售的下列货物中，适用10%增值税税率的有（　　）。
A.图书　　B.粮食　　C.电子出版物　　D.暖气
【答案】ABCD

【例题·判断题】转让土地使用权属于销售无形资产，适用10%的低税率。（　　）
【答案】正确。
【解析】销售无形资产适用6%的低税率的不包括转让土地使用权，转让土地使用权适用10%的低税率。

（三）零税率（★）

1.纳税人出口货物，税率为零，但是，国务院另有规定的除外。

2.境内单位和个人销售的下列服务和无形资产，适用增值税零税率：

（1）国际运输服务。

（2）航天运输服务。

（3）向境外单位提供的完全在境外消费的下列服务：①研发服务；②合同能源管理服务；③设计服务；④广播影视节目（作品）的制作和发行服务；⑤软件服务；⑥电路设计及测试服务；⑦信息系统服务；⑧业务流程管理服务；⑨离岸服务外包业务；⑩转让技术。

（4）国务院规定的其他服务。

★【专家一对一】

**免税、不征税和零税率的区别主要有：（1）免税项目本身属于增值税征税项目，只是国家在一定期限内免于征税，将来也有可能恢复征税。免征销售环节的增值税即销项税额，则对应的进项税额也不能扣除。（2）不征税的项目，本身就不属于营业活动的收入，不应当征收增值税。（3）零税率是指免征出口环节增值税。以出口货物为例，出口货物免税仅指在出口环节不征收增值税；零税率则是指对出口货物除了在出口环节不征增值税外，还要退回出口前已经缴纳的增值税。**

【例题·多选题】纳税人提供的下列应税服务，适用增值税零税率的有（　　）。
A.在境内载运旅客、货物出境服务
B.存储地点在境外的仓储服务
C.在境外提供的研发服务
D.在境外提供的广播影视节目的播映服务
【答案】AC
【解析】选项BD属于现代服务，适用6%的低税率。

（四）征收率（★★★）

★【专家一对一】

**增值税改革历程：（1）2009年1月1日前，我国实行的是生产型增值税，外购的固定资产不能抵扣进项税额。（2）自2009年1月1日起，实行有限的消费型增值税，外购的用于生产经营的固定资产可以抵扣进项税额，但纳税人自用的汽车、摩托车、游艇和不动产除外。（3）自2013年8月1日起，外购的汽车、摩托车、游艇，可以抵扣进项税额。（4）2016年5月1日后取得的不动产及不动产在建工程，可以抵扣进项税额，但应分2年抵扣，第1年60%，第2年40%。**

| 原材料√ | 原材料√ | 原材料√ | 原材料√ |
|---|---|---|---|
| 设备× | 设备√ | 设备√ | 设备√ |
| 汽车、摩托车、游艇× | 汽车、摩托车、游艇× | 汽车、摩托车、游艇√ | 汽车、摩托车、游艇√ |
| 房屋× | 房屋× | 房屋× | 房屋√ |
| 2009.01.01 | 2013.08.01 | 2016.05.01 | |

图4–5　增值税改革历程

1.征收率的一般规定。

小规模纳税人采用简易办法征收增值税，征收率为3%。一般纳税人在特定情况下，也采用简易办法征收增值税。

（1）一般纳税人。

①销售自己使用过的固定资产（不包括不动产）。

a.购入时按照当时的规定不能抵扣进项税额的，使用后再销售的，按简易办法依照3%的征收率减按2%征收增值税。

应纳增值税税额=含税销售额÷（1+3%）×2%

★【专家一对一】

举例：甲企业为增值税一般纳税人，2008年12月10日购进设备一台，购入时未抵扣进项税额。甲企业使用10年后，于2018年12月10日将其出售，售价103万元（含税）。甲企业此项业务应缴纳增值税税额=103÷（1+3%）×2%=2万元。

b.购入时按照规定允许抵扣进项税额的，使用后再销售的，按照一般计税方法依销售货物项目计算征收增值税。

销项税额=含税销售额÷（1+适用税率）×适用税率

★【专家一对一】

举例：甲公司为增值税一般纳税人，2018年10月对外转让一台其使用过的工程机械，该机械是甲公司于2012年1月购进，含税转让价格为60 000元。

该机械属于固定资产，2012年，故购进时已抵扣进项税额，则甲公司该笔业务应确认的销项税额=60 000÷（1+16%）×16%=8 275.86元。

②销售自己使用过的除固定资产以外的物品——按照适用税率征收增值税。

★【专家一对一】

因为固定资产以外的物品一直属于可以抵扣的范围，购进时已经抵扣了进项税额，所以卖出时应当按正常税率征税。

销项税额=含税销售额÷（1+适用税率）×适用税率

★【专家一对一】

举例：甲公司为增值税一般纳税人，2018年10月将自己使用过的一套桌椅出售，含税售价为90元。

因为该桌椅属于自己使用过的其他物品，应按适用税率征收增值税，则甲公司该笔业务应缴纳增值税=90÷（1+16%）×16%=12.41元。

③销售旧货：按照简易办法依照3%征收率减按2%征收增值税。

应纳增值税税额=含税销售额÷（1+3%）×2%

旧货，是指进入二次流通的具有部分使用价值的货物（含旧汽车、旧摩托车和旧游艇），但不包括自己使用过的物品。

★【专家一对一】

"依3%征收率减按2%征收"，不能表述为"按2%的征收率征收"。其一：依3%征收率减按2%征收，是一种税收优惠，而且目前无2%的征收率；其二：二种表述下，价税分离的计算不同，依3%征收率减按2%征收，不含税销售额=含税销售额÷（1+3%）。如果是按2%的征收率征收，不含税销售额=含税销售额÷（1+2%）。比如，甲公司专营二手物品购销业务，是增值税一般纳税人，2018年10月，甲公司将其收购的一批二手家电转让给销售旧货的乙公司，含税转让价格为3 000元。甲公司该笔业务属于销售旧货，按照简易办法依照3%征收率减按2%征收增值税，应缴纳的增值税=3 000÷（1+3%）×2%=58.25元。

④销售自产的下列货物，可选择按照简易办法依照3%征收率计算缴纳增值税。选择简易办法计算缴纳增值税后，36个月内不得变更。

★【专家一对一】

即可以按一般计税方法计税，也可以选择简易方法计税。

a.县级及县级以下小型水力发电单位生产的电力；
b.建筑用和生产建筑材料所用的砂、土、石料；
c.以自己采掘的砂、土、石料或其他矿物连续生产的砖、瓦、石灰（不含黏土实心砖、瓦）；
d.用微生物、微生物代谢产物、动物毒素、人或动物的血液或组织制成的生物制品；
e.自来水；
f.商品混凝土（仅限于以水泥为原料生产的水泥混凝土）。
⑤销售货物属于下列情形之一的，暂按简易办法依照3%征收率计算缴纳增值税：
a.寄售商店代销寄售物品（包括居民个人寄售的物品在内）；
b.典当业销售死当物品。
⑥建筑企业一般纳税人提供建筑服务属于老项目的，可以选择简易办法依照3%的征收率征收增值税。
（2）小规模纳税人。
①其他个人销售自己使用过的物品，免征增值税；
②其他小规模纳税人销售旧货或销售自己使用过的固定资产，依照3%的征收率减按2%征收增值税；销售自己使用过的除固定资产以外的物品，按3%的征收率征收增值税。

【例题·多选题】（2018）一般纳税人销售下列货物中，可以选择按照简易计税方法计算增值税的有（　）。
A.自来水公司销售自产的自来水　　B.县级以下小型水利发电站生产的电力
C.食品厂销售的食用植物油　　D.煤气公司销售的煤气
【答案】AB
【解析】（1）选项AB，按简易方法计算征收增值税；（2）选项CD，按一般计税方法计算征收增值税，适用10%的低税率。

2.征收率的特殊规定。
下列情形，按5%的征收率征收增值税：
（1）小规模纳税人转让其取得的不动产。
（2）一般纳税人转让其2016年4月30日前取得的不动产，选择简易计税方法计税的。
（3）小规模纳税人出租其取得的不动产（不含个人出租住房）。
（4）一般纳税人出租其2016年4月30日前取得的不动产，选择简易计税方法计税的。
（5）房地产开发企业（一般纳税人）销售自行开发的房地产老项目，选择简易计税方法计税的
老项目，是指合同开工日期在2016年4月30日前的项目。
（6）房地产开发企业（小规模纳税人）销售自行开发的房地产项目 。
（7）纳税人提供劳务派遣服务，选择差额纳税的。

## 四、增值税应纳税额的计算

增值税应纳税额计算方法
- 一般纳税人
  - 原则上：一般计税方法 — 应纳税额=销项税额-进项税额
  - 特殊：简易计税方法 — 应纳税额=销售额×征收率
- 小规模纳税人 — 一律：简易计税方法

图4-6　增值税应纳税额计算方法

（一）一般计税方法应纳税额的计算（★★★）
一般计税方法适用于一般纳税人：
应纳税额=当期销项税额-当期进项税额
当期销项税额小于当期进项税额不足抵扣时，未抵扣部分可以结转下期继续抵扣。
销项税额是纳税人发生应税销售行为，按照销售额和适用税率计算并向购买方收取的增值税税款：
销项税额=销售额×适用税率
公式中销售额是不含增值税的销售额，如含增值税，应换算为不含税销售额：
不含税销售额=含税销售额÷（1+增值税税率）
1.销售额的确定。
（1）销售额是纳税人发生应税销售行为向购买方收取的全部价款和价外费用，但不包括向购买方收取的销项税额。

价外费用，包括价外向购买方收取的手续费、补贴、基金、集资费、返还利润、奖励费、违约金、滞纳金、延期付款利息、赔偿金、代收款项、代垫款项、包装费、包装物租金、储备费、优质费、运输

装卸费以及其他各种性质的价外收费。

销售额不包括下列项目：

①受托加工应征消费税的消费品所代收代缴的消费税。

②同时符合以下条件代为收取的政府性基金或行政事业性收费：由国务院或财政部批准设立的政府性基金，由国务院或省级人民政府及其财政、价格主管部门批准设立的行政事业性收费；收取时开具省级以上财政部门印制的财政票据；所收款项全额上缴财政。

★【专家一对一】

**注意：前面在"经营活动的界定"也已指出，收取这些费用不属于经营活动。**

③销售货物的同时因代办保险等而向购买方收取的保险费、车辆购置税、车辆牌照费等。

④以委托方名义开具发票代委托方收取的款项。

★【专家一对一】

**如何判断题目中所给金额是否含税？**

**（1）题目明确指出是否含税。**

**（2）零售价属于含税价。**

**（3）价外费用和包装物押金，属于含税收入。**

**（4）成本不含税。**

**（5）增值税专用发票金额栏内注明的金额、机动车销售统一发票上注明的金额、海关专用缴款书上注明的金额、税收缴款凭证（即完税凭证）上注明的金额，都是不含税金额。**

【例题·多选题】（2015）一般纳税人收取的下列款项中，应并入销售额计算销项税额的有（　　）。

A.延期付款利息　B.手续费　C.违约金　D.受托加工应税消费品代收代缴的消费税

【答案】ABC

【解析】（1）选项ABC，都属于价外费用，应并入销售额计算销项税额；（2）选项D，不属于价外费用，不并入销售额计算销项税额。

（2）视同销售情形下销售额的确定。

纳税人发生视同销售货物无销售额的，主管税务机关有权按照下列顺序确定销售额。

①按该纳税人最近时期销售同类货物的平均销售价格确定。

②按其他纳税人最近时期销售同类货物的平均销售价格确定。

③按组成计税价格确定。计算公式为：

组成计税价格=成本×（1+成本利润率）（适用于不征收消费税情形）

或者：

组成计税价格=成本×（1+成本利润率）+消费税税额=成本×（1+成本利润率）÷（1-消费税税率）（适用于既征收增值税又征收消费税的情形）

公式中的成本分为两种情况：销售自产货物的为实际生产成本；销售外购货物的为实际采购成本。公式中的成本利润率一般为10%。

纳税人销售货物或劳务，价格明显偏低而无正当理由的，由主管税务机关有权按照上述方法确定销售额。

纳税人销售服务、无形资产或者不动产价格明细偏低或者偏高且不具有合理商业目的的，或者发生无销售额的，主管税务机关有权按照下列顺序确定销售额：

①按该纳税人最近时期销售同类服务、无形资产或者不动产的平均销售价格确定。

②按其他纳税人最近时期销售同类服务、无形资产或者不动产的平均销售价格确定。

③按组成计税价格确定。公式为：

组成计税价格=成本×（1+成本利润率）

成本利润率由国家税务总局确定。

★【专家一对一】

**核定销售额时，必须按上述顺序确定销售额，只有在第1种情形不存在的情况下，才可以按第2种情形确定销售额，只有在第1和第2两种情形都不存在的情况下，才可以按组成计税价格确定。**

【例题·单选题】（2018）甲服装厂为增值税一般纳税人，2018年10月将自产的100件新型羽绒服作为福利发给本厂职工，该新型羽绒服生产成本为单件1160元，增值税税率为16%，成本利润为10%。计算甲服装厂当月该笔业务增值税销项税额的下列算式中，正确的是（　　）。

A.100×1 160×16%=18 560元

B.100×1 160×（1+10%）×16%=20 416元

C.100×1 160×（1+10%）÷（1+16%）×16%=17 600元

D.100×1 160÷（1+16%）×16%=16 000元

【答案】B

【解析】（1）成本不含增值税，不能进行价税分离，故选项CD错误；（2）自产货物用于职工福利，视同销售。因为没有同类价格，故需要组成计税价格，需要按照成本×（1+成本利润率）组价，A选项直接用成本计算，错误；（3）选择B正确。

（3）混合销售情况下销售额的确定。

混合销售的销售额=货物的销售额+服务的销售额

（4）兼营的销售额的确定。

纳税人兼营销售货物、劳务、服务、无形资产或者不动产，适用不同税率或者征收率的，应当分别核算适用不同税率或者征收率的销售额；未分别核算的，从高适用税率。

【例题·判断题】纳税人兼营不同税率或征收率的销售货物、劳务、服务、无形资产或者不动产，应当分别核算适用不同税率或者征收率的销售额；未分别核算的，适用平均税率。（　　）

【答案】错误。

【解析】未分别核算的，“从高适用税率”。

（5）特殊销售方式下销售额的确定。

①折扣方式销售（商业折扣）。

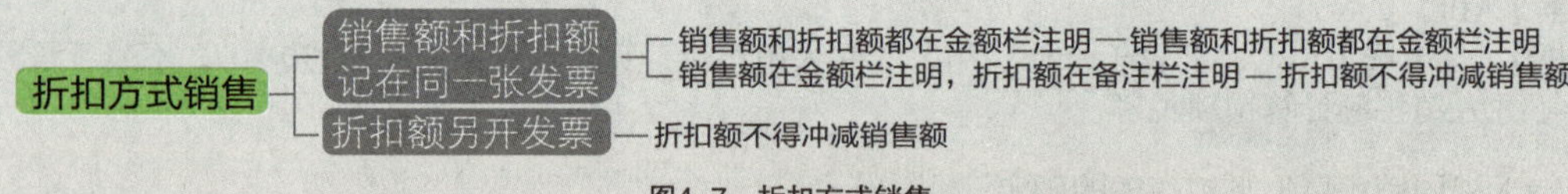


图4-7　折扣方式销售

【例题·单选题】（2013）甲厂为增值税一般纳税人，2018年10月将500件衬衣销售给乙商场，含税单价为116元/件；由于乙商场购进的数量较多，甲厂决定给予7折优惠，开票时将销售额和折扣额在同一张发票上的“金额”栏分别注明，已知增值税税率为16%。甲厂该笔业务的增值税销项税额的下列计算中，正确的是（　　）。

A.500×116×16%=9 280元

B.500×116÷（1+16%）×16%=8 000元

C.500×116×70%×16%=6 496元

D.500×116×70%÷（1+16%）×16%=5 600元

【答案】D

【解析】纳税人采取折扣方式销售货物，如果销售额和折扣额在同一张发票上“金额”栏分别注明的，可以按折扣后的销售额征收增值税。选项AB，未反映价格折扣，排除；选项C，未作价税分离，排除。故正确答案是选项D。

②以旧换新。

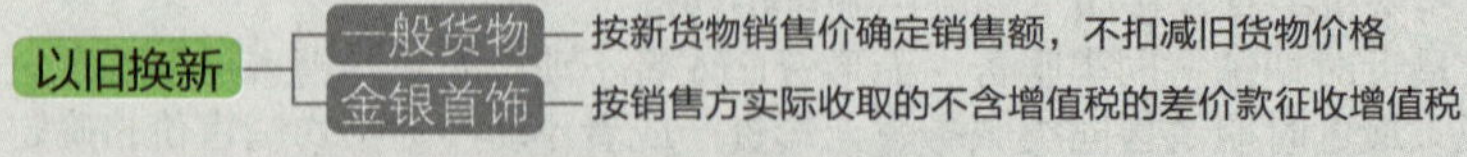


图4-8　以旧换新的具体内容

★【专家一对一】

（1）以旧换新销售商品，计算增值税时不能扣减旧货的价格，旧货的价格在计算企业所得税时可以作为费用冲减企业的所得额。销售货物和购进货物是二项不同的业务，因而销售额和采购额不能相互抵消。（2）对于金银首饰以旧换新而言，作为特例处理，准予扣除旧首饰的价格，这是因为金银首饰的保值性强，旧首饰的可利用价值也很高。

【例题·单选题】（2016）甲手机专卖店为增值税一般纳税人，2015年10月采取以旧换新方式销售某型号手机100部，该型号新手机的同期含税销售单价为3 276元，旧手机的收购单价为232元，已知增值税税率为16%，甲手机专卖店当月该业务增值税销项税额的下列计算列式中，正确的是（　　）。

A.（3 276−234）×100×16%

B.（3 276−232）×100÷（1+16%）×16%

C.3 276×100×16%

D.3 276×100÷（1+16%）×16%

【答案】D

【解析】纳税人采取以旧换新方式销售货物（金银首饰除外），应当按新货物的同期销售价格确定销售额。新手机单价3 276元含税，应换算为不含税价格。选项AB，扣除了旧手机价款，错误；选项C，未作价税分离错误。故正确答案只能是选项D。

③还本销售。

采取还本销售方式销售货物的，销售额就是货物的销售价格，不得减除还本支出。

【例题·判断题】采取还本销售方式销售货物的，增值税销售额是货物的销售价格，减除还本支出后的金额。（　　）

【答案】错误。

【解析】采取还本销售方式销售货物的，销售额就是货物的销售价格，“不得减除还本支出。”

④以物易物。

双方均作购销处理，以各自发出的货物核算销售额并计算销项税额，以各自收到的货物按规定核算购货额并计算进项税额。

⑤直销。

a.直销企业先将货物销售给直销员，直销员再将货物销售给消费者的，直销企业的销售额为其向直销员收取的全部价款和价外费用。

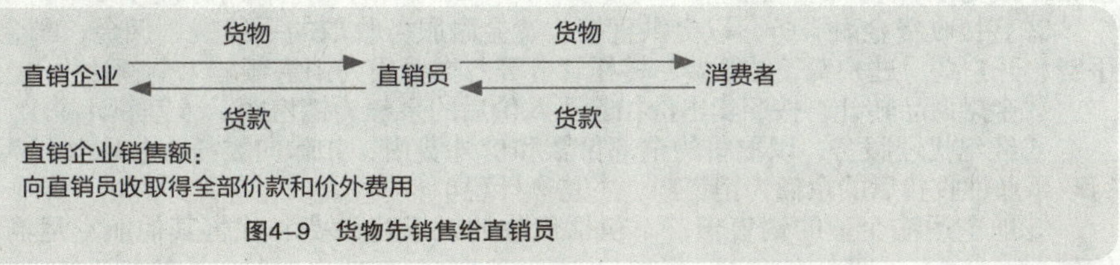


图4-9 货物先销售给直销员

b.直销企业通过直销员向消费者销售货物，直接向消费者收取货款，直销企业的销售额为其向消费者收取的全部价款和价外费用。

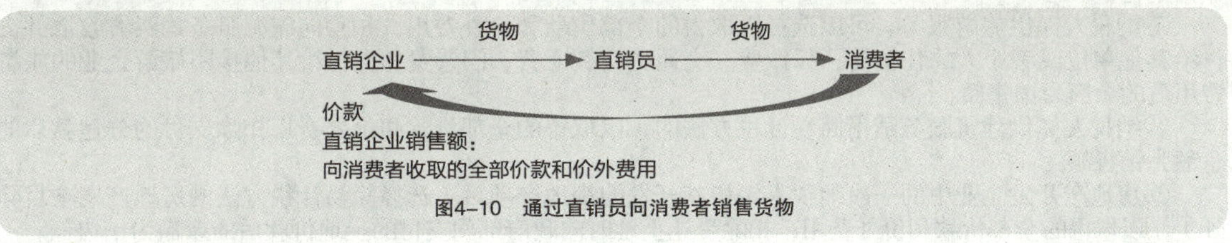


图4-10 通过直销员向消费者销售货物

（6）包装物押金。

①收取的1年以内的押金并且未超过合同约定的期限的（未逾期），单独核算的，不并入销售额。

②收取的1年以内的押金但超过合同规定期限（逾期），单独核算的，应并入销售额（视为含税收入），按照所包装货物的适用税率征税。

③已经收取1年以上的押金（逾期），应并入销售额（视为含税收入），按照所包装货物的适用税率征税。

④对销售除“啤酒、黄酒”外的其他酒类产品而收取的包装物押金，无论是否返还以及会计上如何核算，应在收取时并入当期销售额征税。

表4-4 包装物押金和包装物租金的税务处理

| 项　目 | 性　质 | 押金的项目 | 是否并入销售额 | |
| --- | --- | --- | --- | --- |
| | | | 取得时 | 逾期时 |
| 包装物押金 | 含增值税收入 | 啤酒、黄酒 | × | √ |

续表

| 项目 | 性质 | 押金的项目 | 是否并入销售额 | |
|---|---|---|---|---|
| | | | 取得时 | 逾期时 |
| 包装物押金 | 含增值税收入 | 非酒类产品 | × | √ |
| | | 白酒、其他酒 | √ | × |
| 包装物租金 | 价外费用，含税收入 | 在销售货物时随同货款一并计算增值税 | | |

注：逾期是指超过合同规定的期限或者虽然没有超过合同规定的期限，但收取时间已经超过1年的。

【例题·单选题】（2015）2018年9月甲公司销售产品取得含增值税价款116 000元，另收取包装物租金7 020元。已知增值税税率为16%，甲公司当月该笔业务增值税销项税额的下列计算中，正确的是（　　）。

A.116 000÷（1+16%）×16%=16 000元

B.（116 000+7 020）÷（1+16%）×16%=16 968.26元

C.116 000×16%=18 560元

D.（116 000+7 020）×16%=19 863.2元

【答案】B

【解析】销售货物的同时收取的包装物租金，属于价外费用，应并入销售额计算增值税。甲公司当月该笔业务增值税销项税额=（116 000+7 020）÷（1+16%）×16%=16 968.26元，故正确答案是选项B。

（7）营改增行业销售额的规定。

①贷款服务，以提供贷款服务取得的全部利息及利息性质的收入为销售额。（全额计税，不能扣除吸收存款支付给储户的利息。）

②直接收费金融服务，以提供直接收费金融服务收取的手续费、佣金、酬金、管理费、服务费、经手费、开户费、过户费、结算费、转托管费等各类费用为销售额。（全额计税）

③金融商品转让，按照卖出价扣除买入价后的余额为销售额。（差额计税）

④经纪代理服务，以取得的全部价款和价外费用，扣除向委托方收取并代为支付的政府性基金或者行政事业性收费后的余额为销售额。（差额计税）

⑤航空运输企业的销售额，不包括代收的机场建设费和代售其他航空运输企业客票而代收转付的价款。

⑥一般纳税人提供客运场站服务，以其取得的全部价款和价外费用，扣除支付给承运方运费后的余额为销售额。

⑦纳税人提供旅游服务，可以选择以取得的全部价款和价外费用，扣除向旅游服务购买方收取并支付给其他单位或者个人的住宿费、餐饮费、交通费、签证费、门票费和支付给其他接团旅游企业的旅游费用后的余额为销售额。

⑧纳税人提供建筑服务适用简易计税方法的，以取得的全部价款和价外费用扣除支付的分包款后的余额为销售额。

⑨房地产开发企业中的一般纳税人销售其开发的房地产项目（选择简易计税方法的房地产老项目除外），以取得的全部价款和价外费用，扣除受让土地时向政府部门支付的土地价款后的余额为销售额。

房地产老项目，是指《建筑工程施工许可证》注明的合同开工日期在2016年4月30日前的房地产项目。

【例题·多选题】下列关于增值税计税销售额的表述中，正确的有（　　）。

A.金融企业转让金融商品，按照卖出价扣除买入价后的余额为销售额

B.银行提供贷款服务，以提供贷款服务取得的全部利息及利息性质的收入为销售额

C.建筑企业提供建筑服务适用一般计税方法的，以取得的全部价款和价外费用扣除支付的分包款后的余额为销售额

D.房地产开发企业销售其开发的房地产项目，适用一般计税方法的，以取得的全部价款和价外费用，扣除受让土地时向政府部门支付的土地价款后的余额为销售额

【答案】ABD

【解析】选项C，纳税人提供建筑服务“适用简易计税方法的”，以取得的全部价款和价外费用扣除支付的分包款后的余额为销售额，选项C错误。

（8）销售额确定的特殊规定。

①纳税人兼营免税、减税项目的，应当分别核算免税、减税项目的销售额；未分别核算销售额的，不得免税、减税。

②纳税人发生应税销售行为，开具增值税专用发票后，发生开票有误或者销售折让、中止、退回等情形的，应当按照国家税务总局的规定开具红字增值税专用发票；未按照规定开具红字增值税专用发票的，不得扣减销项税额或者销售额。

【例题·单选题】根据增值税法律制度的规定，下列选项中，正确的是（　　）。

A.纳税人提供应税服务，将价款和折扣额在同一张发票上分别注明的，以折扣后的价款为销售额；未在同一张发票上分别注明的，以价款为销售额，不得扣减折扣额

B.纳税人销售适用不同税率或者征收率的应税服务，应当分别核算适用不同税率或者征收率的销售额；未分别核算的，由税务机关决定适用的税率。

C.纳税人兼营免税、减税项目的，应当分别核算免税、减税项目的销售额；未分别核算的，由税务机关核定免税额和减税额

D.价外费用，是指价外收取的各种性质的收费，包括代为收取的政府性基金或者行政事业性收费

【答案】A

【解析】（1）选项B，纳税人销售不同税率或者征收率的应税服务，应当分别核算适用不同税率或者征收率的销售额；未分别核算的，从高适用税率，选项B错误。（2）选项C，纳税人兼营免税、减税项目的，应当分别核算免税、减税项目的销售额；未分别核算的，不得免税、减税，选项C错误。（3）选项D，价外费用不包括代为收取的政府性基金或者行政事业性收费，选项D错误。

（9）外币销售额的折算。

按人民币以外的货币结算销售额的，人民币折合率可以选择销售额发生的当天或当月1日的人民币汇率中间价。纳税人应在事先确定采用何种折合率，确定后1年内不得变更。

★【专家一对一】

**应当事先确定采用哪一种折合率，不能事后看哪种对自己有利再选哪一种。**

2.进项税额的确定。

进项税额，是指纳税人购进货物、劳务、服务、无形资产或者不动产，支付或者负担的增值税额。

（1）准予抵扣的进项税额。

①从销售方取得的增值税专用发票（含税控机动车销售统一发票，下同）上注明的增值税额。

★【专家一对一】

**一般纳税人取得的增值税普通发票，不得抵扣进项税额。**

②海关进口增值税专用缴款书上注明的增值税额。

③购进农产品，除取得增值税专用发票或者海关进口增值税专用缴款书外，按照农产品收购发票或者销售发票上证明的农产品买价和10%的扣除率计算进项税额，国务院另有规定的除外。计算公式为：进项税额=买价×扣除率。

购进农产品进项税额的抵扣方法：

第一，凭票抵扣。取得一般纳税人开具的增值税专用发票或海关进口增值税专用缴款书的，以其上注明的增值税额为进项税额。

如：增值税一般纳税人A商场，2018年10月从一般纳税人B公司购入一批大米，取得B公司开具的增值税专用发票，发票上注明的销售额2 000元、税额200元（税率10%，2 000×10%=200元）。则该笔业务A商场可以抵扣的进项税额就是该专用发票上注明的税额200元。

第二，计算抵扣。

a.从按照简易计税方法依照3%征收率计算缴纳增值税的小规模纳税人取得增值税专用发票的，以增值税专用发票上注明的金额和10%的扣除率计算进项税额。

如：增值税一般纳税人甲商场，2018年10月从小规模纳税人乙公司购入一批大米，当月全部销售完毕。乙公司申请主管税务机关代开了增值税专用发票，票面金额2 000元、税额为60元（征收率3%，故2 000×3%=60元）。则该笔业务甲商场可以抵扣的进项税额是2 000×10%=200元，而不是专用发票上注明的税额60元。因为甲商场销售该批大米时要按照10%的税率计算销项税额，如果以乙公司开具的发票上注明的税额60元为进项税额，对甲公司来说就不公平，故以乙公司出具的发票金额和10%的扣除率计算进项税额。

b.取得（开具）农产品销售发票或收购发票的，以农产品销售发票或收购发票上注明的农产品买价和10%的扣除率计算进项税额。

如：增值税一般纳税人甲面粉厂，2018年10月向农民收购一批小麦，开具的农产品收购发票上的金额为20万元。该批小麦已经验收入库。则该笔业务甲面粉厂可以抵扣的进项税额=20万元×10%=2万元。

④从境外单位或者个人购进劳务、服务、无形资产或者境内的不动产，自税务机关或者扣缴义务人取得的完税凭证上注明的增值税额。

⑤原增值税一般纳税人购进的下列货物、服务、无形资产或不动产的进项税额，准予从销项税额中抵扣：

a.购进货物或者接受劳务，用于不属于非增值税应税项目的；

b.购进服务、无形资产或者不动产，取得的增值税专用发票上注明的增值税额；

c.自用的应征消费税的摩托车、汽车、游艇。

纳税人取得的增值税扣税凭证不符合法律法规或国家税务主管部门有关规定的，其进项税额不得抵扣。此处所述"增值税扣税凭证"，是指增值税专用发票、海关进口增值税专用缴款书、农产品收购发票、农产品销售发票和完税凭证。

纳税人凭完税凭证抵扣进项税额的，应当具备书面合同、付款证明和境外单位的对账单或者发票。资料不全的，不得抵扣。

【例题·单选题】（2018）某增值税一般纳税人提供咨询服务，取得含税收入318万元，取得奖金5.3万元，咨询服务的增值税税率为6%，该业务应计算的销项税额是（　　）。

A.（318+5.3）÷（1+6%）×6%=18.3万元

B.318÷（1+6%）×6%=18万元

C.[318÷（1+6%）+5.3]×6%=18.318万元

D.318×6%=19.08万元

【答案】A

【解析】318万元是含税收入，同时奖金为价外费用，为含税金额，所以应纳税额=（318+5.3）÷（1+6%）×6%=18.3万元。

（2）不得抵扣的进项税额。

①用于不产生销项税额的情形。

用于简易计税方法计税项目、免征增值税项目、集体福利或者个人消费的购进货物、劳务、服务、无形资产（不包括其他权益性无形资产）和不动产。其中涉及的固定资产、无形资产、不动产，仅指专用于上述项目的固定资产、无形资产（不包括权益性无形资产）。

★【专家一对一】

购进的固定资产、无形资产，专门用于上述不允许抵扣的项目的（因为不产生销项税额），则不能抵扣进项税额；如果既用于上述不允许抵扣的项目，又用于允许抵扣的项目的，则可以抵扣进项税额。例如，某运输企业（增值税一般纳税人）外购的一辆客车，既用于对外提供运输服务，又用于免增值税项目（免费接送职工上下班），则该辆客车的进项税额可以全额抵扣。如果专门用于接送职工上下班（免税项目），则其进项税额不能抵扣。

纳税人的交际应酬消费属于个人消费。

★【专家一对一】

用于免增值税项目的，不仅本身不能抵扣，而且相应的运输费用等也不能抵扣。如某企业销售一批免税产品10万元，支付运输费用4 000元，取得了增值税专用发票。则不仅该产品本身不能抵扣进项税额，而且取得的运输费用发票上所注明的进项税额也不能抵扣，虽然取得的是增值税专用发票。

【例题·多选题】（2013）一般纳税人购进货物发生的下列情形中，不得从销项税额中抵扣进项税额的有（　　）。

A.将购进的货物分配给股东

B.将购进的货物用于个人消费

C.将购进的货物无偿赠送给客户

D.将购进的货物用于集体福利

【答案】BD

【解析】（1）选项AC，一般纳税人将购进的货物用于投资、分配、赠送的，应视同销售货物计算销项税额，准予抵扣其对应的进项税额。（2）选项BD，一般纳税人将购进的货物用于集体福利、个人消费，不视同销售货物，不得从销项税额中抵扣进项税额。

②非正常损失的项目。

a.非正常损失的购进货物，以及相关的加工修理修配劳务和交通运输服务；

★【专家一对一】

**非正常损失的情况下，不仅非正常损失的购进货物本身不能抵扣，而且因其发生的加工修理修配劳务和运输费用也不能抵扣，以下b、c、d三项同理。**

b.非正常损失的在产品、产成品所耗用的购进货物（不包括固定资产）、加工修理修配劳务和交通运输服务；

c.非正常损失的不动产，以及该不动产所耗用的购进货物、设计服务和建筑服务；

d.非正常损失的不动产在建工程（包括新建、改建、扩建、修缮、装饰不动产）所耗用的购进货物、设计服务和建筑服务。

★【专家一对一】

**非正常损失，是指因管理不善造成被盗、丢失、霉烂变质的损失，以及因违反法律法规造成货物或不动产被依法没收、毁损、拆除的情形。如果是因不可抗力毁损或者发生合理损耗，对应的进项税额可以抵扣。**

③购进的旅客运输服务、贷款服务、餐饮服务、居民日常服务和娱乐服务。

④纳税人接受贷款服务向贷款方支付的与该笔贷款直接相关的投融资顾问费、手续费、咨询费等费用。

【例题·多选题】（2014）一般纳税人购进货物发生的下列情形中，其进项税额不得从销项税额抵扣的有（　　）。

A.被执法机关依法没收　　B.用于个人消费　　C.用于集体福利　　D.用于对外赠送

【答案】ABC

【解析】（1）选项A，属于非正常损失，其进项税额不得抵扣。（2）选项BC，购进货物用于集体福利和个人消费不视同销售，不得抵扣进项税额。（3）选项D，外购货物用于对外赠送，视同销售，其进项税额可以抵扣。

（3）适用一般计税方法的纳税人，兼营简易计税方法项目、免增值税项目而无法划分不得抵扣的进项税额的，按照下列公式计算不得抵扣的进项税额：

不得抵扣的进行税额=当期无法划分的全部进项税额×（当期简易计税方法计税项目销售额+免增值税项目销售额）÷当期全部销售额

（4）已抵扣进项税额的购进货物或应税劳务如果事后改变用途，用于集体福利或个人消费，购进货物发生非正常损失、在产品或产成品发生非正常损失等，应当将该项购进货物或者应税劳务的进项税额从当期的进项税额中扣减，无法确定该项进项税额的，按当期外购项目的实际成本计算应扣减的进项税额。

（5）已抵扣进项税额的购进服务，发生不得从销项税额中抵扣情形（简易计税方法计税项目、免征增值税项目除外）的，应当将该进项税额从当期进项税额中扣减;无法确定该进项税额的，按照当期实际成本计算应扣减的进项税额。

【例题·单选题】某生物制药公司为增值税一般纳税人，2018年8月份销售甲种疫苗116万元（含税），销售免税乙种疫苗50万元，当月购入生产用原材料一批，取得增值税专用发票上注明税款6.9万元，两种疫苗无法划分耗料情况，则该制药厂当月应纳增值税为（　　）万元。

A.14.63　　B.10.21　　C.11.40　　D.18.06

【答案】C

【解析】纳税人兼营免税项目无法准确划分不得抵扣的进项税额部分，按公式计算不得抵扣的进项税额＝当月无法划分的全部进项税额×当月免税项目销售额合计÷当月全部销售额，不得抵扣的进项税额＝6.90×50÷[116÷（1+16%）+50]＝2.30万元，应纳税额＝116÷（1+16%）×16%－（6.90－2.30）＝11.40万元，正确答案是选项C。

（6）已抵扣进项税额的无形资产或者不动产，发生不得从销项税额中抵扣情形的，按照下列公式计算不得抵扣的进项税额：

不得抵扣的进项税额=无形资产或者不动产净值×适用税率

（7）纳税人适用一般计税方法计税的，因销售折让、中止或者退回而退还给购买方的增值税额，应当从当期的销项税额中扣减；因销售折让、中止或者退回而收回的增值税额，应当从当期的进项税额中扣减。

（8）有下列情形之一者，应当按照销售额和增值税率计算应纳税额，不得抵扣进项税额，也不得使用增值税专用发票：①一般纳税人会计核算不健全或者不能够提供准确税务资料的；②应当办理一般纳税人资格登记而未办理的。

（9）适用一般计税方法的试点纳税人，2016年5月1日后取得并在会计制度上按固定资产核算的不动产或者2016年5月1日后取得的不动产在建工程，其进项税额应自取得之日起分2年从销项税额中抵扣，第一年抵扣比例为60%，第二年抵扣比例为40%。此规定不适用于融资租入的不动产以及施工现场临时建筑物、构筑物。

取得不动产，包括以直接购买、接受捐赠、接受投资入股、自建以及抵债等各种形式取得不动产，不包括房地产开发企业自行开发的房地产项目。

（10）不得抵扣且未抵扣进项税额的固定资产、无形资产、不动产，发生用途改变，用于允许抵扣进项税额的应税项目，可在用途改变的次月按照下列公式，计算可以抵扣的进项税额：

可以抵扣的进项税额=固定资产、无形资产、不动产净值÷（1+适用税率）×适用税率

（11）一般纳税人发生下列应税行为可以选择适用简易计税方法计税，不允许抵扣进项税额。

①公共交通运输服务。

②经认定的动漫企业为开发动漫产品提供的动漫脚本编撰、形象设计、背景设计、动画设计、分镜、动画制作、摄制、描线、上色、画面合成、配音、配乐、音效合成、剪辑、字幕制作、压缩转码服务，以及在境内转让动漫版权。

③电影放映服务、仓储服务、装卸搬运服务、收派服务和文化体育服务。

④纳税人营改增试点之日前取得的有形动产为标的物提供的经营租赁服务。

⑤在纳入营改增试点之日前签订的尚未执行完毕的有形动产租赁合同。

【例题·多选题】（2017）一般纳税人发生的下列应税行为中，可以选择适用简易计税方法计征增值税的有（　　）。

A.电影放映服务　　B.文化体育服务　　C.收派服务　　D.公交客运服务

【答案】ABCD

3.进项税额抵扣期限的规定。

（1）增值税一般纳税人取得的2017年7月1日及以后开具的增值税专用发票和机动车销售统一发票，应自开具之日起360日内认证或登录增值税发票确认平台进行确认，并在规定的申报期内，向主管税务机关申报抵扣进项税额。

（2）增值税一般纳税人取得的2017年7月1日及以后开具的海关进口增值税专用缴款书，应自开具之日起360日内向主管税务机关报送《海关完税凭证抵扣清单》，申请稽核比对。

【例题·单选题】（2014）甲厂为增值税一般纳税人，2018年3月销售化学制品取得含增值税价款232万元，当月发生的可抵扣的进项税额4.8万元，上月月末留抵的进项税额3.2万元。已知增值税税率为16%，甲厂当月应缴纳增值税税额为（　　）。

A.232÷（1+16%）×16%−3.2=28.8万元　　B.232÷（1+16%）×16%−4.8=27.2万元

C.232×16%−4.8=32.32万元　　D.232÷（1+16%）×16%−4.8−3.2=24万元

【答案】D

【解析】当期应纳税额=当期销项税额−当期进项税额−上期留抵的进项税额=232÷（1+16%）×16%−4.8−3.2=24万元，故正确答案是选项D。

（二）简易计税方法应纳税额的计算（★★★）

小规模纳税人销售货物、劳务或者服务采用简易计税方法计税，不得抵扣进项税额。

应纳税额=销售额×征收率

公式中的销售额为不含税销售额

不含税销售额=含税销售额÷（1+征收率）

纳税人适用简易计税方法计税的，因销售折让、中止或者退回而退还给购买方的销售额，应当从当期销售额中扣减，扣减后仍有余额造成多缴的税款，可以从以后的应纳税额中扣减。

一般纳税人发生财政部和国家税务总局规定的特定应税行为，可以选择适用简易计税方法计税，但

一经选择，36个月内不得变更。

★【专家一对一】

小规模纳税人"一律"适用简易计税方法；一般纳税人"原则上"适用一般计税方法，特定情况下适用简易计税方法。

【例题·单选题】甲公司是增值税一般纳税人。2018年10月25日，甲公司将其2016年10月20日购买的一套140平方米的房屋出售，该房屋购入价格为300万元，出售价格为500万元。已知一般纳税人出售住房适用的增值税征收率为5%，甲公司选择简易计税方法。则甲公司出售该房屋应缴纳的增值税的下列计算中，正确的是（　　）。

A.0　　B.（500－300）×5%＝10万元

C.500÷（1＋5%）×5%＝23.8095万元　　D.500×5%＝25万元

【答案】C

【解析】一般纳税人转让其2016年4月30日前取得的不动产，选择简易计税方法计税的，按照5%的征收率征收增值税，销售额500万元是含税销售额，并且不能扣除原来的买价，故计算公式为：500÷（1＋5%）×5%=23.8095万元。

（三）进口货物应纳税额的计算（★★★）

纳税人进口货物，不区分一般纳税人和小规模纳税人，均按组成计税价格和规定的税率计算应纳税额，不允许抵扣发生在境外的任何税金。

应纳税额=组成计税价格×税率

进口货物不征收消费税的：组成计税价格=关税完税价格+关税

进口货物征收消费税的（从价计征）：组成计税价格=关税完税价格+关税+消费税

=（关税完税价格＋关税）÷（1－消费税比例税率）

【例题·单选题】（2013）甲公司为增值税一般纳税人，2018年5月从国外进口一批音响，海关核定的关税完税价格为116万元，缴纳关税11.6万元。已知增值税税率为16%，甲公司该笔业务应缴纳增值税税额的下列计算中，正确的是（　　）。

A.116×16%=18.56万元　　B.（116+11.6）×16%=20.416万元

C.116÷（1+16%）×16%=16.00万元　　D.（116+11.6）÷（1+16%）×16%=17.60万元

【答案】B

【解析】甲公司该笔业务应缴纳的增值税税额=（关税完税价格+关税）×增值税税率=（116+11.6）×16%=20.416万元。故正确答案是选项B。

【例题·单选题】某企业为增值税小规模纳税人。2018年10月进口一批高档化妆品，关税完税价格40万元。已知：高档化妆品关税税率为20%、消费税税率为15%。该企业进口化妆品应纳进口增值税税额为（　　）万元。

A.40×16%=6.40万元

B.40×（1+20%）×16%=7.68万元

C.40×（1+20%）÷（1-15%）×3%=1.6941万元

D.40×（1+20%）÷（1-15%）×16%=9.0353万元

【答案】D

【解析】（1）该企业虽然是小规模纳税人，但因是进口货物，故执行16%的增值税税率，而不是3%的征收率。（2）该企业进口高档化妆品应纳进口增值税税额＝关税完税价格×（1＋关税税率）÷（1－消费税税率）×增值税税率＝40×（1＋20%）÷（1－15%）×16%＝9.0353万元。

## 五、增值税的税收优惠

（一）《增值税暂行条例》及其实施细则规定的免税项目（★★★）

1.农业生产者销售的自产农产品。农业，是指种植业、养殖业、林业、牧业、水产业。农业生产者，包括从事农业生产的单位和个人。农产品，是指初级农产品。

2.避孕药品和用具。

3.古旧图书。古旧图书，是指向社会收购的古书和旧书。

4.直接用于科学研究、科学试验和教学的进口仪器、设备。

★【专家一对一】

如果是进口了用来销售的，不免税。

5.外国政府、国际组织无偿援助的进口物资和设备。

★【专家一对一】

外国企业无偿援助的不免税，因为双方可能假无偿援助之名，行有偿买卖之实！

6.由残疾人的组织直接进口供残疾人专用的物品。

7.其他个人销售的自己使用过的物品。

★【专家一对一】

前已介绍，其他个人以外的小规模纳税人销售自己使用过的除固定资产以外的物品，依3%的征收率减按2%征收增值税。

【例题·多选题】（2018）下列各项中属于增值税免税项目的有（　　）。

A.除个体工商户以外的其他个人销售自己使用过的物品

B.古旧图书

C.直接用于科学研究的进口设备

D.农业生产者销售的自产农产品

【答案】ABCD

（二）营改增试点过渡政策的免税规定（★★）

1.下列项目免征增值税（包括但不限于）：

（1）托儿所、幼儿园提供的保育和教育服务。

（2）养老机构提供的养老服务。

（3）残疾人福利机构提供的育养服务；残疾人员本人为社会提供的服务。

（4）婚姻介绍服务。

（5）殡葬服务。

（6）医疗机构提供的医疗服务。

（7）从事学历教育的学校提供的教育服务；政府举办的从事学历教育的高等、中等和初等学校（不含下属单位），举办进修班、培训班取得的全部归该学校所有的收入。

（8）学生勤工俭学提供的服务。

（9）农业机耕、排灌、病虫害防治、植物保护、农牧保险以及相关技术培训业务，家禽、牲畜、水生动物的配种和疾病防治。

（10）纪念馆、博物馆、文化馆、文物保护单位管理机构、美术馆、展览馆、书画院、图书馆在自己的场所提供文化体育服务取得的第一道门票收入。

（11）寺院、宫观、清真寺和教堂举办文化、宗教活动的门票收入。

（12）行政单位之外的其他单位收取的符合条件的政府性基金和行政事业性收费。

（13）个人转让著作权。

（14）个人销售自建自用住房。

（15）纳税人提供的直接或者间接国际货物运输代理服务。

（16）符合规定的贷款、债券的利息收入。

（17）被撤销金融机构以货物、不动产、无形资产、有价证券、票据等财产清偿债务。

（18）保险公司开办的一年期以上人身保险产品取得的保费收入。

（19）符合规定的金融商品转让收入。

（20）金融同业往来利息收入。

（21）纳税人提供技术转让、技术开发和与之相关的技术咨询、技术服务。

（22）同时符合规定条件的合同能源管理服务。

（23）福利彩票、体育彩票的发行收入。

（24）将土地使用权转让给农业生产者用于农业生产；土地所有者出让土地使用权和土地使用者将土地使用权归还给土地所有者。

（25）涉及家庭财产分割的个人无偿转让不动产、土地使用权。

【例题·单选题】（2018）根据增值税法律制度的规定，下列各项中，属于免税项目的是（ ）。
A.养老机构提供的养老服务
B.装修公司提供的装饰服务
C.企业转让著作权
D.福利彩票的代销手续费收入
【答案】A
【解析】（1）选项A：养老机构提供的养老服务，免征增值税；（2）选项B：装修公司提供的装饰服务，按"建筑服务"计缴增值税；（3）选项C：个人转让著作权免征增值税，企业转让著作权不免税；（4）选项D：福利彩票、体育彩票的代销手续费收入按"现代服务——商务辅助服务"计缴增值税。

2.增值税即征即退。

（1）一般纳税人提供管道运输服务，对其增值税实际税负超过3%的部分实行增值税即征即退政策。

（2）经批准从事融资租赁业务的试点纳税人中的一般纳税人，提供有形动产融资租赁服务和有形动产融资性售后回租服务，对其增值税实际税负超过3%的部分实行增值税即征即退政策。

此处"增值税实际税负"，是指纳税人当期提供应税服务实际缴纳的增值税额占纳税人当期提供应税服务取得的全部价款和价外费用的比例。

【例题·判断题】一般纳税人提供管道运输服务，对其增值税实际税负超过3%的部分实行增值税即征即退政策。（ ）
【答案】正确。

3.扣减增值税规定。

（1）退役士兵创业就业。

（2）重点群体创业就业。

4.金融企业发放贷款后，自结息日起90天内发生的应收未收利息按现行规定缴纳增值税，自结息日起90天后发生的应收未收利息暂不缴纳增值税，待实际收到利息时按规定缴纳增值税。

5.个人购买的住房对外销售情况如下表。

表4-5 个人购买住房对外销售情况

| 地 区 | 购买时间 | 住房类别 | 增值税的缴纳 |
|---|---|---|---|
| 北、上、广、深 | 不足2年 | 不区分住房性质 | 按照5%的征收率全额缴纳增值税 |
| | 2年（含）以上的 | 非普通住房 | 以销售收入减去购房价款后的差额，按照5%的征收率缴纳增值税 |
| | | 普通住房 | 免征增值税 |
| 北、上、广、深以外的地区 | 不足2年 | 不区分住房性质 | 按照5%的征收率全额缴纳增值税 |
| | 2年（含）以上的 | 不区分住房性质 | 免征增值税 |

（三）跨境行为免征增值税的政策规定（★）

销售下列服务和无形资产免征增值税，但财政部和国家税务总局规定适用增值税零税率的除外：

1.下列服务：

（1）工程项目在境外的建筑服务。

（2）工程项目在境外的工程监理服务。

（3）工程、矿产资源在境外的工程勘察勘探服务。

（4）会议展览地点在境外的会议展览服务。

（5）存储地点在境外的仓储服务。

（6）标的物在境外使用的有形动产租赁服务。

（7）在境外提供的广播影视节目（作品）的播映服务。

（8）在境外提供的文化体育服务、教育医疗服务、旅游服务。

2.为出口货物提供的邮政服务、收派服务、保险服务。

3.向境外单位提供的完全在境外消费的下列服务和无形资产：

（1）电信服务。

（2）知识产权服务。

（3）物流辅助服务（仓储服务、收派服务除外）。

（4）鉴证咨询服务。
（5）专业技术服务。
（6）商务辅助服务。
（7）广告投放地在境外的广告服务。
（8）无形资产。

4.以无运输工具承运方式提供的国际运输服务。

5.为境外单位之间的货币资金融通及其他金融业务提供的直接收费金融服务，且该服务与境内的货物、无形资产和不动产无关。

6.财政部和国家税务总局规定的其他服务。

（四）起征点（★★）

增值税起征点的适用范围限于其他个人。

★【专家一对一】

不适用于登记为一般纳税人的个体工商户。

（1）按期纳税的，为月销售额5 000—20 000元（含本数）。

（2）按次纳税的，为每次（日）销售额300—500元（含本数）。

【例题·判断题】（2018）增值税起征点的适用范围限于个人，且不适用于登记为一般纳税人的个体工商户。（　　）

【答案】正确。

（五）小微企业免税规定（★★）

1.小规模纳税人，月销售额不超过3万元（含）的，免征增值税。按季纳税不超过9万元（含）的，免征增值税。

2.小规模纳税人月销售额不超过3万元（按季纳税9万元）的，当期因代开增值税专用发票已经缴纳的税款，在专用发票全部联次追回或者按规定开具红字专用发票后，可以向主管税务机关申请退还。

3.其他个人采取一次性收取租金形式出租不动产，取得的租金收入，可在租金对应的租赁期内平均分摊，分摊后的租金收入不超过3万元的，可享受小微企业免征增值税的优惠政策。

【例题·判断题】增值税小规模纳税人月销售额不超过3万元的，当期因代开增值税专用发票已经缴纳的税款，在专用发票全部联次追回或者按规定开具红字专用发票后，可以向主管税务机关申请退还。（　　）

【答案】正确。

【例题·单选题】（2015）甲设计公司为增值税小规模纳税人，2014年6月提供设计服务取得含增值税价款206 000元；因服务中止，退还给客户含增值税价款10 300元，并开具红字专用发票。已知小规模纳税人增值税征收率为3%，甲设计公司当月应缴纳增值税税额的下列计算中，正确的是（　　）。

A.206 000÷（1+3%）×3%=6 000元　　B.206 000×3%=6 180元

C.（206 000−10 300）×3%=5 871元　　D.（206 000−10 300）÷（1+3%）×3%=5 700元

【答案】D

【解析】纳税人适用简易计税方法计税的，因销售折让、中止或者退回而退还给购买方的销售额，应当从当期销售额中相减。甲设计公司应缴纳增值税=（206 000−10 300）÷（1+3%）×3%=5 700元，故正确答案是选项D。

（六）其他减免税规定（★）

1.纳税人兼营免税、减税项目的，应当分别核算免税、减税项目的销售额；未分别核算的，不得免税、减税。

2.纳税人销售货物、劳务、服务、无形资产或者不动产适用免税规定的，可以放弃免税，依照有关规定缴纳增值税；纳税人放弃免税后，36个月内不得再申请免税。

3.纳税人发生应税行为同时适用免税和零税率规定的，纳税人可以选择适用免税或者零税率。

★【专家一对一】

为什么会放弃免税？因为企业选择免税的话，那么你取得的进项税额也就不能抵扣了，如果企业的进项税额超过销项税额的话，选择免税反而得不偿失。

## 六、增值税征收管理

（一）纳税义务发生时间（★★★）

1.纳税人发生应税销售行为，为收讫销售款项或者取得索取销售款项凭据的当天；先开具发票的，为开具发票的当天。按销售结算方式的不同，具体为：

（1）采取直接收款方式销售货物，不论货物是否发出，均为收到销售款或者取得索取销售款凭据的当天。

（2）采取托收承付和委托银行收款方式销售货物，为发出货物并办妥托收手续的当天。

★【专家一对一】

**实际上说“办妥托收手续”即可，不发货取得发货凭据，凭什么去办理托收手续呢？但考试大纲是这样规定的，按此规定作答即可。**

（3）采取赊销和分期收款方式销售货物，为书面合同约定的收款日期的当天，无书面合同的或者书面合同没有约定收款日期的，为货物发出的当天。

（4）采取预收货款方式销售货物，为货物发出的当天，但生产销售生产工期超过12个月的大型机械设备、船舶、飞机等货物，为收到预收款或者书面合同约定的收款日期的当天。

★【专家一对一】

**预收货款方式销售，原则上是发出货物的当天；但是有的约定的交货期很久，比如大型船舶、飞机可能需要好几年才能交货，那就依收到预收款或者合同约定的收款日期的当天。**

（5）委托其他纳税人代销货物，为收到代销单位的代销清单或者收到全部或者部分货款的当天。未收到代销清单及货款的，为发出代销货物满180天的当天。

★【专家一对一】

**肯定不会是发出货物的当天，因为这个时候货物的所有权并没有转移，而且卖不完的货，人家还要退回。**

（6）提供租赁服务采取预收款方式的，为收到预收款的当天。

（7）从事金融商品转让的，为金融商品所有权转让的当天。

（8）纳税人发生视同销售货物行为，为货物移送的当天。

（9）纳税人发生视同销售劳务、服务、无形资产、不动产情形的，为劳务、服务、无形资产、转让完成的当天或者不动产权属变更的当天。

2.纳税人进口货物，为报关进口的当天。

3.增值税扣缴义务的发生时间为纳税人增值税纳税义务发生的当天。

【例题·单选题】2018年4月10日，甲公司与乙公司签订了一份购买汽车的合同，约定合同价款为60万元。4月15日，甲公司就60万元货款给乙公司开具了增值税专用发票。4月20日，甲公司发出了汽车。5月15日，甲公司收到乙公司货款60万元。甲公司增值税纳税义务发生时间是（　　）。

A.4月10日　　B.4月15日　　C.4月20日　　D.5月15日

【答案】B

【解析】纳税人销售货物或者提供应税劳务的，其增值税纳税义务发生时间为收讫销售款或者取得索取销售款凭据的当天；先开具发票的，为开具发票的当天。

【例题·单选题】（2018）下列关于增值税纳税义务发生时间的表述中，不正确的是（　　）。

A.进口货物，为报关进口的当天

B.提供租赁服务采取预收款方式的，为收到预收款的当天

C.采取托收承付和委托银行收款方式销售货物，为收到银行款项的当天

D.从事金融商品转让的，为金融商品所有权转移的当天

【答案】C

【解析】选项C，纳税人采取托收承付和委托银行收款方式销售货物，为发出货物并办妥托收手续的当天。

【例题·判断题】增值税扣缴义务发生时间为纳税人增值税纳税义务发生的当天。（　　）

【答案】正确。

（二）纳税地点（★★）

★【专家一对一】

**关于纳税地点的规定，从方便税务机关行使征收管理权角度理解。**

1.固定业户应当向其机构所在地的主管税务机关申报纳税。总机构和分支机构不在同一县（市）的，应当分别向各自所在地的主管税务机关申报纳税；经国务院财政、税务主管部门或者其授权的财政、税务机关批准，可以由总机构汇总向总机构所在地的主管税务机关申报纳税。

2.固定业户到外县（市）销售货物或者劳务，应当向其机构所在地的主管税务机关报告外出经营事项，并向其机构所在地的主管税务机关申报纳税；未报告的，应当向销售地或者劳务发生地的主管税务机关申报纳税；未向销售地或者劳务发生地的主管税务机关申报纳税的，由其机构所在地的主管税务机关补征税款。

3.非固定业户销售货物或者劳务，应当向销售地或者劳务发生地的主管税务机关申报纳税；未向销售地或者劳务发生地的主管税务机关申报纳税的，由其机构所在地或者居住地的主管税务机关补征税款。

4.进口货物，应当向报关地海关申报纳税。扣缴义务人应当向其机构所在地或者居住地的主管税务机关申报缴纳其扣缴的税款。

5.其他个人提供建筑服务，销售或者租赁不动产，转让自然资源使用权，应向建筑服务发生地、不动产所在地、自然资源所在地税务机关申报纳税。

6.扣缴义务人应当向其机构所在地或者居住地税务机关申报缴纳其代扣的税款。

【例题·多选题】下列关于增值税纳税地点的表述中，正确的有（　　）。
A.固定业户应当向其机构所在地或者居住地主管税务机关申报纳税
B.非固定业户销售应税货物或劳务，应向销售地或劳务发生地的主管税务机关申报纳税
C.进口货物，向进口者所在地税务机关申报纳税
D.扣缴义务人应当向其机构所在地或居住地的主管税务机关申报缴纳其扣缴的税款
【答案】ABD
【解析】选项C，进口货物，应当向报关地海关申报纳税。

（三）纳税期限（★★）

表4-6　增值税纳税期限

| | 纳税期限的档次 | 申报和缴款期限 |
|---|---|---|
| 一般情况 | 1日、3日、5日、10日、15日 | 自期满之日起5日内预缴税款，于次月1日起15日内申报纳税，并结清上月税款 |
| | 1个月、1个季度 | 自期满之日起15日内申报纳税 |
| 进口货物 | | 自海关填发进口货物增值税专用缴款书之日起15日内缴纳税款 |
| 注：以1个季度为纳税期限的，适用于小规模纳税人、银行、财务公司、信托投资公司、信用社，以及财政部和国家税务总局规定的其他纳税人 | | |

【例题·单选题】下列各项关于增值税纳税期限的表述中，正确的是（　　）。
A.小规模纳税人的具体纳税期限，由主管税务机关根据其销售额的大小分别核定
B.纳税人进口货物，应当自海关填发进口增值税专用缴款书之日起10日内缴纳税款
C.不能按照固定期限纳税的，可以按次纳税
D.以1个季度为纳税期限的规定仅适用于一般纳税人
【答案】C
【解析】（1）选项A，“纳税人”的具体纳税期限，由主管税务机关根据纳税人“应纳税额”的大小分别核定，选项A错误；（2）选项B，纳税人进口货物，应当自海关填发进口增值税专用缴款书之日起“15日内”缴纳税款，选项B错误；（3）选项D，以1个季度为纳税期限的规定适用于小规模纳税人、银行、财务公司、信托投资公司、信用社（不包括保险公司），以及财政部和国家税务总局规定的其他纳税人，选项D错误。

## 七、增值税专用发票使用规定

（一）增值税专用发票的基本联次及用途（★★）

专用发票由基本联次或者基本联次附加其他联次构成，其中基本联次包括发票联、抵扣联和记账联。

表4-7 增值税专用发票的基本联次及用途

| 基本联次 | 持有者 | 用途 |
| --- | --- | --- |
| 发票联 | 购买方 | 购买方核算采购成本和增值税进项税额的记账凭证 |
| 抵扣联 | | 购买方报送主管税务机关认证和留存备查的扣税凭证 |
| 记账联 | 销售方 | 销售方核算销售收入和增值税销项税额的记账凭证 |

【例题·单选题】（2016、2018）下列关于增值税专用发票记账联用途的表述中，正确的是（ ）。
A.作为购买方核算采购成本的记账凭证
B.作为销售方核算销售收入和增值税销项税额的记账凭证
C.作为购买方报送主管税务机关认证和留存备查的扣税凭证
D.作为购买方核算增值税进项税额的记账凭证
【答案】B
【解析】（1）选项AD，属于发票联的用途；（2）选项C，属于抵扣联的用途。

（二）专用发票的领购（★）

1.一般纳税人领购专用设备后，凭《最高开票限额申请表》、《发票领购簿》到主管税务机关办理初始发行。

2.一般纳税人有下列情形之一的，不得领购开具专用发票：

（1）会计核算不健全，不能向税务机关准确提供有关增值税税务资料的。

（2）有规定的税收违法行为，拒不接受税务机关处理的。

（3）有下列行为之一，经税务机关责令限期改正仍未改正的：①虚开增值税专用发票；②私自印制专用发票；③向税务机关以外的单位和个人购买专用发票；④借用他人专用发票；⑤未按规定开具专用发票；⑥未按规定保管专用发票和专用设备；⑦未按规定申请办理防伪税控系统变更发行；⑧未按规定接受税务机关检查。

有上列情形，已领购专用发票的，主管税务机关应暂扣其结存的专用发票和IC卡。

【例题·判断题】会计核算不健全，不能向税务机关准确提供增值税销项税额、进项税额以及应纳税额数据的增值税一般纳税人，不得领购开具增值税专用发票。（ ）
【答案】正确。

（三）专用发票的使用管理（★★★）

1.专用发票的开票限额。

（1）专用发票实行最高开票限额管理。最高开票限额，是单份专用发票销售额合计数不得达到的上限额度。

★【专家一对一】

**此处所述“限额”，是不包括增值税的销售额。**

（2）最高开票限额由一般纳税人申请，税务机关依法审批。限额为10万元及以下的，由区县级税务机关审批；100万元的，由地市级税务机关审批；1 000万元及以上的，由省级税务机关审批。

防伪税控系统的具体发行工作由区县级税务机关负责。

2.专用发票的开具范围。

一般纳税人销售货物、劳务或者发生应税行为，应向索取增值税专用发票的购买方开具专用发票。有下列情形之一的，不得开具专用发票：

（1）商业企业一般纳税人零售的烟、酒、食品、服装、鞋帽（不含劳保用品）、化妆品等消费品。

（2）销售货物、劳务、服务、无形资产和不动产适用免税规定的（法律、法规及国家税务总局另有规定的除外）。

（3）向消费者个人销售货物、劳务、服务、无形资产和不动产的。

（4）除另有规定外，小规模纳税人销售货物、劳务、服务、无形资产和不动产的（需要开具专用发票的，可向主管税务机关申请代开）。

★【专家一对一】

记住一个原则：下家不能抵扣的，就不能开具专用发票。

【例题·单选题】（2018）一般纳税人发生的下列业务中，允许开具增值税专用发票的是（ ）。

A.房地产开发企业向消费者个人销售房屋

B.住宿业小规模纳税人向一般纳税人提供住宿服务

C.超市向消费者个人销售红酒

D.百货公司向小规模纳税人零售食品

【答案】B

【解析】（1）选项A，向消费者个人销售房屋，不得开具增值税专用发票；（2）选项B，住宿业、建筑业和鉴证咨询业等行业小规模纳税人试点自行开具增值税专用发票（销售其取得的不动产除外），税务机关不再为其代开；（3）选项CD，商业企业一般纳税人零售烟、酒、食品、服装、鞋帽（不包括劳保专用部分）、化妆品等消费品的，不得开具增值税专用发票。

【例题·判断题】（2014）小规模纳税人销售货物或者提供应税劳务需要开具专用发票的，可以向主管税务机关申请代开。（ ）

【答案】正确。

3.专用发票的开具要求。

（1）项目齐全，与实际交易相符。

（2）字迹清楚，不得压线、错格。

（3）发票联和抵扣联加盖财务专用章或者发票专用章。

（4）按照增值税纳税义务的发生时间开具。

★【专家一点通】

增值税混合销售vs兼营

| | 行为特征 | 税务处理（按主业交税） | 例　外 |
|---|---|---|---|
| 混合销售 | （1）同一项销售行为，存在货物和服务的混合，二者有从属关系<br>（2）货物销售和服务价款同时从同一个客户处收取，经营活动发生在同一项或同一次业务中 | （1）销售货物为主的，按销售货物缴纳增值税。如：商场销售家电并送货上门：收取的货物价款和运输费统一按销售货物征收增值税<br>（2）销售服务为主的，按销售服务缴纳增值税。如：卡拉OK厅提供娱乐服务的同时销售烟、酒、饮料：烟、酒、饮料价款和娱乐服务费统一按服务业征收增值税 | 自2017年5月起，纳税人销售活动板房、机器设备、钢结构件等自产货物的同时提供建筑、安装服务，不属于混合销售，应分别核算货物和建筑服务的销售额，分别适用不同的税率或征收率 |
| 兼营 | 多元化经营，同一纳税主体，既销售货物、劳务，又销售服务、无形资产、不动产，各类业务无从属关系，可以同时发生，也可以不同时发生，收取的各种款项在财务上可以分别核算 | （1）对不同的销售行为分别核算，分别缴纳增值税；<br>（2）未分别核算的，从高适用税率或征收率如：超市销售商品，并经营美食、理发、美容、儿童乐园等 | |

★【专家一点通】

销售自己使用过的固定资产、旧货和其他物品的税务处理

| 纳税人 | 情　形 | 税务处理 | |
|---|---|---|---|
| 一般纳税人 | （1）销售自己使用过的固定资产（不包括不动产） | ①购入时不能抵扣进项税额的 | 简易办法：应纳增值税额=含税价÷（1+3%）×2% |
| | | ②购入时允许抵扣进项税额的 | 一般计税方法：销项税额=含税价÷（1+适用税率）×适用税率 |

★【专家一点通】

销售自己使用过的固定资产、旧货和其他物品的税务处理

| 纳税人 | 情　形 | | 税务处理 |
|---|---|---|---|
| 一般纳税人 | （2）销售自己使用过的除固定资产以外的物品 | | 一般计税方法：<br>销项税额=含税价÷（1+适用税率）×适用税率 |
| | （3）销售旧货 | | 简易办法：应纳增值税额=含税价÷（1+3%）×2% |
| | （5）寄售商店代销寄售物品（包括居民个人寄售的物品）、典当业销售死当物品 | | 暂按简易办法：3%的征收率 |
| | （6）建筑企业提供建筑服务属于老项目的 | | 可选择简易办法：3%的征收率 |
| 小规模纳税人 | 其他个人 | 销售自己使用过的物品 | 免征增值税 |
| | 其他个人以外的小规模纳税人 | ①销售自己使用过的固定资产 | 依照3%的征收率减按2%征收增值税：<br>应纳增值税=含税价÷（1+3%）×2% |
| | | ②销售旧货 | |
| | | ③销售自己使用过的固定资产以外的物品 | 按3%的征收率征收增值税：<br>应纳增值税=含税价÷（1+3%）×3% |

★【专家一点通】

营改增销售额的确定

| 计税类型 | 业务分类 | 销售额的确定 |
|---|---|---|
| 全额计税 | 贷款服务 | 以全部利息及利息性质的收入为销售额 |
| | 直接收费金融服务 | 以收取的手续费和其他各类费用为销售额 |
| 差额计税 | 金融商品转让 | （1）按卖出价—买入价确定销售额；（2）不得开具增值税专用发票 |
| | 经纪代理服务 | （1）全部价款和价外费用扣除向委托方收取并代为支付的政府性基金或行政事业性收费后的余额为销售额；（2）向委托方收取的政府性基金或行政事业性税费，不得开具增值税专用发票 |
| | 航空运输企业 | 不包括代收的机场建设费和代售其他航空运输企业客票而代收转付的价款 |
| | 一般纳税人提供客运场站服务 | 以全部价款和价外费用扣除支付给承运方运费后的余额为销售额 |
| | 旅游服务（选择差额计税的） | （1）以全部价款和价外费用扣除向旅游服务购买方收取并支付给其他单位或者个人的住宿费、餐饮费、交通费、签证费、门票费和支付给其他接团旅游企业的旅游费用后的余额为销售额。（2）选择上述方法计算销售额的，向旅游服务方收取并支付的上述费用，不得开具增值税专用发票 |
| | 提供建筑服务适用简易计税方法的，以取得的全部价款和价外费用扣除支付的分包款后的余额为销售额 | |
| | 房地产开发企业中的一般纳税人销售其开发的房地产项目（选择简易计税方法的房地产老项目除外），以全部价款和价外费用扣除受让土地时向政府部门支付的土地价款后的余额为销售额 | |

# 知识图谱

- 增值税法律制度
  - 纳税人
    - 小规模纳税人—年销售额≤500万元
    - 一般纳税人
      - （1）年销售额＞500万元为一般纳税人
      - （2）年销售额≤500万元但会计核算健全，可申请登记为一般纳税人
  - 征税范围
    - 一般征税范围—（1）销售货物；（2）销售劳务；（3）进口货物；（4）销售服务：7类服务
    - 视同销售—（1）视同销售货物：8种情形；（2）视同销售服务
    - 混合销售
    - 兼营
    - 特殊征税范围
  - 税率与征收率
    - 基本税率：16%
    - 低税率：10%、6%
    - 零税率：0
    - 征收率：一般：3%；特殊：5%
  - 应纳税额的计算
    - 一般计税方法
      - 销项税额=销售额*税率（征收率）
        - （1）价款+价外费用；
        - （2）组成计税价格；
        - （3）包装物押金的税务处理；
        - （4）以旧换新；
        - （5）以物易物；
        - （6）还本销售、直销、外币销售额折算、余额计税；
        - （7）折扣、折让、退回。
      - 进项税额
        - 进项税额—（1）增值税专用发票；（2）海关进口增值税专用缴款书；（3）购进农产品：凭票抵扣、计算抵扣。
        - 不得抵扣—（1）用于简易计税项目、免增值税项目；（2）非正常损失；（3）购进的旅客运输服务、贷款服务、餐饮服务、居民日常服务、娱乐服务。
        - 进项税额的转出、转入
        - 进项税额抵扣期限
    - 简易计税方法
      - 计税公式
      - 适用范围：小规模纳税人：一律适用；一般纳税人：特定项目使用
    - 进口货物—计税公式：（1）不征收消费税的；（2）征收消费税的
    - 扣缴计税—计税公式
  - 税收优惠—（1）免税规定（法定免税、营改增境内服务、即征即退）；（2）起征点；（3）小微企业
  - 征收管理—（1）纳税义务发生时间；（2）纳税地点；（3）纳税期限
  - 专用发票—（1）联次及用途；（2）领购规定；（3）使用规定（开票限额、开具范围、开具要求）

# 节 节 测

## 一、单项选择题

1. 下列纳税人中，属于增值税一般纳税人的是（　　）。
   A.年销售额550万元的个体零售商店
   B.年销售额600万元的从事货物批发的张某
   C.年销售额300万元的酒店
   D.年销售额500万元的服装企业
   【答案】A
   【解析】（1）选项B，虽然年销售额超过了500万元，但除个体经营者以外的其他个人不属于一般纳税人，应按小规模纳税人纳税。（2）选项CD，年销售额都未超过500万元，都不属于一般纳税人。
2. 下列选项中，不属于生活服务的是（　　）。
   A.文化体育服务　　B.教育医疗服务
   C.餐饮住宿服务　　D.贷款服务
   【答案】D
   【解析】贷款服务属于金融服务。
3. 下列行为中，应视同销售货物行为征收增值税的是（　　）。
   A.购进货物用于职工食堂
   B.购进货物用于个人消费
   C.购进货物用于无偿赠送其他单位
   D.购进货物用于集体福利
   【答案】C
   【解析】外购货物用于投资、分配、赠送的视同销售，用于其他方面的不视同销售，故选项ABD视同销售，选项C不视同销售。
4. 甲啤酒公司为增值税一般纳税人，本月销售产品一批，取得不含税销售额20万元，同时向对方收取啤酒包装费4000元，已知增值税税率为16%，则甲公司本月增值税销项税额的下列计算公式中，正确的是（　　）。
   A.200 000÷（1＋16%）×16%＋4 000÷（1＋16%）×16%=28 137.93元
   B.200 000×16%=32 000元
   C.200 000×16%＋4 000÷（1＋16%）×16%=32 551.72元
   D.200 000×16%＋4 000×16%=32 640元
   【答案】C
   【解析】啤酒包装费4 000元为含税收入，应换算为不含税收入后并入销售额，故本月增值税销项税额的计算公式为：200 000×16%+4 000÷（1+16%）×16%=32 551.72元，正确答案是选项C。
5. 甲公司为增值税一般纳税人，专业生产化妆品，本月将一批新研制的产品赠送给老顾客试用，甲公司并无同类产品销售价格，其他公司也无同类产品。已知甲公司生产该批化妆品的生产成本为20万元，甲公司的成本利润率为10%，则甲公司当月该笔业务增值税销项税额的下列计算公式中，正确的是（　　）。
   A.20万元÷（1＋10%）×16%=2.9091万元
   B.20万元×16%=3.2万元
   C.20万元×（1＋10%）×16%=3.52万元
   D.20万元×（1＋10%）÷（1＋16%）×16%=3.0345万元
   【答案】C
   【解析】甲公司将该批化妆品赠送顾客试用，视同销售，应按规定计算缴纳增值税。因为甲公司并无同类产品销售价格，其他公司也无同类产品，故只能按成本利润率组成计税价格，组成计税价格=20万元×（1＋10%），增值税销项税额=20万元×（1+10%）×16%=3.52万元，故本题正确答案是选项C。
6. 甲建筑公司为增值税一般纳税人，其2018年12月发生的下列增值税进项税额中，不能从销项税额中抵扣的是（　　）。
   A.购进工程所用水泥取得增值税专用发票注明税额15 000元
   B.购进工程机械取得增值税专用发票注明税额3 500元
   C.购进工程设计服务取得增值税专用发票注明税额400元
   D.购进劳保用品取得增值税普通发票注明税额80元
   【答案】D
   【解析】选项D：增值税普通发票不能作为进项税额的抵扣凭证。
7. 下列各项中，免征增值税的是（　　）。
   A.商店销售糖果　　B.木材加工厂销售原木
   C.粮店销售面粉　　D.农民销售自产粮食
   【答案】D
   【解析】（1）选项A，属于常规的货物销售行为，应按销售一般货物依法缴纳增值税；（2）选项B，属于农产品加工者销售，不免税；（3）选项C，属于销售者销售，不免税；（4）选项D，属于农业生产者销售自产的农产品，免税。
8. 甲商店为增值税小规模纳税人，2015年9月销售商品取得含税销售额71 800元，购入商品取得普通发票注明金额10 000元。已知增值税税率为16%，征收率为3%，当月应缴纳增值税税额的下列计算列式中，正确的是（　　）。
   A.71 800÷（1+3%）×3%-6 000×3%=1 911.26元
   B.71 800×3%=2 154元
   C.71 800×3%-6 000×3%=1 974元
   D.71 800÷（1+3%）×3%=2 091.26元
   【答案】D
   【解析】小规模纳税人销售货物，应按照3%的征收率计算应纳税额，不得抵扣进项税额。71 800元为含税销售额，应作价税分离，购入商品支付的10 000元不能计算抵扣进项税额。故当月应当缴纳的增值税税额是：71 800÷（1+3%）×3%=2 091.26元，正确答案是选项D。
9. 下列关于增值税纳税期限的表述中，不正确的是（　　）。
   A.纳税人以1个月或者1个季度为1个纳税期的，自期满之日起10日内申报纳税
   B.纳税人不能按照固定期限纳税的，可以按次纳税
   C.以1个季度为纳税期限的规定适用于小规模纳税人
   D.纳税人进口货物，应自海关填发进口增值税专用缴款书之日起15日内缴纳税款

【答案】A
【解析】选项A，纳税人以1个月或者1个季度为1个纳税期的，自期满之日起“15日内”申报纳税。

## 二、多项选择题

1. 下列各项中，应按照“贷款服务”缴纳增值税的有（　　）。
A.融资性售后回租　　B.票据贴现
C.转贷业务　　D.转让企业债券
【答案】ABC
【解析】（1）ABC，属于“金融服务—贷款服务”；（2）选项D，属于“金融服务—金融商品转让—转让有价证券”。
2. 下列各项中，属于现代服务的有（　　）。
A.研发和技术服务　　B.文化创意服务
C.金融商品转让　　D.广播影视服务
【答案】ABD
【解析】选项C，金融商品转让属于金融服务。
3. 下列情形中，属于应该缴纳增值税的有（　　）。
A.境外单位向境内单位提供完全在境外消费的应税服务
B.日本某公司为中国境内某企业设计时装
C.法国某公司出租设备给中国境内某企业使用
D.境外个人向境外单位提供完全在境外消费的应税服务
【答案】BC
【解析】选项AD，属于在境外销售服务，不需要缴纳增值税。
4. 根据增值税法律制度有关规定，下列属于视同销售服务的有（　　）。
A.某搬家公司为本单位职工免费搬家
B.某咨询公司向客户无偿提供信息咨询服务
C.某家电公司销售洗衣机并为顾客免费送货上门
D.某广告公司为客户无偿设计广告
【答案】BD
【解析】（1）选项A，属于非经营活动；（2）选项C，属于混合销售。
5. 下列各项中，应计入增值税的应税销售额的有（　　）。
A.向购买方收取的违约金
B.销售货物的同时代办保险而向购买方收取的保险费
C.因销售货物向购买方收取的手续费
D.受托加工应征消费税的消费品所代收代缴的消费税
【答案】AC
6. 下列各项中，外购货物进项税额准予从销项税额中抵扣的有（　　）。
A.将外购货物无偿赠送给客户
B.将外购货物作为投资提供给联营单位
C.将外购货物分配给股东
D.将外购货物用于本单位职工福利
【答案】ABC
【解析】（1），选项ABC，外购货物用于投资、分配、赠送的，视同销售，则其进项税额准予从销项税额中抵扣。（2）选项D，外购货物用于集团福利和个人消费的，不视同销售，其进项税额不能抵扣。
7. 根据增值税法律制度的规定，下列关于起征点的表述中，不正确的有（　　）。
A.增值税起征点的适用范围限于个人和个体工商户
B.起征点的调整，由主管税务机关确定
C.按期缴纳的，为月销售额5 000~10 000元
D.按次纳税的，为每次（日）销售额300~500元
【答案】ABC
【解析】（1）选项A，增值税起征点的适用范围限于个人，不适用于个体工商户；（2）选项B，起征点的调整由财政部和国家税务总局规定；（3）选项C，按期缴纳的，为月销售额5 000~20 000元。
8. 一般纳税人零售的下列货物中，不能开具增值税专用发票的有（　　）。
A.白酒　　B.卷烟　　C.劳保鞋帽　D.食品
【答案】ABD
【解析】商业企业一般纳税人零售的烟、酒、食品、服装、鞋帽（不含劳保用品）、化妆品等消费品不得开具增值税专用发票，但是劳保鞋帽可以开具增值税专用发票。

## 三、判断题

1. 年应征增值税销售额，是指纳税人在一个公历年度内累计应征增值税销售额。（　　）
【答案】错误。
【解析】是指纳税人在“连续不超12个月或4个季度的经营期内”累计应征增值税销售额，即这12个月或者4个季度不一定是在一个年度内，只要是连续的12个月或4个季度即可。
2. 某增值税纳税人原为一般纳税人，2018年5月转登记为小规模纳税人，则其不能再转为一般纳税人。（　　）
【答案】错误。
【解析】该一般纳税人转登记为小规模纳税人后，还可以再转登记为一般纳税人。
3. 将建筑物、构筑物等不动产或者飞机、车辆等有形动产的广告位出租给其他单位或者个人用于发布广告，按照经营租赁服务缴纳增值税。（　　）
【答案】正确。
4. 某商场销售电冰箱一台，价值3 000元，同时代为送货上门，收取送货费100元，则3 000元应该按销售货物征收增值税，100元应该按照运输服务征收增值税。（　　）
【答案】错误。
【解析】这种行为属于混合销售，应当一并按销售货物征收增值税。
5. 捷达运输公司将自有货车分成两部分，一部分从事运输服务，一部分租赁给其他运输公司，两部分业务收入未分开核算。则根据税法规定，该运输公司从事运输服务和租赁服务的收入应全部按照“交通运输服务”缴纳增值税。（　　）
【答案】错误。
【解析】题目所述情况属于兼营。纳税人兼营的，应当分别核算适用不同税率或者征收率的销售额；未分别核算的，从高适用税率。捷达公司未分别核算，因为运输服务的税率是6%，“租赁服务—有形动产租赁”的税率是16%，故应当从高适用税率，全部按16%税率计算缴纳增值税。
6. 电力公司向发电企业收取的过网费，应当征增值税。（　　）
【答案】正确。
7. 受托加工应征消费税的消费品所代收代缴的消费税，应计入销售额缴纳增值税。（　　）
【答案】错误。

【解析】所代收代缴的消费税不属于价外费用，“不能并入销售额”计算缴纳增值税。

8. 纳税人采取以旧换新方式销售金银首饰，应按照其实际收取的不含增值税的全部价款征收增值税。（　　）

【答案】正确。

9. 个人转让著作权免征增值税。（　　）

【答案】正确。

10. 纳税人提供应税服务适用免税规定的，可以放弃免税，依照有关规定缴纳增值税。放弃免税后12个月内不得再申请免税、减税。（　　）

【答案】错误。

【解析】放弃免税后“36个月”内不得再申请免税、减税。

11. 增值税专用发票只能由一般纳税人开具。（　　）

【答案】错误。

【解析】（1）税务机关可以代小规模纳税人开具；（2）符合规定的小规模纳税人试点自行开具增值税专用发票。

12. 增值税一般纳税人向消费者个人销售货物，不得开具增值税专用发票。（　　）

【答案】正确。

## 四、不定项选择题

（一）【材料1】甲商业银行M支行为增值税一般纳税人，主要提供相关金融服务，乙公司为其星级客户。甲商业银行M支行2016年第4季度有关经营业务的收入如下：

（1）提供贷款服务，取得含增值税利息收入6 491.44万元。

（2）提供票据贴现服务，取得含增值税利息收入874.5万元。

（3）提供资金结算服务，取得含增值税服务费收入37.1万元。

（4）提供账户管理服务，取得含增值税服务费收入12.72万元。

已知：金融服务增值税税率为6%，乙公司为增值税一般纳税人。

要求：根据上述资料，不考虑其他因素，分析回答下列小题。

1. 甲商业银行M支行2016年第4季度取得的下列收入中，应按照“金融服务—直接收费金融服务”税目计缴增值税的是（　　）。

A.账户管理服务费收入12.72万元

B.票据贴现利息收入874.5万元

C.资金结算服务费收入37.1万元

D.贷款利息收入6 491.44万元

【答案】AC

【解析】选项BD，按照“金融服务—贷款服务”计缴增值税。

2. 乙公司向甲商业银行M支行购进的下列金融服务中，不得从销项税额中抵扣进项税额的是（　　）。

A.票据贴现服务　　B.账户管理服务

C.贷款服务　　D.资金结算服务

【答案】AC

【解析】“一般纳税人购进旅客运输服务、贷款服务、餐饮服务、居民日常服务和娱乐服务，不得从销项税额中抵扣进项税额”。选项AC，属于贷款服务，故不得从选项税额中抵扣进项税额。

3. 计算甲商业银行M支行2016年第4季度贷款服务增值税销项税额的下列算式中，正确的是（　　）。

A.（6 491.44+874.5）÷（1+6%）×6%=416.94万元

B.37.1×6%+12.72÷（1+6%）×6%=2.946万元

C.37.1÷（1+6%）×6%+874.5×6%=54.57万元

D.（6 491.44+37.1）×6%=391.7124万元

【答案】A

【解析】选项BCD中的收入均为含税收入，应作价税分离，但是都未作价税分离，故选项BCD都是错误的。正确答案是选项A。

4. 计算甲商业银行M支行2016年第4季度直接收费金融服务增值税销项税额的下列算式中，正确的是（　　）。

A.37.1÷（1+6%）×6%+12.72×6%=2.8632万元

B.（37.1+12.72）÷（1+6%）×6%=2.82万元

C.（6491.44+37.1）÷（1+6%）×6%=369.54万元

D.874.5×6%+12.72÷（1+6%）×6%=53.19万元

【答案】B

【解析】（1）本题中直接收费金融服务费包括：资金结算服务37.1万元和账户管理服务费12.72万元，其余收入不属于直接收费的金融服务，故首先排除选项D；（2）资金结算服务37.1万元和账户管理服务费12.72万元，这2笔收入都是含税收入，应作价税分离后计算增值税，选项A中账户管理服务费12.72万元未作价税分离，排除，故正确答案是选项B。

（二）【材料2】甲公司为增值税一般纳税人，主要从事建筑、装修材料的生产和销售业务，2015年10月有关经济业务如下：

（1）购进生产用原材料取得增值税专用发票注明税额17万元，另支付运费取得增值税专用发票注明税额0.33万元。

（2）购进办公设备取得增值税专用发票注明税额3.4万元。

（3）仓库因保管不善丢失一批上月购进的零配件，该批零配件账面成本10.53万元，其中含运费成本0.23万元，购进零配件和支付运输费的进项税额均已于上月抵扣。

（4）销售装修板材取得含税价款234万元，另收取包装费2.34万元。

（5）销售一台自己使用过的机器设备取得含税销售额20.6万元，该设备于2008年2月购入。甲公司属于2008年12月31日以前未纳入扩大增值税抵扣范围试点的纳税人。

已知：货物增值税税率为16%；提供交通运输服务增值税税率为10%；销售自己使用过的机器设备按简易办法依照3%征收率减按2%征收增值税；上期留抵增值税税额为5.6万元；取得的增值税专用发票已通过税务机关认证。

要求：根据上述资料，不考虑其他因素，分析回答下列小题。

1. 甲公司的下列进项税额，准予从销项税额中抵扣的是（　　）。

A.上期留抵增值税税额5.6万元

B.购进生产用原材料的进项税额17万元

C.购进办公设备的进项税额3.4万元

D.支付运输费的进项税额0.33万元

【答案】ABCD

【解析】（1）选项A，上期留抵增值税税额可以与本期进项税额一并从本期销项税额中抵扣；（2）选项

BC，购进办公设备、生产用原材料，能够产生销项税额，其对应的进项税额准予抵扣；（3）选项D，为购进生产用原材料而接受的交通运输服务，其对应的进项税额准予抵扣。

2. 甲公司当月丢失零配件增值税进项税额转出的下列计算列式中，正确的是（　　）。

A.10.53÷（1+16%）×16%=1.4524万元

B.10.53÷（1+16%）×16%+0.23×10%=1.4754万元

C.（10.53−0.23）×16%+0.23×10%=1.671万元

D.（10.53−0.23）×16%=1.648万元

【答案】C

【解析】（1）选项AB，计入成本的价格是不含税价格，不需要作价税分离，故选项AB错误，排除；（2）选项CD，为购进零配件支付的运费，对应的进项税额可以依法抵扣，选项C正确；发生非正常损失时，丢失的零配件所含运费成本对应的进项税额亦应转出处理，选项D错误，排除选项D。

3. 甲公司当月销售装修板材增值税销项税额的下列计算列式中，正确的是（　　）。

A.［234+2.34÷（1+16%）］×16%=37.7628万元

B.234÷（1+16%）×16%=32.2759万元

C.234×16%=37.44万元

D.（234+2.34）÷（1+16%）×16%=32.5986万元

【答案】D

【解析】（1）选项A，234万元是含税价，应作价税分离，故选项A错误；（2）选项BC，收取的包装费属于价外费用，算式中未反映，故选项BC错误；（3）选项D，销售装修板材时另收取的包装费2.34万元，属于价外费用，作价税分离后并入销售额，选项D正确。

4. 甲公司当月销售机器设备应缴纳增值税税额的下列计算列式中，正确的是（　　）。

A.20.6÷（1+3%）×2%=0.4万元

B.20.6×2%=0.412万元

C.20.6×3%=0.618万元

D.20.6÷（1+3%）×3%=0.6万元

【答案】A

【解析】销售自己使用过的机器设备按简易办法依照3%征收率减按2%征收增值税，应缴纳增值税=含税售价÷（1+3%）×2%=20.6÷（1+3%）×2%=0.4万元，故正确答案是选项A。

# 第三节 消费税法律制度

## 一、消费税纳税人

（一）消费税的概念（★）

1.消费税是对在我国境内生产、委托加工和进口应税消费品的单位和个人征收的一种流转税和间接税。

2.消费税仅对特定的消费品和消费行为在特定的环节征收。

（二）消费税纳税人（★★）

1.在中国境内"生产、委托加工和进口"规定的消费品的单位和个人，以及国务院确定的"销售"规定的消费品的其他单位和个人，为消费税纳税人。

2.中国境内，是指生产、委托加工和进口的应税消费品的起运地或者所在地在境内。

★【专家一对一】

对"境内"的界定和增值税类似。

单位，是指企业、行政单位、事业单位、军事单位、社会团体及其他单位。个人，是指个体工商户及其他个人。

3.消费税纳税人同时也是增值税纳税人。

★【专家一对一】

"消费税纳税人同时也是增值税纳税人"，但反过来就不成立了，即"增值税纳税人不一定是消费税纳税人"。

【例题·多选题】下列各项中，可能成为消费税纳税人的有（ ）。

A.消费品的生产者　B.消费税的委托加工者　C.消费品的消费者　D.消费品的进口者

【答案】ABD

【解析】在中国境内"生产（选项A）、委托加工（选项B）和进口（选项D）"《消费税暂行条例》规定的消费品的单位和个人，以及国务院确定的"销售"《消费税暂行条例》规定的消费品的其他单位和个人，为消费税纳税人。

## 二、消费税征税范围

（一）生产应税消费品（★★）

1.纳税人生产的应税消费品，于纳税人销售时纳税。

★【专家一对一】

比如，某工厂生产出来的消费品，放在仓库里，还未对外销售，不征收消费税，当向外销售的时候，才计算征收消费税。

2.纳税人自产自用的应税消费品，用于连续生产应税消费品的，不纳税；用于其他方面的（即用于生产非应税消费品、在建工程、管理部门、非生产机构、提供劳务、馈赠、赞助、集资、广告、样品、职工福利、奖励等方面），于移送使用时纳税。

★【专家一对一】

比如，卷烟厂用烟叶生产烟丝，再用烟丝连续生产卷烟，只需要对卷烟征收消费税，对烟丝不征税，不然就重复征税了；用于"其他方面"的，移送使用时征税，因为"其他方面"本身不是消费税征税范围，所以移送使用时消费税。

3.下列行为视为应税消费品的生产行为，按规定征收消费税：

（1）将外购的消费税非应税产品以消费税应税产品对外销售的。

（2）将外购的消费税低税率应税产品以高税率应税产品对外销售的。

【例题·多选题】（2017）2016年12月甲酒厂发生的下列业务中，应缴纳消费税的有（ ）。

A.以自产低度白酒用于奖励职工　B.以自产高度白酒用于馈赠客户

C.以自产高度白酒用于连续加工低度白酒　　D.以自产低度白酒用于市场推广
【答案】ABD
【解析】（1）选项ABD，纳税人自产的应税消费品，用于连续生产应税消费品以外的其他方面的，缴纳消费税；（2）选项C，纳税人自产的应税消费品，用于连续生产应税消费品的，不缴纳消费税。

（二）委托加工应税消费品（★★）

1.概念。

委托加工应税消费品：由委托方提供原料和主要材料，受托方只收取加工费和代垫部分辅助材料。

以下不属于委托加工，应按受托方销售自制应税消费品缴纳消费税：

（1）由受托方提供原材料生产应税消费品。

（2）受托方先将原材料卖给委托方，然后再接受加工生产应税消费品。

（3）受托方以委托方名义购进原材料生产应税消费品。

★【专家一对一】

**注意“生产”和“加工”的区别。甲购进一批烟叶，自己制成卷烟，日常生活中一般说成“加工卷烟”，但在税法中只能说成“生产卷烟”。甲把烟叶交给乙，请乙制成卷烟才叫“加工卷烟”或“委托加工卷烟”。**

2.税务处理。

（1）委托加工的应税消费品，除受托方为个人外，由受托方在向委托方交货时代收代缴消费税。委托个人加工的应税消费品，由委托方收回后缴纳消费税。

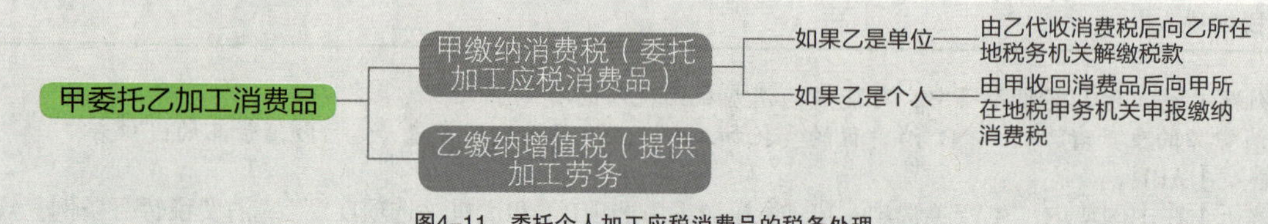


图4-11　委托个人加工应税消费品的税务处理

（2）委托加工的应税消费品，委托方用于连续生产应税消费品的，所纳税款准予按规定抵扣。委托方将收回的应税消费品，以不高于受托方的计税价格出售的，为直接出售，不再缴纳消费税；委托方以高于受托方的计税价格出售的，按规定缴纳消费税，准予扣除受托方已代收代缴的消费税。

【例题·单选题】委托加工应税消费品，一般由受托方代收代缴消费税，但个别情况由委托方向其所在地税务机关申报纳税。下列情形中，由委托方向其所在地税务机关申报纳税的是（　　）。
A.受托方是外资企业　　B.受托方是国有企业　　C.受托方是个人　　D.受托方是集体企业
【答案】C
【解析】委托加工的应税消费品，除受托方为个人外，由受托方在向委托方交货时代收代缴消费税。委托个人加工的应税消费品，由委托方收回后缴纳消费税。

（三）进口应税消费品（★★）

单位和个人进口应税消费品，于报关进口时缴纳消费税。进口环节消费税由海关代征。

进口钻石及钻石饰品、铂金首饰、金银首饰，在进口环节不征收消费税，改在零售环节征收。

★【专家一对一】

**进口环节增值税和消费税的计税依据是一致的，都是“组成计税价格”：**
**增值税=组成计税价格×增值税税率**
**消费税=组成计税价格×消费税税率**

【例题·判断题】进口的应税消费品，于报关进口时缴纳一道消费税，销售时再缴纳一道消费税。（　　）
【答案】错误。
【解析】消费税原则上实行单一环节纳税，进口的应税消费品于报关进口时缴纳消费税，销售时无须再缴纳一道消费税，个别消费品例外（超豪华小汽车）。

（四）零售应税消费品（★★★）

1.商业零售金银首饰。

（1）零售环节征收消费税的首饰包括：

①金基、银基合金首饰以及金、银和金基、银基合金的镶嵌首饰；②钻石及钻石饰品；③铂金首饰。

（2）下列情形视同零售金银首饰：

①为经营单位以外的单位和个人加工金银首饰。包括带料加工、翻新改制、以旧换新等，不包括修理和清洗。

★【专家一对一】

**金银首饰消费税本来是在零售环节征收的，生产、委托加工金银首饰不缴纳消费税。但是如果加工的金银首饰不是为经营单位加工的，而是为其他单位和个人加工的，那么其他单位和个人应当是消费税的承担者，故视同零售。**

委托方是经营单位的，在委托加工环节缴纳消费税（实行代收代缴）。

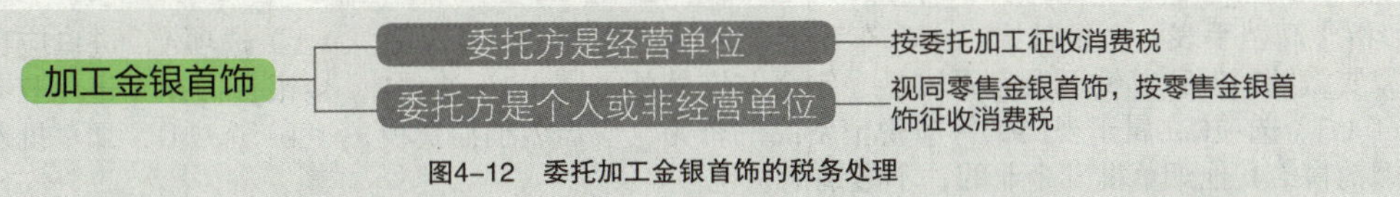


图4-12　委托加工金银首饰的税务处理

②经营单位将金银首饰用于馈赠、赞助、集资、广告样品、职工福利、奖励等方面。

③未经人民银行总行批准，经营金银首饰批发业务的单位将金银首饰销售给经营单位。

2.零售超豪华小汽车。

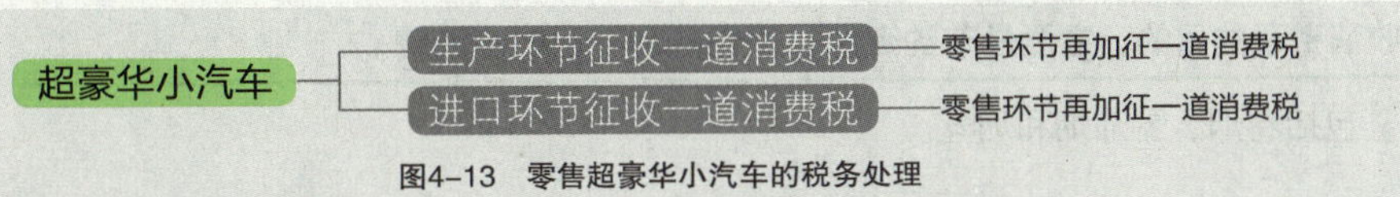


图4-13　零售超豪华小汽车的税务处理

【例题·单选题】（2018）下列各项中，在零售环节加征消费税的是（　　）。

A.超豪华小汽车　　B.游艇　　C.电池　　D.高档手表

【答案】A

【解析】（1）选项A，超豪华小汽车在零售环节加征一道消费税；（2）选项BCD，在生产环节缴纳消费税。

（五）批发销售卷烟（★★）

1.自2015年5月10日起，将卷烟批发环节从价税税率由5%提高至11%，并按0.005元/支加征从量税。

2.烟草批发企业将卷烟销售给其他烟草批发企业的，不缴纳消费税。

3.卷烟消费税改为在生产和批发两个环节征收后，批发企业在计算应纳税额时不得扣除已含的生产环节的消费税税款。

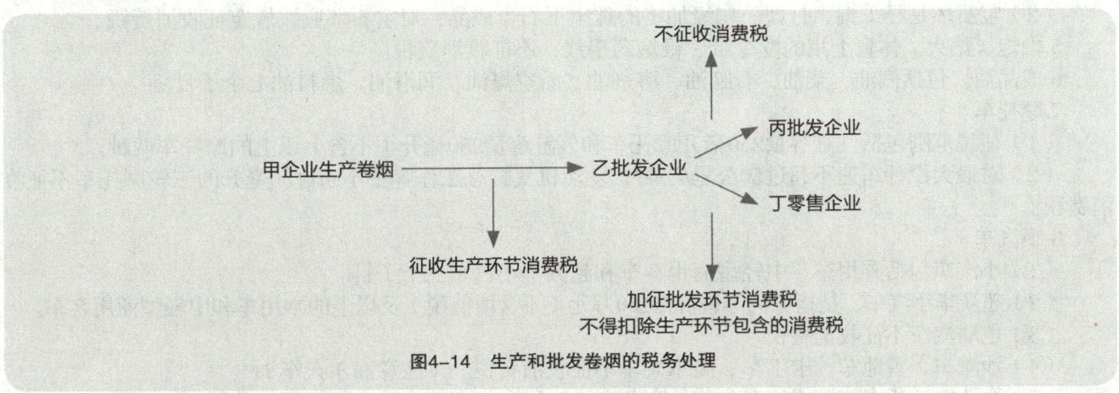


图4-14　生产和批发卷烟的税务处理

4.纳税人兼营卷烟批发和零售业务的，应当分别核算批发和零售环节的销售额、销售数量；未分别核算批发和零售环节的销售额、销售数量的，按照全部销售额、销售数量计征批发环节消费税。

★【专家一对一】

卷烟在零售环节本来是不征收消费税的。不分别核算，那就按全部的销售额和销售数量计算征收批发环节消费税。

【例题·判断题】我国的消费税主要在生产和委托加工环节课征，实行单一环节征税，批发、零售等环节一律不征收消费税。（　　）

【答案】错误。

【解析】消费税主要在生产和委托加工环节课征，但零售、批发环节也有征收消费税的特殊情形，如金银首饰零售环节征收，卷烟在生产环节征收消费税的基础上，批发环节再征收一道从价税。

【例题·单选题】（2016、2018）下列行为中，不缴纳消费税的是（　　）。

A.外贸公司进口高档手表

B.首饰店零售金银首饰

C.小汽车生产企业将自产小汽车奖励给优秀员工

D.烟草批发企业将卷烟销售给其他烟草批发企业

【答案】D

【解析】高档手表、金银首饰、小汽车和烟草都属于消费税征税范围。（1）选项A，进口应税消费品都需要缴纳消费税（钻石及钻石饰品、铂金首饰例外）；（2）选项B，金银首饰在零售环节缴纳消费税；（3）选项C，属于视同销售应税消费品的行为，应当缴纳消费税；（4）选项D，烟草批发企业将卷烟销售给其他烟草批发企业的，不缴纳消费税。

## 三、消费税税目（★★★）

★【专家一对一】

征收消费税的目的，主要是节约资源、保护环境、限制高消费。

1.烟。包括卷烟、雪茄烟和烟丝。

2.酒。

（1）酒，包括白酒（包括粮食白酒和薯类白酒）、黄酒、啤酒和其他酒。

★【专家一对一】

酒精不属于应税消费品。

（2）调味料酒不征收消费税。

（3）饮食业、商业、娱乐业自酿的啤酒，应当征收消费税。

3.高档化妆品。

（1）征收范围包括高档美容、修饰类化妆品、高档护肤类化妆品和成套化妆品。

（2）演员化妆用的上妆油、卸妆油、油彩，不属于本税目的征收范围。

4.贵重首饰及珠宝玉石。

（1）包括金银首饰、铂金首饰、钻石及钻石饰品，以及其他贵重首饰和珠宝玉石。

（2）宝石坯是经采掘、打磨、初级加工的珠宝玉石半成品，对宝石坯应按规定征收消费税。

5.鞭炮、焰火。体育上用的发令纸、鞭炮药引线，不征收消费税。

6.成品油。包括汽油、柴油、石脑油、溶剂油、航空煤油、润滑油、燃料油七个子目。

7.摩托车。

（1）征税范围包括气缸容量250毫升摩托车和气缸容量250毫升（不含）以上的摩托车两种。

（2）对最大设计车速不超过50公里/小时，发动机气缸总工作容量不超过50毫升的三轮摩托车不征收消费税。

8.小汽车。

（1）小汽车包括乘用车、中轻型商用客车和超豪华小汽车三个子目。

（2）超豪华小汽车，是指每辆零售价格130万元（不含增值税）及以上的乘用车和中轻型商用客车。

（3）电动汽车不征收消费税。

（4）沙滩车、雪地车、卡丁车、高尔夫车不征收消费税。（注意高尔夫车）

（5）企业购进货车或厢式货车改装的商务车、卫星通信车等专用车不属于消费税征税范围，对于购进乘用车和中轻型商用客车整车改装生产的汽车，征收消费税。

9.高尔夫球及球具。

包括高尔夫球、高尔夫球杆及高尔夫球包（袋）、高尔夫球杆的杆头、杆身和握把。

10.高档手表。

销售价格（不含增值税）每只在10 000元（含）以上的手表。

11.游艇。

12.木制一次性筷子。包括各种规格的木制一次性筷子和未经打磨、倒角的木制一次性筷子。

★【专家一对一】

**木制一次性筷子，消耗资源，征税；木制筷子，不征税，因为可以反复使用。**

13.实木地板。

（1）按生产工艺不同，分为独板（块）实木地板、实木指接地板和实木复合地板。

（2）按表面处理状态不同，分为未涂饰地板（白坯板、素板）和漆饰地板。

14.电池。

（1）对无汞原电池、金属氢化物镍蓄电池（又称“氢镍蓄电池”或“镍氢蓄电池”）、锂原电池、锂离子蓄电池、太阳能电池、燃料电池和全钒液流电池免征消费税。

（2）自2016年1月1日起，对铅蓄电池按4%税率征收消费税。

15.涂料。

对施工状态下挥发性有机物含量低于420克/升（含）的涂料免征消费税。

**表4-8　消费税税目总结**

<table>
<tr><th colspan="2">记忆提示</th><th>具体税目</th></tr>
<tr><td rowspan="7">三种人</td><td rowspan="2">吸烟喝酒的男人</td><td>1.烟：卷烟、雪茄烟、烟丝，不包括烟叶</td></tr>
<tr><td>2.酒：白酒、黄酒、啤酒、其他酒<br>（1）白酒包括粮食白酒和薯类白酒（2）调味料酒不征</td></tr>
<tr><td rowspan="2">穿金带银爱臭美的女人</td><td>3.贵重首饰及珠宝玉石：包括金银首饰、铂金首饰、钻石及钻石饰品及其他贵重首饰和珠宝玉石。宝石坯征收消费税</td></tr>
<tr><td>4.高档化妆品：包括高档美容、修饰类化妆品、高档护肤类化妆品和成套化妆品。演员化妆用上妆油、卸妆油、油彩，不属于本税目征税范围</td></tr>
<tr><td rowspan="3">带手表驾游艇去打高尔夫的有钱人</td><td>5.高档手表：不含税销售价1万元（含）以上</td></tr>
<tr><td>6.游艇：无动力艇、帆船不征</td></tr>
<tr><td>7.高尔夫球及球具：包括高尔夫球、球杆、球包（袋）、球杆的杆头、杆身和握把</td></tr>
<tr><td rowspan="2">消耗能源和资源</td><td>加油站开来两辆车</td><td>8.小汽车　9.摩托车　10.成品油</td></tr>
<tr><td>砍伐森林的光头强</td><td>11.木制一次性筷子　12.实木地板</td></tr>
<tr><td rowspan="3">污染环境</td><td colspan="2">13.鞭炮、焰火：体育用发令纸、鞭炮药引线，不征消费税</td></tr>
<tr><td colspan="2">14.电池：包括原电池、蓄电池、燃料电池、太阳能电池和其他电池<br>（1）无汞原电池、金属氢化物镍蓄电池、锂原电池、锂离子蓄电池、太阳能电池、燃料电池和全钒液流电池免征<br>（2）自2016年1月1日起，铅蓄电池按4%税率征收</td></tr>
<tr><td colspan="2">15.涂料：施工状态下挥发性有机物含量低于420克/升（含）的免征</td></tr>
</table>

★【专家一对一】

**在做有关消费税征收范围的题目时，首先应该判断是否属于消费税税目，然后再看其是否属于规定的征税环节。比如：金银首饰属于消费税征税税目，但是金银首饰是在零售环节征税，如果题目说的是生产金银首饰，那就不征税了，等到销售的时候，才征收消费税。**

【例题·单选题】（2018）下列不属于消费税征收范围的是（　　）。

A.啤酒　　B.实木地板　　C.电脑　　D.电池

【答案】C

【解析】选项C，电脑不属于消费税税目，不征收消费税。

【例题·判断题】（2015）购进中轻型商用客车整车改装生产的汽车，不征收消费税。（　　）

【答案】错误。

## 四、消费税税率

（一）消费税税率（★★★）

消费税税率包括比例税率和定额税率两种。

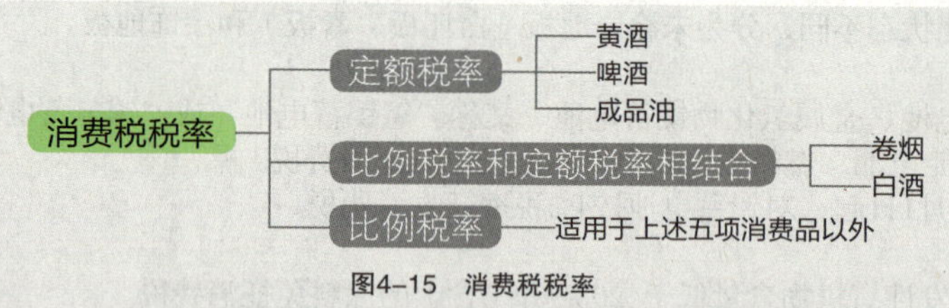


图4-15　消费税税率

【例题·单选题】（2017）下列消费品中，实行从价定率和从量定额相结合的复合计征办法征收消费税的是（　　）。

A.啤酒　　B.汽油　　C.卷烟　　D.高档手表

【答案】C

【解析】（1）选项AB，从量定额计征；（2）选项C，卷烟、白酒复合计征；（3）选项D，从价定率计征。

【例题·判断题】（2017）雪茄烟适用从价定率和从量定额相结合的复合计征办法征收消费税。（　　）

【答案】错误。

【解析】雪茄烟实行从价定率方法计征消费税。

（二）消费税税率适用基本规定（★★）

表4-9　消费税税率适用基本规定

| 项　目 | 具体情形 |
| --- | --- |
| 1.兼营不同税率的应税消费品 | （1）应当分别核算不同税率应税消费品的销售额、销售数量 |
| | （2）未分别核算，或将不同税率的应税消费品组成成套消费品销售的，从高适用税率——同增值税兼营 |
| 2.配制酒 | （1）以蒸馏酒或食用酒精为酒基、具有国家批准文号、酒精度低于38度（含）的配制酒，和以发酵酒为酒基、酒精度低于20度（含）的配制酒，按其他酒税率征收消费税 |
| | （2）其他配制酒，按白酒税率征收消费税 |
| 3自产自用卷烟 | 按纳税人生产的同牌号规格的卷烟销售价格确定征税类别和适用税率 |
| 4.卷烟 | 由于接装过滤嘴、改变包装或其他原因提高销售价格，按新的销售价格确定征税类别和适用税率 |
| 5.委托加工的卷烟 | （1）受托方有同牌号规格卷烟的，按受托方同牌号规格卷烟征税类别和适用税率征税 |
| | （2）受托方没有同牌号规格卷烟的，一律按卷烟最高税率征税 |
| 6.残次品卷烟 | 按同牌号规格正品卷烟的征税类别征税 |
| 7.下列卷烟 | ①自包卷烟；②手工卷烟；③未经国务院批准纳入计划的企业和个人生产的卷烟，一律按56%卷烟税率，并每标准箱150元计算征税——无“次品卷烟” |

【例题·单选题】甲企业是一家化妆品生产企业，属于增值税一般纳税人。2018年6月，该企业销售高档化妆品取得不含增值税销售收入150万元，销售普通化妆品取得不含增值税销售收入70万元，将高档化妆品与普通化妆品组成礼盒成套销售，取得不含增值税销售额40万元。已知高档化妆品的消费税税率为15%，则甲企业当月应纳消费税的下列计算中，正确的是（　　）。

A.150×15%＝22.50万元

B.（150+70+40）×15%＝39.00万元

C.（150＋40）×15%＝28.50万元

D.（150＋70）×15%＝33.00万元

【答案】C

【解析】高档化妆品征收消费税，故150万元属于消费品销售额；普通化妆品不征收消费税，故70万元不计入销售额；成套化妆品属于化妆品征收范围，故40万元属于销售额。故本题中，应税消费品销售额是（150+40）万元，应纳消费税：（150+40）×15%=28.50万元，正确答案是选项C。

## 五、消费税应纳税额的计算

消费税应纳税额的计算分为从价计征、从量计征和从价从量复合计征三种方法。

（一）销售额与销售数量的确定（★★★）

1.从价计征销售额的确定。

（1）销售额。

销售额：纳税人销售应税消费品向购买方收取的全部价款和价外费用，不包括应向购买方收取的增值税税款。

★【专家一对一】

价外费用的范围与增值税价外费用相同。

下列项目不包括在销售额内：

①同时符合以下条件代为收取的政府性基金或者行政事业性收费：a.由国务院或财政部批准设立的政府性基金，由国务院或省级人民政府及其财政、价格主管部门批准设立的行政事业性收费；b.收取时开具省级以上财政部门印制的财政票据；c.所收款项全额上缴财政。

★【专家一对一】

与增值税部分的相关规定相同

②同时符合以下条件的代垫运输费用：

a.承运部门的运输费用发票开具给购买方的。

b.纳税人将该项发票转交给购买方的。

（2）含税销售额的换算。

应税消费品的销售额，不包括应向购货方收取的增值税税款。

应税消费品的销售额=含增值税的销售额÷（1+增值税税率或征收率）

★【专家一对一】

从价计征消费税的计税依据和增值税的计税依据相同，都是不含增值税的销售额：

销售额×增值税税率=应纳增值税税额

销售额×消费税税率=应纳消费税税额

【例题·单选题】甲地板厂为增值税一般纳税人，2018年11月销售自产实木地板取得含增值税销售额116万元。已知实木地板增值税税率为16%。下列各项中，属于甲地板厂当月该笔业务应纳消费税计税依据是（　　）。

A.116万元

B.116÷16%=725万元

C.116÷（1+16%）=100万元

D.116÷（1−16%）=138.1万元

【答案】C

【解析】实木地板消费税实行从价定率征收，其计税依据为含消费税但不含增值税的销售额。在本题中，“116万元”为含增值税的销售额，应当换算成不含增值税的销售额，116÷（1+16%）=100万元，故本题正确答案是选项C。

2.从量计征销售数量的确定。

销售数量，是指应税消费品的数量。具体为：

（1）销售应税消费品的，为应税消费品的销售数量。

（2）自产自用应税消费品的，为应税消费品的移送使用数量。

（3）委托加工应税消费品的，为纳税人收回的应税消费品数量。

（4）进口应税消费品的，为海关核定的应税消费品进口征税数量。

【例题·单选题】（2018）2017年12月甲啤酒厂生产150吨啤酒，销售100吨，取得不含增值税销售额30万元、增值税税额5.1万元。甲啤酒厂当月销售啤酒消费税计税依据是（　　）。

A.100吨　　B.35.1万元　　C.30万元　　D.150吨

【答案】A

【解析】（1）啤酒采用从量计征消费税的方法，消费税的计税依据为其销售数量，和价格无关，故选项BC应该直接排除；（2）虽然生产了150吨，但是只销售了100吨，只能按照已经销售的数量100吨计算征收消费税，排除选项D。

3.复合计征销售额和销售数量的确定。

卷烟和白酒实行从价定率和从量定额相结合的复合计征办法征收消费税。销售额为纳税人生产销售卷烟、白酒向购买方收取的全部价款和价外费用。销售数量为纳税人生产销售、进口、委托加工、自产自用卷烟、白酒的销售数量、海关核定数量、委托方收回数量和移送使用数量。

★【专家一对一】

**啤酒、黄酒、成品油从量计征，白酒、卷烟复合计征，其他消费品从价计征。**

【例题·单选题】（2017）下列消费品中，实行从价定率和从量定额相结合的复合计征办法征收消费税的是（　　）。

A.啤酒　　B.汽油　　C.卷烟　　D.高档手表

【答案】C

【解析】（1）选项AB，啤酒、汽油实行从量定额征收消费税；（2）选项C，卷烟实行复合计征消费税；（3）选项D，高档手表从价定率计征消费税。

4.特殊情形下销售额和销售数量的确定。

（1）纳税人应税消费品的计税价格明显偏低并无正当理由的，由主管税务机关核定。

（2）纳税人通过自设非独立核算门市部销售的自产应税消费品，按门市部对外销售额或销售数量征收消费税。

★【专家一对一】

**不是按纳税人的移送数量或者纳税人与门市部约定的价格。比如甲公司将自产的10件某种应税化妆品交公司附属的非独立核算的门市部对外销售，约定门市部销售完后以每件1 000元和公司结算，门市部对外销售价是每件1 500元。则该公司该批化妆品应按15 000元计征消费税，而不是按10 000元计征。**

【例题·判断题】（2009）某卷烟厂通过自设独立核算门市部销售自产卷烟，应当按照门市部对外销售额或销售数量计算征收消费税。（　　）

【答案】错误。

【解析】（1）纳税人通过自设非独立核算门市部销售的自产应税消费品，应当按照门市部对外销售额或者销售数量征收消费税。（2）卷烟厂通过自设独立核算门市部销售自产卷烟，因为卷烟实行复合计征消费税，且在生产环节征收，应该按照烟厂给门市部的价格和数量计征消费税。

（3）纳税人用于换取生产资料和消费资料、投资入股和抵偿债务等方面的应税消费品，以纳税人"同类应税消费品的最高销售价格"计算消费税。——注意：不是按"平均价格"。

★【专家一对一】

**纳税人将自己生产的应税消费品用于生产非应税消费品、在建工程、管理部门、非生产机构、提供劳务、馈赠、赞助、集资、广告、样品、职工福利、奖励等"其他方面"的，按照纳税人最近时期"同类**

**货物的平均销售价格”计算征税消费税。因为用于该等“其他方面”，属于增值税视同销售行为，而增值税视同销售下，销售额是按照纳税人最近时期同类货物的平均销售价格计算的，故消费税也应当按照纳税人最近时期同类货物的平均销售价格计算，这样增值税和消费税二者的计税依据才能一致。**

【例题·多选题】（2018）下列各项中，纳税人应当以同类应税消费品的最高销售价格作为计税依据的有（　　）

A.自产应税消费品用于换取生产资料　　B.自产应税消费品用于对外捐赠

C.自产应税消费品用于换取消费资料　　D.自产应税消费品用于投资入股

【答案】ACD

【解析】（1）选项ACD，纳税人用于换取生产资料和消费资料、投资入股和抵偿债务等方面的应税消费品，应当以纳税人同类应税消费品的最高销售价格作为计税依据计算消费税。（2）选项B，对外捐赠要用平均价格。注意：此点在消费税里无直接规定，但捐赠在增值税里面视同销售，销售额按纳税人销售消费品的平均价格确定。因为消费税和增值税计税依据是统一的，故消费税也应按平均价格。

（4）白酒生产企业向销售单位收取的“品牌使用费”，应并入企业的白酒销售额缴纳消费税。

（5）包装物及其押金的处理。

从价计征消费税的应税消费品连同包装销售的，包装物应并入消费品销售额缴纳消费税。

包装物不作价随同产品销售，而是收取押金，则押金不并入销售额。但因逾期未收回的包装物不再退还押金或收取时间超12个月的押金，应并入销售额计征消费税。

对包装物既作价随同应税消费品销售，又另外收取押金的包装物押金，凡纳税人在规定的期限内没有退还的，均应并入应税消费品的销售额，按照应税消费品的适用税率缴纳消费税。

酒类生产企业销售酒类产品（啤酒、黄酒除外）收取的包装物押金，应并入酒类产品销售额，征收消费税。注意：啤酒、黄酒因为实行从量计征，其计税依据和价格无关，故其包装物押金不征收消费税。

★【专家一对一】

**不同酒类包装物押金税务处理不同的原因主要有：（1）包装物价值在啤酒和黄酒价格中所占比重较大，而且这二种酒的包装物可回收利用；白酒的包装物一般无法收回，并且白酒包装精致，占销售额的比重较大。（2）啤酒和黄酒的消费税是从量计征，和价格无关，无法把包装物的押金一同计算进去，而增值税的计税依据和从价计征的消费税的计税依据相同，为统一二者的计税依据，故对啤酒、黄酒的增值税作了和消费税一样的税务处理。**

（6）销售金银首饰。

以旧换新（含翻新改制）销售金银首饰，按实际收取的不含增值税的全部价款计征消费税。

★【专家一对一】

**与增值税以旧换新销售金银首饰相同。**

既销售金银首饰，又销售非金银首饰的，应将两类商品划分清楚，分别核算销售额。凡划分不清或不能分别核算的，在生产环节销售的，一律从高适用税率征收消费税；在零售环节销售的，一律按金银首饰征收消费税。

金银首饰与其他产品组成成套消费品销售的，应按销售额全额征收消费税。

★【专家一对一】

**即套装里面的其他产品一并按金银首饰征收消费税。**

金银首饰连同包装物销售的，包装物应并入金银首饰的销售额计征消费税。

带料加工的金银首饰，按受托方销售同类金银首饰的价格计征消费税。没有同类金银首饰销售价格的，按组成计税价格计算。

（7）纳税人销售的应税消费品，以人民币以外的货币结算销售额的，其销售额的人民币折合率可以选择销售额发生的当天或者当月1日的人民币汇率中间价。纳税人应在事先确定采取何种折合率，确定后1年内不得变更。

★【专家一对一】

**与增值税的规定相同。**

【例题·判断题】（2013）纳税人采用以旧换新方式销售的金银首饰，应按实际收取的不含增值税的全部价款征收消费税。（　　）
【答案】正确。

（二）应纳税额的计算（★★★）
1.生产销售应纳消费税的计算。
（1）从价计征的：应纳税额=销售额×比例税率
（2）从量计征的：应纳税额=销售数量×定额税率
（3）复合计征的：应纳税额=销售额×比例税率+销售数量×定额税率
上述销售额，均为不含增值税销售额。

【例题·单选题】（2016改）甲地板厂为增值税一般纳税人，2018年11月销售自产实木地板取得含增值税销售额116万元。已知实木地板增值税税率为16%，消费税税率为5%，甲地板厂当月该业务应缴纳消费税税额的下列计算列式中，正确的是（　　）。
A.116÷（1+16%）×5%=5万元　　B.116÷（1−5%）×5%=6.1053万元
C.116×5%=5.8万元　　D.116÷（1+16%）÷（1−5%）×5%=5.2632万元
【答案】A
【解析】实行从价定率征收的应税消费品，其计税依据为含消费税但不含增值税的销售额。116万元为含增值税的销售额，应当换算成不含增值税的销售额，116÷（1+16%）为不含增值税销售额，乘以消费税税率5%即得消费税税额。故正确答案是选项A。

【例题·单选题】某卷烟生产企业为增值税一般纳税人，2018年12月销售乙类卷烟2 000标准条，取得含增值税销售额92 800元。已知乙类卷烟消费税比例税率为36%，定额税率为0.003元/支，1标准条有200支；增值税税率为16%。则该企业当月应纳消费税税额是（　　）。
A.1 200元　　B.28 800元　　C.30 000元　　D.34 608元
【答案】C
【解析】（1）卷烟实行复合计征方法计算征收消费税。（2）不含增值税销售额=92 800÷（1+16%）=80 000元；从价定率应纳税额=80 000×36% =28 800元；从量定额应纳税额 = 2 000×200×0.003=1 200元；故合计应纳消费税额＝28 800+1 200=30 000元，正确答案是选项C。

2.自产自用应纳消费税的计算。
（1）纳税人自产自用的应税消费品，用于连续生产应税消费品的，不纳税。
（2）用于其他方面的，于移送使用时，按照纳税人生产的同类消费品的销售价格计算纳税，没有同类消费品销售价格的，按照组成计税价格计算纳税。
①从价定率计征消费税的：
组成计税价格=（成本+利润）÷（1−比例税率）
应纳税额=组成计税价格×比例税率
②复合计征消费税的：
组成计税价格=（成本+利润+自产自用数量×定额税率）÷（1−比例税率）
应纳税额=组成计税价格×比例税率+自产自用数量×定额税率
同类消费品的销售价格是指纳税人或者代收代缴义务人（即委托加工的受托方）当月同类消费品的销售价格；当月销售价格高低不同的，按销售数量加权平均计算；当月无销售或者当月未完结的，按上月或者最近月份的销售价格计算。

【例题·单选题】（2018）甲化妆品公司为增值税一般纳税人，2017年12月销售高档化妆品元旦套装400套，每套含增值税售价702元，将同款元旦套装30套用于对外赞助。已知增值税税率为16%，消费税税率为15%。则计算甲化妆品公司当月元旦套装应缴纳消费税税额的下列算式中，正确的是（　　）。
A.400×702÷（1+16%）×15%=36 310.34元　　B.400×702×15%=42 120元
C.（400+30）×702÷（1+16%）×15%=39 033.62元　　D.（400+30）×702×15%=45 279元
【答案】C
【解析】（1）自产消费品用于赞助，属于视同销售，故用于赞助的30套高档化妆品也应缴纳消费税；（2）702元为含税销售价，应作价税分离处理，应缴纳的消费税=（400+30）×702÷（1+16%）×15%=39 033.62元。

3.委托加工应纳消费税的计算。

委托加工的应税消费品，按照受托方的同类消费品的销售价格计算纳税，没有同类消费品销售价格的，按照组成计税价格计算。

（1）从价计征。

组成计税价格=（材料成本+加工费）÷（1–比例税率）

应纳税额=组成计税价格×比例税率

（2）复合计征。

组成计税价格=（材料成本+加工费+委托加工数量×定额税率）÷（1–比例税率）

应纳税额=组成计税价格×比例税率+委托加工数量×定额税率

注：加工费，是受托方加工应税消费品向委托方收取的全部费用（包括代垫辅助材料的实际成本），不包括增值税税款。

【例题·单选题】某化妆品企业2018年10月受托为某商场加工一批高档化妆品，收取不含增值税的加工费18万元，商场提供的原材料金额为70万元（不含税）。已知该化妆品企业无同类产品销售价格，消费税税率为15%。该化妆品企业应代收代缴的消费税是（　　）。

A.70×15%=10.50万元

B.70÷（1–15%）×15%=12.3529万元

C.（70+18）×15%=13.20万元

D.（70+18）÷（1–15%）×15%=15.5294万元

【答案】D

【解析】本题应当按照组成计税价格计算纳税。

（1）组成计税价格=（材料成本+加工费）÷（1–消费税比例税率）

（2）应代收代缴消费税=组成计税价格×消费税比例税率=（材料成本+加工费）÷（1–消费税比例税率）×消费税比例税率=（70+18）÷（1–15%）×15% =15.5294万元。故正确答案是选项D。

4.进口环节应纳消费税的计算。

纳税人进口应税消费品，不区分一般纳税人和小规模纳税人，均按组成计税价格和规定的税率计算应纳税额。

（1）从价计征。

组成计税价格=（关税完税价格+关税）÷（1–消费税比例税率）

应纳税额=组成计税价格×消费税比例税率

“关税完税价格”，是海关核定的关税计税价格。

（2）复合计征。

组成计税价格=（关税完税价格+关税+进口数量×定额税率）÷（1–消费税比例税率）

应纳税额=组成计税价格×消费税比例税率+进口数量×定额税率

【例题·单选题】（2015）2014年3月甲公司进口一批高档手表，海关审定的关税完税价格为100万元，缴纳关税30万元，已知高档手表消费税税率为20%，甲公司当月进口高档手表应缴纳消费税的下列计算中，正确的是（　　）。

A.（100＋30）×20%＝26万元

B.（100＋30）÷（1—20%）×20%＝32.5万元

C.100×20%＝20万元

D.100÷（1—20%）×20%＝25万元

【答案】B

【解析】进口应税消费品应纳消费税额=（关税完税价格+关税）÷（1–消费税税率）×消费税税率=（100+30）÷（1–20%）×20%=32.50万元。

（三）已纳消费税的扣除（★★★）

1.为避免重复征税，以外购或委托加工收回的应税消费品为原料，继续生产相应的应税消费品销售的，可以按当期生产领用数量计算扣除外购或委托加工收回的应税消费品已纳消费税。具体包括：

（1）外购（或委托加工收回的）烟丝为原料生产的卷烟。

（2）外购（或委托加工收回的）高档化妆品为原料生产的高档化妆品。

（3）外购（或委托加工收回的）珠宝、玉石原料为原料生产的贵重首饰及珠宝、玉石。

（4）外购（或委托加工收回的）鞭炮、焰火为原料生产的鞭炮、焰火。

（5）外购（或委托加工收回的）杆头、杆身和握把为原料生产的高尔夫球杆。

（6）外购（或委托加工收回的）木制一次性筷子为原料生产的木制一次性筷子。

（7）外购（或委托加工收回的）实木地板为原料生产的实木地板。

（8）外购（或委托加工收回的）石脑油、润滑油、燃料油为原料生产的成品油。

（9）外购（或委托加工收回的）汽油、柴油为原料生产的汽油、柴油。

2.当期准予扣除的外购或者委托加工收回的消费品已纳消费税税款，应当按照当期生产领用数量计算。

★【专家一对一】

比如，外购或者委托加工收回的消费品已经缴纳消费税1 200元，生产领用了1/3的消费品，那就只能扣除400元，未领用部分对应的消费税不得扣除。增值税进项税额抵扣和“生产领用数量”无关，增值税是一次性抵扣，即使暂时还没有销售或使用。

3.用外购的已税珠宝、玉石原料生产在零售环节征收消费税的金银首饰（镶嵌首饰），在计税时一律不得扣除外购珠宝、玉石的已纳税款。

★【专家一对一】

比如，甲公司购进已税的珠宝、玉石原料生产金银首饰，因为金银首饰消费税是在零售环节缴纳的，在生产环节不征收消费税，故甲公司生产这批金银首饰，不能扣除珠宝玉石原料已经缴纳的消费税。甲公司本来就不负担金银首饰的消费税，如果允许其抵扣，那甲公司就占了国家便宜。

★【专家一对一】

不得抵扣的项目有：

（1）酒类产品、手表、摩托车、小汽车、游艇、电池、涂料。比如以外购的原装白酒勾兑为新型白酒销售，则不能扣除外购白酒所含的消费税。（2）纳税环节不同不得扣除。比如购进生产环节纳税的消费品，生产出在零售环节纳税的消费品，不能抵扣。（3）用于生产非应税消费品的不得扣除。非应税消费品本来不征收消费税，如果允许扣除，则会造成国家税收流失。

【例题·单选题】纳税人外购和委托加工收回的应税消费品，用于连续生产应税消费品的，已缴纳的消费税税款准予从应纳消费税税额中抵扣。下列各项中，准予扣除已缴纳的消费税的是（　　）。

A.委托加工收回的已税白酒用于生产白酒

B.委托加工收回的已税玉石用于生产金银镶嵌首饰

C.委托加工收回的已税高档化妆品用于生产普通化妆品

D.委托加工收回的已税烟丝用于生产卷烟

【答案】D

【解析】（1）选项A，白酒不属于可以抵扣的范围；（2）选项B，用外购的已税珠宝、玉石原料生产在零售环节征收消费税的金银首饰（镶嵌首饰），在计税时一律不得扣除外购珠宝、玉石的已纳税款，因为两者的纳税环节不同；（3）选项C，普通化妆品不征收消费税，故不能扣除。

【例题·多选题】（2017）2016年12月甲酒厂发生的下列业务中，应缴纳消费税的有（　　）。

A.将自产高度白酒继续加工成低度白酒

B.将自产低度白酒奖励职工

C.将自产高度白酒馈赠客户

D.将自产低度白酒用于市场推广

【答案】BCD

【解析】（1）纳税人自产自用的应税消费品，用于连续生产应税消费品的，不纳税，故选项A，不缴纳消费税税；（2）用于其他方面的，于移送使用时纳税，选项BCD，缴纳消费税。

## 七、消费税征收管理

### （一）纳税义务发生时间（★★★）

1.纳税人销售应税消费品。

（1）采取赊销和分期收款结算方式的，为书面合同约定的收款日期的当天，书面合同没有约定收款日期或者无书面合同的，为发出应税消费品的当天。

（2）采取预收货款结算方式的，为发出应税消费品的当天。

（3）采取托收承付和委托银行收款方式的，为发出应税消费品并办妥托收手续的当天。

（4）采取其他结算方式的，为收讫销售款或者取得索取销售款凭据的当天。

2.纳税人自产自用应税消费品的，为移送使用的当天。

3.纳税人委托加工应税消费品，为纳税人提货的当天。

4.纳税人进口应税消费品，为报关进口的当天。

★【专家一对一】

**消费税纳税义务的发生时间，和增值税纳税义务的发生时间“销售或进口货物”部分基本相同。**

【例题·单选题】（2018）下列关于消费税纳税义务发生时间的表述中，不正确的是（　　）。

A.委托加工应税消费品的，为纳税人提货的当天

B.采取托收承付方式销售应税消费品的，为收到货款的当天

C.进口应税消费品的，为报关进口的当天。

D.自产自用应税消费品的，为移送使用的当天

【答案】B

【解析】选项B，纳税人采取托收承付和委托银行收款方式销售的应税消费品，消费税纳税义务发生时间为发出应税消费品并办妥托收手续的当天。

（二）纳税地点（★★）

1.纳税人销售应税消费品，以及自产自用应税消费品，除国务院财政、税务主管部门另有规定外，应当向纳税人机构所在地或者居住地的主管税务机关申报纳税。

2.委托加工应税消费品：

（1）受托方是单位的，由受托方向机构所在地或居住地的主管税务机关解缴税款。

（2）受托方为个人的，由委托方向机构所在地的主管税务机关申报纳税。

3.进口应税消费品，由进口人或其代理人向报关地海关申报纳税。

4.纳税人到外县（市）销售或者委托外县（市）代销自产应税消费品的，于应税消费品销售后，向机构所在地或者居住地主管税务机关申报纳税。

5.纳税人的总机构与分支机构不在同一县（市）的，分别向各自机构所在地的主管税务机关申报纳税。

纳税人的总机构与分支机构不在同一县（市），但在同一省（自治区、直辖市）范围内，经省级财政、税务部门审批同意，可以由总机构汇总向总机构所在地的主管税务机关申报纳税。

6.纳税人销售的应税消费品，如因质量等原因由购买者退回时，经机构所在地或者居住地主管税务机关审核批准，可退还已缴纳的消费税。

7.出口的应税消费品办理退税后，发生退关，或者国外退货进口时予以免税的，报关出口者必须及时向其机构所在地或者居住地主管税务机关申报补缴已退还的消费税税款。

8.个人携带或者邮寄进境的应税消费品的消费税，连同关税一并计征。

【例题·单选题】下列关于消费税纳税地点的表述中，不正确的是（　　）。

A.除另有规定外，纳税人销售应税消费品应向纳税人机构所在地或居住地的主管税务机关纳税

B.除另有规定外，纳税人销售应税消费品应向生产地的主管税务机关纳税

C.委托加工的应税消费品，受托方为单位的，由受托方代收消费税后向机构所在地的主管税务机关申报纳税

D.进口的应税消费品，由进口人或者其代理人向报关地海关申报纳税

【答案】B

【解析】（1）选项B，纳税人销售的应税消费品，以及自产自用的应税消费品，除国务院财政、税务主管部门另有规定外，应当向纳税人机构所在地或者居住地的主管税务机关申报纳税。（2）纳税地点和纳税人机构所在地有关，而和消费品的销售地或者生产地无直接关系。

（三）纳税期限（★）

1.消费税纳税期限分别为1日、3日、5日、10日、15日、1个月或者1个季度。纳税人的具体纳税期限，由主管税务机关根据纳税人应纳税额的大小分别核定，不能按照固定期限纳税的，可以按次纳税。

2.纳税人以1个月或者1个季度为一期纳税的，自期满之日起15日内申报纳税；以1日、3日、5日、10日、15日为一期的，自期满之日起5日内预缴税款，于次月1日起15日内申报纳税并结清上月应纳税款。

3.进口货物自海关填发税收专用缴款书之日起15日内缴纳。

★【专家一对一】

**消费税纳税期限，除了未规定以1个季度为纳税期限适用于哪些纳税人以外，其他和增值税纳税期限完全相同。**

【例题·多选题】下列关于消费税纳税期限的各项表述中，不正确的有（　　）。
A.消费税的纳税期限分为1日、3日、5日、7日、10日、15日、1个月或者1个季度
B.纳税人的具体纳税期限，由主管税务机关根据纳税人应纳税额的大小分别核定
C.纳税人不能按照固定期限纳税的，可以按次纳税
D.纳税人进口应税消费品，应当自海关填发海关进口消费税专用缴款书之日起10日内缴纳税款
【答案】AD
【解析】（1）选项A，消费税的纳税期限无“7日”；（2）选项D，应当自海关填发海关进口消费税专用缴款书之日起“15日内”缴纳税款。

★【专家一点通】

消费税与增值税纳税环节归纳表

| | 生　产 | 委托加工 | 进　口 | 批　发 | 零　售 |
|---|---|---|---|---|---|
| 一般应税消费品 | √ | √ | √ | × | × |
| 金银首饰、钻石饰品、铂金 | × | × | × | × | √ |
| 超豪华小汽车 | √ | √ | √ | × | √ |
| 卷烟 | √ | √ | √ | √ | × |
| 增值税 | √ | √ | √ | √ | √ |

★【专家一点通】

包装物押金在增值税和消费税中的处理比较

<table>
<tr><td rowspan="6">包装物不随同货物销售，而是收取单独记账核算的包装物押金的</td><td colspan="2">货物</td><td>期限</td><td>增值税</td><td>消费税</td></tr>
<tr><td rowspan="3">酒类</td><td rowspan="2">啤酒、黄酒</td><td>未逾期</td><td>不并入销售额</td><td rowspan="2">啤酒、黄酒从价计征，包装物押金不并入销售额计征消费税（无法并入）</td></tr>
<tr><td>逾期</td><td>并入销售额</td></tr>
<tr><td>其他酒</td><td></td><td>收取时并入销售额</td><td>收取时并入销售额</td></tr>
<tr><td rowspan="2">酒类以外的货物</td><td colspan="2">未逾期</td><td>不并入销售额</td><td>不并入销售额</td></tr>
<tr><td colspan="2">逾期</td><td>并入销售额</td><td>并入销售额</td></tr>
<tr><td>包装物随同货物销售</td><td colspan="5">无论包装物是否单独计价以及会计上如何核算，均应并入销售额计征增值税和消费税</td></tr>
</table>

★【专家一点通】

增值税vs消费税

| 项　目 | 增值税 | 消费税 |
|---|---|---|
| （1）征收范围 | 所有有形动产 | 仅15种有形动产 |
| （2）纳税环节 | “雁过拔毛”，流转一次，征收一次 | 一般：单一环节纳税<br>例外：卷烟、超豪华小汽车 |
| （3）计税依据 | 从价计征 | 从价计征、从量计征和复合计征 |

# 知识图谱

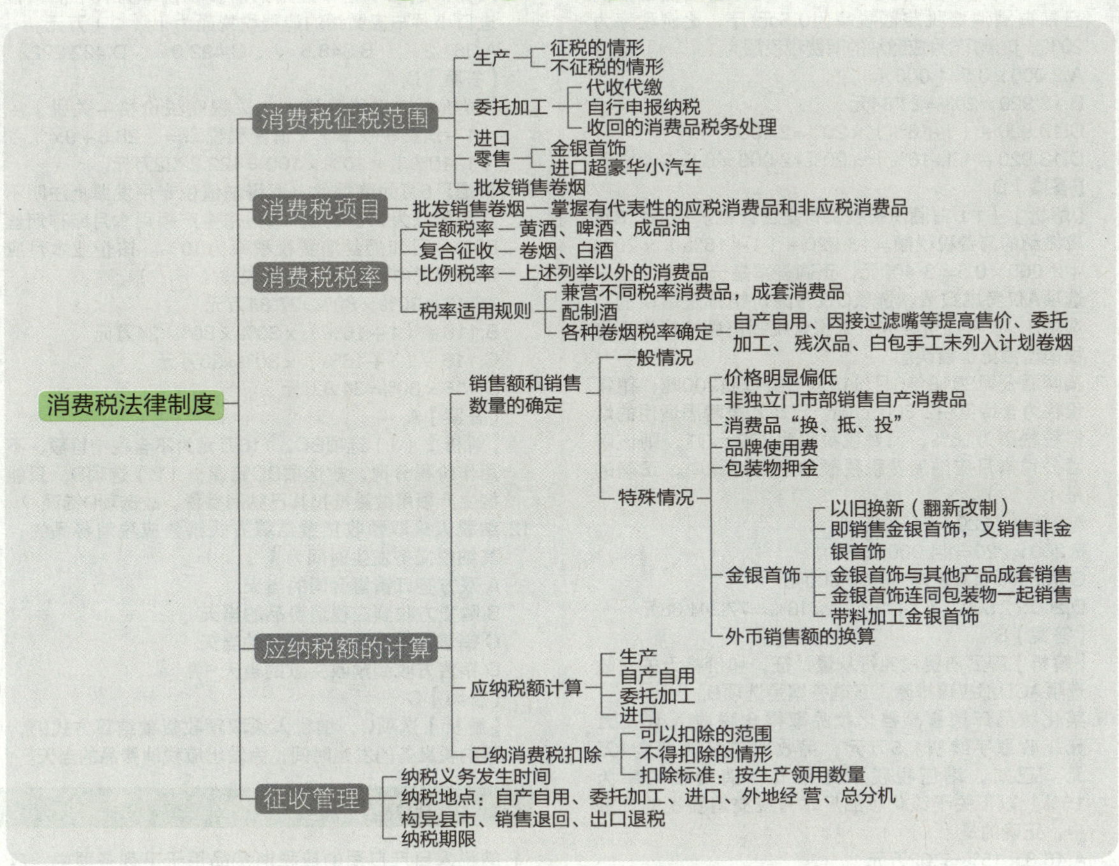


# 节节测

## 一、单项选择题

1. 下列各项中，不缴纳消费税的是（　　）。

A.零售超豪华小汽车　　B.进口钻石饰品

C.生产销售白酒　　D.委托加工烟丝

【答案】B

【解析】（1）选项A，超豪华小汽车在零售环节加征一道消费税；（2）选项B，钻石饰品在零售环节缴纳消费税，进口环节不缴纳消费税；（3）选项CD，白酒和烟丝在生产销售、委托加工或进口环节缴纳消费税，所以，生产销售白酒缴纳消费税，委托加工烟丝征收消费税。

2. 下列各项中，不属于消费税征税范围的是（　　）。

A.葡萄酒　B.果木酒　C.药酒　D.调味料酒

【答案】D

【解析】酒，包括白酒、黄酒、啤酒和其他酒；调味料酒不征收消费税。

3. 下列各项中，属于消费税征税范围的是（　　）。

A.中轻型商用客车　　B.高档西服

C.进口音响　　D.平板电脑

【答案】A

【解析】选项BCD，都不属于消费税税目，不征收消费税。选项C，音响本身不是消费税税目，故进口音响也不征收消费税。

4. 下列各项中，应征收消费税的是（　　）。

A.超市零售白酒

B.汽车厂销售自产电动汽车

C.地板厂销售自产实木地板

D.百货公司零售高档化妆品

【答案】C

【解析】（1）选项AD，白酒、高档化妆品在生产环节征收，零售环节不征收消费税；（2）选项B，电动汽车不属于消费税征税范围。

5. 下列消费品中，属于适用复合计税方法征收消费税的是（　　）。

A.白酒　B.啤酒　C.葡萄酒　D.高档手机

【答案】A

【解析】（1）选项A，白酒和卷烟实行复合计税办法；（2）选项B，啤酒实行从量定额计征消费税；（3）选项C，葡萄酒从价定率计征消费税；（4）选项D，高档手机不属于消费税征收项目。

6. 某酒厂为增值税一般纳税人。2018年8月销售白酒2 000斤，取得销售收入13 920元（含增值税）。已知白酒消费税定额税率为0.5元/斤，比例税率为20%。该酒厂8月应缴纳的消费税税额为（　　）元。
A.2 000×0.5=1 000元
B.13 920×20%=2 784元
C.13 920÷（1+16%）×20%=2 400元
D.13 920÷（1+16%）×20%+2 000×0.5=3 400元
【答案】D
【解析】（1）白酒消费税实行复合计征。该酒厂8月应缴纳的消费税税额=13 920÷（1+16%）×20%+2 000×0.5=3 400元，正确答案是选项D。（2）选项A仅考虑数量、选项C仅考虑价格都是错误的；选项B，仅考虑价格并且未将含税销售额换算为不含税销售额更是错误。

7. 某啤酒公司2018年6月份销售乙类啤酒200吨，销售价格为含增值税2 800元/吨。已知乙类啤酒适用的增值税税率为16%，消费税税额为220元/吨，则该啤酒公司当月应纳消费税税额的下列计算中，正确的是（　　）。
A.2 800×220=616 000元
B.200×220=44 000元
C.200×2 800×16%=89 600元
D.200×2 800÷（1+16%）×16%=77 241.38元
【答案】B
【解析】啤酒消费税实行从量计征，和价格无关，故选项ACD都应该排除，正确答案是选项B。

8. 某化妆品厂销售高档化妆品取得含税收入46.8万元，收取手续费1.5万元，另收取包装物押金1万元。已知，增值税税率为16%，消费税税率为15%。以下关于该化妆品厂本月应交消费税的计算中，正确的是（　　）。
A.46.8×15%=7.02万元
B.46.8÷（1+16%）×15%=6.0517万元
C.（46.8+1.5）÷（1+16%）×15%=6.2457万元
D.（46.8+1.5+1）÷（1+16%）×15%=6.375万元
【答案】C
【解析】（1）46.8万元为含增值税收入，应当价税分离，收取的手续费1.5万元属于价外费用，亦应作价税分离后并入销售额。（2）高档化妆品为非酒类产品，其收取的包装物押金，收取时不应并入销售额中计算征收消费税（逾期时并入）。

9. 2017年12月，某白酒厂将新酿制的粮食白酒1吨发给员工作为节日福利，该粮食白酒无同类产品市场销售价格。已知该批粮食白酒生产成本10 000元，成本利润率为10%，白酒消费税比例税率为20%；定额税率为0.5元/斤。则该批粮食白酒应纳消费税是（　　）。
A.1 000元　B.2 000元　C.2 750元　D.3 750
【答案】D
【解析】酒厂将制白酒发给员工作为福利，应视同销售消费品。因该酒系新产品，故该酒厂无销售价格，又无同类产品的市场销售价格，故必须先组成计税价格，组成计税价格=成本×（1+成本利润率）÷（1-消费税税率）=10 000×（1+10%）÷（1-20%）=13 750元，白酒实行复合计征，故应该缴纳的消费税是：13 750×20%+2 000×0.5=3 750元，正确答案是选项D

10. 某外贸进出口公司2018年3月进口100辆小轿车，每辆车关税完税价格为人民币28.6万元，缴纳关税9.4万元。已知小轿车适用的消费税税率为10%。该批进口小轿车应缴纳的消费税税额为（　　）万元。
A.381.2　B.348.6　C.492.0　D.422.2222
【答案】D
【解析】进口消费税=（关税完税价格+关税）÷（1-消费税税率）×消费税税率=（28.6+9.4）÷（1-10%）×10%×100=422.2222万元。

11. 某烟厂6月外购烟丝，取得增值税专用发票上注明不含税价款为116万元，本月末生产领用本月库存烟丝80%，已知烟丝消费税税率为30%。该企业本月应纳消费税中可扣除的消费税是（　　）。
A.116×30%×80%=27.84万元
B.116÷（1+16%）×30%×80%=24万元
C.116÷（1+16%）×30%=30万元
D.116×30%=34.8万元
【答案】A
【解析】（1）选项BC，116万元为不含税销售额，不用作价税分离，故选项BC错误；（2）选项D，只能按生产领用数量抵扣其已纳消费税，故选项D错误。

12. 纳税人采取预收货款结算方式销售应税消费品的，其纳税义务发生时间为（　　）。
A.双方签订销售合同的当天
B.购货方收到应税消费品的当天
C.销售方发出应税消费品的当天
D.销售方收到预收货款的当天
【答案】C
【解析】选项C，纳税人采取预收货款结算方式的，其纳税义务的发生时间，为发出应税消费品的当天。

## 二、多项选择题

1. 纳税人自产自用的应税消费品用于下列各项中，应当征收消费税的有（　　）。
A.用于连续生产应税消费品
B.用于生产非应税消费品
C.用于赞助其他企业
D.用于广告样品
【答案】BCD
【解析】（1）选项A，纳税人自产自用的应税消费品，用于连续生产应税消费品的，不纳税。

2. 下列业务中，视同零售消费品，在零售环节缴纳消费税的有（　　）。
A.为经营单位以外的单位和个人加工金银首饰
B.为个人修理和清洗金银首饰
C.经营单位将金银首饰用于馈赠、赞助、集资、广告样品、职工福利、奖励等方面
D.未经中国人民银行总行批准，经营金银首饰批发业务的单位将金银首饰销售给经营单位
【答案】ACD
【解析】（1）选项ACD，视同零售金银首饰，应当缴纳消费税；（2）选项B，不视同销售金银首饰，不缴纳消费税。

3. 下列各项中，应征收消费税的有（　　）。
A.甲电池厂生产销售电池
B.丁百货公司零售钻石胸针
C.丙首饰厂生产销售玉手镯
D.乙超市零售啤酒

【答案】ABC
【解析】（1）选项ABCD均属于应税消费品；（2）在零售环节缴纳消费税的只有“金银铂钻”、超豪华小汽车，啤酒在生产环节纳税，故选项D错误，选项B正确；除“金银铂钻”外的其他应税消费品，生产销售环节均属于纳税环节，选项AC正确。

4. 下列消费品中，实行从量定额与从价定率相结合的复合计征办法征收消费税的有（　　）。
A.雪茄烟　B.黄酒　C.白酒　D.卷烟
【答案】CD
【解析】（1）选项A，从价定率计征；（2）选项B，从量定额计征。

5. 下列卷烟属于不分征税类别一律按照56%卷烟税率征税，并按照定额每标准箱150元计算征税的有（　　）。
A.白包卷烟
B.手工卷烟
C.次品卷烟
D.未经国务院批准纳入计划的企业和个人生产的卷烟
【答案】ABD
【解析】下列卷烟不分征税类别一律按照56%卷烟税率征税，并按照定额每标准箱150元计算征税：①白包卷烟（A）；②手工卷烟（B）；③未经国务院批准纳入计划的企业和个人生产的卷烟（D）。

6. 下列情形中，应当以纳税人同类应税消费品的最高销售价格作为计税依据计算消费税的有（　　）。
A.将自产摩托车用于投资入股
B.将自产汽车轮胎用于换取生产资料
C.将自产啤酒用于抵偿债务
D.将自产实木地板用于换取消费资料
【答案】ACD
【解析】（1）选项ACD，根据消费税法律制度的规定，纳税人用于换取生产资料和消费资料、投资入股和抵偿债务等方面的应税消费品，应当以纳税人同类应税消费品的最高销售价格作为计税依据计算消费税。（2）选项B，汽车轮胎不是消费税征收项目，故将自产汽车轮胎用于换取生产资料不征收消费税。

7. 下列各项中，可以扣除委托加工收回的应税消费品已纳税款的有（　　）。
A.以委托加工收回的已税实木地板原料生产的实木地板
B.以委托加工收回的已税木制一次性筷子原料生产的木制一次性筷子
C.以委托加工收回的已税高度白酒为原料生产的低度白酒
D.以委托加工收回的已税高档化妆品原料生产的高档化妆品
【答案】ABD
【解析】以委托加工收回的已税高度白酒为原料生产低度白酒不属于税法中准予扣除范围。

## 三、判断题

1. 所有消费品在生产、委托加工、进口、批发零售等各个环节都应当征收消费税。（　　）
【答案】错误。
【解析】（1）不是对所有的消费品都征收消费税，只是对“特定的”消费品征收；（2）应当征收消费税的消费品也不是在所有环节征收，只是在“特定的”环节征收。

2. 纳税人自产自用的应税消费品，用于连续生产应税消费品的，不纳税；用于其他方面的，于移送使用时纳税。（　　）
【答案】正确。

3. 商场销售木制一次性筷子应当缴纳消费税。（　　）
【答案】错误。
【解析】木制一次性筷子虽然是消费税征收项目，但不在零售环节征收，而是在生产环节征收。

4. 雪茄烟适用从价定率和从量定额相结合的复合计征办法征收消费税。（　　）
【答案】错误。
【解析】雪茄烟从价定率计征消费税。

5. 纳税人采取预收货款结算方式销售应税消费品的，其纳税义务的发生时间为收到预收款的当天。（　　）
【答案】错误。
【解析】纳税人采取预收货款结算方式销售应税消费品的，其纳税义务的发生时间为“发出应税消费品的当天”。

6. 甲市乙企业委托丙市丁企业加工一批应税消费品，该批消费品所应缴纳的消费税税款应由丁企业向乙企业代收后，向丙市税务机关解缴。（　　）
【答案】正确。

7. 某白酒厂通过自设非独立核算门市部销售自产白酒，应当按照门市部对外销售额或销售数量计算征收消费税。（　　）
【答案】正确。
【解析】纳税人通过自设非独立核算门市部销售自产应税消费品，应当按照门市部对外销售额或销售数量计算征收消费税。

## 四、不定项选择题

（一）【材料1】甲公司为增值税一般纳税人，主要从事化妆品生产和销售业务，2017年9月有关经营情况如下。
（1）进口一批高档护肤类化妆品，海关核定的关税完税价格85万元，已缴纳关税4.25万元。
（2）购进生产用化妆包，取得增值税专用发票注明税额17万元，支付其运输费，取得增值税专用发票注明税额0.44万元。因管理不善该批化妆包全部丢失。
（3）委托加工高档美容类化妆品，支付加工费取得增值税专用发票注明税额68万元。
（4）购进生产用酒精，取得增值税专用发票注明税额13.6万元。
（5）销售自产成套高档化妆品，取得含增值税价款702万元，另收取包装物押金3.51万元。
已知：增值税税率为16%；高档化妆品消费税率为15%，取得的扣税凭证已通过税务机关认证。
要求：根据上述资料，不考虑其他因素，分析回答下列小题。

1. 计算甲公司进口高档护肤类化妆品应缴纳增值税额下列算式中，正确的是（　　）。
A.（85+4.25）×16%=14.28万元
B.85÷（1−15%）×16%=16万元
C.（85+4.25）÷（1−15%）×16%=16.8万元
D.85×16%=13.6万元
【答案】C
【解析】进口环节应纳增值税=（关税完税价格+关税）÷（1−消费税税率）×增值税税率=

（85+4.25）÷（1−15%）×16%=16.8万元。

2. 甲公司的下列进项税额中，准予从销项税额中抵扣的是（　　）。

A.支付加工费的进项税额68万元

B.支付运输费的进项税额0.44万元

C.购进生产用酒精的进项税额13.6万元

D.购进生产用化妆包的进项税额为17万元

【答案】AC

【解析】因管理不善导致丢失的化妆包，进项税额不得抵扣，运输该批化妆包的运输费用的进项税额也不得抵扣。

3. 甲公司的下列业务中，应交纳消费税的是（　　）。

A.委托加工高档美容类化妆品

B.购进生产用酒精

C.购进生产用化妆包

D.进口高档护肤类化妆品

【答案】AD

【解析】应税消费品在生产、进口（选项D）和委托加工（选项A）环节缴纳消费税。

4. 计算甲公司销售自产成套化妆品消费税税额的下列算式中，正确的是（　　）。

A.702÷（1+16%）×15%=90.7759万元

B.702×15%=105.3万元

C.[702÷（1+16%）+3.51]×15%=91.3024万元

D.（702+3.51）÷（1+16%）×15%=91.2297万元

【答案】A

【解析】（1）题目所述销售价格是含增值税的金额，应进行价税分离，故选项B应该排除；（2）酒类以外的其他货物，取得时包装物押金不并入销售额，逾期或者期限超过1年时才并入销售额计算缴纳消费税，选项CD排除，故正确答案只能是选项A。

（二）【材料2】甲公司为增值税一般纳税人，主要从事汽车贸易及维修业务，2013年10月有关经营情况如下：

（1）进口一批越野车，海关审定的关税完税价格360万元，缴纳关税90万元，支付通关、商检费用2.5万元。

（2）销售小轿车取得含增值税价款351万元，另收取提车价款14.04万元。

（3）维修汽车取得含增值税维修费21.06万元，其中工时费9.36万元、材料费11.7万元。

已知：越野车的消费税税率为25%，增值税税率为16%。

要求：根据上述资料，分别回答下列问题。

1. 甲公司进口越野车应缴纳消费税税额的下列计算中，正确的是（　　）。

A.（360+90+2.5）÷（1−25%）×25%=150.8333万元

B.（360+2.5）×25%=90.625万元

C.（360+90）÷（1−25%）×25%=150万元

D.（360+90+2.5）×25%=113.125万元

【答案】C

【解析】进口越野车应缴纳消费税=（关税完税价格+关税）÷（1−消费税税率）×消费税税率=（360+90）÷（1−25%）×25%=150万元。

2. 甲公司进口越野车应按照组成计税价格和规定税率计算增值税，下列各项中，应计入组成计税价格的是（　　）。

A.关税完税价格　　B.通关、商检费用

C.消费税　　D.关税

【答案】ACD

【解析】进口应征收消费税的货物，组成计税价格=关税完税价格（A）+关税（D）+消费税（C）。

3. 甲公司销售小轿车增值税销项税额的下列计算中，正确的是（　　）。

A.[351÷（1+16%）+14.04]×16%=50.6602万元

B.[351+14.04÷（1+16%）]×16%=58.0966万元

C.（351+14.04）×16%=58.4064万元

D.（351+14.04）÷（1+16%）×16%=50.3503万元

【答案】D

【解析】销售小轿车收取的提车款14.04万元属于价外费用（视为含税收入），应一并计入汽车价款，作价税分离后，乘以增值税税率即得销售小汽车增值税销项税额，故正确答案是选项D。

4. 甲公司维修汽车增值税销项税额的下列计算中，正确的是（　　）。

A.21.06÷（1+16%）×16%=2.9048万元

B.（21.06−9.36）×16%=1.872万元

C.（21.06−11.7）×16%=1.4976万元

D.21.06×16%=3.3696万元

【答案】A

【解析】（1）修理修配劳务属于增值税的征税范围，维修汽车取得的全部收入均应计算缴纳增值税，其中支付的工时费9.36万元、材料费11.7万元不得扣减。（2）收取的维修费21.06万元是含税收入，应作价税分离，选项BC，未全额计税且未作价税分离，错误；选项D，未作价税分离，错误。故正确答案是选项A。

# 章章练

## 一、单项选择题

1. 下列选项中，应征收增值税的是（　　）。
A.房地产主管部门或者其指定机构、公积金管理中心、开发企业以及物业管理单位代收的住宅专项维修资金
B.存款利息
C.被保险人获得的保险赔付
D.银行销售金银

2. 下列各项中，属于小规模纳税人销售自己使用过的固定资产计征增值税的正确办法的是（　　）。
A.按3%的征收率征收
B.按4%的征收率减半征收
C.按3%的征收率减按2%征收
D.按6%的征收率减半征收

3. 甲公司为增值税一般纳税人，专业生产电视机，本月将两台自产的某型号电视机发给员工作为奖励，已知该型号电视机的生产成本为1 800元/台，成本利润率为10%。甲公司未销售该型号电视机，该型号电视机市场最高不含税售价为2 800元/台，平均不含税售价为2 300元/台，则甲公司当月该笔业务增值税销项税额的下列计算中，正确的是（　　）。
A.1 800×2×16%=576元
B.1 800×（1+10%）×2×16%=633.6元
C.2 300×2×16%=736元
D.2 800×2×16%=896元

4. 某企业于2018年2月购入一层写字楼，取得的增值税专用发票上注明的税款为800万元，已于当月认证，该企业2018年该笔业务准予抵扣的进项税额的下列计算中，正确的是（　　）。
A.800×40%=320万元
B.800×50%=400万元
C.800×60%=480万元
D.800万元

5. 下列各项中，免征增值税的是（　　）。
A.单位销售自己使用过的小汽车
B.企业销售自产的仪器设备
C.外贸公司进口服装
D.农业生产者销售自产的蔬菜

6. 下列各项中，应征收增值税的是（　　）。
A.被保险人获得的保险赔付
B.航空公司根据国家指令无偿提供用于公益事业的航空运输服务
C.存款人取得的存款利息
D.母公司向子公司出售不动产

7. 甲公司为增值税一般纳税人，2018年10月采取折扣方式销售货物一批，该批货物不含税销售额90 000元，折扣额9 000元，销售额和折扣额在同一张发票的金额栏分别注明。已知增值税税率为16%。甲公司当月该笔业务增值税销项税额的下列计算列式中，正确的是（　　）。
A.（90 000–9 000）÷（1+16%）×16%=11 172.41元
B.90 000×16%=14 400元
C.90 000÷（1+16%）×16%=12 413.79元
D.（90 000–9 000）×16%=12 960元

8. 甲公司为增值税一般纳税人，2018年10月进口一批高档化妆品，海关核定的关税完税价格63万元，缴纳关税税额6.3万元。已知化妆品增值税税率为16%，消费税税率为30%。甲公司该笔业务应缴纳增值税税额的下列计算列式中，正确的是（　　）。
A.63×16%=10.08万元
B.（63+6.3）×16%=11.088万元
C.63÷（1–30%）×16%=14.40万元
D.（63+6.3）÷（1–30%）×16%=15.84万元

9. 下列表述中不符合增值税销售额规定的是（　　）。
A.提供客运场站服务，以其取得的全部价款和价外费用，扣除支付给承运方运费后的余额为销售额
B.贷款服务，以取得的全部利息及利息性质的收入扣除存款利息后的余额为销售额
C.金融商品转让，按照卖出价扣除买入价后的余额为销售额
D.航空运输企业的销售额，不包括代收的机场建设费和代售其他航空运输企业客票而代收转付的价款

10. 一般纳税人发生的下列业务中，允许开具增值税专用发票的是（　　）。
A.房地产开发企业向消费者个人销售房屋
B.百货公司向小规模纳税人零售食品
C.超市向消费者个人销售红酒
D.会计师事务所向一般纳税人提供咨询服务

11. 甲公司为增值税一般纳税人，2018年6月采取折扣方式销售货物一批，该批货物不含税销售额90 000元，折扣额9 000元，销售额和折扣额在同一张发票上分别注明。已知增值税税率为16%。甲公司当月该笔业务增值税销项税额的下列计算列示中，正确的是（　　）。
A.（80 000–8 000）×（1+16%）×16%=13 363.2元
B.80 000×16%=12 800元
C.80 000×（1+16%）×16%=14 848元
D.（80 000–8 000）×16%=11 520元

12. 甲设计公司为增值税小规模纳税人，2014年6月提供设计服务取得含增值税价款206 000元；因服务中止，退还给客户含增值税价款10 300元。已知小规模纳税人增值税征收率为3%，甲设计公司当月应缴纳增值税税额的下列计算中，正确的是（　　）。
A.206 000÷（1+3%）×3%=6 000元
B.206 000×3%=6 180元
C.（206 000–10 300）×3%=5 871元
D.（206 000–10 300）÷（1+3%）×3%=5 700元

13. 一般纳税人发生的下列业务中，允许开具增值税专用发票的是（　　）。
A.家电商场向消费者个人销售电视机　B.百货商店向小规模纳税人零售服装
C.手机专卖店向消费者个人提供手机修理劳务
D.商贸公司向一般纳税人销售办公用品

14. 下列各项中，不征收消费税的是（　　）。
A.销售自产小汽车

B.金店零售黄金
C.烟酒公司购买葡萄酒
D.手表厂生产销售高档名表

15.甲汽车厂因欠原料供应商乙公司的债务，将库存的6辆每辆生产成本5万元的自产小汽车用于抵偿债务。已知同型号小汽车不含增值税平均售价11万元/辆，不含增值税最高售价13万元/辆，小汽车消费税税率5%。则甲汽车厂该笔业务应缴纳消费税税额的下列计算列式中，正确的是（　　）。
A.6×11×5%=3.3万元
B.6×13×5%=3.9万元
C.6×5×5%=1.5万元
D.6×（11+13）÷2×5%=3.6万元

16.根据消费税法律制度的规定，下列各项表述中错误的是（　　）。
A.纳税人生产的应税消费品，于产品入库时缴纳消费税
B.纳税人自产的应税消费品，用于连续生产应税消费品的，不纳税
C.纳税人自产自用的应税消费品，用于连续生产应税消费品以外的其他方面的，于移送使用时纳税
D.委托加工的应税消费品，于委托方收回消费品时缴纳消费税

17.下列各项中，不征收消费税的是（　　）。
A.销售自产小汽车
B.金店零售黄金
C.烟酒公司购买葡萄酒
D.手表厂生产销售高档名表

18.下列行为中，不缴纳消费税的是（　　）。
A.外贸公司进口高档手表
B.首饰店零售金银首饰
C.小汽车生产企业将自产小汽车奖励给优秀员工
D.烟草批发企业将卷烟销售给其他烟草批发企业

19.下列不属于消费税征收范围的是（　　）。
A.啤酒　　B.实木地板　C.电脑　　D.电池

20.下列消费品中，实行从价定率和从量定额相结合的复合计征办法征收消费税的是（　　）。
A.啤酒　　B.汽油　　C.卷烟　　D.高档手表

21.甲化妆品公司为增值税一般纳税人，2017年12月销售高档化妆品元旦套装400套，每套含增值税售价702元，将同款元旦套装30套用于对外赞助。已知增值税税率为16%，消费税税率为15%。则计算甲化妆品公司当月元旦套装应缴纳消费税税额的下列算式中，正确的是（　　）。
A.400×702÷（1+16%）×15%=36 310.34元
B.400×702×15%=42 120元
C.（400+30）×702÷（1+16%）×15%=39 033.62元
D.（400+30）×702×15%=45 279元

22.某企业委托酒厂加工红酒20箱，该酒无同类产品销售价格，已知委托方提供的原料成本4万元；受托方收取的不含增值税加工费0.8万元，代垫辅助材料成本0.5万元，已知消费税税率为10%。则该酒厂代收代缴的消费税是（　　）。
A.4÷（1−10%）×10%×10 000=4 444.44元
B.（4+0.8）÷（1−10%）×10%×10 000=5 333.33元
C.（4+0.8+0.5）×10%×10 000=5 300元
D.（4+0.8+0.5）÷（1−10%）×10%×10 000=5 888.89元

23.下列各项中，不征收消费税的是（　　）。
A.酒厂用于交易会样品的自产白酒
B.卷烟厂用于连续生产卷烟的自产烟丝
C.日化厂用于职工奖励的自产高档化妆品
D.地板厂用于本厂办公室装修的自产实木地板

24.下列消费品中，实行从价定率和从量定额相结合的复合计征办法征收消费税的是（　　）。
A.啤酒　　B.汽油　　C.卷烟　　D.高档手表

## 二、多项选择题

1.下列各项中，按照销售货物征收增值税的有（　　）。
A.销售电力　　B.销售热力
C.销售天然气　　D.销售商品房

2.下列各项中，属于物流辅助服务的有（　　）。
A.港口码头服务　　B.无船承运业务
C.收派服务　　D.仓储服务

3.下列各项中，属于销售无形资产的有（　　）。
A.转让技术　　B. 转让商标权
C.转让土地使用权　　D.转让股票

4.增值税一般纳税人的下列行为中，应视同销售货物，征收增值税的有（　　）。
A.白酒厂将自产白酒发给职工作为节日福利
B.商场将购进的服装发给职工作为工作服式
C.电脑生产企业将自产的电脑分配给投资者
D.门窗厂将自产的门窗用于单位办公室装修

5.下列各项关于包装物的增值税税务处理的表述中，正确的有（　　）。
A.一般货物包装物押金一律在收取时作为价外费用并入销售额计征增值税
B.随同货物销售而出租包装物的租金一律在收取时作为价外费用并入销售额计征增值税
C.啤酒包装物押金一律在收取时作为价外费用并入销售额计征增值税
D.白酒包装物押金一律在收取时作为价外费用并入销售额计征增值税

6.根据增值税法律制度的规定，纳税人下列行为，享受增值税免税优惠的有（　　）。
A.农业机耕
B.提供学历教育的学校收取的赞助费
C.个人销售自建自用的住房
D. 金融同业往来利息

7.下列各项中，免予缴纳增值税的有（　　）。
A.果农销售自产水果
B.药店销售避孕药品
C.王某销售自己使用过的空调
D.直接用于教学的进口设备

8.一般纳税人购进的下列服务中，不得抵扣进项税额的有（　　）。
A.贷款服务　B.住宿服务　C.餐饮服务　D.广告服务

9.下列各项中，一般纳税人在计算增值税销项税额时，应并入销售额的有（　　）。
A.销售货物价外向购买方收取的手续费
B.销售货物的同时代办保险而向购买方收取的保险费
C.销售货物价外向购买方收取的违约金
D.受托加工应征消费税的消费品所代收代缴的消费税

10.下列应税消费品中，实行从量定额计征消费税的有（　　）。

A.涂料　　B.柴油　　C.电池　　D.黄酒

11. 甲酒厂主要从事白酒生产销售业务。该酒厂销售白酒收取的下列款项中，应并入销售额缴纳消费税的有（　）。
A.向Z公司收取的储备费
B.向Y公司收取的品牌使用费
C.向X公司收取的包装物租金
D.向W公司收取的产品优质费

12. 下列关于消费税纳税义务发生时间的表述中，正确的有（　）。
A.纳税人自产自用应税消费品的，为移送使用的当天
B.纳税人委托加工应税消费品的，为交付加工费的当天
C.纳税人进口应税消费品的，为报关进口的当天
D.纳税人销售应税消费品采取预收款方式的，为发出应税消费品的当天

13. 下列消费品中，应当征收消费税的有（　）。
A.电动汽车　　B.实木复合地板
C. 太阳能电池　　D.高尔夫球杆

14. 下列关于消费税纳税期限的各项表述中，不正确的有（　）。
A.消费税的纳税期限分为1日、3日、5日、7日、10日、15日、1个月或者1个季度
B.纳税人的具体纳税期限，由主管税务机关根据纳税人应纳税额的大小分别核定
C.纳税人不能按照固定期限纳税的，可以按次纳税
D.纳税人进口应税消费品，应当自海关填发海关进口消费税专用缴款书之日起10日内缴纳税款

15. 下列应税消费品中，采用从量计征办法计缴消费税的有（　）。
A.黄酒　　B.葡萄酒　　C.啤酒　　D.药酒

## 三、判断题

1. 年应征增值税销售额是划分增值税一般纳税人和小规模纳税人的唯一标准。（　）
2. 增值税一般纳税人转登记为小规模纳税人后又登记为一般纳税人，如果增值税年销售额未超过小规模纳税人标准的，可以再转登记为小规模纳税人。（　）
3. 纳税人销售活动板房、机器设备、钢结构件等自产货物的同时提供建筑、安装服务，属于混合销售，应当按照销售货物缴纳增值税。（　）
4. 甲商场为增值税一般纳税人，其销售的钢笔标明零售价为10元/支，乙单位一次性购买100支。由于购买数量大，甲商场同意打8.5折。开票时，甲商场将折扣额另开发票。已知增值税税率为16%。则该笔业务的增值税销项税额是10×100×85%/（1+16%）×16%=117.24元。（　）
5. 纳税人兼营免税、减税项目的，应当分别核算免税、减税项目的销售额；未分别核算销售额的，只能适用减税。（　）
6. 固定业户的总机构和分支机构不在同一县（市）的，则应该由总机构汇总向总机构所在地的主管税务机关申报纳税。（　）
7. 一般纳税人凭《发票领购簿》、IC卡和经办人身份证明领购专用发票。（　）
8. 商业企业一般纳税人零售劳保用服装、鞋帽等消费品，可以开具增值税专用发票。（　）
9. 某卷烟厂通过自设独立核算门市部销售自产卷烟，应当按照门市部对外销售额或销售数量计算征收消费税。（　）
10. 雪茄烟适用从价定率和从量定额相结合的复合计征办法征收消费税。（　）

## 四、不定项选择题

（一）【材料1】甲酒店为增值税一般纳税人，主要提供餐饮服务、住宿服务、会议服务和车辆停放服务。2018年10月有关经营情况如下：

（1）提供住宿服务，取得含增值税销售额954 000元。

（2）提供会议服务，取得含增值税销售额358 704元。

（3）购进一处房产用作办公场所，取得增值税专用发票注明税额68 000元。

（4）上月购进一批低值易耗品因管理不善丢失，账面成本11 000元，该批低值易耗品的进项税额已申报抵扣。

已知：生活服务、现代服务增值税税率为6%，丢失的低值易耗品增值税税率为16%。

要求：根据上述资料，不考虑其他因素，分析回答下列小题。

1. 甲酒店下列经营业务中，应按照“销售服务——现代服务”税目计缴增值税的是（　）。
A.餐饮服务　　B.住宿服务
C.会议服务　　D.车辆停放服务。

2. 计算甲酒店当月允许抵扣的增值税进项税额的下列算式中，正确的是（　）。
A.68 000−11 000×16%=66 240元
B.68 000×40%−11 000×16%=25 440元
C.68 000×60%−11 000×16%=39 040元
D.68 000−11 000×（1+16%）×16%=65 958.4元

3. 计算甲酒店当月增值税销项税额的下列算式中，正确的是（　）。
A.954 000×6%+358 704÷（1+6%）×6%=77 544元
B.（954 000+35 8704）÷（1+6%）×6%=74 304元
C.954 000÷（1+6%）×6%+358 704×6%=75 522.24元
D.（954 000+358 704）×6%=78 762.24元

4. 计算甲酒店当月应缴纳增值税税额的下列算式中，正确的是（　）。
A.74 304−39 040=35 264元
B.77 544−66 240=11 304元
C.75 522.24−25 440=50 082.24元
D.78 762.24−25 440=53 322.24元

（二）【材料2】甲制药厂为增值税一般纳税人，主要生产和销售降压药、降糖药及免税药。2018年12月有关经济业务如下：

（1）购进降压药原料，取得的增值税专用发票上注明的税额为85万元；支付其运输费取得的增值税专用发票上注明的税额为1.32万元。

（2）购进免税药原料，取得的增值税专用发票上注明的税额为51万元；支付其运输费取得的增值税专用发票上注明的税额为0.88万元。

（3）销售降压药600箱，取得含增值税价款702万元，没收逾期未退还包装箱押金23.4万元。

（4）将10箱自产的新型降压药赠送给某医院临床使用，成本4.68万元/箱，无同类药品销售价格。

（5）销售降糖药500箱，其中450箱不含增值税单价为1.5万元/箱，50箱不含增值税单价为1.6万元/箱。

已知：降压药、降糖药增值税税率为16%，成本利润率为10%。取得的增值税专用发票已通过税务机关认证。

要求：根据上述资料，不考虑其他因素，分析回答下列小题。

1. 甲制药厂下列增值税进项税额中，准予抵扣的是（　　）。
A.购进免税药原料运输费的进项税额0.88万元
B.购进降压药原料运输费的进项税额1.32万元
C.购进降压药原料的进项税额85万元
D.购进免税药原料的进项税额51万元

2. 甲制药厂当月销售降压药增值税销项税额的下列计算列式中，正确的是（　　）。
A.（702+23.4）×16%=116.064万元
B.（702+23.4）÷（1+16%）×16%=100.0552万元
C.702×16%=112.32万元
D.[702+23.4÷（1+16%）]×16%=115.5476万元

3. 甲制药厂当月赠送新型降压药增值税销项税额的下列计算列式中，正确的是（　　）。
A.10×4.68÷（1+16%）×16%=6.4552万元
B.10×4.68×（1+10%）÷（1+16%）×16%=7.1007万元
C.10×4.68×（1+10%）×16%=8.2368万元
D.10×4.68×16%=7.488万元

4. 甲制药厂当月销售降糖药增值税销项税额的下列计算列式中，正确的是（　　）。
A.（1.5×450+50×1.6）×16%=120.8万元
B.（1.5×450+1.6×50）÷（1+16%）×16%=104.1379万元
C.1.5×500×16%=120万元
D.1.6×500×16%=128万元

（三）【材料3】甲餐具生产厂为增值税一般纳税人，主要从事一次性餐具的生产和销售业务，2018年10月有关经济业务如下：

（1）收购原木，开具的农产品收购发票注明买价33 900元，运输途中发生合理损耗452元。

（2）采取预收款方式向乙公司销售一次性餐具。8月1日双方签订销售合同，8月3日预收全部含税货款117 000元，另收取包装费3 510元；8月15日和8月25日各发出50%的餐具。

（3）受托加工木制一次性筷子，收取不含增值税加工费17 100元，委托方提供原材料成本39 900元。甲餐具生产厂无同类木制一次性筷子销售价格。

已知：增值税税率为16%，农产品扣除率为12%，木制一次性筷子消费税税率为5%。

要求：根据上述资料，不考虑其他因素，分析回答下列小题。

1. 甲餐具生产厂当月收购原木准予抵扣的增值税进项税额的下列计算中，正确的是（　　）。
A.33 900÷（1+12%）×12%=30 268元
B.33 900×12%=4 068元
C.（33 900－452）÷（1+12%）×12%=3 583.71元
D.（33 900－452）×12%=4 013.76元

2. 甲餐具生产厂采取预收款方式销售一次性餐具，其增值税纳税义务发生时间是（　　）。
A.8月3日　B.8月25日　C.8月15日　D.8月1日

3. 甲餐具生产厂当月销售一次性餐具增值税销项税额的下列计算中，正确的是（　　）。
A.（117 000+3 510）×16%=19 281.6元
B.117 000÷（1+16%）×16%=16 137.93元
C.（117 000+3 510）÷（1+16%）×16%=16 622.07元
D.117 000×16%=18 720元

4. 甲餐具生产厂当月受托加工木制一次性筷子应代收代缴消费税税额的下列计算中，正确的是（　　）。
A.17 100÷（1－5%）×5%=900元
B.（39 900+17 100）÷（1－5%）×5%=3 000元
C.（39 900+17 100）×5%=2 850元
D.17 100×5%=855元

# 章章练参考答案及解析

## 一、单项选择题

1.【答案】D

【解析】（1）选项ABC，属于不征收增值税项目；（2）选项D，银行销售金银应当按销售货物缴纳增值税。

2.【答案】C

【解析】小规模纳税人（除其他个人外）销售自己使用过的固定资产，按3%的征收率减按2%征收增值税。

3.【答案】C

【解析】甲公司将电视机发给员工作为奖励，应当视同销售计算增值税。因甲公司没有销售价格，但市场上有该型号电视机的平均销售价格，故应该以该平均价格计算增值税销项税额，计算公式是：2300×2×16%=736元，故正确答案是选项C。

4.【答案】C

5.【答案】D

【解析】（1）选项A，属于单位销售自己使用过的固定资产，应依法缴纳增值税；（2）选项B，属于销售货物，应当依法缴纳增值税；（3）选项C，属于进口货物，应当向海关申报缴纳进口环节增值税；（4）选项D，属于农业生产者销售自产的农产品，免征增值税。

6.【答案】D

【解析】（1）选项ABC，属于增值税免税项目；（2）选项D，按销售不动产征收增值税。

7.【答案】D

【解析】销售额和折扣额在同一张发票的金额栏分别注明的，可按折扣后的销售额征收增值税。（90 000–9 000）×16%=12 960元，故正确答案是选项D。

8.【答案】D

【解析】进口环节应纳增值税=组成计税价格×增值税税率=（关税完税价格+关税）÷（1–消费税税率）×增值税税率=（63+6.3）÷（1–30%）×16%=15.84万元。故正确答案是选项D。

9.【答案】B

【解析】选项B，贷款服务，以取得的全部利息及利息性质的收入为销售额，“不得扣除支付的存款利息”。

10.【答案】D

【解析】（1）选项AC，向消费者个人销售货物、劳务、服务、无形资产或者不动产的，不得开具增值税专用发票；（2）选项B，商业企业一般纳税人零售烟、酒、食品、服装、鞋帽（不包括劳保专用部分）、化妆品等消费品的，不得开具增值税专用发票。

11.【答案】D

【解析】销售额和折扣额在同一张发票上分别注明的，可按折扣后的销售额征收增值税。甲公司当月该笔业务增值税销项税额=（80 000–8 000）×16%=12 520元，选项D正确。

12.【答案】D

【解析】因服务中止退还的价款应从总价款中扣减，同时，因为收到的价款都是含税收入，故应该换算为不含税收入，计算公式为：（206 000−10 300）÷（1+3%）×3%=5 700元，故正确答案是选项D。

13.【答案】D

【解析】（1）选项AC，向消费者个人销售货物、劳务、服务、无形资产和不动产的，不得开具增值税专用发票；（2）选项B，商业企业一般纳税人零售烟、酒、食品、服装、鞋帽（不包括劳保专用部分）、化妆品等消费品的，不得开具增值税专用发票。

14.【答案】C

【解析】（1）选项AD，生产销售小汽车、高档名表的单位需要缴纳消费税；（2）选项B，金店零售黄金需要缴纳消费税；（3）选项C，烟酒公司是购买方，不缴纳消费税。

15.【答案】B

【解析】消费税纳税人将生产的应税消费品用于抵偿债务的，应当以纳税人同类应税消费品的“最高销售价格”作为计税依据计算消费税。选项B正确。

16.【答案】A

【解析】选项A，纳税人生产的应税消费品，于纳税人销售时缴纳消费税，而不是产品入库时缴纳消费税。

17.【答案】C

【解析】（1）选项AD，生产销售小汽车、高档名表的单位需要缴纳消费税；（2）选项B，金店零售黄金需要缴纳消费税；（3）选项C，烟酒公司是购买方，不缴纳消费税。

18.【答案】D

【解析】高档手表、金银首饰、小汽车和烟草都属于消费税征税范围。（1）选项A，进口应税消费品都需要缴纳消费税（钻石及钻石饰品、铂金首饰例外）；（2）选项B，金银首饰在零售环节缴纳消费税；（3）选项C，属于视同销售应税消费品的行为，应当缴纳消费税；（4）选项D，烟草批发企业将卷烟销售给其他烟草批发企业的，不缴纳消费税。

19.【答案】C

【解析】选项C，电脑不属于消费税税目，不征收消费税。

20.【答案】C

【解析】（1）选项AB，从量定额计征；（2）选项C，卷烟、白酒复合计征；（3）选项D，从价定率计征。

21.【答案】C

【解析】（1）自产消费品用于赞助，属于视同销售，故用于赞助的30套高档化妆品也应缴纳消费税；（2）702元为含税销售价，应作价税分离处理，应缴纳的消费税=（400+30）×702÷（1+16%）×15%=39 033.62元。

22.【答案】D

【解析】应纳税额=组成计税价格×消费税比例税率=（材料成本+加工费）÷（1–比例税率）=（4+0.8+0.5）÷（1–10%）×10%×10 000=5 888.89元。

23.【答案】B

【解析】（1）白酒、烟丝、高档化妆品、实木地板均属于应税消费品。（2）选项ABCD，纳税人自产自用的应税消费品，用于连续生产应税消费品的（选项B），不纳税；凡用于其他方面的（选项ACD），于移送使用时，缴纳消费税。

24.【答案】C

【解析】（1）选项AB，啤酒、汽油实行从量定额征收消费税；（2）选项C，卷烟实行复合计征消费税；（3）选项D，高档手表从价定率计征消费税。

## 二、多项选择题

1.【答案】ABC

【解析】选项D，货物是指有形动产，商品房属于不动产，销售商品房属于销售不动产。

2.【答案】ACD

【解析】选项B，无运输工具承运业务，按照交通运输服务缴纳增值税。

3.【答案】ABC

【解析】选项D，属于"金融服务——转让有价证券"。

4.【答案】ACD

【解析】（1）选项ACD，自产货物用于任何方面都视同销售；（2）选项B，外购货物用于投资、分配、赠送的视同销售，用于其他方面的不视同销售，故选项B不视同销售。

5.【答案】BD

【解析】选项AC，纳税人为销售啤酒、黄酒和其他一般货物而出租、出借包装物收取的押金，单独记账核算，且时间在1年以内，又未过期（合同约定的期限）的，不并入销售额。故选项AC表述错误。

6.【答案】ACD

【解析】选项B，学历教育免征增值税，但从事学历教育的学校收取的赞助费不属于免增值税范围。

7.【答案】ABCD

【解析】（1）选项A，农业生产者销售的自产农产品免征增值税；（2）选项B，避孕药品属于免征增值税项目；（3）选项C，属于其他个人销售自己使用过的物品，免征增值税；（4）选项D，直接用于科学研究、科学试验和教学的进口仪器、设备免征增值税。

8.【答案】AC

【解析】纳税人购进的旅客运输服务、贷款服务（选项A）、餐饮服务（选项C）、居民日常服务和娱乐服务，不得抵扣进项税额。

9.【答案】AC

【解析】（1）选项AC属于价外费用，并入销售额计算增值税；（2）选项BD不属于价外费用，不并入销售额计算增值税。

10.【答案】BD

【解析】（1）选项AC，从价定率计征；（2）选项BD，从量定额计征。

11.【答案】ABCD

【解析】（1）实行从价定率及复合计税办法计征消费税的应税消费品，其销售额为纳税人销售应税消费品向购买方收取的全部价款和价外费用；（2）白酒生产企业向商业销售单位收取的"品牌使用费"，不论企业采取何种方式或以何种名义收取价款，均应并入白酒的销售额中缴纳消费税。故选项ABCD都应该并入销售额缴纳消费税。

12.【答案】ACD

【解析】选项B，纳税人委托加工应税消费品的，其消费税纳税义务的发生时间为"纳税人提货的当天。"

13.【答案】BD

【解析】（1）选项BD，实木复合地板和高尔夫球杆属于消费税征收范围；（2）选项AC，电动汽车和太阳能电池不征收消费税。

14.【答案】AD

【解析】（1）选项A，消费税的纳税期限无"7日"；（2）选项D，应当自海关填发海关进口消费税专用缴款书之日起"15日内"缴纳税款。

15.【答案】AC

【解析】（1）选项AC，黄酒、啤酒、成品油实行从量定额计征消费税，故选项AC从量定额计征消费税；（2）选项BD，属于其他酒，采用从价定率办法计征消费税。

## 三、判断题

1.【答案】错误。

【解析】划分标准有2项：年增值税销售额和会计核算水平。纳税人年应征增值税销售额虽然没有超过小规模纳税人标准，但会计核算健全，也可以申请登记为一般纳税人。

2.【答案】错误。

【解析】转登记纳税人按规定再次登记为一般纳税人后，不得再转登记为小规模纳税人。

3.【答案】错误。

【解析】自2017年5月起，纳税人销售活动板房、机器设备、钢结构件等自产货物的同时提供建筑、安装服务，"不属于混合销售，应分别核算货物和建筑服务的销售额，分别适用不同的税率或征收率"。

4.【答案】错误。

【解析】开票时，甲商场将折扣额另开发票，故折扣金额不能抵减销售额，应当按1 000元的总金额计算销项税额，1 000/（1+16%）×16%=137.93元。

5.【答案】错误。

【解析】纳税人兼营免税、减税项目的，应当分别核算免税、减税项目的销售额；未分别核算销售额的，"不得免税、减税"。

6.【答案】错误。

【解析】固定业户应当向其机构所在地的主管税务机关申报纳税，总机构和分支机构不在同一县（市），应当分别向各自所在地的主管税务机关申报纳税；经国务院、税务主管部门或者其授权的财政、税务机关批准，可以由总机构汇总向总机构所在地的主管税务机关申报纳税。

7.【答案】正确。

8.【答案】正确。

9.【答案】错误。

【解析】（1）纳税人通过自设非独立核算门市部销售的自产应税消费品，应当按照门市部对外销售额或者销售数量征收消费税。（2）卷烟厂通过自设独立核算门市部销售自产卷烟，因为卷烟实行复合计征消费税，且在生产环节征收，应该按照烟厂给门市部的价格和数量计征消费税。

10.【答案】错误。

【解析】雪茄烟实行从价定率方法计征消费税。

## 四、不定项选择题

(一)【答案】1.CD；2.C；3.B；4.A

【解析】

1.（1）选项AB，属于"销售服务——生活服务"中的餐饮住宿服务；（2）选项C，属于“销售服务-——现代服务”中的文化创意服务；（3）选项D，属于“销售服务——现代服务”中的租赁服务。

2.（1）纳税人2016年5月1日后取得并在会计上按照固定资产核算的不动产，其进项税额应自取得之日起分两年从销项税额中抵扣，其中第一年抵扣比例为60%；（2）非正常损失的购进货物，已经抵扣进项税额的，应在发生损失的当期作进项税额转出，转出的进项税额=11000×16%；（3）甲酒店当月准予抵扣的进项税额=68000×60%-11000×16%=39 040元，故正确答案是选项C。

3.（1）住宿服务、提供会议服务适用的增值税税率为6%；（2）题中所给销售额为含税销售额，应作价税分离后计算增值税，故甲酒店当月销项税额=（954 000+358 704）÷（1+6%）×6%=74 304元，正确答案是选项B。

4.（1）应纳增值税=当期销项税额-当期进项税额；（2）甲酒店当月应纳增值税=74 304- 39 040=35 264元。

(二)【答案】1.BC；2.B；3.C；4.A

【解析】

1.选项AD，用于免税项目的进项税额不得抵扣。

2.702万元和23.4万元均属于含增值税收入，都应作价税分离，故选项ACD都是错误的；而且，选项C没有将逾期未收回的包装物押金23.4万元作销售处理，更是错上加错。故本题正确答案是选项B。

3.（1）将自产新型降压药用于赠送，应当视同销售货物处理；（2）由于该项业务无销售额，应核定销售额，根据所述情况，该新型降压药应按组成计税价格核定销售额，组成计税价格=成本×（1+成本利润率）=10×4.68×（1+10%），销项税额=组成计税价格×增值税税率=成本×（1+成本利润率）×增值税税率=10×4.68×（1+10%）×16%=8.2368万元。

4.（1）本题不属于视同销售，与最低价、最高价、平均价等无关，排除选项CD。（2）“1.5万元”和“1.6万元”均为不含增值税单价，不需要价税分离，排除选项B。故正确答案是选项A。

(三)【答案】1.B；2.BC；3.C；4.B

【解析】

1.（1）运输途中发生的合理损耗452元，不属于非正常损失，其对应的进项税额准予抵扣，故首先排除选项CD；（2）选项AB，农业生产者销售自产农产品，免征增值税，故农产品收购发票或者销售发票上注明的价款均为不含增值税价款，故排除选项A，可以抵扣的进项税额=买价×12%=33 900×12%=4068元。

2.采取预收款方式销售货物的，增值税纳税义务发生时间为货物发出的当天，8月15日和8月25日各发出一批，则8月15日和8月25日各确认一次收入，其增值税纳税义务发生时间是8月15日和8月25日，选项BC正确。

3.（1）销售一次性餐具收取的包装费属于价外费用（视为含税收入），应价税分离后并入销售额计算缴纳增值税；（2）选项A，未作价税分离，错误；（3）选项B，未计入包装费，错误；（4）选项D，未计入包装费，且未作价税分离，错误。

4.（1）委托加工的应税消费品，按照受托方同类消费品的销售价格计算纳税，没有同类消费品销售价格的，按照组成计税价格计算缴纳消费税。（2）故应当代收代缴的消费税=组成计税价格÷（1—消费税税率）×消费税税率=（材料成本+加工费）÷（1—消费税税率）×消费税税率=（399 00+17 100）÷（1—5%）×5%=3 000元，故正确是选项B。

# 05

# 第五章
# 所得税法律制度

# 精准考点　提前了解

公益性捐赠 P259

稿酬所得 P280

# 考情早知道

## 【考情分析】

本章历来为初级经济法的考试重要内容、重点内容。本章考点多，部分内容规定较细，因而整体难度较大。复习本章内容，需要准确的理解和把握。本章分值预计15左右分，各种题型都可能出现，其中不定项选择题考生抽中的机率非常大。

## 【考题形式及重要程度】

| 节　次 | 考试题型 | 重要程度 |
| --- | --- | --- |
| 第一节　企业所得税法律制度 | 单选、多选、不定项选择题 | ★★★ |
| 第二节　个人所得税法律制度 | 单选、多选、不定项选择题 | ★★★ |

## 【考纲新动态】

随着国家税制改革的推进，以及新个人所得税法的出台，本章今年改动较大，主要体现在：

1.企业所得税部分。

（1）关于费用扣除，企业发生的职工教育经费支出扣除限额由2.5%提高为8%。

（2）高新科技企业和科技型中小企业亏损弥补期限由5年延长为10年。

（3）小型微利企业的税收优惠，将小型微利企业的年应纳税所得额上限由50万元提高至100万元，对年应纳税所得额低于100万元（含100万元）的小型微利企业，其所得减按50%计入应纳税所得额，按20%的税率缴纳企业所得税。

（4）新增关于购进的固定资产的处理内容：企业在2018年1月1日至2020年12月31日期间新购进的设备、器具，单位价值不超过500万元的，允许一次性计入当期成本费用在计算应纳税所得额时扣除，不再分年度计算折旧；单位价值超过500万元的，仍按企业所得税法实施条例等相关规定执行。

2.个人所得税部分。

（1）修改纳税人分类的居住时间标准。由原来在一个纳税年度内在中国境内连续居住满365天为居民个人，改为在一个纳税年度内居住满183天为居民个人。

（2）个人所得税的征税方法改变，由原来的分类征税改为分类征税和综合征税相结合的体制，居民个人的工资薪金所得、劳务报酬所得、稿酬所得和特许权使用费所得实行按年综合征税的方法，居民个人的其他所得和非居民个人的所得仍然实行分类征税。费用扣除项目和标准改变。

（3）增加了专项附加扣除的内容。

# 第一节　企业所得税法律制度

企业所得税是对企业的生产经营所得和其他所得征收的一种所得税。

## 一、企业所得税纳税人

（一）企业所得税纳税人的概念（★★）

1.企业所得税纳税人包括各类企业、事业单位、社会团体、民办非企业单位和从事经营活动的其他组织。

2.个人独资企业、合伙企业，不适用《企业所得税法》，不属于企业所得税纳税义务人。

【例题·单选题】（2018）下列各项中，不属于企业所得税纳税人的是（　　）。

A.甲有限责任公司　　B.乙事业单位　　C.丙个人独资企业　　D.丁股份有限公司

【答案】C

【解析】选项C，个人独资企业、合伙企业，不适用《企业所得税法》，不属于企业所得税纳税义务人。

（二）企业所得税纳税人的分类（★★）

按照收入来源地和居民管辖权相结合的双重管辖权标准，企业分为居民企业和非居民企业。

1.居民企业，是指依法在中国境内成立，或者依照外国（地区）法律成立但实际管理机构在中国境内的企业。

2.非居民企业，是指依照外国（地区）法律成立且实际管理机构不在中国境内，但在中国境内设立机构、场所的，或者在中国境内未设立机构、场所，但有来源于中国境内所得的企业。

实际管理机构，是指对企业的生产经营、人员、账务、财产等实施实质性全面管理和控制的机构。

★【专家一对一】

**依法在中国境内成立就是在中国境内注册；依照外国（地区）法律成立就是在外国（地区）注册。有些企业，明明主要业务在境内，却选择在境外的开曼群岛、马绍尔群岛等注册，主要是因为这些地方税收优惠，被称为避税天堂。**

【例题·单选题】（2015）下列各项中，属于非居民企业的是（　　）。

A.依照外国法律成立，实际管理机构在境内的甲公司

B.依照中国法律成立，实际管理机构在境内的乙公司

C.依照中国法律成立，在境外设立机构、场所的丙公司

D.依照外国法律成立且实际管理机构在境外，但在境内设立机构、场所的丁公司

【答案】D

【解析】（1）选项ABC，只要是依照中国法律成立的，都属于居民企业，故选项ABC属于居民企业；（2）选项D，属于非居民企业。

## 二、企业所得税的征税对象

（一）居民企业和非居民企业的纳税义务（★★）

1.居民企业承担无限纳税义务。

居民企业应当就其来源于中国境内、境外的所得缴纳企业所得税。

★【专家一对一】

**居民企业取得的所得，无论是来自境内，还是来自境外，都要向中国纳税。**

2.非居民企业承担有限纳税义务。

非居民企业在中国境内设立机构、场所的，应当就其所设机构、场所取得的来源于中国境内的所得，以及发生在中国境外但与其所设机构、场所有实际联系的所得，缴纳企业所得税。

非居民企业在中国境内未设立机构、场所的，或者虽设立机构、场所但取得的所得与其所设机构、场所没有实际联系的，应当就其来源于中国境内的所得缴纳企业所得税。

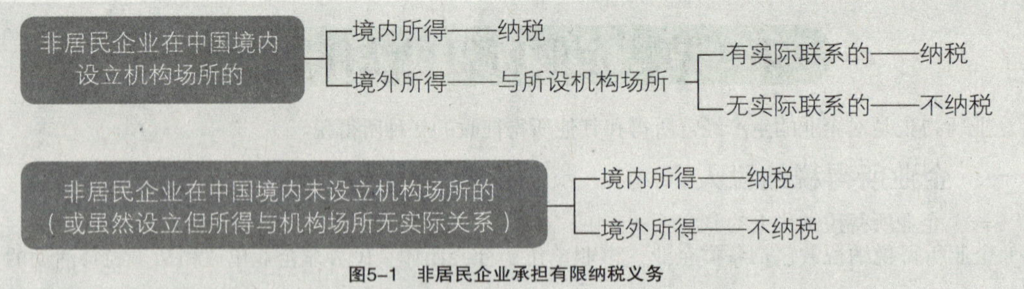


图5-1　非居民企业承担有限纳税义务

【例题·判断题】（2018）在中国境内设立机构、场所的非居民企业取得的发生在中国境外但与其所设机构、场所有实际联系的所得无需缴纳企业所得税。（　　）

【答案】错误。

【解析】在中国境内设立机构、场所的非居民企业取得的发生在中国境外但与其所设机构、场所有实际联系的所得，属于企业所得税的征税对象，“应向我国缴纳企业所得税”。

（二）来源于中国境内、境外所得的确定原则（★★）

表5-1　来源于中国境内、境外所得的确定原则

<table>
<tr><th colspan="2">所得类型</th><th>所得来源地</th></tr>
<tr><td colspan="2">销售货物所得</td><td>交易活动发生地</td></tr>
<tr><td colspan="2">提供劳务所得</td><td>劳务发生地</td></tr>
<tr><td rowspan="3">转让财产所得</td><td>不动产转让所得</td><td>不动产所在地</td></tr>
<tr><td>动产转让所得</td><td>转让动产的企业或机构、场所所在地</td></tr>
<tr><td>权益性投资资产转让所得</td><td>被投资企业所在地</td></tr>
<tr><td colspan="2">股息、红利等权益性投资所得</td><td>分配所得的企业所在地</td></tr>
<tr><td colspan="2">利息所得</td><td rowspan="3">（1）负担、支付所得的企业或机构、场所所在地；<br>（2）负担、支付所得的个人的住所地</td></tr>
<tr><td colspan="2">租金所得</td></tr>
<tr><td colspan="2">特许权使用费所得</td></tr>
</table>

【例题·多选题】（2018）下列关于来源于中国境内、境外所得确定原则的表述中，正确的有（　　）。

A.转让不动产所得，按照不动产所在地确定

B.股息所得，按照分配所得的企业所在地确定

C.销售货物所得，按照交易活动发生地确定

D.提供劳动所得，按照劳务发生地确定

【答案】ABCD

## 三、企业所得税税率（★）

1.企业所得税实行比例税率。

2.居民企业以及在中国境内设立机构、场所且取得的所得与其所设机构、场所有实际联系的非居民企业，应当就其来源于中国境内、境外的所得缴纳企业所得税，适用税率25%。

3.非居民企业在中国境内未设立机构、场所的，或者虽设立机构、场所但取得的所得与其所设机构、场所没有实际联系的，应当就其来源于中国境内的所得缴纳企业所得税，适用税率为20%。（实际减按10%的税率执行）

【例题·判断题】（2016）在中国境内设立机构、场所且取得的所得与其所设机构、场所有实际联系的非居民企业，适用的企业所得税税率为20%。（　　）

【答案】错误。

【解析】在中国境内设立机构、场所且取得的所得与其所设机构、场所有实际联系的非居民企业，适用的企业所得税税率为“25%”。

## 四、企业所得税应纳税所得额的计算

（一）计算企业所得税应纳税额的思路（★★）

应纳税额=应纳税所得额×适用税率

应纳税所得额的计算，以权责发生制为原则。具体计算方法，有直接法和间接法二种。

1.直接法。

应纳税所得额=收入总额－不征税收入－免税收入－准予扣除项目金额－允许弥补的以前年度亏损

2.间接法。

应纳税所得额=会计利润＋纳税调整增加额－纳税调整减少额

（1）纳税调整增加额。

①在计算会计利润时已经扣除，但依照税法规定不能扣除的项目金额，如税收滞纳金、非正常损失财物的金额。

②在计算会计利润时已经扣除，但超过税法规定的扣除标准部分的金额，如超过规定标准扣除的费用等。

③未计或少计的应税所得金额。

（2）纳税调整减少额。

①允许弥补的以前年度的亏损。

②减税、免税或不征税收入。

③允许加计扣除的费用。

★【专家一对一】

之所以要进行纳税调整，是因为会计制度和税收法规存在差异，企业计算的会计利润和税务部门根据税法规定核定的利润，其口径并不一致，比如企业缴纳一笔税收滞纳金2万元，企业站在自己的角度上考虑，会认为是一笔支出，在计算利润的时候会予以扣减。但税务部门在核定时，会认为这笔滞纳金是对企业不及时履行纳税义务的惩罚，不能扣除，应该调增企业的利润2万元。

（二）收入总额（★★★）

收入总额是企业以货币形式和非货币形式从各种来源取得的收入，包括不征收收入和免税收入。

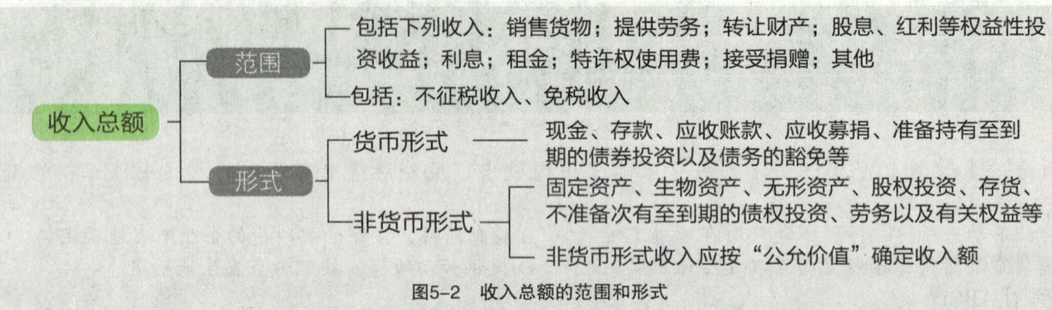


图5-2　收入总额的范围和形式

【例题·多选题】（2017）下列各项中，属于企业取得收入的货币形式的有（　　）。

A.股权投资　　B.应收票据　　C.银行存款　　D.应收账款

【答案】BCD

【解析】收入的货币形式，包括现金、存款（选项C）、应收账款（选项D）、应收票据（选项B）、准备持有至到期的债券以及债务的豁免等。

1. 销售货物收入。

销售货物收入，是指企业销售商品、产品、原材料、包装物、低值易耗品以及其他存货取得的收入。除法律法规另有规定外，销售货物收入的确认，必须遵循权责发生制原则和实质重于形式原则。

★【专家一对一】

（1）销售货物应作广义理解，销售货物不仅包括销售商品和产成品，也包括销售原材料、包装物等等；（2）销售货物包括视同销售货物情形。

表5-2　销售货物收入的确认

| 项　目 | 货物销售方式 | 收入确认时间 |
| --- | --- | --- |
| 一般情况下收入确认时间 | 托收承付 | 办妥托收手续时 |
| | 预收款 | 发出商品时 |
| | 支付手续费委托代销 | 收到代销清单时 |
| | 销售商品需要安装和检验的 | 购买方接受商品以及安装和检验完毕时 |
| | 销售商品需要安装但安装程序比较简单的 | 可在发出商品时确认收入 |
| 特殊销售方式下收入金额的确定 | 售后回购 | 符合销售收入确认条件的，销售的商品按售价确认收入，回购的商品作为购进商品处理 |
| | | 不符合销售收入确认条件（如以销售方式进行融资），收到的款项应确认为负债，回购价格大于原售价的，差额应在回购期间确认为利息费用 |
| | 以旧换新 | 销售商品按照销售商品收入确认条件确认收入，回收的商品作为购进商品处理 |
| | 商业折扣 | 按照扣除折扣后的金额确定销售商品收入金额 |
| | 现金折扣 | 按扣除折扣前的金额确定销售商品收入金额，现金折扣在实际发生时作为财务费用扣除 |

续表

| 项　目 | 货物销售方式 | 收入确认时间 |
|---|---|---|
| 特殊销售方式下收入金额的确定 | 销售折让（销售退回） | 已经确认销售收入的售出商品发生销售折让和销售退回的，应当在发生当期冲减当期销售商品收入 |
| | 分期收款 | 合同约定的收款日期 |
| | 买一赠一 | 应将总的销售金额按各项商品的公允价值的比例来分摊确认各项的销售收入 |

【例题·判断题】企业促销提供的商业折扣，应当按照扣除商业折扣后的金额确定销售商品收入的金额。（　　）

【答案】正确。

【例题·多选题】（2017）下列关于收入确认的表述中，正确的有（　　）。

A.销售商品需要安装和检验的，在收到款项时确认收入

B.销售商品采用托收承付方式的，在办妥托收手续时确认收入

C.销售商品采用支付手续费方式委托代销的，在收到代销清单时确认收入

D.销售商品采用预收款方式的，在收到预收款时确认收入

【答案】BC

【解析】（1）选项A，销售商品需要安装和检验的，在购买方接受商品以及安装和检验完毕时确认收入；如果安装程序比较简单，可在发出商品时确认收入。（2）选项D，销售商品采取预收款方式的，在发出商品时确认收入。

2.提供劳务收入。

（1）提供劳务收入，是指企业从事建筑安装、修理修配、交通运输、仓储租赁、金融保险、邮电通信、咨询经纪、文化体育、科学研究、技术服务、教育培训、餐饮住宿、中介代理、卫生保健、社区服务、旅游、娱乐、加工以及其他劳务服务活动取得的收入。

★【专家一对一】

**企业所得税中劳务和增值税中的劳务不同。在增值税中仅指加工、修理修配劳务；在企业所得税中，不仅包括加工、修理修配劳务，而且包括增值税中的各种服务。**

（2）企业在各个纳税期末，提供劳务交易的结果能够可靠估计的，应采用完工进度（百分比）法确认提供劳务收入。

【例题·单选题】下列不属于企业所得税“劳务收入”的是（　　）。

A.安装收入　　B.转让商标权的收入　　C.保险费收入　　D.运输收入

【答案】B

【解析】选项B，属于转让财产的收入。

3.转让财产收入。

是指企业转让固定资产、生物资产、无形资产、股权、债权等财产取得的收入。

转让财产收入应当按照从财产受让方已收或应收的合同或协议价款确认收入。

【例题·多选题】（2015）下列各项中，属于转让财产收入的有（　　）。

A.转让股权收入　　B.转让固定资产收入　　C.转让土地使用权收入　D.转让债权收入

【答案】ABCD

【解析】转让财产收入是指企业转让固定资产、生物资产、无形资产、股权、债权等财产取得的收入。

4.股息、红利等权益性投资收益。

股息、红利等权益性投资收益，是指企业因权益性投资从被投资方取得的收入。

股息、红利等权益性投资收益，除国务院财政、税务主管部门另有规定外，按照被投资方作出利润分配决定的日期确认收入的实现。

★【专家一对一】

**不是按照实际收到款项的日期，而是按照被投资方作出利润分配决定的日期确认收入的实现。**

【例题·判断题】（2017）根据企业所得税法律制度的规定，权益性投资收益，按照投资方实际收到利润的日期确认收入的实现。（　　）

【答案】错误。

【解析】股息、红利等权益性投资收益，按照被投资方作出利润分配决定的日期确认收入的实现，国务院财政、税务主管部门另有规定除外。

5.利息收入。

利息收入，包括存款利息、贷款利息、债券利息、欠款利息等收入。

利息收入，按照合同约定的债务人应付利息的日期确认收入的实现。

6.租金收入。

租金收入，是指企业提供固定资产、包装物或者其他有形资产的使用权取得的收入。

租金收入，按照合同约定的承租人应付租金的日期确认收入的实现。

如果交易合同或协议中规定租赁期限跨年度，且租金提前一次性支付的，出租人可对上述已确认的收入，在租赁期限内，分期均匀计入相关年度收入。

【例题·判断题】2017年12月，甲公司和乙公司签订租赁协议，约定：自2018年1月1日至2022年12月31日，甲公司将其一栋闲置厂房租赁给乙公司使用，每年租金10万元。2018年1月1日，乙公司一次性支付5年的租金50万元。则甲公司在计算企业所得税时，应确认2018年租金收入50万元。（　　）

【答案】错误。

【解析】企业收到的租金收入，如果交易合同或协议中规定租赁期限跨年度，且租金提前一次性支付的，出租人可对上述已确认的收入，在租赁期内，分期均匀计入相关年度收入。甲公司在计算企业所得税时，应确认2018年度租金收入“10万元”。

7.特许权使用费收入。

特许权使用费收入，是指企业提供专利权、非专利技术、商标权、著作权以及其他特许权的使用权取得的收入。

特许权使用费收入，按照合同约定的特许权使用人应付特许权使用费的日期确认收入的实现。

★【专家一对一】

不是按实际支付日期或收到款项的日期。

【例题·单选题】（2015）下列各项中，属于特许权使用费收入的是（　　）。

A.提供生产设备使用权取得的收入

B.提供运输工具使用权取得的收入

C.提供房屋使用权取得的收入

D.提供商标权的使用权取得的收入

【答案】D

【解析】选项ABC，属于租金收入。

8.接受捐赠收入。

（1）接受捐赠收入，按照实际收到捐赠资产的日期确认收入的实现。

（2）企业以买一赠一等方式组合销售本企业商品的，不属于捐赠，应将总的销售额按各项商品的公允价值的比例来分摊确认各项商品的销售收入。

★【专家一对一】

比如，甲商场节日促销，顾客每购买5升装食用油1桶（单价90元），赠送土鸡蛋1千克（原价10元），甲商场此次活动共售出食用油1 000桶，收入90 000元。

则计算企业所得税时，甲商场应确认销售食用油收入=90 000×［90÷（90+10）］=81 000元，确认销售鸡蛋收入=90 000−81 000=9 000元。

计算增值税时，应确认销售食用油90 000元，销售土鸡蛋10 000元（增值税视同销售）。

【例题·单选题】（2017）根据企业所得税法律制度的规定，关于确认收入实现时间的下列表述中，正确的是（　　）。

A.租金收入，按照出租人实际收到租金的日期确认收入的实现

B.利息收入，按照合同约定的债务人应付利息的日期确认收入的实现

C.接受捐赠收入，按照合同约定的捐赠日期确认收入的实现
D.权益性投资收益，按照投资方实际收到利润的日期确认收入的实现
【答案】B
【解析】（1）选项A，租金收入，按合同约定的承租人应付租金的日期确认收入的实现；（2）选项C，接受捐赠收入，按实际收到捐赠资产的日期确认收入的实现；（3）选项D，权益性投资收益，按照被投资方作出利润分配决定的日期确认收入的实现，国务院财政、税务主管部门另有规定的除外。

9.其他收入。

其他收入，包括企业资产溢余收入、逾期未退包装物押金收入、确实无法偿付的应付款项、已作坏账损失处理后又收回的应收款项、债务重组收入、补贴收入、违约金收入、汇兑收益等。

【例题·判断题】某啤酒厂销售啤酒时收取包装物押金1万元，超过了规定的期限购买方未退回包装物索取押金，则该笔押金应确认为啤酒厂的销售收入。（　　）
【答案】正确。

10.特殊形式收入的确定。

（1）以分期收款方式销售货物的，按照合同约定的收款日期确认收入的实现。

★【专家一对一】
**即使实际收到款项的日期提前或滞后，也以合同约定的日期为准。**

（2）企业受托加工制造大型机械设备、船舶、飞机，以及从事建筑、安装、装配工程业务或者提供其他劳务等，持续时间超过12个月的，按照纳税年度内完工进度或者完成的工作量确认收入的实现。

★【专家一对一】
**增值税纳税义务的发生时间，为收到预收款或者书面合同约定的收款日期的当天。**

（3）采取产品分成方式取得收入的，按照企业分得产品的日期确认收入的实现，收入额按照产品的公允价值确定。

（4）企业发生非货币性资产交换，以及将货物、财产、劳务用于捐赠、偿债、赞助、集资、广告、样品、职工福利或者利润分配等用途的，应当视同销售货物、转让财产或者提供劳务，但国务院财政、税务主管部门另有规定的除外。

**表5-3　销售货物以外其他收入的确认**

| 收入类别 | 确认时间 |
|---|---|
| 提供劳务收入 | 在各个纳税期末（采用完工百分比法） |
| 财产转让收入 | 按照从受让方已收或应收的合同价款确认 |
| 股息、红利等权益性投资收入 | 被投资方作出利润分配决定日期 |
| 利息收入 | 合同约定的债务人应付利息的日期 |
| 租金收入 | 合同约定的承租人应付租金的日期 |
| 特许权使用费收入 | 按照合同约定的特许权使用人应付特许权使用费的日期 |
| 接受捐赠收入（买一赠一不属于捐赠） | 实际收到捐赠资产的日期 |
| 采取产品分成方式 | 分得产品的日期 |
| 受托加工制造大型机械设备、船舶、飞机，从事建筑、安装、装配工程业务或提供其他劳务等，持续时间超过12个月的 | 按照纳税年度内完工进度或者完成的工作量确认收入的实现 |

【例题·判断题】以分期收款方式销售货物的，按照每次收到款项的日期确认收入的实现。（　　）
【答案】错误。
【解析】以分期收款方式销售货物的，按照“合同约定的收款日期”确认收入的实现。

（三）不征税收入与免税收入（★★）

1.不征税收入。

（1）财政拨款。

（2）依法收取并纳入财政管理的行政事业性收费、政府性基金。

（3）国务院规定的其他不征税收入。

2.免税收入。

（1）国债利息收入。

（2）符合条件的居民企业之间的股息、红利等权益性投资收益。

（3）在中国境内设立机构、场所的非居民企业从居民企业取得与该机构、场所有实际联系的股息、红利等权益。

（4）符合条件的非营利组织的收入。

【例题·单选题】（2018）下列各项中，属于企业所得税的不征税收入的是（　　）。

A.国债利息　　B.违约金收入　　C.股息收入　　D.财政拨款

【答案】D

【解析】（1）选项A，属于免税收入；（2）选项BC，属于企业所得税应税收入。

（四）税前扣除项目（★★★）

1.企业实际发生的与取得收入有关的、合理的支出，包括成本、费用、税金、损失和其他支出，准予在计算应纳税所得额时扣除。

2.企业发生的支出应当区分收益性支出和资本性支出。收益性支出在发生当期直接扣除；资本性支出应当分期扣除或者计入有关资产成本，不得在发生当期直接扣除。

3.企业的不征税收入用于支出所形成的费用或者财产，不得扣除或者计算对应的折旧、摊销扣除。

★【专家一对一】

**如企业利用财政拨款购入一台大型设备，因为财政拨款属于不征税收入，则该大型设备的折旧不得扣除。**

表5-4　税前扣除项目总结

| 项　目 | | 扣除内容 |
|---|---|---|
| 成本 | | 销售成本、销货成本、业务支出以及其他耗费 |
| 费用 | | 销售费用、管理费用和财务费用（不包括已经计入成本的费用） |
| 税金 | 不得扣除 | 允许抵扣的增值税、企业所得税 |
| | 可以扣除 | 增值税和企业所得税以外的其他税，包括：消费税、资源税、土地增值税、关税、城市维护建设税、教育费附加、房产税、车船税、城镇土地使用税、印花税 |
| 损失 | | （1）企业在生产经营活动中发生的固定资产和存货盘亏、毁损、报废损失，转让财产损失，呆账损失，坏账损失，自然灾害等不可抗力因素造成的损失以及其他损失。<br>（2）企业发生的损失，减除责任人和保险赔款后的余额，按国家规定扣除。<br>（3）企业已经作为损失处理的资产，在以后纳税年度又全部收回或者部分收回时，应当计入当期收入。 |
| 其他支出 | | 除上述项目之外，企业在生产经营活动中发生的，与生产经营活动有关的、合理的支出 |

【例题·单选题】（2013）在计算企业所得税应纳税所得额时，可以扣除的项目是（　　）。

A.向投资者支付的股息　　B.税务机关的罚款　　C.人民法院的罚金　　D.合同违约金

【答案】D

【解析】选项A，向投资者支付的股息，是在税后分配的，故不得扣除。

（五）不得扣除项目（★★）

不得扣除的项目主要有以下几种：

1.向投资者支付的股息、红利等权益性投资收益款项。

★【专家一对一】

**这些项目本来是在税后利润中支付的，故不能扣除。**

2.企业所得税税款。

3.税收滞纳金。

4.罚金、罚款和被没收财物的损失。

★【专家一对一】

第3、4项本来属于对纳税人违法的惩罚，若允许扣除，无异于鼓励违法，故不得扣除。

5.超过规定标准的捐赠支出。

★【专家一对一】

直接捐赠不得扣除，公益性捐赠超过规定标准的也不得扣除。

6.赞助支出。

7.未经核定的准备金支出。

8.企业之间支付的管理费、企业内部营业机构之间支付的租金和特许权使用费，以及非银行企业内营业机构之间支付的利息。

★【专家一对一】

银行内部的营业机构之间支付的利息可以扣除。

9.与取得收入无关的其他支出。

★【专家一对一】

（1）刑事责任以及行政处罚中的财产罚，包括罚金、罚款、没收违法所得、没收财产等不得在税前扣除。比如纳税人签发空头支票，人民银行按规定处以的罚款，不得扣除。

（2）民事责任中的赔偿损失、支付违约金以及法院判决由企业承担的诉讼费用等准予在税前扣除。如纳税人逾期归还银行贷款，银行按规定加收的利息，允许税前扣除。

【例题·单选题】（2018）下列各项中，在计算企业所得税应纳税所得额时，不得扣除的是（　　）。

A.企业发生的合理的劳动保护支出　　B.企业发生的非广告性质赞助支出

C.企业参加财产保险按照规定缴纳的保险费　　D.企业转让固定资产发生的费用

【答案】B

（六）税前扣除项目的扣除标准（★★★）

1.工资薪金支出——据实扣除。

企业发生的合理的工资薪金支出，准予扣除。工资薪金，包括现金形式或者非现金形式。具体包括基本工资、奖金、津贴、补贴、年终加薪、加班工资，以及与员工任职或者受雇有关的其他支出。

2.三项经费——限额内据实扣除。

（1）企业发生的职工福利费支出，不超过工资薪金总额14%的部分，准予扣除。

列入企业员工工资薪金制度、固定与工资薪金一起发放的福利性补贴，符合国家税务总局相关规定的，作为工资薪金支出在税前扣除。不能同时符合上述条件的福利性补贴，按规定计算限额税前扣除。

（2）工会经费，不超过工资薪金总额2%的部分，准予扣除。

（3）除另有规定外，企业发生的职工教育经费支出，不超过工资薪金总额8%的部分准予扣除；超过部分，准予在以后纳税年度结转扣除。

【例题·单选题】（2013）甲企业2018年发生合理的工资薪金支出100万元，发生职工福利费18万元，职工教育经费1.5万元。已知，在计算企业所得税应纳税所得额时，职工福利费支出、职工教育经费支出的扣除比例分别为不超过工资、薪金总额的14%和8%。根据企业所得税法律制度的规定，甲企业计算2018年企业所得税应纳税所得额时，准予扣除的职工福利费和职工教育经费金额合计为（　　）。

A.100×14%+1.5=15.5万元　　B.14+100×8%=22万元

C.18+1.5=19.5万元　　D.18+100×8%=26万元

【答案】A

【解析】（1）职工福利费税前扣除限额=100×14%=14万元，实际发生18万元，故税前准予扣除14万元；（2）职工教育经费税前扣除限额=100×8%=8万元，实际发生1.5万元，未超过扣除限额，准予全额税前扣除；（3）准予扣除的职工福利费和职工教育经费金额合计=14+1.5=15.5万元。

3.保险费。

（1）社会保险费和劳动保护费。

①基本社会保险费。企业依照规定为职工缴纳的基本养老保险费、基本医疗保险费、失业保险费、工伤保险费、生育保险费等基本社会保险费和住房公积金即“五险一金”，准予扣除。

②补充社会保险费。企业根据国家有关政策规定，为在本企业任职或者受雇的全体员工支付的补充养老保险费、补充医疗保险费，分别在不超过职工工资总额5%标准内的部分，在计算应纳税所得额时准予扣除；超过的部分，不予扣除。

③劳动保护费。企业发生的合理的劳动保护支出，准予扣除。

（2）商业保险。

①人身保险。

a.企业职工因公出差乘坐交通工具发生的人身意外保险费支出，准予扣除；

b.企业依照国家有关规定为特殊工种职工支付的人身安全保险费和国务院财政、税务主管部门规定可以扣除的其他商业保险费，准予扣除；除此以外的商业保险费，不得扣除。

②财产保险费。企业参加财产保险，按照规定缴纳的保险费，准予扣除。

【例题·单选题】某公司2017年度支出合理的工资薪金总额1 200万元，按规定标准为职工缴纳基本社会保险费160万元，为全体职工支付补充养老保险费65万元，为公司高级管理人员缴纳商业保险费20万元。根据企业所得税法律制度的规定，则该公司2017年度发生的上述保险费在计算应纳税所得额时准予扣除的数额是（　　）万元。

A.245　　B.220　　C. 40　　D.160

【答案】B

【解析】基本养老保险费160万元可以全额扣除，为全体职工缴纳的补充养老保险不超过工资薪金支出的5%的部分可以扣除，1 200×5%=60万元，实际发生65万元，只能扣除60万元，为公司高级管理人员缴纳商业保险费20万元不能扣除，故可以扣除的金额是：160+60=220万元。

4.借款费用。

（1）不需要资本化的借款费用，准予扣除。

（2）企业为购置、建造固定资产、无形资产和经过12个月以上的建造才能达到预定可销售状态的存货发生借款的，在有关资产购置、建造期间发生的合理的借款费用，应当作为资本性支出计入有关资产的成本，依照有关规定扣除。

5.利息费用。

（1）非金融企业向金融企业借款的利息支出、金融企业的各项存款利息支出和同业拆借利息支出、企业经批准发行债券的利息支出可据实扣除。

（2）非金融企业向非金融企业借款的利息支出，不超过按照金融企业同期同类贷款利率计算的数额的部分可据实扣除，超过部分不许扣除。

（3）凡企业投资者在规定期限内未缴足其应缴资本额的，该企业对外借款所发生的利息，相当于投资者实缴资本额与在规定期限内应缴资本额的差额应计付的利息，其不属于企业合理的支出，应由企业投资者负担，不得在计算企业应纳税所得额时扣除。

★【专家一对一】

比如，甲企业的投资人张三认缴的出资额是100万元，应于2018年1月1日前缴足，2018年1月1日缴纳了30万元后，直到当年底都未补缴。甲企业因经营需要于2018年7月1日向银行借款150万元，该笔借款当年发生借款利息5.4万元。

150万元的借款发生的利息5.4万元不能全额扣除。张三欠缴的出资额是100-30=70万元，则70万元对应的借款利息5.4×（70÷150）=2.52万元应该由张三个人负担，不能在计算企业所得税时扣除，可以扣除的借款利息是5.4-2.52=2.88万元。

【例题·单选题】（2015）2014年5月，甲公司向非关联企业乙公司借款100万元用于生产经营，期限为半年，双方约定年利率为10%，已知甲、乙公司都是非金融企业，金融企业同期同类贷款年利率为7.8%，甲公司在计算当年企业所得税应纳税所得额时，准予扣除的利息费用为（　　）。

A.7.8万元　　B.10万元　　C.3.9万元　　D.5万元

【答案】C

【解析】税前扣除限额=100×7.8%÷2=3.9万元，实际发生利息费用支出=100×10%÷2=5万元，实际支出额超过了扣除限额，故税前准予扣除金额为3.9万元。

6.汇兑损失。

已经计入有关资产成本及与向所有者进行利润分配相关的部分，不得扣除；其他部分，准予扣除。

7.公益性捐赠。

企业发生的公益性捐赠支出，不超过年度利润总额12%的部分，准予在计算应纳税所得额时扣除；超过部分，准予结转以后3年内扣除。

年度利润总额，是指企业依照国家统一会计制度的规定计算的年度会计利润大于零的数额。

公益性捐赠，是指企业通过公益性社会团体或者县级以上（含县级）人民政府及其部门，用于慈善活动、公益事业的捐赠。

★【专家一对一】

**（1）公益性捐赠扣除限额的计算基数是年度利润总额（会计利润）而不是销售收入（营业收入）。**

**（2）公益性捐赠的界定标准。必须同时具备下列2个条件的捐赠才属于公益性捐赠：①捐赠途径——通过公益性社会团体或者县级以上政府及其部门；②捐赠用途——用于规定的公益性事业。**

**（3）非公益性捐赠一律不得扣除。**

【例题·单选题】（2017）甲公司2016年实现会计利润总额300万元，预缴企业所得税税额60万元，在"营业外支出"账户中列支了通过公益性社会团体向灾区的捐款38万元。已知企业所得税税率为25%，公益性捐赠支出不超过年度利润总额12%的部分，准予在计算当年企业所得税应纳税所得额时扣除。计算甲公司当年应补缴企业所得税税额的下列算式中，正确的是（　　）。

A.（300+38）×25%—60=24.5万元

B.300×25%—60=15万元

C.（300+300×12%）×25%—60=24万元

D.[300+（38—300×12%）]×25%—60=15.5万元

【答案】D

【解析】公益性捐赠税前扣除限额=300×12%=36万元，实际发生额38万元，超过了扣除限额2万元。公益性捐赠，当年税前可以扣除36万元，纳税调增额=38—300×12%=2万元，应纳税所得税是300+2=302万元，2016年应纳企业所得税额302万元×25%=75.5万元，已经预交60万元，需要补缴75.5-60=15.5万元。

8.业务招待费。

企业发生的与生产经营活动有关的业务招待费支出，按照发生额的60%扣除，但最高不得超过当年销售（营业）收入的5‰。

【例题·单选题】（2016）甲公司2015年度取得销售货物收入1 000万元，发生的与生产经营活动有关的业务招待费支出6万元，已知在计算企业所得税应纳税所得额时，业务招待费支出按照发生额的60%扣除，但最高不得超过当年销售（营业）收入的5‰。甲公司在计算2015年度企业所得税应纳税所得额时，准予扣除的业务招待费支出为（　　）。

A.6万元　　B.5万元　　C.4.97万元　　D.3.6万元

【答案】D

【解析】1 000×5‰=5万元，6×60%=3.6万元，故税前准予扣除的业务招待费为3.6万元，正确答案是选项D。

9.广告费和业务宣传费。

（1）企业发生的符合条件的广告费和业务宣传费支出，除另有规定外，不超过当年销售（营业）收入15%的部分，准予扣除；超过部分，准予在以后纳税年度结转扣除。

（2）自2016年1月1日起至2020年12月31日，对化妆品制造或销售、医药制造和饮料制造（不含酒类制造）企业发生的广告费和业务宣传费支出，不超过当年销售（营业）收入30%的部分，准予扣除;超过部分，准予在以后纳税年度结转扣除。

（3）烟草企业的烟草广告费和业务宣传费支出，一律不得在计算应纳税所得额时扣除。

★【专家一对一】

**税法中所指的销售（营业）收入比会计中销售（营业）收入的范围要小的多。税法上销售收入，一般是指销售货物收入，即企业销售商品、原材料、包装物、低值易耗品以及其他存货取得的收入。**

【例题·多选题】（2015）根据企业所得税法律制度的规定，下列各项费用，超过税法规定的扣除标准后，准予在以后纳税年度结转扣除的有（　　）。

A.工会经费　　B.职工教育经费　　C.广告费和业务宣传费　D.职工福利费

【答案】BC

【解析】准予结转扣除的项目包括：（1）职工教育经费（B）；（2）公益性捐赠（3年内）；（3）广告费和业务宣传费（不含烟草业）（C）。

10.环境保护专项资金。

（1）企业依照法律、行政法规有关规定提取的用于环境保护、生态恢复等方面的专项资金，准予扣除。

（2）上述专项资金提取后改变用途的，不得扣除。

【例题·判断题】某化工企业2017年7月提取环境保护专项资金60万元，8月，该企业因资金周转困难，将其中的2万元用于购买劳保用品。则该企业在计算企业所得税时，提取的60万元环保专项资金允许全额扣除。（　　）

【答案】错误。

【解析】提取后改变用途的2万元不能扣除。

11.保险费。

企业参加财产保险，按照规定缴纳的保险费，准予扣除。企业参加雇主责任险、公众责任险等责任保险，按照规定缴纳的保险费，准予税前扣除。

12.租赁费。

（1）以经营租赁方式租入固定资产发生的租赁费支出，按照租赁期限均匀扣除。

（2）以融资租赁方式租入固定资产发生的租赁费支出，按照规定构成融资租入固定资产价值的部分应当提取折旧，分期扣除。

13.劳动保护费。

企业发生的合理的劳动保护支出，准予扣除。

【例题·单选题】（2016）下列关于企业所得税税前扣除的表述中，不正确的是（　　）。

A.企业发生的合理的工资薪金支出，准予扣除

B.企业发生的职工福利费支出超过工资薪金总额的14%的部分，准予在以后纳税年度结转扣除

C.企业发生的合理的劳动保护支出，准予扣除

D.企业参加财产保险，按照规定缴纳的保险费，准予扣除

【答案】B

【解析】选项B，超过规定标准的职工福利费支出，不能扣除，也不能结转扣除。

14.有关资产的费用。

企业转让各类固定资产发生的费用，允许扣除。

企业按规定计算的固定资产折旧费，无形资产和递延资产的摊销费，准予扣除。

15.总机构分摊的费用。

非居民企业在中国境内设立的机构、场所，就其中国境外总机构发生的与该机构、场所生产经营有关的费用，能够提供总机构出具的费用汇集范围、定额、分配依据和方法等证明文件，并合理分摊的，准予扣除。

16.手续费及佣金支出。

①保险企业：财产保险企业按照全部保费收入扣除退保金等后余额的15%计算限额；人身保险企业按当年全部保费收入扣除退保金等后余额的10%计算限额。

②其他企业：按与具有合法经营资格中介服务机构或个人（不含交易双方及其雇员、代理人和代表人等）所签订服务协议或合同确认的收入金额的5%计算限额。

③从事代理服务、主营业务收入为手续费、佣金的企业（如证券、期货、保险代理等企业），其为

取得该类收入而实际发生的营业成本（包括手续费及佣金支出），准予在企业所得税前据实扣除。

除委托个人代理外，企业以现金等非转账方式支付的手续费及佣金不得在税前扣除。企业为发行权益性证券支付给有关证券承销机构的手续费及佣金不得在税前扣除。企业不得将手续费及佣金支出计入回扣、业务提成、返利、进场费等费用。企业已计入固定资产、无形资产等相关资产的手续费及佣金支出，应当通过折旧、摊销等方式分期扣除，不得在发生当期直接扣除。企业支付的手续费及佣金不得直接冲减服务协议或合同金额，并如实入账。

【例题·判断题】除委托个人代理外，企业以现金等非转账方式支付的手续费及佣金允许在企业所得税前扣除。（　　）
【答案】错误。
【解析】除委托个人代理外，企业以现金等非转账方式支付的手续费及佣金“不得”在企业所得税前扣除。

17.其他项目。

法律、法规准予扣除的其他项目，如会员费、合理的会议费、差旅费、违约金、诉讼费用等可以扣除。

（七）亏损弥补（★★）

1.企业纳税年度发生的亏损，准予向以后年度结转，用以后年度的所得弥补，弥补期限是：

（1）一般企业：最长不得超过5年。

（2）高新技术企业或科技型中小企业：最长不得超过10年。

在规定的弥补年限内不论是盈利或亏损，都作为实际弥补期限计算。

自2018年1月1日起，当年具备高新技术企业或科技型中小企业资格的企业，其具备资格年度之前5个年度发生的尚未弥补完的亏损，准予结转以后年度弥补，最长结转年限由5年延长至10年。

2.企业在汇总计算缴纳企业所得税时，其境外营业机构的亏损不得抵减境内营业机构的盈利。

【例题·判断题】居民企业甲公司，2018年度境内营业利润200万元，境外亏损50万元，2018年甲公司在申报企业所得税时，境外的亏损可以抵减境内的盈利50万元。（　　）
【答案】错误。
【解析】企业在汇总计算缴纳企业所得税时，其境外营业机构的亏损不得抵减境内营业机构的盈利。

（八）非居民企业的应纳税所得额（★）

在中国境内未设立机构、场所的，或者虽设立机构场所但取得的所得与其所设机构、场所没有实际联系的非居民企业，其取得的来源于中国境内的所得，按照下列方法计算应纳税所得额：

1.股息、红利等权益性投资收益和利息、租金、特许权使用费所得，以收入全额为应纳税所得额。

2.转让财产所得，以收入全额减除财产净值后的余额为应纳税所得额。

3.其他所得，参照前两项规定的方法计算应纳税所得额。

【例题·多选题】下列关于在中国境内未设立机构、场所的非居民企业的应纳税所得额确定的说法中，正确的有（　　）。
A.偶然所得，以收入全额为应纳税所得额
B.转让财产所得，以收入全额减除财产净值后的余额为应纳税所得额
C.利息所得，以收入全额为应纳税所得额
D.特许权使用费所得，以收入减去转让过程发生的合理费用后的余额为应纳税所得额
【答案】ABC
【解析】选项D，特许权使用费所得，以收入全额为应纳税所得额。

## 五、资产的税务处理

（一）固定资产（★★★）

1.概念。

固定资产，是指企业为生产产品、提供劳务、出租或者经营管理而持有的、使用时间超过12个月的非货币性资产，包括房屋、建筑物、机器、机械、运输工具以及其他与生产经营活动有关的设备、器具、工具等。

在计算应纳税所得额时，企业按照规定计算的固定资产折旧，准予扣除。

2.计税基础。

（1）外购的固定资产，以购买价款和支付的相关税费以及直接归属于使该资产达到预定用途发生的其他支出为计税基础。

（2）自行建造的固定资产，以竣工结算前发生的支出为计税基础。

（3）融资租入的固定资产，以租赁合同约定的付款总额和承租人在签订租赁合同过程中发生的相关费用为计税基础，租赁合同未约定付款总额的，以该资产的公允价值和承租人在签订租赁合同过程中发生的相关费用为计税基础。

（4）盘盈的固定资产，以同类固定资产的重置完全价值为计税基础。

（5）通过捐赠、投资、非货币性资产交换、债务重组等方式取得的固定资产，以该资产的公允价值和支付的相关税费为计税基础。

（6）改建的固定资产，除企业所得税法规定的支出外，以改建过程中发生的改建支出增加计税基础。

【例题·单选题】（2017）根据企业所得税法律制度的规定，下列各项中，应以同类固定资产的重置完全价值为计税基础的是（　　）。

A.盘盈的固定资产　　B.自行建造的固定资产

C.外购的固定资产　　D.通过捐赠取得的固定资产

【答案】A

3.折旧。

**表5-5　折旧的相关规定**

| | | |
|---|---|---|
| 折旧规则 | （1）固定资产按照直线法计算的折旧，准予扣除 | |
| | （2）企业应当自固定资产投入使用月份的次月起计算折旧<br>停止使用的固定资产，应当自停止使用月份的次月起停止计算折旧 | |
| | （3）企业应当根据固定资产的性质和使用情况，合理确定固定资产的预计净残值<br>固定资产的预计净残值一经确定，不得变更 | |
| 不得计算折旧扣除的固定资产范围 | （1）房屋、建筑物以外未投入使用的固定资产<br>——未投入使用的房屋、建筑物可以计提折旧扣除 | |
| | （2）以经营租赁方式租入的固定资产 | |
| | （3）以融资租赁方式租出的固定资产 | |
| | （4）已足额提取折旧仍继续使用的固定资产 | |
| | （5）与经营活动无关的固定资产 | |
| | （6）单独估价作为固定资产入账的土地 | |
| | （7）其他不得计算折旧扣除的固定资产 | |
| 最低折旧年限 | （1）房屋、建筑物 | 20年 |
| | （2）飞机、火车、轮船、机器、机械和其他生产设备 | 10年 |
| | （3）与生产经营活动有关的器具、工具、家具等 | 5年 |
| | （4）飞机、火车、轮船以外的运输工具 | 4年 |
| | （5）电子设备 | 3年 |

【例题·单选题】（2013）下列固定资产中，在计算企业所得税应纳税所得额时，准予扣除折旧费的是（　　）。

A.未投入使用的房屋　　B.未投入使用的机器设备

C.以经营租赁方式租入的固定资产　　D.以融资租赁方式租出的固定资产

【答案】A

（二）生产性生物资产（★★）

生产性生物资产，是指企业为生产农产品、提供劳务或者出租等而持有的生物资产，包括经济林、薪炭林、产畜和役畜等。

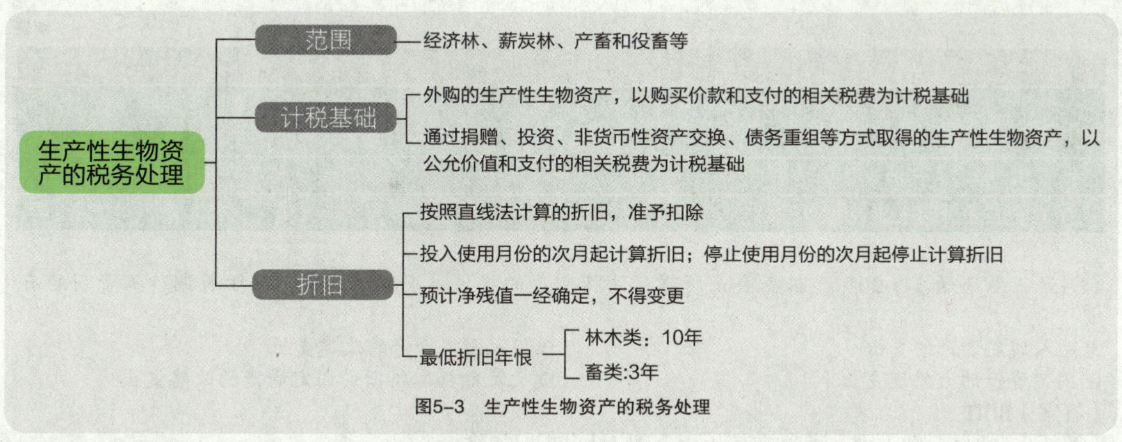

图5-3　生产性生物资产的税务处理

【例题·多选题】（2015、2018）根据企业所得税法律制度的规定，下列各项属于生产性生物资产的有（　　）。

A.薪炭林　　B.产畜　　C.役畜　　D.经济林

【答案】ABCD

【解析】生产性生物资产，包括经济林、薪炭林、产畜和役畜等。

（三）无形资产（★★）

1.概念。

无形资产，是指企业为生产产品、提供劳务、出租或者经营管理而持有的、没有实物形态的非货币性长期资产，包括专利权、商标权、著作权、土地使用权、非专利技术、商誉等。

2.摊销。

（1）无形资产按照直线法计算的摊销费用，准予扣除。

摊销年限不得低于10年。作为投资或者受让的无形资产，法律规定了或者合同约定了使用年限的，可以按照规定或者约定的使用年限分期摊销。

（2）外购商誉的支出，在企业整体转让或者清算时，准予扣除。

（3）下列无形资产不得计算摊销扣除：自行开发的支出已在计算应纳税所得额时扣除的无形资产；自创商誉；与经营活动无关的无形资产；其他不得计算摊销费用扣除的无形资产。

3.计税基础。

（1）外购的无形资产，以购买价款和支付的相关税费以及直接归属于使该资产达到预定用途发生的其他支出为计税基础。

（2）自行开发的无形资产，以开发过程中该资产符合资本化条件后至达到预定用途前发生的支出为计税基础。

（3）通过捐赠、投资、非货币性资产交换、债务重组等方式取得的无形资产，以该资产的公允价值和支付的相关税费为计税基础。

【例题·多选题】下列各项中，属于无形资产的有（　　）。

A.著作权　　B.土地使用权　　C.劳动权　　D.商誉

【答案】ABD

【解析】无形资产，是指企业为生产产品、提供劳务、出租或者经营管理而持有的、没有实物形态的非货币性长期资产，包括专利权、商标权、著作（选项A）权、土地使用权（选项B）、非专利技术、商誉（选项D）等。

（四）长期待摊费用（★★）

长期待摊费用，是指企业发生的应在1个年度以上或几个年度进行摊销的费用。

表5-6　长期待摊费用的税务处理

| 项　目 | 税务处理 |
| --- | --- |
| 已足额提取折旧的固定资产的改建支出 | 按照固定资产预计尚可使用年限分期摊销 |

续表

| 项目 | 税务处理 |
|---|---|
| 租入固定资产的改建支出 | （1）按照合同约定的剩余租赁期限分期摊销<br>（2）改建的固定资产延长使用年限的，应当适当延长折旧年限 |
| 固定资产的大修理支出 | 按照固定资产尚可使用年限分期摊销 |
| 其他应当作为长期待摊费用的支出 | 自支出发生月份的次月起，分期摊销，摊销年限不得低于3年 |

【例题·多选题】（2017）根据企业所得税法律制度的规定，下列选项中，属于长期待摊费用的有（　　）。

A.购入固定资产的支出　　B.租入固定资产的改建支出

C.固定资产的大修理支出　　D.已足额提取折旧的固定资产的改建支出

【答案】BCD

【解析】选项A，购入固定资产的支出，一般应计提折旧扣除。

【例题·判断题】已足额提取折旧的固定资产的改建支出，按照固定资产预计尚可使用年限分期摊销。（　　）

【答案】正确。

（五）投资资产（★）

投资资产，是指企业对外进行权益性投资和债权性投资形成的资产。

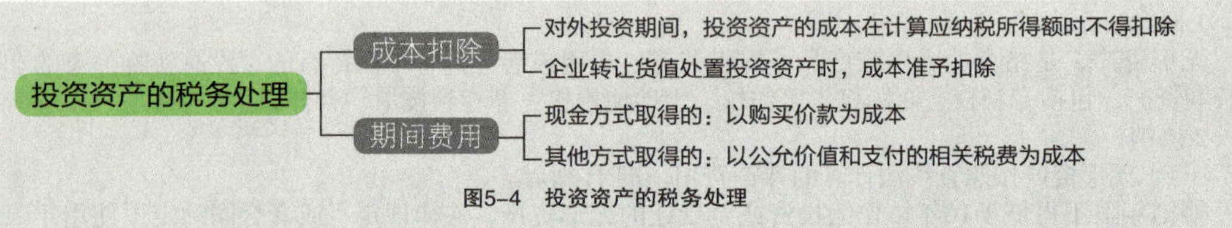


图5-4　投资资产的税务处理

【例题·判断题】（2017）企业投资期间，投资资产的成本在计算企业所得税应纳税所得额时不得扣除。（　　）

【答案】正确。

（六）存货（★）

表5-7　存货的成本确定

| 项目 | 成本确定 |
|---|---|
| 1.支付现金方式取得的存货 | 以购买价款和支付的相关税费为成本 |
| 2.支付现金以外的方式取得的存货 | 以存货的公允价值和支付的相关税费为成本 |
| 3.生产性生物资产收获的农产品 | 以产出或采收过程中发生的材料费、人工费和分摊的间接费用等必要支出为成本 |
| 备注：存货的成本计算可以在先进先出法、加权平均法、个别计价法中选用一种，一经选用，不得随意变更 | |

【例题·判断题】根据企业所得税法律制度的规定，企业以支付现金方式取得的存货，以该存货的公允价值和支付的相关税费为成本。（　　）

【答案】错误。

【解析】（1）企业以支付现金方式取得的存货，以购买价款和支付的相关税费为成本；（2）企业以支付现金以外的方式取得的存货，以该存货的公允价值和支付的相关税费为成本。

（七）资产损失（★）

1.企业发生资产损失，应在实际确认或者实际发生的当年申报扣除。

2.以前年度发生的资产损失未能在当年税前扣除的，可以按照规定，向税务机关说明并进行专项申报扣除。其中，属于实际资产损失，准予追补至该项损失发生年度扣除，其追补确认期限一般不得超过5年。

【例题·判断题】企业以前年度发生的未能在当年税前扣除的实际资产损失，准予追补至该项损失发生年度扣除，其追补确认期限一般不得超过5年。（　　）
【答案】正确。

## 六、企业所得税应纳税额的计算

（一）应纳税额的计算公式（★★）

应纳税额=应纳税所得额×适用税率－减免税额－抵免税额

【举例】某酒厂2018年实现销售收入7 200万元，销售成本4 200万元，其他业务收入200万元，其中国债利息收入40万元，企业债券利息收入20万元。发生其他费用如下：业务招待费30万元；直接向灾区捐赠50万元;支付税收滞纳金20万元；向某公司赞助20万元。
已知该企业适用的企业所得税税率是25%，另有2013年尚未弥补的亏损85万元，预缴2018年所得税200万元。
不考虑其他影响纳税的因素，分析计算该酒厂2018年度应补交的企业所得税税额。
【解析】
（1）该酒厂2018年收入总额：7 200+200=7 400万元
（2）准予扣除的项目：
①销售成本4 200万元，可以完全扣除。
②国债利息收入40万元，可以扣除；企业债券利息收入20万元，不可扣除。
③直接向灾区捐赠的50万元，不能扣除。
④税收滞纳金20万元，不能扣除。
⑤非广告性质的20万元赞助支出，不能扣除。
⑥2013年未弥补的亏损85万元，可以扣除。
（3）综上所述，该酒厂2018年应纳税所得额为：
7 400-4 200-40-20-85=3 055万元
（4）2018年应纳所得税额=3 055×25%= 763.75万元
需要补交的所得税税款=763.75万元-200万元=563.75万元。

（二）所得税额的抵免（★★）

**★【专家一对一】**

**企业在境外取得的应纳税所得，应按规定向中国纳税，但是为了避免双重征税，对企业已在境外缴纳的所得税，允许按规定抵扣其按中国的税法所应缴纳的企业所得税。**

1.可以抵免的税额的范围。

（1）居民企业来源于中国境外的应税所得。

（2）非居民企业在中国境内设立机构、场所，取得发生在中国境外但与该机构、场所有实际联系的应税所得。

2.抵免期限：5年。

企业在境外取得上述所得且已在境外缴纳所得税税额，可以从其当期应纳税额中抵免，抵免限额为该项所得依照税法规定计算的应纳税额。超过抵免限额的部分，可以在以后5个年度内，用每年抵免限额抵免当年应抵税额后的余额进行抵补。

3.抵免限额。

抵免限额，是指企业来源于中国境外的所得按照规定计算的应纳税额。

自2017年7月1日起，企业可以选择按国（地区）别分别计算（即“分国（地区）不分项")，或者不按国（地区）别汇总计算（即“不分国（地区）不分项”）其来源于境外的应纳税所得额，按照规定的税率，分别计算其可抵免境外所得税税额和抵免限额。上述方式一经选择，5年内不得改变。

【例题·单选题】（2018）甲公司为居民企业，2017年度境内应纳税所得额1 000万元。来源于M国的应纳税所得额300 万元，已在M国缴纳企业所得税税额60万元。已知企业所得税税率为25%，甲企业2017年度应缴纳企业所得税税额的下列算式中，正确的是（　　）。
A.（1 000+300）×25%-60=265万元　　B.1 000×25%-60=190万元

C.1 000×25%=250万元　　D.（1 000+300）×25%=325万元

【答案】A

【解析】居民企业就其境内、境外所得纳税，境内境外所得共需纳税（1 000+300）×25%=325万元，境外所得抵免限额=300×25%=75万元，境外已纳税款60万元，75万元>60万元，故可以实际抵免60万元。2017年实际应缴纳所得税额=（1 000+300）×25%-60=265万元，正确答案是选项A。

## 七、企业所得税税收优惠

（一）免税收入（★★★）

（1）国债利息收入。即企业持有国务院财政部门发行的国债取得的利息收入。

★【专家一对一】

**企业债券利息，不属于免税收入！**

（2）符合条件的居民企业之间的股息、红利等权益性投资收益。

★【专家一对一】

**居民企业投资于非居民企业不免税！居民企业之间可以免税的仅限于“权益性投资”，单纯借款或者购买企业债券取得的利息，不免税！**

（3）在中国境内设立机构、场所的非居民企业从居民企业取得与该机构、场所有实际联系的股息、红利等权益性投资收益。股息、红利等权益性投资收益，不包括连续持有居民企业公开发行并上市流通的股票不足12个月取得的投资收益。

★【专家一对一】

**持有12个月以上才可以免税。鼓励投资，不鼓励投机！**

（4）符合条件的非营利组织的收入。符合条件的非营利组织的收入，不包括非营利组织从事营利性活动取得的收入，但国务院财政、税务主管部门另有规定的除外。

★【专家一对一】

**非营利组织从事营利活动，不免税！**

★【专家一对一】

**免税收入和不征税收入的区别**

**（1）不征税收入属于“非营利活动”带来的收入（如财政拨款），理论上就不应列入企业所得税的应税范围；（2）免税收入是国家为了实现某些经济和社会目标，在特定时期内对特定收入（如国债利息、银行存款利息）给予的税收优惠。**

【例题·单选题】（2018）下列各项中，属于企业所得税的免税收入的是（　　）。

A.财政拨款收入

B.转让企业债券取得的收入

C.企业购买国债取得的利息收入

D.县级以上人民政府将国有资产无偿划入企业并指定专门用途并按规定进行管理的

【答案】C

【解析】（1）选项A，属于不征税收入；（2）选项B，属于应税收入，应缴纳企业所得税；（3）选项C，属于免税收入；（4）选项D，属于不征税收入。

【例题·判断题】转让国债得到的收益属于企业所得税的免税收入。（　　）

【答案】错误。

【解析】国债利息收入是免税收入，但是转让国债得到的收益是企业所得税应税收入。

（二）减、免税所得（★★）

1.企业从事下列项目的所得，免征企业所得税：

（1）蔬菜、谷物、薯类、油料、豆类、棉花、麻类、糖料、水果、坚果的种植。
（2）农作物新品种的选育。
（3）中药材的种植。
（4）林木的培育和种植。
（5）牲畜、家禽的饲养。
（6）林产品的采集。
（7）灌溉、农产品初加工、兽医、农技推广、农机作业和维修等农、林、牧、渔服务业项目。
（8）远洋捕捞。

★【专家一对一】
**以上都是和农、林、牧、渔有关的项目。**

【例题·多选题】（2014）企业从事下列项目的所得，免征企业所得税的有（ ）。
A.中药材的种植　　B.林木种植　　C.花卉种植　　D.香料作物的种植
【答案】AB
【解析】（1）选项AB，免征企业所得税；（2）选项CD，减半征收企业所得税。

2.企业从事下列项目的所得，减半征收企业所得税：
（1）花卉、茶以及其他饮料作物和香料作物的种植。
（2）海水养殖、内陆养殖。

【例题·判断题】（2017）企业从事海水养殖项目的所得，免征企业所得税。（ ）
【答案】错误。
【解析】企业从事海水养殖、内陆养殖取得的所得，"减半征收"企业所得税。

3."三免三减半"所得。

表5-8 "三免三减半"所得的税收优惠

| 项　目 | 税收优惠 |
|---|---|
| （1）从事国家重点扶持的公共基础设施项目的投资经营的所得 | ①企业自项目取得第一笔生产经营收入所属年度起，第1~3年"免征"企业所得税，第4~6年"减半征收"企业所得税。 |
| | ②企业承包经营、承包建设和内部自建自用上述项目，不得享受上述优惠。 |
| （2）从事符合条件的环境保护、节能节水项目的所得 | 自项目取得第一笔生产经营收入年度起，第1~3年"免征"企业所得税，第4~6年"减半征收"企业所得税。 |

4.符合条件的技术转让所得。

在一个纳税年度内，居民企业技术转让所得不超过500万元的部分，免征企业所得税；超过500万元的部分，减半征收企业所得税。

技术转让所得=技术转让收入–技术转让成本–相关税费

★【专家一对一】
**注意，是"技术转让所得"，不是"技术转让收入"。**

5.非居民企业所得。

（1）在中国境内未设立机构、场所的，或者虽然设立机构、场所但所取得的所得与其所设机构、场所没有实际联系的非居民企业，其取得的来源于中国境内的所得，减按10%的税率征收企业所得税。

★【专家一对一】
**本来是20%的税率，减按10%征收。设立机构、场所的，适用25%的税率。**

（2）下列所得可以免征企业所得税：
①外国政府向中国政府提供贷款取得的利息所得。

②国际金融组织向中国政府和居民企业提供优惠贷款取得的利息所得。

③经国务院批准的其他所得。

6.从2014年11月17日起，对合格的境外机构投资者（QFⅡ）、人民币合格境外机构投资者（RQFⅡ）取得来源于中国境内的股票等权益性投资资产转让所得，暂免征收企业所得税。

（三）小型微利企业、高新技术企业和技术先进型企业税收优惠（★）

1.符合条件的小型微利企业，按20%的税率征收企业所得税。

自2018年1月1日至2020年12月31日，对年应纳税所得额低于100万元（含100万元）的小型微利企业，其所得减按50%计入应纳税所得额，按20%的税率缴纳企业所得税。

2.国家需要重点扶持的高新技术企业，减按15%的税率征收企业所得税。

自2018年1月1日起，对经认定的技术先进型服务企业（服务贸易类），减按15%的税率征收企业所得税。

【例题·判断题】2018年度，某小型微利企业甲公司盈利20万元，如不考虑其他因素，则甲公司2018年度应纳企业所得税4万元。（　　）

【答案】错误。

【解析】小型微利企业所得减按50%计入应纳税所得额，故甲公司应纳税所得额=20万元×50%=10万元，应纳税额=10万元×20%=2万元。

（四）民族自治地方的减免税（★）

民族自治地方的自治机关对本民族自治地方的企业应缴纳的企业所得税中属于地方分享的部分，可以决定减征或者免征。对民族自治地方内国家限制和禁止行业的企业，不得减征或者免征企业所得税。

★【专家一对一】

**只能减免地方分享的部分，无权减免中央分享的部分。**

（五）加计扣除（★★）

1.研究开发费用。

企业为开发新技术、新产品、新工艺发生的研究开发费用，未形成无形资产计入当期损益的，在按照规定据实扣除的基础上，按照研究开发费用的50%加计扣除；形成无形资产的，按照无形资产成本的150%摊销。

企业开展研发活动中实际发生的研发费用，未形成无形资产计入当期损益的，在按规定据实扣除的基础上，在2018年1月1日至2020年12月31日期间，再按照实际发生额的75%在税前加计扣除；形成无形资产的，在上述期间按照无形资产成本的175%在税前摊销。

下列行业不适用加计扣除政策：烟草制造业；住宿和餐饮业；批发零售业；房地产业；租赁和服务业；娱乐业；财政部和国家税务总局规定的其他行业。

2.企业安置残疾人员就业的，在按照支付给残疾职工工资据实扣除的基础上，按照支付给残疾职工工资的100%加计扣除。

【例题·多选题】（2018）下列支出中，可以在计算企业所得税应纳税所得额时加计扣除的有（　　）。

A.安置残疾人员所支付的工资

B.广告费和业务宣传费

C.研究开发费用

D.购置环保用设备所支付的价款

【答案】AC

【解析】（1）选项AC，可以加计扣除的项目包括研究开发费用（C）和安置残疾人员所支付的工资（A）；（2）选项B，广告费和业务宣传费不超过当年销售收入15%的部分，准予扣除，超过部分，结转以后年度扣除；（3）选项D，购置环保用设备所支付的价款可以抵减应纳税额。

【例题·判断题】企业为开发新技术、新产品、新工艺发生的研究开发费用，未形成无形资产计入当期损益的，在按照规定据实扣除的基础上，按照研究开发费用的75%加计扣除；形成无形资产的，按照无形资产成本的175%摊销。

【答案】正确。

（六）应纳税所得额抵扣（★★）

创业投资企业采取股权投资方式投资于未上市的中小高新技术企业2年以上的，可以按照其投资额的

70%在股权持有满2年的当年抵扣该创业投资企业的应纳税所得额；当年不足抵扣的，可以在以后纳税年度结转抵扣。

公司制创业投资企业采取股权投资方式直接投资于种子期、初创期科技型企业满2年的，可以按照投资额的70%在股权持有满2年的当年抵扣该公司制创业投资企业的应纳税所得额；当年不足抵扣的，可以在以后纳税年度结转抵扣。

有限合伙制创业投资企业采取股权投资方式直接投资于初创科技型企业满2年的，该合伙创投企业的法人合伙人可以按照对初创科技型企业投资额的70%抵扣法人合伙人从合伙创投企业分得的所得;当年不足抵扣的，可以在以后纳税年度结转抵扣。

有限合伙制创业投资企业采取股权投资方式投资于未上市的中小高新技术企业满2年的，其法人合伙人可按照对未上市中小高新技术企业投资额的70%抵扣该法人合伙人从该有限合伙制创业投资企业分得的应纳税所得额；当年不足抵扣的，可以在以后纳税年度结转抵扣。

【例题·单选题】（2017）甲企业为创业投资企业，2014年2月采取股权投资方式向乙公司（未上市的中小高新技术企业）投资300万元，至2016年12月31日仍持有该股权。甲企业2016年在未享受股权投资应纳税所得额抵扣的税收优惠政策前的企业所得税应纳税所得额为2 000万元。已知企业所得税税率为25%，甲企业享受股权投资应纳税所得额抵扣的税收优惠政策。计算甲企业2016年度应缴纳企业所得税税额的下列算式中，正确的是（　　）。

A.（20 00-300）×25%=425万元　　B.（2 000-300×70%）×25%=447.5万元

C.2 000×70%×25%=350万元　　D.（2 000×70%-300）×25%=275万元

【答案】B

【解析】（1）创业投资企业采取股权投资方式投资于未上市的中小高新技术企业2年以上的，可以按照其投资额的70%在股权持有满2年的当年抵扣该创业投资企业的应纳税所得额。（2）2016年该企业投资已满2年，2016年度应纳税所得额=2 000万元，可以抵扣的应纳税所得额=300×70%万元，故2016年应纳企业所得税=（2 000-300×70%）×25%=447.5万元。

（七）加速折旧（★）

下列固定资产可以采取缩短折旧年限或者采取加速折旧方式折旧：

1.由于技术进步，产品更新换代较快的固定资产。

2.常年处于强震动、高腐蚀状态的固定资产。

采取缩短折旧年限方法的，最低折旧年限不得低于规定折旧年限的60%；采取加速折旧方法的，可以采取双倍余额递减法或者年数总和法。

3.企业在2018年1月1日至2020年12月31日期间新购进（包括自行建造）的设备、器具，单位价值不超过500万元的，允许一次性计入当期成本费用在计算应纳税所得额时扣除，不再分年度计算折旧；单位价值超过500万元的，仍按企业所得税法实施条例等相关规定执行。

设备、器具，是指除房屋、建筑物以外的固定资产。

【例题·判断题】根据固定资产折旧相关规定，固定资产采取缩短折旧年限方法的，最低折旧年限不得低于规定折旧年限的70%（　　）

【答案】错误。

【解析】采取缩短折旧年限方法的，最低折旧年限不得低于规定折旧年限的“60%”。

【例题·多选题】某公司2018年6月购入的下列设备和器具中，可以一次性扣除成本费用的有（　　）。

A.20万元的一台卡车　　B.600万元的一艘船舶

C.10万元的一台复印机　　D.400万元的一栋房屋

【答案】AC

【解析】（1）选项AC，属于500万元以下的设备、器具，可以一次性扣除；（2）选项B，属于设备器具，但超过了500万元，故不能一次性扣除，只能按规定的期限分年度计提折旧扣除。（3）选项D，未超过500万元，但是房屋不属于设备器具，不能一次性扣除，只能按规定的期限分年度计提折旧扣除。

（八）减计收入（★★）

企业以《资源综合利用企业所得税优惠目录》规定的资源作为主要原材料，生产国家非限制和禁止并符合国家和行业相关标准的产品取得的收入，减按90%计入收入总额。原材料占生产产品材料的比例不得低于该优惠目录规定的标准。

【例题·判断题】（2015）企业以《资源综合利用企业所得税优惠目录》规定的资源作为主要原材料，生产国家非限制和禁止并符合国家和行业相关标准的产品取得的收入，免征企业所得税。（　　）
【答案】错误。
【解析】不是免征企业所得税，而是“减按90%计入收入总额”。

（九）应纳税额抵免（★★）

1.企业购置并实际使用《环境保护专用设备企业所得税优惠目录》、《节能节水专用设备企业所得税优惠目录》和《安全生产专用设备企业所得税优惠目录》规定的环境保护、节能节水、安全生产等专用设备的，该专用设备的投资额的10%可以从企业当年的应纳税额中抵免；当年不足抵免的，可以在以后5个纳税年度结转抵免。

2.享受上述规定的企业所得税优惠的企业，应当实际购置并自身实际投入使用前款规定的专用设备；企业购置上述专用设备在5年内转让、出租的，应当停止享受企业所得税优惠，并补缴已经抵免的企业所得税税款。

【例题·多选题】（2014）下列各项中，属于企业所得税税收优惠的有（　　）。
A.加速折旧　　B.减计收入　　C.税额抵扣　　D.加计扣除
【答案】ABCD

（十）西部地球的减免税（★）

对设在西部地区以《西部地区鼓励类产业目录》中新增鼓励类产业项目为主营业务，且其当年度主营业务收入占企业收入总额70%以上的企业，自2014年10月1日起，可减按15%税率缴纳企业所得税。

【例题·单选题】对设在西部地区以《西部地区鼓励类产业目录》中新增鼓励类产业项目为主营业务，且其当年度主营业务收入占企业收入总额70%以上的企业，其优惠税率是（　　）。
A.25%　　B.20%　　C.15%　　D.0
【答案】C

## 八、企业所得税征收管理

（一）纳税地点（★）

1.居民企业的纳税地点。

（1）除另有规定外，居民企业以登记注册地为纳税地点。

（2）登记注册地在境外的，以实际管理机构所在地为纳税地点。

2.非居民企业的纳税地点。

（1）在中国境内设立机构、场所的，以机构、场所所在地为纳税地点。

（2）在中国境内设立两个或者两个以上机构、场所的，经税务机关审核批准，可以选择由其主要机构、场所汇总缴纳企业所得税。

（3）在中国境内未设立机构、场所的，或者虽设立机构、场所但取得的所得与其所设机构、场所没有实际联系的非居民企业，以扣缴义务人所在地为纳税地点。

【例题·判断题】非居民企业在中国境内设立两个或者两个以上机构、场所的，应分别缴纳企业所得税。（　　）
【答案】错误。
【解析】此种情形，经税务机关审核批准，可以选择由其主要机构、场所汇总缴纳企业所得税。

（二）纳税期限（★★★）

1.企业所得税按年计征，分月或者分季预缴，年终汇算清缴，多退少补。

纳税年度自公历1月1日起至12月31日止。

2.企业在一个纳税年度中间开业或终止经营活动的，以实际经营期为1个纳税年度。企业依法清算时，应当以清算期作为1个纳税年度。

3.企业应当自年度终了之日起5个月内，向税务机关报送年度企业所得税纳税申报表，并汇算清缴，结清税款。

企业在年度中间终止经营活动的，应当自经营终止之日起60日内，办理当期企业所得税汇算清缴。

【例题·单选题】（2018）企业应当自纳税年度终了之日起一定期限内，向税务机关报送年度企业所得税纳税申报表，该期限是（　　）。

A.4个月　　B.3个月　　C.5个月　　D.6个月

【答案】C

【解析】企业应当自年度终了之日起"5个月内"，向税务机关报送年度企业所得税纳税申报表，并汇算清缴，结清应缴应退税款。

（三）纳税申报（★★）

1.按月或按季预缴的，应当自月份或者季度终了之日起15日内，向税务机关报送预缴企业所得税纳税申报表，预缴税款。

2.企业在报送企业所得税纳税申报表时，应当按照规定附送财务会计报告和其他有关资料。

企业在纳税年度内无论盈利或者亏损，都应当依照规定期限，向税务机关报送预缴企业所得税纳税申报表、年度企业所得税纳税申报表、财务会计报告和税务机关规定应当报送的其他有关资料。

【例题·判断题】企业所得税的征收办法是按月或按季征收。（　　）

【答案】错误。

【解析】企业所得税按纳税年度计算，分月或者分季预缴。

【例题·多选题】企业在纳税年度内无论盈利或者亏损，都应当依照规定期限，向税务机关报送有关资料，下列各项中，属于应当报送的有关资料的有（　　）。

A.预缴企业所得税纳税申报表　　B.年度企业所得税纳税申报表

C.财务会计报告　　D.年度财务预算表

【答案】ABC

【解析】企业在纳税年度内无论盈利或者亏损，都应按照企业所得税法规定的期限，向税务机关报送预缴企业所得税纳税申报表（A）、年度企业所得税纳税申报表（B）、财务会计报告（C）和税务机关规定应当报送的其他有关资料。

★【专家一点通】

企业所得税常见税前扣除项目总结

| 项目 | 扣除限额 | 超过限额部分的处理 |
|---|---|---|
| 职工福利费 | 工资、薪金总额的14% | 不得扣除 |
| 工会经费 | 工资、薪金总额的2% | 不得扣除 |
| 职工教育经费 | 工资、薪金总额的8% | 当年不得扣除，但准予结转以后纳税年度扣除 |
| 公益性捐赠 | 年度会计利润总额的12% | 当年不得和除，但准予在以后3个纳税年度内结转扣除 |
| 业务招待费 | 不超过销售（营业）收入的5‰，及发生额的60% | 不得扣除 |
| 广告费和业务宣传费 | （1）一般：销售（营业）收入的15%<br>（2）特殊：化妆品制造或销售、医药制造和饮料制造（不含酒类制造），销售（营业）收入的30% | 当年不得和除，但准予结转以后纳税年度内扣除 |
| | （3）烟草业：不得扣除 | |

★【专家一点通】

企业所得税税率归纳

| 税　率 | 适用对象 |
|---|---|
| 25% | （1）居民企业 |
| | （2）在中国境内设立机构场所且取得的所得与所设机构场所有实际联系的非居民企业 |
| 20% | （1）在中国境内未设立机构、场所的非居民企业 |

续表

| 税率 | | 适用对象 |
|---|---|---|
| 20% | | （2）虽在中国境内设立机构、场所，但取得的所得与其所设机构、场所没有实际联系的非居民企业 |
| 优惠税率 | 10% | 执行20%税率的非居民企业 |
| | 15% | 高新技术企业 |
| | | 设在西部地区，以《鼓励类产业目录》项目为主营业务，主营业务收入占总收入70%以上的企业 |
| | 20% | 小型微利企业。自2018年1月1日至2020年12月31日，年应纳税所得额低于100万元（含100万元）的小型微利企业，其所得减按50%计入应纳税所得额，按20%的税率缴纳企业所得税。 |

# 知识图谱

企业所得税
纳税人（划分标准）
居民企业—无限纳税义务
非居民企业—有限纳税义务
征税对象
居民企业的征税对象、非居民企业的征税对象
所得来源地确定
税率
25%、20%、15%、10%（适用对象）
应纳税所得额
应纳税所得额的计算：直接法、间接法
收入总额
不征税收入：（1）财政拨款；（2）依法收取并纳入财政管理行政事业收费、政府性基金；（3）国务院规定的其他不征税收入
免税收入：（1）国债利息；（2）符合条件的居民企业之间的股息、红利等权益性投资收益；（3）在中国境内设立机构、场所的非居民企业从居民企业取得与该机构、场所有实际联系的股息、红利等权益；（4）符合条件的非营利组织的收入。
税前扣除项目——成本、费用、税金、损失、其他支出
扣除标准
工资薪金：合理的，据实扣除
三项经费
社会保险费：合理的，据实扣除
借款费用、利息费用、汇兑损失
公益性捐赠：不超过应纳税所得额的30%
业务招待费
广告费和业务宣传费
财产保险费
其他
不得扣除项目
亏损弥补
一般企业：5年
高新技术企业或科技型中小企业：10年
非居民企业的应纳税所得额
资产的税务处理
计算公式
境外已纳税额抵免：抵免限额、抵免期限
税收优惠
免税收入
减、免税所得
小微企业：年所得低于100万元的，所得减按50%计入应纳税所得额，税率20%
高新技术企业，减按15%的税率
加计扣除
应纳税所得抵扣
加速折旧
减计收入
应纳税额抵免
征收管理
纳税地点：居民企业、非居民企业
纳税期限
纳税申报

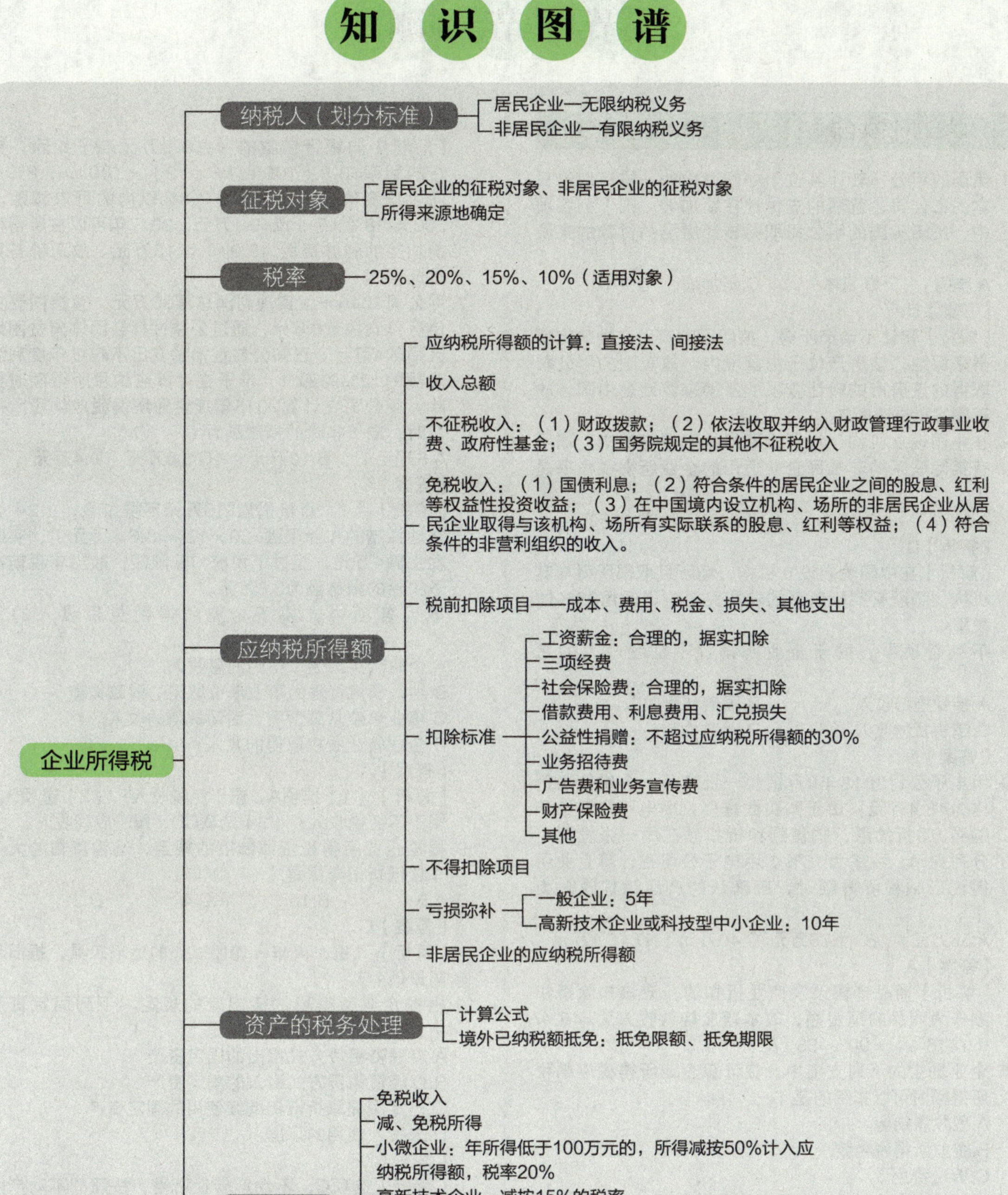

# 节节测

## 一、单项选择题

1. 美国的甲公司转让其位于中国境内的一栋厂房给日本的乙公司，款项的支付地在新加坡。则下列各项中，属于美国的甲公司取得转让房屋的付款的来源地是（　　）。
A.美国　B.日本　C.新加坡　D.中国
【答案】D
【解析】转让不动产所得，按照不动产所在地确定所得来源地，该房产位于中国境内，故美国的甲公司取得的该房产的转让款项的所得来源地是中国，故正确答案是选项D。

2. 在中国设立机构、场所且取得的所得与机构、场所有实际联系的非居民企业适用的企业所得税税率是（　　）。
A.10%　B.15%　C.20%　D.25%
【答案】D
【解析】在中国境内设立机构、场所且取得所得与其机构、场所有实际联系的非居民企业，适用25%的税率。

3. 下列各项中，属于企业所得税不征税收入的是（　　）。
A.接受捐赠收入　B.国债利息收入
C.销售货物收入　D.财政拨款
【答案】D

4. 甲电子公司2018年9月销售一批产品，含增值税价格为46.4万元，由于购买数量多，甲电子公司给予购买方9折优惠，销售额和折扣额在同一张发票上分列列示，税率为16%。甲电子公司在计算企业所得税应纳税所得额时，应确认的产品销售收入为（　　）。
A.36万元　B.41.76万元　C.40万元　D.46.4万元
【答案】A
【解析】商品销售涉及商业折扣的，应该扣除折扣额作为商品的销售额，故本题应确认收入为=46.4/（1+16%）×90%=36（万元）。

5. 企业发生的下列支出中，在计算企业所得税应纳税所得额时可以扣除的是（　　）。
A.税收滞纳金
B.企业所得税税款
C.诉讼费用
D.向投资者支付的权益性投资收益款项
【答案】C
【解析】（1）选项ABD，属于不得扣除项目；（2）选项C，诉讼费用可以在计算企业所得税应纳税所得额时扣除。

6. 甲公司，2017年4月因业务需要向银行借款100万元，期限半年，共计支付利息3.9万元；5月又向自己的供应商借款200万元，期限7个月，年利率9%，支付利息10.5万元。已知上述二笔借款均用于经营周转，该企业无其他借款。根据企业所得税法律制度的规定，该企业2017年可以在税前扣除的利息费用是（　　）。
A.14.4万元　B.10.5万元　C.3.9万元　D.13万元
【答案】D
【解析】向银行借款的利息3.9万元准予扣除，银行的利率=3.9÷100÷（6÷12）×100%=7.8%；向供应商的借款，利率在7.8%以内的可以扣除，200×7.8%×7÷12=9.1万元，2017年可以在所得税前扣除的利息费用为3.9+9.1=13万元。故正确答案是选项D。

7. 甲公司2015年度实现利润总额30万元，直接向受灾地区群众捐款6万元，通过公益性社会团体向贫困地区捐款4万元。已知公益性捐赠支出不超过年度利润总额的12%的部分，准予在计算应纳税所得额时扣除。甲公司在计算2015年度企业所得税应纳税所得额时，准予扣除的捐赠额为（　　）。
A.6万元　B.10万元　C.3.6万元　D.4万元
【答案】C
【解析】（1）直接捐赠的6万元不得扣除；（2）公益性捐赠的扣除限额=30×12%=3.6（万元），实际发生额4万元，超过了税前扣除限额，故当年税前准予扣除的捐赠额为3.6万元。

8. 下列各项中，属于企业所得税免税收入的是（　　）。
A.企业购买国债取得的利息收入
B.纳入预算管理的事业单位取得的财政拨款
C.事业单位从事营利性活动取得的收入
D.企业转让股权取得的收入
【答案】A
【解析】（1）选项A，属于免税收入；（2）选项B，属于不征税收入；（3）选项CD，属于应税收入。

9. 根据企业所得税法律制度的规定，运输货物的大卡车最低折旧年限是（　　）年。
A.5　B.10　C.4　D.3
【答案】C
【解析】飞机、火车、轮船以外的运输工具，折旧年限最低4年。

10. 根据企业所得税法律制度的规定，下列固定资产中，可以计提折旧扣除的是（　　）。
A.以融资租赁方式租出的固定资产
B.以经营租赁方式租入的固定资产
C.已足额提取折旧仍继续使用的固定资产
D.未投入使用的厂房
【答案】D
【解析】选项C，不动产转让所得，按照“不动产所在地”确定所得来源地。

## 二、多项选择题

1. 下列各项中，在计算企业所得税应纳税所得额时，应计入收入总额的有（　　）。
A.转让专利权收入
B.债务重组收入
C.接受捐赠收入
D.确实无法偿付的应付款项
【答案】ABCD

2. 根据企业所得税法律制度的规定，下列项目中，不得从应纳税所得额中扣除的有（　　）。

A.非银行企业内营业机构之间支付的利息
B.非金融机构向金融机构借款的利息支出
C.企业内营业机构之间支付的租金和特许权使用费
D.企业之间支付的管理费
【答案】ACD
【解析】企业之间支付的管理费（D）、企业内营业机构之间支付的租金和特许权使用费（C），以及非银行企业内营业机构之间支付的利息（A），不得扣除。

3.根据企业所得税法律制度的规定，下列各项中，准予在以后纳税年度结转扣除的有（ ）。
A.职工教育经费 B.广告费
C.业务宣传费 D.业务招待费
【答案】ABC
【解析】准予结转扣除的项目包括：（1）职工教育经费（A）；（2）公益性捐赠（3年内）；（3）广告费和业务宣传费（不含烟草业）（B、C）。

4.企业从事下列项目的所得，减半征收企业所得税的有（ ）。
A.茶树种植 B.海水养殖
C.香料作物的种植 D.林木的培育和种植
【答案】ABC
【解析】选项D，免税。

5.下列关于企业所得税纳税期限的表述中，正确的有（ ）。
A.企业所得税按年计征，分月或者分季预缴，年终汇算清缴，多退少补
B.企业在一个纳税年度中间开业，实际经营不足12个月的，应当以其实际经营期为1个纳税年度
C.企业依法清算时，应当以清算期作为1个纳税年度
D.企业在纳税年度中间终止经营活动的，应当自实际经营终止之日起60日内，向税务机关办理当期企业所得税汇算清缴
【答案】ABCD

6.下列固定资产中，在计算企业所得税应纳税所得额时不得计算折旧扣除的有（ ）。
A.未投入使用的厂房
B.以经营租赁方式租入的运输工具
C.以融资租赁方式租出的生产设备
D.已足额提取折旧仍继续使用的电子设备
【答案】BCD
【解析】（1）选项A："房屋、建筑物以外未投入使用的固定资产不得提取折旧在企业所得税前扣除"，故未投入使用的厂房可以计提折旧扣除；（2）选项BCD，都可以计提折旧扣除

7.根据企业所得税法律制度的规定，下列固定资产折旧的处理中，不正确的有（ ）。
A.甲企业2017年3月5日购进一栋房屋，2017年4月5日投入使用，应当自2017年4月起计算折旧
B.丙企业2017年4月1日以融资租赁方式租出一架小型喷气式飞机，之后继续对该飞机计提折旧
C.乙企业因生产经营调整，于2017年10月1日停止使用一批设备，应当自2017年11月起停止计算折旧
D.丁企业2017年9月以经营租赁方式租入一辆大型巴士，在计算企业所得税时，对该巴士计提折旧
【答案】ABD
【解析】（1）选项A，企业应当自固定资产投入使用月份的"次月起"计算折旧，甲企业应当自2017年5月起计算折旧，故选项A错误；（2）选项B，企业以融资租赁方式租出的固定资产不得计算折旧扣除，故丙企业不得继续计提折旧，选项B错误；（3）选项C，停止使用的固定资产，自下月起停止计提折旧，故选项C正确；（4）选项D，经营租赁租入的固定资产不得计提折旧，故选项D错误。

## 三、判断题

1.居民企业无需就其来源于中国境外的所得缴纳企业所得税。（ ）
【答案】错误。
【解析】居民企业承担无限纳税义务，应当就其来源中国境内、境外的所得缴纳企业所得税。

2.非居民企业在中国境内未设立机构、场所的，或者虽设立机构、场所但取得的所得与其所设机构、场所没有实际联系的，应当就其来源于中国境内的所得缴纳企业所得税。（ ）
【答案】正确。

3.根据企业所得税法律制度的规定，交易合同中规定租赁期限跨年度，且租金提前一次性支付的，出租人应在租赁期内分期确认收入。（ ）
【答案】正确。
【解析】符合权责发生制原则。

4.企业为促进商品销售而在商品价格上给予的价格扣除属于商业折扣，商品销售涉及商业折扣的，应当按扣除商业折扣前的金额确定销售商品收入金额。（ ）
【答案】错误。

5.利息收入，按照债权人收到利息的日期确认收入。（ ）
【答案】错误。
【解析】利息收入，按照合同约定的债务人应付利息的日期确认收入的实现。

6.甲超市国庆大酬宾，以买一赠一方式销售新型电视机：即每购买1台单价4 000元电视机（不含税），赠送原价1 000元的手机1部（不含税）。共计销售100台电视机。则甲超市应确认销售电视机收入40万元，赠送的手机不确认收入。（ ）
【答案】错误。
【解析】企业以买一赠一等方式组合销售本企业商品的，不属于捐赠，应将总的销售额按各项商品的公允价值的比例来分摊确认各项商品的销售收入。故应当确认销售电视机收入32万元，销售手机确认收入8万元，合计确认收入40万元。400 000×4 000÷（4 000+1 000）=320 000=32万元，400 000−320 000=80 000=8万元。

7.企业参加财产保险，按照有关规定缴纳的保险费，准予在企业所得税前扣除。（ ）
【答案】正确。

8.自2008年1月1日起，企业为本企业任职或者受雇的全体职工支付的补充养老保险、补充医疗保险，分别在不超过职工工资总额5%标准内，准予税前扣除。（ ）
【答案】正确。

9.某烟草企业的2014年销售收入2 000万元，发生烟草广告费320万元，则该公司在计算应纳税所得额时准予扣除的烟草广告费是300万元。（ ）
【答案】错误。

10.2018年，某企业实际支付残疾人员工资150万元，则

该部分工资在据实扣除的基础上，还可以再加计150万元扣除。（ ）

【答案】正确。

【解析】企业安置残疾人员就业的，在按照支付给残疾职工工资据实扣除的基础上，按照支付给残疾职工工资的100%加计扣除。

11. 纳税人应当自年度终了后5个月内向税务机关报送年度企业所得税纳税申报表，并汇算清缴，结清应缴应退税款。（ ）

【答案】正确。

# 第二节 个人所得税法律制度

## 一、个人所得税纳税人和所得来源的确定

（一）纳税人的范围（★）

1.个人所得税纳税人是符合个人所得税法规定的个人，包括中国公民，个体工商户，在中国有所得的外籍人员（包括无国籍人员），香港、澳门、台湾同胞。

2.个人独资企业和合伙企业不缴纳企业所得税，只对投资者个人或个人合伙人取得的生产经营所得征收个人所得税。个人独资企业以投资者个人为纳税义务人；合伙企业以每一个合伙人为纳税义务人。

【例题·单选题】（2018）下列各项中，不属于个人所得税纳税人的是（　　）。

A.合伙企业中的自然人合伙人　　B.一人有限责任公司

C.个体工商户　　D.个人独资企业的投资者个人

【答案】B

【解析】选项B，一人有限责任公司缴纳企业所得税，不是个人所得税纳税人。

（二）居民个人和非居民个人（★★★）

根据住所标准和居住时间标准，个人所得税纳税人分为居民个人和非居民个人两类。居民个人和非居民个人也可以分别称为居民纳税人和非居民纳税人。

表5-9　居民个人和非居民个人判定标准

| 纳税人 | 判定标准 |
| --- | --- |
| 居民个人 | （1）在中国境内有住所的个人<br>（2）在中国境内无住所而一个纳税年度内在中国境内居住累计满183天的个人 |
| 非居民个人 | （1）在中国境内无住所又不居住的个人<br>（2）在中国境内无住所而一个纳税年度内在中国境内居住累计不满183天的个人 |
| 备注 | （1）居民个人和非居民个人的划分标准中，任意具备其中的一条，即为相应的纳税人<br>（2）居住满183天，是指在1个完整的纳税年度（自公历1月1日至12月31日止）内，在中国境内居住满183天<br>（3）住所是指习惯性住所 |

★【专家一对一】

居住满183天，是指在1个纳税年度内（公历1月1日至12月31日），在中国境内居住满183天，而不是指在一个跨年度的365天的时间区间内居住满183天。

【例题·判断题】（2018）在中国境内有住所，或者无住所而一个纳税年度内在中国境内居住满183的个人，属于我国个人所得税的居民个人。（　　）

【答案】正确。

（三）居民个人和非居民个人的纳税义务（★★）

1.居民纳税人从中国境内和境外取得的所得，缴纳个人所得税。

2.非居民纳税人从中国境内取得的所得，缴纳个人所得税。

3.在中国境内无住所的居民个人，在境内居住累计满183天的年度连续不满5年的，或满5年但其间有单次离境超过30天情形的，其来源于中国境外的所得，向主管税务机关备案后，可以只就由中国境内企事业单位和其他经济组织或者居民个人支付的部分缴纳个人所得税；在境内居在累计满183天的年度连续满5年的纳税人，且在5年内未发生单次离境超过30天情形的，从第6年起，中国境内居住累计满183天的，应当就其来源于中国境外的全部所得缴纳个人所得税。

4.在中国境内无住所，且在一个纳税年度中在中国境内连续或者累计居住不超过90天的个人，其来源于中国境内的所得，由境外雇主支付并且不由该雇主在中国境内的机构、场所负担的部分，免予缴纳个人所得税。

（四）所得来源的确定（★★）

除国务院财政、税务主管部门另有规定外，下列所得，不论支付地点是否在中国境内，均为来源于中国境内的所得：

（1）因任职、受雇、履约等而在中国境内提供劳务取得的所得。

（2）在中国境内开展经营活动而取得与经营活动相关的所得。

（3）将财产出租给承租人在中国境内使用而取得的所得。

（4）许可各种特许权在中国境内使用而取得的所得。

（5）转让中国境内的不动产、土地使用权取得的所得；转让对中国境内企事业单位和其他经济组织投资形成的权益性资产取得的所得；在中国境内转让动产以及其他财产取得的所得。

（6）由中国境内企事业单位和其他经济组织以及居民个人支付或负担的稿酬所得、偶然所得。

（7）从中国境内企事业单位和其他经济组织或者居民个人取得的利息、股息、红利所得。

★【专家一对一】

**所得来源地与所得支付地，两者可能一致，也可能不一致。所得来源的确定，直接关系到纳税义务的承担与否。**

【例题·多选题】（2017）下列个人所得中，不论支付地点是否在境内，均为来源于中国境内所得的有（　　）。

A.转让境内房产取得的所得

B.许可专利权在境内使用取得的所得

C.因任职在境内提供劳务取得的所得

D.将财产出租给承租人在境内使用取得的所得

【答案】ABCD

## 二、综合所得

新修订的个人所得法规定的个人所得税税目共有九项：（1）工资薪金所得；（2）劳务报酬所得；（3）稿酬所得；（4）特许权使用费所得；（5）经营所得；（6）利息、股息、红利所得；（7）财产租赁所得；（8）财产转让所得；（9）偶然所得。

居民个人取得上述第（1）—（4）项所得（以下称综合所得），按纳税年度合并计算个人所得税。非居民个人取得上述第（1）—（4）项所得，按月或者按次分项计算个人所得税。纳税人取得上述第（5）~（9）项所得，依照个人所得税法的规定分别计算个人所得税。

（一）综合所得具体项目（★★★）

1.工资薪金所得。

（1）工资薪金所得一般规定。

①工资、薪金所得，是指个人因任职或受雇而取得的工资、薪金、奖金、年终加薪、劳动分红、津贴、补贴以及与任职或受雇有关的其他所得。

②年终加薪、劳动分红，一律按工资、薪金所得征税。

③下列“补贴、津贴”不属于工资、薪金性质，不征收个人所得税：a.独生子女补贴；b.执行公务员工资制度未纳入基本工资总额的补贴、津贴差额和家属成员的副食补贴；c.托儿补助费；d.差旅费津贴、误餐补助。

★【专家一对一】

**误餐补助本身不属于工资薪金所得性质，不征收个人所得税。但以误餐补助的名义发给职工的补助、津贴，则属于工资薪金所得性质，应当计征个人所得税。**

【例题·判断题】（2018）职工的误餐补助属于工资薪酬性质的补贴收入，应计算征收个人所得税。（　　）

【答案】错误。

【解析】不属于工资、薪金所得的项目具体包括：（1）独生子女补贴；（2）执行公务员工资制度未纳入基本工资总额的补贴、津贴差额和家属成员的副食品补贴；（3）托儿补助费；（4）差旅费津贴、误餐补助。但是，单位以误餐补助名义发放给职工的补助、津贴不包括在内。

（2）工资薪金所得特殊规定。

表5-10 工资薪金所得特殊规定

| 项 目 | 税务处理 |
| --- | --- |
| 解除劳动关系取得的一次性补偿收入 | （1）超过当地上年职工平均工资3倍的部分，视为一次取得数月的工资、薪金收入，允许在一定期限内平均计算<br>（2）个人领取一次性补偿收入时，按照规定的比例实际缴纳的住房公积金、医疗保险金、基本养老保险金、失业保险金可以在计征个人所得税时扣除 |
| 退休人员再任职收入 | 符合相关条件的，按工资、薪金所得缴税 |
| 离退休人员从原单位取得补贴 | （1）除离退休工资或养老金外，免税<br>（2）从原单位取得的各类补贴、奖金、实物，按工资、薪金所得缴税 |
| 公务交通、通讯补贴 | 扣除一定标准的公务费用后，按工资、薪金所得征税。按月发放的，并入当月工资薪金所得征税；不按月发放的，分解到所属月份并与该月工资薪金合并后征税 |
| 个人取得股票增值权所得和限制性股票所得 | 个人因任职或受雇从上市公司取得的股票增值权所得和限制性股票所得，按工资、薪金所得和股票期权所得个人所得税计税方法征收个人所得税 |
| 失业保险费 | 单位和个人缴付的失业保险费，超过规定的部分计入职工工资薪金收入征税 |
| 保险金 | 企业为员工支付各项免税之外的保险金，在向保险公司缴付时并入员工当期工资收入，按工资、薪金所得征税 |
| 企业年金、职业年金 | （1）单位超过规定标准，为本单位职工缴付的企业年金或职业年金，并入个人当期的工资、薪金所得征税<br>（2）个人缴付的年金，超过本人缴费工资计税基数4%的部分，并入当期的工资、薪金所得征税<br>（3）个人达到退休年龄后按月领取的年金，按工资、薪金所得征税项目适用税率计征个人所得税；按年或按季领取的，平均分摊计入各月，计征个人所得税 |
| 兼职律师从律师事务所取得工资、薪金性质的所得 | 不再扣除规定的费用，以收入全额直接确定适用税率，计算扣缴个人所得税。兼职律师应自行向主管税务机关申报两处或两处以上取得的工资薪金所得，合并计算缴纳个人所得税 |
| 科技人员取得的职务科技成果转化奖励 | 依法批准设立的非营利性研究开发机构和高等院校从职务科技成果转化收入中给予科技人员的现金奖励，减按50%计入科技人员当月的工资薪金所得，依法缴纳个人所得税 |

【例题·单选题】（2016）居民纳税人取得的下列所得中，应按“工资、薪金所得”税目计缴个人所得税的是（　　）。

A.国债利息所得　　B.出租闲置住房取得的所得

C.参加商场有奖销售活动中奖取得的所得　　D.单位全勤奖

【答案】D

【解析】（1）选项A，属于免税收入；（2）选项B，属于财产租赁所得；（3）选项C，属于偶然所得。

2.劳务报酬所得。

劳务报酬所得，是指个人独立从事非雇佣的各种劳务所取得的所得，包括从事设计、装潢、安装、制图、化验、测试、医疗、法律、会计、咨询、讲学、新闻、广播、翻译、审稿、书画、雕刻、影视、录音、录像、演出、表演、广告、展览、技术服务、介绍服务、经纪服务、代办服务以及其他劳务取得的所得。

（1）个人兼职取得的收入应按劳务报酬所得项目缴纳个人所得税。

（2）律师以个人名义再聘请其他人员为其工作而支付的报酬，由该律师按劳务报酬所得项目代扣代缴个人所得税。

（3）证券经纪人从证券公司取得的佣金收入，按照劳务报酬所得项目缴纳个人所得税。

（4）个人保险代理人以其取得的佣金、奖励和劳务费等相关收入（不含增值税）减去地方税费附加及展业成本，按照规定计算缴纳个人所得税。

★【专家一对一】

劳务报酬所得vs工资薪金所得

“工资、薪金所得”是个人从事非独立劳动，从所在单位（雇主）领取的报酬，存在雇佣与被雇佣的关系；“劳务报酬所得”是指个人独立从事某种技艺，独立提供某种劳务而取得的报酬，一般不存在雇佣关系。

【例题·多选题】（2018）个人取得的下列收入中，应按照劳务报酬所得税目计缴个人所得税的有（　　）。

A.某职员取得的本单位优秀员工奖金

B.某高校教师从任职学校领取的工资

C.某工程师从非雇佣企业取得的咨询收入

D.某经济学家从非雇佣企业取得的讲学收入

【答案】CD

【解析】（1）选项AB，属于工资薪金所得；（2）选项CD，属于劳务报酬所得。

3.稿酬所得。

（1）稿酬所得，是指个人因其作品以图书、报刊形式出版、发表而取得的所得。作品包括文学作品、书画作品、摄影作品，以及其他作品。

（2）作者去世后，财产继承人取得的遗作稿酬，应征收个人所得税。

（3）任职、受雇于报纸、杂志等单位的记者、编辑等专业人员，因在本单位的报纸、杂志上发表作品取得的所得，属于因任职、受雇而取得的所得，应与其当月工资收入合并，按工资、薪金所得项目征收个人所得税；上述专业人员以外的其他人员在本单位的报纸、杂志上发表作品取得的所得，应按稿酬所得项目征收个人所得税。

（4）出版社的专业作者撰写、编写或翻译的作品，由本社以图书形式出版而取得的稿费收入，应按稿酬所得项目征收个人所得税。

【例题·判断题】（2016）个人出版画作取得的所得，应按“劳务报酬所得”项目计缴个人所得税。（　　）

【答案】错误。

【解析】个人出版画作取得的所得，应按“稿酬所得”项目征收个人所得税。

4.特许权使用费所得。

特许权使用费所得，是指个人提供专利权、商标权、著作权、非专利技术以及其他特许权的使用权取得的所得。

（1）提供著作权的使用权取得的所得，不包括稿酬所得。

（2）作者将自己的文字作品手稿原件或复印件公开拍卖取得的所得，属于提供著作权的使用所得，按“特许权使用费所得”征收个人所得税。——不是按稿酬所得征税。

（3）个人取得特许权的经济赔偿收入，按“特许权使用费所得”征税。

（4）编剧从电视剧制作单位取得的剧本使用费，不论剧本的使用方是否为其任职单位，统一按“特许权使用费所得”征税。

【例题·多选题】下列选项中，按照特许权使用费所得缴纳个人所得税的有（　　）。

A.李某将自己的一项发明专利许可甲公司使用5年，每年收取专利使用费20万元

B.刘某将自己的书稿交乙出版社出版，按销售量领取的版税

C.张某许可某电影制作公司利用自己编写的一部剧本拍摄电影，取得的收入

D.个人转让自己持有的一项商标权取得的所得

【答案】ACD

【解析】（1）选项ACD，属于特许权使用费所得；（2）选项B，属于稿酬所得。

（二）综合所得适用税率（★）

居民个人的综合所得，实行按年综合征收个人所得税的方法；非居民个人的综合所得按项分类计征个人所得税，不实行按年综合征税方法。

无论居民个人还是非居民个人，其综合所得统一适用3%~45%的7级超额累进税率：

表5-11　个人所得税税率表一（综合所得适用）

| 级　数 | 全年应纳税所得额 | 税率（%） | 速算扣除数 |
|---|---|---|---|
| 1 | 不超过3.6万元的 | 3 | 0 |
| 2 | 超过3.6万元至14.4万元 | 10 | 2 520 |
| 3 | 超过14.4万元至30万元 | 20 | 16 920 |
| 4 | 超过30万元至42万元 | 25 | 31 920 |
| 5 | 超过42万元至66万元 | 30 | 52 920 |
| 6 | 超过66万元至96万元 | 35 | 85 920 |
| 7 | 超过96万元的 | 45 | 181 920 |

注1：本表所称全年应纳税所得额是指依照个人所得税法的规定，居民个人取得综合所得以每一纳税年度收入额减除费用6万元以及专项扣除、专项附加扣除和依法确定的其他扣除后的余额。

注2：非居民个人取得工资、薪金所得，劳务报酬所得，稿酬所得和特许权使用费所得，依照本表按月换算后计算应纳税额。按月换算后的税率表见下表：

表5-12　按月换算后的税率表

| 级　数 | 全月应纳税所得额（单位：元） | 税率（%） | 速算扣除数 |
|---|---|---|---|
| 1 | x≤3 000 | 3 | 0 |
| 2 | 3 000<x≤12 000 | 10 | 210 |
| 3 | 12 000<x≤25 000 | 20 | 1 410 |
| 4 | 25 000<x≤35 000 | 25 | 2 660 |
| 5 | 35 000<x≤55 000 | 30 | 4 410 |
| 6 | 55 000<x≤80 000 | 35 | 7 160 |
| 7 | >80 000 | 45 | 15 160 |

（三）居民个人综合所得应纳税额的计算（★★★）

个人所得税的计税依据是应纳税所得额。应纳税所得额为个人取得的各项收入减去税法规定的费用扣除金额和减免税收入后的余额。

1.个人所得的形式。

个人所得的形式，包括现金、实物、有价证券和其他形式的经济利益。所得为实物的，应当按照取得的凭证上注明的价格计算应纳税所得额；无凭证或者凭证上所注明的价格明显偏低的，参照市场价格核定应纳税所得额。所得为有价证券的，根据票面价格和市场价格核定应纳税所得额。所得为其他形式的经济利益的，参照市场价格核定应纳税所得额。

2.应纳税所得的确定。

居民个人的综合所得，以每一纳税年度的收入额减除费用6万元以及专项扣除、专项附加扣除和依法确定的其他扣除后的余额，为应纳税所得额。其中，劳务报酬所得、稿酬所得、特许权使用费所得以收入减除20%的费用后的余额为收入额。稿酬所得的收入额减按70%计算。

★【专家一对一】

**稿酬所得的收入额减按70%计算，是指稿酬收入减除20%后，再打7折。**

每一纳税年度的收入额=工资薪金所得+劳务报酬收入×（1-20%）+稿酬收入×（1-20%）×70%+特许权使用费收入×（1-20%）

（1）专项扣除，包括居民个人按照国家规定的范围和标准缴纳的基本养老保险、基本医疗保险、失业保险等社会保险费和住房公积金等。

（2）专项附加扣除，包括子女教育、继续教育、大病医疗、住房贷款利息、住房租金、和赡养老人支出等项目。

①子女教育专项附加扣除。

纳税人的子女接受学前教育和学历教育的相关支出，按照每个子女每年12 000元（每月1 000元）的标准定额扣除。

学前教育包括年满3岁至小学入学前教育。学历教育包括义务教育（小学和初中教育）、高中阶段教育（普通高中、中等职业教育）、高等教育（大学专科、大学本科、硕士研究生、博士研究生教育）。

受教育子女的父母分别按扣除标准的50%扣除；经父母约定，也可以选择由其中一方按扣除标准的100%扣除。具体扣除方式在一个纳税年度内不得变更。

②继续教育专项附加扣除。

纳税人接受学历继续教育的支出，在学历教育期间按照每年4 800元（每月400元）定额扣除。纳税人接受技能人员职业资格继续教育、专业技术人员职业资格继续教育支出，在取得相关证书的年度，按照每年3 600元定额扣除。

个人接受同一学历教育事项，符合规定的扣除条件的，可以由其父母按照子女教育支出扣除，也可以由本人按照继续教育支出扣除，但不得同时扣除。

【例题·判断题】张三参加工作后，参加大学本科学历继续教育。则在其继续教育期间计算个人所得税时，张三本人可以按照继续教育每年扣除4 800元，张三的父母也可以同时按照子女教育每年扣除12 000元。（　　）
【答案】错误。
【解析】只能选择一方扣除，不能同时扣除。

③大病医疗专项附加扣除。

一个纳税年度内，在社会医疗保险管理信息系统记录的（包括医保目录范围内的自付部分和医保目录范围外的自费部分）由个人负担超过15 000元的医药费用支出部分，为大病医疗支出，可以按照每年60 000元标准限额据实扣除。大病医疗支出由纳税人本人扣除。

【判断题】张三参加医疗保险，2019年3月生病住院，扣除医疗保险负担的部分外，自己实际负担医疗费1万元，则该笔支出在计算缴纳个人所得税时可以全额扣除。（　　）
【答案】错误。
【解析】个人负担超过15 000元的医药费用支出部分才可以扣除，张三实际负担仅1万元，不能扣除。

④住房贷款利息专项附加扣除。

纳税人本人或配偶使用商业银行或住房公积金个人住房贷款为本人或其配偶购买住房，发生的首套住房贷款利息支出，在偿还贷款期间，可以按照每年12 000元（每月1 000元）标准定额扣除。非首套住房贷款利息支出，不得扣除。纳税人只能享受一套首套住房贷款利息扣除。经夫妻双方约定，可以选择由其中一方扣除，具体扣除方式在一个纳税年度内不得变更。

⑤住房租金专项附加扣除。

纳税人本人及配偶在纳税人的主要工作城市没有住房，而在主要工作城市租赁住房发生的租金支出，可以按照以下标准定额扣除：

a.承租的住房位于直辖市、省会城市、计划单列市以及国务院确定的其他城市，扣除标准为每年14 400元（每月1 200元）；b.承租的住房位于其他城市的，市辖区户籍人口超过100万的，扣除标准为每年12 000元（每月1 000元）；c.承租的住房位于其他城市的，市辖区户籍人口不超过100万（含）的，扣除标准为每年9 600元（每月800元）。

夫妻双方主要工作城市相同的，只能由一方扣除住房租金支出。夫妻双方主要工作城市不相同的，且各自在其主要工作城市都没有住房的，可以分别扣除住房租金支出。纳税人及其配偶不得同时分别享受住房贷款利息专项附加扣除和住房租金专项附加扣除。

【判断题】纳税人本人及配偶在纳税人的主要工作城市没有住房，而在主要工作城市租赁住房发生的租金支出，可以每月扣除房屋租金1200元。（　　）
【答案】错误。
【解析】根据城市规模不同，租金的扣除标准不同。

⑥赡养老人专项附加扣除。

纳税人赡养60岁（含）以上父母以及其他法定赡养人的赡养支出，可以按照以下标准定额扣除：

a.纳税人为独生子女的，按照每年24 000元（每月2 000元）的标准定额扣除。

b.纳税人为非独生子女的，应当与其兄弟姐妹分摊每年24 000元（每月2 000元）的扣除额度，分摊方式包括平均分摊、被赡养人指定分摊或者赡养人约定分摊，具体分摊方式在一个纳税年度内不得变更。采取指定分摊或约定分摊方式的，每一纳税人分摊的扣除额最高不得超过每年12 000元（每月1 000元）。纳税人赡养2个及以上老人的，不按老人人数加倍扣除。

其他法定赡养人是指祖父母、外祖父母的子女已经去世，实际承担对祖父母、外祖父母赡养义务的孙子女、外孙子女。

【判断题】小高是老高、老李夫妇的独子，小高在计算缴纳个人所得税时，可以按月扣除4000元赡养费。（　　）

【答案】错误。

【解析】纳税人为独生子女的，按照每年24000元（每月2000元）的标准定额扣除；纳税人赡养2个及以上老人的，不按老人人数加倍扣除。

（3）其他扣除，包括个人缴付的符合国家规定的企业年金、职业年金，个人购买的符合国家规定的商业健康保险、税收递延型商业养老保险支出，以及国务院规定可以扣除的其他项目。

【例题·多选题】下列各项中，属于居民个人在计算综合所得的应纳税所得额时允许扣除的有（　　）。

A.基本养老保险费　　B.住房贷款利息支出　　C.子女教育支出　　D.基本医疗保险费

【答案】ABCD

2.应纳税额。

（1）计算公式。

应纳税额=应纳税所得额×适用税率－速算扣除数

=（每一纳税年度的收入额－6万元－专项扣除－专项附加扣除－其他扣除）×适用税率－速算扣除数

★【专家一对一】

**在解答个税计算题时，税率和速算扣除数的选取，应根据“应纳税所得额”确定，而不能直接依“收入”确定。**

【例题·单选题】张某2019年1月取得下列收入：（1）工资5 200元，加班费800元；（2）以1 000元购买体育彩票，中奖5 000元。不考虑其他扣除事项，则2019年1月，张某应缴纳的个人所得税是（　　）。

A.（5 200−5 000）×3%×3+5 000×20%=1 018元

B.（5 200+800−5 000）×3%×3+（5 000−1 000）×20%=890元

C.（5 200+800−5 000）×3%×3+（5 000−1 000）×（1−20%）×20%=730元

D.（5 200+800−5 000）×3%×3+5 000×20%=1 090元

【答案】D

【解析】（1）加班费应并入工资，工资薪金所得应纳税额=（5 200+800−5 000）×3%×3=90元；（2）中奖5 000元，应按偶然所得征税，不能扣除任何费用，应纳税额=5 000×20%=1 000元；（3）合计应纳税额=1 000+90=1 090元。

（2）综合所得项目扣除的过渡规定。

新修订的个人所得税法自2019年1月1日起正式施行，在此之前，综合所得项目费用先行按下列规定执行：

①自2018年10月1日至2018年12月31日，纳税人取得的综合所得，仍按原个人所得税法实行分类计征，暂不实行按年综合征税方法。其中的工资、薪金所得，先行以每月收入额减除费用5 000元以及专项扣除和依法确定的其他扣除后的余额为应纳税所得额，依照《个人所得税税率表一（综合所得适用）》按月换算后计算，并且不再扣除附加减除费用（附加减除费用，是指原来对外籍个人在每月扣除3 500元的基础上再扣除1 300元）；经营所得，先行依照《个人所得税税率表二（经营所得适用）》计算缴纳税款。

②纳税人在2018年9月30日（含）前取得的工资、薪金所得，减除费用仍按原规定执行，即居民个人每月扣除3 500元，外籍个人每月扣除4 800元。

【举例】假设2019年甲公司李某全年取得工资、薪金收入280 000元。缴纳社会保险费40 000元。李某正在偿还首套住房贷款及利息;李某为独生子，其独生子正就读高中（李某夫妻约定由李某扣除贷款利息和子女教育费）；李某父母均已年过60岁；李某因大病住院治疗，实际支付医疗费10万元。计算李某2019年应缴纳的个人所得税税额。

【解析】（1）全年减除费用60 000元

(2)专项扣除=40 000元

(3)专项附加扣除：

子女教育支出定额扣除，每年扣除12 000元；

首套住房贷款利息支出定额扣除，每年扣除12 000元；

赡养老人支出实行定额和除，每年扣除24 000元；

大病医疗支出，定额扣除60 000元（虽然实际支出10万元，但只能扣除60 000元）；

专项附加扣除合计=12 000+12 000+24 000+60 000=108 000元；

(4)扣除项目合计=60 000+40 000+108 000=208 000元；

(5)应纳税所得额=280 000−208 000=72 000元；

(6)应纳个人所得税额=72 000×10%−2520=4680元——速算扣除数计算法；

或者：36 000×3%+(72 000−36 000)×10%=4680元——分段计算法。

（四）非居民个人综合所得应纳税额的计算（★★）

非居民个人的工资薪金所得、劳务报酬所得、稿酬所得、特许权使用费所得，不实行综合征收，而是分项计算征税。

1.工资薪金所得。

应纳税所得额=每月收入额－5 000元

应纳税额=应纳税所得额×适用税率－速算扣除数

=（每月收入额－5 000元）×适用税率－速算扣除数

2.劳务报酬所得、特许权使用费所得。

应纳税所得额=每次收入×（1−20%）

应纳税额=应纳税所得额×适用税率－速算扣除数

=每次收入×（1−20%）×适用税率－速算扣除数

3.稿酬所得。

应纳税所得额=每次收入×（1−20%）×70%

应纳税额=应纳税所得额×适用税率－速算扣除数

=每次收入×（1−20%）×70%×适用税率－速算扣除数

4.“非居民个人”的劳务报酬所得、稿酬所得、特许权使用费所得“每次收入”的确定。

非居民个人取得的劳务报酬所得、稿酬所得、特许权使用费所得，属于一次性收入的，以取得该项收入为一次；属于同一项目连续性收入的，以一个月内取得的收入为一次。

★【专家一对一】

**居民个人的综合所得实行按年综合征税，“次”的界定相对于居民个人说来无意义，而非居民个人的这几项所得是按次征税的，故需要界定“次”的含义。**

【例题·多选题】（2015）下列各项中的纳税人为非居民个人。关于劳务报酬所得按“每次”取得收入计缴个人所得税的下列表述中，正确的有（　　）。

A.孙某用3个月时间为某网站提供设计服务，服务完成后一次取得报酬18 000元，孙某应将18 000元平均分配到3个月，以每月分配的金额6 000元作为一次收入计缴个人所得税

B.张某兼职为某企业授课，每月4次，每次报酬1 000元，张某应以1 000元作为一次收入计缴个人所得税

C.陈某用2个月时间为某公司翻译外国专著，翻译完成后一次取得报酬5 000元，陈某应将5 000元作为一次收入计缴个人所得税

D.王某为某卡拉OK厅演唱一个月，共演唱8次，每次报酬800元，王某应以当月报酬合计6 400元作为一次收入计缴个人所得税

【答案】CD
【解析】（1）选项AC，只有一次性收入的，以取得该项收入为一次，选项A错误，选项C正确。（2）选项BD，属于同一事项连续性收入，以1个月内取得的收入为一次，选项B错误，选项D正确。

## 三、经营所得

（一）经营所得的范围（★★）

经营所得，是指：

（1）个人通过在中国境内注册登记的个体工商户、个人独资企业、合伙企业从事生产、经营活动取得的所得。

（2）个人依法取得执照，从事办学、医疗、咨询以及其他有偿服务活动取得的所得。

（3）个人承包、承租、转包、转租取得的所得。

（4）个人从事其他生产、经营活动取得的所得。

（二）经营所得适用税率（★）

经营所得适用5%~35%的五级超额累进税率。

表5-13　个人所得税税率表二（经营所得适用）

| 级　数 | 全年应纳税所得额（单位：元） | 税率（%） | 速算扣除数 |
|---|---|---|---|
| 1 | x≤30 000 | 5 | 0 |
| 2 | 30 000＜x≤90 000 | 10 | 1 500 |
| 3 | 90 000＜x≤300 000 | 20 | 10 500 |
| 4 | 300 000＜x≤500 000 | 30 | 40 500 |
| 5 | ＞500 000 | 35 | 65 500 |

注：本表所称全年应纳税所得额是指以每一纳税年度的收入总额减除成本、费用以及损失后的余额。

（三）经营所得应纳税所得额的确定（★★★）

1.经营所得，以每一纳税年度的收入总额，减除成本、费用以及损失后的余额，为应纳税所得额。

个体工商户、个人独资企业、合伙企业以及个人从事其他生产、经营活动，未提供完整、准确的纳税资料，不能正确计算应纳税所得额的，由主管税务机关核定其应纳税所得额。

个体工商户业主、个人独资企业投资者、合伙企业个人合伙人以及从事其他生产、经营活动的个人，以其每一纳税年度来源于个体工商户、个人独资企业、合伙企业以及其他生产、经营活动的所得，减除费用六万元、专项扣除以及依法确定的其他扣除后的余额，为应纳税所得额。

应纳税所得额=（全年生产经营所得－6万元－专项扣除－依法确定的其他扣除）

2.个体工商户的生产经营所得具体规定。

对个体工商户业主、个人独资企业和合伙企业自然人投资者、企事业单位承包承租经营者，取得的生产经营所得，减除费用为5 000元/月。（自2018年第四季度起，减除费用按照5 000元/月执行，前三季度减除费用仍按3 500元/月执行。）

（1）个体工商户的下列支出不得扣除：①个人所得税税款；②税收滞纳金;③罚金、罚款和被没收财物的损失；④不符合规定的捐赠支出;⑤赞助支出；⑥用于个人和家庭的支出；⑦与取得生产经营收入无关的其他支出；⑧国家税务总局规定不准扣除的其他支出。

（2）个体工商户在生产经营中，应当分别核算生产经营费用和个人、家庭费用。生产经营与个人、家庭生活混用难以分清的费用，其40%视为与生产经营有关的费用，准予扣除。

（3）个体工商户纳税年度发生的亏损，准予向以后年度结转，用以后年度的生产经营所得弥补，但结转年限最长不得超过5年。

★【专家一对一】

与企业所得税弥补期限相同。

（4）实际支付给从业人员的、合理的工资薪金支出，准予扣除。

★【专家一对一】

个体工商户业主的工资薪金支出不得税前扣除。

（5）按照国家规定的范围和标准为业主和从业人员缴纳的“五险一金”（基本养老保险费、基本医疗保险费、失业保险费、生育保险费、工伤保险费和住房公积金），准予扣除。

为从业人员缴纳的补充养老保险费、补充医疗保险费，分别在不超过从业人员工资总额5%内的部分据实扣除；超过部分，不得扣除。

业主本人缴纳的补充养老保险费、补充医疗保险费，以当地（地级市）上年度社会平均工资的3倍为计算基数，分别在不超过该计算基数5%标准内的部分据实扣除；超过部分，不得扣除。

依照规定为特殊工种从业人员支付的人身安全保险费和其他商业保险费准予扣除，为业主本人或从业人员支付的商业保险费，不得扣除。

（6）在生产经营活动中发生的合理的不需要资本化的借款费用，准予扣除。

（7）生产经营活动中发生的下列利息支出，准予扣除：向金融企业借款的利息；向非金融企业借款的利息支出，不超过按照金融企业同期同类贷款利率计算的数额部分。

（8）工会经费、职工福利费、职工教育经费，不超过工资薪金总额的2%、14%、2.5%的据实扣除。超出部分，准予在以后纳税年度结转扣除。

【判断题·例题】企业所得税职工教育经费的扣除标准和个体工商户在计算个人所得税时职工教育经费的扣除标准相同，都是不超过工资薪金总额的2.5%。（　　）

【答案】错误。

【解析】企业所得税中是8%，个体工商户是2.5%。

（9）与生产经营活动有关的业务招待费，按照实际发生额的60%扣除，但最高不得超过当年销售（营业）收入的5‰。

业主自申请营业执照之日起至开始生产经营之日止所发生的业务招待费，按照实际发生额的60%计入开办费。

（10）广告费和业务宣传费不超过当年销售（营业）收入15%的部分，据实扣除；相过部分，准予在以后纳税年度结转扣除。

（11）代从业人员或者其他人负担的税款，不得扣除。

（12）按照规定缴纳的摊位费、行政性收费、协会会费等，据实扣除。

（13）按照规定缴纳的财产保险费，准予扣除。

（14）合理的劳动保护支出，准予扣除。

（15）个体工商户自申请营业执照之日起至开始生产经营之日止所发生符合规定的费用，除为取得固定资产、无形货产的支出，以及应计入资产价值的汇兑损益、利息支出外，作为开办费，个体工商户可以选择在开始生产经营的当年一次性扣除，也可以自生产经营月份起在不短于3年期限内摊销扣除，但一经选定，不得改变。

（16）公益性捐赠，不超过应纳税所得额30%的部分据实扣除。直接捐赠不得扣除。

（17）研究开发新产品、新技术、新工艺发生的开发费用，以及为研发而购置的单台价值10万元以下的测试仪器和装置的购置费准予直接扣除，单台价值在10万元以上（含10万元）的，按固定管产管理，不得在当期直接扣除。

【例题·多选题】（2018）个体工商户的下列支出中，在计算个人所得税应纳税所得额时，不得扣除的有（　　）。

A.业主的工资薪金支出　　B.个人所得税税款

C.在生产经营活动中因自然灾害造成的损失　　D.税收滞纳金

【答案】ABD

3.个人独资企业和合伙企业的生产经营所得具体规定。

（1）查账征收的个人独资企业和合伙企业的扣除项目比照个体工商户的扣除项目确定。

（2）个人独资企业的投资者以全部生产经营所得为应纳税所得额;合伙企业的投资者按照合伙企业的全部生产经营所得和合伙协议约定的分配比例确定应纳税所得额，合伙协议未约定分配比例的，按合伙人数平均计算。

（3）投资者兴办两个或两个以上企业的，其投资者个人费用扣除标准由投资者选择在其中一个企业的生产经营所得中扣除。

（4）计提的各种准备金不得扣除。

（5）企业与其关联企业之间的业务往来，不按照独立企业之间的业务往来收取或者支付价款、费用而减少其应纳税所得额的，主管税务机关有权进行合理调整。

（6）下列情形的个人独资企业和合伙企业实行核定征收个人所得税，具体包括：依照国家有关规定应当设置但未设置账簿的；虽设置家薄，但账目混乱或者成本资料，收入凭证、费用凭证残缺不全，难以查账的；纳税人发生纳税义务，未按规定的期限办理纳税申报，经税务机关责令限期申报，逾期仍不申报的。

【例题·判断题】个人独资企业和合伙企业每一纳税年度发生的广告费和业务宣传费用不超过当年营业收入15%的部分，可据实扣除；超过部分，准予在以后纳税年度结转扣除。（　　）
【答案】正确。

（四）经营所得应纳税额的计算（★★）
应纳税额=应纳税所得额×适用税率－速算扣除数
=（全年生产经营所得－6万元－专项扣除－依法确定的其他扣除）×适用税率－速算扣除数

【例题·单选题】（2017）个体工商户张某2016年度取得营业收入200万元，当年发生业务宣传费25万元，上年度结转未扣除的业务宣传费15万元。已知业务宣传费不超过当年营业收入15%的部分，准予扣除；超过部分，准予在以后纳税年度结转扣除。个体工商户张某在计算当年个人所得税应纳税所得额时，允许扣除的业务宣传费金额为（　　）。
A.30万元　　B.25万元　　C.40万元　　D.15万元
【答案】A
【解析】（1）2016年度业务宣传费税前扣除限额=200×15%=30万元；（2）2016年度待扣金额=25+15=40万元；（3）待扣金额超过扣除限额，故2017年税前准予扣除的业务宣传费金额为30万元。

## 四、利息、股息、红利所得

（一）利息、股息、红利所得的范围（★★）

利息、股息、红利所得，是指个人拥有债权、股权而取得的利息、股息、红利所得。

1.个人投资者收购企业股权后，将企业原有盈余积累转增股本个人所得税问题。

一名或多名个人投资者以股权收购方式取得被收购企业100%股权，股权收购前，被收购企业原账面金额中的资本公积、盈余公积、未分配利润等盈余公积未转增股本，而在股权交易时将其一并计入股权转让价格并履行了所得税纳税义务。股权收购后，企业将原账面金额中的盈余积累向个人投资者（新股东，下同）转增股本，有关个人所得税问题区分以下情形处理：

（1）新股东以不低于净资产价格收购股权的，企业原盈余积累已全部计入股权交易价格，新股东取得盈余积累转增股本的部分，不征收个人所得税。

（2）新股东以低于净资产价格收购股权的，企业原盈余积累中，对于股权收购价格减去原股本的差额部分已经计入股权交易价格，新股东取得盈余积累转增股本的部分，不征收个人所得税；对于股权收购价格低于原所有者权益的差额部分未计入股权交易价格，新股东取得盈余积累转增股本的部分，应按照"利息、股息、红利所得"项目征收个人所得税。

2.个人从公开发行和转让市场取得的上市公司股票。

（1）持股期限在1个月以内（含1个月）的，其股息红利所得全额计入应纳税所得额，持股期限在1个月以上至1年（含1年）的，暂减按50%计入应纳税所得额。

（2）自2015年9月8日起，持股期限超过1年的，股息红利所得暂免征收个人所得税。（3）对个人持有的上市公司限售股：解禁后取得的股息红利，按照上市公司股息红利差别化个人所得税政策规定计算纳税，持股时间自解禁日起计算；解禁前取得的股息红利继续暂减按50%计入应纳税所得额，适用20%的税率计征个人所得税。

（二）利息、股息、红利所得的适用税率（★）

利息、股息、红利所得，适用比例税率，税率为20%。

（三）利息、股息、红利所得应纳税额的计算（★★）

利息、股息、红利所得，以每次收入额为应纳税所得额。以支付利息、股息、红利时取得的收入为一次。

应纳税额=应纳税所得额×适用税率=每次收入额×20%

【例题·判断题】张三为甲公司股东，2017年12月从甲公司分得红利1万元，则张三应纳个人所得税2 000元。（　　）
【答案】正确。
【解析】10 000元×20%=2 000元。

## 五、财产租赁所得

（一）财产租赁所得范围（★★）

1.财产租赁所得，是指个人出租不动产、土地使用权、机器设备、车船以及其他财产取得的所得。

2.个人取得的房屋转租收入，属于“财产租赁所得”项目。

3.房地产开发企业与商店购买者个人签订协议，以优惠价格出售其商店给购买者个人，购买者个人在一定期限内必须将购买的商店无偿提供给房地产开发企业对外出租使用。对购买者个人少支出的购房价款，应视同个人财产租赁所得，按照“财产租赁所得”项目征收个人所得税。每次财产租赁所得的收入额，按照少支出的购房价款和协议规定的租赁月份数平均计算确定。

★【专家一对一】

比如，甲房地产开发公司与商店购买者张麻子签订协议，约定以优惠价200万元（原价248万元）出售一处商店给张麻子，但是张麻子应当将商店无偿交予甲公司，供甲公司对外出租10年。这实际上就是张麻子以商店10年的租赁费冲抵48万元的房款。48÷10÷12=0.4万元，张麻子应每个月按4 000元财产租赁所得缴纳个人所得税。

【例题·多选题】下列各项中，按财产租赁所得征收个人所得税的有（　　）。

A.出租建筑物　　B.出租土地使用权　　C.出租机器设备　　D.出租车船

【答案】ABCD

（二）财产租赁所得的税率（★）

1.财产租赁所得，实行20%的比例税率。

2.从2001年1月1日起，对个人出租“住房”取得的所得暂减按10%的税率征收个人所得税。

★【专家一对一】

出租其他财产，仍按20%税率征税。

（三）财产租赁所得应纳税额的计算（★★）

1.应纳税所得额。

（1）财产租赁所得，每次收入不超过4 000元的，减除费用800元；4 000元以上的，减除20%的费用，其余额为应纳税所得额。

财产租赁所得应纳税所得额=
- 每次收入-800元 —— 每次收入≤4 000元
- 每次收入×（1-20%）——（每次收入>4 000元）

上述公式未考虑修缮费等其他扣除

图5-5　财产租赁所得应纳税所得额的计算

★【专家一对一】

对于房屋出租而言，除上述项目以外，准予扣除的项目还包括：出租房屋时缴纳的有关税费（城市维护建设税、教育费附加以及房产税、印花税等相关税费），不包括增值税。房屋租赁期间发生的修缮费用准予在税前扣除，但每月不能超过800元，多出部分准予以后月份扣除。

（2）取得转租收入的个人向房屋出租方支付的租金，凭房屋租赁合同和合法支付凭据，允许在计算个人所得税时从转租收入中扣除。

财产租赁所得，以1个月内取得的收入为一次。

【例题·判断题】张三从李四处租赁房屋，月租金1 600元，又以每月2 500元转租给王五。则张三租赁房屋每月应纳个人所得税的计税依据是2 500元。（　　）

【答案】错误。

【解析】转租收入应该扣除支付给房东的租金1 600元，故张三缴纳个人所得税的计税依据是900元。

2.应纳税额的计算。

应纳税额=应纳税所得额×适用税率=应纳税所得额×20%（个人出租“住房”：10%）

【例题·单选题】（2018）2017年9月王某出租自有住房取得租金收入6 000元，房屋租赁过程中缴纳的税费240元，支付该房屋的修缮费1 000元，已知个人出租住房个人所得税税率暂减按10%，每次收入4 000元以上的，减除20%的费用。计算王某当月出租住房应纳个人所得税税额的下列算式中正确的是（　　）。

A.（6 000−240−800）×10%=496 元

B.（6 000−240−1 000）×10%=476元

C.（6 000−240−1 000）×（1−20%）×10%=380.8元

D.（6 000−240−800）×（1−20%）×10%=396.8元

【答案】D

【解析】（1）个人出租住房暂减按10%的税率征收个人所得税；（2）房屋修缮费方式额1 000元，只能扣除800元。支付的税费240元也可以扣除。一次取得租金收入6 000元，超过了4 000元，可以扣除20%，（3）故王某应缴纳的个人所得税=（6 000−240−800）×（1−20%）×10%=396.8元。

【例题·判断题】财产租赁所得，以一个月内取得的收入为一次。（　　）

【答案】正确。

## 五、财产转让所得

（一）概念（★★）

财产转让所得，是指个人转让有价证券、股权、合伙企业中的财产份额、不动产、土地使用权、机器设备、车船以及其他财产取得的所得。

个人的下列所得，按财产转让所得征收个人所得税：

1.将境内企业或组织（不包括个人独资企业和合伙企业）的股权或股份，转让给其他个人或法人。

2.因各种原因终止投资、联营、经营合作等行为，从被投资企业或合作项目、被投资企业的其他投资者以及合作项目的经营合作人取得股权转让收入、违约金、补偿金、赔偿金等。

3.以非货币性资产投资，属于个人转让非货币性资产和投资同时发生。

4.纳税人收回转让的股权。

（1）股权转让合同履行完毕、股权已作变更登记，且所得已经实现的，转让人取得的股权转让收入应缴纳个税；转让行为结束后，当事人双方签订并执行解除原股权转让合同、退回股权的协议，是另一次股权转让行为，对前次转让行为征收的个税不予退回。

（2）股权转让合同未履行完毕，因执行仲裁裁决，停止执行原合同，并原价收回已转让股权的，不缴纳个税。

5.自2010年1月1日起，转让限售股取得的所得。——转让限售股，以每次转让收入，减除股票原值和合理税费后的余额，为应纳税所得额。

6.通过招标、竞拍或其他方式购置债权后，通过司法或行政程序主张债权而取得的所得。

7.网络收购虚拟货币加价出售取得的收入。

★【专家一对一】

**个人转让专利权、商标权、著作权、非专利技术取得的所得，不是按照财产转让所得项目征收个人所得税，而是按照特许权使用费所得项目征收个人所得税。**

【例题·多选题】（2014）下列收入中，按照“特许权使用费所得”项目征收个人所得税的有（　　）。

A.提供商标使用权取得的收入

B.转让土地使用权取得的收入

C.转让著作权取得的收入

D.转让专利权取得的收入

【答案】ACD

【解析】（1）选项ACD，应按“特许权使用费所得”征收个人所得税；（2）选项B，应按“财产转让所得”征收个人所得税。

（二）适用税率（★）

财产转让所得适用20%的比例税率。

（三）财产转让所得的扣除项目（★★）

1.财产转让所得，以转让财产的收入额减除财产原值和合理费用后的余额，为应纳税所得额。财产原值，按照下列方法计算：

（1）有价证券，为买入价以及买入时按照规定交纳的有关费用。

（2）不动产，为建造费或者购进价格以及其他有关费用。

（3）土地使用权，为取得土地使用权所支付的金额、开发土地的费用以及其他有关费用。

（4）机器设备、车船，为购进价格、运输费、安装费以及其他有关费用。

（5）其他财产，参照前款规定的方法确定财产原值。

合理费用，是指卖出财产时按照规定支付的有关税费。

2.个人转让房屋。

个人转让房屋的个人所得税应纳税所得额不含增值税，其取得房屋时所支付价款中包含的增值税计入财产原值，计算转让所得时可扣除的税费不包括本次转让缴纳的增值税。

★【专家一对一】

比如，甲出售住房给乙，价款500万元（不含增值税），增值税税额25万元。后乙又将该住房出售给丙，价款800万元（不含增值税），增值税税额40万元。

甲 —转让价500万元+增值税25万元→ 乙

乙 —转让价800万元+增值税40万元→ 丙

在计算乙出售住房时应缴纳的个人所得税时：财产原值为525万元（增值税25万元应计入财产原值）；乙本次出售住房时缴纳的增值税40万元不得扣除，则个人所得税的计税依据是：800-（500+25）=175万元。

（四）财产转让所得应纳税额的计算（★★）

财产转让所得，以转让财产的收入额减除财产原值和合理费用后的余额，为应纳税所得额。

【例题·判断题】张某转让一项专利权，取得转让费30 000元。已知该专利的开发费用为7 000元。则就该项收入，张某应缴纳个人所得税=30 000×20%=6 000元。（　　）

【答案】错误。

【解析】转让专利权收入属于财产转让所得，税率20%，发生的开发费用可以扣除，故应纳税=（30 000-7 000）×20%=4 600元。

## 六、偶然所得

（一）概念（★）

1.偶然所得，是指个人得奖、中奖、中彩以及其他偶然性质的所得。

个人取得的所得，难以界定应纳税所得项目的，由主管税务机关确定。

2.企业对累积消费达到一定额度的顾客，给予额外抽奖机会，个人的获奖所得，按照偶然所得项目，全额缴纳个人所得税。

3.个人取得单张有奖发票所得超过800元的，应全额按照偶然所得项目征收个人所得税。

（二）税率（★）

偶然所得，实行20%的比例税率。

（三）应纳税额的计算（★★）

偶然所得，以每次取得的收入额为应纳税所得额，不得扣除任何费用。

【例题·单选题】（2015）非居民个人取得的下列各项所得中，以1个月内取得的收入为一次计缴个人所得税的是（　　）。

A.稿酬所得　　B.财产租赁所得　　C.偶然所得　　D.特许权使用费所得

【答案】B

【解析】选项ACD，按“次”计算征税。

## 七、征税项目的其他特殊规定（★★）

表5-14 征税项目的其他特殊规定

| 项 目 | 具体情形 |
|---|---|
| 出租车运营 | （1）采用单车承包或承租方式运营的，按工资、薪金所得征税<br>（2）出租车属于个人所有，但挂靠出租车经营单位缴纳管理费的，或出租车经营单位将出租车所有权转移给驾驶员的，比照经营所得征税<br>（3）从事个体出租车运营的出租车驾驶员取得的收入，比照经营所得征税 |
| 职工个人以股份形式取得的拥有所有权的企业量化资产 | （1）取得时，暂缓征收个人所得税<br>（2）转让时，就其转让收入额，扣除取得时实际支付的费用支出和合理转让费用，按“财产转让所得”征收个人所得税<br>（3）量化资产参与企业分配获得的股息、红利，按“利息、股息、红利所得”征收个人所得税 |
| 企业为个人购置房屋及其他财产且所有权登记为个人（包括企业出资购买、个人向企业借款购买） | （1）个人独资企业、合伙企业的个人投资者或其家庭成员取得的上述所得，视为企业对个人的利润分配，按照个体工商户的生产、经营所得项目计征个人所得税<br>（2）其他企业的个人投资者或其家庭成员取得的上述所得，按照工资、薪金所得项目计征个人所得税；其他人员取得的，按照工资、薪金所得征收个人所得税 |

【例题·判断题】出租汽车经营单位对出租车驾驶员采取单车承包方式运营，出租车驾驶员从事客货营运取得的收入，按劳务报酬所得项目征税。（　　）

【答案】错误。

【解析】该收入应按工资、薪金所得项目征税。

## 八、个人捐赠和对研究经费的资助的税务处理

（一）个人捐赠的税务处理（★★★）

1.公益性捐赠。

（1）限额扣除。

个人将其所得通过境内的社会团体、国家机关向教育、扶贫、济困等公益慈善事业进行捐赠，捐赠额未超过纳税人申报的应纳税所得额30%的部分，可以从其应纳税所得额中扣除；国务院规定对公益慈善事业捐赠实行全额税前扣除的，从其规定。应纳税所得额，是指计算扣除捐赠额之前的应纳税所得额。

★【专家一对一】

**此处所述“30%”，是应纳税所得额的30%，不是收入额的30%；此处所述“应纳税所得额”，是指扣除捐赠额之前的应纳税所得额。**

【判断题】2018年12月，李某购买体育彩票中奖30 000元，将其中20 000元通过民政部门捐赠给福利院。已知偶然所得个人所得税税率为20%，则李某彩票中奖收入应缴纳个人所得税额（30 000−20 000）×20%=2 000元。（　　）

【答案】错误。

【解析】彩票中奖属于偶然所得，偶然所得以收入全额为应纳税所得额，捐赠的扣除限额是应纳税所得额的30%，30 000×30%=9 000元，捐赠只能扣除9000元，余下的11 000元不能扣除。故应纳税额=（30 000−9 000）×20%=4 200元

（2）全额扣除。

个人通过非营利性的社会团体和国家机关向红十字事业的捐赠、向农村义务教育的捐赠、对公益性青少年活动场所的捐赠，可以在计算应纳税所得额时全额扣除。

个人通过非营利性的社会团体和政府部门向福利性、非营利性老年服务机构捐赠、通过宋庆龄基金会等6家单位、中国医药卫生事业发展基金会，中国教育发展基金会、中国老龄事业发展基金会等8家单位、中华健康快车基金会等5家单位用于公益救济性的捐赠，符合相关条件的，准予在缴纳个人所得税税

前全额扣除。

2.直接捐赠。

直接捐赠，一律不能扣除。

【例题·单选题】（2015）2014年5月李某花费500元购买体育彩票，一次中奖30 000元，将其中1 000元直接捐赠给甲小学，已知偶然所得个人所得税税率为20%，李某彩票中奖收入应缴纳个人所得税税额的下列计算中，正确的是（　　）。

A.（30 000−500）×20%=5 900元

B.30 000×20%=6 000元

C.（30 000−1 000）×20%=5 800元

D.（30 000−1 000−500）×20%=5 700元

【答案】B

【解析】对个人购买福利彩票、赈灾彩票、体育彩票，一次中奖收入在1万元以下的（含1万元），暂免征收个人所得税；超过1万元的，全额征收个人所得税。个人直接向受赠人的捐赠不允许税前扣除。故李某中奖30 000元，应按偶然所得缴纳个人所得税，并不得扣除购买彩票的支出500元和1 000元直接捐赠款。李某应缴纳个人所得税=30 000×20%=6 000元。

（二）对研究经费的资助的扣除（★）

个人的所得（不含偶然所得）用于对非关联的科研机构和高校研发新产品、新技术、新工艺所发生的研发经费的资助，可以全额在下月（工资、薪金所得）或下次（按次计征的所得）或当年（按年计征的所得）计征个人所得税时，从应纳税所得额中扣除，不足抵扣的，不得结转扣除。

（三）个人购买商业健康保险的扣除（★）

自2017年7月1日起，对个人购买符合规定的商业健康保险产品的支出，允许在当年（月）计算应纳税所得额时予以税前扣除，扣除限额为2 400元/年（200元/月）。单位统一为员工购买符合规定的商业健康保险产品的支出，应分别计入员工个人工资薪金，视同个人购买，按上述限额予以扣除。

## 九、境外已纳税额的抵免（★）

居民个人从中国境外取得的所得，可以从其应纳税额中抵免已在境外缴纳的个人所得税税额，但抵免额不得超过该纳税人境外所得依照本法规定计算的应纳税额。

★【专家一对一】

和企业所得税境外已纳税额抵免类似。

已在境外缴纳的个人所得税税额，是指居民个人来源于中国境外的所得，依照该所得未源国家或者地区的法律应微纳并且实际已经缴纳的所得税税额；依照个人所得税法规定计算的应纳税额，是居民个人境外所得已缴境外个人所得税的抵免限额。除国务院财政、税务主管部门另有规定外，来源于一国（地区）抵免限额为来源于该国的综合所得抵免限额、经营所得抵免限额、其他所得项目抵免限额之和，其中：

来源于一国（地区）综合所得的抵免限额=中国境内、境外综合所得依照个人所得税法和个人所得税法实施条例计算的综合所得应纳税总额×来源于该国（地区）的综合所得收入额÷中国境内、境外综合所得收入总额；

来源于一国（地区）经营所得抵免限额=中国境内、境外经营所得依照个人所得税法和个人所得税法实施条例计算的经营所得应纳税总额×来源于该国（地区）的经营所得的应纳税所得额÷中国境内、境外经营所得的应纳税所得额；

来源于一国（地区）的其他所得项目抵免限额，为来源于该国（地区）的其他所得项目依照个人所得税法和个人所得税法实施条例计算的应纳税额。

居民个人在中国境外一个国家或者地区实际已经缴纳的个人所得税税额，低于依照前款规定计算出的该国家或者地区抵免限额的，应当在中国缴纳差额部分的税款；超过该国家或者地区抵免限额的，其超过部分不得在本纳税年度的应纳税额中扣除，但是可以在以后纳税年度的该国家或者地区抵免限额的余额中补扣。补扣期限最长不得超过5年。

居民个人申请抵免已在境外缴纳的个人所得税税额，应当提供境外税务机关出具的税款所属年度的有关纳税凭证。

【例题·判断题】居民个人刘某在境外购买彩票，开奖后取得20万元奖金，已在境外缴纳个人所得税1万元。对该笔收入，刘某不用在境内补税。（　　）

【答案】错误。

【解析】刘某取得的20万元奖金，应在境内纳税20万元×20%=4万元，在境外已纳1万元可以抵扣，故还需补税3万元。

## 十、个人所得税税收优惠政策

（一）免税项目（★★★）

1.省级人民政府、国务院部委和中国人民解放军军以上单位，以及外国组织、国际组织颁发的科学、教育、技术、文化、卫生、体育、环境保护等方面的奖金。

★【专家一对一】

**国内，注意级别；国外，企业组织发放的奖金不属于免税项目，因为可能以奖金的形式避税。**

2.国债和国家发行的金融债券利息。

★【专家一对一】

**不包括企业债券。**

3.按照国家统一规定发给的补贴、津贴。

4.福利费、抚恤金、救济金。

5.保险赔款。

★【专家一对一】

**不区分财产保险、人身保险。**

6.军人的转业费、复员费、退役金。

7.按照国家统一规定发给干部、职工的安家费、退职费、基本养老金或者退休费、离休费、离休生活补助费。

8.依照有关法律规定应予免税的各国驻华使馆、领事馆的外交代表、领事官员和其他人员的所得。

9.中国政府参加的国际公约、签订的协议中规定免税的所得。

10.对外籍个人取得的探亲费免征个人所得税。

11.根据国家有关规定，单位为个人缴付和个人缴付的住房公积金、基本医疗保险费、养老保险费、失业保险费，从纳税义务人的应纳税所得额中扣除。

12.个人取得的拆迁补助款按有关规定免征个人所得税。

13.国务院规定的其他免税所得。

【例题·多选题】（2017）下列各项中，免征个人所得税的有（　　）。

A.保险赔款　　B.国家发行的金融债券利息

C.军人转业费　　D.劳动分红

【答案】ABC

【解析】（1）选项ABC，免征个人所得税；（2）选项D，按工资、薪金所得计征个人所得税。

（二）减税项目（★★）

有下列情形之一的，可以减征个人所得税，具体幅度和期限，由省、自治区、直辖市人民政府规定，并报同级人民代表大会常务委员会备案：

1.残疾、孤老人员和烈属的所得。

2.因自然灾害遭受重大损失的。

3.国务院规定的其他减税情形。

（三）暂免征税项目（★★）

1.外籍个人以非现金形式或实报实销形式取得的住房补贴、伙食补贴、搬迁费、洗衣费。

★【专家一对一】

**以现金形式发放的该类补贴和费用，仍然征税。**

2.外籍个人按合理标准取得的境内、境外出差补贴。

3.外籍个人取得的语言训练费、子女教育费等，经当地税务机关审核批准为合理的部分。

4.外籍个人从外商投资企业取得的股息、红利所得。

【例题·判断题】外籍个人以非现金形式或实报实销形式取得的住房补贴、伙食补贴、搬迁费、洗衣费，暂免征收个人所得税。（　　）
【答案】正确。

5.外籍专家符合条件的工资、薪金所得：
（1）根据世界银行专项借款协议，由世界银行直接派往我国工作的外国专家。
（2）联合国组织直接派往我国工作的专家。
（3）为联合国援助项目来华工作的专家。
（4）援助国派往我国专为该国援助项目工作的专家。
（5）根据两国政府签订的文化交流项目来华工作两年以内的文教专家，其工资、薪金所得由该国负担的。
（6）根据我国大专院校国际交流项目来华工作两年以内的文教专家，其工资、薪金所得由该国负担的。
（7）通过民间科研协定来华工作的专家，其工资、薪金所得由该国政府机构负担的。
6.对股票转让所得暂不征收个人所得税。

★【专家一对一】
股票转让所得是因为股票的买卖价差形成的，不同于股息红利所得，后者根据持股期限的不同决定是否减免税。见第19项及相应链接。

【例题·判断题】张某以1万元购入某公司股票1 000股，一年后以3万元卖出该股票。则张某买卖股票的取得的2万元收益，应当按照财产转让所得缴纳个人所得税。（　　）
【答案】错误。
【解析】对股票转让所得暂不征收个人所得税。

7.个人举报、协查各种违法、犯罪行为而获得的奖金。
8.个人办理代扣代缴手续，按规定取得的扣缴手续费。
9.个人转让自用达5年以上，并且是唯一的家庭生活用房取得的所得，暂免征收个人所得税。

★【专家一对一】
不足5年，或者拥有2套或2套以上的，转让一套，需要征税。

10.对个人购买福利彩票、赈灾彩票、体育彩票，一次中奖收入在1万元以下的（含1万元）暂免征收个人所得税，超过1万元的，全额征收个人所得税。

★【专家一对一】
超过1万元的，就全额征税，不是扣除1万元后就其余额征税。

11.个人取得单张有奖发票奖金所得不超过800元（含800元）的，暂免征收个人所得税。
12.达到离休、退休年龄，但确因工作需要，适当延长离休、退休年龄的高级专家，其在延长离休、退休期间的工资、薪金所得，视同离休、退休工资免征个人所得税。
13.对国有企业职工从破产企业取得的一次性安置费收入，免征个人所得税。
14.职工与用人单位解除劳动关系取得的一次性补偿收入，在当地上年职工年平均工资3倍数额内的部分，可免征个人所得税。
15.个人领取原提存的住房公积金、基本医疗保险金、基本养老保险金、以及失业保险金，免予征收个人所得税。
16.对工伤职工及其近亲属按照规定取得的工伤保险待遇，免征个人所得税。
17.企业和事业单位根据国家有关政策规定的办法和标准，为在本单位任职或者受雇的全体职工缴付的企业年金或职业年金单位缴付部分，在计入个人账户时，个人暂不缴纳个人所得税。
个人根据国家有关规定缴付的年金个人缴费部分，在不超过本人缴费工资计税基数的4%标准内的部分，暂从个人当期的应纳税所得额中扣除。
年金基金投资运营收益分配计入个人账户时，个人暂不缴纳个人所得税。

18.自2008年10月9日起，对储蓄存款利息所得暂免征收个人所得税。

19.自2015年9月8日起，个人从公开发行和转让市场取得的上市公司股票，持股期限超过1年的，股息红利所得暂免征收个人所得税。

★【专家一对一】

个人从公开发行和转让市场取得的上市公司股票，持股期限在1个月以内（含1个月）的，其股息红利所得全额计入应纳税所得额;持股期限在1个月以上至1年（含1年）的，暂减按50%计入应纳税所得额;上述所得统一适用20%的税率计征个人所得税。

20.2009年5月25日（含）起，以下情形的房屋产权无偿赠与的，对当事人双方不征收个人所得税：

（1）房展产权所有人将房居产权无偿赠与配偶、父母、子女、祖父母、外祖父母、孙子女、外孙子女、兄弟姐妹。

（2）房屋产权所有人将房屋产权无偿赠与对其承担直接抚养或者赡养义务的抚养人或者赡养人。

（3）房屋产权所有人死亡，依法取得房屋产权的法定继承人、遗嘱继承人或者受遗赠人。

21.个体工商户、个人独资企业和合伙企业或个人从事种植业、养殖业、饲养业、捕捞业取得的所得，暂不征收个人所得税。

22.企业在销售商品（产品）和服务过程中向个人赠送礼品，属于下列情形之一的，不征收个人所得税：

（1）企业通过价格折扣、折让方式向个人销售商品（产品）和提供服务。

（2）企业在向个人销售商品（产品）和提供服务的同时给予赠品，如通信企业对个人购买手机赠话费、入网费，或者购话费赠手机等。

（3）企业对累积消费达到一定额度的个人按消费积分反馈礼品。

税收法律、行政法规、部门规章和规范性文件中未明确规定纳税人享受减免税必须经税务机关审批，且纳税人取得的所得完全符合减免税条件的，无须经主管税务机关审核，纳税人可自行享受减免税。

税收法律、行政法规、部门规章和规范性文件中明确规定纳税人享受减免税必须经税务机关审批的，或者纳税人无法准确判断其取得的所得是否应享受个人所得税减免的，必须经主管税务机关按照有关规定审核或批准后，方可减免个人所得税。

【例题·单选题】（2017）下列情形中，应缴纳个人所得税的是（　　）。

A.王某将房屋无偿赠与其子　　B.杨某将房屋无偿赠与其外孙女

C.赵某转让无偿受赠的商铺　　D.张某转让自用达5年以上且是唯一家庭生活用房

【答案】C

【解析】（1）选项AB，房屋产权所有人将房屋产权无偿赠与配偶、父母、子女、祖父母、外祖父母、孙子女、外孙子女、兄弟姐妹的，对双方当事人均不征收个人所得税；（2）选项C，应按财产转让所得项目计算缴纳个人所得税；（3）选项D，对个人转让自用达5年以上并且是家庭唯一生活用房取得的所得，暂免征收个人所得税。

## 十一、个人所得税的征收管理

### （一）纳税申报（★★★）

1.个人所得税征收方式主要有：代扣代缴和自行申报纳税。

个人所得税以取得所得的个人为纳税义务人，以支付所得的单位或个人为代扣代缴义务人。扣缴义务人向个人支付应税款项时，应当依照个人所得税法规定预扣或代扣税款，按时缴库，并专项记载备查。支付，包括现金支付、汇拨支付、转账支付和以有价证券、实物以及其他形式的支付。

税务机关对代扣代缴的税款，付给2%的手续费。

个人应当凭纳税人识别号实名办税。个人首次取得应税所得或者首次办理纳税申报时，应当向扣缴义务人或者税务机关如实提供纳税人识别号及与纳税有关的信息。个人上述信息发生变化的，应当报告扣缴义务人或者税务机关。没有中国公民身份号码的个人，应当在首次发生纳税义务时，按照税务机关规定报送与纳税有关的信息，由税务机关赋予其纳税人识别号。

2.有下列情形之一者，纳税人应当申报纳税：

（1）取得综合所得需要办理汇算清缴的，具体包括：①在两处或者两处以上取得综合所得，且综合所得年收入额减去专项扣除的余额超过六万元；②取得劳务报酬所得、稿酬所得、特许权使用费所得中一项或者多项所得，且综合所得年收入额减去专项扣除的余额超过六万元；③纳税年度内预缴税额低于应纳税额的。

【判断题】个人所得税纳税人在两处或者两处以上取得综合所得，需要办理汇算清缴。（　　）
【答案】错误。
【解析】纳税人在两处或者两处以上取得综合所得，且综合所得年收入额减去专项扣除的余额超过六万元的，才需要办理汇算清缴。

（2）取得应税所得没有扣缴义务人。
（3）取得应税所得，扣缴义务人未扣缴税款。
（4）取得境外所得。
（5）因移居境外注销中国户籍。
（6）非居民个人在中国境内从两处以上取得工资、薪金所得。
（7）国务院规定的其他情形。

扣缴义务人应当按照国家规定办理全员全额扣缴申报，并向纳税人提供其个人所得和已扣缴税款等信息。

★【专家一对一】

非居民个人在中国境内从两处以上取得工资、薪金所得的，需要自行办理申报纳税，如果从两处以上取得的是工资、薪金所得以外的其他所得的，则不需要自行办理申报纳税。这是因为，非居民个人的工资薪金所得实行按月征收，且每月可以扣除5 000元费用，如果不办理纳税申报，那么他可能在二处都每月扣除5 000元。其他所得，不存在按月扣除费用的问题，故可以不要求其申报纳税。

【例题·多选题】（2018）下列情形中，纳税人应当按照规定办理个人所得税自行纳税申报的有（　　）。

A.取得综合所得需要汇算清缴的
B.年所得12万元以上的
C.从中国境外取得所得的
D.取得应纳税所得，没有扣缴义务人的

【答案】ACD
【解析】选项B，新修改的个人所得税法取消了年所得12万元以上的应当办理个人所得税自行申报纳税的规定。

3.居民个人取得工资、薪金所得时，可以向扣缴义务人提供专项附加扣除有关信息，由扣缴义务人扣缴税款时办理专项附加扣除。纳税人同时从两处以上取得工资、薪金所得，并由扣缴义务人办理专项附加扣除的，对同一专项附加扣除项目，纳税人只能选择从其中一处扣除。

居民个人取得劳务报酬所得、稿酬所得、特许权使用费所得，应当在汇算清缴时向税务机关提供有关信息，办理专项附加扣除。暂不能确定纳税人为居民个人或者非居民个人的，应当按照非居民个人缴纳税款，年度终了确定纳税人为居民个人的，按照规定办理汇算清缴。

4.对年收入超过国务院税务主管部门规定数额的个体工商户、个人独资企业、合伙企业，税务机关不得采取定期定额、事先核定应税所得率等方式征收个人所得税。

5.纳税人可以委托扣缴义务人或者其他单位和个人办理汇算清缴。

6.纳税人有下列情形之一的，税务机关可以不予办理退税：

（1）纳税申报或者提供的汇算清缴信息，经税务机关核实为虚假信息，并拒不改正的。
（2）法定汇算清缴期结束后申报退税的。

（二）纳税期限（★★）

表5-15　个人所得税纳税期限

| 所得分类 | | 纳税期限 |
|---|---|---|
| 综合所得 | 居民个人：按年征收 | （1）有扣缴义务人的，按月或按次预扣预缴<br>（2）需要汇算清缴的，在次年3月1日至6月30日内办理 |
| | 非居民个人 | 由扣缴义务人按月或按次代扣代缴，不办理汇算清缴 |
| 经营所得 | 按年 | 月度或季度终了后15日内报送纳税申报表，预缴税款；次年3月31日前汇算清缴 |

续表

| 所得分类 | | 纳税期限 |
|---|---|---|
| 其他所得 | 按月或按次 | （1）有扣缴义务人的，按月或按次代扣代缴<br>（2）无扣缴义务人的，在取得所得的次月15日内报送纳税申报表，并缴纳税款<br>（3）扣缴义务人未扣缴税款的，在取得所得的次年6月30日前缴纳税款；税务机关通知限期缴纳的，纳税人应按期缴纳 |
| 境外所得 | | 居民个人从境外取得所得的，应当在取得所得的次年3月1日至6月30内申报纳税 |
| 从两处取得所得 | | 非居民个人在境内从两处以上取得工资、薪金所得的，应当在取得所得的次月15日内申报纳税 |
| 注销中国户籍的 | | 纳税人因移居境外注销中国户籍的，应当在注销前办理税款清算 |
| 扣缴义务人 | | 预扣、代扣的税款，应在次月十五日内缴入国库 |

【例题·判断题】纳税人取得经营所得，按年计算个人所得税，由纳税人在月度或者季度终了后15日内向税务机关报送纳税申报表，并预缴税款；在取得所得的次年3月31日前办理汇算清缴。（　　）

【答案】正确。

★【专家一点通】

与工资薪金所得相关的项目

| 项目 | 具体情形 | 税务处理 |
|---|---|---|
| 1.年终加薪、劳动分红 | | 按工资、薪金所得征税 |
| 2.津贴、补助 | （1）独生子女补贴；（2）执行公务员工资制度未纳入基本工资总额的补贴、津贴差额和家属成员的副食补贴；（3）托儿补助费；（4）差旅费津贴、误餐补助。 | 不属于工资、薪金性质，不征收个人所得税 |
| | 以误餐补助名义发给职工的补助、津贴 | 按工资薪金所得征税 |
| 3.出租车运营 | 车是公司的——采用单车承包或承租方式运营 | 按工资、薪金所得征税 |
| | 车是自己的：（1）出租车属于个人所有，但挂靠经营，或出租车经营单位将出租车所有权转移给驾驶员；（2）从事个体出租车运营 | 比照经营所得征税 |
| 4.商品营销活动奖励 | （1）企业对营销成绩突出的雇员以培训班、考察等名义免费组织旅游 | 免收的差旅费、旅游费等，并入工资、薪金所得征税 |
| | （2）对非雇员的上述奖励 | 按劳务报酬所得征税 |
| 5.董事、监事收入 | （1）担任公司董事、监事，但不在公司任职、受雇的 | 按劳务报酬所得征税 |
| | （2）在公司任职、受雇，同时兼任董事、监事 | 董事费、监事费与工资收入合并，按工资、薪金所得征税 |
| 6.兼职律师 | 从律师事务所取得工资、薪金性质的所得 | 不再扣除规定的费用，以收入全额直接确定适用税率，计算扣缴个人所得税 |

★【专家一点通】

个人所得税收入、收入额和应纳税所得额辨析

（1）某人取得劳务报酬1 000元，特许权使用费1 000元，稿酬所得1 000元，则劳务报酬和特许权使用费的收入额都按1 000×（1−20%）计算，稿酬所得的收入额按1 000×（1−20%）×70%计算。

（2）注意区别“收入”、“收入额”和“应纳税所得额”，如：居民个人张三2019年1月取得劳务报酬1 000元，稿酬2 000元，工资4 000元，除了扣除5 000元的费用外，如不考虑其他扣除，则张三各项所得的收入、收入额、应纳税所得额、应纳个人所得税额如下表。

| 项　目 | 收入（单位：元） | 收入额（单位：元） | 应纳税所得额（单位：元） | 应纳个人所得税额（单位：元） |
|---|---|---|---|---|
| 劳务报酬所得 | 1 000 | 1 000×（1-20%）=800 | 800+1 120+4 000-5 000=920 | 920×3%=33.60 |
| 稿酬所得 | 2 000 | 2 000×（1-20%）×70%=1 120 | | |
| 工资薪金所得 | 4 000 | 4 000 | | |

- 个人所得税
  - 纳税人：划分标准、纳税义务、所得来源的确定
  - 应税项目
    - 综合所得
      - 工资、薪金所得——扣除项目、特殊规定
      - 劳务报酬所得——与工资薪金所得的区分——收入额=每次收入×（1-20%）
      - 稿酬所得——遗作稿酬——收入额=每次收入×（1-20%）×70%
      - 特许权使用费所得——特许权赔偿收入、手稿拍卖、剧本使用费——收入额=每次收入×（1-20%）
    - 非综合所得
      - 经营所得
      - 财产租赁所得——个人出租住房、房屋转租、优惠价购房无偿供开发商出租
      - 财产转让所得
      - 利息、股息、红利所得——上市公司股息与持股期限
      - 偶然所得
  - 每次收入的确定
  - 税率
    - 超额累进税率
      - 综合所得：3%-45%
      - 经营所得：5%-35%
    - 比例税率——其余：比率税率：20%
  - 应纳税额的计算
    - 综合征税（居民个人的综合所得，按年征收）
      - （1）应纳税所得额=每一纳税年度的收入额-6万元-专项扣除-专项附加扣除-其他扣除
      - （2）每一纳税年度的收入额=工资薪金所得收入+稿酬收入×（1-20%）×70%+特许权使用费收入×（1-20%）+劳务报酬收入×（1-20%）
      - （3）应纳税额=应纳税所得额*适用税率-速算扣除数
    - 分类征税（居民个人的非综合所得和非居民的各种所得，按次征收）
      - 工资薪金所得——应纳税额=（每月收入-5000元）×适用税率-速算扣除数
      - 劳务报酬所得——应纳税额=每次收入×（1-20%）×适用税率-速算扣除数
      - 稿酬所得——应纳税额=每次收入×（1-20%）×70%×适用税率-速算扣除数
      - 特许权使用费所得——应纳税额=每次收入×（1-20%）×适用税率-速算扣除数
      - 经营所得
      - 财产租赁所得
        - （1）每次收入不超过4000元，减除费用800元；4000元以上的，减除20%的费用，其余额为应纳税所得额
        - （2）应纳税额=应纳税所得额×适用税率
      - 财产转让所得——（收入总额-财产原值-合理税费）×20%
      - 利息、股息、红利所得——应纳税额=每次收入×20%
      - 偶然所得——应纳税额=每次收入×20%
  - 税收优惠——免税、减税、暂免征税
  - 税收征管——纳税申报、纳税期限、纳税地点

# 节节测

## 一、单项选择题

1. 下列各项中，不属于个人所得税综合所得项目的是（　　）。
A.工资薪金所得　　B.劳务报酬所得
C.稿酬所得　　D.经营所得
【答案】D

2. 下列应按工资、薪金所得税目，征收个人所得税的是（　　）。
A.单位全勤奖
B.参加商场活动中奖
C.出租闲置房屋取得的所得
D.国债利息所得
【答案】A
【解析】（1）选项B，按偶然所得征税；（2）选项C，按财产租赁所得征税；（3）选项D，属于免税收入，免予征税。

3. 根据个人所得税法律制度的规定，证券经纪人从证券公司取得的佣金收入在计缴个人所得税时适用的税目是（　　）。
A.经营所得　　B.劳动报酬所得
C.特许权使用费所得　　D.工资、薪金所得
【答案】B
【解析】证券经纪人从证券公司取得的佣金收入，按照“劳务报酬所得”项目缴纳个人所得税。

4. 下列各项中，按照“稿酬所得”征收个人所得税的是（　　）。
A.作品出版或者发表　　B.审稿收入
C.设计收入　　D.讲课收入
【答案】A
【解析】（1）选项A，属于稿酬所得，应按稿酬所得纳税；（2）选项BCD，属于劳务报酬所得，应按劳务报酬所得纳税。

5. 某高校教师系非居民个人，其取得一次性技术服务收入4 200元，支付交通费300元。已知：全月应纳税所得额不超过3 000元的，税率3%；全月应纳税所得额超过3 000元至12 000元的部分，税率10%，速算扣除数210。则该教师当月该笔收入应缴纳个人所得税税额的下列计算中，正确的是（　　）。
A.4 200×10%–210=210元
B.（4 200–300）×（1–20%）×3%=93.6元
C.（4 200–300）×（1–20%）×10%–210=102元
D.4 200×（1–20%）×10%–210=126元
【答案】D
【解析】技术服务应该按劳务报酬所得项目征税，支付的交通费300元不能扣除，故应纳税所得额=4 200×（1–20%）=3 360元，适用税率为10%，速算扣除数210元，应纳税额=4 200×（1–20%）×10%–210=126元。

6. 根据个人所得税法规定，纳税人从两处或两处以上取得工资、薪金所得的，其自行申报纳税的税务机关是（　　）。
A.所得来源地税务机关
B.税务机关指定的税务机关
C.纳税人所在地税务机关
D.纳税人选择并固定在其中一地税务机关申报纳税
【答案】D
【解析】纳税人在中国境内两处或两处以上取得工资、薪金的，可选择并固定在其中一地税务机关申报纳税。

7. 某个人独资企业2018年销售收入为4 000万元，实际支出的业务招待费为50万元，根据个人所得税法律的规定，在计算应纳税所得额时允许扣除的业务招待费是（　　）。
A.15万元　　B.20万元　　C.30万元　　D.50万元
【答案】B
【解析】企业发生的与生产经营活动有关的业务招待费支出，按照发生额的60%扣除，但最高不得超过当年销售（营业）收入的5‰。4 000×5‰=20万元；50×60%=30万元，业务招待费可以扣除的金额是20万元。故选项B正确。

8. 下列各项中，以每次收入全额为应纳税所得额计算个人所得税的是（　　）。
A.稿酬所得　　B.劳务报酬所得
C.经营所得　　D.偶然所得
【答案】D

9. 2018年9月，王某出租住房取得不含增值税租金收入3 000元，房屋租赁过程中缴纳的可以税前扣除的相关税费120元，支付出租住房维修费1 000元，已知个人出租住房取得的所得按10%的税率征收个人所得税，每次收入不超过4 000元的，减除费用800元。王某当月出租住房应缴纳个人所得税税额的下列计算列式中，正确的是（　　）。
A.（3 000–120–800–800）×10%=128元
B.（3 000–120–800）×10%=208元
C.（3 000–120–1 000）×10%=188元
D.（3 000–120–1 000–800）×10%=108元
【答案】A
【解析】财产租赁所得，每次收入不超过4 000元的，减除费用800元；4 000以上的，减除20%的费用，其余额为应纳税所得额。另外，维修费用每月最多800元，故1 000的维修只能扣除800元，故选项A正确。

10. 2018年10月胡某花费1 000元购买福利彩票，一次中奖10万元，将其中5万元通过红十字会捐赠给灾区。已知偶然所得个人所得税税率为20%，胡某彩票中奖收入应缴纳个人所得税税额的下列计算中，正确的是（　　）。
A.（100 000–1 000）×20%=19 800元
B.100 000×20%=20 000元
C.（100 000–50 000）×20%=10 000元
D.（100 000–100 000×30%）×20%=14 000元
【答案】C
【解析】胡某通过红十字会捐赠，可以税前全额扣除，故正确答案是选项C。

11. 2019年5月，退休职工刘某取得的下列收入中，免予缴纳个人所得税的是（　　）。
A.刘某原任职单位发放的节日补贴800元
B.报刊上发表文章取得报酬1 000元
C.退休工资5 000元

D.转让自用3年唯一家庭生活用房所得

【答案】C

【解析】（1）选项A，离退休人员另从原任职单位取得的各类补贴、奖金、实物，不属于免税项目，应按工资、薪金所得项目缴纳个人所得税，故选项A按工资薪金所得纳税；（2）选项B，应按稿酬所得项目计算缴纳个人所得税，选项B应按稿酬所得纳税；（3）选项D，个人转让自用达5年以上并且是家庭唯一生活用房取得的所得，暂免征收个人所得税，选项D应按财产转让所得纳税。

## 二、多项选择题

1. 下列支出中，在计算纳税人经营所得应纳税所得额时，不得扣除的有（ ）。

A.从业人员的合理工资

B.逾期归还银行贷款，银行加收的利息

C.代从业人员缴纳的税款

D.个体工商户直接对受益人的捐赠

【答案】CD

【解析】（1）选项C，代从业人员缴纳的税款不得扣除；（2）选项D，直接捐赠，不能扣除。

2. 非居民个人的下列情形中，以1个月内取得的收入为一次计算缴纳个人所得税的有（ ）。

A.李某将小说在某报刊上连载6个月，每月取得稿酬收入1 500元

B.胡某在某培训机构连续授课4个月，每月取得课酬收入8 800元

C.赵某将一项专利转让给甲企业使用1年，专利使用费分3次收取，每次10 000元

D.王某出租住房1套，租期1年，每月收取租金3 000元

【答案】BD

【解析】（1）选项A，属于稿酬所得，应将6个月的收入合计为一次；（2）选项B，属于劳务报酬所得，以1个月内取得的收入为一次；（3）选项C，属于特许权使用费所得，因为是一次转让分笔支付，故应3笔相加合为一次征税；（4）选项D，财产租赁所得以“1个月”内取得的收入为一次，按次征收。

3. 下列各项中，应按照工资、薪金所得税目计缴个人所得税的有（ ）。

A.出租车驾驶员采取单车承包方式承包出租汽车经营单位的出租车，从事客货运营取得的收入

B.杂志社的编辑在本单位杂志上发表作品取得的所得

C.出版社的专业作者撰写的作品，由本社以图书形式出版而取得的稿费收入

D.个人在公司任职，同时兼任董事取得的董事费收入

【答案】ABD

【解析】选项C，按稿酬所得税目计缴个人所得税。

4. 下列各项中，应当缴纳个人所得税的有（ ）。

A.个人兼职取得的收入

B.个人出租房屋，取得的租赁所得

C.个体工商户的生产经营所得

D.个人领取的原提存的医疗保险金

【答案】ABC

【解析】（1）选项A，按劳务报酬所得征税；（2）选项B，按财产租赁所得征税；（3）选项C，按生产经营所得征税；（4）选项D，个人领取原提存的医疗保险金，免予征收个人所得税。

5. 下列所得中，属于个人所得税免税项目的有（ ）。

A.保险赔款

B.军人的转业费

C.国债利息

D.退休人员再任职取得的收入

【答案】ABC

【解析】选项D，退休人员再任职取得的收入，按照工资、薪金所得缴纳个人所得税。

6. 下列各项中，暂免征收个人所得税的有（ ）。

A.外籍个人以现金形式取得的住房补贴

B.外籍个人从外商投资企业取得的股息、红利所得

C.个人转让自用3年，并且是唯一的家庭生活用房取得的所得

D.个人购买福利彩票，一次中奖收入1 000元的

【答案】BD

【解析】（1）选项A，外籍个人以“非现金形式”取得的住房补贴，暂免征收个人所得税，现金形式的住房补贴应纳税；（2）选项C，个人转让自用达5年以上，并且是唯一的家庭生活用房取得的所得，暂免征收个人所得税。使用3年的住房，应纳税；（3）选项D，对个人购买福利彩票、赈灾彩票、体育彩票，一次中奖收入在1万元以下的（含1万元）暂免征收个人所得税，一次中奖1 000元，免征个人所得税。

## 三、判断题

1. 单位以误餐补助名义发放给职工的补助、津贴，应当计算缴纳个人所得税。（ ）

【答案】正确。

【解析】单位以误餐补助名义发放给职工的补助、津贴，属于工资薪金性质的收入，应当计算缴纳个人所得税。

2. 刘某是任职于某报社的一名文学爱好者，经常利用业余时间撰写一些文章在报纸刊物上发表。2018年6月，其撰写的一篇短文在其任职的单位报纸上发表，获得稿酬1 000元。该笔收入应按工资薪金所得征税。（ ）

【答案】错误。

【解析】刘某不是该报社的记者、编辑等专业人员，故其在本单位发表的文章取得的收入应按稿酬所得征税。

3. 计算个人所得税应纳税所得额时，居民个人和非居民个人都可以每一纳税年度的收入额减除费用6万元以及专项扣除、专项附加扣除和依法确定的其他扣除后的余额，为应纳税所得额。（ ）

【答案】错误。

【解析】题干所述扣除方法仅适用于居民个人，非居民个人不适用。

4. 对非居民个人的特许权使用费所得按次计算征税，如果转让取得的收入是分笔支付的，则应将各笔收入相加为一次的收入，计征个人所得税。（ ）

【答案】正确。

5. 利息、股息、红利所得，以每次收入额为应纳税所得额。（ ）

【答案】正确。

6. 甲房地产开发公司张三签订协议，约定以优惠价200万元（原价248万元）出售一处商店给张三，但张三须将商店无偿交予甲公司对外出租10年。甲房地产开发公司在出租该商店时，每月收取租金8千元。则该租金收入应缴纳的个人所得税应由甲公司负担。（ ）

【答案】错误。

【解析】张三购买商店少支出的48万元，视同张三的财产租赁所得，张三应按照“财产租赁所得”缴纳个人所得税。

7. 转让商标所有权取得的收入按特许权使用所得征收个人所得税。（　）

【答案】错误。

【解析】转让商标所有权取得的收入“按财产转让所得”征收个人所得税。

8. 张三是某商场员工，李四是该商场重要客户。因经营业绩突出，商场安排二人旅游，并分别报销差旅费3 000元。则对张三、李四，应分别就3 000元按劳务报酬所得征收个人所得税。（　）

【答案】错误。

【解析】对张三应按工资薪金所得征收个人所得税，对李四应按劳务报酬所得征税。

9. 王某购买福利彩票，一次中奖1万元，应纳个人所得税2 000元。（　）

【答案】错误。

【解析】未超过1万元，免征个人所得税。

10. 非居民个人在中国境内从两处以上取得个人所得税应税所得的，应当办理纳税申报。（　）

【答案】错误。

【解析】非居民个人在中国境内从两处以上取得工资、薪金所得的，应当办理纳税申报，取得工资薪金所得以外的应税所得的，不需要办理纳税申报。

# 章 章 练

## 一、单项选择题

1. 根据企业所得税法律制度的规定，关于确定来源于中国境内、境外所得的下列表述中，不正确的是（ ）。
   A.提供劳务所得，按照劳务发生地确定
   B.销售货物所得，按照交易活动发生地确定
   C.股息、红利等权益性投资所得，按照分配所得的企业所在地确定
   D.转让不动产所得，按照转让不动产的企业或者机构、场所所在地确定
2. 根据企业所得税法律制度的规定，下列各项中按负担、支付所得的企业或者机构、场所所在地确定所得来源地的是（ ）。
   A.提供劳务所得
   B.不动产转让所得
   C.租金所得
   D.股息、红利等权益性投资所得
3. 下列关于企业所得税收入的有关表述中，不正确的是（ ）。
   A.采用买一赠一方式销售商品的，应将总的销售金额按各项商品的公允价值的比例来分摊确认各项的销售收入
   B.企业促销提供的商业折扣，应按折扣后的金额计入企业的收入
   C.企业为鼓励债务人在规定期限付款提供的现金折扣，应冲减企业的收入
   D.销售商品以旧换新的，销售商品应当按照销售商品收入确认条件确认收入，回收的商品作为购进商品处理
4. 2018年度，甲企业实现销售收入3 000万元，当年发生广告费400万元，上年度结转未扣除广告费60万元。已知企业发生的符合条件的广告费不超过当年销售收入15%的部分，准予扣除，超过部分，准予在以后纳税年度结转扣除。甲企业在计算2013年度企业所得税应纳税所得额时，准予扣除广告费的下列计算中，正确的是（ ）。
   A.400－60＝340万元
   B.3 000×15%＋60＝510万元
   C.3 000×15%＝450万元
   D.400＋60＝460万元
5. 2018年甲企业（计算机制造企业）取得销售收入3 000万元，广告费支出400万元，上年结转广告费60万元。根据企业所得税法律制度的规定，甲企业2018年准予扣除的广告费是（ ）万元。
   A.460　B.510　C.450　D.340
6. 甲公司股东张三认缴的出资额为200万元，应于2017年9月1日前缴足，9月1日张三实缴资本为80万元，剩余部分至年底仍未缴纳。甲公司因经营需要于2017年1月1日向银行借款200万元，年利率7.5%，发生借款利息15万元，则当年甲公司可以税前扣除的借款利息是（ ）。
   A.15万元　B.12万元　C.3万元　D.0万元
7. 某煤矿企业缴纳的下列保险费用中，不能在企业所得税税前全额扣除的是（ ）。
   A.为购入的井下施工机械购买的财产保险费用
   B.为井下作业人员支付的人身安全商业保险费用
   C.为职工支付的补充养老保险费用
   D.为职工支付的基本医疗保险费用
8. 某企业为居民企业，2018年计入成本、费用的实发工资薪金总额为600万元，支出职工福利费90万元、职工教育经费56万元，拨缴职工工会经费9万元，则该企业2018年计算应纳税所得额时准予在税前扣除三项经费合计是（ ）。
   A.90万元　B.133万元　C.150万元　D.141万元
9. 根据企业所得税法律制度的规定，下列关于长期摊销费用摊销年限的表述，错误的是（ ）
   A.已足额提取折旧的固定资产的改建支出，按照固定资产预计尚可使用年限分期摊销
   B.租入固定资产的改建支出，按照合同约定的剩余租赁期限分期摊销。
   C.固定资产的大修理支出，按照固定资产尚可使用年限分期摊销
   D.固定资产的大修理支出，按照该固定资产修理后的实际使用年限分期摊销
10. 甲公司2015年应纳税所得额为1 000万元，减免税额为10万元，抵免税额为20万元。已知甲公司适用的所得税税率为25%，则下列甲公司2015年度企业所得税应纳税额的计算中，正确的是（ ）。
    A.1 000×25%－20＝230万元
    B.1 000×25%－10－20＝220万元
    C.1 000×25%－10＝240万元
    D.1 000×25%＝250万元
    【答案】B
    【解析】应纳税额=应纳税所得额×适用税率-减免税额-抵免税额，故正确答案是选项B
11. 企业为开发新技术、新产品、新工艺发生的研究开发费用，未形成无形资产计入当期损益的，在按照规定据实扣除的基础上，按照研究开发费用的一定比例加计扣除。该比例是（ ）。
    A.20%　B.75%　C.100%　D.150%
12. 下列各项中，属于个人所得税工资、薪金所得项目的是（ ）。
    A.独生子女补贴　B.托儿补助费
    C.劳动分红　D.差旅费津贴
13. 下列各项中，不属于劳务报酬所得的是（ ）。
    A.个人举办演唱会的所得　B.个人为某外贸单位临时担任翻译取得的所得
    C.个人担任公司董事长所取得的收入　D.高校教师课外兼职取得的收入
14. 大学教授张某取得的下列收入中，应按“稿酬所得”项目计缴个人所得税的是（ ）。
    A.作品参展收入　B.出版书画作品收入
    C.学术报告收入　D.审稿收入
15. 2019年2月张某许可他人使用自己的一项专利权，取得收入150 000元，已知该专利开发支出10 000元。则张某该笔收入应缴纳个人所得税税额的下列计算中，正确的是（ ）。
    A.（150 000-10 000）×（1-20%）×20%=22 400元
    B.（150 000-10 000）×20%=28 000元

C.[150 000×（1-20%）-10 000]×20%=22 000元
D.150 000×（1-20%）×20%=24 000元

16.假设王某2019年取得下列收入：（1）工资6.6万元；（2）应邀为甲公司员工进行法规培训，取得报酬3万元；（3）取得稿酬2万元；（4）彩票中奖2万元。2019年，李某缴纳社会保险费0.8万元；支付父母赡养费3万元（李某为独生子女）。则李某2019年应缴纳个人所得税额的计算列式中，正确的是（　　）。
A.（66000+30000+20000+20000-60000-8000-30000）×10%-2520=1280元
B.[66000+30000×（1-20%）+20000×（1-20%）-60000-8000-30000]×3%+20000×20%=4240元
C.[66000+30000×（1-20%）+20000×（1-20%）×70%-60000-8000-30000]×3%+20000×20%=4096元
D.[66000+30000×（1-20%）+20000×（1-20%）×70%-60000-8000-24000]×3%+20000×20%=4276元

17.2019年2月，李某从某出版社取得稿酬10 000元。则在计算李某2019年应纳个人所得税额时，该笔稿酬应当计入2019年收入总额的数额是（　　）。
A.10 000元
B.10 000×（1-20%）=8 000元
C.10 000×70%=7 000元
D.10 000×（1-20%）×70%=5 600元

18.根据个人所得税法律制度的规定，对于非居民个人，下列关于“每次收入”确定的表述中，不正确的是（　　）。
A.特许权使用费所得，以一个月内取得的收入为一次
B.财产租赁所得，以一个月内取得的收入为一次
C.劳务报酬所得属于同一事项连续取得收入的，以一个月内取得的收入为一次
D.股息所得，以支付股息时取得的收入为一次

19.胡某2018年10月1日起从事个体经营，当年共取得收入38万元，发生成本、费用、税金等相关支出23万元（其中包括业主胡某每月工资6 500元）。2018年胡某应缴纳个人所得税（　　）。
A.16 500元　B.23 400元　C.19 500元　D.20 400元

20.赵某从2018年5月1日起出租其用于居住的住房，每月取得租金收入3 200元；8月份发生房屋的维修费2 400元。不考虑其他税费，则赵某2018年出租房屋应缴纳的个人所得税为（　　）。
A.1 280元　B.1 680元　C.2 560元　D.1 920元

21.下列各项所得中，按“次”计算缴纳个人所得税的是（　　）。
A.工资、薪金所得　B.劳务报酬所得
C.偶然所得　D.稿酬所得

22.下列各项捐赠中，在计算个人所得税时允许税前全额扣除的是（　　）。
A.甲通过非营利性的社会团体和国家机关向革命老区捐赠3万元
B.乙直接向地震灾区捐赠2万元
C.丙通过非营利性的社会团体和国家机关向贫困地区捐赠1万元
D.丁通过非营利性的社会团体向公益性青少年活动场所捐赠4万元

【答案】D

【解析】（1）选项AC，只能按照应纳税所得额的30%限额扣除；（2）选项B，直接捐赠，不能扣除。

23.下列各项中，免征个人所得税的是（　　）。
A.李某取得的保险赔款
B.张某取得的加班补贴
C.陈某取得特许权的经济赔偿收入
D.王某获得的县级人民政府颁发的教育方面的奖金

24.苏某花费100元购买福利彩票，获得奖金1 000元，去领奖时又花费了交通费60元、食宿费40元。已知偶然所得适用的个人所得税税率为20%。则苏某此次中奖应缴纳的个人所得税额是（　　）。
A.0元
B.10 000×20%=2 000元
C.（10 000－100）×20%=1 980元
D.（10 000－100－60－40）×20%=1 960元

## 二、多项选择题

1.下列关于居民企业和非居民企业的表述中，不正确的有（　　）。
A.在境外成立的企业一定属于非居民企业
B.在境内成立而且无来源于境外所得的企业属于居民企业
C.实际管理机构在境内的企业属于居民企业
D.在境外成立，实际管理机构也在境外，也未在中国境内设立机构、场所的企业，属于非居民企业

2.根据个人所得税法律制度的规定，下列选项中，属于来源于中国境内的所得的有（　　）。
A.美国公民约翰在中国境内餐馆打工取得报酬
B.日本公民山下将自己的财产出租给新加坡公民在中国境内使用而取得租金
C.俄罗斯公民瓦西里因购买中国上市公司的股票而取得的股息、红利
D.英国公民罗希许可一项专利在中国境内使用而取得的专利使用费

3.甲超市中秋节大酬宾，以买一赠一方式销售盒装月饼：即每购买1盒单价120元的盒装月饼（不含税），赠送原价30元的散装月饼1千克（不含税）。本次活动共计销售1 000盒月饼，则下列表述中正确的有。（　　）
A.甲超市应确认销售盒装月饼收入120 000元，散装月饼系赠送，不确认收入
B.甲超市应确认销售盒装月饼收入96 000元，确认销售散装月饼收入24 000元
C.甲超市应确认销售盒装月饼收入120 000元，确认散装月饼销售收入30 000元
D.本次活动甲超市销售的月饼应纳增值税24 000元

4.根据企业所得税法的规定，下列收入属于企业其他收入的有（　　）。
A.逾期未退包装物押金收入
B.已作坏账损失处理后又收回的应收款项
C.经营过程中的违约金收入
D.确实无法偿付的应付款项

5.下列各项中，属于企业所得税不征税收入的有（　　）。
A.依法收取并纳入财政管理的行政事业性收费
B.财政拨款
C.国债利息收入
D.接受捐赠收入

6. 下列个人所得中，应按“劳务报酬所得”项目征收个人所得税的有（　　）。
A.某大学教授从甲企业取得的咨询费
B.某公司高管从乙大学取得的讲课费
C.某设计院设计师从丙公司取得的设计费
D.某编剧从丁电视剧制作单位取得的剧本使用费
7. 在计算企业所得税应纳税所得额时，准予扣除的有（　　）。
A.向客户支付的合同违约金
B.向税务机关支付的税收滞纳金
C.向银行支付的逾期借款利息
D.向公安部门缴纳的交通违章罚款
8. 甲企业2018年利润总额为2 000万元，工资薪金支出为1 500万元，已知在计算企业所得税应纳税所得额时，公益性捐赠支出、职工福利费支出、职工教育经费支出的扣除比例分别为不超过12%、14%和8%。下列支出中，允许在计算2012年企业所得税应纳税所得额时全额扣除的有（　　）。
A.公益性捐赠支出200万元
B.职工福利费支出160万元
C.职工教育经费支出40万元
D.2018年7月至2019年6月期间的厂房租金支出50万元
9. 根据企业所得税法律制度的规定，下列各项中表述正确的有（　　）。
A.人身保险企业按当年全部保费收入扣除退保金等后余额的10%计算手续费和佣金的扣除限额
B.财产保险企业按当年全部保费收入扣除退保金等后余额的10%计算手续费和佣金的扣除限额
C.企业已计入固定资产、无形资产等相关资产的手续费及佣金支出，应当通过折旧、摊销等方式分期扣除，不得在发生当期直接扣除
D.企业支付的手续费及佣金不得直接冲减服务协议或合同金额，并如实入账
10. 下列固定资产在企业所得税前不得计算扣除折旧的有（　　）。
A.未使用的厂房
B.经营租赁方式租入的固定资产
C.已足额提取折旧仍继续使用的固定资产
D.与经营活动无关的固定资产
11. 下列关于企业所得税相关税收优惠的说法中，正确的有（　　）。
A.创业投资企业采取股权投资方式投资于未上市的中小高新技术企业2年以上的，可按其投资额的10%在股权持有满2年的当年抵扣该创业投资企业的应纳税额
B.创业投资企业采取股权投资方式投资于未上市的中小高新技术企业2年以上的，可按其投资额的70%在股权持有满2年的当年抵扣该创业投资企业的应纳税所得额
C.企业购置并实际使用规定的环境保护、节能节水、安全生产等专用设备的，该专用设备的投资额的10%可以从企业当年的应纳税额中抵免
D.企业购置并实际使用规定的环境保护、节能节水、安全生产等专用设备的，该专用设备的投资额的70%可以从企业当年的应纳税所得额中抵免
12. 下列各项捐赠中，在计算个人所得税应纳税所得额时，不得扣除的有（　　）。
A.通过非营利性社会团体向公益性青少年活动中心捐赠
B.直接向困难企业捐赠
C.通过国家机关向红十字事业捐赠
D.直接向贫困地区捐赠
13. 下列各项中，属于个人独资企业和合伙企业在计算个人所得税应税所得额时，可以扣除的项目有（　　）。
A.员工的工资支出　　B.劳保支出
C.向银行贷款的利息　　D.广告支出
14. 下列属于在计算个人出租房屋的个人所得税时，允许的项目有（　　）。
A.出租房屋时缴纳的城市维护建设税、教育费附加以及房产税、印花税等相关税费
B.出租房屋缴纳的增值税
C.房屋租赁期间发生的修缮费用，每月限额800元
D.个人转租房屋，向房屋出租方支付的租金
15. 下列情形中，纳税人应当按照规定办理个人所得税自行纳税申报的有（　　）。
A.从中国境内两处或者两处以上取得工资、薪金所得的
B.因移居境外注销中国户籍的
C.从中国境外取得所得的
D.取得应纳税所得，扣缴义务人未扣缴税款

## 三、判断题

1. 按照中国法律、行政法规成立的个人独资企业和合伙企业属于企业所得税纳税义务人。（　　）
2. 一般情况下，企业发生非货币性资产交换，以及将货物、财产、劳务用于捐赠、偿债、赞助、集资、广告、样品、职工福利或者利润分配等用途的，应当视同销售货物、转让财产或者提供劳务，确认为企业收入。（　　）
3. 转让财产收入应当按照从财产受让方实际收到的价款确认收入。（　　）
4. 非居民企业转让财产所得，以收入全额减除财产净值后的余额为应纳税所得额。（　　）
5. 停止使用的生产性生物资产，应当自停止使用的当月起停止计算折旧。（　　）
6. 投入使用的生物性资产，企业应当自投入使用月份的当月起计算折旧。（　　）
7. 居民企业一律以企业登记注册地为纳税地点。（　　）
8. 个人因公务用车和通讯制度改革而取得的公务用车、通讯补贴收入，扣除一定标准的公务费用后，按照工资、薪金所得项目计征个人所得税。（　　）
9. 非居民个人的特许权使用费所得，以一项特许权的一次许可使用所取得的收入为一次。（　　）
10. 张某取得单张有奖发票奖金800元，应全额按照“偶然所得”项目征收个人所得税。

## 四、不定项选择题

（一）【材料1】甲公司为居民企业，主要从事电冰箱的生产和销售业务。2017年有关经营情况如下：
（1）销售电冰箱收入8 000万元；出租闲置设备收入500万元；国债利息收入50万元；理财产品收益30万元。
（2）符合条件的广告费支出1 500万元。
（3）向银行借入流动资金支付利息55万元；非广告性赞助支出80万元；向客户支付违约金3万元；计提坏账准备金8万元。

（4）全年利润总额为900万元。

已知：广告费和业务宣传费支出，不超过当年销售（营业）收入15%的部分，准予扣除。

要求：根据上述资料，不考虑其他因素，分析回答下列小题。

1. 甲公司下列收入中，应计入2017年度企业所得税收入总额的是（　　）。

A.出租闲置设备收入500万元

B.国债利息收入50万元

C.销售电冰箱收入8 000万元

D.理财产品收益30万元

2. 甲公司在计算2017年度企业所得税应纳税所得时，可以扣除的广告费支出是（　　）。

A.1 275万元　　B.1 500万元

C.1 207万元　　D.1 200万元

3. 甲公司在计算2017年度企业所得税应纳税所得时，下列支出中，不得扣除的是（　　）。

A.向银行借入流动资金支付利息支出55万元

B.向客户支出违约金3万元

C.计提坏账准备金8万元

D.非广告性赞助支出80万元

4. 计算甲公司2017年度企业所得税应纳税所得的下列算式中，正确的是（　　）。

A.900+（1 500-1 207）+80+3+8=1 284 万元

B.900-50+（1 500-1 275）+80+8=1 163 万元

C.900-500+55+8=463 万元

D.900-30+（1 500-1 200）=1 170万元

（二）【材料2】甲百货公司为增值税一般纳税人，2016年实现会计利润3 500万元，预缴企业所得税税款700万元。甲百货公司2016年有关财务资料如下：

（1）自有房屋原值4 500万元，本年度计提折旧300万元。

（2）逾期未退还包装物押金116万元，未结转收入。

（3）取得到期国债利息收入80万元。

（4）直接向某小学捐赠10万元。

已知：增值税税率为16%；企业所得税税率为25%；房屋采用直线法计提折旧，税法规定房屋折旧年限为20年，不考虑净残值。

要求：根据上述资料，不考虑其他因素，分析回答下列小题。

1. 甲百货公司在计算2016年度企业所得税应纳税所得额时，下列各项中，应缴纳企业所得税的是（　　）。

A.国债利息收入

B.逾期未退还包装物押金

C.向某小学捐赠

D.按照规定计算的固定资产折旧费

2. 计算甲百货公司逾期未退还包装物押金增值税销项税额的下列算式中，正确的是（　　）。

A.116×16%=18.56万元

B.116÷（1+16%）×16%=16万元

C.116×（1−16%）×16%=15.5904万元

D.116×（1+16%）×16%=21.5296万元

3. 甲百货公司在计算2016年度企业所得税应纳税所得额时，自有房屋准予扣除的折旧费是（　　）。

A.225万元　B.75万元　C.300万元　D.150万元

4. 计算甲百货公司2016年度应补缴企业所得税税额的下列算式中，正确的是（　　）。

A.[3 500+116×（1+16%）−80]×25%−700=188.64万元

B.[3 500+4 500÷20+116×（1−16%）+10]×25%−700=258.11万元

C.[3 500+（300−4 500÷20）+116÷（1+16%）+10−80]×25%−700=201.25万元

D.[3 500+（300−4 500÷20）+116÷（1+16%）+10−80]×25%=901.25万元

（三）【材料3】中国公民王某现任职于境内甲公司，王某系独生子女，有一个儿子，正在读高中，父母都年满60周岁。假设其2019年有关收支情况如下：

（1）取得工资80 000元，年终奖9 000元，全勤奖2 000元，加班补贴5 000元。

（2）提供维修服务，取得劳务报酬所得15 000元，购买修理用工具支出200元。

（3）取得稿酬50 000元，将其中20 000元直接捐赠给灾区灾民。

（4）缴纳社会保险费合计20 000元，支付儿子教育费20 000元，支付父母赡养费18 000元。

已知：王某与其妻约定，子女教育支出全部由王某扣除。综合所得税率表如下（部分）：

| 级数 | 全年应纳税所得额 | 税率（%） | 速算扣除数 |
|---|---|---|---|
| 1 | 不超过3.6万元的 | 3 | 0 |
| 2 | 超过3.6万元至14.4万元 | 10 | 2520 |
| 3 | 超过14.4万元至30万元 | 20 | 16920 |

根据上述资料，不考虑其他因素，分析回答下列小题。

1. 王某取得的下列所得中，属于“工资、薪金所得”税目的是（　　）

A.工资70 000元　　B. 年终奖9 000元

C.全勤奖2 000元　　D.加班补贴5 000元

2. 王某提供维修服务取得的劳务报酬和稿酬所得，应计入2019年度收入总额的表述正确的是（　　）

A.劳务报酬应计入收入总额（15 000-200）=14 800元。

B.劳务报酬应计入收入总额15 000×（1-20%）=12 000元。

C.稿酬所得应计入收入总额（50 000-20 0000）=30 000元

D.稿酬所得应计入收入总额50 000×（1-20%）×70%=28 000元

3. 王某2019年可以扣除的专项附加扣除合计额是（　　）。

A.20 00+18 000=38 000元

B.12 000+24 000=36 000元

C.20000÷2+18 000=27 000元

D.12 000+24 000×2=60 00元

4. 王某2019年应缴纳的个人所得税额是（　　）。

A.（86 000+15 000+50 000−-20 000-36 000）×10%-2520=6980元

B.（86 000+15 000+30 000-60 000−-20 000-36 000）×3%=450元

C.（86 000+12 000+28 000-60 000−-20 000-36 000）×3%=300元

D.（86 000+12 000+50 000-60 000−-20 000-36 000）×3%=960元

# 章章练参考答案及解析

## 一、单项选择题

1.【答案】D
【解析】选项D，转让不动产所得，按照“不动产所在地”确定所得来源地。
2.【答案】C
【解析】（1）选项A，提供劳务所得，按照劳务发生地确定；（2）选项B，转让不动产所得，按照不动产所在地确定所得来源地；（3）选项C，利息所得、租金所得、特许权使用费所得，按照负担、支付所得的企业或者机构、场所所在地确定，或者按照负担、支付所得的个人的住所地确定；（4）选项D，股息、红利等权益性投资所得，按照分配所得的企业所在地确定。
3.【答案】C
【解析】销售商品涉及现金折扣的，应当按扣除现金折扣前的金额确定销售商品收入金额。现金折扣在实际发生时作为财务费用扣除。
4.【答案】C
【解析】3 000×15%=450，400+60= 460，460＞450，故2013年准予扣除的广告费是450万元，余下的10万元结转下一年扣除。
5.【答案】C
【解析】甲企业广告费税前扣除限额=3 000×15%=450万元，400万元+60万元=460万元，故甲企业2013年税前准予扣除的广告费为450万元。
6.【答案】B
【解析】企业投资者在规定期限内未缴足其应缴资本额的，该企业对外借款所发生的利息，相当于投资者实缴资本额与在规定期限内应缴资本额的差额应计付的利息，不属于企业合理的支出，应由企业投资者负担，不得在计算企业应纳税所得额时扣除。本题中，不得扣除的利息=（200－80）×7.5%×4/12=3万元，可以扣除利息=15－3=12万元，故正确答案是选项B。
7.【答案】C
【解析】为在本企业任职或者受雇的全体员工支付的补充养老保险费，不超过职工工资总额5%标准内的部分，在计算应纳税所得额时准予扣除；超过的部分，不予扣除。
8.【答案】B
【解析】职工福利费扣除限额=600× 14%=84万元，实际发生额为90万元，可以扣除金额为84万元；职工教育经费扣除限额=600×8%=48万元，实际发生额是56万元，可以扣除金额是48万元；职工工会经费扣除限额=600×2%=12万元，实际发生额为9万元，实际发生额9万元可以据实扣除。三项经费扣除合计=84＋48＋9=141万元。
9.【答案】D
【解析】选项D，固定资产的大修理支出，按照固定资产尚可使用年限分期摊销。
10.【答案】B
【解析】应纳税额=应纳税所得额×适用税率-减免税额-抵免税额，故正确答案是选项B。
11.【答案】B
【解析】企业为开发新技术、新产品、新工艺发生的研究开发费用的75%加计扣除。
12.【答案】C
【解析】工资、薪金所得是指个人因任职或者受雇而取得的工资、薪金、奖金、年终加薪、劳动分红、津贴、补贴以及其与任职或者受雇有关的其他所得。托儿补助费、独生子女补贴、差旅费津贴、误餐补助不征收个人所得税。
13.【答案】C
【解析】（1）选项ABD，属于劳务报酬所得；（2）选项C，属于工资、薪金所得。
14.【答案】B
【解析】（1）选项ACD，应按劳务报酬所得纳税；（2）选项B，按稿酬所得纳税。
15.【答案】D
【解析】专利开发支出，只能在转让专利权计算财产转让所得的应纳税所得额时可以扣除，在计算特许权使用费所得的应纳税所得额时，不得扣除，故选项ABC都是错误的。
16.【答案】D
【解析】（1）劳务报酬应扣除20%计入收入额，稿酬所得应扣除20%后再打7折计入收入额，李某是独子，赡养父母只能扣除24000元；（2）彩票中奖2万元属于偶然所得，不属于综合所得项目，应该单独计算个人所得税。故本题正确答案只能是选项D。
17.【答案】D
【解析】稿酬收入，扣除20%后减按70%计入收入额，故本题正确答案是选项D。
18.【答案】A
【解析】选项A，特许权使用费所得，以某项使用权的“一次转让所取得的收入”为一次。
19.【答案】D
【解析】胡某个人的工作不能扣除，但可以每月扣除5 000元费用。故全年应纳税所得额＝280 000－130 000＋（6 500×3－5 000×3）＝154 500元应缴纳个人所得税＝154 500×20%－10 500＝20 400元。
20.【答案】B
【解析】从2001年1月1日起，对个人出租住房取得的所得暂减按10%的税率征收个人所得税。租赁期间发生的房屋修缮费，每月扣除额以800元为限。应纳个人所得税=[3 200－800（修缮费）-800]×10%×3+（3 200－800）×10%×5＝1 680元。
21.【答案】C
【解析】（1）选项A，居民个人按年综合计算缴纳个人所得税；非居民个人按月计算缴纳个人所得税。（2）选项BD，居民个人按年综合计算缴纳个人所得税，非居民个人按次计算缴纳个人所得税。（3）选项C，居民个人和非居民个人都实行按次计算缴纳个人所得税。
22.【答案】D
【解析】（1）选项AC，只能按照应纳税所得额的30%限额扣除；（2）选项B，直接捐赠，不能扣除。
23.【答案】A

【解析】（1）选项B，加班补贴应按照"工资、薪金所得"项目征收个人所得税；（2）选项C，个人取得特许权的经济赔偿收入，应按"特许权使用费所得"项目缴纳个人所得税；（3）选项D，"县级"人民政府颁发的奖金，不够级别，应当按照"偶然所得"项目征收个人所得税。

24.【答案】A

【解析】个人购买福利彩票，一次中奖收入在1万元以下的暂免征收个人所得税，超过1万元的，全额征收个人所得税。苏某中奖1 000元，未达起征点，不征税，故正确答案是选项A。

## 二、多项选择题

1.【答案】ABD

【解析】（1）选项A，在境外成立，但实际管理机构在境内的企业属于居民企业，故选项A错误；（2）选项B，只要是在境内成立的企业就是居民企业，故选项B错误；（3）选项C，正确；（4）选项D，"非居民企业，是指依照外国（地区）法律成立且实际管理机构不在中国境内，但在中国境内设立机构、场所的，或者在中国境内未设立机构、场所，但有来源于中国境内所得的企业"。在境外成立，实际管理机构也在境外，也未在中国境内设立机构、场所的企业，"有来源于中国境内所得的"才属于非居民企业，故选项D错误。

2.【答案】ABCD

【解析】下列所得，不论支付地点是否在中国境内，均为来源于中国境内的所得：

（1）因任职、受雇、履约等而在中国境内提供劳务取得的所得（A）；

（2）将财产出租给承租人在中国境内使用而取得的所得（B）；

（3）转让中国境内的建筑物、土地使用权等财产或者在中国境内转让其他财产取得的所得；

（4）许可各种特许权在中国境内使用而取得的所得（D）；

（5）从中国境内的公司、企业以及其他经济组织或者个人取得的利息、股息、红利所得（C）。

3.【答案】BD

【解析】（1）选项ABC，企业以买一赠一等方式组合销售本企业商品的，不属于捐赠，应将总的销售额按各项商品的公允价值的比例来分摊确认各项商品的销售收入。故应当确认销售盒装月饼收入120 000×［120÷（120+30）］=96 000元，确认销售散装月饼收入（120 000-96 000）=24 000元，合计确认收入120 000万元。故选项B正确，选项AC错误；（2）选项D，赠送散装月饼视同销售，应当缴纳增值税，故盒装月饼的增值税销售额=120×1 000=120 000元，散装月饼的增值税销售额=30×1 000=30 000元，合计应纳税增值税=120 000×16%+30 000×16%=24 000元。故选项D正确。

4.【答案】ABCD

【解析】企业所得税法中所称其他收入，是指企业取得《企业所得税法》具体列举的收入外的其他收入。企业资产溢余收入、逾期未退包装物押金收入、确实无法偿付的应付款项、已作坏账损失处理后又收回的应收款项、债务重组收入、补贴收入、违约金收入、汇兑收益等。

5.【答案】AB

【解析】（1）选项C，属于免税收入；（2）选项D，属于企业所得税应税收入。

6.【答案】ABC

【解析】（1）选项ABC，按劳务报酬所得项目缴纳个税；（2）选项D，按特许权使用费所得项目缴纳个税。

7.【答案】AC

8.【答案】ABC

【解析】（1）选项A，公益性捐赠支出税前扣除限额=2 000×12%=240万元，实际发生额200万元，未超过扣除限额，可以在税前全额扣除；（2）选项B，职工福利费税前扣除限额=1 500×14%=210万元，实际发生额160万元，没有超过扣除限额，可以在税前全额扣除；（3）选项C，职工教育经费税前扣除限额=1 500×8%=120万元，实际发生额40万元，未超过扣除限额，可以税前全额扣除；（4）选项D，2018年7月至2019年6月期间的厂房租金支出50万元，应按租金所属年度分别在2018年度和2019年度扣除，不能全部在2018年度扣除。

9.【答案】ACD

【解析】选项B，财产保险企业按当年全部保费收入扣除退保金等后余额的"15%"计算手续费和佣金扣除限额，故选项B错误。

10.【答案】BCD

11.【答案】BC

【解析】（1）选项A，不是"10%"，而是"70%"，而且，不是"抵抗应纳税额"，而是"抵扣应纳税所得额"；（2）选项D，应该是设备投资额的"10%"，而不是"70%"；是抵免当年的"应纳税额"，而不是抵免"应纳税所得额"。

12.【答案】BD

【解析】选项BD，直接捐赠，不得扣除。

13.【答案】ABCD

14.【答案】ACD

【解析】选项B，出租房屋缴纳的增值税，不能扣除。

15.【答案】ABCD

## 三、判断题

1.【答案】错误。

【解析】个人独资企业和合伙企业"不属于"企业所得税纳税义务人。

2.【答案】正确。

3.【答案】错误。

【解析】转让财产收入应当按照从财产受让方已收或应收的合同或协议价款确认收入。

4.【答案】正确。

5.【答案】错误。

【解析】停止使用的生产性生物资产，应当自停止使用月份的"次月起"停止计算折旧。

6.【答案】错误。

【解析】企业应当自生产性生物资产投入使用月份的"次月起"计算折旧。

7.【答案】错误。

【解析】居民企业以企业登记注册地为纳税地点，但居民企业登记注册地在境外的，以实际管理机构所在地为纳税地点。

8.【答案】正确。

9.【答案】正确。

10.【答案】错误。

【解析】未超过800元，不征税。

## 四、不定项选择题

（一）【答案】1.ABCD；2.A；3.CD；4.B

【解析】

1. 收入总额包括所有的收入，故选项ABCD应该全部选择。
2. 销售收入=8000+500，广告费的扣除限额=（8 000+500）×15%=1275万元，广告费实际发生额1 500万元，大于扣除限额，故只能扣除1 275万元，超过扣除限额部分结转以后年度扣除。
3. （1）选项AB，向银行借款的利息支出和支付的违约金可以扣除；（2）选项C，按照规定，未经核定的准备金不得扣除，计提的坏账准备金8万元未说明经过核定，故不能扣除；（3）选项D，非广告性赞助支出不能扣除。
4. 全年利润总额900万元为会计利润，应纳税所得额可以在会计利润的基础上进行调整：国债利息收入50万元为免税收入，应该调减；广告费1 500万元，只能扣除1 275万元，应该调增（1 500−1 275）万元；非广告性赞助支出80万不能扣除，应调增；计提的坏账准备金8万元不能扣除，应调增。故应纳税所得额=900−50+（1 500−1 275）+80+8=1 163万元，正确答案是选项B。

（二）【答案】1.BC；2.B；3.A；4.C

【解析】

1. （1）选项A，属于免税收入，不缴纳企业所得税；（2）选项B，逾期未退还包装物押金属于企业所得税的“其他收入”，应当计算征税所得税；（3）选项C，属于直接捐赠，不得在企业所得税前扣除，应当计算缴纳企业所得税；（4）选项D，按照规定计算的固定资产折旧费准予在计算企业所得税前扣除。
2. 逾期未退还包装物押金116万元，为含税收入，应作价税分离后并入销售额计征增值税，116÷（1+16%）×16%=1万元。
3. 房屋的最低折旧年限是20年，4500÷20=225万元，故每年可以扣除折旧225万元。
4. （1）会计利润3500万元；（2）2016年准予计提房屋折旧225万元，实际计提300万元，多提300−225=75万元，应调增利润75万元；（3）逾期未退回包装物押金116万元，不含税价100万元，应调增利润100万元；（4）直接捐赠10万元不能扣除，应调增利润10万元；（5）国债利息80万元是免税收入，应调减收入80万元。故应纳税所得额=3500+75+100+10−80=3605万元，应纳所得税额=3605×25%=901.25万元，预缴税款700万元，故应补缴901.25−700=201.25万元。

（三）【答案】1.ABCD；2.BD；3.B；4.C

【解析】

1. 选项ABCD都属于工资薪金所得性质。
2. （1）劳务报酬所得收入扣除20%后计入收入总额，不得扣除其他费用，故选项A错误，选项B正确；（2）稿酬所得扣除20%后再打70%计入收入总额，直接捐赠不得扣除，故选项C错误，选项D正确。
3. （1）子女教育支出每年的扣除定额是12 000元，因王某夫妇约定由王某一人扣除，故王某可以扣除12 000元，虽然王某支付给其儿子的费用是2万元，也只能扣除12 000元；（2）赡养老人支出每年定额扣除24 000元，纳税人赡养2个及2个以上老人的，不按老人人数加倍扣除，王某是独生子女，故可以定额扣除24 000元。故2019年王某可以扣除的专项附加扣除金额是12 000+24 000=36 000元，正确答案是选项B。
4. （1）工资薪金所得额=70 000+9 000+2 000+5 000=86 000元
（2）劳务报酬应计入收入总额15 000×（1−20%）=12 000元
（3）稿酬所得应计入收入总额50 000×（1−20%）×70%=28 000元
（3）专项扣除（社会保险费）金额=20 000元
（4）子女教育支出每年的扣除定额是12 000元，虽然王某支付给其儿子的费用是2万元，也只能扣除12 000元；王某是独生子女，赡养老人支出每年可以定额扣除24 000元，2019年王某可以扣除的专项附加扣除金额是12 000+24 000=36 000元。
（5）应纳税所得额=86 000+12 000+28 000−60000−20 000−36 000=10 000元
（6）应纳税额=10 000×3%=300元

# 06

# 第六章 其他税收法律制度

# 精准考点　提前了解

房产税的计税依据 P314

城镇土地使用税计税依据 P320

土地增值税征税范围 P327

车辆购置税 P341

契税的计税依据 P347

资源税征税范围 P357

关税应纳税额的计算 P368

# 考情早知道

## 【考情分析】

本章分值估计在15分左右。主要题型是单项选择题、多项选择题、判断题，本章税种较多，易混淆。本章考点虽多，但复习难度并不大，一个一个税种分别学，大多数考点需要准确理解和记忆。

本章单独出不定项选择题的可能性很小，但存在和第四章增值税和个人所得税结合出大题的可能，如资源税部分和增值税部分结合出题，契税、房产税与个人所得税的结合出题。

## 【考题形式及重要程度】

| 节　次 | 考试题型 | 重要程度 |
| --- | --- | --- |
| 第一节　房产税法律制度 | 单选、多选、判断 | ★★ |
| 第二节　城镇土地使用税法律制度 | 单选、多选、判断 | ★★ |
| 第三节　土地增值税法律制度 | 单选、多选、判断 | ★★ |
| 第四节　车船税与车辆购置税法律制度 | 单选、多选、判断 | ★★ |
| 第五节　契税与印花税法律制度 | 单选、多选、判断 | ★★ |
| 第六节　资源税法律制度 | 单选、多选、判断 | ★ |
| 第七节　其他相关税收法律制度 | 单选、多选、判断 | ★ |

# 第一节　房产税法律制度

## 一、房产税的概念（★）

房产税，是以房产为征税对象，按照房产的计税价值或房产租金收入向房产所有人或经营管理人等征收的一种税。

## 二、房产税的纳税人（★★★）

在我国城市、县城、建制镇和工矿区（不包括农村）内拥有房屋产权的单位和个人，具体包括产权所有人、承典人、房产代管人或者使用人。

表6-1　房产税纳税人分类

| 房产情形 | 房产税纳税人 |
| --- | --- |
| 产权属于国家所有的 | 房产的经营管理的单位 |
| 产权属于集体和个人的 | 集体单位和个人 |
| 产权出典的 | 承典人 |
| 产权所有人、承典人均不在房产所在地的 | 房产代管人或使用人 |
| 产权未确定以及租典纠纷未解决的 | 房产代管人或使用人 |
| 纳税单位和个人无租使用房产管理部门、免税单位及纳税单位的房产 | 使用人代为缴纳 |

★【专家一对一】

（1）出典一般是指房屋出典，即承典人支付典价而占有、使用出典人的房屋，典期届满时，出典人返还典价赎回房屋（如不赎回则丧失房屋所有权）。在典期内，承典人占有房屋而不交纳租金；出典人取得、使用承典人的金钱，而不支付利息。

（2）房屋出典的，由承典人交房产税。这区别于房屋租赁，如甲将房屋出租给乙，甲是出租人，乙是承租人，甲是房产税的纳税人。特殊情况下，如无租使用的，由承租人代为缴纳房产税。

【例题·单选题】（2012）关于房产税纳税人的下列表述中，不符合法律制度规定的是（　　）。
A.房屋出租的，承租人为纳税人
B.房屋产权所有人不在房产所在地的，房产代管人或使用人为纳税人
C.房屋产权属于国家的，其经营管理单位为纳税人
D.房屋产权未确定的，房产代管人或使用人为纳税人
【答案】A
【解析】选项A，房屋出租的，"出租人"为房产税的纳税人。无租使用的，由使用人代为缴纳房产税。

## 三、房产税的征税范围（★★★）

1.房产税的征税范围为城市、县城、建制镇和工矿区的房屋，不包括农村的房屋。

★【专家一对一】
位于农村的房屋不征收房产税，即使属于国家所有。

2.独立于房屋之外的建筑物，如围墙、烟囱、水塔、菜窖、室外游泳池等不属于房产税的征税对象。

3.房地产开发企业建造的商品房，在出售前，不征收房产税，但对出售前房地产开发企业已使用或者出租、出借的商品房应按规定征收房产税。

【例题·单选题】（2018）下列房屋中，不属于房产税征税范围的是（　　）。
A.建制镇的房屋　　B.农村的房屋　　C.现场的房屋　　D.城市的房屋
【答案】B
【解析】房产税的纳税人，是指在我国城市、县城、建制镇和工矿区内拥有房屋产权的单位和个人，不包括农村。

## 四、房产税税率（★）

房产税采用比例税率。
1.从价计征的，税率1.2%。
2.从租计征的，税率12%（优惠的，减按4%。）

【例题·判断题】房产税采用比例税率，统一为12%。（　　）
【答案】错误。
【解析】房产税采用比例税率。从价计征的，税率为1.2%。从租计征的，税率为12%。

## 五、房产税计税依据

（一）从价计征的房产税计税依据（★★★）
1.从价计征的房产税，以房产余值为计税依据。
房产余值=房产原值×（1–扣除比例）
房产原值，是指纳税人按照会计制度规定，在账簿固定资产科目中记载的房屋原价。
扣除比例为10%~30%，具体扣除比例由省、自治区、直辖市人民政府确定。

★【专家一对一】
房产原值，不减除折旧，因为已按规定扣除一定的比例。

【例题·单选题】（2017）甲公司厂房原值500万元，已提折旧200万元。已知房产原值减除比例为30%，房产税从价计征税率为1.2%，计算甲公司年度应缴纳房产税税额的下列算式中，正确的是（　　）。
A.200×（1−30%）×1.2%=1.68万元　　B.500×1.2%=6万元
C.（500−200）×（1−30%）×1.2%=2.52万元　　D.500×（1−30%）×1.2%=4.2万元
【答案】D
【解析】（1）从价计征的房产税应纳税额=应税房产原值×（1–扣除比例）×1.2%；（2）房产原值，是指在账簿固定资产科目中记载的房屋原价，不需扣减折旧额。

2.房屋附属设备和配套设施的计税规定。

（1）房产原值应包括与房屋不可分割的各种附属设备或一般不单独计算价值的配套设施。如暖气、卫生、通风、照明、煤气等设备；各种管线；电梯、升降机、过道、晒台等。

（2）凡以房屋为载体，不可随意移动的附属设备和配套设施，如给排水、采暖、消防、中央空调、电气及智能化楼宇设备等，无论是否单独记账与核算，都应计入房产原值，计征房产税。

（3）纳税人对房屋进行改建、扩建的，要相应增加房屋的原值。更换房屋附属设备和配套设施的，在将其价值计入房产原值时，可扣减原来相应设备和设施的价值；附属设备和配套设施中易损坏、需要经常更换的零配件，更新后不再计入房产原值。

★【专家一对一】

**添加的，计入原值；换下来的，扣减原值；添加的需要经常更换的易损零配件，不计入原值。**

3.对于投资联营的房产的计税规定。

（1）投资者以房产投资联营、参与投资利润分配、共担风险的，按房产余值作为计税依据计缴房产税。

★【专家一对一】

**此种情形为真投资，由被投资方交房产税。**

（2）对以房产投资收取固定收入、不承担经营风险的，实际上是以联营名义取得房屋租金，应当以出租方取得的不含增值税的租金收入为计税依据计缴房产税。

★【专家一对一】

**此种情形为假投资，由投资方或产权人交房产税。**

（3）融资租赁房屋的，由承租人自合同签订的次月起依照房产余值缴纳房产税。融资租赁本质是分期付款购买固定资产，所以应以房产余值计征房产税。

4.居民住宅区内业主共有的经营性房产。

居民住宅区内业主共有的经营性房产，由实际经营（包括自营和出租）的代管人或使用人缴纳房产税。

自营的，依照房产原值减除10%—30%后的余值计征，没有原值或者不能将共有房产与其他房产的原值准确分开的，由税务机关参照同类房产核定；出租房产的，按照租金收入计征。

【例题·判断题】（2014）对融资租赁的房屋计征房产税时，应以出租方取得的租金收入为计税依据。（　　）

【答案】错误。

【解析】对于融资租赁的房屋，以“房产余值”作为计税依据计征房产税。

（二）从租计征的房产税的计税依据（★★★）

1.房屋出租的，以取得的不含增值税的租金收入为计税依据。

2.房产的租金收入，包括货币收入和实物收入。以劳务或其他形式报酬抵付房租收入的，应当根据当地同类房产的租金水平确定租金额。

★【专家一对一】

**比如，张三出租一处房屋给李四，约定不收租金，但李四应当每月在张三的豆腐坊帮工6天（该工作在当地的日报酬为120元）。已知李四租住的房屋按当地正常水平为月租金1 500元。则张三出租给李四的房屋，每月计征房产税的计税依据是1 500元，而不是720元。**

【例题·判断题】（2016）对个人按市场价格出租的居民住房，暂免征收房产税。（　　）

【答案】错误。

【解析】房屋出租的，以取得的租金收入为计税依据，计缴房产税。

## 六、房产税应纳税额的计算（★★★）

1.从价计征。

应纳税额=房产原值×（1－扣除比例）×1.2%

2.从租计征。

应纳税额=租金收入×12%（或4%）

公式中的“租金收入”为不含增值税收入。

表6-2　房产税应纳税额的计算

| 计税方法 | 计税依据 | 税　率 | 应纳税额的计算公式 |
|---|---|---|---|
| 从价计征 | 房产余值 | 1.2% | 应纳税额=房产原值×（1—扣除比例）×1.2% |
| 从租计征 | 房产租金 | 12% | 全年应纳税额=租金收入×12%（或4%） |
| 房产出租的税收优惠 | 个人出租 | 不区分用途，一律4% | |
| | 单位出租 | 单位按市场价格向个人出租用于居住，按4%的税率征收<br>注：单位向单位出租住房，或者单位向个人出租的住房不是用于居住的，按12%的正常税率征收 | |

【例题·单选题】（2017）2016年7月1日，甲公司出租商铺，租期半年（至2016年12月31日租期届满），一次性收取含增值税租金126 000元。已知增值税征收率为5%，房产税从租计征的税率为12%。计算甲公司出租商铺应缴纳房产税税额的下列算式中，正确的是（　　）。

A.126 000÷（1+5%）×（1−30%）×12%=10 080元

B.126 000÷（1+5%）×12%=14 400元

C.126 000×（1−30%）×12%=10 584元

D.126 000×12%=15 120元

【答案】B

【解析】（1）计征房产税的租金收入不含增值税，应先对“126 000元”作价税分离处理，排除选项CD；（2）从租计征房产税无扣除，排除选项A。故正确答案只能是选项B。

## 七、房产税税收优惠政策（★★）

★【专家一对一】

享受房产税税收优惠的主要是非经营性用房、临时性用房、停用房、保障性用房以及体育活动用房。

1.国家机关、人民团体、军队自用的房产免征房产税，但其出租的，以及非自身业务使用的生产、营业用房不属于免税范围。自2004年8月1日起，对军队空余房产租赁收入暂免征收房产税。

2.由国家财政部门拨付事业经费（全额或差额）的单位（学校、医疗卫生单位、托儿所、幼儿园、敬老院以及文化、体育、艺术类单位）所有的、本身业务范围内使用的房产免征房产税。但附属工厂、商店、招待所等不属于单位公务、业务的用房，应照章纳税。

3.宗教寺庙、公园、名胜古迹自用的房产免征房产税。但附设的营业单位，如影剧院、饮食部、茶社、照相馆等所使用的房产及出租的房产，不属于免税范围，应照章征税。

4.个人所有非营业用的房产（即居民住房）免征房产税；个人拥有的营业用房或者出租的房产，不免税。

个人出租住房，不区分用途，一律按4%的税率征收房产税；单位按市场价格向个人出租用于居住的住房，减按4%的税率征收房产税。

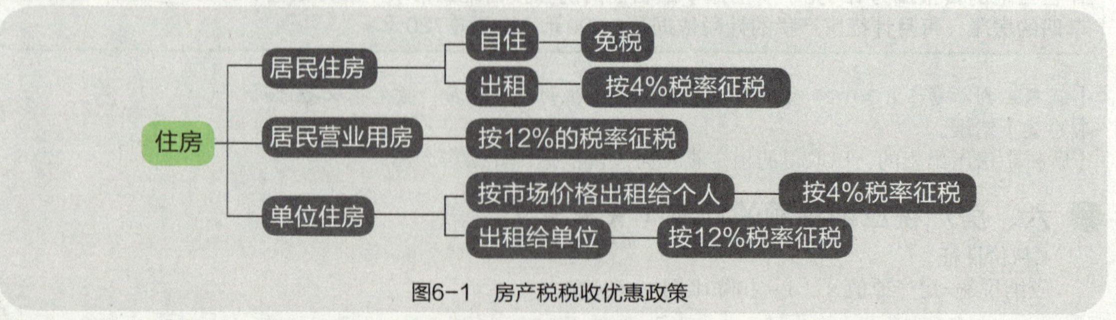


图6-1　房产税税收优惠政策

5.毁损不堪居住的房屋和危险房屋，经有关部门鉴定，在停止使用后，可免征房产税。

6.因房屋大修连续停用半年以上的，大修期间免征房产税。

7.基建工地的各种工棚、材料棚、休息棚和办公室、食堂、茶炉房、汽车房等临时性房屋，施工期间，一律免征房产税；工程结束后，施工企业将其交还或估价转让给基建单位的，从基建单位接收的次月起，照章纳税。

8.高校学生公寓免征房产税。

9.非营利性医疗机构、疾病控制机构和妇幼保健机构等卫生机构自用的房产，免征房产税。

10.老年服务机构自用的房产，免征房产税。

11.公共租赁住房免征房产税。

12.廉租住房经营管理单位按照政府规定价格、向规定保障对象出租廉租住房的租金收入，免征房产税。

13.国家机关、军队、人民团体、财政补助事业单位、居民委员会、村民委员会拥有的体育场馆，用于体育活动的房产，免征房产税。

经费自理事业单位、体育社会团体、体育基金会、体育类民办非企业单位拥有并运营管理的体育场馆，符合相关条件的，其用于体育活动的房产，免征房产税。

企业拥有并运营管理的大型体育场馆，其用于体育活动的房产，减半征收房产税。

★【专家一对一】

**体育场馆：企业——减半征收，非企业——免征。**

【例题·单选题】(2018)下列各项中，应征收房产税的是(　　)。

A.国家机关自用的房产　　B.高等学校的学生公寓

C.个人出租的住房　　D.老年服务机构自用的房产

【答案】C

## 八、房产税征收管理

(一)纳税义务发生时间(★★★)

表6-3　房产税纳税义务发生时间

| 项　目 | 缴纳房产税的时间 |
|---|---|
| 1.将原有房产用于生产经营 | 从生产经营之月起 |
| 2.自行新建房屋用于生产经营 | 从建成之次月起 |
| 3.纳税人委托施工企业建设的房屋 | 从办理验收手续之次月起 |
| 4.纳税人购置新建商品房 | 自房屋交付使用之次月起 |
| 5.纳税人购置存量房 | 自办理房屋权属转移、变更登记手续，房地产权属登记机关签发房屋权属证书之次月起 |
| 6.纳税人出租、出借房产 | 自交付出租、出借房产之次月起 |
| 7.房地产开发企业自用、出租、出借本企业建造的商品房 | 自房屋使用或交付之次月起 |
| 8.融资租赁房屋的 | 由承租人自融资租赁合同约定开始日的次月起依照房产余值缴纳房产税。合同未约定开始日的，由承租人自合同签订的次月起依照房产余值缴纳房产税。 |
| 9.纳税人因房产的实物或权利状态发生变化而依法终止房产税纳税义务的，其应纳税款的计算截止到房产的实物或权利状态发生变化的当月末 | |

【例题·单选题】(2010)甲公司委托某施工企业建造一幢办公楼，工程于2009年12月完工，2010年1月办妥(竣工)验收手续，4月付清全部工程价款。甲公司对此幢办公楼房产税的纳税义务发生时间是(　　)。

A.2009年12月　　B.2010年1月　　C.2010年2月　　D.2010年4月

【答案】C

【解析】纳税人委托施工企业建设的房屋，从办理验收手续之"次月"起，缴纳房产税。

（二）纳税地点和纳税期限（★★）

1.房产税在房产所在地缴纳；房产不在同一地方的纳税人，按房产坐落地分别向房产所在地的税务机关申报纳税。

2.房产税按年计算、分期缴纳，具体纳税期限由省、自治区、直辖市人民政府确定。

【例题·判断题】张三在甲市和乙市各有一处房产，则张三可以选择向甲市或乙市税务机关汇总申报缴纳房产税。（　　）
【答案】错误。
【解析】（1）房产税在房产所在地缴纳；房产不在同一地方的纳税人，应按房产的坐落地点分别向房产所在地的税务机关申报纳税；（2）张三应当分别向甲市税务机关和乙市税务机关申报缴纳房产税。

## 知识图谱

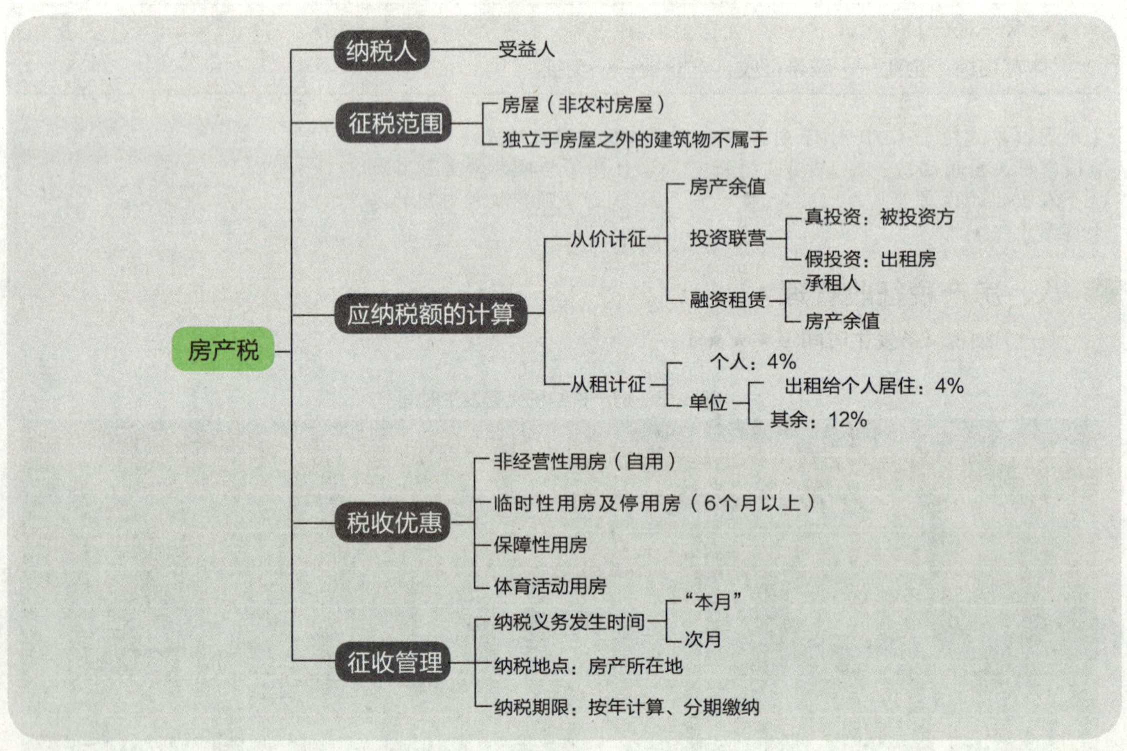


## 节节测

### 一、单项选择题

1.下列各项中，不属于房产税征税范围的是（　　）。
A.建制镇工业企业的厂房
B.农村的村民住宅
C.市区商场的地下车库
D.县城商业企业的办公楼
【答案】B
【解析】房产税的征税范围是指在我国城市、县城、建制镇和工矿区（不包括农村）内的房屋。

2.甲企业以其自有的原值100万元的房产投资于乙企业，双方约定：甲企业每年收取固定收入5万元（不含增值税），不承担经营风险的。已知当地的房产原值扣除比例是20%。则下列关于房产税的各项表述中，正确的有（　　）。
A.以房产原值100万元为计税依据计缴房产税
B.以房产余值80万元为计税依据计缴房产税
C.以甲企业取得的不含增值税的5万元租金收入为计税依据计缴房产税

D.以甲企业取得的不含增值税的5万元租金收入并加上应当缴纳的增值税为计税依据计缴房产税

【答案】C

【解析】对以房产投资收取固定收入、不承担经营风险的，实际上是以联营名义取得房屋租金，应当以出租方取得的不含增值税的租金收入为计税依据计缴房产税。

3.甲企业2017年年初拥有一栋房产，房产原值1 000万元，3月31日将其对外出租，租期1年，每月不含增值税租金1万元。已知从价计征房产税税率为1.2%，从租计征房产税税率为12%，当地省政府规定计算房产余值的减除比例为30%。2017年甲企业上述房产应缴纳房产税（　　）万元。

A.1.08　　B.3.18　　C.3.76　　D.8.4

【答案】B

【解析】（1）该房产1~3月从价计征房产税，4~12月从租计征房产税。（2）2017年甲企业应缴纳房产税=1 000×（1-30%）×1.2%×3/12+1×9×12%=3.18万元。

4.下列各项中，不予免征房产税的是（　　）。

A.名胜古迹中附设的经营性茶社

B.公园自用的办公用房

C.个人所有的唯一普通居住用房

D.国家机关的职工食堂

【答案】A

【解析】（1）选项AB：宗教寺庙、公园、名胜古迹"自用"的房产免征房产税。（2）选项C：个人所有非营业用的房产免征房产税；个人转让自用达5年以上，并且是唯一的家庭生活用房取得的所得，暂免征收个人所得税。（3）选项D：国家机关、人民团体、军队"自用"的房产免征房产税。

## 二、多项选择题

1.下列与房屋不可分割的附属设备中，应计入房产原值计缴房产税的有（　　）。

A.中央空调　　B.电梯

C.暖气设备　　D.给水排水管道

【答案】ABCD

【解析】凡以房屋为载体，不可随意移动的附属设备和配套设施，如给排水、采暖、消防、中央空调、电气及智能化楼宇设备等，无论在会计核算中是否单独记账与核算，都应计入房产原值，计征房产税。

2.赵某在市区拥有一栋七层楼房，其中一、二层自用，经营饭店；三、四层出租给某企业办公，年租金120万；五、六层用于投资联营，不承担联营风险，每年固定收取100万元利润；第七层给朋友张某作为住宅无偿使用，已知该楼房产原值为7 000万，假设每层分摊的房产原值均为1 000万，当地政府规定的扣除率为30%，房产税从价计征的税率为1.2%；从租计征的税率为4%，则下列说法中正确的有（　　）。

A.赵某自用的两层应从价计征房产税，年税额为16.8万元

B.赵某出租的两层应从租计征房产税，年税额为4.8万元

C.赵某用于投资联营的两层应从租计征房产税，年税额为4万元

D.第七层赵某无偿赠送给朋友张某使用，赵某无需缴纳房产税

【答案】ABCD

【解析】（1）选项A，自用，从价计征，应纳税额=1 000万×2×（1-30%）×1.2%=16.8万元；（2）选项B，出租，从租计征，应纳税额=120万×4%=4.8万元；（3）选项C，投资联营收取租金，应从租计征，应纳税额=100万元×4%=4万元；（3）选项D，赵某无偿赠送给朋友张某使用，"赵某无需缴纳房产税"。（张某应当缴纳房产税）。

## 三、判断题

1.张某将个人拥有产权的房屋出典给李某，则李某为该房屋房产税的纳税人。（　　）

【答案】正确。

【解析】房屋出典的，"承典人"（李某）为房产税的纳税人。

2.产权未确定以及租典纠纷未解决的，暂不征收房产税。（　　）

【答案】错误。

【解析】产权未确定以及租典纠纷未解决的，由房产代管人或者使用人纳税。

3.房地产开发企业建造的商品房，出售前已使用的，不征收房产税。（　　）

【答案】错误。

【解析】房地产开发企业建造的商品房，在出售前，不征收房产税，但对出售前房地产开发企业已使用或出租、出借的商品房应按规定征收房产税。

4.甲企业在对其原值500万元的自有房产进行改建时，以50万元的新电梯换下了旧的原价30万元的电梯。则该房产的原值变为550万元。（　　）

【答案】错误。

【解析】纳税人对房屋进行改建、扩建的，要相应增加房屋的原值。更换房屋附属设备和配套设施的，在将其价值计入房产原值时，可扣减原来相应设备和设施的价值。50万元的新电梯价值应计入房产原值，同时旧电梯的原值30万元应从房产原值中扣减，故房产原值现在为：500+50-30=520万元。

5.国家机关、人民团体、军队出租其自用的房产免征房产税。（　　）。

【答案】错误。

【解析】国家机关、人民团体、军队自用的房产免征房产税，但其出租的，以及非自身业务使用的生产、营业用房除外。

6.单位按市场价格向个人出租住房，减按4%的税率征收房产税。（　　）

【答案】错误。

【解析】对单位按市场价格向个人出租"用于居住的"住房，减按4%的税率征收房产税。

7.纳税人将原有房产用于生产经营的，应当从生产经营之次月起，缴纳房产税。（　　）

【答案】错误。

【解析】纳税人将原有房产用于生产经营的，应当从生产经营"之月"起，缴纳房产税。

# 第二节 城镇土地使用税法律制度

## 一、城镇土地使用税的概念（★）

城镇土地使用税是国家在“城市、县城、建制镇和工矿区”范围内，对使用土地的单位和个人，以其实际占用的土地面积为计税依据，按照规定的税额计算征收的一种税。

## 二、城镇土地使用税纳税人（★★★）

城镇土地使用税的纳税人，是指在城市、县城、建制镇、工矿区范围内使用土地的单位和个人。根据用地者的不同情况分别确定为：

1.城镇土地使用税由拥有土地使用权的单位或者个人缴纳。

2.拥有土地使用权的纳税人不在土地所在地的，由代管人或者实际使用人缴纳。

3.土地使用权未确定或者权属纠纷未解决的，由实际使用人纳税。

4.土地使用权共有的，共有各方均为纳税人，由共有各方按实际使用土地的面积占总面积的比例分别缴纳。

★【专家一对一】

城镇土地使用税遵循谁使用、谁受益、谁纳税的原则。

【例题·多选题】（2012、2016）下列关于城镇土地使用税纳税人的表述中，正确的有（　　）。

A.土地使用权未确定或权属纠纷未解决的，由实际使用人纳税

B.土地使用权共有的，共有各方均为纳税人，由共有各方分别纳税

C.拥有土地使用权的纳税人不在土地所在地的，由代管人或实际使用人纳税

D.城镇土地使用税由拥有土地使用权的单位或个人缴纳

【答案】ABCD

## 三、城镇土地使用税征税范围（★★★）

1.凡是“城市、县城、建制镇和工矿区”范围内（不包括农村）的土地，不论是国家所有的土地，还是集体所有的土地，都是城镇土地使用税的征税范围。

2.建制镇的征税范围为镇人民政府所在地的地区，但不包括“镇政府所在地所辖行政村”。

3.建立在城市、县城、建制镇和工矿区以外的工矿企业，不缴纳城镇土地使用税。

4.公园、名胜古迹内的索道公司经营用地，应按规定缴纳城镇土地使用税。

【例题·多选题】（2015）下列各项中，属于城镇土地使用税征税对象的有（　　）。

A.镇政府所在地所辖行政村的集体土地

B.县政府所在地的国有土地

C.位于市区由私营企业占用的国有土地

D.位于工矿区内的国有土地

【答案】BCD

【解析】（1）选项BCD，凡在“城市、县城、建制镇和工矿区”（不包括农村）范围内的土地，不论是国家所有，还是集体所有，都是城镇土地使用税的征税范围；（2）选项A，“镇政府所在地所辖行政村”不属于城镇土地使用税征税范围。

## 四、城镇土地使用税税率（★）

城镇土地使用税采用幅度差别定额税率。

## 五、城镇土地使用税计税依据（★★★）

城镇土地使用税的计税依据是纳税人“实际占用”的土地面积。

1.凡由省级人民政府确定的单位组织测定土地面积的，以测定的土地面积为准。

2.尚未组织测定，但纳税人持有政府部门核发的土地使用证书的，以证书确定的土地面积为准。

3.尚未核发土地使用证书的，应当由纳税人据实申报土地面积，并据以纳税，待核发土地使用证书后

再作调整。

★【专家一对一】

土地面积以平方米为计量标准，确定顺序为：（1）测定面积；（2）证书所载面积；（3）自行据实申报面积。

【例题·多选题】（2014）下列关于城镇土地使用税计税依据的表述，正确的有（　　）。

A.尚未组织测定，但纳税人持有政府部门核发的土地使用证书的，以证书确定的土地面积为准

B.尚未核发土地使用证书的，应由纳税人据实申报土地面积，并据以纳税，待核发土地使用证书后再作调整

C.凡由省级人民政府确定的单位组织测定土地面积的，以测定的土地面积为准

D.城镇土地使用税以实际占用的应税土地面积为计税依据

【答案】ABCD

【解析】城镇土地使用税的计税依据是纳税人实际占用的土地面积。土地面积以平方米为计量标准，确定顺序为：（1）测定面积；（2）证书所载面积；（3）自行据实申报面积。

## 六、城镇土地使用税应纳税额的计算（★★★）

城镇土地使用税从量计征。

年应纳税额=实际占用应税土地面积（平方米）×适用税额

【例题·单选题】（2018）甲贸易公司位于市区，实际占地面积为5 000平方米，其中办公区占地4 000平方米，生活区占地1 000平方米，甲贸易公司还有一处位于农村的仓库，实际面积为1 500平方米。已知城镇土地使用税适用税率每平方米税额为5元。计算甲贸易公司全年应缴纳城镇土地使用税税额的下列算式中，正确的是（　　）。

A.4 000×5=20 000元

B.（5 000+1 500）×5=32 500元

C.5 000×5=25 000元

D.（4 000+1 500）×5=27 500元

【答案】C

【解析】（1）城镇土地使用税计税依据，是纳税人实际占用的土地面积，不包括农村的土地；（2）选项BD，将位于农村的仓库用地计算在内，错误；（3）选项A，土地使用税以实际占用的土地面积为准，仅考虑生活区面积，错误。故正确答案是选项C。

## 七、城镇土地使用税的税收优惠（★★）

1.下列用地免征城镇土地使用税：

（1）国家机关、人民团体、军队自用的土地。

（2）由国家财政部门拨付事业经费的单位自用的土地。

（3）宗教寺庙、公园、名胜古迹自用的土地。

（4）市政街道、广场、绿化地带等公共用地。

（5）直接用于农、林、牧、渔业的生产用地。

★【专家一对一】

公园、名胜古迹内的索道公司经营用地，应按规定缴纳城镇土地使用税。

2.免税单位与纳税单位之间无偿使用的土地。

（1）对免税单位无偿使用纳税单位的土地（如公安、海关等单位使用铁路、民航等单位的土地），免征城镇土地使用税。

（2）对纳税单位无偿使用免税单位的土地，纳税单位应照章缴纳城镇土地使用税。

★【专家一对一】

按实际使用单位决定是否纳税：实际使用单位是免税单位的，免征；实际使用单位是纳税单位的，照征。

【例题·判断题】（2014）对公安部门无偿使用铁路、民航等单位的土地，免征城镇土地使用税。（　　）
【答案】正确。
【解析】根据规定，对免税单位无偿使用纳税单位的土地的，免征城镇土地使用税。因为公安部门是免税单位，所以，免征城镇土地使用税。

3.房地产开发公司开发建造商品房的用地。

房地产开发公司开发建造商品房的用地，除经批准开发建设经济适用房的外，一律不得减免城镇土地使用税。

【例题·判断题】房地产开发公司开发建造商品房的用地，一律不得减免城镇土地使用税。（　　）
【答案】错误。
【解析】经批准开发建设经济适用房的用地例外。

4.企业的铁路专用线、公路等用地。

对企业的铁路专用线、公路等用地除另有规定者外，在企业厂区（包括生产、办公及生活区）以内的，应照章征收城镇土地使用税；在厂区以外、与社会公用地段未加隔离的，暂免征收城镇土地使用税。

5.自2016年1月1日起，企业范围内的荒山、林地、湖泊等占地全额征收城镇土地使用税。

6.林业系统用地。

（1）对林区的育林地、运材道、防火道、防火设施用地，免征城镇土地使用税。

（2）林业系统的森林公园、自然保护区可比照公园免征城镇土地使用税。

（3）林业系统的林区贮木场、水运码头用地，暂予免征城镇土地使用税。

（4）除上述列举免税的土地外，对林业系统的其他生产用地及办公、生活区用地，均应征收城镇土地使用税。

7.盐场、盐矿用地。

（1）对盐场、盐矿的生产厂房、办公、生活区用地，应照章征收城镇土地使用税。

（2）盐场的盐滩、盐矿的矿井用地，暂免征收城镇土地使用税。

【例题·单选题】（2015）2014年甲盐场占地面积为300 000平方米，其中办公用地35 000平方米，生活区用地15 000平方米，盐滩用地250 000平方米。已知当地规定的城镇土地使用税每平方米年税额为0.8元，甲盐场当年应缴纳城镇土地使用税税额的下列计算中，正确的是（　　）。

A.（35 000+250 000）×0.8=228 000元　　B.300 000×0.8=240 000元

C.（15 000+250 000）×0.8=212 000元　　D.（35 000+15 000）×0.8=40 000元

【答案】D
【解析】（1）对盐场、盐矿的生产厂房、办公、生活区用地，应照章征收城镇土地使用税；（2）盐场的盐滩、盐矿的矿井用地，暂免征收城镇土地使用税；（3）计税面积=35 000+15 000=50 000（平方米），甲盐场应缴纳城镇土地使用税=50 000×0.8=40 000元。

8.电力行业用地。

（1）火电厂厂区围墙内的用地均应征收城镇土地使用税；对厂区围墙外的灰场、输灰管、输油（气）管道、铁路专用线用地，免征城镇土地使用税；厂区围墙外的其他用地，应照章征税。

（2）水电站的发电厂房用地，生产、办公、生活用地，应征收城镇土地使用税；对其他用地给予免税照顾。

（3）对供电部门的输电线路用地、变电站用地，免征城镇土地使用税。

【例题·单选题】（2010）某火电厂2009年占地80万平方米，其中厂区围墙内占地40万平方米，厂区围墙外灰场占地3万平方米，生活区及其他商业配套设施占地37万平方米。已知，该火电厂所在地适用的城镇土地使用税每万平方米年税额为1.5万元。根据城镇土地使用税法律制度的规定，该火电厂2009年应缴纳的城镇土地使用税税额为（　　）万元。

A.55.5　　B.60　　C.115.5　　D.120

【答案】C
【解析】（1）火电厂厂区围墙内用地均应征收城镇土地使用税。（2）对厂区围墙外的灰场、输灰管、输油（气）管道、铁路专用线用地，免征城镇土地使用税；厂区围墙外的其他用地，应照章征税。（3）该火电厂应缴纳城镇土地使用税=（80−3）×1.5=115.5万元。

9.水利设施用地。

水利设施及其管扩用地（如水库库区、大坝、堤防、灌渠、泵站等用地），免征城镇土地使用税；其他用地，如生产、办公、生活用地，应照章征税。

【例题·判断题】水利设施及其管扩用地，包括生产、办公、生活用地，免征城镇土地使用税。（ ）

【答案】错误。

【解析】水利设施及其管扩用地（如水库库区、大坝、堤防、灌渠、泵站等用地），免征城镇土地使用税；其他用地，如生产、办公、生活用地，应照章征税。

10.交通部门港口用地。

（1）对港口的码头用地，免征城镇土地使用税。

（2）对港口的露天堆货场用地，原则上应征收城镇土地使用税。

11.民航机场用地。

（1）机场飞行区（包括跑道、滑行道、停机坪、安全带、夜航灯光区）用地、场内外通讯导航设施用地和飞行区四周排水防洪设施用地，免征城镇土地使用税。

（2）在机场道路中，场外道路用地免征城镇土地使用税；场内道路用地依照规定征收城镇土地使用税。

（3）机场工作区（包括办公、生产和维修用地及候机楼、停车场）用地、生活区用地、绿化用地，均须按照规定征收城镇土地使用税。

12.邮政部门的土地。

（1）对邮政部门坐落在城市、县城、建制镇、工矿区范围内的土地，应当依法征收城镇土地使用税。

（2）对坐落在城市、县城、建制镇、工矿区范围以外的，尚在县邮政局内核算的土地，在单位财务账中划分清楚的，不征收城镇土地使用税。

13.体育场馆的城镇土地使用税优惠政策。

（1）国家机关、军队、人民团体、财政补助事业单位、居民委员会、村民委员会拥有的体育场馆，用于体育活动的土地，免征城镇土地使用税。

（2）经费自理事业单位、体育社会团体、体育基金会、体育类民办非企业单位拥有并运营管理的体育场馆，符合相关条件的，其用于体育活动的土地，免征城镇土地使用税。

（3）企业拥有并运营管理的大型体育场馆，其用于体育活动的土地，减半征收城镇土地使用税。

（4）享受上述税收优惠体育场馆的运动场地用于体育活动的天数不得低于全年自然天数的70%。

★【专家一对一】

**体育场馆的房产税优惠和城镇土地使用税税收优惠规定相同。**

【例题·单选题】（2018）下列用地中，免予缴纳城镇土地使用税的是（ ）。

A.港口的码头用地　　B.邮政部门坐落在县城内的土地

C.水电站的发电厂房用地　　D.火电厂厂区围墙内的用地

【答案】A

【解析】（1）选项A，对港口的码头用地，免征城镇土地使用税；（2）选项BCD，都应当征收按照规定城镇土地使用税。

14.自2018年5月1日起至2019年12月31日止，对物流企业承租用于大宗商品仓储设施的土地，减按所属土地等级适用税额标准的50%计征城镇土地使用税。

## 八、城镇土地使用税征收管理

（一）纳税义务发生时间（★★★）

1.购置新建商品房，自房屋交付使用之次月起，缴纳城镇土地使用税。

2.购置存量房，自办理房屋权属转移、变更登记手续，房地产权属登记机关签发房屋权属证书之次月起，缴纳城镇土地使用税。

3.出租、出借房产，自交付出租、出借房产之次月起，缴纳城镇土地使用税。

★【专家一对一】
上述1、2、3项，都与缴纳房产税的时间相同。

4.以出让或转让方式有偿取得土地使用权的，由受让方从合同约定交付土地时间的次月起缴纳城镇土地使用税；合同未约定交付土地时间的，由受让方从合同签订的次月起缴纳城镇土地使用税。

5.新征用的耕地，自批准征用之日起满1年时，开始缴纳城镇土地使用税。

6.新征用的非耕地，自批准征用次月起，缴纳城镇土地使用税。

★【专家一对一】
区分哪些情形是“次月”、“耕地”和“非耕地”的区别。

【例题·判断题】纳税人购置新建商品房，自房屋交付使用之当月起，缴纳城镇土地使用税。（　　）
【答案】错误。
【解析】纳税人购置新建商品房，自房屋交付使用之“次月”起，缴纳城镇土地使用税。

（二）纳税地点（★★）

1.城镇土地使用税在土地所在地缴纳。

2.纳税人使用的土地不属于同一省、自治区、直辖市管辖的，由纳税人分别向土地所在地税务机关缴纳城镇土地使用税。

【例题·判断题】纳税人使用的土地不属于同一省、自治区、直辖市管辖的，由纳税人向其常住地税务机关缴纳城镇土地使用税。（　　）
【答案】错误。
【解析】纳税人使用的土地不属于同一省、自治区、直辖市管辖的，由纳税人“分别向土地所在地税务机关”缴纳城镇土地使用税。

（三）纳税期限（★★）

城镇土地使用税按年计算，分期缴纳。

★【专家一点通】

城镇土地使用税vs房产税

| 项目 | | 房产税 | 城镇土地使用税 |
|---|---|---|---|
| 1.纳税人 | | 产权所有人、承典人、房产代管人、房产使用人（一般情况） | 土地使用权的拥有人、代管人或实际使用人 |
| 2.征税对象 | | 城市、县城、建制镇和工矿区的房产 | 城市、县城、建制镇和工矿区的土地 |
| 3.税率 | | 比例税率 | 定额税率 |
| 4.应纳税额 | | 从价计征：应纳税额=房产原值×（1-扣除比例）×1.2% | 应纳税额=实际占用土地面积×适用税额 |
| | | 从租计征：应纳税额=不含增值税的租金收入×12%或4% | |
| 5.纳税义务发生时间 | | 将原有房产用于生产经营的：自开始生产经营“之月”起缴纳 | 新征用的耕地：自批准征用之日起“满1年”时缴纳 |
| | | 其他情况：“次月”起缴纳 | 其他情况：“次月”起缴纳 |
| 6.纳税地点 | | 房产所在地 | 土地所在地 |
| 7.纳税期限 | | 按年计算，分期缴纳 | 按年计算，分期缴纳 |
| 8.税收优惠 | 免征 | 公益性机构自用的房产 | 公益性机构自用的土地 |
| | 减半征收 | 企业拥有并运营管理的大型体育场馆，其用于体育活动的房产 | 企业拥有并运营管理的大型体育场馆，其用于体育活动的土地 |

# 知 识 图 谱

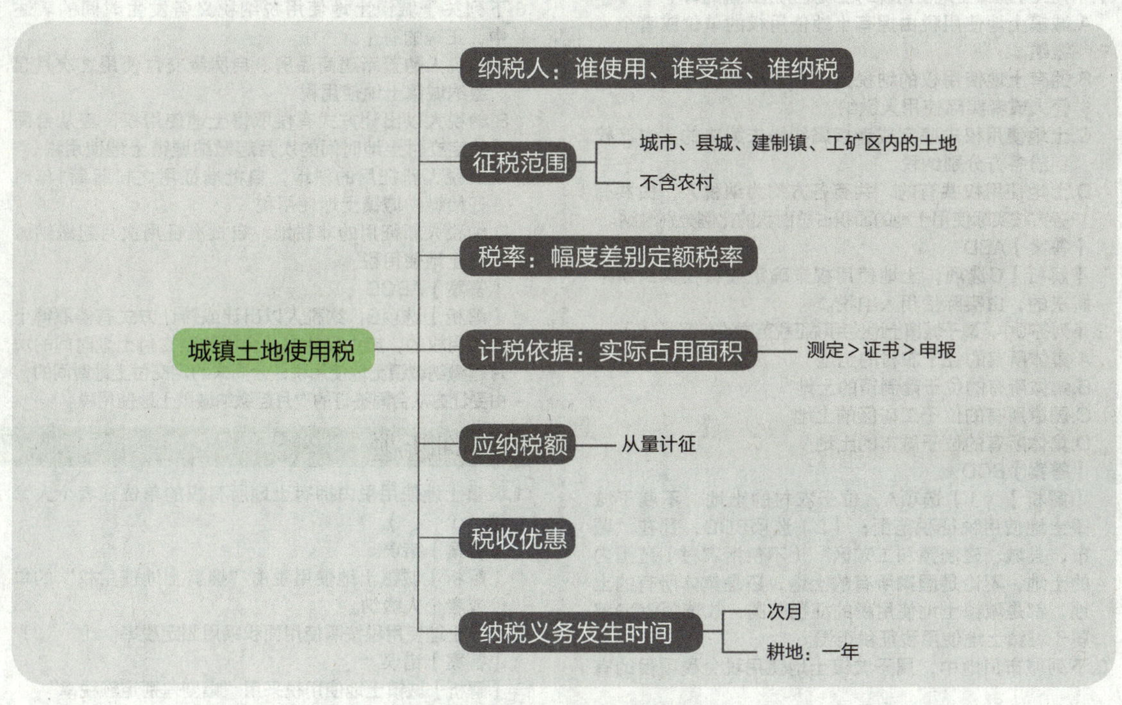


# 节 节 测

## 一、单项选择题

1.甲房地产开发企业开发一住宅项目，实际占地面积12 000平方米，建筑面积24 000平方米，容积率为2.0，甲房地产开发企业缴纳城镇土地使用税的计税依据为（　　）。

A.24 000平方米　B.12 000平方米

C.36 000平方米　D.18 000平方米

【答案】B

【解析】城镇土地使用税的计税依据是纳税人实际占用的“土地面积”（与建筑面积无关）。

2.甲公司设在甲城市，公司持有的土地使用证书上所载占地面积为20 000平方米，省政府测定的其占地面积为20 100平方米。已知该土地适用的城镇土地使用税税额为每平方米5元，则此公司需要缴纳的城镇土地使用税为（　　）。

A.20 000元　B.20 100元

C.100 000元　D.100 500元

【答案】D

【解析】城镇土地使用税的计税依据是纳税人实际占用的土地面积。土地面积以平方米为计量标准，确定顺序依次为：（1）测定面积；（2）证书所载面积；（3）自行据实申报面积。故实际占用应税土地面积为20 100平方米，年应纳税额=实际占用应税土地面积（平方米）×适用税额，甲公司需要缴纳的城镇土地使用税=20 100平方米×5元/平方米=100 500元。

3.下列城市土地中，应缴纳城镇土地使用税的是（　　）。

A.企业生活区用地　B.国家机关自用的土地

C.名胜古迹自用的土地　D.市政街道公共用地

【答案】A

【解析】下列用地免征城镇土地使用税：国家机关、人民团体、军队自用的土地（B）。

4.下列各项中，应缴纳城镇土地使用税的是（　　）。

A.人民法院办公楼用地　B.公园绿化广场用地

C.农业生产用地　D.盐场生产厂房用地

【答案】D

【解析】（1）选项AB，属于城镇土地使用税的免税项目；（2）选项C，不属于城镇土地使用税征税项目；（3）选项D，不属于对盐场、盐矿的生产厂房、办公、生活区用地，应照章征收城镇土地使用税。

5.下列各项中，不属于城镇土地使用税免税项目的是（　　）。

A.水库管理部门的办公用地　B.大坝用地

C.堤防用地　D.水库库区用地

【答案】A

【解析】水利设施及其管护用地（如水库库区、大坝、堤防、灌溉、泵站等用地）免征城镇土地使用税，其他用地，如生产、办公、生活用地，应照章征税。

## 二、多项选择题

1.下列关于城镇土地使用税纳税规定说法正确的有（　　）。

A.城镇土地使用税由拥有土地使用权的单位或者个人缴纳

B.拥有土地使用权的纳税人不在土地所在地的，由代管人或者实际使用人缴纳

C.土地使用权未确定或者权属纠纷未解决的，由产权纠纷各方分别纳税

D.土地使用权共有的，共有各方均为纳税人，由共有各方按实际使用土地的面积占总面积的比例分别缴纳。

【答案】ABD

【解析】C选项，土地使用权未确定或者权属纠纷未解决的，由实际使用人纳税。

2.下列各项中，属于城镇土地使用税征税范围的有（　　）。

A.集体所有的位于农村的土地

B.集体所有的位于建制镇的土地

C.国家所有的位于工矿区的土地

D.集体所有的位于城市的土地

【答案】BCD

【解析】（1）选项A，位于农村的土地，不属于城镇土地使用税征税范围；（2）选项BCD，凡在“城市、县城、建制镇和工矿区”（不包括农村）范围内的土地，不论是国家所有的土地，还是集体所有的土地，都是城镇土地使用税的征税范围，故选项BCD都属于城镇土地使用税征税范围。

3.下列城市用地中，属于城镇土地使用税免税项目的有（　　）。

A.林区的育林地、运材道、防火道、防火设施用地

B.林业系统的森林公园、自然保护区

C.林业系统的林区贮木场、水运码头用地

D.林业系统的其他生产用地及办公、生活区用地

【答案】ABC

【解析】（1）选项ABC，对林区的育林地、运材道、防火道、防火设施用地，免征城镇土地使用税（选项A）；林业系统的森林公园、自然保护区可比照公园免征城镇土地使用税（选项B）；林业系统的林区贮木场、水运码头用地，暂予免征城镇土地使用税（选项C）；（2）选项D，除上述列举免税的土地外，对林业系统的其他生产用地及办公、生活区用地，均应征收城镇土地使用税。

4.下列城市用地中，属于城镇土地使用税免税项目的有（　　）。

A.大坝用地

B.水库用地

C.港口码头用地

D.港口的露天堆货场用地

【答案】ABC

【解析】选项D，对港口的露天堆货场用地，原则上应征收城镇土地使用税。

5.下列城市用地中，应缴纳城镇土地使用税的有（　　）。

A.民航机场场内道路用地

B.商业企业经营用地

C.火电厂厂区围墙内的用地

D.市政街道公共用地

【答案】ABC

【解析】（1）选项A，在民航机场道路中，场外道路用地免征城镇土地使用税；场内道路用地依法征收城镇土地使用税；（2）选项B，商业企业经营用地，应征收城镇土地使用税；（3）选项C，火电厂厂区围墙内的用地均应征收城镇土地使用税；（4）选项D，市政街道、广场、绿化地带等公共用地，免征城镇土地使用税。

6.下列关于城镇土地使用税纳税义务发生时间的表述中，正确的有（　　）。

A.纳税人购置新建商品房，自房屋交付使用之次月起缴纳城镇土地使用税

B.纳税人以出让方式有偿取得土地使用权，应从合同约定交付土地时间的次月起缴纳城镇土地使用税

C.纳税人新征用的耕地，自批准征用之日起满1年时开始缴纳城镇土地使用税

D.纳税人新征用的非耕地，自批准征用次月起缴纳城镇土地使用税

【答案】ABCD

【解析】选项B，纳税人以出让或转让方式有偿取得土地使用权的，应由受让方从合同约定交付土地时间的次月起缴纳城镇土地使用税；合同未约定交付土地时间的，由受让方从合同签订的次月起缴纳城镇土地使用税。

## 三、判断题

1.城镇土地使用税由拥有土地所有权的单位或者个人缴纳。（　　）

【答案】错误。

【解析】城镇土地使用税由“拥有土地使用权”的单位或者个人缴纳。

2.城镇土地使用税按照使用面积采用固定税率。（　　）

【答案】错误。

【解析】城镇土地使用税采用“幅度差别定额税率”。

3.城镇土地使用税的计税依据是纳税人实际占用的土地面积。土地面积以平方米为计量标准，确定顺序依次为：（1）测定面积；（2）证书所载面积；（3）自行据实申报面积。（　　）

【答案】正确。

【解析】城镇土地使用税的计税依据是纳税人实际占用的土地面积。土地面积以平方米为计量标准，确定顺序依次为：（1）测定面积；（2）证书所载面积；（3）自行据实申报面积。

4.某纳税单位无偿使用免税单位的土地，该纳税单位不需要缴纳城镇土地使用税。（　　）

【答案】错误。

【解析】对纳税单位无偿使用免税单位的土地的，应照章缴纳城镇土地使用税。

5.对港口的码头和露天堆货场用地，免征城镇土地使用税。（　　）

【答案】错误。

【解析】对港口的露天堆货场用地，原则上应征收城镇土地使用税。

6.纳税人购置存量房，自办理房屋权属转移、变更登记手续，房地产权属登记机关签发房屋权属证书之“当月”起，缴纳城镇土地使用税。（　　）

【答案】错误。

【解析】纳税人购置存量房，自办理房屋权属转移、变更登记手续，房地产权属登记机关签发房屋权属证书之“次月”起，缴纳城镇土地使用税。

7.城镇土地使用税按季计算，分月缴纳。（　　）

【答案】错误。

# 第三节 土地增值税法律制度

## 一、土地增值税的纳税人（★★★）

1.土地增值税是对“转让”国有土地使用权、地上建筑物及其附着物“并取得收入”的单位和个人，就其转让房地产所取得的增值额征收的一种税。

★【专家一对一】

土地增值税属于收益性质的土地税，只有在发生权属转移且有增值的情况下才征收，不是对收入额征收，无增值不征收。

2.土地增值税的纳税人为转让国有土地使用权、地上建筑物及其附着物并取得收入的单位和个人。

★【专家一对一】

契税和土地增值税都适用于国有土地使用权、地上建筑物及其附着物权属转移的情形，但契税由买方缴纳、土地增值税由卖方缴纳。

【例题·判断题】某村村民张三将其自有房屋及其宅基地一并转让给本村李四，则张三应当缴纳土地增值税。（　　）

【答案】错误。

【解析】土地增值税的纳税人为转让国有土地使用权、地上建筑物及其附着物并取得收入的单位和个人。转让农村的宅基地及其房屋不缴纳土地增值税。

## 二、土地增值税征税范围（★★★）

（一）征税范围的一般规定

1.土地增值税只对转让国有土地使用权的行为征税，对出让国有土地使用权的行为不征税。

★【专家一对一】

未经国家征用的集体土地不得转让，自行转让集体土地是违法行为。转让集体土地的行为不纳入土地增值税的征税范围。国有土地使用权的转让行为征收土地增值税，出让行为不征收土地增值税。

政府 —出让土地（土地增值税×）→ 甲企业 —转让土地（契税√ 乙企业缴纳；土地增值税√ 甲企业缴纳）→ 乙企业

2.土地增值税既对转让土地使用权的行为征税，也对转让地上建筑物及其附着物产权的行为征税。

3.土地增值税只对有偿转让的房地产征税，对以继承、赠与等方式无偿转让的房地产，不予征税。不征收土地增值税的房地产赠与行为仅限于以下两种情形：

（1）房产所有人、土地使用权所有人将房屋产权、土地使用权赠与直系亲属或承担直接赡养义务人的行为（对直系亲属或承担直接赡养义务人的赠与）。

（2）房产所有人、土地使用权所有人通过中国境内非营利的社会团体、国家机关将房屋产权、土地使用权赠与教育、民政和其他社会福利、公益事业的行为（公益性赠与）。

★【专家一对一】

上述所列2种情形属于真实的赠与。其他情形，虽然也没有实际支付价款，但可能是假赠与之名，行有偿买卖之实。所以，为堵塞税收的漏洞，对赠与对象给予严格的限制。

（二）征税范围的特殊规定

1.企业改制重组。

（1）企业整体改建，改建前的企业将国有土地、房屋权属转移、变更到改建后的企业，暂不征土地增值税。

（2）两个或两个以上企业合并为一个企业，且原企业投资主体存续的，对原企业将国有土地、房屋权属转移、变更到合并后的企业，暂不征土地增值税。

（3）企业分设为两个或两个以上与原企业投资主体相同的企业，对原企业将国有土地、房屋权属转移、变更到分立后的企业，暂不征土地增值税。

（4）单位、个人在改制重组时以国有土地、房屋进行投资，对其将国有土地、房屋权属转移、变更到被投资的企业，暂不征土地增值税。

（5）上述政策不适用于房地产开发企业。

★【专家一对一】

**企业改制重组（整体改制、合并、分立、投资、联营）：一般企业不征收土地增值税，房地产企业征收土地增值税。**

【例题·判断题】甲房地产企业发生整体改建，将国有土地、房屋权属转移、变更到改建后的乙房地产企业，暂不征土地增值税。（　　）

【答案】错误。

【解析】企业改制重组免征土地增值税的规定不适用于房地产企业，此种情形下，对甲企业应计征土地增值税。

2.房地产开发企业。

（1）房地产开发企业将开发的部分房地产转为企业自用或用于出租等商业用途时，如果产权未发生转移，不征收土地增值税。

（2）房地产开发企业将开发的房地产用于职工福利、奖励、对外投资、分配给股东或投资人、抵偿债务、换取其他单位和个人的非货币性资产等，发生所有权转移时应视同销售房地产，征收土地增值税。

3.房地产交换。

（1）企业之间房地产交换属于土地增值税的征税范围。

（2）对居民个人之间互换自有居住用房地产的，经当地税务机关核实，可以免征土地增值税。

★【专家一对一】

**个人之间互换自有居住用房地产，仍属于土地增值税征税范围，只是经当地税务机关核实，可以依法获得免征优惠。**

【例题·判断题】对企业之间互换房地产的，免征土地增值税。（　　）

【答案】错误。

【解析】企业之间房地产交换属于土地增值税的征税范围，应当征收土地增值税。

4.合作建房。

（1）一方出地，另一方出资金，双方合作建房，建成后按比例分房自用的，暂免征收土地增值税。

（2）建成后转让的，应征收土地增值税。

5.房地产出租。

房地产出租不属于土地增值税的征税范围。

【例题·单选题】一方出地，另一方出资金，双方合作建房，建成后按比例分房自用，则下列有关土地增值税的征收说法正确的是（　　）。

A.土地增值税向出地方征收

B.土地增值税向出资方征收

C.土地增值税按比例征收

D.土地增值税暂免征收

【答案】D

【解析】一方出地，另一方出资金，双方合作建房，建成后按比例分房自用的，暂免征收土地增值税。

6.房地产抵押与抵债。

（1）抵押期间不征收土地增值税。

（2）抵押期满以房地产抵债，发生房地产权属转移的，应征收土地增值税。

7.房地产代建行为，不属于土地增值税的征税范围。

8.房地产进行重新评估而产生的评估增值，不属于土地增值税的征税范围。

★【专家一对一】

评估产生的增值，只是账面上增值而已，并不代表实际收益，如果对其征税，那评估贬值，是不是应该退税呢?

【例题·判断题】抵押期满以房地产抵债，发生房地产权属转移的，应征收土地增值税。

【答案】正确。

【例题·判断题】（2013）房产所有人将房屋赠与承担直接赡养义务的人，不征收土地增值税。（　　）

【答案】正确。

## 三、土地增值税税率（★）

土地增值税实行四级超率累进税率。

★【专家一点通】

土地增值税税率表

| 级　数 | 增值额与扣除项目金额的比率 | 税率（%） | 速算扣除系数（%） |
|---|---|---|---|
| 1 | 不超过50%的部分 | 30 | 0 |
| 2 | 超过50%至100%的部分 | 40 | 5 |
| 3 | 超过100%至200%的部分 | 50 | 15 |
| 4 | 超过200%的部分 | 60 | 35 |

【例题·判断题】（2015）土地增值税实行四级超率累进税率。（　　）

【答案】正确。

## 四、土地增值税计税依据

土地增值税的计税依据是纳税人转让房地产取得的“增值额”，即纳税人转让房地产的收入（不含增值税）减除税法规定的扣除项目金额后的余额。

（一）应税收入的确定（★★）

1.纳税人转让房地产所取得的应税收入，应包括转让房地产的全部价款及有关的经济收益。

2.收入的形式，包括货币收入、实物收入和其他收入。

3.纳税人转让房地产所取得的收入为不含增值税收入。

【例题·判断题】作为土地增值税计税依据的纳税人转让房地产所取得的应税收入仅指货币形式的收入。（　　）。

【答案】错误。

【解析】包括货币收入、实物收入和其他收入。

（二）扣除项目及金额（★★★）

新建房地产的扣除项目金额主要有以下几种：

1.取得土地使用权所支付的金额。

（1）支付的地价款。

（2）按国家统一规定缴纳的有关登记、过户手续费和契税。

★【专家一对一】

因承受土地使用权而缴纳的契税，不能作为“与转让房地产有关的税金”扣除，而应计入“取得土地使用权所支付的金额”扣除。

2.房地产开发成本。

房地产开发成本是指纳税人开发房地产项目实际发生的成本，包括土地的征用及拆迁补偿费、前期工程费、建筑安装工程费、基础设施费、公共配套设施费、开发间接费用等。

3.房地产开发费用。

房地产开发费用是指与房地产开发项目有关的销售费用、管理费用和财务费用。在计算土地增值税时，房地产开发费用应按以下两种情况扣除：

（1）能分摊且能证明。

①财务费用中的利息支出，凡能够按转让房地产项目计算分摊并提供金融机构证明的，允许据实扣除，但最高不能超过按商业银行同类同期贷款利率计算的金额。

②其他房地产开发费用，按“取得土地使用权所支付的金额和房地产开发成本”的金额之和的5%以内计算扣除。

允许扣除的房地产开发费用=利息+（取得土地使用权所支付的金额+房地产开发成本）×5%以内

（2）不能分摊或不能证明。

财务费用中的利息支出，凡不能按转让房地产项目计算分摊或不能提供金融机构证明的，房地产开发费用（不区分利息费用和其他费用）按规定计算的金额之和的10%以内计算扣除。

允许扣除的房地产开发费用=（取得土地使用权所支付的金额+房地产开发成本）×10%以内

【例题·单选题】（2013）甲公司开发一项房地产项目，取得土地使用权支付的金额为1 000万元，发生开发成本6 000万元，发生开发费用2 000万元，其中利息支出900万元无法提供金融机构贷款利息证明。已知，当地房地产开发费用的计算扣除比例为10%。则甲公司计算缴纳土地增值税时，可以扣除的房地产开发费用为（　　）万元。

A.2 000−900=1 100

B.6 000×10%=600

C.2 000×10%=200

D.（1 000+6 000）×10%=700

【答案】D

【解析】（1）财务费用中的利息支出，凡不能按转让房地产项目计算分摊或不能提供金融机构证明的，允许扣除的房地产开发费用=（取得土地使用权所支付的金额+房地产开发成本）×扣除比例；（2）甲公司可以扣除的房地产开发费用=（1 000+6 000）×10%=700万元。

4.与转让房地产有关的税金。

（1）城市维护建设税及教育费附加。

（2）印花税（房地产开发企业转让时已缴纳的印花税已列入管理费用中，不单独再扣除，其他纳税人缴纳的印花税允许在此扣除）。

（3）《土地增值税暂行条例》等规定的土地增值税扣除项目涉及的增值税进项税额，允许在销项税额中抵扣的，不计入扣除项目；不允许在销项税额中抵扣的，可以计入扣除项目。

5.财政部确定的其他扣除项目（加计扣除）。

对从事房地产开发的纳税人可按“取得土地使用权所支付的金额和房地产开发成本”之和，加计20%扣除。

加计扣除：（取得土地使用权所支付的金额+房地产开发成本）×20%

★【专家一对一】

该优惠只适用于从事房地产开发的纳税人，除此之外的其他纳税人均不适用。且从事房地产开发的纳税人只有在销售“新建商品房”时，才适用20%加计扣除的规定。

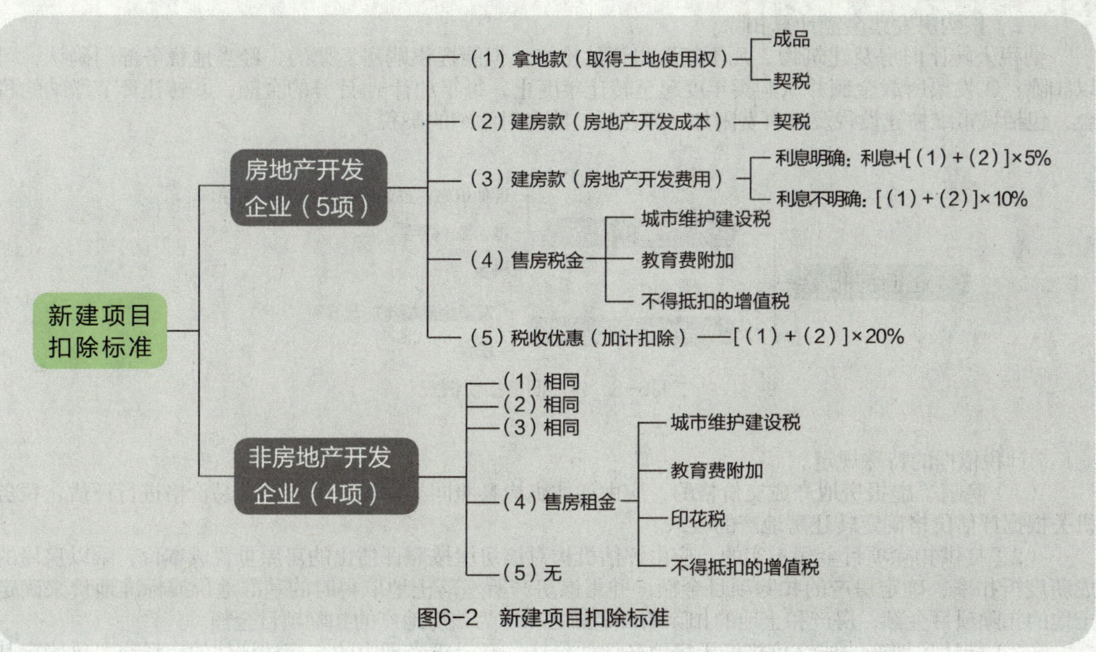

图6-2　新建项目扣除标准

【例题·单选题】（2013）北京市某企业2013年7月转让一块未经开发的土地使用权，取得收入2 000万元，支付相关税费110万元。2013年3月取得该土地使用权时支付地价款1 000万元，取得土地使用权时发生相关税费60万元。根据土地增值税法律制度的规定，该企业计算缴纳土地增值税时的“土地增值额”为（　　）万元。

A.2 000−1 000=1 000　　B.2 000−110−1 000=890

C.2 000−110−1 000−60=830　　D.2 000−1 000−60=940

【答案】C

【解析】（1）纳税人在取得土地使用权时按国家统一规定缴纳的有关登记、过户手续费和契税等相关税费（60万元），应计入“取得土地使用权所支付的金额”（1 000+60=1 060万元），准予扣除；（2）纳税人在转让房地产时支付的相关税费110万元，准予扣除；（3）土地增值额=2 000−110−1 000−60=830万元。

6.旧房及建筑物转让的扣除项目。

（1）按评估价格扣除。

①旧房及建筑物的评估价格（重置成本价×成新度折扣率）。

②取得土地使用权所支付的地价款和按国家统一规定缴纳的有关费用。

③转让环节缴纳的税金。

【专家一对一】

重置成本价用于计算旧房及建筑物的评估价格，不能直接作为扣除项目金额扣除。

【例题·多选题】（2016）纳税人转让旧房及建筑物，在计算土地增值税额时，准予扣除的项目有（　　）。

A.评估价格　　B.转让环节缴纳的税金

C.取得土地使用权所支付的地价款　　D.重置成本价

【答案】ABC

【解析】选项D，重置成本价用于计算旧房及建筑物的评估价格，不能直接作为扣除项目金额扣除。

（2）按购房发票金额计算扣除。

纳税人转让旧房及建筑物，凡不能取得评估价格，但能提供购房发票的，经当地税务部门确认，可以扣除：①发票所载金额并从购买年度起至转让年度止，每年加计5%计算的金额；②转让环节缴纳的税金，包括城市维护建设税及教育费附加、印花税、购房时缴纳的契税。

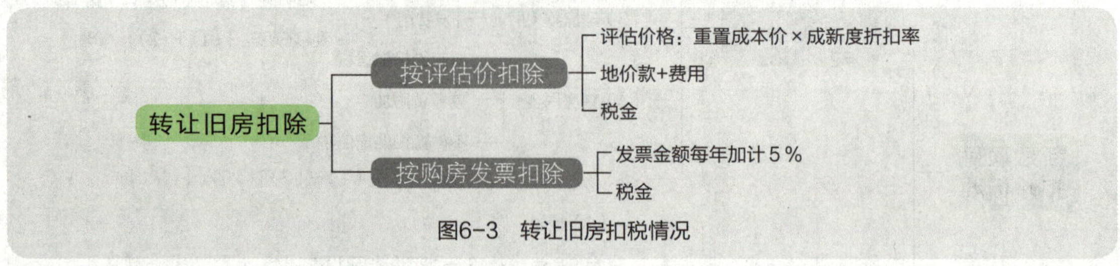


图6-3　转让旧房扣税情况

7.计税依据的特殊规定。

（1）隐瞒、虚报房地产成交价格的，应由评估机构参照同类房地产的市场交易价格进行评估，税务机关根据评估价格确定转让房地产的收入。

（2）提供扣除项目金额不实的，应由评估机构对该房屋按照评估出的房屋重置成本价，乘以房屋的成新度折扣率，确定房产的扣除项目金额，并用该房产所坐落土地取得时的基准地价或标准地价来确定土地的扣除项目金额，房产和土地的扣除项目金额之和即为该房地产的扣除项目金额。

（3）转让房地产的成交价格低于房地产评估价格，又无正当理由的，应按评估的市场交易价确定其实际成交价，并以此作为转让房地产的收入计算征收土地增值税。

（4）房地产开发企业将开发产品用于职工福利、奖励、对外投资、分配给股东或投资人、抵偿债务、换取其他单位和个人的非货币性资产等，发生所有权转移时应视同销售房地产，其收入按下列方法和顺序确认:一是按本企业在同一地区、同一年度销售的同类房地产的平均价格确定;二是由主管税务机关参照当地当年、同类房地产的市场价格或评估价值确定。

【例题·判断题】房地产开发企业将开发产品用于职工福利、奖励、对外投资、分配给股东或投资者、换取其他单位和个人的非货币性资产等，不属于销售房地产，不缴纳土地增值税。（　　）

【答案】错误。

【解析】上述情形应视同销售房地产，应当缴纳土地增值税。

## 五、土地增值税应纳税额的计算（★★★）

计算思路：

1.确定扣除项目金额

↓

2.计算增值额——增值额=房地产转让收入－扣除项目金额

↓

3.计算增值率——增值率=增值额÷扣除项目金额×100%

↓

4.查表——确定适用率及速算扣除系数

↓

5.计算应纳税额——应纳税额=增值额×适用税率=扣除金额×速算扣除系数

图6-4　土地增值税应纳税额的计算

【举例】2016年某国有商业企业利用库房空地进行住宅商品房开发，按照国家有关规定补交土地出让金2 840万元，缴纳相关税费160万元；住宅开发成本2 800万元，其中含装修费用500万元；房地产开发费用中的利息支出为300万元（不能提供金融机构证明）；当年住宅全部销售完毕，取得不含增值税销售收入共计9 000万元;缴纳城市维护建设税和教育费附加45万元；缴纳印花税4.5万元。

已知:该公司所在省人民政府规定的房地产开发费用的计算扣除比例为10%。计算该企业销售住宅应缴纳的土地增值税税额。

【解析】非房地产开发企业缴纳的印花税允许作为税金扣除;非房地产开发企业不允许按照取得土地使用权所支付全额和房地产开发成本合计数的20%加计扣除。

（1）住宅销售收入为9 000万元。

（2）确定转让房地产的扣除项目金额包括:

①取得土地使用权所支付的全额=2 840+160=3 000万元。

②住宅开发成本为2 800万元。

③房地产开发费用=（3 000+2 800）×10%=580万元。

④与转让房地产有关的税金=45+4.5=49.5万元。

⑤转让房地产的扣除项目金额=2 840+160+2 800+（2 840+160+2 800）×10%+49.5=6 429.5万元。

（3）转让房地产的增值额=9 000–6 429.5=2 570.5万元。

（4）增值额与扣除项目金额的比率=2 570.5÷6 429.5≈39.98%。

增值额与扣除项目金额的比率未超过50%，适用税率为30%。

（5）应纳土地增值税额=2 570.5×30%=771.15万元。

【例题·单选题】（2015）某企业销售房产取得售价5 000万元，扣除项目金额合计为3 000万元，已知适用的土地增值税税率为40%，速算扣除系数为5%。则该企业应缴纳土地增值税（　　）万元。

A.650　　B.700　　C.1 850　　D.1 900

【答案】A

【解析】该企业应缴纳土地增值税=（5 000–3 000）×40%–3 000×5%=650万元。

## 六、土地增值税的税收优惠（★★）

1.纳税人建造普通标准住宅（不包括高级公寓、别墅、度假村等）出售，增值额未超过扣除项目金额20%的，予以免税；超过20%的，应按全部增值额缴纳土地增值税。

对于纳税人既建普通标准住宅又搞其他房地产开发的，应分别核算增值额；不分别核算或不能准确核算的，其建造的普通标准住宅不能适用这一免税规定。

★【专家一对一】

**房地产开发项目中同时包含普通住宅和非普通住宅的，应分别计算土地增值税的税额。**

2.因国家建设需要依法征用、收回的房地产，免征土地增值税；因城市实施规划、国家建设的需要而搬迁，由纳税人自行转让原房地产的，免征土地增值税。

3.企事业单位、社会团体以及其他组织转让旧房作为公共租赁住房房源且增值额未超过扣除项目金额20%的，免征土地增值税。

4.居民个人转让住房免征土地增值税。

【例题·单选题】（2017）下列各项中，免征土地增值税的是（　　）。

A.由一方出地，另一方出资金，企业双方合作建房，建成后转让的房地产

B.因城市实施规划、国家建设的需要而搬迁，企业自行转让原房地产

C.企业之间交换房地产

D.企业以房地产抵债而发生权属转移的房地产

【答案】B
【解析】（1）选项A，对于一方出地，另一方出资金，双方合作建房，建成后按比例分房自用的，暂免征收土地增值税；建成后转让的，应征收土地增值税。（2）选项B，因城市实施规划、国家建设的需要而搬迁，由纳税人自行转让原房地产的，免征土地增值税。（3）选项C，企业之间交换房地产，应依法征收土地增值税。（4）选项D，对房地产的抵押，在抵押期间不征收土地增值税；但以房地产抵债而发生房地产权属转让的，应列入土地增值税的征税范围。

## 七、土地增值税征收管理

（一）纳税申报（★★）

1.纳税人应在转让房地产合同签订后7日内，到房地产所在地主管税务机关办理纳税申报。

2.纳税人因经常发生房地产转让而难以在每次转让后申报的，经税务机关审核同意后，可以按月或按季定期进行纳税申报，具体期限由主管税务机关确定。

3.纳税人采取预售方式销售房地产的，对在项目全部竣工结算前转让房地产取得的收入，税务机关可以预征土地增值税。

【例题·判断题】纳税人采取预售方式销售房地产的，对在项目全部竣工结算前转让房地产取得的收入，税务机关可以预征土地增值税。（　　）
【答案】正确。

（二）纳税清算（★★）

1.符合下列情形之一的，纳税人应当进行土地增值税清算：

（1）房地产开发项目全部竣工、完成销售的。

（2）整体转让未竣工决算房地产开发项目的。

（3）直接转让土地使用权的。

2.符合下列情形之一的，主管税务机关可要求纳税人进行土地增值税清算：

（1）已竣工验收的房地产开发项目，已转让的房地产建筑面积占整个项目可售建筑面积的比例在85%以上，或该比例虽未超过85%，但剩余的可售建筑面积已经出租或自用的。

（2）取得销售（预售）许可证满3年仍未销售完毕的。

（3）纳税人申请注销税务登记但未办理土地增值税清算手续的。

【例题·单选题】（2014）下列各项中，不属于纳税人应当进行土地增值税清算的是（　　）。
A.直接转让土地使用权的
B.房地产开发项目全部竣工、完全销售的
C.整体转让未竣工决算房地产开发项目的
D.取得销售（预售）许可证满3年仍未销售完毕的
【答案】D
【解析】选项D，属于主管税务机关可要求纳税人进行土地增值税清算的情形。

3.房地产开发企业有下列情形之一的，税务机关可以参照与其开发规模和收入水平相近的当地企业的土地增值税税负情况，按不低于预征率的征收率核定征收土地增值税：

（1）依照法律、行政法规的规定应当设置但未设置账簿的。

（2）擅自销毁账簿或者拒不提供纳税资料的。

（3）虽设置账簿，但账目混乱或者成本资料、收入凭证、费用凭证残缺不全，难以确定转让收入或扣除项目金额的。

（4）符合土地增值税清算条件，未按照规定的期限办理清算手续，经税务机关责令限期清算，逾期仍不清算的。

（5）申报的计税依据明显偏低，又无正当理由的。

（三）纳税地点（★★）

土地增值税纳税人发生应税行为应向“房地产所在地”主管税务机关缴纳税款。

★【专家一点通】

土地增值税的征税范围归纳

| 项　　目 | 是否征收土地增值税 |
|---|---|
| 房地产出售 | 征收 |
| 房地产出租 | 不征 |
| 房地产抵押 | （1）抵押期间：不征<br>（2）抵押期满后，以该房地产抵债的：征收 |
| 房地产继承 | 不征 |
| 房地产赠与 | （1）赠与“直系亲属或者承担直接赡养义务人”的：不征<br>（2）公益性赠与：不征<br>（3）其他赠与：征收 |
| 企业改制重组 | 一般企业：不征<br>房地产开发企业：征收 |
| 房地产开发企业 | （1）将开发房产自用或出租：不征<br>（2）将开发房产出售或视同出售（如抵债等）：征收 |
| 房地产交换 | （1）单位之间互换：征收<br>（2）个人之间互换“自有居住用房”：经当地税务机关核实，免征 |
| 合作建房 | （1）建成后自用：暂免征收<br>（2）建成后转让：征收 |
| 代建房 | 不征 |
| 房地产评估增值 | 不征 |

# 知识图谱

- 土地增值税
  - 纳税人：卖房卖地方（限国有土地）
  - 征税范围
    - 出售：卖方交
    - 继承：不征收
    - 赠与
      - 两类不收
        - 直系亲属或直接赡养人
        - 赠教育、民政或社会福利、公益事业
      - 其余收
    - 改制
      - 一般企业：不收
      - 房地产企业：收
    - 出租：不收
    - 抵押
      - 抵押期间：不收
      - 抵押期满抵债：收
    - 房地产开发企业
      - 自用、出租：不收
      - 出售、抵债等：收
    - 交换
      - 单位之间：收
      - 个人之间：核实后免收
    - 合作建房
      - 自用：免
      - 转让：收
    - 代建房：不收
    - 评估增值：不收
  - 应纳税额
    - 确定收入：不含增值税收入
    - 确定扣除项目
      - 新房
        - 房地产企业：5项
        - 非房地产企业：4项（无加计扣除）
      - 旧房
        - 按评估价
        - 按购房发票
    - 确定增值额
    - 找税率和速算扣除系数
    - 算税额
  - 税收优惠
    - 普通标准住宅：20%以内，免；超过20%，收
    - 国家建设征用收回：免
    - 转让旧房作廉租房、经济适用房房源且增值额未超过扣除项目金额20%：免
    - 个人转让：免

# 节 节 测

## 一、单项选择题

1.甲房地产公司2016年11月销售自行开发的商业房地产项目，取得不含增值税收入20 000万元，准予从房地产转让收入额减除的扣除项目金额12 000万元。已知土地增值税税率为40%，速算扣除系数为5%，甲房地产公司该笔业务应缴纳土地增值税税额的下列计算列式中，正确的是（　　）。

A.（20 000–12 000）×40%–20 000×5%=2 200万元

B.（20 000–12 000）×40%–12 000×5%=2 600万元

C. 20 000×40%–12 000×5%=7 400万元

D. 20 000×40%–（20 000–12 000）×5%=7 600万元

【答案】B

【解析】土地增值税应纳税额=增值额×适用税率–扣除项目金额×速算扣除系数。

2.下列各项中，不属于土地增值税纳税人的是（　　）。

A.出租住房的孙某　B.转让国有土地使用权的甲公司

C.出售商铺的潘某　D.出售写字楼的乙公司

【答案】A

【解析】土地增值税的纳税人为“转让”国有土地使用权、地上建筑物及其附着物并取得收入的单位和个人。（1）选项A，出租住房，住房产权不发生转移，不征收土地增值税；（2）选项BD，属于增值税征税范围；（3）选项C，居民个人转让住房的，免征土地增值税，转让商铺应当征收土地增值税。

3.下列行为中，属于土地增值税征税范围的是（　　）。

A.出租房屋　　B.代建房屋

C.企业之间交换房屋　　D.评估房屋

【答案】C

【解析】选项C，企业之间交换房屋，既发生了房屋产权的转移，交换双方又取得了实物形态的收入，属于土地增值税的征税范围。

## 二、多项选择题

1.国家将国有土地使用权出让给甲企业，甲企业再将该国有土地使用权转让给乙企业。则下列各项表述中，正确的有（　　）。

A.国家将国有土地使用权出让给甲企业时，甲企业应当缴纳土地增值税

B.国家将国有土地使用权出让给甲企业时，甲企业应当缴纳契税

C.甲企业再将该国有土地使用权转让给乙企业时，甲企业应当缴纳土地增值税，乙企业应当缴纳契税

D.甲企业再将该国有土地使用权转让给乙企业时，甲企业应当缴纳契税，乙企业应当缴纳土地增值税

【答案】BC

【解析】土地增值税只对转让国有土地使用权的行为征税，对出让国有土地使用权的行为不征税。契税和土地增值税都适用于国有土地使用权、地上建筑物及其附着物权属转移的情形，但契税由买方缴纳、土地增值税由卖方缴纳。

2.下列情况不需要缴纳土地增值税的有（　　）。

A.张三继承了其父亲的一套房产

B.李四将自己的房产赠与儿子

C.王五将自己的房产赠与朋友（无血缘关系）

D.赵六将自己的房产捐给红十字会

【答案】ABD

【解析】（1）选项A，属于继承，不缴纳土地增值税；（2）选项B，父子属于直系亲属关系，赠与直系亲属不缴纳土地增值税；（3）选项C，双方不属于亲属关系也不属于承担直接赡养义务人，故应当缴纳土地增值税；（4）选项D，属于公益性赠与，不缴纳土地增值税。

3.下列情形中，免予缴纳土地增值税的有（　　）。

A.因城市实施规划、国家建设的需要而搬迁，由纳税人自行转让原房地产

B.纳税人建造高级公寓出售，增值额未超过扣除项目金额20%

C.企事业单位转让旧房作为公共租赁住房房源，且增值额未超过扣除项目金额20%

D.因国家建设需要依法征用、收回的房地产

【答案】ACD

【解析】选项B，纳税人建造“普通标准住宅”（不包括高级公寓、别墅、度假村等）出售，增值额未超过扣除项目金额20%的，予以免税；超过20%的，应按全部增值额缴纳土地增值税；高级公寓、别墅、度假村等不属于普通标准住宅，故选项B应当缴纳土地增值税。

## 三、判断题

1.对转让土地使用权的行为和对转让地上建筑物及其附着物产权的行为都应当征收土地增值税。（　　）

【答案】正确。

2.房地产开发企业将开发产品用于职工福利、奖励、对外投资、分配给股东或投资人、抵偿债务、换取其他单位和个人的非货币性资产等，无需征收土地增值税。（　　）

【答案】错误。

【解析】房地产开发企业将开发产品用于职工福利、奖励、对外投资、分配给股东或投资人、抵偿债务、换取其他单位和个人的非货币性资产等，发生所有权转移时应视同销售房地产，征收土地增值税。

3.甲房地产公司接受乙公司委托，为乙公司代建一栋房屋，取得300万元代建收入。则应对甲房地产公司的取得的300万元代建收入，征收土地增值税。（　　）

【答案】错误。

【解析】房地产代建行为，不属于土地增值税的征税范围。

4.作为土地增值税计税依据的纳税人转让房地产所取得的收入为包含增值税收入。（　　）

【答案】错误。

【解析】纳税人转让房地产所取得的收入为“不含增值税收入”。

5.财务费用中的利息支出，凡不能按转让房地产项目计算分摊或不能提供金融机构证明的，房地产开发费用（不区分利息费用和其他费用）按规定计算的金额之和的20%以内计算扣除。（　　）

【答案】错误。

【解析】财务费用中的利息支出，凡不能按转让房地产项目计算分摊或不能提供金融机构证明的，房地产开发费用（不区分利息费用和其他费用）按规定计算

的金额之和的“10%以内”计算扣除。

6.土地增值税的纳税人为受让国有土地使用权、地上建筑物及其附着物并取得收入的单位和个人。（ ）

【答案】错误。

【解析】土地增值税的纳税人为“转让”国有土地使用权、地上建筑物及其附着物并取得收入的单位和个人。

7.房地产企业的印花税均可以在计算土地增值税时在管理费用中扣除，不再需要单独扣除。（ ）

【答案】错误。

【解析】房地产开发企业销售的新房属于期房，印花税与房屋开发费用属于同一会计期间，印花税已在开发费用中扣除故不允许单独再扣除；非房地产企业销售的新房属于现房，印花税虽然也计入管理费用当中但与房地产开发费用不属于同一会计期间，故允许单独扣除。

8.纳税人转让旧房及建筑物，不能取得评估价格的，土地增值税不可扣除。（ ）

【答案】错误。

【解析】纳税人转让旧房及建筑物，凡不能取得评估价格，但能提供购房发票的，经当地税务部门确认，可以扣除。

9.房地产开发企业申报的计税依据明显偏低，又无正当理由，税务机关可以参照与其开发规模和收入水平相近的当地企业的土地增值税税负情况，按不低于预征率的征收率核定征收土地增值税。（ ）

【答案】正确。

# 第四节　车船税与车辆购置税法律制度

## 一、车船税

（一）车船税纳税人（★★）

1.车船税，是指对在中国境内车船管理部门登记的车辆、船舶依法征收的一种税。

2.车船税的纳税人，是指在中国境内属于税法规定的车辆、船舶的所有人或者管理人。

3.从事机动车第三者责任强制保险业务的保险机构为机动车车船税的扣缴义务人。

【例题·多选题】（2009）下列纳税主体中，属于车船税纳税人的有（　　）。

A.在中国境内拥有并使用船舶的国有企业

B.在中国境内拥有并使用车辆的外籍个人

C.在中国境内拥有并使用船舶的内地居民

D.在中国境内拥有并使用车辆的外国企业

【答案】ABCD

（二）车船税征收范围（★★★）

车船税的征税范围是指在中国境内属于车船税法所规定的应税车辆和船舶。具体包括：

1.依法应当在车船登记管理部门登记的机动车辆和船舶。

2.依法不需要在车船登记管理部门登记的在单位内部场所行驶或者作业的机动车辆和船舶。

【例题·判断题】（2016）甲钢铁厂依法不需要在车船登记管理部门登记的在单位内部场所行驶的机动车辆，属于车船税的征税范围。（　　）

【答案】正确。

（三）车船税税目（★★）

车船税的税目，包括乘用车、商用车、其他车辆、摩托车和船舶。

1.乘用车为核定载客人数9人（含）以下的车辆。

2.商用车包括客车和货车，其中客车为核定载客人数9人（含）以上的车辆（包括电车），货车包括半挂牵引车、挂车、客货两用车、三轮汽车和低速载货汽车等。

3.其他车辆包括专用作业车和轮式专用机械车。

4.船舶包括机动船舶、非机动驳船、拖船和游艇。

★【专家一对一】

**火车、拖拉机、电动自行车不属于车船税的征税范围，也不属于消费税的征税范围。**

【例题·单选题】（2018）下列各项中不属于车船税征税范围的是（　　）。

A.摩托车　　B.拖拉机　　C.游艇　　D.挂车

【答案】B

【解析】车船税征税范围中其他车辆不包括拖拉机，拖拉机不属于车船税的征税范围。

（四）车船税税率（★★）

1.车船税采用定额税率。

2.挂车的车船税税额按照货车税额的50%计算。

3.拖船、非机动驳船的车船税税额分别按照机动船舶税额的50%计算。

【例题·单选题】（2013）下列车辆计算车船税时，按照货车税额的50%计算的是（　　）。

A.半挂牵引车　　B.挂车　　C.客货两用汽车　　D.低速载货汽车

【答案】B

【解析】选项B，挂车的车船税税额按照货车税额的50%计算。

（五）车船税计税依据（★★★）

1.乘用车、商用客车和摩托车，以辆数为计税依据。

2.商用货车、专用作业车和轮式专用机械车，以整备质量吨位数为计税依据。

3.机动船舶、非机动驳船、拖船，以净吨位数为计税依据。

4.游艇，以艇身长度为计税依据。

【例题·单选题】（2018）下列各项中，以“辆数”为计税依据的是（　　）。
A.货车　　B.轮式专用机械车　　C.乘用车　　D.专用作业车
【答案】C
【解析】专用作业车、货车和轮式专用机械车均以整备质量吨位数为计税依据；乘用车以辆数为计税依据。

（六）车船税应纳税额计算（★★★）

1.乘用车、商用客车和摩托车：
（1）排量大于1.6升,应纳税额=辆数×适用年基准税额
（2）排量小于或等于1.6升, 应纳税额=辆数×适用年基准税额×50%

2.货车、专用作业车和轮式专用机械车（不包括拖拉机）：
应纳税额=整备质量吨位数×适用年基准税额

3.挂车：应纳税额=整备质量吨位数×适用年基准税额×50%。

4.机动船舶：应纳税额=净吨位数×适用年基准税额。

5.拖船、非机动驳船：应纳税额=净吨位数×机动船舶适用年基准税额×50%。

6.游艇：应纳税额=艇身长度×适用年基准税额。

7.购置新车船。

购置当年的应纳税额自纳税义务发生的当月起按月计算。计算公式为：应纳税额=年应纳税额÷12×应纳税月份数。

【例题·单选题】（2013）某货运公司2013年年初拥有载货汽车10辆、挂车5辆，整备质量均为20吨/辆；拥有乘用车5辆。该公司所在省规定载货汽车年基准税额每吨40元，乘用车年基准税额为每辆360元。该公司2013年应缴纳车船税（　　）元。
A.9 400　　B.10 200　　C.11 800　　D.12 000
【答案】C
【解析】（1）挂车按照货车税额的50%计算车船税；（2）该公司2013年应缴纳车船税=10×20×40+5×20×40×50%+5×360=11 800元。

（七）车船税税收优惠（★★）

1.下列车船免征车船税。
（1）捕捞、养殖渔船。
（2）军队、武装警察部队专用的车船。
（3）警用车船。
（4）依照法律规定应当予以免税的外国驻华使领馆、国际组织驻华代表机构及其有关人员的车船。
（5）对使用新能源车船，免征车船税。纯电动乘用车和燃料电池乘用车不属于车船税的征税范围，对其不征收车船税。免征车船税的使用新能源汽车是指纯电动商用车、插电式（含增程式）混合动力汽车、燃料电池商用车。
（6）临时入境的外国车船和香港特别行政区、澳门特别行政区、台湾地区的车船，不征收车船税。

2.车船税其他税收优惠。
（1）对节约能源的排量在1.6升（含）以下车船，减半征收车船税。
（2）对受地震、洪涝等严重自然灾害影响纳税困难的以及其他特殊原因确需减免税的车船，可以在一定期限内减免税。
（3）省级人民政府根据当地实际情况，可以对公共交通车船、农村居民拥有并主要在农村地区使用的摩托车、三轮汽车和低速载货汽车定期减征或者免征车船税。

【例题·单选题】（2013）下列各项中，免征车船税的是（　　）。
A.救护车　　B.人民法院警车　　C.市政公务车　　D.公共汽车
【答案】B
【解析】（1）选项AC：应当依法缴纳车船税；（2）选项B：警用车船免征车船税；（3）选项D：由省级人民政府根据当地实际情况定期减征或者免征车船税。

（八）车船税征收管理（★★）

1.纳税义务发生时间。
（1）车船税纳税义务发生时间为取得车船所有权或者管理权的当月。以购买车船的发票或者其他证

明文件所载日期的当月为准。

（2）纳税人未按照规定到车船管理部门办理应税车船登记手续的，以车船购置发票所载开具时间的当月作为车船税的纳税义务发生时间。未办理车船登记手续且无法提供车船购置发票的，由主管税务机关核定纳税义务发生时间。

【例题·判断题】（2014）车船税纳税义务发生时间为取得车船所有权或者管理权的当月。（　　）
【答案】正确。

2.纳税地点。

（1）车船税的纳税地点为车船的登记地或者车船税扣缴义务人所在地。

（2）扣缴义务人代收代缴车船税的，纳税地点为扣缴义务人所在地。

（3）纳税人自行申报缴纳车船税的，纳税地点为车船登记地的主管税务机关所在地。

（4）依法不需要办理登记的车船，其车船税的纳税地点为车船的所有人或者管理人所在地。

3.纳税申报。

（1）车船税按年申报，分月计算，一次性缴纳。

（2）从事机动车第三者责任强制保险业务的保险机构为机动车车船税的扣缴义务人，扣缴义务人已代收代缴车船税的，纳税人不再向车辆登记地的主管税务机关申报缴纳车船税。

（3）纳税人没有按照规定期限缴纳车船税的，扣缴义务人在代收代缴税款时，可以一并代收代缴欠缴税款的滞纳金。

（4）没有扣缴义务人的，纳税人应当向主管税务机关自行申报缴纳车船税。

（5）已缴纳车船税的车船在同一纳税年度内办理转让过户的，不另纳税，也不办理退税。

【例题·单选题】（2015）下列关于车船税纳税申报的表述中，不正确的是（　　）。
A.扣缴义务人已代收代缴车船税的，纳税人不再向车辆登记地的主管税务机关申报缴纳车船税
B.没有扣缴义务人的，纳税人应当向主管税务机关自行申报缴纳车船税
C.已缴纳车船税的车船在同一纳税年度内办理转让过户的，需要另外纳税
D.车船税按年申报，分月计算，一次性缴纳
【答案】C
【解析】选项C，已缴纳车船税的车船在同一纳税年度内办理转让过户的，不另纳税，也不退税。

4.其他管理规定。

（1）在一个纳税年度内，已完税的车船被盗抢、报废、灭失的，纳税人可以凭有关机关出具的证明和完税凭证，向主管税务机关申请退还自被盗抢、报废、灭失月份起至该纳税年度终了期间的税款。

★【专家一对一】
退还相应部分即当月至年底部分，不是退还全年的。

（2）失而复得的，自公安机关出具相关证明的当月起计算缴纳车船税。

★【专家一对一】
“取得”是当月开始缴纳，“失而复得”相当于“取得”，也是当月开始缴纳。

【例题·单选题】（2015）某企业2014年初拥有小轿车2辆；当年4月，1辆小轿车被盗，已按照规定办理退税。通过公安机关的侦查，9月份被盗车辆失而复得，并取得公安机关的相关证明。已知当地小轿车车船税年税额为500元/辆，该企业2014年实际应缴纳的车船税为（　　）元。

A.500　　B.791.67　　C.833.33　　D.1 000

【答案】B
【解析】该企业就被盗后复得的小轿车应当缴纳7个月（1–3月，9–12月）的车船税，该企业2014年实际应缴纳车船税=500×1+500×1×（3+4）/12=791.67元。

## 二、车辆购置税

（一）纳税人（★★★）

在我国境内购置应税车辆的单位和个人，为车辆购置税的纳税人。“购置”包括：购买、进口、自产、受赠、获奖或者以其他方式取得并自用应税车辆的行为。

★【专家一对一】

（1）与契税相同,车辆购置税由“承受方”缴纳。

（2）购买车辆不一定缴纳车辆购置税：购买后“自用”的，缴纳车辆购置税；如果购入车辆不是自己使用，比如汽车店购入小汽车待销售，未销售前汽车店不需要缴纳车辆购置税，待进一步处置时再行确定纳税人，缴纳车辆购置税。

（3）与耕地占用税相同,车辆购置税实行“一次性”征收制度,购置已征车辆购置税的车辆,不再征收车辆购置税。

【例题·多选题】（2014）下列单位和个人中，属于车辆购置税纳税人的有（　　）。

A.购买应税货车并自用的某外商投资企业　B.进口应税小轿车并自用的某外贸公司

C.获得奖励应税轿车并自用的李某　D.受赠应税小型客车并自用的某学校

【答案】ABCD

（二）征收范围（★★★）

车辆购置税的征收范围包括汽车、摩托车、电车、挂车、农用运输车。

1.汽车包括各类汽车。

2.摩托车包括轻便摩托车、二轮摩托车和三轮摩托车。

3.电车包括无轨电车和有轨电车。

4.挂车包括挂车和半挂车。

5.农用运输车包括三轮农用运输车和四轮农用运输车。

【例题·单选题】（2018）下列不属于车辆购置税征税范围的是（　　）。

A.三轮农用运输车　B.电动自行车　C.无轨电车　D.挂车

【答案】B

【解析】（1）车辆购置税的征收范围包括汽车、摩托车、电车（C）、挂车（D）、农用运输车（A）；（2）不包括电动自行车（B）。

（三）税率（★）

车辆购置税采用10%的比例税率。

【例题·单选题】（2008）下列税种中，实行从量计征的是（　　）。

A.契税　B.车辆购置税　C.房产税　D.城镇土地使用税

【答案】D

【解析】选项ABC：适用比例税率。

（四）计税依据（★★）

1.购买自用。

（1）纳税人购买自用的应税车辆的计税价格，为纳税人购买应税车辆而支付给销售者的全部价款和价外费用，不包括增值税税款。

（2）价外费用是指销售方价外向购买方收取的基金、集资费、违约金（延期付款利息）和手续费、包装费、储存费、优质费、运输装卸费、保管费以及其他各种性质的价外收费，但不包括销售方代办保险等而向购买方收取的保险费，以及向购买方收取的代购买方缴纳的车辆购置税、车辆牌照费。

【例题·单选题】（2018）下列费用中计入车辆购置税价外费用的是（　　）。

A.保管费　B.车辆购置税　C.车辆牌照费　D.代办保险而向购买方收取的保险费

【答案】A

【解析】（1）价外费用是指销售方价外向购买方收取的基金、集资费、违约金、手续费、包装费、优质费、运输装卸费、保管费（A）以及其他各种性质的价外收费；（2）不包括销售方代办保险等而向购买方收取的保险费（D），以及向购买方收取的代购买方缴纳的车辆购置税（B）、车辆牌照费（C）。

2.进口自用。

纳税人进口自用的应税车辆的计税价格：

组成计税价格=关税完税价格+关税+消费税

3.最低计税价格。

（1）纳税人自产、受赠、获奖或者以其他方式取得并自用的应税车辆的计税依据，由主管税务机关参照国家税务总局规定的“最低计税价格”核定。

（2）纳税人购买自用或者进口自用应税车辆，申报的计税价格低于同类型应税车辆的最低计税价格，又无正当理由的，计税价格为国家税务总局核定的最低计税价格。

4.未核定最低计税价格。

国家税务总局未核定最低计税价格的车辆，计税价格为纳税人提供的有效价格证明注明的价格；有效价格证明注明的价格明显偏低的，主管税务机关有权核定应税车辆的计税价格。

【例题·判断题】根据车辆购置税法律制度的规定，纳税人自产、受赠、获奖或者以其他方式取得并自用的应税车辆的计税价格，由主管税务机关参照市场价格核定。（　　）

【答案】错误。

【解析】纳税人自产、受赠、获奖或者以其他方式取得并自用的应税车辆的计税价格，参照“国家税务总局的规定的最低计税价格”核定。

（五）应纳税额的计算（★★）

1.车辆购置税实行从价定率的方法计算应纳税额。

应纳税额=计税依据×车辆购置税税率

2.进口应税车辆应纳税额=组成计税价格×税率=（关税完税价格+关税+消费税）×车辆购置税税率

=（关税完税价格+关税）÷（1-消费税税率）×车辆购置税税率

【例题·单选题】某汽车企业2018年10月进口5辆小轿车自用，海关审定的关税完税价格为50万元/辆，已知：小轿车关税税率25%，消费税税率为9%，车辆购置税税率为10%。该公司应纳车辆购置税的下列计算中正确的是（　　）。

A.50×5×10%=25万元

B.50×5×（1+25%）×10%=31.25万元

C. 50×5×（1+25%）÷（1-9%）×10%=34.3407万元

D.50×5×（1+25%）×（1-9%）×10%=28.4375万元

【答案】C

【解析】进口应税车辆应纳税额=组成计税价格×车辆购置税税率

=（关税完税价格+关税）÷（1-消费税税率）×车辆购置税税率

=关税完税价格（1+关税税率）÷（1-消费税税率）×车辆购置税税率

=50×5×（1+25%）÷（1-9%）×10%=34.3407万元

（六）税收优惠（★★）

1.外国驻华使领馆、国际组织驻华机构及其外交人员自用的车辆，免税。

2.中国人民解放军和中国人民武装警察部队列入军队武器装备订货计划的车辆，免税。

3.设有固定装置的非运输车辆，免税。

★【专家一对一】

设有固定装置的非运输车辆包括但不限于挖掘机、叉车、铲车、吊车。

4.城市公交企业购置的公共电汽车，一定期限内免征。

5.新能源汽车，一定期限内免税。

【例题·单选题】（2018）下列各项中，免征车辆购置税的是（　　）。

A.个人购买自用的汽车

B.个人受赠自用的摩托车

C.外国使馆购买自用的汽车

D.企业自产自用的汽车

【答案】C

【解析】外国驻华使馆、领事馆和国际组织驻华机构及其外交人员自用的车辆，免税。

（七）征收管理（★）

1.纳税申报。

（1）车辆购置税实行一次征收制度，税款应当一次缴清。

（2）购置已征车辆购置税的车辆，不再征收车辆购置税。

★【专家一对一】

**车辆购置税在"购置"时一次征收；车船税在"拥有"时征收，年年交。**

（3）车辆购置税由税务部门征收。

（4）纳税期限。

①纳税人购买自用应税车辆的，应当自购买之日起60日内申报纳税。

②进口自用应税车辆的，应当自进口之日起60日内申报纳税。

③自产、受赠、获奖或者以其他方式取得并自用应税车辆的，应当自取得之日起60日内申报纳税。

（5）已纳车辆购置税的退还。

①已缴纳车辆购置税的车辆，发生下列情形之一的，准予纳税人申请退税：车辆退回生产企业或者经销商的；符合免税条件的设有固定装置的非运输车辆但已征税的；其他依据法律法规规定应予退税的情形。

②车辆退回生产企业或者经销商的，纳税人申请退税时，主管税务机关自纳税人办理纳税申报之日起，按已缴纳税款每满1年扣减10%计算退税额；未满1年的，按已缴纳税款全额退税。

★【专家一对一】

**计算时间，不是从购置车辆时开始，而是从申报缴纳车辆购置税时开始计算。**

2.纳税环节。

（1）纳税人应当在向公安机关车辆管理机构办理车辆登记注册前，缴纳车辆购置税。

（2）纳税人应当持主管税务机关出具的完税证明或者免税证明，向公安机关车辆管理机构办理车辆登记注册手续；没有完税证明或者免税证明的，公安机关车辆管理机构不得办理车辆登记注册手续。

（3）税务机关发现纳税人未按照规定缴纳车辆购置税的，有权责令其补缴；纳税人拒绝缴纳的，税务机关可以通知公安机关车辆管理机构暂扣纳税人的车辆牌照。

（4）免税、减税车辆因转让、改变用途等原因不再属于免税、减税范围的，应当在办理车辆过户手续前或者办理变更车辆登记注册手续前缴纳车辆购置税。

★【专家一对一】

**车辆购置税在最终消费环节纳税。**

【例题·判断题】减免车辆购置税的车辆因转让、改变用途等原因不再属于免税、减税范围的，应当在办理车辆过户手续前或者办理变更车辆登记注册手续前缴纳车辆购置税。（　　）

【答案】正确。

3.纳税地点。

（1）购置应税车辆，应当向"车辆登记注册地"的主管税务机关申报纳税。

（2）购置不需要办理车辆登记注册手续的应税车辆，应当向"纳税人所在地"的主管税务机关申报纳税。

★【专家一点通】

**车辆购置税vs车船税**

| 税　别 | | 车辆购置税 | 车船税 |
|---|---|---|---|
| 纳税人 | | 购置应税车辆的单位和个人 | 应税车船的所有人或管理人 |
| 征税范围 | 汽车 | √ | √ |
| | 摩托车 | √ | √ |
| | 电车 | √ | √ |
| | 挂车/半挂车 | √ | √ |
| | 农用运输车 | √ | √（不包括拖拉机） |
| | 船舶 | × | √ |
| 税率 | | 比例税率 | 定额税率 |
| 征收频率 | | 一次性征收 | 每年征收一次 |

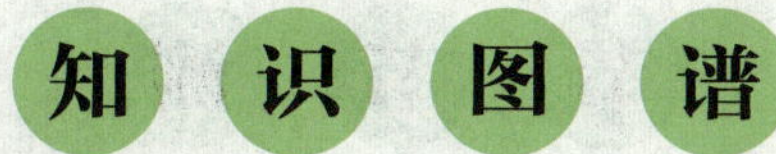


- 车船税与车辆购置税法律制度
  - 车船税
    - 纳税人
      - 所有人
      - 管理人
    - 征收范围
      - 车辆
      - 船舶
    - 应纳税额
      - 拉人的乘用车、客车、摩托车：辆×税额
      - 拉货的车：整备质量吨位数×税额
      - 游艇：艇身长度×税额
      - 船：净吨位数×税额
    - 税收优惠
      - 免征：6条
      - 减半征收
      - 不征
    - 征收管理
      - 时间：当月
      - 地点：登记地或义务人所在地
      - 申报：按年申报，分月计算，一次性缴纳
  - 车辆购置税
    - 纳税人
      - 购置应税车辆的单位、个人
      - 购置方式：购买、进口、资产、受赠、获奖等
    - 征收范围——汽车、摩托车、电车、挂车、农用运输车
    - 税率——10%的比例税率
    - 计税依据
      - 购买自用
        - 计税价款=全部价款+价外费用
        - 不包括：增值税税款
      - 进口——计税价款=关税完税价格+关税+消费税
      - 自产、受赠、获奖及其他方式——参照国税总局“最低计税价格”价格
      - 其他情形
    - 应纳税额计算——应纳税额=计税依据×税率
    - 税收优惠——免税
      - 涉外
      - 军事机关
      - 固定装置+非运输
      - 公交用电汽车
      - 新能源汽车
    - 征收管理
      - 纳税申报
        - 一次性缴纳
        - 申报时间：“购置日”起“60日内”
        - 退税规定
      - 纳税环节
      - 纳税地点
        - 车辆注册地
        - 不需注册的——纳税人所在地

# 节节测

## 一、单项选择题

1.下列各项中，属于机动船舶计税单位的是（　　）。

A.净吨位每吨　　B.整备质量每吨

C.艇身长度每米　　D.购置价格

【答案】A

【解析】（1）选项A，机动船舶的计税单位为净吨位每吨；（2）选项B，商用货车、专用作业车、轮式专用机械车的计税单位为整备质量每吨；（3）选项C，游艇的计税单位为艇身长度每米；（4）选项D，车船税的计税单位限于“每辆”、“整备质量每吨”、“净吨位每吨”和“艇身长度每米”。

2.甲公司2018年拥有机动船舶10艘，每艘净吨位为150吨；非机动驳船5艘，每艘净吨位为80吨。已知机动船舶适用年基准税额为每吨3元，计算甲公司当年应缴纳车船税税额的下列算式中，正确的是（　　）。

A.（10×150+5×80）×3=5 700元

B.10×150×3×50%+5×80×3=3 450元

C.（10×150+5×80）×3×50%=2 850元

D.10×150×3+5×80×3×50%=5 100元

【答案】D

【解析】（1）机动船舶的应纳税额=净吨位数×适用年基准税额，甲公司的10艘机动船舶应缴纳车船税税额=10×150×3=4500元；（2）拖船、非机动驳船分别按照机动船舶税额的50%计算，甲公司的5艘非机动驳船的车船税应纳税额=5×80×3×50%=600元。（3）甲公司当年应缴纳车船税税额=4 500+600=5 100元。

3.下列车辆计算车船税时，按照货车税额的50%计算的是（　　）。

A.半挂牵引车　　B.挂车

C.客货两用汽车　　D.低速载货汽车

【答案】B

【解析】（1）挂车的车船税税额按照货车税额的50%计算；（2）拖船、非机动驳船的车船税税额分别按照机动船舶税额的50%计算。

4.下列车船中，应缴纳车船税的是（　　）。

A.商用客车　　B.捕捞渔船

C.警用车船　　D.养殖渔船

【答案】A

【解析】选项BCD，免征车船税。

5.下列各项中，不属于车辆购置税征税范围的是（　　）。

A.农用运输车　　B.摩托车

C.汽车　　D.火车

【答案】D

6.甲公司2018年8月份购进1辆小汽车自用，取得机动车销售发票上注明的价款为30万元，增值税4.8万元。已知车辆购置税的税率为10%，则甲公司应缴纳的车辆购置税为（　　）万元。

A.3　　B.3.15　　C.3.48　　D.3.66

【答案】A

【解析】纳税人购买自用的应税车辆的计税价格，为纳税人购买应税车辆而支付给销售者的全部价款和价外费用，不包括增值税税款。计税价格是30万元，应纳税额=30万元×10%=3万元。

## 二、多项选择题

1.下列各项中，属于车船税征税范围的有（　　）。

A.摩托车　B.客车　　C.游艇　　D.火车

【答案】ABC

【解析】选项D，火车不属于车船税征税范围。

2.下列车船中，以“辆数”为计税依据的有（　　）。

A.商用货车　　B.机动船舶

C.摩托车　　D.商用客车

【答案】CD

【解析】（1）选项A：商用货车以“整备质量吨位数”为计税依据；（2）选项B：机动船舶以“净吨位数”为计税依据。

3.下列各项中，属于车船税计税单位的有（　　）。

A.整备质量每吨　　B.艇身长度每米

C.每辆　　D.净吨位每吨

【答案】ABCD

4.下列车船中，应征收车船税的是（　　）。

A.捕捞渔船

B.符合国家有关标准的纯电动商用车

C.军队专用车船

D.观光游艇

【答案】D

【解析】选项ABC：免征车船税。

5.下列各项中，应征收车船税的有（　　）。

A.乘用车　B.无轨电车　C.电动自行车　D.挂车

【答案】ABD

## 三、判断题

1.购置的新车船，购置当年车船税的应纳税额自纳税义务发生的次月起按月计算。（　　）

【答案】错误。

【解析】车船税纳税义务发生时间为取得车船所有权或者管理权的当月。以购买车船的发票或者其他证明文件所载日期的当月为准。

2.扣缴义务人代收代缴车船税的，纳税地点为扣缴义务人所在地。（　　）

【答案】正确。

3.车船税按年申报，分月或分季预缴，年终汇算清缴。（　　）

【答案】错误。

【解析】车船税按年申报，“分月计算，一次性缴纳”。

4.张三2018年1月20日购买小轿车1辆，当日缴纳全年车船税500元。当年3月31日，小轿车被盗，则张三可以申请退还4月至12月共9个月的车船税375元。（　　）

【答案】错误。

【解析】在一个纳税年度内，已完税的车船被盗抢、报废、灭失的，纳税人可以凭有关机关出具的证明和完税凭证，向主管税务机关申请退还自被盗抢、报废、灭失月份起至该纳税年度终了期间的税款。应退还3月至12月共10个月的车船税416.67元。

5.纳税人应当在向公安机关车辆管理机构办理车辆登记注册后，缴纳车辆购置税。（　　）

【答案】错误。

【解析】纳税人应当在向公安机关车辆管理机构办理“车辆登记注册前”，缴纳车辆购置税。

# 第五节　契税与印花税法律制度

## 一、契税

（一）契税纳税人（★★★）

契税的纳税人，是指在我国境内承受（受让、购买、受赠、交换等）土地、房屋权属转移的单位和个人。

★【专家一对一】

契税由买房买“地”的人缴纳。契，就是房产地产的权利证书，买房买“地”的人，要办房产地产的权利证书，当然就应当由其缴纳契税。

【例题·单选题】（2016）下列各项中属于契税纳税人的是（　　）。

A.向养老院捐赠房产的李某　B.承租住房的刘某　C.购买商品房的张某　D.出售商铺的林某

【答案】C

【解析】（1）选项A，受赠方是契税人，捐赠方不属于契税纳税人；（2）选项B，房屋出租不属于契税征税范围；（3）选项D，出售方不是契税纳税人，购买方属于契税纳税人。

（二）契税征税范围（★★★）

1.国有土地使用权出让。

★【专家一对一】

国有土地使用权出让是国家将土地的使用权卖给企业或个人。

2.土地使用权转让，包括出售、赠与、交换等行为，不包括农村集体土地承包经营权的转移。

★【专家一对一】

比如，国家将土地的使用权卖给甲公司，属于国有土地使用权出让行为，甲公司交契税；甲公司几年后又将该土地使用权卖给乙公司，属于土地使用权转让行为，承受方是乙公司，乙公司交契税。

3.房屋买卖、赠与、交换。

4.视同发生土地使用权和房屋权属转让，应当缴纳契税的情形：

（1）以土地、房屋权属作价投资、入股。

（2）以土地、房屋权属抵债。

（3）以获奖方式承受土地、房屋权属。

（4）以预购方式或者预付集资建房款方式承受土地、房屋权属。

5.公司增资扩股中，对以土地、房屋权属作价入股或作为出资投入企业的，征收契税。

6.企业破产清算期间，对非债权人承受破产企业土地、房屋权属的，征收契税。

★【专家一对一】

债权人承受的，不征收契税。

7.土地、房屋权属的典当、继承、分拆（分割）、抵押和出租，不属于契税的征税范围。

【例题·单选题】（2018）下列行为中，属于契税征税范围的是（　　）。

A.房屋抵押　B.房屋交换　C.房屋继承　D.房屋出租

【答案】B

【解析】土地、房屋典当、继承（选项C）、分拆（分割）、抵押（选项A）以及出租（选项D）等行为，不属于契税的征税范围。

（三）契税税率（★）

契税采用比例税率，实行3%-5%的幅度税率。

（四）契税计税依据（★★★）

1.有价格的情形。

国有土地使用权出让、土地使用权出售、房屋买卖以不含增值税的成交价格作为计税依据。

★【专家一对一】

房产税也是以不含增值税的金额为计税依据。

2.无价格的情形。

土地使用权赠与、房屋赠与，由征税机关参照市场价格确定。

3.有两个价格的情形。

土地使用权交换、房屋交换以交换土地使用权、房屋的价格差额作为计税依据。交换价格不相等的，由多交付货币的一方缴纳契税；交换价格相等的，免征契税。

★【专家一对一】

（1）“交换”行为是指“房房、地地、房地”互换，“以房（地）抵债”和“以房（地）易货”均属于买卖行为。

（2）由多付货币的一方缴纳契税，而不是少付的一方缴纳。多付货币的一方，相当于增加了土地或房屋，按承受方对待，故由其缴纳契税。

4.应补交契税的情情形。

以划拨方式取得的土地使用权，经批准转让房地产时，以补交的土地使用权出让费用或者土地收益为计税依据。

★【专家一对一】

（1）划拨时，无偿使用，未支付费用；现在你转让出去取得收益，不能享受无偿划拨的待遇，所以应当补缴土地出让费。补缴土地出让费，相当于一次土地使用权出让行为。

（2）有成交价格按成交价格，没有成交价格按市场价格，交换的按差额，补交的按补交金额。

【例题·多选题】（2012）关于契税计税依据的下列表述中，符合法律制度规定的有（　　）。

A.受让国有土地使用权的，以成交价格为计税依据

B.受赠房屋的，由征收机关参照房屋买卖的市场价格核定计税依据

C.购入土地使用权的，以评估价格为计税依据

D.交换土地使用权的，以交换土地使用权的价格差额为计税依据

【答案】ABD

【解析】（1）选项AC：国有土地使用权出让、土地使用权出售、房屋买卖，以成交价格作为计税依据；（2）选项B：土地使用权赠与、房屋赠与，计税依据由征税机关参照土地使用权出售、房屋买卖的市场价格确定；（3）选项D：土地使用权交换、房屋交换，计税依据为所交换土地使用权、房屋的“价格差额”。

（五）契税应纳税额的计算（★★）

应纳税额=计税依据×税率

【例题·单选题】（2017）2017年2月周某以150万元价格（不含增值税）出售自有住房一套，购进价格200万元（不含增值税）住房一套。已知契税适用税率为5%，计算周某上述行为应缴纳契税税额的下列算式中，正确的是（　　）。

A.150×5%=7.5万元　　B.200×5%=10万元

C.150×5%+200×5%=17.5万元　　D.200×5%−150×5%=2.5万元

【答案】B

【解析】契税由房屋、土地权属的承受人缴纳；在本题中：（1）周某出售的住房，应由受让方缴纳契税，周某作为转让方不必缴纳契税；（2）周某购进住房应照章缴纳的契税=200×5%=10万元。

（六）契税税收优惠（★★）

1.国家机关、事业单位、社会团体、军事单位承受土地、房屋用于办公、教学、医疗、科研和军事设施的，免征契税。

2.城镇职工按规定第一次购买公有住房的，免征契税。

3.因不可抗力灭失住房而重新购买住房的，酌情准予减征或者免征契税。

4.土地、房屋被县级以上人民政府征用、占用后，重新承受土地、房屋权属的，是否减征或者免征契税，由省、自治区、直辖市人民政府确定。

★【专家一对一】

不是“应当免征”。

5.纳税人承受荒山、荒沟、荒丘、荒滩土地使用权，用于农、林、牧、渔业生产的，免征契税。

★【专家一对一】

用于工商业或建房的，不能免征。

6.经批准减征、免征契税的纳税人，改变有关土地、房屋的用途的，不再属于减征、免征契税范围，并应补缴已经减征、免征的税款。

★【专家一对一】

改变用途，不但以后不再减免，而且还要补缴以前已经减免的契税。

【例题·多选题】（2015）下列各项中，免征契税的有（　　）。

A.军事单位承受土地用于军事设施　　B.国家机关承受房屋用于办公

C.纳税人承受荒山土地使用权用于农业生产　　D.城镇居民购买商品房用于居住

【答案】ABC

【解析】（1）选项AB，国家机关、事业单位、社会团体、军事单位承受土地、房屋用于办公、教学、医疗、科研和军事设施的，免征契税；（2）选项C，纳税人承受荒山、荒沟、荒丘、荒滩土地使用权，用于农、林、牧、渔业生产的，免征契税；（3）选项D，城镇居民购买商品房用于居住应当缴纳契税。

（七）契税征收管理（★★）

1.纳税义务发生时间：纳税人签订土地、房屋权属转移合同的当天，或者纳税人取得其他具有土地、房屋权属转移合同性质凭证的当天。

★【专家一对一】

是签订合同的当天，不是办理权属转让手续的当天。

2.纳税地点：土地、房屋所在地的税收征收机关。

★【专家一对一】

涉及不动产的税种，一般由该不动产所在地税务机关征收，这是为了方便税务机关行使税收征收管理权。

3.纳税期限：纳税义务发生之日起10日内。

【例题·单选题】（2014）纳税人应当自契税纳税义务发生之日起（　　）日内，向土地、房屋所在地的税收征收机关办理纳税申报。

A.5　　B.7　　C.10　　D.15

【答案】C

二、印花税

（一）印花税纳税人（★★★）

印花税纳税人是在中国境内订立、领受具有法律效力的应税凭证，或者在中国境内进行证券交易的单位或个人。

印花税纳税人分为：立合同人、立账簿人、立据人、领受人和使用人等。

立合同人，即书立合同的各方当事人，但不包括合同的担保人、证人和鉴定人。

★【专家一对一】

印花税的纳税人是对凭证有直接权利义务关系的书立合同的当事人。合同当事人，一般是指合同的甲方、乙方。合同的担保人、证人、鉴定人对凭证没有直接权利义务关系，不属于合同当事人，不缴纳印花税。签订合同或应税凭证的各方都是纳税人，应各就其所持合同或应税凭证的计税金额履行纳税义务。

（2）立账簿人，即开立并使用营业账簿的单位和个人。

（3）立据人，即书立产权转移书据的单位和个人。

（4）领受人，即领受并持有权利、许可证照的单位和个人，如领取房屋产权证的单位和个人。

（5）使用人，是指在国外书立、领受，但在国内使用应税凭证的单位和个人。

【例题·单选题】（2018）甲公司与乙公司签订购销合同，合同约定丙为担保人，丁为鉴定人。下列关于该合同印花税纳税人的表述中，正确的是（　　）。

A.乙、丙和丁为纳税人　B.乙和丁为纳税人　C.乙为纳税人　D.乙和丙为纳税人

【答案】C

【解析】印花税的纳税人是指书立合同的当事人（甲和乙），不包括合同的担保人（丙）、证人和鉴定人（丁）。

（二）印花税的征税范围（★★★）

1.合同。

印花税税目中的合同分为如下11大类合同。

（1）买卖合同，包括供应、预购、采购、购销结合及协作、调剂、补偿、易货等合同;还包括各出版单位与发行单位（不包括订阅单位和个人）之间订立的图书、报刊、音像征订凭证。

凡属于明确双方供需关系，据以供货和结算，具有合同性质的凭证，应按规定缴纳印花税。

对纳税人以电子形式签订的各类应税凭证按规定征收印花税。

对发电厂与电网之间、电网与电网之间（国家电网公司系统、南方电网公司系统内部各级电网互供电量除外）签订的购售电合同，按购销合同征收印花税。电网与用户之间签订的供用电合同不征印花税。

（2）借款合同，包括银行及其他金融组织和借款人（不包括银行同业拆借）所签订的借款合同。

（3）融资租赁合同。

（4）租赁合同，包括租赁房屋、船舶，飞机，机动车辆、机械、器具、设备等合同，还包括企业、个人出租门店、柜台等所签订的合同，但不包括企业与主管部门签订的租赁承包合同。

（5）承揽合同，包括加工、定做，修缮、修理、印刷、广告测绘、测试等合同。

（6）建设工程合同，包括勘察、设计、建筑、安装工程合同的总包合同、分包合同和转包合同。

（7）运输合同，包括民用航空运输、铁路运输、海上运输、内河运输、公路运输和联运合同。

（8）技术合同，包括技术开发合同、技术转让合同、技术咨询合同和技术服务合同。

技术转让合同包括专利申请转让、非专利技术转让所书立的合同，但不包括专利权转让合同、专利实施许可合同。专利权转让合同、专利实施许可合同，应按“产权转移书据”税目缴纳印花税。

技术咨询合同是合同当事人就有关项目的分析、论证、评价、预测和调查订立的技术合同。一般的法律、会计、审计等方面的咨询不属于技术咨询，其所立合同不贴印花。

（9）保管合同，包括保管合同和作为合同使用的仓单、栈单（入库单）。对某些使用不规范的凭证不便计税的，可就其结算单据作为计税贴花的凭证。

（10）仓储合同。

（11）财产保险合同。包括财产、责任、保证、信用等保险合同，但不包括“人身保险合同”。

2.产权转移书据。

产权转移书据包括土地使用权出让和转让书据；房屋等建筑物、构筑物所有权，股权（不包括上市和挂牌公司股票）、商标专用权、著作权、专利权、专有技术使用权转让书据。

3.营业账簿。

营业账簿分为记载资金的账薄（简称资金账海）和其他营业账簿两类。资金账薄是反映生产经营单位“实收资本”和“资本公积”金额增减变化的账薄。对资金账簿征收印花税，对其他营业账簿不征收印花税。

4.权利、许可证照。

包括政府部门发放的不动产权证书、营业执照、商标注册证、专利证书等。

5.证券交易。

证券交易是指在依法设立的证券交易所上市交易或者在国务院批准的其他证券交易场所转让公司股票和以股票为基础发行的存托凭证。

【例题·单选题】（2018）下列不属于印花税征税范围的是（　　）。

A.餐饮服务许可证　B.工商营业执照　C.商标注册证　D.土地使用证

【答案】A

【解析】印花税中的“四证一照”包括房屋产权证、工商营业执照、商标注册证、专利证、土地使用证，不包括餐饮服务许可证。

【例题·多选题】（2017）下列合同中，属于印花税征税范围的有（　　）。
A.货物运输合同　B.购销合同　C.财产租赁合同　D.技术合同
【答案】ABCD
【解析】选项ABCD，均按“经济合同”税目征收印花税。

（三）印花税税率（★）

印花税的税率有比例税率和定额税率两种形式。

1.比例税率。

在印花税15个税目中，各类合同以及具有合同性质的凭证、产权转移书据营业账簿、证券交易，适用比例税率。

（1）借款合同、融资租赁合同，适用税率为0.05‰。

（2）营业账簿，适用税率为0.25‰。

（3）买卖合同、承揽合同、建设工程合同、运输合同技术合同等，适用税率为0.3‰。

（4）土地使用权出让和转让书据:房屋等建筑物、构筑物所有权、股权（不包括上市和挂牌公司股票）、商标专用权、著作权、专利权、专有技术使用权转让书据，适用税率为0.5‰。

（5）租赁合同、保管合同、仓储合同、财产保险合同、证券交易，适用税率为1‰。

2.定额税率。

不动产权证书、营业执照、商标注册证、专利证书，按件贴花，单位税额为每件5元。

【例题·单选题】（2016）根据印花税法律制度的规定，下列凭证中，按件贴花的是（　　）。
A.财产保险合同　B.产权转移书据　C.借款合同　D.权利、许可证照
【答案】D

（四）印花税计税依据（★★）

1.应税合同的计税依据，为合同列明的价款或者报酬，不包括增值税税款；价款或者报酬与增值税税款未分开列明的，按照合计金额确定。

2.应税产权转移书据的计税依据，为产权转移书据列明的价款，不包括增值税税款；价款与增值税税款未分开列明的，按照合计金额确定。

应税合同、产权转移书据未列明价款或者报酬的，按照下列方法确定计税依据:（1）按照订立合同、产权转移书据时市场价格确定；应当执行政府定价的，按照其规定确定。（2）不能按照上述规定的方法确定的，按照实际结算的价款或者报酬确定。

3.应税营业账簿的计税依据，为营业账簿记载的实收资本（股本）、资本公积合计金额。

4.应税权利、许可证照的计税依据，按件确定。

5.证券交易的计税依据，为成交金额。

同一应税凭证载有两个或者两个以上经济事项并分别列明价款或者报酬的，按照各自适用税目税率计算应纳税额；未分别列明价款或者报酬的，按税率高的计算应纳税额。

同一应税凭证由两方或者两方以上当事人订立的，应当按照各自涉及的价款或者报酬分别计算应纳税额。

纳税人有以下情形的，税务机关可以核定纳税人印花税计税依据:

（1）未按规定建立印花税应税凭证登记簿，或未如实登记和完整保存应税凭证的。

（2）拒不提供应税凭证或不如实提供应税凭证致使计税依据明显偏低的。

（3）采用按期汇总缴纳办法的，未按税务机关规定的期限报送汇总缴纳印花税情况报告，经税务机关责令限期报告，逾期仍不报告的或者税务机关在检查中发现纳税人有未按规定汇总缴纳印花税情况的。

【例题·多选题】下列关于印花税计税依据的说法，不正确的有（　　）。
A.财产租赁合同，以所租赁财产的金额作为计税依据
B.货物运输合同，以所运货物金额和运输费用的合计金额为计税依据
C.借款合同，以借款金额和借款利息的合计金额为计税依据
D.财产保险合同，以保险费收入为计税依据
【答案】ABC
【解析】（1）选项A，财产租赁合同，以收取的租金为计税依据；（2）选项B，货物运输合同，以收取的运输费用为计税依据；（3）选项C，借款合同，以借款金额为计税依据。

（五）印花税应纳税额的计算（★★）

1.应税合同的应纳税额的计算公式为:

应纳税额=价款或者报酬×适用税率

2.应税产权转移书据的应纳税额的计算公式为:

应纳税额=价款×适用税率

3.应税营业账簿的应纳税额的计算公式为:

应纳税额=实收资本（股本）、资本公积合计金额×适用税率

4.证券交易的应纳税额的计算公式为:

应纳税额=成交金额或者依法确定的计税依据×适用税审

5.应税权利、许可证照的应纳税额的计算公式为:

应纳税额=应税凭证件数×定额税率

【举例】甲公司于2018年5月成立，注册资本500万；领取工商营业执照、房产证、土地使用权证、基本存款账户开户许可证各一件；建立资金账簿1本，其他账簿6本；当月与乙公司签订买卖合同，商品售价50万元，由甲公司负责运输；与丙运输公司签订运输合同，合同价款2万元，其中运费1.5万，装卸费0.5万。已知，买卖合同的印花税税率为0.3‰，资金账簿的印花税税率为0.25‰，运输合同的印花税税率为0.3‰；权利、许可证照的定额税率为每件5元。计算甲公司5月应缴纳的印花税额。

【解析】

（1）工商营业执照、房产证、商标注册证、土地使用证共4件，以件数为计税依据，印花税为4×5=20元;

（2）资金账簿印花税为500万×0.25‰=1 250元；

（3）买卖合同印花税为50万×0.3‰=150元；

（4）运输合同印花税为1.5万×0.3‰=4.5元；

（5）其他账簿:免征印花税。

故甲公司应缴纳印花税=20+1 250+150+4.5=1 424.5元。

【例题·单选题】甲家电公司2018年10月与乙公司签订一份旧家电买卖合同：合同载明的价款和增值税金额合计103万元（其中价款100万元，增值税3万元，但价款和增值税未分别记载）。已知：买卖合同的印花税税率0.3‰，则甲公司签订该买卖合同应缴纳的印花税税额的下列计算中，正确的是（　　）。

A.1 000 000×0.3‰=300元 B.30 000×0.3‰=9元

C.（1 000 000+30 000）×0.3‰=309元 D.（1 000 000−30 000）×0.3‰=291元

【答案】C

【解析】应税合同的计税依据。为合同列明的价款或者报酬，不包括增值税税款；价款或者报酬与增值税税款未分开列明的，按照合计金额确定。故本题正确答案是选项C。

（六）印花税税收优惠（★★）

1.法定凭证免税。

下列凭证，免征印花税:

（1）应税凭证的副本或者抄本，免征印花税。

（2）农民、农民专业合作社、农村集体经济组织、村民委员会购买农业生产资料或者销售自产农产品订立的买卖合同和农业保险合同，免征印花税。

（3）无息或者贴息借款合同、国际金融组织向我国提供优惠贷款订立的借款合同，金融机构与小型微型企业订立的借款合同，免征印花税。

（4）财产所有权人将财产赠与政府、学校、社会福利机构订立的产权转移书据，免征印花税。

（5）军队、武警部队订立、领受的应税凭证，免征印花税。

（6）转让、租赁住房订立的应税凭证，免征个人（不包括个体工商户）应当缴纳的印花税。

（7）国务院规定免征或者减征印花税的其他情形。

2.免税额。应纳税额不足1角的，免征印花税。

3.特定情形免税。

有下列情形之一的，免征印花税:

（1）对商店、门市部的零星加工修理业务开具的修理单，不贴印花。

（2）对铁路、公路、航运、水路承运快件行李、包裹开具的托运单据，暂免贴花。

对企业车间、门市部、仓库设置的不属于会计核算范围的账簿，不贴印花。

4.单据免税。对运输、仓储、保管、财产保险、银行借款等，办理一项业务，既书立合同，又开立单据的，只就合同贴花。所开立的各类单据，不再贴花。

5.企业兼并并入资金免税。对企业兼并的并入资金，凡已按资金总额贴花的，接收单位对并入的资金，不再补贴印花。

6.租赁承包经营合同免税。企业与主管部门等签订的租赁承包经营合同，不属于租赁合同，不征收印花税。

7.将殊情形免税。纳税人已履行并贴花的合同，发现实际结算金额与合同所载金额不一致的，一般不再补贴印花。

8.书、报、刊合同免税。书、报、刊发行单位之间，发行单位与订阅单位或个人之间书立的凭证，免征印花税。

9.外国运输企业免税。由外国运输企业运输进口货物的，外国运输企业所持有的一份结算凭证，免征印花税。

10.特殊货运凭证免税。

下列特殊货运凭证，免征印花税：

（1）抢险救灾物资运输结算凭证。

（2）为新建铁路运输施工所属物料，使用工程临管线专用运费结算凭证。

11.物资调拨单免税。对工业、商业、物资、外贸等部门调拨商品物资，作为内部执行使用的调拨单，不作为结算先证，不属于合同性质的先证，不征收印花税。

12.同业拆借合同免税。银行、非银行金融机构之间相互融通短期资金，按照规定的同业拆借期限和利率签订的同业拆借合同，不征收印花税。

13.借款展期合同免税。对办理借款展期业务使用借款展期合同或其他凭证，按规定仅载明延期还款事项的，可暂不贴花。

14.合同，书据免税。出版合同，不属于印花税列举征税的凭证，免征印花税。

15.国库业务账簿免税。

16.委托代理合同免税。代理单位与委托单位之间签订的委托代理合同，不征收印花税。

17.日拆性贷款合同免税。对人民银行向各商业银行提供的日拆性贷款（20日以内的贷款）所签订的合同或借据，暂免征印花税。

18.铁道企业特定凭证免税。

19.电话和联网购货免税。对在供需经济活动中使用电话、计算机联网订货，没有开具书面凭证的，暂不贴花。

20.股权转让免税。对国务院和省级人民政府批准进行政企脱钩、对企业进行改组和改变管理体制、变更企业隶属关系，以及国有企业改制、盘活国有资产，而发生的国有股权无偿转让划转行为，暂不征收证券交易印花税。

【例题·多选题】（2018）下列各项中，免征印花税的有（　　）。

A.发行单位与订阅单位之间书立的凭证　　B.无息、贴息贷款合同

C.已缴纳印花税的凭证的副本　　D.财产所有人将财产赠给学校所立的书据

【答案】ABCD

（七）印花税征收管理（★★）

1.纳税义务发生时间。

印花税纳税义务发生时间为纳税人订立、领受应税凭证或者完成证券交易的当日。如果合同是在国外签订，并且不便在国外贴花的，应在将合同带入境时办理贴花纳税手续。

证券交易印花税扣激义务发生时间为证券交易完成的当日。证券登记结算机构为证券交易印花税的扣缴义务人。

【例题·多选题】印花税应当在书立或领受时贴花。下列各项中，符合印花税纳税义务发生时间的有（　　）。

A.合同签订时　　B.账簿启用时　　C.证照领受时　　D.合同履行时

【答案】ABC

【解析】印花税应当在书立或领受时贴花，具体是指在合同签订时、账簿启用时和证照领受时。

2.纳税地点。

单位纳税人应当向其机构所在地的主管税务机关申报缴纳印花税；个人纳税人应当向应税凭证订立、领受地或者居住地的税务机关申报缴纳印花税。

纳税人出让或者转让不动产产权的，应当向不动产所在地的税务机关申报缴纳印花税。

证券交易印花税的扣缴义务人应当向其机构所在地的主管税务机关申报缴纳扣缴的税款。

3.纳税期限。

印花税按季、按年或者按次计征。按季、按年计征的，纳税人应当于季度、年度终了之日起15日内申报并缴纳税款。按次计征的，纳税人应当于纳税义务发生之日起15日内申报并缴纳税款。

证券交易印花税按周解缴。证券交易印花税的扣激义务人应当于每周终了之日起5日内申报解缴税款及孳息。

已缴纳印花税的凭证所载价款或者报酬增加的，纳税人应当补缴印花税；所载价款或者报酬减少的，纳税人可以向主管税务机关申请退还印花税税款。

【例题·判断题】经济合同订立时暂不贴花，待合同实际履行时再贴花。（ ）
【答案】错误。
【解析】经济合同应在签订时即行贴花。

（四）缴纳方法（★★）

1.自行贴花。

纳税人在书立，领受应税凭证时，自行计算应纳印花税额，向当地纳税机关或印花税票代售点购买印花税票，自行在应税凭证上一次贴足印花并自行注销。这是缴纳印花税的基本方法。已完成纳税手续的凭证应按规定的期限妥善保管，以备核查。已贴用的印花税票不得重用；已贴花的凭证，修改后所载金额有增加的，其增加部分应当补贴印花。

2.汇贴汇缴。

一份凭证应纳税额超过500元的，纳税人应当向当地税务机关申请填写缴款书或完税证，将其中一联粘贴在凭证上或者税务机关在凭证上加注完税标记代替贴花。

同一类应纳税凭证，需烦繁贴花的，纳税人应向当地税务机关申请按期汇总缴纳印花税。

3.委托代征。为加强征收管理，简化手续，印花税可以委托有关部门代征，实行源泉控管。对通过国家有关部门发放、鉴证、公证或仲裁的应税凭证，税务部门可以委托这些部门代征印花税。

【例题·多选题】（2018）下列各项中，属于印花税缴纳方法的有（ ）。
A.自行贴花 B.代扣代缴 C.委托代征 D.汇贴汇缴
【答案】ACD
【解析】印花税的纳税方法为包括自行贴花、汇贴汇缴和委托代征。

★【专家一点通】

房地产销售有关税种

| 税种 | 税款缴纳 | |
|---|---|---|
| | 卖方 | 买方 |
| 增值税 | √<br>（个人购买房产，根据所在地域、购买时间、房产性质决定是否免征——见第四章增值税部分） | × |
| 城建税 | √ | × |
| 教育费附加 | √ | × |
| 土地增值税 | √（个人转让住房免征） | × |
| 契税 | ×（城镇职工第一次购买公有住房免征） | √ |
| 印花税 | √ | √ |
| 所得税 | √<br>（个人转让购买5年以上且是家庭唯一生活用房免征） | × |

- 契税与印花税
  - 契税
    - 纳税人：买房买地一方
    - 征税范围
      - 一般情况：权属转移
      - 例外
        - 继承
        - 农村集体土地承包经营权转移
    - 计税依据
      - 有价格——按成交价
      - 无价格——按市场价
      - 有两个价格
        - 按差价交，多出钱的一方交
        - 相等则免交
      - 补交——划拨方式
    - 征收管理
    - 税收优惠
  - 印花税
    - 纳税人
      - 书立人——立合同人、立账簿人、立据人
      - 领受人
      - 使用人
      - 电子应税凭证的签订人
    - 征收范围
      - 经济合同（11类）——合同性质的凭证视同合同征税
      - 产权转移书据
      - 营业账簿
      - 权利、许可证照
    - 计税依据
      - 从价计征的
        - 合同及合同性质的凭证
        - 资金账簿——不记载资金的账簿，免征
        - 产权转移书据
      - 从量计征的——权利许可证照
    - 税收优惠
    - 征收管理
      - 纳税义务发生时间——书立或领受凭证时
      - 纳税地点——就地纳税
      - 纳税期限——书立、领受凭证时即行贴花
      - 缴纳方法
        - 自行贴花
        - 汇贴汇缴
        - 委托代征

# 节节测

## 一、单项选题

1.下列各项中，属于契税纳税人的是（　　）。
A.获得住房奖励的个人　B.转让土地使用权的企业
C.继承父母汽车的子女　D.出售房屋的个体工商户
【答案】A
【解析】（1）选项A，获得住房奖励的个人是承受方，属于契税纳税人；（2）选项BD，契税纳税人为承受方，转让方、出售方不缴纳契税；（3）选项C，不属于契税的征税范围。

2.下列各项中，属于契税纳税人的是（　　）。
A.出租房屋的李某
B.出让土地使用权的某市政府
C.转让土地使用权的甲公司
D.购买房屋的王某
【答案】D
【解析】（1）选项A，房屋出租不属于契税征税范围，故选项A不属于契税纳税人；（2）选项BC，应由土地使用权的"承受方"缴纳契税，故选项BC都不是契税纳税人。

3.下列行为中，应征收契税的是（　　）。
A.甲公司出租地下停车场　B.丁公司购买办公楼
C.乙公司将房屋抵押给银行　D.丙公司承租仓库
【答案】B
【解析】（1）选项AD，均属租赁行为，不发生土地、房屋权属转移，不属于契税征税范围；（2）选项B，购买办公楼，发生权属转移，应当征收契税；（3）选项C，抵押时房屋权属不发生变动不征契税，如果乙公司无力清偿银行欠款，银行实现其抵押权将乙公司的房屋用于抵债时，房屋权属发生变动，则承受方银行应缴纳契税。

4.甲公司出售一处位于郊区的仓库，取得收入120万元，又以260万元购入一处位于市区繁华地区的门面房。已知当地政府规定的契税税率4%，甲公司应缴纳契税税额的下列计算中，正确的是（　　）。（上述金额均不含增值税）
A.120×4%=4.8万元
B.（120+260）×4%=15.2万元
C.（260−120）×4%=5.6万元
D.260×4%=10.4万元
【答案】D

5.下列各项中，应缴纳印花税的是（　　）。
A.会计咨询合同　B.法律咨询合同
C.审计咨询合同　D.技术咨询合同
【答案】D
【解析】一般的法律、会计、审计等方面的咨询不属于技术咨询，其所立合同不贴印花。

6.2013年6月，甲公司与乙公司签订一份加工承揽合同，合同载明由甲公司提供原材料200万元，支付乙公司加工费30万元；又与丙公司签订了一份财产保险合同，保险金额1 000万元，支付保险费1万元。已知加工承揽合同印花税税率为0.5‰，财产保险合同印花税税率为1‰，则甲公司签订的上述两份合同应缴纳印花税税额的下列计算中，正确的是（　　）。
A.200×0.5‰+1 000×1‰=1.1万元
B.200×0.5‰+1×1‰=0.101万元
C.30×0.5‰+1×1‰=0.016万元
D.30×0.5‰+1 000×1‰=1.015万元
【答案】C
【解析】（1）原材料由委托方提供，且原材料费和加工费分别记载，加工承揽合同应按照"加工费"作为计税依据，按"加工、承揽收入"的0.5‰贴花；（2）财产保险合同，按"保险费收入"的1‰贴花。

7.下列各项中，应缴纳印花税的是（　　）。
A.报刊发行单位和订阅单位之间书立的凭证
B.建筑安装工程承包合同
C.门市部零星修理业务开具的修理单
D.农林作物保险合同
【答案】B
【解析】（1）选项A，书、报、刊发行单位之间，发行单位与订阅单位或个人之间书立的凭证，免征印花税；（2）选项C，商店、门市部的零星加工修理业务开具的修理单，不贴印花；（3）选项D，农林作物、牧业畜类保险合同，免征印花税。

## 二、多项选择题

1.下列行为中，属于契税征税范围的有（　　）。
A.房屋买卖　B.房屋交换　C.房屋租赁　D.房屋赠与
【答案】ABD
【解析】选项C，房屋出租不发生权属转移，不属于契税的征税范围。

2.下列各项中，属于契税征税范围的有（　　）。
A.国有土地使用权出让
B.房屋交换
C.农村集体土地承包经营权转移
D.土地使用权赠与
【答案】ABD
【解析】选项C，农村集体土地承包经营权的转移，不属于契税的征税范围。

3.下列各项中，以成交价格作为契税计税依据的有（　　）。
A.房屋买卖　B.土地使用权交换
C.房屋赠与　D.土地使用权转让
【答案】AD
【解析】选项B，按差价；选项C，由征收机关参照市场价格确定。

4.下列各项中，属于契税纳税义务发生时间的有（　　）。
A.纳税人签订土地、房屋权属转移合同的当天
B.当事人签订土地、房屋权属转移合同的当天
C.纳税人取得其他具有土地、房屋权属转移合同性质凭证的当天
D.当事人办理土地、房屋权属转移手续的当天
【答案】AC
【解析】契税纳税义务发生时间是纳税人签订土地、房屋权属转移合同的当天，或者纳税人取得其他具有土地、房屋权属转移合同性质凭证的当天。

5.下列各项中，属于印花税纳税人的有（　　）。
A.立据人　B.各类电子应税凭证的签订人
C.立合同人　D.立账簿人
【答案】ABCD

## 三、判断题

1.房屋抵押不属于契税的征税范围。（　　）
【答案】正确。
【解析】土地、房屋典当、继承、分拆（分割）、抵押以及出租等行为，不属于契税的征税范围。

2.国家机关承受房屋用于办公，免征契税。（　　）
【答案】正确。

3.契税的纳税期限是纳税义务发生之日起15日内。（　　）
【答案】错误。
【解析】契税的纳税期限是纳税义务发生之日起10日内。

4.甲市的张三，在乙市购买一套商品房，则张三应向甲市税务机关缴纳契税。（　　）
【答案】错误。
【解析】契税的纳税地点是土地、房屋所在地的税务机关，故张三应向乙市税务机关缴纳契税。

# 第六节 资源税法律制度

## 一、资源税纳税人（★★★）

资源税是对在我国境内从事应税矿产品开采或生产盐的单位和个人征收的一种税。

资源税的纳税人是指在我国领域及管辖海域内开采应税矿产品或者生产盐的单位和个人。

【专家一对一】

（1）资源税是对在我国领域及管辖海域内“生产盐”或者“开采应税矿产品”的单位或者个人征收，“进口”的矿产品和盐不征收资源税。

（2）资源税实行一次课征制度，在生产、开采销售（包括出口）或自用环节缴纳过资源税，以后流转的各环节上均不再重复征收资源税。

【例题·单选题】（2015）下列各项中，属于资源税纳税人的是（　　）。

A.进口金属矿石的冶炼企业

B.销售精盐的商场

C.开采销售原煤的公司

D.销售石油制品的加油站

【答案】C

【解析】（1）选项A：进口矿产品不征收资源税；（2）选项BD：应税产品在生产销售环节已经缴纳资源税的，在批发、零售等环节不再征收资源税（精盐与石油制品不属于资源税的征税范围）。

## 二、资源税征税范围（★★★）

表6-4　资源税征税范围

| 应税产品种类 | 具体分类及规定 |
|---|---|
| 原油 | （1）开采的“天然原油”征税，人造石油不征税<br>（2）开采原油过程中用于加热、修井的原油，免税 |
| 天然气 | （1）应税天然气包括“专门开采”或者与原油“同时开采”的天然气<br>（2）“煤矿生产的天然气”不征税 |
| 煤炭 | （1）煤炭，包括“原煤”和以“未税原煤”加工的“洗选煤”<br>（2）“已税”原煤加工的煤炭制品不征税 |
| 其他非金属矿 | 石墨、硅藻土、萤石、硫铁矿、氯化钾 |
| | 高岭土、石灰石、磷矿、硫酸钾、煤层（成）气、粘土、砂石 |
| | 井矿盐、湖盐、提取地下卤水晒制的盐 |
| | 未列举名称的非金属矿产品 |
| 金属矿 | 稀土、钨、钼 |
| | 金矿 |
| | 铁矿、铜矿、铅锌矿、镍矿、锡矿等 |
| | 铝土矿 |
| | 未列举名称的金属矿产品 |
| 海盐 | |
| 水 | 2016年7月1日起，河北省开展水资源税试点 |

纳税人开采或者生产应税产品，自用于连续生产应税产品的，（移送使用时）不缴纳资源税；自用于其他方面的，视同销售，缴纳资源税。

★【专家一对一】

（1）资源税一般针对开采“我国境内”“不可再生的自然资源”征收，且一般限于“初级矿产品或者原矿”。

（2）纳税人自产自用的应税消费品，用于连续生产应税消费品的，不纳税；用于其他方面的（即用于生产非应税消费品、在建工程、管理部门、馈赠、赞助、集资、广告、样品、职工福利、奖励等），视同销售，在移送使用时缴纳资源税。纳税人将自产的货物用于集体福利和个人消费、投资、分配、无偿赠送等方面的，视同销售货物，应纳增值税。

【例题·单选题】（2015）下列各项中，应同时征收增值税和资源税的是（　　）。

A.生产销售人造石油　　B.销售柴油

C.进口原油　　D.将开采的天然气用于职工食堂

【答案】D

【解析】（1）选项A，人造石油不征收资源税，但销售人造石油应征收增值税；（2）选项B，柴油不征收资源税，但销售柴油应征收增值税；（3）选项C，应征收进口环节增值税，但不征收资源税；（4）选项D，将开采的天然气用于职工食堂，视同销售，既征收增值税，又征收资源税。

## 三、资源税税目（★★）

现行资源税税目包括原油、天然气、煤炭、其他非金属矿、金属矿、海盐等税目。

【多选题】下列各项中，属于资源税税目的有（　　）。

A.天然气　　B.煤炭

C.铁矿　　D.岩盐

【答案】ABC

【解析】（1）选项ABC，我国现行资源税税目有原油、天然气（A）、煤炭（B）、其他非金属矿、金属矿（C）、海盐等资源品目。（2）选项D，岩盐不属于资源税税目。

## 四、资源税税率（★★）

1.税率。

资源税税率包括幅度比例税率与定额税率两种形式。

★【专家一对一】

资源税改革之后，目前绝大多数应税产品实行从价计征方式，采用从量计征方式的主要有“粘土、砂石”。

2.分别核算。

（1）纳税人开采或者生产不同税目应税产品的，应当分别核算不同税目应税产品的销售额，未分别核算的，从高适用税率。

（2）纳税人开采销售共伴生矿，共伴生矿与主矿产品销售额分开核算的，对共伴生矿暂不计征资源税；未分别核算的，全部销售额一并按主矿产品适用税目、税率计征资源税。

3.收购未税矿产品。

（1）独立矿山、联合企业收购未税矿产品的单位，按照本单位应税产品税额标准，依据收购的数量代扣代缴资源税。

（2）其他单位收购未税矿产品，按税务机关核定的应税产品税额标准，依据收购的数量代扣代缴资源税。

表6-5　资源税征税对象

| 应税产品种类 | | 征税对象 |
|---|---|---|
| 原油 | | 原油 |
| 天然气 | | 原矿 |
| 煤炭 | | 原煤或以未税原煤加工的洗选煤 |
| 其他非金属矿 | 石墨、硅藻土、萤石、硫铁矿、氯化钾 | 精矿 |
| | 高岭土、石灰石、磷矿、硫酸钾、煤层（成）气、粘土、砂石 | 原矿 |
| | 井矿盐、湖盐、提取地下卤水晒制的盐 | 氯化钠初级产品 |
| | 未列举名称的非金属矿产品 | 原矿或精矿 |
| 金属矿 | 稀土、钨、钼 | 精矿 |
| | 金矿 | 金锭 |
| | 铁矿、铜矿、铅锌矿、镍矿、锡矿等 | 精矿 |
| | 铝土矿 | 原矿 |
| | 未列举名称的金属矿产品 | 原矿或精矿 |
| 海盐 | | 氯化钠初级产品 |
| 水 | 2016年7月1日起，河北省开展水资源税试点 | |

【例题·判断题】（2014）纳税人开采或者生产不同税目应税产品的，未分别核算或者不能准确提供不同税目应税产品的销售额或者销售数量的，从高适用税率。（　　）

【答案】正确。

## 五、资源税的计税依据

（一）销售额（★★★）

1.销售额是指纳税人销售应税产品向购买方收取的全部价款和价外费用，但不包括收取的增值税销项税额和运杂费用。

★【专家一对一】

资源税价外费用的范围与增值税和消费税相同。

运杂费用是指应税产品从坑口或洗选（加工）地到车站、码头或购买方指定地点的运输费用、建设基金以及随运销产生的装卸、仓储、港杂费用。

运杂费用应与销售额分别核算，凡未取得相应凭据或者不能与销售额分别核算的，应当一并计征资源税。但符合条件的代垫运输费用和符合条件代为收取的政府性基金或行政事业性收费除外，不能并入销售额。

★【专家一对一】

一般情况下资源税销售额的确定与增值税销售额的确定相同。

【例题·多选题】下列各项中，应计入资源税销售额的有（　　）。

A.收取的价款

B.收取的包装物租金

C.收取的增值税销项税额

D.收取的运输装卸费（与销售额分别核算）

【答案】AB

【解析】资源税销售额是指纳税人销售应税产品向购买方收取的全部价款和价外费用，但不包括收取的增值税销项税额和运杂费用。（1）选项AB，选项A属于价款，选项B属于价外费用，故选项AB应计入资源税销售额；（2）选项CD，值税销项税额和运杂费用不能计入销售额，收取的运输装卸费属于运杂费用，且与销售额分别核算，故CD都不能计入资源税销售额。

2.煤矿。

纳税人将其开采的原煤，自用于连续生产洗选煤的，在原煤移送使用环节不缴纳资源税；将开采的原煤加工为洗选煤销售的，以洗选煤销售额乘以折算率作为应税煤炭销售额，计算缴纳资源税。

洗选煤销售额包括洗选副产品的销售额，不包括洗选煤从洗选煤厂到车站、码头等运输费用。

纳税人同时以自采未税原煤和外购已税原煤加工洗选煤的，应当分别核算；未分别核算的，按上述规定，计算缴纳资源税。

★【专家一对一】

**煤炭销售额=洗选煤销售额×折算率**

3.征税对象为精矿，但销售原矿。

征税对象为精矿的，纳税人销售原矿时，应将原矿销售额换算为精矿销售额缴纳资源税。

精矿销售额=原矿销售额×换算比

【例题·判断题】甲公司开采稀土原矿加工成精矿对外销售，则甲公司计算缴纳资源税时应将不含增值税的精矿销售额折算成原矿销售额。（　　）

【答案】错误。

【解析】稀土的资源税征税对象是精矿，甲公司开采的稀土原矿加工成精矿对外销售的，以精矿的销售额为计税依据计算缴纳资源税，不需要将精矿销售额换算为原矿销售额。

4.征税对象为原矿，但销售精矿。

征税对象为原矿的，纳税人销售自采原矿加工的精矿，应将精矿销售额折算为原矿销售额缴纳资源税。原矿销售额=精矿销售额×折算率

5.金矿。

金矿征税对象为标准金锭，纳税人销售金原矿、金精矿的，比照上述规定换算为金锭的销售额缴纳资源税。

换算公式：精矿销售额=原矿销售额×换算比

【例题·单选题】甲公司开采金原矿10吨，价值2万元，并以该金矿石提炼出1 000克金锭销售，取得不含增值税销售收入15万元。则甲公司应纳得资源税计税依据是（　　）。

A.金原矿的数量10吨　　B.金原矿的价值2万元

C.金锭数量1 000克　　D.销售金锭收入15万元

【答案】D

【解析】题目所述销售的是金锭，应以金锭销售收入为计税依据。

6.核定销售额。

纳税人申报的应税产品销售额明显偏低且无正当理由的、发生视同销售行为而无销售额的，除财政部、国家税务总局另有规定外，按下列顺序确定销售额：

（1）按纳税人最近时期同类产品的平均销售价格确定（按自己的）。

（2）按其他纳税人最近时期同类产品的平均销售价格确定（按别人的）。

（3）按组成计税价格确定，组成计税价格=成本×（1+成本利润率）÷（1–资源税税率）。（组价）

★【专家一对一】

**上述顺序，和增值税销售额的核定顺序相同。**

表6-6　资源税应税产品销售额的确定

| 项　目 | 具体规定 |
| --- | --- |
| 销售额的构成 | （1）销售额=向购买方收取的全部价款+价外费用<br>（2）销售额不包括销项税额和运杂费用 |
| 煤矿 | （1）开采的原煤，自用于连续生产洗选煤的，在原煤移送使用环节不缴纳资源税<br>（2）将开采的原煤加工为洗选煤销售的，以洗选煤销售额乘以折算率作为应税煤炭销售额，计算缴纳资源税。煤炭销售额=洗选煤销售额×折算率<br>（3）洗选煤销售额包括洗选副产品的销售额，不包括洗选煤从洗选煤厂到车站、码头等运输费用<br>（4）纳税人同时以自采未税原煤和外购已税原煤加工洗选煤的，应当分别核算；未分别核算的，按上述规定，计算缴纳资源税 |
| 征税对象为精矿，但销售原矿的 | 应将原矿销售额换算为精矿销售额缴纳资源税<br>精矿销售额=原矿销售额×换算比 |
| 征税对象为原矿，但销售精矿的 | 将精矿销售额折算为原矿销售额缴纳资源税<br>原矿销售额=精矿销售额×折算率 |
| 金矿 | 金矿征税对象为金锭，纳税人销售金原矿、金精矿，应换算为金锭的销售额缴纳资源税<br>精矿销售额=原矿销售额×换算比 |
| 核定销售额 | 纳税人申报的应税产品销售额明显偏低且无正当理由的、发生视同销售行为而无销售额的，除另有规定外，按下列顺序确定销售额：<br>（1）按纳税人最近时期同类产品的平均销价确定<br>（2）按其他纳税人最近时期同类产品的平均销价确定<br>（3）按组成计税价格确定，组成计税价格=成本×（1+成本利润率）÷（1-资源税税率） |

【例题·多选题】（2013）下列各项中，应计入资源税销售额的有（　　）。

A.收取的价款

B.收取的逾期付款违约金

C.收取的增值税销项税额

D.收取的优质费

【答案】ABD

【解析】资源税的销售额为纳税人销售应税产品向购买方收取的全部价款（选项A）和价外费用（选项BD），但不包括收取的增值税销项税额（选项C）。

（二）销售数量（★★★）

1.纳税人开采或者生产应税产品销售的，以实际销售数量为销售数量。

2.纳税人开采或者生产应税产品自用的，以移送使用时的自用数量为销售数量。

3.纳税人不能准确提供应税产品销售数量或移送使用数量的，以应税产品的产量或按主管税务机关确定的折算比换算成的数量为计征资源税的销售数量。

4.纳税人将其开采的矿产品原矿自用于连续生产精矿产品，无法提供移送使用原矿数量的，可将其精矿按选矿比折算成原矿数量。

表6-7　资源税应税产品销售数量的确定

| 应税产品 | 销售数量的确定 |
| --- | --- |
| 纳税人销售自己开采或者生产的应税产品 | 以实际销售数量为销售数量 |
| 纳税人自用自己开采或者生产的应税产品 | 移送使用时的自用数量 |
| 纳税人不能准确提供应税产品销售数量或移送使用数量的 | 应税产品的产量，或按折算比换算成的数量 |
| 纳税人将其开采的矿产品原矿自用于连续生产精矿产品，无法提供移送使用的原矿数量的 | 将精矿按选矿比折算成原矿数量 |

【例题·单选题】（2011）某矿业公司开采销售应税矿产品，资源税实行从量计征，则该公司计征资源税的课税数量是（　　）。

A.实际产量　　B.发货数量　　C.计划产量　　D.销售数量

【答案】D

【解析】选项D，纳税人销售自己开采或者生产的应税产品，资源税实行从量计征，以实际销售数量为销售数量。

## 六、资源税应纳税额的计算（★★）

1.从价定率计征。

应纳税额=应税产品的销售额×适用的比例税率

2.从量定额计征。

应纳税额=应税产品的销售数量×适用的定额税率

【例题·单选题】（2017）甲砂石企业开采砂石1 000吨，对外销售800吨，移送50吨砂石继续精加工并于当月销售。已知砂石的资源税税率为4元/吨，甲企业应当缴纳的资源税的下列计算中，正确的是（　　）。

A.（800+50）×4=3 400元 B.800×4=3 200元

C.1 000×4=4 000元　　D.50×4=200元

【答案】A

【例题·单选题】某煤矿本月共开采原煤6 000吨，对外销售2 500吨，取得不含税销售额22万元，剩余3 500吨全部移送生产洗选煤，本月销售洗选煤1 900吨，取得不含税销售额28万元，已知，煤矿的计税依据为原煤，该企业开采煤炭适用的资源税税率为4%，当地政府规定的折算率为80%，则该企业本月应交纳资源税的下列计算中，正确的是（　　）万元。

A.22×4%=0.88万元　　B.（22+28×80%）×4%=1.776万元

C.（22+28）×4%=2万元　　D.（22+28÷80%）×4%=2.28万元

【答案】B

【解析】（1）煤炭资源税实行从价计征。（2）开采的原煤，自用于连续生产洗选煤的，在原煤移送使用环节不缴纳资源税；（3）将开采的原煤加工为洗选煤销售的，以洗选煤销售额乘以折算率作为应税煤炭销售额，计算缴纳资源税。（4）直接销售原煤的销售额=22万元，洗选煤折合的原煤销售额=28万元×80%，故该企业本月应纳税资源税额=（22+28×80%）×4%=1.776万元。

## 七、资源税的税收优惠（★★）

1.开采原油过程中用于加热、修井的原油免税。

2.纳税人开采或者生产应税产品过程中，因意外事故或者自然灾害等原因遭受重大损失的，由省、自治区、直辖市人民政府酌情决定减税或者免税。

3.对依法在建筑物下、铁路下、水体下通过充填开采方式采出的矿产资源，资源税减征50%。

4.对实际开采年限在15年以上的衰竭期矿山开采的矿产资源，资源税减征30%。

5.纳税人开采销售共伴生矿，共伴生矿与主矿产品销售额分开核算的，对共伴生矿暂不计征资源税；没有分开核算的，共伴生矿按主矿产品的税目和适用税率计征资源税。

【例题·多选题】（2017）下列各项中，免征资源税的有（　　）。

A.开采原油过程中用于修井的原油　　B.开采原油过程中用于加热的原油

C.开采后出口的原油　　D.开采后销售的原油

【答案】AB

【解析】（1）选项AB：开采原油过程中用于加热、修井的原油，免税；（2）选项CD：开采原油后不管是在国内销售还是出口，“开采原油的单位或者个人”均应缴纳资源税。

## 八、资源税征收管理

（一）纳税义务发生时间（★★）

1.纳税人销售应税资源品目采取分期收款结算方式的，纳税义务发生时间为销售合同规定的收款日期的当天。

2.纳税人销售应税资源品目采取预收货款结算方式的，纳税义务发生时间为发出应税产品的当天。

3.纳税人销售应税资源品目采取其他结算方式的，纳税义务发生时间为收讫销售款或者取得索取销售款凭据的当天。

4.纳税人自产自用应税资源品目的，纳税义务发生时间为移送使用应税产品的当天。

5.扣缴义务人代扣代缴税款的纳税义务发生时间，为支付首笔货款或者开具支付货款凭据的当天。

★【专家一对一】

**资源税纳税义务发生时间与增值税纳税义务的发生时间相同。**

【例题·单选题】（2018）关于资源税纳税义务发生时间的下列表述中，不正确的是（　　）。

A.自产自用应税资源品目的，为移送使用应税产品的当天

B.销售应税资源品目采取预收货款结算方式的，为收讫销售款的当天

C.扣缴义务人代扣代缴资源税税款的，为支付首笔货款或开具应支付货款凭据的当天

D.销售应税资源品目采取分期收款结算方式的，为销售合同规定的收款日期的当天

【答案】B

【解析】选项B，纳税人销售应税资源品目采取预收货款结算方式的，纳税义务发生时间为“发出应税产品”的当天。

（二）纳税地点（★★）

1.纳税人应当向应税矿产品的开采地或盐的生产地缴纳资源税。

2.纳税人在本省、自治区、直辖市范围开采或者生产应税产品，其纳税地点需要调整的，由省级地方税务机关决定。

3.纳税人跨省开采资源税应税产品，其下属生产单位与核算单位不在同一省、自治区、直辖市的，对其开采的矿产品一律在开采地纳税。

4.扣缴义务人代扣代缴的资源税，应当向收购地主管税务机关缴纳。

【例题·判断题】资源税纳税人应当向其所在地的税务机关缴纳资源税。（　　）

【答案】错误。

【解析】资源税纳税人应当向应税矿产品的开采地或盐的生产地税务机关缴纳资源税。

（三）纳税期限（★）

资源税的纳税期限为1日、3日、5日、10日、15日或者1个月；纳税人以1个月为一期纳税的，自期满之日起10日内申报纳税。

★【专家一对一】

**增值税、消费税是自期满之日起15日内申报纳税。**

★【专家一点通】

**资源税与增值税纳税环节比较**

| 项　目 | 具体用途 | 是否征收增值税 | 是否征收资源税 |
|---|---|---|---|
| 自产自用资源税应税产品 | 用于连续生产资源税应税产品 | × | × |
| | 用于连续生产非资源税应税产品 | × | √ |
| | 用于集体福利、个人消费 | √ | √ |
| | 用于投资、分配、赠送 | √ | √ |
| 生产、开采资源税应税产品 | 用于国内销售 | √ | √ |
| | 用于出口 | 执行出口退税有关规定 | √ |
| 进口资源税应税产品 | | √ | × |
| 批发资源税应税产品 | | √ | × |
| 零售资源税应税产品 | | √ | × |

# 知识图谱

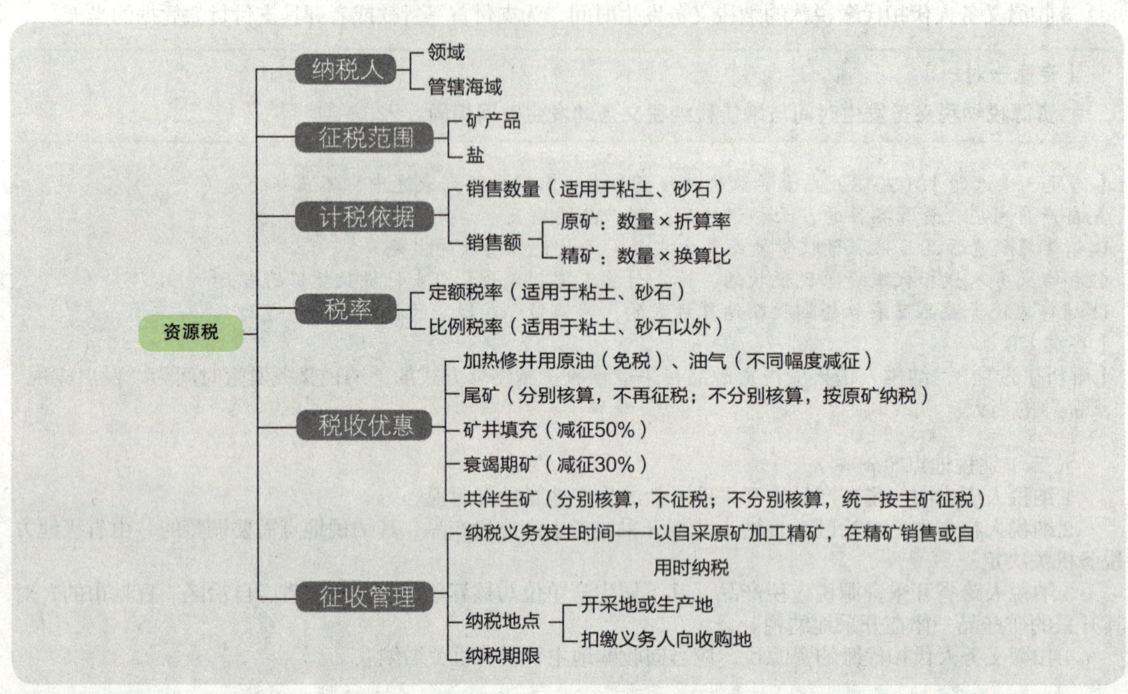

资源税
纳税人
领域
管辖海域
征税范围
矿产品
盐
计税依据
销售数量（适用于粘土、砂石）
销售额
原矿：数量×折算率
精矿：数量×换算比
税率
定额税率（适用于粘土、砂石）
比例税率（适用于粘土、砂石以外）
税收优惠
加热修井用原油（免税）、油气（不同幅度减征）
尾矿（分别核算，不再征税；不分别核算，按原矿纳税）
矿井填充（减征50%）
衰竭期矿（减征30%）
共伴生矿（分别核算，不征税；不分别核算，统一按主矿征税）
征收管理
纳税义务发生时间——以自采原矿加工精矿，在精矿销售或自用时纳税
纳税地点
开采地或生产地
扣缴义务人向收购地
纳税期限

# 节 节 测

## 一、单项选题

1.下列各项中，属于资源税征税范围的是（　　）。
A.液体盐
B.煤矿生产的天然气
C.以已税原煤加工的洗煤
D.人造石油
【答案】A

2.下列关于资源税征税的各项表述中，正确的是（　　）。
A.铝土矿以精矿为征税对象
B.人造石油应当征收资源税
C.与原油同时开采的天然气不征收资源税
D. 金矿的征税对象为金锭
【答案】D
【解析】（1）选项A，铝土矿以“原矿”为征税对象，选项A错误；（2）选项B，人造石油不征收资源税，选项B错误；（3）选项C，与原油同时开采的天然气应征收资源税，选项C错误。

3.甲铜矿2018年8月销售当月生产的铜矿石原矿，取得销售收入800万元，销售精矿取得收入1 400万元。已知：铜矿的计税依据为精矿的销售额，该矿山铜矿精矿换算比为1.3，适用的资源税税率为6%。则甲铜矿8月应缴纳的资源税税额的下列计算中，正确的是（　　）万元。
A.800×6%+1400×1.3×6%=157.2万元
B.800÷1.3×6%+1400×6%=120.9231万元
C.（800+1400）×6%=132万元
D.800×1.3×6%+1400×6%=146.4万元
【答案】D
【解析】铜矿的资源税以精矿的销售额为计税依据，原矿销售额应换算为精矿销售额。原矿的资源税为800×1.3×6%，精矿的资源税为1400×6%，故甲铜矿8月应纳税资源税=800×1.3×6%+1400×6%=146.4万元。

4.下列各项中，不属于资源税征税范围的是（　　）。
A.开采的原煤
B.以未税原煤加工的洗选煤
C.以空气加工生产的液氧
D.开采的天然气
【答案】C
【解析】空气与液氮不属于资源税的征税范围，不缴纳资源税。

5.下列各项中，属于资源税征税范围的有（　　）。
A.原煤　　B.人造石油
C.海盐原盐　　D.稀土矿原矿
【答案】ACD
【解析】选项B，人造石油不征收资源税。

## 二、多项选择题

1.下列各项中，应缴纳资源税的有（　　）。
A.开采销售的原矿
B.进口的原矿
C.职工食堂领用的自产原矿
D.职工宿舍领用的自产原矿
【答案】ACD
【解析】选项B，进口资源税应税产品不征资源税。

2.下列关于资源税纳税环节的表述中，正确的有（　　）。
A.纳税人自采原矿销售的，在原矿销售环节缴纳资源税
B.纳税人以自产原矿加工金锭销售的，在金锭销售环节缴纳资源税
C.纳税人以自产原矿加工金锭自用的，在金锭自用环节缴纳资源税
D.纳税人自采原矿加工金精矿销售的，在原矿移送环节缴纳资源税
【答案】ABC
【解析】选项D，纳税人自采原矿加工金精矿销售的，在原矿移送环节不缴纳资源税，在销售金精矿时缴纳资源税。

## 三、判断题

1.海盐属于资源税的征税范围。（　　）
【答案】正确。

2.纳税人开采销售共伴生矿，共伴生矿与主矿产品一并按主矿产品适用税目、税率计征资源税。（　　）
【答案】错误。
【解析】纳税人开采销售共伴生矿，共伴生矿与主矿产品销售额分开核算的，对共伴生矿暂不计征资源税；未分别核算的，全部销售额一并按主矿产品适用税目、税率计征资源税。

3.甲公司开采金原矿10吨销售，取得不含税销售收入1.5万元。则甲公司应直接依金原矿销售收入1.5万元计算缴纳资源税。（　　）
【答案】错误。
【解析】应将金原矿销售收入折合为金锭销售收入据以计算资源税。

4.资源税的计征方法有从价定率计征、从量定额计征和从价定率与从量定额相结合的计征方法。（　　）
【答案】错误。
【解析】资源税的计征方法有从价定率计征、从量定额计征，无从价定率与从量定额相结合的计征方法。

5.开采原油过程中用于加热、修井的原油，免征资源税。（　　）
【答案】正确。

6.扣缴义务人代扣代缴的资源税，应当向资源税纳税人主管税务机关缴纳。（　　）
【答案】错误。
【解析】扣缴义务人代扣代缴的资源税，应当向“收购地”主管税务机关缴纳。
【解析】资源税纳税人以1个月为一期纳税的，自期满之日起“10日内”申报纳税。

# 第七节　其他相关税收法律制度

## 一、关税法律制度

（一）关税纳税人（★★）

关税是对进出国境或关境的货物、物品征收的一种税。

1.贸易性商品的纳税人是经营进出口货物的收、发货人。具体包括：

（1）外贸进出口公司。

（2）工贸或农贸结合的进出口公司。

（3）其他经批准经营进出口商品的企业。

2.物品的纳税人包括：

（1）入境旅客随身携带的行李、物品的持有人。

（2）各种运输工具上服务人员入境时携带自用物品的持有人。

（3）馈赠物品以及其他方式入境个人物品的所有人。

（4）个人邮递物品的收件人。

★【专家一对一】

**接受纳税人委托办理货物报关等有关手续的“代理人”，可以代办纳税手续，但不是纳税人。**

【例题·多选题】下列各项中，属于关税纳税人的有（　　）。

A.进口货物的收货人　　B.进口货物的代理人

C.出口货物的发货人　　D.个人邮递物品的发件人

【答案】AC

（二）关税课税对象和税目（★★）

1.关税的课税对象是进出境的货物、物品。对从境外采购进口的原产于中国境内的货物，也应按规定征收进口关税。

★【专家一对一】

**只要是报关进口的货物，即使是原产于中国的货物，也要征收进口关税（同时征收进口环节增值税，属于消费税应税货物的，还要征收进口环节消费税）。原产于中国境内的货物，一般执行最惠国税率。**

2.进出口税则中的商品分类目录为关税税目。

（三）关税税率（★★）

1.税率的种类。

关税税率分为进口税率和出口税率两种。进口税率分为下列种类（进口货物适用何种关税税率以进口货物的原产地为标准）：

（1）普通税率。适用于：原产于未与我国共同适用最惠国条款的世界贸易组织成员，未与我国订有相互给予最惠国待遇、关税优惠条款贸易协定和特殊关税优惠条款贸易协定的国家或者地区的进口货物；原产地不明的货物。

（2）最惠国税率。适用于：原产于与我国共同适用最惠国条款的世界贸易组织成员国或地区的进口货物；原产于与我国签订含有相互给予最惠国待遇的双边贸易协定的国家或者地区的进口货物；原产于我国的进口货物。

★【专家一对一】

**最惠国待遇是指，缔结最惠国协定的一方给予另一方的优惠、特权或豁免，任何时候都不应低于其给予第三方的各种优惠待遇。**

（3）协定税率。

适用于原产于与我国签订含有关税优惠条款的区域性贸易协定的国家或地区的进口货物。

（4）特惠税率。

对原产于与我国签订含有特殊关税优惠条款的贸易协定的国家或地区的进口货物，按特惠税率征收关税。

（5）关税配额税率。

关税配额是进口国限制进口货物数量的措施，把征收关税和进口配额相结合以限制进口；对于在配额内进口的货物可以适用较低的关税配额税率，对于配额之外的则适用较高税率。

（6）暂定税率。

在最惠国税率的基础上，对于一些国内需要降低进口关税的货物，以及出于国际双边关系的考虑需要个别安排的进口货物，可以实行暂定税率。

2.税率的确定。

（1）进出口货物，应当按照收发货人或者收发货的代理人申报进口或者出口之日实施的税率征税。

（2）进口货物到达前，经海关核准先行申报的，应当按照装载此货物的运输工具申报进境之日实施的税率征税。

（3）进出口货物的补税和退税，适用该进出口货物原申报进口或者出口之日实施的税率，但另有规定除外。

★【专家一对一】

**进出口货物适用的关税税率及补税和退税适用的关税税率，按该货物的实际进出口关税税率确定。**

【例题·单选题】（2018）对原产于与我国签订含有特殊关税优惠条款的贸易协定的国家或地区的进口货物，适用特定的关税税率。该税率为（　　）。

A.普通税率　　B.协定税率　　C.特惠税率　　D.最惠国税率

【答案】C

【解析】对原产于与我国签订含有特殊关税优惠条款的贸易协定的国家或者地区的进口货物，适用特惠税率。

【例题·判断题】（2015）进口货物适用的关税税率是以进口货物的原产地为标准的。（　　）

【答案】正确。

（四）关税计税依据（★★★）

1.进口关税的完税价格。

一般贸易项下进口的货物以海关审定的成交价格为基础的到岸价格作为完税价格。

（1）应计入完税价格的项目。

①进口货物的买方为购买该项货物向卖方实际支付或应当支付的价格。

②进口人在成交价格外另支付给卖方的佣金。

③货物运抵我国关境内输入地点起卸前的包装费、运费、保险费和其他劳务费。

④为了在境内生产、制造、使用或出版、发行的目的而向境外支付的与该进口货物有关的专利、商标、著作权，以及专有技术、计算机软件和资料等费用。

（2）佣金、回扣、违约罚款的处理。

①向境外采购代理人支付的买方佣金则不能列入，如已包括在成交价格中应予以扣除。

②卖方付给进口人的正常回扣，应从成交价格中扣除。

★【专家一对一】

**上述①和②两项不应计入完税价格，如已计入应予扣除。**

③卖方违反合同规定延期交货的罚款，卖方在货价中冲减时，罚款不能从成交价格中扣除。

★【专家一对一】

**可以这样理解：罚款是对卖方未按期交货的惩罚，并不表示货物不值这么多钱。**

【例题·多选题】（2015）下列各项中，应计入进口货物关税完税价格的有（　　）。
A.货物运抵我国关境内输入地点起卸前的运费、保险费
B.货物运抵我国关境内输入地点起卸后的运费、保险费
C.支付给卖方的佣金
D.向境外采购代理人支付的买方佣金
【答案】AC
【例题·判断题】（2016年）在进口货物成交过程中，卖方付给进口人的正常回扣，在计算进口货物完税价格时不得从成交价格中扣除。（　　）
【答案】错误。
【解析】在进口货物成交过程中，卖方付给进口人的正常回扣，在计算进口货物完税价格时，应从成交价格中扣除。

2.出口货物的完税价格。
出口货物应当以海关审定的货物售予境外的离岸价格，扣除出口关税后作为完税价格。计算公式为：
出口货物完税价格=离岸价格÷（1+出口税率）
（五）关税应纳税额的计算（★★）
1.从价税计算方法。
从价税是最普遍的关税计征方法，以进出口货物的完税价格作为计税基础。
应纳税额=应税进（出）口货物数量×单位完税价格×适用税率

【例题·单选题】甲公司为一家化妆品生产企业，2018年8月进口一批高档化妆品，已知高档化妆品的离岸价格为200万，运抵我国关境内输入地点起卸前的运费、保险费合计为3万元，高档化妆品的关税税率为20%，消费税税率为15%，增值税税率为16%，则该企业进口环节应缴纳的关税、增值税、消费税合计的下列计算中正确的是（　　）。
A.（200+3）×20%=40.6万元
B.（200+3+40.6）÷（1—15%）×16%=45.8541万元
C.（200+3+40.6）÷（1—15%）×15%=42.9882万元
D.（200+3）×20%+（200+3+40.6）÷（1—15%）×16%+（200+3+40.6）÷（1—15%）×15%=129.4424万元
【答案】D
【解析】（1）关税完税价格=200+3=203万元
（2）应纳关税=关税完税价格×关税税率=203×20%=40.6万元
（3）组成计税价格=（关税完税价格+关税）÷（1-消费税税率）=（203+40.6）÷（1—15%）
（4）应纳增值税=组成计税价格×增值税税率=243.6÷（1—15%）×16%
（5）应纳消费税=组成计税价格×消费税税率=243.6÷（1—15%）×15%
故：应缴纳的关税、增值税、消费税合计
=40.6万元+243.6÷（1—15%）×16%+243.6÷（1—15%）×15%=129.4424万元

2.从量税计算方法。
从量税以进口商品的数量为计税依据，适用于进口啤酒、原油等。
应纳税额=应税进口货物数量×关税单位税额
3.复合税计算方法。
复合税对某种进口货物同时使用从量和从价计征。复合税适用于进口广播用录像机、放像机、摄像机等。
应纳税额=应税进口货物数量×关税单位税额+应税进口货物数量×单位完税价格×适用税率

【例题·多选题】（2017）下列进口货物中，实行从价加从量复合税率计征进口关税的有（　　）。
A.摄影机　　B.啤酒　　C.放像机　　D.广播用录像机
【答案】ACD
【解析】进口关税一般采用比例税率，实行从价计征的办法，但对啤酒（选项B）、原油等少数货物则实行从量计征，对广播用录像机（选项D）、放像机（选项C）、摄像机（选项A）等实行从价加从量的复合税率。

4.滑准税计算方法。

滑准税是指关税的税率随着进口商品价格的变动而反方向变动的一种税率形式，即“价格越高，税率越低”，税率为比例税率。实行滑准税率进口商品应纳关税的计算方法与从价税的计算方法相同。

★【专家一对一】

**进口关税是进口货物组成计税价格的组成部分，而组成计税价格是计算进口货物应纳增值税、消费税的依据，所以，进口关税、增值税和消费税三个税常常结合在一起考。**

（六）关税税收优惠（★★）

1.法定性减免税（经海关审查无误后可以免税）。

（1）一票货物关税税额、进口环节增值税或者消费税税额在人民币50元以下的。

（2）无商业价值的广告品及货样。

（3）国际组织、外国政府无偿赠送的物资。

（4）进出境运输工具装载的途中必需的燃料、物料和饮食用品。

（5）因故退还的中国出口货物，可以免征进口关税，但已征收的出口关税不予退还。

（6）因故退还的境外进口货物，可以免征出口关税，但已征收的进口关税不予退还。

2.酌情减免税（政策性减免税）。

（1）在境外运输途中或者在起卸时，遭受到损坏或者损失的。

（2）起卸后海关放行前，因不可抗力遭受损坏或者损失的。

（3）海关查验时已经破漏、损坏或者腐烂，经证明不是保管不慎造成的。

【例题·单选题】（2014）下列各项中，海关可以酌情减免关税的是（　　）。

A.进出境运输工具装载的途中必需的燃料、物料和饮食用品

B.无商业价值的广告品及货样

C.国际组织无偿赠送的物资

D.在境外运输途中受到损坏的进口货物

【答案】D

【解析】选项ABC均属于法定性减免税的情形，经海关审查无误可以免税。

（七）关税征收管理（★）

1.纳税期限。

关税是在货物实际进出境时，即在纳税人按进出口货物通关规定向海关申报后、海关放行前一次性缴纳。进出口货物的收发货人或者代理人应当在海关签发税款缴款凭证当日起15日内缴纳税款。

2.旅客携运进出境的行李物品有下列情形之一的，海关暂不予放行：

（1）旅客不能当场缴纳进境物品税款的。

（2）进出境的物品属于许可证件管理的范围，但旅客不能当场提交的。

（3）进出境的物品超出自用合理数量，按规定应当办理货物报关手续或其他海关手续，尚未办理的。

（4）对进出境物品的属性、内容存疑，需要由有关主管部门进行认定、鉴定、验核的。

（5）按规定暂不予以放行的其他行李物品。

3.税款的退还、补征与追征。

（1）税款的退还。

①适用情形。

a.对由于海关误征，多缴纳税款的；b.海关核准免验的进口货物在完税后，发现有短卸情况，经海关审查认可的；c.已征出口关税的货物，因故未装运出口申报退关，经海关查验属实的。

②纳税人可以从缴纳税款之日起的1年内申请退税，逾期不予受理。

（2）税款的补征和追征。

①进出口货物完税后，如发现少征或漏征税款（非因收发货人或其代理人违规），海关有权在1年内予以补征。

②进出口货物完税后，如因收发货人或其代理人违反规定而造成少征或漏征税款的，海关在3年内可以追缴。

【例题·判断题】自2016年6月1日起，旅客进出境携运物品不能当场缴纳税款的，海关应予以没收。（ ）
【答案】错误。
【解析】自2016年6月1日起，旅客进出境携运物品不能当场缴纳税款的，海关应暂不予放行。

## 二、烟叶税

（一）烟叶税纳税人（★）

烟叶税的纳税人为在中华人民共和国境内收购烟叶的单位。

★【专家一对一】

**烟叶税的纳税人是收购烟叶的单位，而不是种植烟叶的烟农。**

【例题·单选题】（2018）下列属于烟叶税纳税人的是（ ）。
A.生产烟叶的个人 B.收购烟叶的单位 C.销售香烟的单位 D.消费香烟的个人
【答案】B
【解析】烟叶税的纳税人为在中国境内"收购烟叶的单位"。

（二）烟叶税征税范围（★★）

烟叶税的征税范围包括晾晒烟叶（包括名录内和名录外）、烤烟叶。

【例题·多选题】（2018）下列各项中属于烟叶税征收范围的有（ ）。
A.晾晒烟叶 B.烟丝 C.卷烟 D.烤烟叶
【答案】AD
【解析】烟叶税的征税范围包括晾晒烟叶和烤烟叶，烟丝和卷烟不属于烟叶税的征税范围。

（三）烟叶税税率（★）

烟叶税实行比例税率，税率为20%。

（四）烟叶税计税依据（★★）

烟叶税的计税依据是纳税人收购烟叶的收购金额，具体包括纳税人支付给烟叶销售者的烟叶收购价款和价外补贴。价外补贴统一按烟叶收购价款的10%计入收购金额。

收购金额=收购价款×（1+10%）

【例题·多选题】张三将自己种植的10吨烟叶销售给烟叶收购单位甲公司，甲公司支付烟叶收购价款2万元，另外支付0.2万元价格补贴。则下列表述中，正确的有（ ）。
A.张三应当缴纳烟叶税 B.甲公司应当缴纳烟叶税
C.烟叶税的计算依据是10吨 D.烟叶税的计税依据是2.2万元
【答案】BD
【解析】（1）选项AB，烟叶税的纳税人是烟叶收购单位，不是生产者，故选项A错误，B正确；（2）烟叶税从价计征，计税依据纳税人收购烟叶的收购金额，具体包括纳税人支付给烟叶销售者的烟叶收购价款和价外补贴，故选项C错误，选项D正确。

（五）烟叶税应纳税额的计算（★★）

应纳税额=烟叶收购金额×税率=烟叶收购价款×（1+10%）×20%

【例题·单选题】甲烟草公司为增值税一般纳税人，2018年9月向农民收购烟叶，支付收购价款20万元，支付价外补贴为收购价款的10%。
已知：烟叶税的税率为20%，收购农产品增值税扣除率为10%，则甲烟草公司收购烟叶准予抵扣的进项税额为（ ）万元。
A.2.6 B.3.4 C.2.64 D.4.488
【答案】C
【解析】收购金额=收购价款+价外补贴=收购价款×（1+10%）=20×（1+10%）=22万元，准予抵扣的进项税额=22×（1+20%）×10%=2.64万元。

（六）烟叶税征收管理（★）

1.烟叶税的纳税义务发生时间为纳税人收购烟叶的当天。

2.烟叶税在烟叶收购环节征收，纳税人收购烟叶即发生纳税义务。

3.烟叶税按月计征，纳税人应当于纳税义务发生月终了之日起15日内申报并缴纳税款。

4.对依法查处没收的违法收购的烟叶，由收购罚没烟叶的单位按照购买金额计算缴纳烟叶税。

★【专家一对一】

**对依法查处没收的违法收购的烟叶，由收购罚没烟叶的单位缴纳烟叶税，而不是由罚没单位缴纳烟叶税。**

【例题·判断题】（2015）烟叶税在烟叶收购环节征收。（　　）

【答案】正确。

## 三、城市维护建设税和教育费附加法律制度

（一）城市维护建设税（★★）

1.城市维护建设税纳税人。

城市维护建设税的纳税人，是指实际缴纳增值税、消费税的单位和个人，包括各类企业、行政单位、事业单位、军事单位、社会团体及其他单位，以及个体工商户和其他个人。

城市维护建设税的扣缴义务人是负有增值税、消费税扣缴义务的单位和个人。

2.城市维护建设税税率。

（1）城市维护建设税实行差别比例税率，分为7%、5%两档，纳税人所在地在市区的，为7%，不在市区的为5%。

（2）由受托方代扣代缴、代收代缴增值税、消费税的单位和个人，其代扣代缴、代收代缴的城市维护建设税按受托方所在地适用税率执行。

（3）流动经营等无固定纳税地点的单位和个人，在经营地缴纳增值税、消费税的，其城市维护建设税的缴纳按经营地适用税率执行。

【例题·判断题】由受托方代扣代缴、代收代缴增值税、消费税的单位和个人，其代扣代缴、代收代缴的城市维护建设税按纳税人所在地适用税率执行。（　　）

【答案】错误。

【解析】按"受托方"所在地适用税率执行。

3.城市维护建设税计税依据。

（1）城市维护建设税的计税依据是纳税人实际缴纳的增值税、消费税税额之和，以及出口货物、劳务或者跨境销售服务、无形资产增值税免抵税额。

（2）纳税人因违反增值税、消费税的有关规定而加收的滞纳金和罚款，不作为城市维护建设税的计税依据。

【例题·多选题】下列各项中，属于城建税的计税依据的有（　　）。

A.纳税人当期实际缴纳的增值税税额

B.纳税人当期实际缴纳的消费税税额

C.纳税人因欠缴增值税而被税务机关加处的罚款

D.纳税人因欠缴增值税而被税务机关加处的滞纳金

【答案】AB

【解析】城建税计税依据是纳税人实际缴纳的增值税、消费税税额。增值税、消费税的滞纳金和罚款不作为城建税的计税依据。

4.城市维护建设税应纳税额的计算。

应纳城建税税额=实际缴纳的增值税、消费税税额和出口货物、劳务、或者跨境销售服务、无形资产增值税抵免税额×城建税适用税率

【例题·单选题】（2018）甲企业位于A市。本月应缴纳的增值税为7 000元，实际缴纳的增值税为6 000元；本月应缴纳的消费税为5000元，实际缴纳的消费税为4 000元。该企业本月应该缴纳的城市维护建设税是（　　）。

A.（7 000+5 000）×7%　　B.（6 000+4 000）×7%

C.（7 000+5 000）×5%　　D.（6 000+4 000）×5%

【答案】B

【解析】（1）城市维护建设税的计税依据是纳税人实际缴纳的增值税、消费税税额；（2）纳税人所在地为市区的，城建税税率为7%。所以本题正确答案为B选项。

5.城市维护建设税优惠规定（进口不征、出口不退）。

（1）海关对进口产品代征的增值税、消费税，不征收城市维护建设税。

（2）对由于减免增值税、消费税而发生退税的，可同时退还已征收的城市维护建设税和教育费附加，但对出口产品退还增值税、消费税的，不退还已缴纳的城市维护建设税和教育费附加。

（3）对增值税、消费税实行先征后返、先征后退、即征即退办法的，除另有规定外，对随增值税、消费税附征的城市维护建设税，一律不予退（返）还。

6.城市维护建设税征收管理。

（1）纳税义务发生时间。

城市维护建设税纳税义务发生时间为缴纳增值税、消费税的当日；城市维护建设税扣缴义务发生时间为扣缴增值税、消费税的当日。

（2）纳税地点。

城市维护建设税纳税地点为实际缴纳增值税、消费税的地点。扣缴义务人应当向其机构所在地或者居住地的主管税务机关申报缴纳其扣缴的税款。

对流动经营等无固定纳税地点的单位和个人，应随同增值税、消费税在经营地纳税。

（3）纳税期限。

城市维护建设税按月或者按季计征。不能按固定期限计征的，可以按次计征。

实行按月或者按季计征的，纳税人应当于月度或者季度终了之日起15日内申报并缴纳税款。实行按次计征的，纳税人应当于纳税义务发生之日起15日内申报并缴纳税款。

（二）教育费附加（★★）

1.教育费附加征收范围。

教育费附加的征收范围为税法规定征收增值税、消费税的单位和个人。

2.教育费附加计征依据。

教育费附加计征依据是纳税人实际缴纳的增值税、消费税税额之和。

3.教育费附加征收率。

教育费附加的征收比率是3%。

4.教育费附加计算与缴纳。

（1）应纳教育费附加额=（实际缴纳的增值税+实际缴纳的消费税）×征收比率（3%）。

（2）教育费附加分别与增值税、消费税税款同时缴纳。

【例题·单选题】某市区企业2018年6月被查补增值税40 000元，消费税20 000，企业所得税10 000元，加收滞纳金为3 000元。该企业应补缴的城市维护建设税和教育费附加为（　　）元。

A. 40 000×7%+40 000×3%=4 000

B.（40 000+20 000）×7%+（40 000+20 000）×3%= 6 000

C.（40 000+3 000）×7%+（40 000+3 000）×3%=4 300

D.（40 000+20 000+10 000+3 000）×7%+（40 000+20 000+10 000+3 000）×3%=7 300

【答案】B

【解析】（1）纳税人所在地区为市区的，城市维护建设税税率为7%；（2）现行教育费附加征收比率为3%；（3）应缴纳的城市维护建设税和教育费附加=（40 000+20 000）×7%+（40 000+20 000）×3%=6 000元。

5.教育费附加的减免规定。

（1）海关对进口产品代征的增值税、消费税，不征收教育费附加。

（2）对由于减免增值税、消费税而发生退税的，可同时退还已征收的教育费附加，但对出口产品退还增值税、消费税的，不退还已征收的教育费附加。

## 四、环境保护税

（一）环境保护税纳税人（★）

在我国领域和管辖海域，直接向环境排放应税污染物的企业事业单位和其他生产经营者，按照规定征收环境保护税，不再征收排污费。

★【专家一对一】

**环境保护税纳税人不包括从事生产经营的其他个人。**

（二）环境保护税征税范围（★★）

1.税目。

大气污染物、水污染物、固体废物、噪声。

2.不属于直接向环境排放污染物，不缴纳相应污染物的环境保护税：

（1）向依法设置的污水、生活垃圾“集中处理”场所排放应税污染物。

（2）在符合国家和地方环境保护标准的设施、场所贮存或者处置固体废物。

3.依法设立的城乡污水集中处理、生活垃圾集中处理场所超过国家和地方规定的排放标准向环境排放应税污染物的，应当缴纳环境保护税。

【例题·单选题】（2018）下列各项中，不征收环境保护税的是（　　）。

A.光源污染　B.噪音污染　C.水污染　D.大气污染

【答案】A

【解析】应税污染物，是指大气污染物、水污染物、固体废物和噪声，不包括光源污染。

（三）环境保护税税率（★）

1.环境保护税采用定额税率。

2.应税大气污染物、水污染物执行幅度定额税率，具体适用税额的确定和调整，由省、自治区、直辖市人民政府在规定的税额幅度内提出，报同级人大常委会决定，并报全国人大常委会和国务院备案。

（四）环境保护税计税依据（★★）

1.应税大气污染物按照污染物排放量折合的污染当量数确定。

2.应税水污染物按照污染物排放量折合的污染当量数确定。

3.应税固体废物按照固体废物的排放量确定。

4.应税噪声按照超过国家规定标准的分贝数确定。

【例题·多选题】在确定下列污染物应纳环境保护税的计税依据时，不需进行折算的有（　　）。

A.大气污染物　B.固体废物　C水污染物　D.噪声

【答案】BD

【解析】（1）选项BD，B按照固体废物的排放量确定计税依据,D按照超过国家规定标准的分贝数确定计税依据;（2）选项AC，按照污染物排放量折合的污染当量数确定计税依据

（五）环境保护税应纳税额的计算（★★）

1.应纳税额的具体计算公式。

（1）应税大气污染物的应纳税额=污染当量数×具体适用税额。

（2）应税水污染物的应纳税额=污染当量数×具体适用税额。

（3）应税固体废物的应纳税额=固体废物排放量×具体适用税额。

（4）应税噪声的应纳税额按照超过国家规定标准的分贝数确定。

2.排放量和分贝数按照下列方法和顺序确定。

（1）安装使用了符合规定的自动监测设备：按自动监测数据计算。

（2）未安装使用自动监测设备：按监测机构出具的监测数据计算。

（3）不具备监测条件的：按规定的排污系数、物料衡算方法计算。

（4）不能按上述方法计算的：按规定的抽样测算的方法核定计算。

【例题·判断题】甲建筑公司，2018年5月因施工作业产生的工业噪声超标16分贝以上的天数为10天。已知工业噪声超标16分贝以上每月税额为11 200元。则甲建筑公司5月应纳环境保护税11 200×（10÷31）=3612.90元。（ ）
【答案】错误。
【解析】工业噪声声源一个月内超标“不足15天”的，减半计算应纳税额，则甲公司5月应纳环境保护税11 200×50%=5 600元。

（六）环境保护税税收优惠（★★）

1.下列情形，暂予免征环境保护税：

（1）农业生产（不包括规模化养殖）排放应税污染物的。

（2）机动车、铁路机车、非道路移动机械、船舶和航空器等流动污染源排放应税污染物的。

（3）依法设立的城乡污水集中处理、生活垃圾集中处理场所排放相应应税污染物，不超过国家和地方规定的排放标准的。

（4）纳税人综合利用的固体废物，符合国家和地方环境保护标准的。

（5）国务院批准免税的其他情形。

【例题·多选题】下列情形中，暂免征收环境保护税的有（ ）。
A.农业生产（不包括规模化养殖）排放应税污染物的
B.机动车、铁路机车、非道路移动机械、船舶和航空器等流动污染源排放应税污染物的
C.依法设立的城乡污水集中处理、生活垃圾集中处理场所排放相应应税污染物，不超过国家和地方规定的排放标准的
D.纳税人综合利用的固体废物，符合国家和地方环境保护标准的
【答案】ABCD

2.减税政策

（1）纳税人排放应税大气污染物或者水污染物的浓度值低于国家和地方规定的污染物排放标准30%的，减按75%征收环境保护税。

（2）纳税人排放应税大气污染物或者水污染物的浓度值低于国家和地方规定的污染物排放标准50%的，减按50%征收环境保护税。

（七）环境保护税征收管理（★）

1.环境保护税由税务机关依法征收。

环境保护主管部门应当将排污单位的排污许可、污染物排放数据、环境违法和受行政处罚情况等环境保护相关信息，定期交送税务机关。税务机关应当将纳税人的纳税申报、税款入库、减免税额、欠缴税款以及风险疑点等环境保护税涉税信息，定期交送环境保护主管部门。

2.纳税义务发生时间。

纳税义务发生时间为纳税人排放应税污染物的当日。

3.纳税地点。

纳税人应当向应税污染物排放地的税务机关申报缴纳环境保护税。

4.纳税期限。

（1）环境保护税按月计算，按季申报缴纳；不能按固定期限计算缴纳的，可以按次申报缴纳。

（2）纳税人按季申报缴纳的，应当自季度终了之日起15日内，向税务机关办理纳税申报并缴纳税款。

（3）纳税人按次申报缴纳的，应当自纳税义务发生之日起15日内，向税务机关办理纳税申报并缴纳税款。

【例题·单选题】下列关于环境保护税的征收管理的说法中，错误的是（ ）。
A.环境保护税纳税义务发生时间为纳税人排放应税污染物的当日
B.纳税人应当向应税污染物排放地的税务机关申报缴纳环境保护税
C.环境保护税按月计算，按年申报缴纳；不能按照固定期限计算缴纳的，可以按次申报缴纳
D.纳税人按季申报缴纳的，应当自季度终了之日起15日内，向税务机关办理纳税申报并缴纳税款。
【答案】C
【解析】选项C，环境保护税按月计算，“按季申报”缴纳。

## 五、耕地占用税

（一）耕地占用税纳税人（★）

耕地占用税的纳税人为在我国境内占用耕地建房或者从事非农业建设的单位或者个人。

（二）耕地占用税征税范围（★★）

1.耕地占用税的征税范围包括纳税人为建房或者从事其他非农业建设而占用的国家所有和集体所有的耕地。

（1）耕地，是指用于种植农作物的土地，包括菜地、园地。其中，园地包括花圃、苗圃、茶园、果园、桑园和其他种植经济林木的土地。

（2）占用鱼塘及其他农用土地建房或者从事其他非农业建设，也视同占用耕地，必须依法征收耕地占用税。

（3）占用林地、牧草地、农田水利用地、养殖水面以及渔业水域滩涂等其他农用地建房或者从事非农业建设的，征收耕地占用税。

（4）用于农业生产并已由相关行政主管部门发放使用权证的草地，以及用于种植芦苇并定期进行人工养护管理的苇田，属于耕地占用税的征税范围。

2.建设直接为农业生产服务的生产设施占用耕地的，不征收耕地占用税。

（三）耕地占用税税率（★）

1.耕地占用税实行有地区差别的幅度定额税率。

2.经济特区、经济技术开发区和经济发达且人均耕地特别少的地区，适用税率可以适当提高，但提高的部分最高不得超过国务院财政、税务主管部门确定的当地适用税率的50%。

3.占用基本农田的，适用税率应当在国务院财政、税务主管部门规定的当地适用税率的基础上提高50%。

（四）耕地占用税计税依据（★）

耕地占用税以纳税人实际占用的耕地面积为计税依据，按照适用税额标准计算应纳税额，一次性缴纳。

（五）耕地占用税应纳税额的计算（★★）

应纳税额=实际占用耕地面积（平方米）×适用税率

【例题·单选题】（2017）2016年7月甲公司开发住宅社区，经批准共占用耕地150 000平方米，其中800平方米兴建幼儿园，5 000平方米修建学校。已知耕地占用税适用税率为30元/平方米。甲公司应缴纳耕地占用税税额的下列算式中，正确的是（　　）。

A. 150 000×30=4 500 000元

B.（150 000−800−5 000）×30=4 326 000元

C.（150 000−5 000）×30=4 350 000元

D.（150 000−800）×30=4 476 000元

【答案】B

【解析】军事设施、学校、幼儿园、养老院、医院项目占用耕地，可以依法免征耕地占用税。

（六）耕地占用税税收优惠（★★）

1.免征耕地占用税的项目。

（1）军事设施。

（2）学校（学校内经营性场所和教职工住房占用耕地的，应当征收耕地占用税）。

（3）幼儿园。

（4）养老院。

（5）医院（医院内职工住房占用耕地的，应当征收耕地占用税）。

2.减半征收耕地占用税的项目。

农村居民经批准在户口所在地按照规定标准占用耕地，建设自用住宅，可以按照当地的适用税额标准“减半征收”（而非免征）耕地占用税。

★【专家一对一】

**农民经批准占用耕地建设自用住宅，减半征收耕地占用税，而非免征耕地占用税。**

3.下列项目占用耕地，可以减按每平方米2元的税额标准征收耕地占用税；根据实际需要，国务院财政、税务主管部门商国务院有关部门并报国务院批准后，可以免征或者减征耕地占用税：铁路线路、公路线路、港口、航道和飞机场跑道、停机坪。

（1）专用铁路和铁路专用线占用耕地的，按照当地适用税率缴纳耕地占用税。

（2）专用公路和城区内机动车道占用耕地的，按照当地适用税率缴纳耕地占用税。

4.按规定免征或者减征耕地占用税后，纳税人改变原占地用途，不再属于免征或者减征耕地占用税情形的，应当补缴耕地占用税。

★【专家一对一】

以后不免，以前的补缴！

【例题·判断题】（2013）农村居民经批准在户口所在地按照规定标准占用耕地，建设自用住宅，可以免征耕地占用税。（　　）

【答案】错误。

【解析】农村居民经批准在户口所在地按照规定标准占用耕地，建设自用住宅，“可以减半征收”，不是可以免征。

【例题·多选题】（2015）下列各项中，可以免征耕地占用税的有（　　）。

A.军用机场占用的耕地

B.养老院为老人提供生活照顾场所占用的耕地

C.幼儿园用于幼儿保育、教育场所占用的耕地

D.学校内教职工住房占用的耕地

【答案】ABC

【解析】选项D：学校内经营性场所和教职工住房占用耕地的，应当缴纳耕地占用税。

（七）耕地占用税征收管理（★）

1.纳税义务发生时间。

（1）经批准占用耕地的，耕地占用税纳税义务发生时间为纳税人收到土地管理部门办理占用农用地手续通知的当天。

（2）未经批准占用耕地的，耕地占用税纳税义务发生时间为纳税人实际占用耕地的当天。

2.纳税地点和征收机构。

（1）纳税人占用耕地或其他农用地，应当在耕地或其他农用地所在地申报纳税。

（2）纳税人临时占用耕地，应当缴纳耕地占用税。

（3）纳税人在批准临时占用耕地的期限内恢复所占用耕地原状的，全额退还已经缴纳的耕地占用税。

## 六、船舶吨税

船舶吨税是对自中国境外港口进入境内港口的船舶征收的一种税。

【判断题·例题】中国国籍的船舶，自境外进入中国境内，不征收船舶吨税。（　　）

【答案】错误

（一）船舶吨税纳税人（★★）

对自中国境外港口进入中国境内港口的船舶（简称应税船舶）征收船舶吨税（简称吨税），以应税船舶负责人为纳税人。

（二）船舶吨税税目税率（★）

吨税税目按船舶净吨位的大小分等级设置为4个税目。税率采用定额税率，分为30日、90日和1年三种不同的税率，具体分为两类:普通税率和优惠税率，我国国籍的应税船舶，船籍国（地区）与我国签订含有互相给予船舶税费最惠国待遇条款的条约或者协定的应税船舶，适用优惠税率；其他应税船舶，适用普通税率。

（三）船舶吨税计税依据（★★）

吨税以船舶净吨位为计税依据。拖船按照发动机功率每千瓦折合净吨位0.67吨，无法提供净吨位证明文件的游艇按照发动机功率每千瓦折合净吨位0.05吨，拖船和非机动驳船分别按相同净吨位船舶税率的

50%计征。

【多选题·例题】下列关于船舶吨税的表述，不正确的是（ ）。
A.船舶吨税的纳税人是应税船舶的负责人
B.我国国籍的应税船舶，适用优惠税率
C.吨税以船舶净吨位为计税依据
D.拖船和非机动驳船按相同净吨位船舶税率计征
【答案】D
【解析】选项D，拖船和非机动驳船分别按相同净吨位船舶税率的50%计征。

（四）船舶吨税应纳税额的计算

吨税按照船舶净吨位和吨税执照期限征收，应税船舶负责人在每次申报纳税时，可以按照《吨税税目税率表》选择申领一种期限的吨税执照。应纳税额的计算公式为:

应纳税额=应税船舶净吨位×适用税率

（五）船舶吨税税收优惠（★★）

下列船舶免征吨税:

1.应纳税额在人民币50元以下的船舶。

2.自境外以购买、受赠、继承等方式取得船舶所有权的初次进口到港的空载船舶。

3.吨税执照期满后24小时内不上下客货的船舶。

4.非机动船舶（不包括非机动驳船）。

5.捕捞、养殖渔船。

6.避难、防疫隔离、修理、终止运营或者拆解，并不上下客货的船舶。

7.军队、武装警察部队专用或者征用的船舶。

8.警用船舶。

9.依照法律规定应当予以免税的外国驻华使领馆、人员的船舶;国际组织驻华代表机构及其有关人员的船舶。

10.国务院规定的其他船舶。

（六）船舶吨税征收管理（★）

1.纳税义务发生时间。

吨税纳税义务发生时间为应税船舶进入境内港口的当日，应税船舶在吨税执照期满后尚未离开港口的，应当申领新的吨税执照，自上一执照期满的次日起续缴吨税。

应税船舶在进入港口办理入境手续时，应当向海关申报纳税领取吨税执照，或者交验吨税执照（或者申请核验吨税执照电子信息）。应税船舶在离开港口办理出境手续时，应当交验吨税执照（或者申请核验吨税执照电子信息）。

2.纳税期限。

应税船舶负责人应当自海关填发吨税缴款凭证之日起15日内缴清税款。未按期缴清税款的，自滞纳税款之日起至缴清税款之日止，按日加收滞纳税款万分之五的税款滞纳金。

【判断题】应税船舶未按期缴清船舶吨税税款的，自滞纳税款之日起至缴清税款之日止，按日加收滞纳税款万分之三的税款滞纳金。（ ）
【答案】错误。
【解析】应当按日“万分之五”的滞纳金。

3.其他相关规定。

船舶吨税由海关负责征收。

海关发现少征或者漏征税款的，应当自应税船舶应当缴纳税款之日起1年内，补征税款。但因应税船舶违反规定造成少征或者漏征税款的，海关可以自应当缴纳税款之日起3年内追征税款，并自应当缴纳税款之日起按日加征少征或者漏征税款万分之五的税款滞纳金。

海关发现多征税款的，应当在24小时内通知应税船舶办理退还手续，并加算银行同期活期存款利息。

应税船舶发现多缴税款的，可以自缴纳税款之日起3年内以书面形式要求海关退还多缴的税款并加算银行同期活期存款利息。

★【专家一点通】

耕地占用税与城镇土地使用税对比表

| | 耕地占用税 | 城镇土地使用税 |
|---|---|---|
| 征税范围 | 纳税人为建房或者从事其他非农业建设而占用的“国家所有和集体所有”的耕地 | 城市、县城、建制镇和工矿区范围内（不包括农村）“国家所有和集体所有”的土地 |
| 税率 | 定额税率 | 定额税率 |
| 计税依据 | 实际占用的耕地面积 | 实际占用的土地面积 |
| 征税频率 | 一次性缴纳 | 每年一次 |
| 备注 | 凡是缴纳了耕地占用税的，从批准征用之日起满1年时征收城镇土地使用税；征用非耕地因不需要缴纳耕地占用税，应从批准征用之次月起征收城镇土地使用税 | |

- 其他税收法律制度
  - 关税
    - 纳税人
      - 货物纳税人：进出口货物的收、发货人
      - 物品纳税人
      - 代理人不属于纳税人
    - 课税对象——进出境货物、物品
    - 关税税率
      - 税率种类
      - 税率的确定
    - 计税依据
      - 进口货物完税价格
        - 买价
        - 卖方佣金
        - 到岸运费/保险费等
        - 专利费等
      - 出口货物完税价格
    - 关税应纳税额计算
      - 从价计税
      - 从量计税
      - 复合计税
    - 税收优惠
    - 征收管理——暂不予放行的情形
  - 烟叶税
    - 纳税人
      - 收购单位
      - 罚没烟叶：收购单位
    - 征税范围
      - 晾晒烟叶
      - 烤烟叶
    - 税率——20%比例税率
    - 计税依据——收购金额=收购价款×（1+10%）
    - 应纳税额——应纳税额=收购金额×适用税率=收购价款×（1+10%）×20%
    - 征收管理
      - 纳税义务发生时间：纳税人收购烟叶的当天
      - 申报纳税时间：纳税义务发生月终了之日起15日内
  - 城市维护建设税和教育费附加
    - 纳税人(征收范围)——实际缴纳增值税和消费税的单位和个人
    - 税率(征收率)
      - （1）城市维护建设税：7%、5%、1%；教育费附加：3%
      - （2）代扣代缴、代收代缴，按受托方所在地税率
      - （3）无固定纳税地点，按经营地税率
    - 计税(征收)依据
      - （1）纳税人实际缴纳的增值税、消费税税额之和
      - （2）滞纳金和罚款，一般不计入
    - 应纳税(费)额的计算
      - （1）应纳城建税税额=（实际缴纳的增值税+实际缴纳的消费税）×城建税适用税率
      - （2）应征教育费附加额=（实际缴纳的增值税+实际缴纳的消费税）×教育费附加征收比率（3%）
    - 优惠规定——进口不征、出口不退
    - 征收管理——比照增值税、消费税的有关规定办理
  - 环境保护税
    - 纳税人——直接向环境排放应税污染物的生产经营者
    - 征收范围
      - （1）应当征收——直接排放
        - 大气污染物
        - 固体污染物
        - 噪声
      - （2）不属于直接排放的情形
    - 税率——定额税率
    - 计税依据——计税依据的确定方法
    - 应按税额计算
    - 税收优惠
      - 免征
        - 农业生产者
        - 机动车等
        - 依法设立的城乡污水、垃圾集中处理设施
        - 固体废物综合利用
      - 减征
    - 征收管理
      - 纳税义务发生时间：排放应税污染物的当日
      - 纳税地点：应税污染物排放地
      - 按月计算，按季申报——季度终了之日起15内申报缴纳
      - 不能按固定期限的，可以按次——自纳税义务发生日起15日申报缴纳

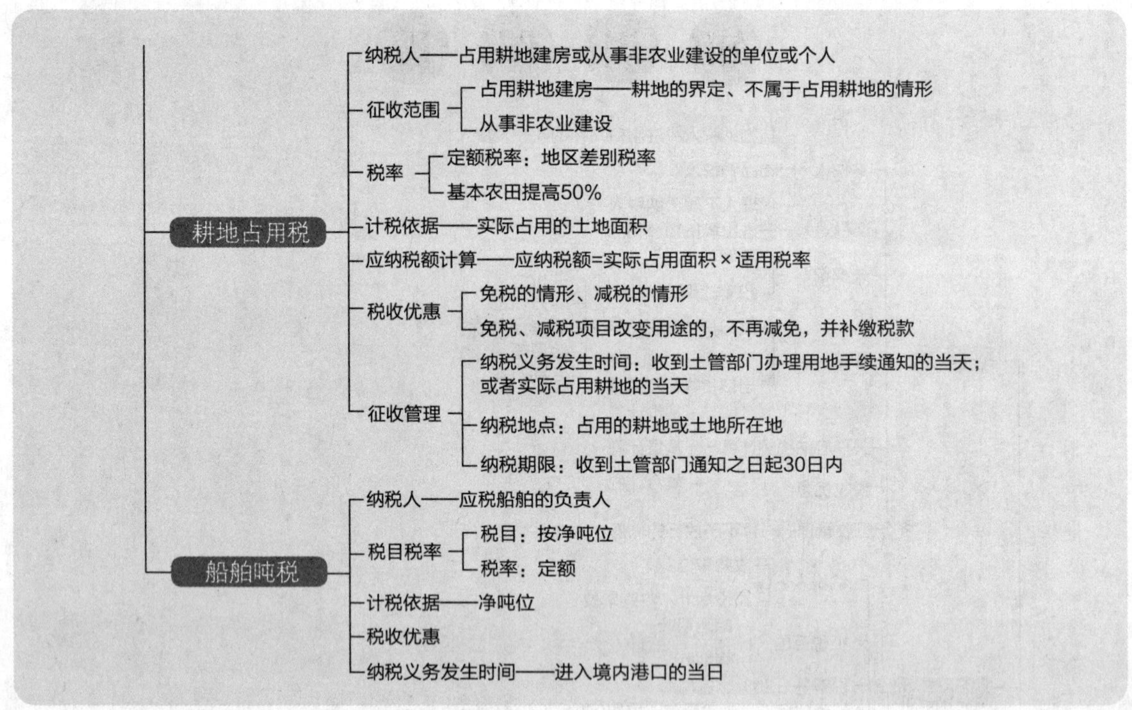
耕地占用税
纳税人——占用耕地建房或从事非农业建设的单位或个人
征收范围
占用耕地建房——耕地的界定、不属于占用耕地的情形
从事非农业建设
税率
定额税率：地区差别税率
基本农田提高50%
计税依据——实际占用的土地面积
应纳税额计算——应纳税额=实际占用面积×适用税率
税收优惠
免税的情形、减税的情形
免税、减税项目改变用途的，不再减免，并补缴税款
征收管理
纳税义务发生时间：收到土管部门办理用地手续通知的当天；或者实际占用耕地的当天
纳税地点：占用的耕地或土地所在地
纳税期限：收到土管部门通知之日起30日内
船舶吨税
纳税人——应税船舶的负责人
税目税率
税目：按净吨位
税率：定额
计税依据——净吨位
税收优惠
纳税义务发生时间——进入境内港口的当日

# 节节测

## 一、单项选择题

1.对原产于与我国签订含有关税优惠条款的区域性贸易协定的国家或地区的进口货物征收关税时，适用的税率形式是（　　）。

A.最惠国税率　　B.普通税率

C.特惠税率　　D.协定税率

【答案】D

【解析】对原产于与我国签订含有关税优惠条款的区域性贸易协定的国家或地区的进口货物，按“协定税率”征收关税。

2.原产地不明的进口货物适用的关税税率是（　　）。

A.协定税率　　B.最惠国税率

C.特惠税率　　D.普通税率

【答案】D

【解析】选项D：普通税率适用于原产于未与我国共同适用最惠国条款的世界贸易组织成员国或地区，未与我国订有相互给予最惠国待遇、关税优惠条款贸易协定和特殊关税优惠条款贸易协定的国家或者地区的进口货物，以及“原产地不明的进口货物”。

3.一般贸易项下进口的货物以海关审定的成交价格为基础的到岸价格作为完税价格。下列关于成交价格的表述中，正确的是（　　）。

A.在货物成交过程中，向境外采购代理人支付的买方佣金，应计入成交价格

B.在货物成交过程中，进口人在成交价格外另支付给卖方的佣金，应计入成交价格

C.卖方付给进口人的正常回扣，应计入成交价格

D.卖方违反合同规定延期交货的罚款，可以从成交价格中扣除

【答案】B

【解析】（1）选项A，向境外采购代理人支付的买方佣金“不得计入”进口关税完税价格；（2）选项C，卖方付给进口人的正常回扣，“应从成交价格中扣除”；（3）选项D，卖方违反合同规定延期交货的罚款，“不能从成交价格中扣除”。

4.某企业进口一批货物，核定货价为90万元。货物运抵我国关境内输入地点起卸前的包装费2万元，运费5万元，保险费0.3万元，关税税率为10%，以下应纳关税的列式中正确的是（　　）。

A.（90+2）×10%　　B.（90+5+0.3）×10%

C.（90+2+5）×10%　　D.（90+2+5+0.3）×10%

【答案】D

【解析】货物运抵我国关境内输入地点起卸前的包装费2万元，运费5万元，保险费0.3万元都应当计入关税完税价格，故关税完税价格=90+2+5+0.3=97.3万元，应纳关税=97.3×10%万元。

5.2016年10月甲公司向税务机关实际缴纳增值税70 000元、消费税50 000元；向海关缴纳进口环节增值税40 000元、消费税30 000元。已知城市维护建设税适用税率为7%，计算甲公司当月应缴纳城市维护建设税税额的下列算式中，正确的是（　　）。

A.（70 000+50 000+40 000+30 000）×7%=13 300元

B.（70 000+40 000）×7%=7 700元

C.（50 000+30 000）×7%=5 600元

D.（70 000+50 000）×7%=8 400元

【答案】D

【解析】海关对进口产品代征的增值税、消费税，不征收城市维护建设税，选项ABC排除。

6.下列情形中，不缴纳耕地占用税的是（　　）。

A.占用市区工厂土地建设商品房

B.占用市郊菜地建设公路

C.占用牧草地建设厂房

D.占用果园建设旅游度假村

【答案】A

【解析】选项A，不属于耕地，不缴纳耕地占用税。

## 二、多项选择题

1.下列税种中，由海关负责征收和管理的是（　　）。

A.车船税　　B.船舶吨税

C.进口环节增值税、消费税　　D.关税

【答案】BCD

【解析】（1）选项A，由税务机关负责征收管理；（2）海关负责征收的税种包括：关税（选项D）、船舶吨税（选项B）以及委托代征进口环节的增值税、消费税（选项C）。

2.下列各项中，属于关税纳税人的有（　　）。

A.外贸进出口公司

B.工贸或农贸结合的进出口公司

C.馈赠物品以及其他方式入境个人物品的所有人

D.个人邮递物品的的收件人

【答案】ABCD

【解析】（1）选项AB，属于贸易性商品的关税纳税人；（2）选项CD，属于物品的关税纳税人。

3.下列各项中，属于关税的计税方法有（　　）。

A.从价税计算法　　B.从量税计算法

C.复合税计算法　　D.滑准税计算法

【答案】ABCD

【解析】关税应纳税额的计算方法包括：从价税计算方法、从量税计算方法、复合税计算方法和滑准税计算方法。

4.下列各项中，经海关审查无误后可以免征关税的有（　　）。

A.关税税额为人民币200元的一票货物

B.广告品和货样

C.外国公司无偿赠送的物资

D.进出境运输工具装载的途中必需的燃料、物料和饮食用品

【答案】BD

【解析】（1）选项A，一票货物关税税额、进口环节增值税或者消费税税额在人民币50元以下的，经海关审查无误后免征关税，关税税额200元的一票货物不能免征关税；（2）选项C，国际组织、外国政府无偿赠送的物资，经海关审查无误后免征关税，“外国公司”无偿赠送的物资“不能免征关税”。

5.下列各项中，属于烟叶税的征税范围的有（　　）。

A.采摘烟叶　　B.晾晒烟叶

C.烤烟叶　　D.烟丝

【答案】BC

【解析】烟叶税的征税范围是晾晒烟叶和烤烟叶。

6.甲公司位于市区，2017年6月被税务机关查补增值税60 000元，消费税10 000元，企业所得税50 000元，加收滞纳金为1 200元。则甲公司补缴城市维护建设税和教育费附加时，应计入计税依据的项目有（　　）。

A.增值税60 000元　　B.消费税10 000元

C.企业所得税50 000元　　D.加收滞纳金为1 200元

【答案】AB

【解析】征收城市维护建设税和教育费附加的依据是纳税人实际缴纳的增值税和消费税，故本题正确选项是AB。

7.下列各项中，属于环境保护税征税范围的有（　　）。

A.噪声　　B.固体废物

C.大气污染物　　D.水污染物

【答案】ABCD

【解析】环境保护税的征税范围：大气污染物、水污染物、固体废物和工业噪声。

8.下列各项中，免征耕地占用税的有（　　）。

A.工厂生产车间占用的耕地

B.军用公路专用线占用的耕地

C.学校教学楼占用的耕地

D.医院职工住宅楼占用的耕地

【答案】BC

【解析】选项AD：应按照当地适用税率缴纳耕地占用税。

## 三、判断题

1.对于因故退还的中国出口货物已经征收的出口关税，海关予以退还。（　　）

【答案】错误。

【解析】因故退还的中国出口货物，经海关审查无误后可以免征进口关税，但已征收的出口关税不予退还。

2.进出口货物完税后，如发现少征或漏征税款（非因收发货人或其代理人违规），海关有权在3年内予以补征。（　　）

【答案】错误。

【解析】进出口货物完税后，如发现少征或漏征税款（非因收发货人或其代理人违规），海关有权在"1年内"予以补征。

3.外商投资企业和外国企业不需要缴纳城市维护建设税，不属于城市维护建设税纳税人。（　　）

【答案】错误。

【解析】外商投资企业和外国企业需要缴纳城市维护建设税，属于城市维护建设税纳税人。

4.海关对进口产品代征的增值税，不征收城市维护建设税。

【答案】正确。

5.一般情况下，纳税人缴纳增值税、消费税的地点，就是纳税人缴纳城市维护建设税的地点。（　　）

【答案】正确。

6.环境保护税采用定额税率。（　　）

【答案】正确。

7.某农场占用苗圃修建水渠，不缴纳耕地占用税。（　　）

【答案】正确。

【解析】建设直接为农业生产服务的生产设施（水渠）占用农用地的，不征收耕地占用税。

8.某农场占用苗圃修建水渠用于灌溉，不缴纳耕地占用税。（　　）

【答案】正确。

# 章章练

## 一、单项选择题

1.甲企业将价值100万元的一栋厂房出租给乙企业，甲开具给乙企业的增值税专用发票上注明的租金金额是10万元，增值税1万元。则下列各项中，属于计算该笔业务的房产税的计税依据是（　　）。
A.房屋价值100万元
B.不含税租金收入10万元
C.含税租金收入11万元
D.增值税额1万元

2.甲企业厂房原值2 000万元，2015年11月对该厂房进行扩建，2015年底扩建完工并办理验收手续，增加房产原值500万元。已知，房产税的原值扣除比例为30%，房产税比例税率为1.2%。计算甲企业2016年应缴纳房产税税额的下列算式中，正确的是（　　）。
A.2 000×（1–30%）×1.2%+500×1.2%=22.8万元
B.（2 000+500）×（1–30%）×1.2%=21万元
C.2 000×1.2%+500×（1–30%）×1.2%=28.2万元
D.2 000×（1–30%）×1.2%=16.8万元

3.甲企业拥有一处原值560 000元的房产，已知房产税税率为1.2%，当地规定的房产税减除比例为30%。甲企业该房产年应缴纳房产税税额的下列计算中，正确的是（　　）。
A.560 000×1.2%=6 720元
B.560 000÷（1–30%）×1.2%=9 600元
C.560 000×（1–30%）×1.2%=4 704元
D.560 000×30%×1.2%=2 016元

4.下列土地中，不征收城镇土地使用税的是（　　）。
A.位于农村的集体所有土地
B.位于工矿区的集体所有土地
C.位于县城的国家所有土地
D.位于城市的公园内索道公司经营用地

5.下列用地中，免予缴纳城镇土地使用税的是（　　）。
A.港口的码头用地
B.邮政部门坐落在县城内的土地
C.水电站的发电厂房用地
D.火电厂厂区围墙内的用地

6.某小型运输公司拥有并使用以下车辆：整备质量5吨的载货卡车10辆；整备质量为4吨的汽车挂车5辆。当地政府规定，载货汽车的基准税额为60元/吨，该公司当年应纳车船税为（　　）元。
A.3 600　B.4 020　C.4 200　D.4 260

7.下列各项中，免予缴纳车船税的是（　　）。
A.医院的救护车　B.武装警察部队专用的车船
C.市政公务车　D.公共汽车

8.下列车辆中，免征车船税的是（　　）。
A.建筑公司专用作业车　B.人民法院警务用车
C.商场管理部门用车　D.物流公司货车

9.张三2018年10月在其好友李四的汽车店购入小汽车一辆，该车含增值税销售价格为34.8万元。已知国家税务总局核定的同类型小汽车最低计税价格为不含增值税80万元，市场平均销售价格为不含增值税82万元，已知：车辆购置税税率为10%。则张三购入小汽车应纳车辆购置税的下列计算中正确的是（　　）。
A.34.8÷（1+16%）×10%=3万元
B.34.8×10%=3.48万元
C.80×10%=8万元
D.82×10%=8.2万元

10.下列有关契税和土地增值税的各项表述中，正确的是（　　）。
A.契税和土地增值税均由买方缴纳
B.契税和土地增值税均由卖方缴纳
C.契税由买方缴纳、土地增值税由卖方缴纳
D.契税由卖方缴纳、土地增值税由买方缴纳

11.2016年10月王某购买一套住房，支付购房价款97万元、增值税税额10.67万元。已知契税适用税率为3%，计算王某应缴纳契税税额的下列算式中，正确的是（　　）。
A.（97+10.67）×3%=3.2301万元
B.97÷（1–3%）×3%=3万元
C.（97–10.67）×3%=2.5899万元
D.97×3%=2.91万元

12.周某原有两套住房，2009年8月，出售其中一套，成交价格为70万元；将另一套以市场价格60万元与谢某的住房进行了等价置换；又以100万元价格购置了一套新住房，已知契税的税率为3%，则周某计算应缴纳的契税的下列方法中，正确的是（　　）。
A.100×3%=3万元
B.（100+60）×3%=4.8万元
C.（100+70）×3%=5.1万元
D.（100+70+60）×3%=6.9万元

13.甲向乙购买一批货物，合同约定丙为鉴定人，丁为担保人，关于该合同印花税纳税人的下列表述中，正确的是（　　）。
A.甲和乙为纳税人　B.甲和丙为纳税人
C.乙和丁为纳税人　D.甲和丁为纳税人

14.下列各项中，应缴纳印花税的是（　　）。
A.报刊发行单位和订阅单位之间书立的凭证
B.加工承揽合同
C.房地产管理部门与个人订立的租房合同
D.收购部门与村委会、农民个人订立的农产品收购合同

15.某企业本月签订两份合同：（1）加工承揽合同，合同载明材料由委托方提供，金额30万，加工费10万；（2）财产保险合同，合同载明被保险财产价值1 000万，保险费1万。已知加工合同印花税税率0.5‰，保险合同印花税税率1‰，则应缴纳的印花税为（　　）万元。
A.30×0.5‰+1 000×1‰=1.015
B.10×0.5‰+1 000×1‰=1.005
C.30×0.5‰+1×1‰=0.016
D.10×0.5‰+1×1‰=0.006

16.下列各项中，免征印花税的是（　　）。
A.土地使用证
B.专利权转移书据
C.未按期兑现的加工承揽合同
D.发行单位与订阅单位之间书立的凭证

17.下列各项中，不属于资源税征税范围的是（　　）。
A.井矿盐　B.石灰石原矿
C.金锭　D.柴油

18.下列税种中，由海关系统负责征收和管理的是（　　）。
A.房产税　B.个人所得税
C.契税　D.关税

19.下列应纳税额计算方法中，税率随着进口商品价格的变动而反方向变动的是（　　）。
A.从价税计算方法　B.复合税计算方法
C.滑准税计算方法　D.从量税计算方法

20.下列各项中属于烟叶税纳税人的是（　　）。
A.种植烟叶的农民　B.收购烟叶的烟草公司
C.销售卷烟的商场　D.抽烟的烟民

21.某烟草公司收购一批烟叶，支付给烟叶销售者的烟叶收购价款为10万元。已知烟叶税的税率为20%，则该烟草公司该笔业务应缴纳的烟叶税为（　　）万元。
A.10×10%=1
B.10×（1+10%）=1.1
C.10×20%=2
D.10×（1+10%）×20%=2.2

22.下列各项中，属于城镇土地使用税计税依据的是（　　）。
A.建筑面积　B.使用面积
C.居住面积　D.实际占用的土地面积

23.下列各项中，属于土地增值税纳税人的是（　　）。
A.承租商铺的张某
B.出让国有土地使用权的某市政府
C.接受房屋捐赠的某学校
D.转让厂房的某企业

24.下列各项中，免征车船税的是（　　）。
A.自产自用的电车
B.国营企业的公用车
C.外国驻华使领馆的自用商务车
D.个体工商户自用摩托车

## 二、多项选择题

1.下列各项中，应当计入房产原值，计征房产税的有（　　）。
A.独立于房屋之外的烟囱　B.中央空调
C.房屋的给水、排水管道　D.室外游泳池

2.张三所有的一套住房中的下列物件中，应计入房产原值计缴房产税的有（　　）。
A.中央空调　B.沙发
C.电冰箱　D.给水排水管道

3.下列城市用地中，属于城镇土地使用税免税项目的有（　　）。
A.市政府机关　B.公园中便利店
C.公立学校　D.私营公司

4.下列城市用地中，属于城镇土地使用税免税项目的有（　　）。
A.公立学校无偿使用政府机关用地
B.私营企业无偿使用人民团体用地
C.军事机关无偿使用公安机关用地
D.铁路部门无偿使用城市道路用地

5.下列各项中，属于主管税务机关可要求纳税人进行土地增值税清算的是（　　）。
A.已竣工验收的房地产开发项目，已转让的房地产建筑面积占整个项目可售建筑面积的比例在85%以上
B.房地产开发项目全部竣工、完成销售的
C.取得销售（预售）许可证满3年仍未销售完毕的
D.纳税人申请注销税务登记但未办理土地增值税清算手续的

6.下列有关车船税计税依据的表述中，正确的有（　　）。
A.商用客车以辆数为计税依据
B.机动船舶以整备质量吨位数为计税依据
C.游艇以艇身长度为计税依据
D.商用货车以净吨位数为计税依据

7.下列各项中，属于车船税征税范围的有（　　）。
A.用于耕地的拖拉机　B.用于接送员工的客车
C.用于休闲娱乐的游艇　D.供企业经理使用的小汽车

8.下列各项中，应征收车辆购置税的有（　　）。
A.挂车　B.电动自行车
C.有轨电车　D.游艇

9.下列凭证中，不应缴纳印花税的有（　　）。
A.卫生许可证　B.土地使用证
C.机动车驾驶证　D.营运许可证

10.下列各项中，适用定额税率的有（　　）。
A.专利证　B.房屋产权证
C.产权转移书据　D.商标注册证

11.下列关于印花税计税依据的说法，不正确的有（　　）。
A.财产租赁合同，以所租赁财产的价值作为计税依据
B.货物运输合同，以所运货物的价值与运费的合计金额为计税依据
C.借款合同，以借款金额和借款利息的合计金额为计税依据
D.财产保险合同，以保险费收入为计税依据

12.下列各项中，属于资源税纳税人的有（　）。
A.开采天然气的国有企业
B.进口原油的国有企业
C.生产盐的个体经营者
D.开采天然原油的外商投资企业

13.下列费用中，可以计入进口货物完税价格的有（　　）。
A.货价　B.包装费
C.保险费　D.卖方付给进口人的正常回扣

14.位于县城的甲公司委托位于市区的乙公司加工一批高档化妆品，甲公司提供的材料成本为24万元，乙公司收取不含税加工费4万元，乙公司没有同类高档化妆品的销售价格。已知，高档化妆品的消费税税率为15%；纳税人所在地位于市区的，城建税税率为7%，位于县城的，城建税税率为5%；教育费附加征收率为3%。则下列下列表述中，正确的有（　　）。
A.乙公司应缴纳增值税、城建税及教育费附加合计=4×16%+4×16%×7%+4×16%×3%=0.704万元
B.甲公司应缴纳消费税=（24+4）÷（1−15%）×15%=4.9412万元
C.乙公司应代收代缴消费税=（24+4）÷（1−15%）×15%=4.9412万元
D.乙公司应代收代缴城建税及教育费附加合计=（24+4）÷（1−15%）×15%×（5%+3%）=0.3953万元

15.下列各项中，免征耕地占用税的有（　　）。
A.公立学校教学楼占用耕地
B.城区内机动车道占用耕地
C.军事设施占用耕地
D.医院内职工住房占用耕地

## 三、判断题

1.房地产开发企业建造的商品房，在出售前，无论是否使用或者出租、出借，都不征收房产税。（　　）

2.在城市、县城、建制镇、工矿区范围内使用土地的单位和个人是城镇土地使用税的纳税人。（　　）

3.房地产开发企业将开发的部分房地产转为企业自用或用于出租等商业用途时，一律征收土地增值税。（　　）

4.因承受土地使用权而缴纳的契税，可以作为“与转让房地产有关的税金”扣除。

5.纳税人建造普通标准住宅出售，增值额超过扣除项目

金额20%的，应按全部增值额计算缴纳土地增值税。（　　）

6.张三2018年10月31日，购买小汽车一辆。已知当地小轿车车船税年税额为500元/辆，则张三2018年应缴纳车船税是500×2/12=83.33元。（　　）

7.设有固定装置的非运输车辆免征车辆购置税。（　　）

8.甲企业转让一处土地使用权给乙企业，则甲企业应当缴纳契税。（　　）

9.对于从境外采购进口的原产于中国境内的货物，应按规定征收进口关税。（　　）

10.占用鱼塘及其他农用土地建房或者从事其他非农业建设，不属于占用耕地，不征收耕地占用税。（　　）

## 四、不定项选择题

（一）【材料1】甲建筑公司2017年1月份成立，发生下列事项：

（1）取得工商营业执照、税务登记证、房屋产权证、土地使用证；

（2）与乙公司订立加工合同一份，列明加工费10万元，受托方提供原材料金额8万元（加工费和原材料费分别列明）；

（3）与丙保险公司订立财产保险合同一份，投保金额80万元，保险费1万元；

（4）与丁建筑公司签订建筑安装工程总承包合同一份，承包金额600万元，其中1 00万元分包给戊建筑公司，已签订分包合同。

已知：加工承揽合同税率0.5‰；购销合同税率0.3‰；财产保险合同税率1‰；建筑安装工程承包合同税率0.3‰。

要求：根据上述资料，回答下列小题：

1.根据事项（1），甲公司取得的下列证件中，按每件5元贴花的是（　　）。

A.房屋产权证　　B.工商营业执照

C.税务登记证　　D.土地使用证

2.根据事项（2），甲公司签订的加工合同应缴纳的印花税是（　　）元。

A.50　　B.54　　C.74　　D.90

3.根据事项（3），甲公司工程承包合同应缴纳的印花税是（　　）元。

A.1 500　　B.1 800　　C.300　　D.2 100

4.根据事项（4），甲公司签订保险合同应缴纳的印花税是（　　）元。

A.10　　B.81　　C.80　　D.90

（二）【材料2】某市区内房地产开发公司属于增值税一般纳税人，2018年6月开发一个项目，有关经营情况如下：

（1）该项目商品房全部销售，取得不含税销售额4 800万元，并签订了销售合同；

（2）签订土地购买合同，支付与该项目相关的土地使用权价款680万元，相关税费65万元；

（3）发生土地拆迁补偿费200万元，前期工程费100万元，支付工程价款750万元，基础设施及公共配套设施费150万元，开发间接费用60万元；

（4）发生销售费用100万元，财务费用60万元；

（5）该房地产开发公司不能按转让项目计算分摊利息，当地政府规定的开发费用扣除比例为10%。

已知：购销合同的印花税税率为0.3‰；产权转移书据的印花税税率为0.5‰；市区的城市维护建设税税率为7%，教育费附加征收比率为3%。

要求：根据上述资料，分析回答下列小题。

1.该房地产开发公司2018年应缴纳增值税是（　　）万元。

A. 4 800×2%=96　　B. 4 800×3%=144

C. 4 800×5%=240　　D. 4 800×10%=480

2.该房地产开发公司2016年应缴纳印花税是（　　）万元。

A.（4 800+680）×0.3‰=1.644

B.（4 800+680）×0.5‰=2.74

C.4 800×0.3‰+680×0.5‰=1.78

D. 4 800×0.5‰=2.4

3.该房地产开发公司2016年应缴纳城建税和教育费附加分别是（　　）。

A.应纳城建税=480×7%=33.6万元

B.应纳教育费附加=480×3%=14.4万元

C.应纳城建税=480×3%=14.4万元

D.应纳教育费附加=480×7%=33.6万元

4.该房地产开发公司计算土地增值税时相关扣除项目的说法中，正确的是（　　）。

A.准予扣除土地使用权费=680+65=745万元

B.准予扣除房地产开发成本=200+100+750+150+60=1 260万元

C.准予扣除房地产开发费用=（745+1 260）×20%=401万元

D.准予扣除“其他扣除项目金额”=（745+1 260）×5%=100.25万元

(三)【材料3】甲煤矿为增值税一般纳税人，主要从事煤炭开采和销售业务，2018年10月有关经营情况如下：

（1）购进井下用原木一批，取得增值税专用发票注明税额26 000元。

（2）购进井下挖煤机一台，取得增值税专用发票注明税额93 500元。

（3）接受洗煤设备维修劳务，取得增值税专用发票注明税额6 800元。

（4）销售自产原煤2 000吨，职工食堂领用自产原煤50吨，职工宿舍供暖领用自产原煤100吨，向乙煤矿无偿赠送自产原煤10吨，原煤不含增值税单价500元/吨。

已知，原煤增值税税率为17%，资源税适用税率为8%。

要求：根据上述资料，不考虑其他因素，分析回答下列小题。

1.计算甲煤矿当月允许抵扣增值税进项税额的下列算式中，正确的是（　　）。

A.26 000+6 800=32 800元

B.26 000+93 500+6 800=126 300元

C.93 500+6 800=100 300元

D.26 000+93 500=119 500元

2.甲煤矿发生的下列业务中，应计算增值税销项税额的是（　　）。

A.销售自产原煤2 000吨

B.向乙煤矿无偿赠送自产原煤10吨

C.职工食堂领用自产原煤50吨

D.职工宿舍供暖领用自产原煤100吨

3.计算甲煤矿当月应缴纳增值税税额的下列算式中，正确的是（　　）。

A.2 000×500×16%-32 800=127 200元

B.（2 000+100）×500×16%-100 300=67 700元

C.（2 000+50+100+10）×500×16%-126 300=46 500元

D.（2 000+50+10）×500×16%-119 500=45 300元

4.计算甲煤矿当月应缴纳资源税税额的下列算式中，正确的是（　　）。

A.（2 000+50+10）×500×8%=82 400元

B.（2 000+50+100）×500×8%=86 000元

C.（2 000+100+10）×500×8%=84 400元

D.（2 000+50+100+10）×500×8%=86 400元

# 章章练参考答案及解析

## 一、单项选择题

1.【答案】B
【解析】房屋出租的，以取得的不含增值税的租金收入为计税依据。
2.【答案】B
【解析】（1）纳税人对原有房屋进行改建、扩建的，要相应增加房屋的原值，本题房屋扩建后厂房原值增加500万元；（2）从价计征房产税的应纳税额=应税房产原值×（1-扣除比例）×1.2%=（2000+500）×（1-30%）×1.2%=21万元。
3.【答案】C
【解析】（1）从价计征房产税的房产，依照房产原值一次减除规定的减除比例后的余值计算缴纳房产税，适用年税率为1.2%；（2）甲企业该房产年应缴房产税税额=560 000×（1-30%）×1.2%=4 704元。
4.【答案】A
【解析】凡在“城市、县城、建制镇和工矿区”（不包括农村）范围内的土地，不论是国家所有的土地，还是集体所有的土地，都是城镇土地使用税的征税范围。
5.【答案】A
【解析】（1）选项A，对港口的码头用地，免征城镇土地使用税；（2）选项B，对邮政部门坐落在城市、县城、建制镇、工矿区范围内的土地，应当依法征收城镇土地使用税；（3）选项C，水电站的发电厂房用地，生产、办公、生活用地，应征收城镇土地使用税；（4）选项D，火电厂厂区围墙内的用地均应征收城镇土地使用税；对厂区围墙外的灰场、输灰管、输油（气）管道、铁路专用线用地，免征城镇土地使用税；厂区围墙外的其他用地，应照章征税。
6.【答案】A
【解析】（1）卡车应纳税额=5×10×60=3 000元；（2）汽车挂车应纳税额=4×5×60×50%=600元；（3）该运输公司应纳车船税=3 000+600=3 600元。
7.【答案】B
【解析】选项ACD，属于车船税征税范围。
8.【答案】B
9.【答案】C
【解析】“纳税人购买自用或者进口自用应税车辆，申报的计税价格低于同类型应税车辆的最低计税价格，又无正当理由的，计税价格为国家税务总局核定的最低计税价格。”张三购入小汽车含增值税销售价格34.8万元，换算为不含增值税销售价格仅30万元，大大低于国家税务总局核定的同类型应税车辆的最低计税价格80万元，应以该最低计税价格80万元为计税价格，故应纳车辆购置税=80万元×10%=8万元，故正确答案是选项C。
10.【答案】C
【解析】契税的纳税人，是指在我国境内承受（受让、购买、受赠、交换等）土地、房屋权属转移的单位和个人。土地增值税的纳税人为转让国有土地使用权、地上建筑物及其附着物并取得收入的单位和个人。通俗的说法是：契税由买方缴纳、土地增值税由卖方缴纳，故正确答案是选项C。
11.【答案】D
【解析】房屋买卖以不含增值税的成交价格作为计税依据，本题的“购房价款97万元”即为不含增值税的成交价，故王某应纳契税额=97×3%=2.91万元。
12.【答案】A
【解析】（1）契税由房屋权属承受人缴纳，周某将其70万元的房屋出售时，由对方缴纳契税；（2）房屋进行交换的，若交换价格相等，免征契税；（3）周某以100万元购置新住房时，应缴纳契税=100×3%=3万元。
13.【答案】A
【解析】签订合同的各方当事人都是印花税的纳税人，但不包括合同的担保人（丁）、证人和鉴定人（丙）。
14.【答案】B
【解析】选项ACD都属于免征印花税项目。
15.【答案】D
【解析】原材料由委托方提供，且原材料费和和加工费分别记载，加工承揽合同应按照“加工费”作为计税依据，本题应以加工承揽收入10万元作为计税依据，保险合同以保险费1万元作为计税依据，故应纳税额=10×0.5‰+1×1‰=0.006万元。
16.【答案】D
17.【答案】D
【解析】选项D，柴油是属于深加工产物，不属于原油，不征收资源税。
18.【答案】D
【解析】（1）选项ABC：由税务机关负责征收管理；（2）海关负责征收的税种包括：关税（选项D）、船舶吨税以及委托代征进口环节的增值税、消费税。
19.【答案】C
【解析】滑准税是指关税的税率随着进口货物价格的变动而反方向变动的一种税率形式，即价格越高，税率越低。
20.【答案】B
【解析】烟叶税的纳税人为“收购烟叶的单位”。
21.【答案】D
【解析】应纳税额=烟叶收购金额×税率=烟叶收购价款×（1+10%）×20%=10×（1+10%）×20%=2.2万元。
22.【答案】D
【解析】城镇土地使用税的计税依据是纳税人“实际占用”的土地面积。
23.【答案】D
【解析】（1）选项A，房地产出租，不属于土地增值税的征税范围；（2）选项B，转让国有土地使用权征收土地增值税，出让国有土地使用权不征收土地增值税；（3）选项C，接受捐赠方属于承受方，不缴纳土地增值税。
24.【答案】C

## 二、多项选择题

1.【答案】BC
【解析】选项AD：独立于房屋之外的建筑物（如围墙、烟囱、水塔、室外游泳池等）不属于房产，不是房产税的征税对象。
2.【答案】AD
【解析】（1）凡以房屋为载体，不可随意移动的附属设备和配套设施，应计入房产原值，计征房产税。（2）选项BC，属于可以移动并可单独计价的物件，不应计入房产原值。
3.【答案】AC
【解析】下列用地免征城镇土地使用税：（1）国家机关、人民团体、军队自用的土地（选项A）；（2）由国家财政部门拨付事业经费的单位自用的土地（选项C）；（3）宗教寺庙、公园、名胜古迹自用的土地；（4）市政街道、广场、绿化地带等公共用地；（5）直接用于农、林、牧、渔业的生产用地。
4.【答案】AC
【解析】（1）选项AC，对免税单位无偿使用纳税单位的土地，免征城镇土地使用税。
5.【答案】ACD
【解析】选项B，属于纳税人应当进行土地增值税清算的情形。
6.【答案】AC
【解析】（1）选项B，机动船舶以净吨位数为计税依据；（2）选项D，商用货车以整备质量吨位数为计税依据。
7.【答案】BCD
8.【答案】AC
9.【答案】ACD
【解析】应缴纳印花税的证照仅限于房屋产权证、工商营业执照、商标注册证、专利证、土地使用证5种，卫生许可证、机动车驾驶证、营运许可证不缴纳印花税。
10.【答案】ABD
【解析】选项C，产权转移书据适用比例税率。
11.【答案】ABC
【解析】（1）选项A，以租金作为计税依据；（2）选项B，以运费作为计税依据；（3）选项C，以借款金额为计税依据。
12.【答案】ACD
【解析】进口应税产品不征收资源税，选项B不属于资源税纳税人。
13.【答案】ABC
【解析】一般贸易项下进口的货物以海关审定的成交价格为基础的到岸价格作为完税价格。所谓成交价格是一般贸易项下进口货物的买方为购买该项货物向卖方实际支付或应当支付的价格。在货物成交过程中，卖方付给进口人的正常回扣，应从成交价格中扣除，选项D不能计入进口货物完税价格。到岸价格是指包括货价以及货物运抵我国关境内输入地点起卸前的包装费、运费、保险费和其他劳务费等费用构成，选项ABC应计入进口货物完税价格。
14.【答案】ABC
【解析】（1）选项A，乙公司提供加工劳务，取得的4万元不含税收入，应缴纳增值税=4×16%万元，应纳城建税=4×16%×7%万元，应纳教育费附加=4×16%×3%万元，乙公司应缴纳增值税、城建税及教育费附加合计=4×16%+4×16%×7%+4×16%×3%=0.704万元，故选项A正确。（2）选项BC，甲公司委托乙公司加工高档化妆品，甲公司应当缴纳消费税。该批化妆品的组成计税价格=（材料成本+加工费）÷（1-消费税税率）=（24+4）÷（1-15%）万元，甲公司应纳消费税=（24+4）÷（1-15%）×15%=4.9412万元。甲公司应缴纳的消费税，就是乙公司代收代缴的消费税，故选项BC正确。（3）乙公司除了代收代缴消费税外，还应当代收代缴城市维护建设税和教育费附加。乙公司代收代缴的城建税及教育费附加合计=（24+4）÷（1—15%）×15%×（7%+3%）=4.9412万元（城建税税率适用乙公司所在地税率7%），选项D错误。
15.【答案】AC
【解析】（1）选项A：公立学校占用耕地免征耕地占用税，但学校内经营性场所和教职工住房占用耕地的，按照当地适用税率缴纳耕地占用税；（2）选项B：公路线路占用耕地，可以减按每平方米2元的税额标准征收耕地占用税；但专用公路和城区内机动车道占用耕地的，按照当地适用税率缴纳耕地占用税；（3）选项C：军事设施占用耕地，免征耕地占用税；（4）选项D：公立医院占用耕地免征耕地占用税，但医院内职工住房占用耕地的，按照当地适用税率缴纳耕地占用税。

## 三、判断题

1.【答案】错误。
【解析】房地产开发企业建造的商品房，在出售前，不征收房产税，但对出售前房地产开发企业已使用或者出租、出借的商品房应按规定征收房产税。
2.【答案】正确。
3.【答案】错误。
【解析】房地产开发企业将开发的部分房地产转为企业自用或用于出租等商业用途时，“如果产权未发生转移，不征收土地增值税”。
4.【答案】错误。
【解析】因承受土地使用权而缴纳的契税，应计入“取得土地使用权所支付的金额”扣除。
5.【答案】正确。
【解析】纳税人建造普通标准住宅出售，增值额未超过扣除项目金额20%的，予以免税；超过20%的，应按全部增值额缴纳土地增值税。
6.【答案】错误。
【解析】车船税纳税义务发生时间为取得车船所有权或者管理权的“当月”。以购买车船的发票或者其他证明文件所载日期的当月为准。张三应按照10、11、12月共3个月缴纳2018年车船税，500×3/12=125元。
7.【答案】正确。
8.【答案】错误。
【解析】契税的纳税人，是指在我国境内承受（受让、购买、受赠、交换等）土地、房屋权属转移的单位和个人。本题中，应由乙企业缴纳契税。
9.【答案】正确。

10.【答案】错误。
【解析】该行为属于“视同占用耕地”，必须依法征收耕地占用税。

## 四、不定项选择题

（一）【答案】1.ABD；2.C；3.D；4.A
【解析】
1.（1）选项ABD，房屋产权证（A）、工商营业执照（B）、商标注册证、专利证、土地使用证（D）均按每件5元贴花。（2）选项C，税务登记证不属于权利、许可证照,不用贴花。
2.（1）因为加工合同加工费和原材料费分别列明，且原材料由受托方提供，故加工费按加工承揽合同税目征税，原材料费按购销合同征税。（2）加工合同应纳印花税=100 000×0.5‰+80 000×0.3‰=74元。
3.工程承包合同应纳印花税=（6 000 000+1 000 000）×0.3‰=2 100元。（分包合同也要征税，并且不能从主合同金额中扣除分包合同金额）。
4.财产保险合同应纳印花税计税依据是保险费，故应纳税额=10 000×1‰=10（元）。
（二）【答案】1.D；2.B；3.AB；4.AB
【解析】
1.选项ABC，该房地产开发公司属于增值税一般纳税人，其销售的不是老项目，故不适用5%的征收率，选项C错误；不属于销售旧货或者使用过的物品和其他规定资产，不适用2%和3%的征收率，故选项AB错误。
2.商品房销售合同、土地使用权转让合同，适用产权转移书据税目，按所载金额的0.5‰贴花；应缴纳印花税=（4 800+680）×0.5‰=2.74万元。
3.（1）城市维护建设税和教育费附加的计税依据是纳税人实际缴纳的增值税和消费税，本题中，纳税人缴纳的只有增值税480万元；（2）城建税的税率是7%，教育费附加的税率是3%，故本题正确选项是AB。
4.准予扣除土地使用权费=680+65=745万元。
准予扣除房地产开发成本=200+100+750+150+60=1 260万元。
准予扣除房地产开发费用=（745+1 260）×10%=200.5万元。
准予扣除“其他扣除项目金额”=（745+1 260）×20%=401万元。
（三）【答案】1.B；2.ABCD；3.C；4.D
【解析】
1.事项（1）、（2）、（3）所述购进业务均用于生产性用途，并且都取得了增值税专用发票，故其进项税额都可抵扣。
2.选项A属于销售货物，选项BCD属于视同销售货物，故ABCD各项都应当计算增值税销项税额。
3.（1）销售和视同销售煤炭数量合计（2 000+50+100+10）吨，合计销售额=（2 000+50+100+10）×500元；（2）销项税额=（2 000+50+100+10）×500×16%元；（3）当月应缴纳增值税=（2 000+50+100+10）×500×16%-126 300=46 500元。
4.（1）自产原煤用于销售，应当缴纳资源税；（2）纳税人开采或者生产应税产品，自用于连续生产应税产品以外的其他方面（如用于职工食堂、用于职工宿舍供暖、用于赠送他人）的，视同销售，缴纳资源税。（3）煤炭销售量=（2 000+50+100+10）吨，煤炭销售额=（2 000+50+100+10）×500元，应缴纳资源税=（2 000+50+100+10）×500×8%=86 400元。

# 07

# 第七章
# 税收征收管理法律制度

# 精准考点　提前了解

纳税申报 P394

税款征收措施 P401

税务行政复议范围 P406

偷税行为的法律责任 P412

# 考情早知道

## 【考情分析】

本章分值估计在5分左右。本章单独出不定项选择题的可能性很小。本章考点不多，大多数考点需要考生准确理解，部分考点需要死记硬背，考生需要过数字关。

## 【考题形式与重要程度】

| 节　　次 | 考试题型 | 重要程度 |
|---|---|---|
| 第一节 税务管理 | 单选、多选、判断 | ★ |
| 第二节 税款征收与税务检查 | 单选、多选、判断 | ★★ |
| 第三节 税务行政复议 | 单选、多选、判断 | ★★ |
| 第四节 税收法律责任 | 单选、多选、判断 | ★ |

# 第一节　税务管理

## 一、税务管理的概念（★）

1.税务管理是税收征收管理的重要内容，是税款征收的前提和基础。

2.税务管理主要包括税务登记管理、账簿和凭证管理、发票管理、纳税申报管理和涉税专业服务管理等。

## 二、税务登记

（一）税务登记申请人（★★）

1.从事生产、经营的纳税人。

企业，企业在外地设立的分支机构和从事生产、经营的场所，个体工商户和从事生产、经营的事业单位，都应当办理税务登记。

2.非从事生产经营但依法负有纳税义务的单位和个人。

（1）国家机关、个人和无固定生产经营场所的流动性农村小商贩，不办理税务登记；

（2）其他非从事生产经营但依法负有纳税义务的单位和个人，应当办理税务登记。

3.扣缴义务人。

依法负有扣缴税款义务的扣缴义务人（国家机关除外），应当办理扣缴税款登记。

【例题·单选题】下列组织和人员中，不需要办理税务登记的是（　　）。

A.甲国有企业　　B.乙公司在外地设立的分支机构

C.丙广播电视台　　D.在集贸市场赶集卖菜的菜农张三

【答案】D

【解析】除国家机关、个人和无固定生产经营场所的流动性农村小商贩外，凡是从事生产经营、负有纳税义务的纳税人，均应当办理税务登记。

（二）税务登记主管机关（★）

县以上（含本级）税务局（分局）是税务登记主管机关，负责税务登记的设立登记、变更登记、注销登记以及非正常户处理、报验登记等。

（三）“多证合一”登记制度改革（★）

1.在全面实施企业、农民专业合作社工商营业执照、组织机构代码证、税务登记证、社会保险登记证、统计登记证“五证合一、一照一码”登记制度改革和个体工商户工商营业执照、税务登记证“两证整合”的基础上，将涉及企业、个体工商户和农民专业合作社登记、备案等有关事项和各类证照进一步整合到营业执照上，实现“多证合一、一照一码”。

2.营业执照成为企业唯一“身份证”，统一社会信用代码成为企业唯一身份代码，实现企业“一照一码”走天下。

## 三、账簿和凭证管理

（一）账簿设置（★★）

1.从事生产、经营的纳税人应当自领取营业执照或者发生纳税义务之日起15日内，按照国家有关规定设置账簿。

2.生产、经营规模小又确无建账能力的纳税人，可以聘请经批准从事代理记账业务的专业机构或者经税务机关认可的财会人员代为建账和办理账务。聘请上述机构或者人员有实际困难的，经县以上税务机关批准，可以按照税务机关的规定，建立收支凭证粘贴簿、进货销货登记簿或者使用税控装置。

3.扣缴义务人应当自扣缴义务发生之日起10日内，按照所代扣、代收的税种，分别设置代扣代缴、代收代缴税款账簿。

【例题·判断题】从事生产、经营的纳税人应当自领取营业执照或者发生纳税义务之日起10日内，按照国家有关规定设置账簿。（　　）

【答案】错误。

【解析】从事生产、经营的纳税人应当自领取营业执照或者发生纳税义务之日起“15日”内，按照国家有关规定设置账簿。

（二）纳税人财务会计制度及其处理办法（★）

纳税人使用计算机记账的，纳税人建立的会计电算化系统应当符合国家有关规定，并能正确、完整核算其收入或者所得。

（三）账簿、凭证等涉税资料的保存（★★）

账簿、记账凭证、报表、完税凭证、发票、出口凭证以及其他有关涉税资料应当保存10年，法律、行政法规另有规定的除外。

【例题·多选题】从事生产经营的纳税人的下列各项会计资料中，除另有规定外，应当保存10年的有（　　）。

A.账簿　　B.已开具的发票的存根联　　C.发票登记簿　　D.出口凭证

【答案】AD

【解析】（1）选项AD，账簿（A）、记账凭证、报表、完税凭证、发票、出口凭证（D）以及其他有关涉税资料应当保存10年，法律、行政法规另有规定的除外。（2）选项BC，已开具的发票存根联和发票登记簿应当保存5年。

## 四、发票管理

（一）发票的类型和适用范围（★★）

1.发票的类型。

（1）增值税专用发票，包括增值税专用发票和机动车销售统一发票。

（2）增值税普通发票，包括增值税普通发票（折叠票）、增值税电子普通发票和增值税普通发票（卷票）。

（3）其他发票，包括农产品收购发票、农产品销售发票、门票、过路（过桥）费发票、定额发票、客运发票和二手车销售统一发票等。

2.发票适用的范围。

（1）一般纳税人销售货物、提供加工修理修配劳务和发生应税行为，使用增值税发票管理新系统开具增值税专用发票、增值税普通发票、机动车销售统一发票、增值税电子普通发票。自2018年4月1日起，二手车交易市场、二手车经销企业、经纪机构和拍卖企业应当通过新系统开具二手车销售统一发票。通过新系统开具的二手车销售统一发票与现行二手车销售统一发票票样保持一致。

（2）小规模纳税人销售货物、提供加工修理修配劳务月销售额超过3万元（按季纳税9万元），或者销售服务、无形资产月销售额超过3万元（按季纳税9万元），使用新系统开具增值税普通发票、机动车销售统一发票、增值税电子普通发票。自2018年2月1日，月销售额超过3万元（或季销售额超过9万元）的工业以及信息传输、软件和信息技术服务业增值税小规模纳税人发生增值税应税行为，需要开具增值税专用发票的，可以通过新系统自行开具。上述纳税人销售其取得的不动产，需要开具增值税专用发票的，应向税务机关申请代开。

（3）2017年1月1日起启用增值税普通发票(卷票)。增值税普通发票(卷票)由纳税人自愿选择使用，重点在生活性服务业纳税人中推广。

纳税人可依法书面向税务机关要求使用印有本单位名称的增值税普通发票(折叠票)或增值税普通发票(卷票)，税务机关按规定确认印有该单位名称发票的种类和数量。纳税人通过新系统开具印有本单位名称的增值税普通发票(折叠票)或增值税普通发票(卷票)。

(4)门票、过路(过桥)费发票、定额发票、客运发票和二手车销售统一发票继续使用。

(5)餐饮行业增值税一般纳税人购进农业生产者自产农产品，可以使用税务机关监制的农产品收购发票，按规定计算抵扣进项税额。

(6)采取汇总纳税的金融机构，省、自治区所辖地市以下分支机构可以使用地市级机构统一领取的增值税专用发票、增值税普通发票、增值税电子普通发票；直辖市、计划单列市所辖区县及以下分支机构可以使用直辖市、计划单列市机构统一领取的增值税专用发票、增值税普通发票、增值税电子普通发票。

(7)税务机关使用新系统代开增值税专用发票和增值税普通发票。代开增值税专用发票使用六联票，代开增值税普通发票使用五联票。

【例题·多选题】下列各项中，属于增值税专用发票的有（　　）。

A.增值税专用发票　　B.农产品收购发票

C.税控机动车销售统一发票　　D.海关进口增值税专用缴款书

【答案】AC

【解析】（1）选项AC，增值税专用发票包括增值税专用发票和税控机动车销售统一发票；（2）选项B，属于“其他发票”；（3）选项D，不属于发票。

（二）发票的开具和使用（★★★）

表7-1　发票的开具和使用

| 项　目 | 具体规定 |
| --- | --- |
| 发票的开具 | （1）一般情况下:收款方向付款方开具<br>特殊情况下:由付款方向收款方开具，如收购单位和扣缴义务人支付个人款项时 |
| | （2）不得变更品名和金额 |
| | （3）开具发票,应按规定的时限、顺序、栏目，全部联次一次性如实开具，并加盖发票专用章 |
| | （4）任何单位和个人不得虚开发票 |
| 使用和保管 | （1）单位和个人应按规定使用发票，不得：①转借、转让、介绍他人转让发票、发票监制章和发票防伪专用品；②知道或者应当知道是私自印制、伪造、变造、非法取得或者废止的发票而受让、开具、存放、携带、邮寄、运输；③拆本使用发票；④扩大发票使用范围；⑤以其他凭证代替发票使用 |
| | （2）发票的保管:<br>①开具单位和个人应当设置发票登记簿，定期向主管税务机关报告发票使用情况<br>②已开具的发票存根联和发票登记簿应当保存5年 |
| 特别规定 | 购买方是企业的，索取增值税普通发票时，应向销售方提供纳税人识别号或者统一社会信用代码；销售方为其开具增值税普通发票时，应填写购买方的纳税人识别号或者统一社会信用代码 |

【例题·单选题】下列关于发票的使用保管的各项表述中，正确的是（　　）。

A.发票的领购单位和个人将发票携带到省外使用，不必经税务机关批准

B.已经开具的发票存根联和发票登记簿至少应当保存10年

C.任何单位和个人不得转借、转让、代开发票

D.经税务机关批准，可以拆本使用发票

【答案】C

【解析】（1）选项A，发票的领购单位和个人未经过税务机关批准不可以将发票携带到省外使用；（2）选项B，已经开具的发票存根联和发票登记簿应当保存“5年”；（3）选项D，任何单位和个人不得拆本使用发票。

（三）发票的检查（★★）

1. 税务机关在发票管理中有权进行下列检查：

（1）检查印制、领购、开具、取得、保管和缴销发票的情况。

（2）调出发票查验。

（3）查阅、复制与发票有关的凭证、资料。

（4）向当事各方询问与发票有关的问题和情况。

（5）在查处发票案件时，对与案件有关的情况和资料，可以记录、录音、录像、照相和复制。

2.税务人员进行发票检查时，应当出示税务检查证。

3.税务机关需要将已开具的发票调出查验时，应当向被查验的单位和个人开具发票换票证。发票换票证与所调出查验的发票有同等效力。税务机关需要将空白发票调出查验时，应当开具收据（不是“发票换票证”），经查无问题的，应当及时返还。

【例题·多选题】（2018）下列各项中，属于税务机关发票管理权限的有（　　）。
A.检查印制、领购、开具、取得、保管和缴销发票的情况
B.查阅、复制与发票有关的凭证、资料
C.调出发票查验
D.向当事各方询问与发票有关的问题和情况
【答案】ABCD

## 五、纳税申报

（一）纳税申报方式（★★）

1.自行申报。

2.邮寄申报。以寄出的邮戳日期为实际申报日期。

3.数据电文申报。以税务机关计算机网络系统收到该数据电文的时间为实际申报日期。

4.其他方式。实行定期定额缴纳税款的纳税人，可以简易申报、简并征期等方式申报纳税。

★【专家一对一】

简易申报是指以经税务机关批准，以缴纳税款凭证代替申报，简并征期是指经税务机关批准，将申报期限合并为按季、半年、年缴纳税款。

【例题·多选题】（2018）下列纳税申报方式中，符合法律规定的有（　　）。
A.甲企业在规定的申报期限内，自行到主管税务机关指定的办税服务大厅申报
B.经税务机关批准，丙企业以网络传输方式申报
C.经税务机关批准，乙企业使用统一的纳税申报专用信封，通过邮局交寄
D.实行定期定额缴纳税款的丁个体工商户，采用简易申报方式申报
【答案】ABCD
【解析】纳税申报方式是指纳税人和扣缴义务人在纳税申报期限内，依照规定到指定的税务机关进行申报纳税的形式。纳税申报方式主要有以下几种：（1）自行申报（A）；（2）邮寄申报（C）；（3）数据电文申报（B）；（4）实行定期定额缴纳税款的纳税人，可以实行简易申报、简并征期等方式申报纳税（D）。

（二）纳税申报的其他要求（★★）

1.纳税人在纳税期内没有应纳税款的，也应当按照规定进行纳税申报。

★【专家一对一】

你实际申报了，税务机关才知道你当期有无应纳税额，是不是真的无应纳税额。而且，对于企业来说，当年出现亏损的可结转以后年度扣除，但是应当进行申报由税务机关确认。

2.纳税人享受减税、免税待遇的，在减税、免税期间应当按照规定办理纳税申报。

★【专家一对一】

作此规定，是因为：（1）有利于税务机关掌握纳税人的情况，便于行使税务管理权；（2）有些情况下，纳税人减免税待遇的享受与否，与其销售（营业）额有关，纳税申报有利于税务机关掌握纳税人的经营情况，从而决定是否可以继续享受减免税待遇。

3.延期申报。

（1）不可抗力：可以延期办理，但应事后报告。

纳税人、扣缴义务人因不可抗力，不能按期办理纳税申报或者报送代扣代缴、代收代缴税款报告表的，可以延期办理；但是，应当在不可抗力情形消除后立即向税务机关报告。

（2）其他原因：提出书面申请，税务机关核准。

纳税人、扣缴义务人按照规定的期限办理纳税申报或者报送代扣代缴、代收代缴税款报告表确有困难，需要延期的，应当在规定的期限内向税务机关提出书面延期申请，经税务机关核准，在核准的期限内办理。

★【专家一对一】

因不可抗力，无需申请，直接延期，但需事后报告；其他原因，事前书面申请，由税务机关查明、核准。

【例题·判断题】（2012、2018）纳税人在纳税期内没有应纳税款的，不需办理纳税申报。（　　）

【答案】错误。

【解析】纳税人在纳税期内没有应纳税款的，也应当按照规定办理纳税申报。

## 六、涉税专业服务

（一）涉税专业服务机构（★）

1.涉税专业服务机构是指税务师事务所和从事涉税专业服务的会计师事务所、律师事务所、代理记账机构、税务代理公司、财税类咨询公司等机构。

2.税务机关对税务师事务所实施行政登记管理。未经行政登记不得使用税务师事务所名称，不能享有税务师事务所的合法权益。税务师事务所合伙人或者股东由税务师、注册会计师、律师担任，税务师占比应高于50%，国家税务总局另有规定的除外。

3.从事涉税专业服务的会计师事务所和律师事务所，依法取得会计师事务所执业证书或者律师事务所执业许可证，视同行政登记。

★【专家一对一】

会计师事务所和律师事务所，不需要另行向税务机关实施行政登记，而是视同已经行政登记。

（二）涉税专业服务的业务范围（★）

1.纳税申报代理。

2.一般税务咨询。

3.专业税务顾问。

4.税收策划。

5.涉税鉴证。

6.纳税情况审查。

7.其他税务事项代理（接受纳税人、扣缴义务人的委托，代理建账记账、发票领用、减免退税申请等税务事项）。

8.其他涉税服务。

★【专家一对一】

公证服务不属于涉税专业服务。

【例题·单选题】(2018)下列各项中，不属于涉税专业服务机构提供的涉税业务的是（　　）。

A.税收策划　　B.纳税申报代理　　C.涉税签证　　D.公证服务

【答案】D

【解析】公证服务不属于涉税专业服务。

（三）涉税专业服务机构从事涉税专业服务的要求（★）

1.涉税专业服务的限制。

(1)涉及专业税务顾问、税收策划、涉税鉴证、纳税情况审查等涉税业务，应当由具有税务师事务所、会计师事务所、律师事务所资质的涉税专业服务机构从事，相关文书应由税务师、注册会计师、律师签字，并承担相应的责任。

（2）税务机关所需的涉税专业服务，应当通过政府采购方式购买。

2.税务代理委托协议。

（1）税务代理委托协议自双方签字、盖章时起即具有法律效力。

（2）税务代理委托协议中的当事人一方必须是涉税专业服务机构，税务代理执业人员不得以个人名义直接接受委托。税务代理执业人员承办税务代理业务由涉税专业服务机构委派。

★【专家一对一】

**税务代理执业人员不能以个人名义直接承接业务，只能由其所属机构承接业务后再委派。**

（3）凡是由于委托方未及时提供真实的、完整的、合法的生产经营情况、财务报表及有关纳税资料造成代理工作失误的，由委托方承担责任。

（4）执业人员违反国家法律、法规进行代理或者未按协议约定进行代理，给委托人造成损失的，由涉税专业服务机构和执业人员个人承担相应的赔偿责任。

★【专家一对一】

**第（3）项，完全是委托方的原因造成的，故由委托方承担责任；第（4）项，虽然损失是执业人员直接造成的，但执业人员不是直接承接的业务，而是受所属机构委派的，故执业人员和所属机构都要承担相应责任。**

3.涉税专业服务机构所承办代理业务必须建立档案管理制度，保证税务代理档案的真实、完整。税务代理业务档案保存应不少于5年。

【例题·判断题】(2018)税务代理执业人员可以以个人名义直接接受税务代理委托，签订税务代理委托协议。（　　）

【答案】错误。

【解析】税务代理委托协议中的当事人一方必须是涉税专业服务机构，税务代理执业人员不得以个人名义直接接受委托。税务代理执业人员承办税务代理业务由涉税专业服务机构委派。

★【专家一点通】

**纳税申报的主体范围**

| 申请人 | | 是否办理税务登记 |
|---|---|---|
| 从事生产、经营的纳税人 | （1）企业<br>（2）企业在外地设立的分支机构和从事生产、经营的场所<br>（3）个体工商户<br>（4）从事生产、经营的事业单位 | 应当办理 |
| 非从事生产经营但依法负有纳税义务的单位和个人 | （1）国家机关、个人和无固定生产经营场所的流动性农村小商贩 | 不办理 |
| | （2）其他非从事生产经营但依法负有纳税义务的单位和个人 | 应当办理 |
| 扣缴义务人 | （1）国家机关 | 不办理 |
| | （2）其他依法负有扣缴税款义务的扣缴义务人 | 应当办理扣缴税款登记 |

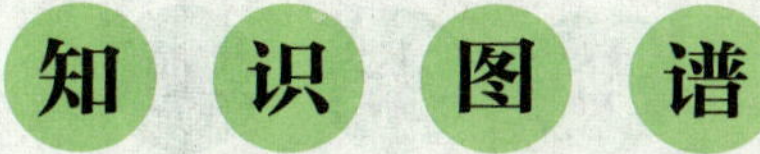

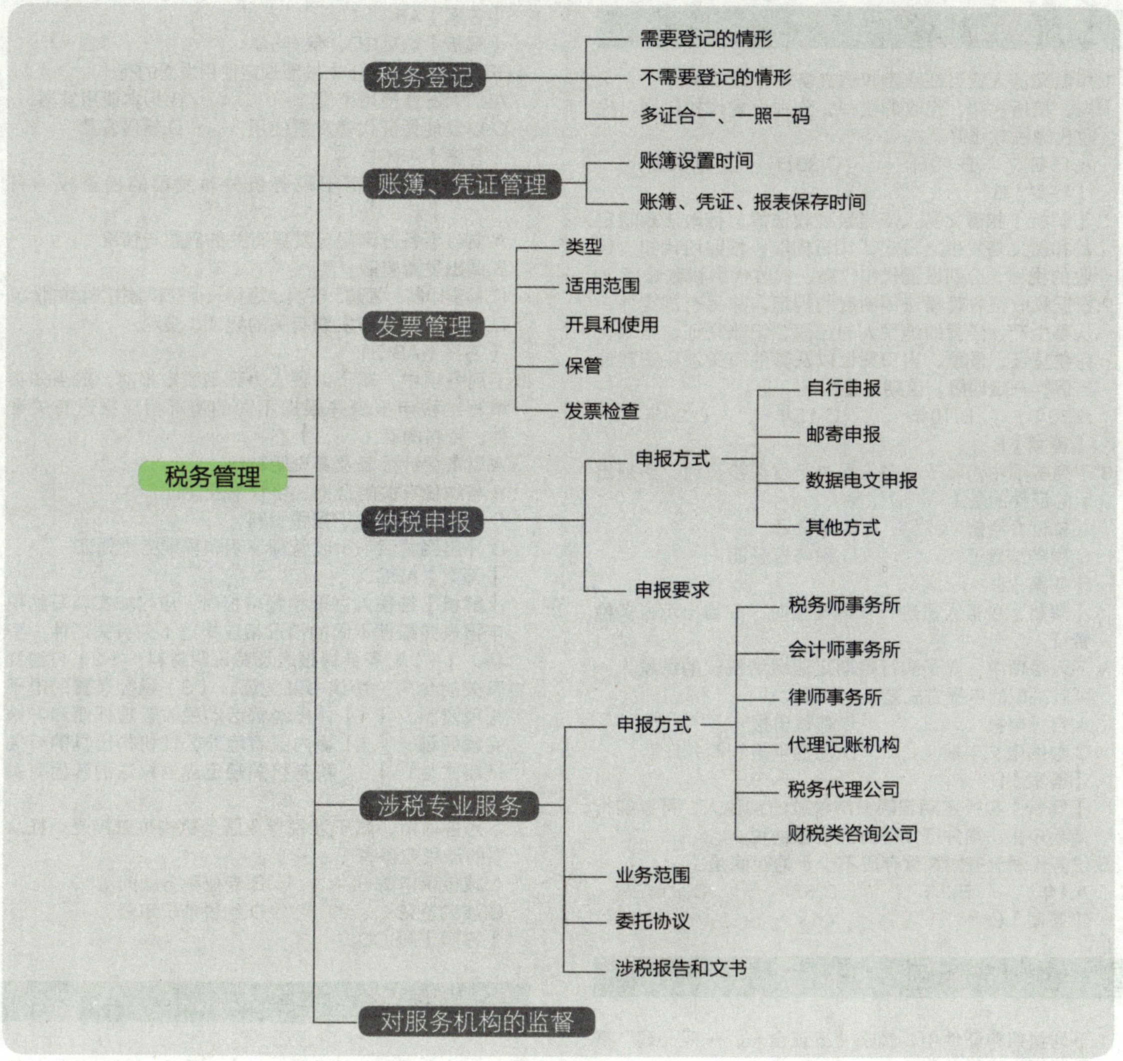

- 税务管理
  - 税务登记
    - 需要登记的情形
    - 不需要登记的情形
    - 多证合一、一照一码
  - 账簿、凭证管理
    - 账簿设置时间
    - 账簿、凭证、报表保存时间
  - 发票管理
    - 类型
    - 适用范围
    - 开具和使用
    - 保管
    - 发票检查
  - 纳税申报
    - 申报方式
      - 自行申报
      - 邮寄申报
      - 数据电文申报
      - 其他方式
    - 申报要求
  - 涉税专业服务
    - 申报方式
      - 税务师事务所
      - 会计师事务所
      - 律师事务所
      - 代理记账机构
      - 税务代理公司
      - 财税类咨询公司
    - 业务范围
    - 委托协议
    - 涉税报告和文书
  - 对服务机构的监督

# 节 节 测

## 一、单项选择题

1.扣缴义务人应当在法定扣缴义务发生之日起（　　）内，按所代扣、代收的税种，分别设置代扣代缴、代收代缴税款账簿。

A.15日　B.10日　C.30日　D.60日

【答案】B

【解析】扣缴义务人应当自税收法律、行政法规规定的扣缴义务发生之日起“10日内”，按照所代扣、代收的税种，分别设置代扣代缴、代收代缴税款账簿。

2.根据税收征收管理法律制度的规定，除另有规定外，从事生产、经营的纳税人的账簿、记账凭证、报表、完税凭证、发票、出口凭证以及其他有关涉税资料应当保存一定期限，该期限是（　　）。

A.30年　B.10年　C.15年　D.20年

【答案】B

3.下列各项中，属于税务人员进行发票检查时，必须出示的证件的是（　　）。

A.单位介绍信　B.身份证

C.税务搜查证　D.税务检查证

【答案】D

【解析】税务人员进行发票检查时，应当出示税务检查证。

4.下列各项中，属于实行定期定额缴纳税款的纳税人，可以采取的申报方式是（　　）。

A.自行申报　B.邮寄申报

C.数据电文申报　D.简易申报和简并征期

【答案】D

【解析】实行定期定额缴纳税款的纳税人，可以实行简易申报、简并征期等方式申报纳税。

5.税务代理业务档案保存应不少于的时间是（　　）。

A.1年　B.3年　C.5年　D.10年

【答案】C

## 二、多项选择题

1.下列执照和证件中，属于“五证合一，一照一码”登记制度改革范围的有（　　）。

A.安全生产许可证　B.组织机构代码证

C.税务登记证　D.工商营业执照

【答案】BCD

2.下列发票中，属于其他发票的有（　　）。

A.农产品收购发票　B.机动车销售统一发票

C.客运发票　D.增值税普通发票

【答案】AC

【解析】（1）选项AC，其他发票，包括农产品收购发票（A）、农产品销售发票、门票、过路（过桥）费发票、定额发票、客运发票（C）和二手车销售统一发票等；（2）选项B，属于增值税专用发票；（3）选项D，属于增值税普通发票。

3.下列财务资料中，除另有规定外，至少要保存10年的有（　　）。

A.完税凭证　B.账簿

C.已开具的发票的存根联　D.发票登记簿

【答案】AB

【解析】选项CD，保存5年。

4.下列行为中，属于未按照规定使用发票的有（　　）。

A.扩大发票使用范围　B.拆本使用发票

C.以其他凭证代替发票使用　D.转借发票

【答案】ABCD

5.下列各项中，属于税务机关对发票的检查权的有（　　）。

A.向当事各方询问与发票有关的问题与情况

B.调出发票查验

C.检查印制、领购、开具、取得、保管和缴销发票的情况

D.查阅、复制与发票有关的凭证、资料

【答案】ABCD

6.下列各项中，属于纳税人办理纳税申报时，应当如实填写纳税申报表并根据不同的情况相应报送有关证件、资料的有（　　）。

A.财务会计报表及其说明材料

B.与纳税有关的合同、协议书及凭证

C.税控装置的电子报税资料

D.外出经营活动税收管理证明和异地完税凭证

【答案】ABCD

【解析】纳税人办理纳税申报时，应当如实填写纳税申报表并根据不同的情况相应报送下列有关证件、资料：（1）财务会计报表及其说明材料；（2）与纳税有关的合同、协议书及凭证；（3）税控装置的电子报税资料；（4）外出经营活动税收管理证明和异地完税凭证；（5）境内或者境外公证机构出具的有关证明文件；（6）税务机关规定应当报送的其他有关证件、资料。

7.下列各项中，属于涉税专业服务机构可以接受委托从事的涉税业务有（　　）。

A.减免税申请　B.专业税务顾问

C.涉税鉴证　D.纳税情况审查

【答案】ABCD

## 三、判断题

1.税务管理是税收征收管理的重要内容，是税款征收的前提和基础。（　　）

【答案】正确。

2.纳税人享受减税、免税待遇的，在减税、免税期间可以不办理纳税申报。（　　）

【答案】错误。

【解析】纳税人享受减税、免税待遇的，在减税、免税期间应按规定办理纳税申报。

3.经核准延期办理纳税申报、报送事项的，应当在纳税期内按照上期实际缴纳的税额或者税务机关核定的税额预缴税款，并在核准的延期内办理税款结算。（　　）

【答案】正确。

4.税务师事务所的合伙人或股东由税务师、注册会计师、律师担任，其中注册会计师占比应高于50%。（　　）

【答案】错误。

【解析】税务师事务所的合伙人或股东由税务师、注

册会计师、律师担任，其中“税务师”占比应高于50%。

5.执业人员违反国家法律、法规进行代理或者未按协议约定进行代理，给委托人造成损失的，由执业人员个人承担相应的赔偿责任。（　　）

【答案】错误。

【解析】执业人员违反国家法律、法规进行代理或者未按协议约定进行代理，给委托人造成损失的，由“涉税专业服务机构和执业人员个人”承担相应的赔偿责任。

6.增值税小规模纳税人销售货物、劳务、服务、无形资产，月销售额不超过3万元的，可以使用新系统开具增值税普通发票。（　　）

【答案】错误。

【解析】月销售额“超过”3万元的，可以使用新系统开具增值税普通发票。

# 第二节　税款征收与税务检查

## 一、税款征收

（一）税款征收方式（★★）

表7-2　税款征收方式

| 征收方式 | 适用情形 |
|---|---|
| 查账征收 | 适用于财务会计制度健全，能够如实核算和提供生产经营情况，并能正确计算应纳税款和如实履行纳税义务的纳税人 |
| 查定征收 | 适用于生产经营规模较小、产品零星、税源分散、会计账册不健全，但能控制原材料或进销货的小型厂矿和作坊 |
| 查验征收 | 适用于纳税人财务制度不健全，生产经营不固定，零星分散、流动性大的税源 |
| 定期定额征收 | 适用于生产、经营规模小，达不到规定设置账簿标准，难以查账征收，不能准确计算计税依据的个体工商户（包括个人独资企业） |

【例题·判断题】账务不全但能控制原材料或进销货的作坊适用查验征收方式。（　　）
【答案】错误。
【解析】（1）查定征收，适用于生产经营规模较小、产品零星、税源分散、会计账册不健全，但能控制原材料或进销货的小型厂矿和作坊。（2）查验征收，适用于纳税人财务制度不健全，生产经营不固定，零星分散、流动性大的税源。

（二）应纳税额的核定与调整（★★★）

表7-3　应纳税额的核定与调整

| 项　目 | 具体规定 |
|---|---|
| 税务机关有权核定应纳税额的情形 | （1）依照法律、行政法规的规定可以不设置账簿的 |
| | （2）依照法律、行政法规的规定应当设置但未设置账簿的 |
| | （3）擅自销毁账簿或者拒不提供纳税资料的 |
| | （4）虽设置账簿，但账目混乱或者成本资料、收入凭证、费用凭证残缺不全，难以查账的 |
| | （5）发生纳税义务，未按照规定的期限办理纳税申报，经税务机关责令限期申报，逾期仍不申报的 |
| | （6）纳税人申报的计税依据明显偏低，又无正当理由的 |
| 核定应纳税额的方法 | （1）参照当地同类行业或者类似行业中经营规模和收入水平相近的纳税人的税负水平核定 |
| | （2）按照营业收入或者成本加合理的费用和利润的方法核定 |
| | （3）按照耗用的原材料、燃料、动力等推算或者测算核定 |
| | （4）按照其他合理方法核定 |

税务机关核定应纳税额时，当用一种方法不能正确核定应纳税额时，可以采用两种或者两种以上的方法。

纳税人对税务机关核定的应税税额有异议的，应当提供证据，经税务机关认定后，调整应纳税额。

**【专家一对一】**

**既然是核定的数额，那和实际情况有出入就很正常，纳税人不同意税务机关核定的税额，就应该自己提供证据，而不是由税务机关提供证据。**

【例题·多选题】（2018）纳税人发生的下列情形中,税务机关有权核定其应纳税额的有（　　）。
A.纳税人申报的计税依据明显偏低，又无正当理由的
B.依照法律、行政法规的规定可以不设置账簿的
C.拒不提供纳税资料的
D.虽设置账簿，但账目混乱、难以查账的
【答案】ABCD

（三）税款征收措施（★★★）

税款征收措施包括：责令缴纳、责令提供纳税担保、采取税收保全措施、采取强制执行措施、阻止出境。

1.责令缴纳。

（1）纳税人未按照规定期限缴纳税款的，扣缴义务人未按照规定期限解缴税款的，税务机关可责令限期缴纳，并从滞纳税款之日起，按日加收滞纳税款万分之五的滞纳金。加收滞纳金的起止时间，为自税款法定缴纳期限届满次日起至纳税人、扣缴义务人实际缴纳或者解缴税款之日止。逾期未缴纳的，税务机关可以采取税收强制执行措施。

【例题·单选题】（2018）按照规定甲公司最晚应于2017年5月15日缴纳应纳税款，甲公司迟迟未缴纳，主管税务机关责令其于当年6月30日前缴纳，并加收滞纳金，甲公司最终于7月14日缴纳税款，关于主管税务机关对甲公司加收滞纳金的起止时间的下列表述中，正确的是（　　）。
A.2017年6月15日至2017年7月15日　　B.2017年6月30日至2017年7月15日
C.2017年5月16日至2017年7月14日　　D.2017年7月1日至2017年7月14日
【答案】C
【解析】加收滞纳金的起止时间：自税款法定缴纳期限届满次日起（5月16日）至纳税人、扣缴义务人实际缴纳或者解缴税款之日止（7月14日）。

2.责令提供纳税担保。

表7-4　责令提供纳税担保的具体规定

| 项　目 | 具体规定 |
|---|---|
| 适用情形 | ①税务机关有根据认为从事生产、经营的纳税人有逃避纳税义务行为，在规定的纳税期限之前责令其限期缴纳应纳税款，在限期内发现纳税人有明显的转移、隐匿其应纳税的商品、货物以及其他财产或者应纳税收入迹象的，责成纳税人提供纳税担保的；<br>②欠缴税款、滞纳金的纳税人或者其法定代表人需要出境的；<br>③纳税人同税务机关在纳税上发生争议而未缴清税款，需要申请行政复议的；<br>④税收法律、行政法规规定可以提供纳税担保的其他情形。 |
| 担保方式 | 保证、抵押、质押 |
| 担保范围 | 税款、滞纳金和实现税款、滞纳金的费用 |

【例题·单选题】（2014、2017）下列各项中，不属于纳税担保方式的是（　　）。
A.质押　　B.扣押　　C.保证　　D.抵押
【答案】B
【解析】选项B，属于税收保全措施。

3.采取税收保全措施。

（1）适用税收保全的情形及措施。

经税务机关责令提供纳税担保，纳税人拒绝提供或者无力提供的，经“县以上税务局（分局）局长”批准，税务机关可以采取下列税收保全措施：

★【专家一对一】
先责令提供担保，拒绝提供或无力提供的，才可以采取保全措施——先礼而后兵！

①书面通知纳税人开户银行或者其他金融机构冻结纳税人的金额相当于应纳税款的存款。

②扣押、查封纳税人的价值相当于应纳税款的商品、货物或者其他财产。

（2）不适用税收保全的财产。

①个人及其所扶养家属维持生活必需的住房和用品（不包括机动车辆、金银饰品、古玩字画、豪华住宅或者一处以外的住房），不在税收保全措施范围之内。

②税务机关对单价5 000元以下的其他生活用品，不采取税收保全措施。

★【专家一对一】

**税收保全措施的适用范围仅限于“应纳税款”，对“税收滞纳金”不能适用税收保全措施，税收滞纳金属于税收强制执行的范围。**

【例题·多选题】（2014）下列关于税收保全措施的表述中，正确的有（　　）。

A.税务机关可以对税收滞纳金一并采取税收保全措施

B.税收保全措施仅适用于从事生产、经营的纳税人

C.机动车辆、金银饰品、古玩字画、豪华住宅或者一处以外的住房，均在税收保全措施的范围之内

D.税务机关对单价5 000元以下的其他生活用品，不采取税收保全措施

【答案】BCD

【解析】选项A：税收保全措施的范围不包括税收滞纳金。

4.采取强制执行措施。

（1）适用强制执行的情形及措施。

从事生产、经营的纳税人、扣缴义务人未按照规定的期限缴纳或者解缴税款，纳税担保人未按照规定的期限缴纳所担保的税款，由税务机关责令限期缴纳，逾期仍未缴纳的，经“县以上税务局（分局）局长”批准，税务机关可以采取下列强制执行措施：

①强制扣款，即书面通知其开户银行或者其他金融机构从其存款中扣缴税款。

②拍卖变卖，即依法拍卖或者变卖其价值相当于应纳税款的商品、货物或者其他财产，以拍卖或者变卖所得抵缴税款。

（2）强制执行的范围。

①税务机关采取强制执行措施时，对上述纳税人、扣缴义务人、纳税担保人未缴纳的滞纳金同时强制执行。

②个人及其所扶养家属维持生活必需的住房和用品（不包括机动车辆、金银饰品、古玩字画、豪华住宅或者一处以外的住房），不在强制执行措施的范围之内。

③税务机关对单价5 000元以下的其他生活用品，不采取强制执行措施。

★【专家一对一】

**（1）税收保全是指缴纳税款的期限未到，但税务机关看苗头不对，到时有收不到税款的危险，“提前下手”，查封、扣押财产或冻结存款；税收强制执行，是指缴纳税款的期限已满，仍然不缴纳税款的，采取强制扣缴存款、拍卖、变卖已经查封、扣押的财产。（2）税收保全措施与强制执行措施之间没有必然连续，采取强制执行措施之前不一定先采取税收保全措施，采取税收保全措施后也不一定会采取强制执行措施，应为纳税人或扣缴义务人缴纳了税款，就不用再强制执行。**

**（3）机动车辆、金银饰品、古玩字画、豪华住宅或者一处以外的住房，不在强制执行措施的排除范围之列，即使豪华住宅是其唯一住宅。**

【例题·单选题】（2018）下列各项中，属于税务机关可以采取的强制执行措施是（　　）。

A.责令缴纳　　B.阻止出境　　C.责令提供纳税担保　　D.拍卖变卖

【答案】D

【解析】税务机关可以采取的强制执行措施包括强制扣款和拍卖变卖。

5.阻止出境。

欠缴税款的纳税人或者其法定代表人在出境前未按规定结清应纳税款、滞纳金或者提供纳税担保的，税务机关可以通知出境管理机关阻止其出境。

## 二、税务检查

（一）税务机关在税务检查中的职权和职责（★★★）

1.税务机关有下列税务检查权：

（1）查账权。检查纳税人的账簿、记账凭证、报表和有关资料；检查扣缴义务人代扣代缴、代收代缴税款账簿、记账凭证和有关资料。

（2）场地检查权。到纳税人的生产、经营场所和货物存放地检查纳税人应纳税的商品、货物或者其他财产；检查扣缴义务人与代扣代缴、代收代缴税款有关的经营情况。

★【专家一对一】

**只能进入生产、经营场所和货物存放地，不能进入生活场所。**

（3）责成提供资料权。责成纳税人、扣缴义务人提供与纳税或者代扣代缴、代收代缴税款有关的文件、证明材料和有关资料。

（4）询问权。询问纳税人、扣缴义务人与纳税或者代扣代缴、代收代缴税款有关的问题和情况。

（5）交通邮政检查权。到车站、码头、机场、邮政企业及其分支机构检查纳税人托运、邮寄应纳税商品、货物或者其他财产的有关单据、凭证和有关资料。

★【专家一对一】

**只能检查应税物品，不能对旅客自带的行李物品等其他内容进行检查。**

（6）存款账户查询权。

经县以上税务局（分局）局长批准，指定专人负责，凭全国统一格式的检查存款账户许可证明，查询从事生产经营的纳税人、扣缴义务人在银行或者其他金融机构的存款账户，并有责任为被检查人保守秘密。

税务机关在调查税收违法案件时，经设区的市、自治州以上税务局（分局）局长批准，可以查询案件涉嫌人员的储蓄存款。

税务机关查询所获得的资料，不得用于税收以外的用途。

★【专家一对一】

**税务机关查询纳税人、扣缴义务人存款账户，需经县级以上税务局（分局）局长批准；税务机关查询涉嫌人员储蓄存款，需经设区的市、自治州以上税务局（分局）局长批准。**

2.税务机关对从事生产、经营的纳税人以前纳税期的纳税情况依法进行税务检查时，发现纳税人有逃避纳税义务行为，并有明显的转移、隐匿其应纳税的商品、货物以及其他财产或者应纳税的收入迹象的，可以按照《征管法》规定的批准权限采取税收保全措施或者强制执行措施。

税务机关采取税收保全措施的期限一般不得超过6个月；重大案件需要延长的，应当报国家税务总局批准。

3.税务机关调查税务违法案件时，对与案件有关的情况和资料，可以记录、录音、录像、照相和复制。

4.税务机关依法进行税务检查时，有权向有关单位和个人调查纳税人、扣缴义务人和其他当事人与纳税或者代扣代缴、代收代缴税款有关的情况。

5.税务机关派出的人员进行税务检查时，应当出示税务检查证和税务检查通知书，并有责任为被检查人保守秘密；未出示税务检查证和税务检查通知书的，被检查人有权拒绝检查。

【例题·多选题】（2016）下列各项中，属于税务机关纳税检查职权的有（　　）。

A.检查扣缴义务人代扣代缴、代收代缴税款账簿、记账凭证和有关资料

B.检查纳税人托运、邮寄应税商品、货物或者其他财产的有关单据

C.检查纳税人存放在生产、经营场所的应纳税的货物

D.检查纳税人的账簿、记账凭证、报表和有关资料

【答案】ABCD

（二）被检查人的义务（★）

1.纳税人、扣缴义务人必须接受税务机关的检查，如实反映情况，提供有关资料，不得拒绝、隐瞒。

2.税务机关依法进行税务检查时，有关单位和个人必须如实提供有关资料和证明材料。

★【专家一点通】

税收保全措施vs税收强制执行措施

| | 税收保全措施 | 税收强制执行措施 |
|---|---|---|
| 适用前提 | 税务机关责令具有税法规定情形的纳税人提供纳税担保而纳税人拒绝或不能提供担保 | 从事生产经营的纳税人、扣缴义务人未按照规定的期限缴纳或者解缴税款，纳税担保人未按照规定的期限缴纳所担保的税款，由税务机关责令限期缴纳，逾期仍未缴纳 |
| 执行对象 | 从事生产经营的纳税人 | 从事生产经营的纳税人、扣缴义务人和纳税担保人 |
| 具体措施 | 冻结存款 | 强制扣缴存款 |
| | 查封、扣押货物、物品等 | 拍卖、变卖货物、物品等 |
| 期限 | 一般最长不得超过6个月 | |
| 滞纳金 | | 滞纳金同时强制执行 |
| 批准机关 | 县以上税务局（分局）局长批准 | |
| 不适用财产 | （1）个人及其所扶养家属维持生活必需的住房和用品<br>（2）单价5 000元以下的其他生活用品 | |

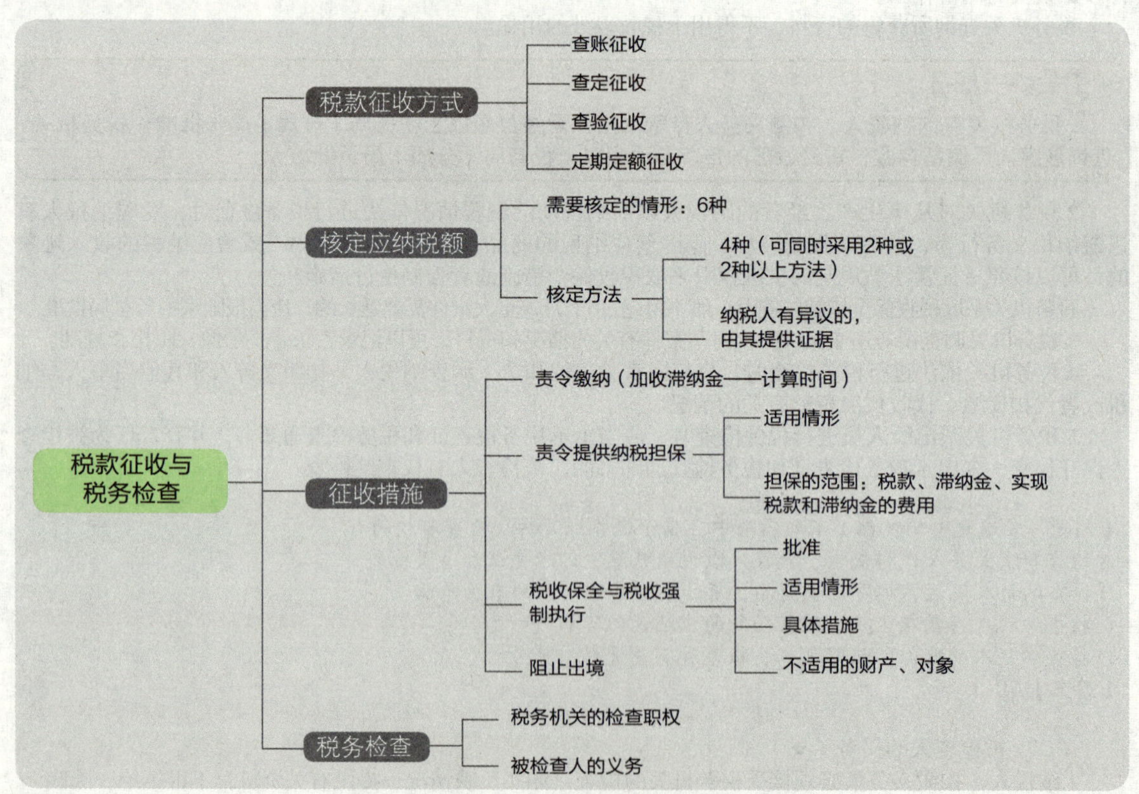

# 节节测

## 一、单项选择题

1.甲公司为大型国有企业，财务会计制度健全，能够如实核算和提供生产经营情况，并能正确计算应纳税款和如实履行纳税义务，其适用的税款征收方式是（　　）。

A.定期定额征收　　B.查账征收

C.查定征收　　D.查验征收

【答案】B

【解析】（1）选项A，定期定额征收，适用于经主管税务机关认定和县以上税务机关（含县级）批准的生产、经营规模小，达不到设置账簿标准，难以查账征收，不能准确计算计税依据的个体工商户（包括个人独资企业）；（2）选项C，查定征收，适用于生产经营规模较小、产品零星、税源分散、会计账册不健全，但能控制原材料或进销货的小型厂矿和作坊；（3）选项D，查验征收，适用于纳税人财务制度不健全，生产经营不固定，零星分散、流动性大的税源。

2.纳税人未按照规定期限缴纳税款的，税务机关可责令限期缴纳，并从滞纳之日起，按日加收滞纳税款一定比例的滞纳金，该比例为（　　）。

A.万分之五　　B.万分之七

C.万分之一　　D.万分之三

【答案】A

3.下列个人财产中，不适用税收保全措施的是（　　）。

A.豪华住宅　　B.金银饰品

C.古玩字画　　D.维持生活必需的住房

【答案】D

【解析】个人及其所扶养家属维持生活必需的住房和用品，不在税收保全措施的范围之内；个人及其所扶养家属维持生活必需的住房和用品不包括机动车辆、金银饰品、古玩字画、豪华住宅或者一处以外的住房。

4.税务机关采取税收保全措施的期限一般最长不得超过的时间是（　　）。

A.2个月　　B.6个月　　C.1年　　D.2年

【答案】B

5.对欠缴税款、滞纳金的纳税人或者其法定代表人需要出境的，税务机关可以采取的措施是（　　）。

A.书面通知其开户银行从其存款中扣缴税款

B.责令提供纳税担保

C.核定、调整应纳税额

D.依法拍卖其价值相当于应纳税款的商品

【答案】B

## 二、多项选择题

1.纳税人存在下列情形，税务机关有权核定其应纳税额的有（　　）。

A.依照法律、行政法规的规定可以不设置账簿的

B.依照法律、行政法规的规定应当设置但未设置账簿的

C.擅自销毁账簿的

D.纳税人申报的计税依据明显偏低，又无正当理由的

【答案】ABCD

2.下列关于税务机关核定应纳税额的方法的表述中，正确的有（　　）。

A.参照当地同类行业中经营规模和收入水平相近的纳税人的税负水平核定

B.参照当地类似行业中经营规模和收入水平相近的纳税人的税负水平核定

C.按照营业收入或者成本加合理的费用和利润的方法核定

D.按照耗用的原材料、燃料、动力等推算或者测算核定

【答案】ABCD

3.下列各项中，属于纳税担保的范围的有（　　）。

A.税款　　B.罚款

C.滞纳金　　D.实现税款、滞纳金的费用

【答案】ACD

4.下列各项中，属于税收保全措施的有（　　）。

A.拍卖纳税人的价值相当于应纳税款的财产

B.责令纳税人提供纳税担保

C.书面通知纳税人开户银行冻结纳税人的金额相当于应纳税款的存款

D.扣押纳税人的价值相当于应纳税款的商品

【答案】CD

【解析】（1）选项 A:“拍卖”属于税收强制措施；（2）选项 B：责令提供纳税担保不属于税收保全措施，而是和“税收保全措施”并列的概念。

5.下列各项中，属于税收保全措施的有（　　）。

A.书面通知纳税人开户银行从其存款中直接扣缴税款

B.依法拍卖纳税人的价值相当于应纳税款的商品、货物或者其他财产

C.书面通知纳税人开户银行冻结纳税人的金额相当于应纳税款的存款

D.扣押、查封纳税人的价值相当于应纳税款的商品、货物或者其他财产

【答案】CD

【解析】选项AB，属于税收强制执行措施。

## 三、判断题

1.纳税人发生纳税义务，未按照规定的期限办理纳税申报，经税务机关责令限期申报，逾期仍不申报的，税务机关可对其执行税收保全措施。（　　）

【答案】错误。

【解析】纳税人发生纳税义务，未按照规定的期限办理纳税申报，经税务机关责令限期申报，逾期仍不申报的，税务机关可对其“核定应纳税额”。

2.税务机关有权对个人及其所扶养家属维持生活必需的住房和用品采取强制执行措施。（　　）

【答案】错误。

【解析】个人及其所扶养家属维持生活必需的住房和用品，既不在税收保全措施的范围内，也不在强制执行措施的范围内。

# 第三节 税务行政复议

## 一、税务行政复议的概念（★）

税务行政复议，是指纳税人和其他税务当事人对税务机关的税务行政行为不服，依法向上级税务机关和其他有关机关提出申诉，请求其对原具体行政行为的合理性、合法性进行审议并作出裁决的司法行政行为。

## 二、税务行政复议范围

（一）必经复议或复议前置（先复议再诉讼）（★★★）

申请人对税务机关作出的下列征税行为不服的，应当先向行政复议机关申请行政复议；对行政复议决定不服的，才可以向人民法院提起行政诉讼：

确认纳税主体、征税对象、征税范围、减税、免税、退税、抵扣税款、适用税率、计税依据、纳税环节、纳税期限、纳税地点和税款征收方式等具体行政行为，征收税款、加收滞纳金，扣缴义务人、受税务机关委托的单位和个人作出的代扣代缴、代收代缴、代征行为等。

★【专家一对一】

**需要先复议再诉讼的征税行为主要包括三大类：一是关于税法的构成要素；二是税款征收方式；三是税收滞纳金。**

（二）选择复议（或复议或诉讼）（★★★）

申请人对税务机关上述征税行为以外的其他具体行政行为不服的，可以申请行政复议，对复议决定不服的，还可以向人民法院提起行政诉讼；也可以直接向人民法院提起行政诉讼。

1.行政许可、行政审批行为。

2.发票管理行为，包括发售、收缴、代开发票等。

3.税收保全措施、强制执行措施。

4.税务机关作出的行政处罚行为：

（1）罚款；（2）没收财物和违法所得；（3）停止出口退税权。

5.税务机关不依法履行下列职责的行为：

（1）开具、出具完税凭证；（2）行政赔偿；（3）行政奖励；（4）其他不依法履行职责的行为。

6.资格认定行为。

7.不依法确认纳税担保行为。

8.政府公开信息工作中的具体行政行为。

9.纳税信用等级评定行为。

10.通知出入境管理机关阻止出境行为。

11.其他具体行政行为。

（三）申请人认为税务机关的具体行政行为所依据的下列规定不合法的，对具体行政行为申请行政复议时，可以一并向有关机关提出对该规定（不含规章）的审查申请：

（1）国家税务总局和国务院其他部门的规定；

（2）其他各级税务机关的规定；

（3）地方各级人民政府的规定；

（4）地方人民政府工作部门的规定。

申请人提出行政复议申请时不知道该具体行政行为所依据的规定的，可以在行政复议机关作出行政复议决定以前提出对该规定的审查申请。

★【专家一对一】

**对规章不能提请审查。**

【例题·多选题】（2018）根据税收征收管理法律制度的规定，纳税人对税务机关的下列行政行为不服时，可以申请行政复议的有（　　）。

A.罚款　B.确认适用税率　C.加收滞纳金　D.依法制定税收优惠政策

【答案】ABC

【解析】（1）选项ABC：均属于具体行政行为，适用行政复议和行政诉讼；但选项BC属于征税行为，应先议后诉；（2）选项D：属于抽象行政行为，不适用行政复议和行政诉讼。

## 三、税务行政复议的管辖

（一）复议管辖的一般规定（★★★）

1.对各级税务局的具体行政行为不服的，向其上一级税务局申请行政复议。

★【专家一对一】

注意："上一级"不同于"上级"。

2.对计划单列市税务局的具体行政行为不服的，向国家税务总局申请行政复议。

3.对税务所（分局）、各级税务局的稽查局作出的具体行政行为不服的，向其所属税务局申请行政复议。

4.对国家税务总局作出的具体行政行为不服的，向国家税务总局申请行政复议。对国家税务总局的行政复议决定不服，申请人可以向人民法院提起行政诉讼，也可以向国务院申请裁决。国务院的裁决为最终裁决。

（二）复议管辖的特殊规定（★★★）

1.对两个以上税务机关共同作出的具体行政行为不服的，向共同上一级税务机关申请行政复议。

2.对税务机关与其他行政机关共同作出的具体行政行为不服的，向其共同上一级行政机关申请行政复议。

3.对被撤销的税务机关在撤销以前所作出的具体行政行为不服的，向继续行使其职权的税务机关的上一级税务机关申请行政复议。

★【专家一对一】

如某市行政区域调整，甲区合并到乙区，甲区的税务局也合并到乙区税务局，则对合并前的甲区税务局的具体行政行为不服的，应当向乙区税务局的上一级税务局申请行政复议。

4.对税务机关作出逾期不缴纳罚款加处罚款的决定不服的，向作出行政处罚决定的税务机关申请行政复议。但是对已处罚款和加处罚款都不服的，一并向作出行政处罚决定的税务机关的上一级税务机关申请行政复议。

表7-5　税务行政复议管辖的特殊规定

<table>
<tr><th colspan="2">处罚情形</th><th>复议机关</th></tr>
<tr><td colspan="2" rowspan="2">甲税务局对乙公司处罚款1万元，乙公司不服</td><td>（1）甲税务局的上一级税务机关</td></tr>
<tr><td>（2）甲税务局本级人民政府</td></tr>
<tr><td rowspan="2">甲税务局对丙公司处罚款2万元，丙公司逾期未缴纳罚款，甲税务局决定加处罚款1万元</td><td>（1）仅对加处的1万元罚款不服</td><td>甲税务局</td></tr>
<tr><td>（2）对2万元罚款和加处的1万元罚款都不服</td><td>甲税务局的上一级税务机关</td></tr>
</table>

【例题·多选题】下列关于税务行政复议管辖权的说法中正确的是（　　）。

A.对税务机关与其他行政机关共同作出的具体行政行为不服的，向其共同上一级行政机关申请行政复议。

B.对各级税务局的稽查局做出的具体行政行为不服的，向其所属税务局申请行政复议

C.对两个以上税务机关共同作出的具体行政行为不服的，向共同上一级税务机关申请行政复议

D.对税务机关作出逾期不缴纳罚款加处罚款的决定不服的，向作出行政处罚决定的税务机关申请行政复议。

【答案】ABCD

## 四、税务行政复议申请与受理

（一）税务行政复议申请（★★）

1.申请人可以在知道税务机关作出具体行政行为之日起60日内提出行政复议申请。

2.申请人按规定申请行政复议的，必须先交纳或者解缴税款及滞纳金，或者提供相应的担保。

申请人对税务机关作出的逾期不缴纳罚款加处罚款的决定不服的，应当先缴纳罚款和加处罚款，再申请行政复议。

3.申请人申请行政复议，可以书面申请，也可以口头申请。

【例题·多选题】税务机关作出的下列行政行为中，纳税人不服时可以选择申请税务行政复议或者直接提起行政诉讼的有（　　）。

A.加收滞纳金　　B.罚款　　C.税收保全措施　　D.征收税款

【答案】BC

【解析】选项AD，加收滞纳金和征收税款属于征税行为，申请人对加收滞纳金和征收税款不服的，必须先交纳或者解缴税款及滞纳金，或者提供相应的担保，才可以申请行政复议，而且只能经过行政复议对复议决定不服的，才可以提起行政诉讼。

（二）税务行政复议受理（★★）

1.申请人向复议机关申请行政复议，复议机关已经受理的，在法定行政复议期限内申请人不得向人民法院提起行政诉讼；申请人向人民法院提起行政诉讼，人民法院已经依法受理的，不得申请行政复议。

2.行政复议期间具体行政行为不停止执行。但有下列情形之一的，可以停止执行：

（1）被申请人认为需要停止执行的。

（2）行政复议机关认为需要停止执行的。

（3）申请人申请停止执行，行政复议机关认为其要求合理，决定停止执行的。

（4）法律规定停止执行的。

★【专家一对一】

"是否停止执行"由行政机关决定。

【例题·多选题】行政复议期间具体行政行为不停止执行。但有法律规定情形的，可以停止执行。下列各项中，不属于可以停止执行的情形的是（　　）。

A.被申请人认为需要停止执行的　　B.行政复议机关认为需要停止执行的

C.申请人申请停止执行的　　D.法律规定停止执行的

【答案】C

【解析】1.行政复议期间具体行政行为不停止执行。但有下列情形之一的，可以停止执行：（1）被申请人认为需要停止执行的（选项A）；（2）行政复议机关认为需要停止执行的（选项B）；（3）申请人申请停止执行，行政复议机关认为其要求合理，决定停止执行的；（4）法律规定停止执行的（选项D）。2.选项C，申请人申请停止执行，行政复议机关经过审核，认为其要求合理，决定停止执行才可以停止执行，而不是只要申请人提出申请就一定停止执行。

## 五、税务行政复议审查和决定

（一）税务行政复议审查（★★★）

1.行政复议机构审理行政复议案件，应当由2名以上行政复议工作人员参加。税务机关中初次从事行政复议的人员，应当通过国家统一法律职业资格考试取得法律职业资格。

★【专家一对一】

区别于审判庭组成。除独任庭外，审判庭审判人员要求三人以上单数。

2.行政复议原则上采取书面审查的办法。

★【专家一对一】

行政复议：以书面审查为原则，以当事人到场审查为例外。这一规定，区别于仲裁和审判。仲裁应当开庭进行，当事人协议不开庭的才可以不开庭进行。审判：一审，必须开庭审理，二审一般书面审。

3.对重大、复杂的案件，申请人提出要求或者行政复议机构认为必要时，可以采取听证的方式审理。听证应当公开举行，但是涉及国家秘密、商业秘密或者个人隐私的除外。

4.申请人在行政复议决定作出以前撤回行政复议申请的，经行政复议机构同意，可撤回。

申请人撤回行政复议申请的，不得再以同一事实和理由提出行政复议申请。但是，申请人能够证明撤回行政复议申请违背其真实意思表示的除外。

★【专家一对一】

比如能够提供证据，证明是受行政机关的威胁被迫撤回申请的，则可以相同的事实和理由再次提出复议申请。

5.行政复议期间被申请人改变原具体行政行为的，不影响行政复议案件的审理。但是，申请人依法撤回行政复议申请的除外。

★【专家一对一】

行政复议，除了维护申请人的合法权利外，还有就被申请人的具体行政行为是否合理合法加以裁判的任务，所以，复议期间被申请人改变原具体行政行为的，不影响行政复议案件的审理。

6.行政复议机关审查被申请人的具体行政行为时，认为其依据不合法，本机关有权处理的，应在30天内依法处理；无权处理的，应在7个工作日内按照法定程序逐级转送有权处理的国家机关依法处理。处理期间，中止对具体行政行为的审查。

【例题·判断题】根据行政复议法规定，行政复议一律采取书面审查的办法。（　　）
【答案】错误。
【解析】行政复议“原则上”采取书面审查的办法。

（二）税务行政复议决定（★★）

1.行政复议决定的类型。

（1）具体行政行为认定事实清楚、证据确凿、适用依据正确、程序合法、内容适当的，决定维持。

（2）被申请人不履行法定职责的，决定其在一定期限内履行。

（3）具体行政行为有下列情形之一的，行政复议机关应决定予以撤销、变更或者确认其违法：

①主要事实不清、证据不足的；
②适用依据错误的；
③违反法定程序的；
④超越或者滥用职权的；
⑤具体行政行为明显不当的。

2.复议机关应当自受理申请之日起60日内作出行政复议决定。情况复杂，不能在规定期限内作出行政复议决定的，经复议机关负责人批准，可以适当延期，并告知申请人和被申请人；但延长期限最多不超过30日。

3.复议机关责令被申请人重新作出具体行政行为的，被申请人不得作出对申请人更为不利的决定；但是复议机关以原具体行政行为主要事实不清、证据不足或者适用依据错误决定撤销的，被申请人重新作出具体行政行为的除外。

★【专家一对一】

申请人申请行政复议，除了维护其合法权利考量外，客观上也是行使公民的监督权，监督行政机关依法行政，故被申请人不得因为申请人申请复议而对其作出更为不利的决定。

4.复议机关责令被申请人重新作出具体行政行为的，被申请人应当在60日内重新作出具体行政行为；情况复杂，不能在规定期限内重新作出具体行政行为的，经复议机关批准，可以适当延期，但是延期不得超过30日。

5.申请人对被申请人重新作出的具体行政行为不服，可以依法申请行政复议或者提起行政诉讼。

6.行政复议决定书一经送达，即发生法律效力。

【例题·判断题】行政复议决定书送达后10日内，申请人未表示不服并提起行政诉讼的，即发生法律效力。（ ）

【答案】错误。

【解析】行政复议决定书一经"送达"，即发生法律效力。

- 税务行政复议
  - 复议范围
    - 必经复议（征税行为）——先执行，再复议
      - 税法构成要素
      - 税款征收方式
      - 滞纳金
    - 选择复议——其他具体行政行为，即可复议，也可提起行政诉讼
  - 复议管辖
    - 一般
      - 同上一级税务机关申请复议
      - 对国家税务总局不服的，向其申请复议
    - 复议管辖
      - 计划单列市
      - 事务所和稽查局
      - 共同作出
      - 被撤销
      - 加处罚款
      - 罚款和加处罚款
  - 复议申请与受理
    - 申请
      - 申请期限：60日内
      - 申请方式：书画、口头
    - 受理——复议与诉讼：先受理的为准
  - 复议范围
    - 审查方式——原则上：书面审
    - 听证——条件、方式
    - 复议申请的撤回
      - 撤回的条件
      - 撤回的后果
  - 复议决定
    - 决定的种类
      - 决定维持
      - 决定限期 履行
      - 决定撤销、变更、确认行为违法
    - 送达生效

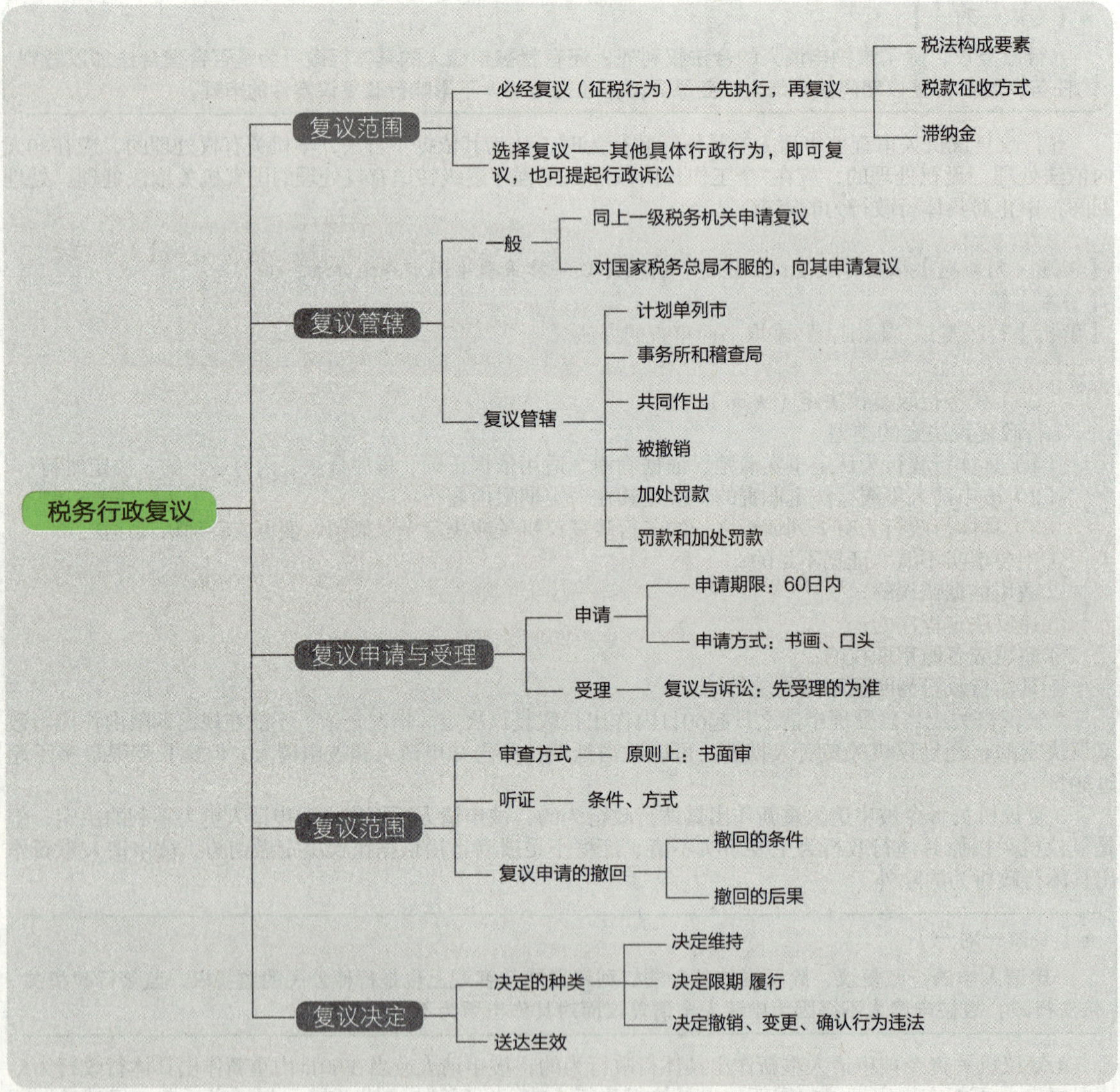

# 节 节 测

## 一、单项选择题

1.税务机关做出的下列具体行政行为中，申请人不服，应当先向复议机关申请行政复议，对行政复议决定不服的，可以再向人民法院提起行政诉讼的是（　　）。

A.确认征税范围行为　　B.税收保全行为

C.发票管理行为　　D.行政处罚行为

【答案】A

【解析】（1）选项A，属于征税行为，必须先申请复议，对复议决定不服的才可以再提起行政诉讼；（2）选项BCD，可以选择复议，对复议决定不服的还可以再提起行政诉讼；也可以选择直接提起行政诉讼。

2.税务机关作出的下列具体行政行为中，申请人不服，应当先向复议机关申请行政复议，对行政复议决定不服的，可以再向人民法院提起行政诉讼的是（　　）。

A.征收税款行为　　B.税收保全行为

C.发票管理行为　　D.行政处罚行为

【答案】A

【解析】（1）选项A：属于"征税行为"，必须首先申请行政复议；（2）选项BCD：不属于"征税行为"，当事人可以申请行政复议，也可以直接向人民法院提起行政诉讼。

3.甲市税务局直属稽查局在对乙公司税务检查中发现甲公司存在隐瞒销售收入少缴税款的情况，遂作出要求乙公司补缴税款并处罚款的税务处理决定。乙公司不服，申请行政复议。根据税收征收管理法律制度的规定，下列各项中，有权受理该申请的是（　　）。

A.甲市税务局　　B.甲市人民政府

C.所在省税务局　　D.所在省人民政府

【答案】A

【解析】对税务所（分局）、各级税务局的稽查局的具体行政行为不服的，向其所属税务局申请行政复议。

4.下列关于税务行政复议审查的表述中，不正确的是（　　）。

A.对重大案件，申请人提出要求或者行政复议机构认为必要时，可以采取听证的方式审理

B.对国家税务总局的具体行政行为不服申请行政复议的案件，向国务院申请行政复议

C.行政复议原则上采用书面审查的办法

D.申请人撤回行政复议申请的，不得再以同一事实和理由提出行政复议申请

【答案】B

【解析】选项B，对国家税务总局的具体行政行为不服的，向国家税务总局申请复议，对国家税务总局的复议决定不服的，向国务院申请裁决。

## 二、多项选择题

1.税务机关作出的下列行政行为中，纳税人不服时可以选择申请税务行政复议或者直接提起行政诉讼的有（　　）。

A.加收滞纳金　　B.罚款

C.没收财物和违法所得　　D.征收税款

【答案】BC

【解析】（1）选项AD：属于税务机关作出的征税行为，应该先向复议机关申请行政复议；对复议决定不服的，可以再向人民法院提起行政诉讼。（2）选项BC：不属于征税行为，可以选择复议或直接提起行政诉讼。

2.纳税人对税务机关的下列行政行为不服时，可以申请行政复议的有（　　）。

A.罚款　　B.确认适用税率

C.加收滞纳金　　D.制定具体贯彻落实税收法规的规定

【答案】ABC

【解析】（1）选项ABC：均属于"具体行政行为"，适用行政复议和行政诉讼；（2）选项D：属于"抽象行政行为"，不适用行政复议和行政诉讼。

3.行政复议机构决定撤销、变更或者确认被申请人具体行政行为违法的情形有（　　）。

A.被申请人的具体行政行为明显不当的　　B.被申请人的具体行政行为证据不足的

C.被申请人的具体行政行为超越职权的　　D.被申请人的具体行政行为适用依据错误的

【答案】ABCD

## 三、判断题

1.对各级税务局（分局）的具体行政行为不服的，向该税务局（分局）的上一级税务局申请行政复议。（　　）

【答案】正确。

2.对甲市税务局和甲市财政局共同作出的惩罚决定不服的，可以向甲市人民政府申请行政复议，也可以向所在省税务局申请行政复议。（　　）

【答案】错误。

【解析】对税务机关与其他行政机关共同作出的具体行政行为不服的，向其共同上一级行政机关申请行政复议。甲市税务局和甲市财政局共同上级是甲市人民政府，故应当向甲市人民政府申请行政复议。

3.申请人对税务机关作出逾期不缴纳罚款加处罚款的决定不服的，应当先缴纳罚款和加处罚款，才可以再申请行政复议。（　　）

【答案】正确。

4.申请人向复议机关申请税务行政复议，复议机关已经受理的，在法定行政复议期限内申请人不得向人民法院提起行政诉讼；申请人向人民法院提起行政诉讼，人民法院已经依法受理的，不得申请行政复议。（　　）

【答案】正确。

5.税务行政复议决定自作出之日起发生法律效力。（　　）

【答案】错误。

【解析】行政复议决定书一经"送达"，即发生法律效力。

# 第四节 税收法律责任

## 一、税务管理相对人实施税收违法行为的法律责任

表7-6 税务管理的相对人实施税收违法行为的法律责任

| 项目 | 具体 | 法律责任 |
|---|---|---|
| 违反税务管理规定 | 纳税人未按照规定设置、保管账簿或者保管记账凭证和有关资料的 | （1）责令限期改正，可以处2 000元以下的罚款<br>（2）情节严重的，处2 000元以上10 000元以下的罚款 |
| | 扣缴义务人未按照规定设置、保管代扣代缴税款账簿或者保管代扣代缴、代收代缴税款记账凭证和有关资料的 | （1）责令限期改正，可以处2 000元以下的罚款<br>（2）情节严重的，处2 000元以上5 000元以下的罚款 |
| | 纳税人未按照规定的期限办理纳税申报和报送纳税资料的 | （1）责令限期改正，可以处2 000元以下的罚款<br>（2）情节严重的，处2 000元以上10 000元以下的罚款 |
| | 非法印制、转借、倒卖、变造或者伪造完税凭证的 | （1）责令改正，处2 000元以上1万元以下的罚款<br>（2）情节严重的，处1万元以上5万元以下的罚款<br>（3）构成犯罪的，依法追究刑事责任 |
| | 银行等金融机构未按规定登录纳税人税务登记证件号码的 | （1）责令限期改正，处2 000元以上2万元以下的罚款<br>（2）情节严重的，处2万元以上5万元以下的罚款 |
| | 税务代理人违反税收法律、行政法规，造成纳税人未缴或者少缴税款的 | （1）缴纳或者补缴应纳税款、滞纳金；（2）对税务代理人处未缴或者少缴税款50%以上3倍以下的罚款 |
| 逃避税务机关追缴欠税行为 | 欠缴应纳税款，转移或者隐匿财产，妨碍税务机关追缴欠缴的税款的 | （1）追缴欠缴的税款、滞纳金，并处罚款；（2）构成犯罪的，依法追究刑事责任 |
| | 扣缴义务人应扣未扣、应收而不收税款的 | （1）追缴税款；（2）对扣缴义务人处以应扣未扣、应收未收税款50%以上3倍以下罚款 |
| 偷税行为 | 对于纳税人的偷税行为 | （1）追缴其不缴或少缴的税款、滞纳金，并处以罚款；（2）构成犯罪的，依法追究刑事责任 |
| | 纳税人、扣缴义务人编造虚假计税依据的 | 由税务机关责令限期改正，并处罚款 |
| | 为纳税人、扣缴义务人非法提供银行账户、发票、证明或者其他方便，导致未缴、少缴税款的 | 没收其违法所得，处以罚款 |
| 抗税行为 | 纳税人、扣缴义务人以暴力、威胁方法拒不缴纳税款的行为 | 除由税务机关追缴其拒缴的税款、滞纳金外，依法追究刑事责任；情节轻微，未构成犯罪的，由税务机关追缴其拒缴的税款、滞纳金，并处以罚款 |
| 骗税行为 | 纳税人以假报出口或者其他欺骗手段，骗取国家出口退税款的 | （1）追缴骗取的退税款，并处骗取税款1倍以上5倍以下的罚款；构成犯罪的，依法追究刑事责任<br>（2）在规定期间内停止为其办理出口退税 |
| | 为纳税人、扣缴义务人非法提供银行账户、发票、证明或者其他方便，骗取国家出口退税款的 | （1）没收其违法所得；（2）可以处未缴、少缴或者骗取的税款1倍以下的罚款 |
| 纳税人、扣缴义务人不配合税务检查的 | | （1）责令改正，可以处1万元以下的罚款；（2）情节严重的，处1万元以上5万元以下的罚款 |

知 识 图 谱

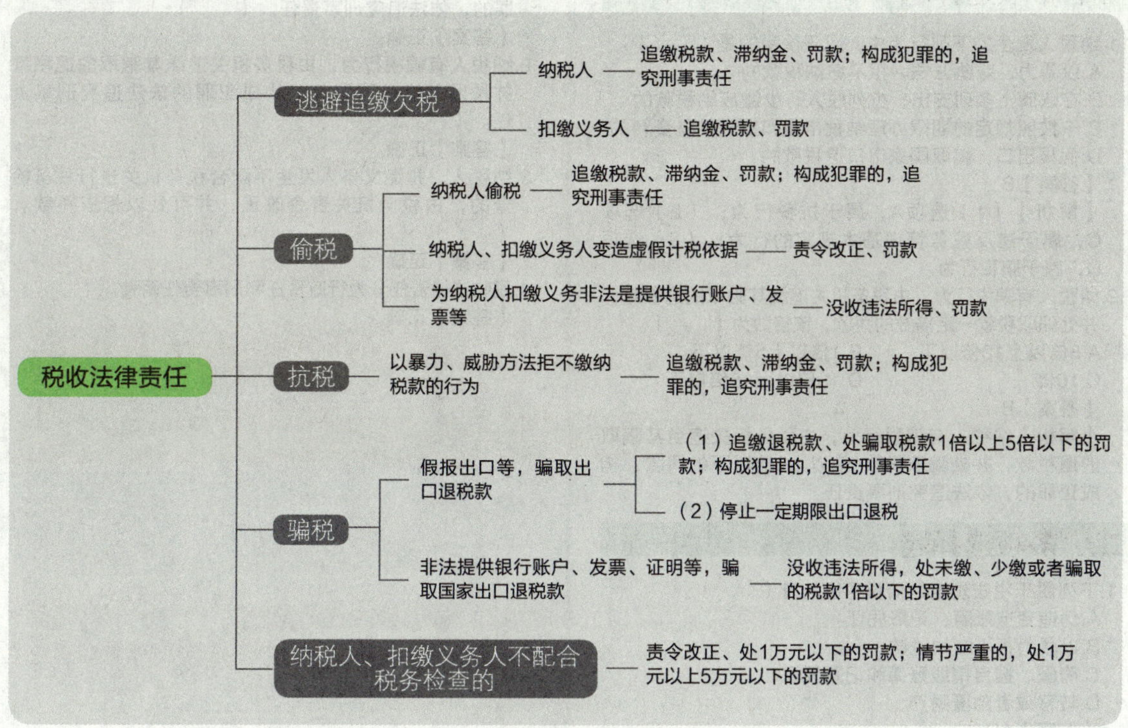
税收法律责任
逃避追缴欠税
纳税人
追缴税款、滞纳金、罚款；构成犯罪的，追究刑事责任
扣缴义务人
追缴税款、罚款
偷税
纳税人偷税
追缴税款、滞纳金、罚款；构成犯罪的，追究刑事责任
纳税人、扣缴义务人变造虚假计税依据
责令改正、罚款
为纳税人扣缴义务非法是提供银行账户、发票等
没收违法所得、罚款
抗税
以暴力、威胁方法拒不缴纳税款的行为
追缴税款、滞纳金、罚款；构成犯罪的，追究刑事责任
骗税
假报出口等，骗取出口退税款
（1）追缴退税款、处骗取税款1倍以上5倍以下的罚款；构成犯罪的，追究刑事责任
（2）停止一定期限出口退税
非法提供银行账户、发票、证明等，骗取国家出口退税款
没收违法所得，处未缴、少缴或者骗取的税款1倍以下的罚款
纳税人、扣缴义务人不配合税务检查的
责令改正、处1万元以下的罚款；情节严重的，处1万元以上5万元以下的罚款

# 节节测

## 一、单项选择题

1.纳税人发生的下列行为中，属于偷税的是（　　）。

A.以暴力、威胁方法，拒不缴纳税款的

B.在账簿上多列支出、少列收入，少缴应纳税款的

C.未按照规定的期限办理纳税申报和报送纳税资料的

D.假报出口，骗取国家出口退税款的

【答案】B

【解析】（1）选项A，属于抗税行为；（2）选项C，属于违反税务管理基本规定的行为；（3）选项D，属于骗税行为。

2.纳税人有骗税行为，由税务机关追缴其骗取的退税款，并处骗取税款一定倍数的罚款，该倍数为（　　）。

A.5倍以上10倍以下　　B.1倍以上5倍以下

C.10倍　　D.10倍以上15倍以下

【答案】B

【解析】纳税人有骗税行为，由税务机关追缴其骗取的退税款，并处骗取税款1倍以上5倍以下的罚款；构成犯罪的，依法追究刑事责任。

## 二、多项选择题

1.下列属于税法规定的偷税手段的有（　　）。

A.伪造变造账簿、记账凭证

B.以暴力拒不缴纳税款

C.隐匿、擅自销毁账簿和记账凭证

D.转移或者隐匿财产

【答案】AC

【解析】（1）选项B，属于抗税；（2）选项D，属于逃避追缴欠税。

2.纳税人的下列行为中，属于偷税的有（　　）。

A.采取转移或隐匿财产的手段，妨碍税务机关追缴欠缴税款

B.伪造账簿，不缴应纳税款

C.进行虚假纳税申报，少缴应纳税款

D.按照规定应设置账簿而未设置的

【答案】BC

【解析】（1）偷税，是指纳税人采取伪造、变造、隐匿、擅自销毁账簿、记账凭证，或者在账簿上多列支出或者不列、少列收入，或者经税务机关通知申报而拒不申报或者进行虚假的纳税申报的手段，不缴或者少缴应纳税款的行为；（2）选项A，属于逃避税务机关追缴欠税行为；（3）选项D，属于由税务机关核定应纳税额的情形。

3.下列各项中，属于偷税行为的有（　　）。

A.隐匿账簿、凭证，少缴应纳税款

B.以暴力、威胁方法拒不缴纳税款的行为

C.经税务机关通知申报而拒不申报，少缴应纳税款

D.以假报出口或者其他欺骗手段，骗取国家出口退税款

【答案】AC

【解析】选项B，属于抗税行为；选项D，属于骗税行为。

## 三、判断题

1.对抗税行为，情节轻微，未构成犯罪的，由税务机关追缴其拒缴的税款、滞纳金，并处以罚款；构成犯罪的，依法追究刑事责任。（　　）

【答案】正确。

2.纳税人有骗税行为，由税务机关追缴其骗取的退税款并按照规定处以罚款；构成犯罪的依法追究刑事责任。（　　）

【答案】正确。

3.纳税人、扣缴义务人发生不配合税务机关进行税务检查的，由税务机关责令改正，并可处以相应罚款。（　　）

【答案】正确。

4.税收法律责任分为行政责任和刑事责任两种。（　　）

【答案】正确。

# 章章练

## 一、单项选择题

1.从事生产、经营的纳税人应当自领取营业执照或者发生纳税义务之日起一定期限内，按照国家有关规定设置账簿，该期限是（　　）。
A.10日　B.15日　C.7日　D.30日

2.开具发票的单位和个人应当依照税务机关的规定存放和保管发票，已经开具的发票存根联和发票登记簿应当至少保存一定期限，该期限为（　　）。
A.20年　B.15年　C.10年　D.5年

3.下列各项中，属于涉税专业服务机构提供的涉税业务的有（　　）。
A.税收策划　B.纳税申报代理
C.涉税签证　D.财务会计报告审计

4.纳税人财务制度不健全，生产经营不固定，零星分散、流动性大，适合采用的征收方式是（　　）。
A.查账征收　B.查定征收
C.查验征收　D.定期定额征收

5.某企业增值税以1个月为纳税期，3月份应交增值税100万元，4月25日才实际纳税。根据税收征收管理法律制度的规定，在计算税收滞纳金时，滞纳天数是（　　）。
A.10天　B.25天　C.15天　D.35天

6.下列个人财产中，不适用税收保全措施的是（　　）。
A.机动车辆　B.金银首饰
C.古玩字画　D.维持生活必需的住房

7.税务机关采取税收保全措施的期限一般最长不得超过的期限是（　　）。
A.3个月　B.6个月　C.1年　D.3年

8.下列各项中，属于税务机关采取税收保全和税收强制执行措施前需要经其批准的是（　　）。
A.市人民政府
B.市税务局局长
C.省税务局局长
D.县级以上税务局（分局）局长

9.税务机关在查阅甲公司公开披露的信息时发现，其法定代表人张某有一笔股权转让收入未申报缴纳个人所得税，要求张某补缴税款80万元，滞纳金3.8万元。张某未结清应纳税款、滞纳金的情况下，拟出国考察，且未提供纳税担保，税务机关知晓后对张某可以采取的税款征收措施是（　　）。
A.查封住房
B.查封股票交易账户
C.通知出境管理机关阻止出境
D.冻结银行存款

10.税务机关做出的下列具体行政行为中，纳税人不服时可以选择申请税务行政复议或者直接提起行政诉讼的是（　　）。
A.征收税款　B.加收滞纳金
C.确认纳税主体　D.没收财物和违法所得

11.下列组织和人员中，不需要办理税务登记的是（　　）。
A.甲个体工商户企业
B.乙公司在外地设立的分支机构
C.某市人民政府
D.走街串巷的小商贩张三

12.下列执照和证件中，不属于“五证合一，一照一码”登记制度改革范围的是（　）。
A.卫生许可证　B.统计登记证
C.税务登记证　D.工商营业执照

13.除另有规定外，从事生产、经营的纳税人的账簿、记账凭证、报表、完税凭证、发票、出口凭证以及其他有关涉税资料应当保存一定期限，该期限是（　　）。
A.3年　B.5年　C.10年　D.15年

14.按照规定甲公司最晚应于2017年4月15日缴纳应纳税款，甲公司迟迟未缴纳，主管税务机关责令其于当年5月25日前缴纳，并加收滞纳金，甲公司最终于6月10日缴纳税款，关于主管税务机关对甲公司加收滞纳金的起止时间的下列表述中，正确的是（　　）。
A.2017年4月15日至2017年5月25日
B.2017年4月15日至2017年6月10日
C.2017年4月16日至2017年6月10日
D.2017年4月16日至2017年5月25日

15.（2008）某酒店2007年12月份取得餐饮收入5万元，客房出租收入10万元，该酒店未在规定期限内进行纳税申报，经税务机关责令限期申报，逾期仍不申报。根据税收征收管理法律制度的规定，税务机关有权对该酒店采取的税款征收措施是（　　）。
A.采取税收保全措施
B.责令提供纳税担保
C.税务人员到酒店直接征收税款
D.核定其应纳税额

16.下列各项中，不适用纳税担保的情形有（　　）。
A.纳税人同税务机关在纳税上发生争议而未缴清税款，需要申请行政复议的
B.纳税人在税务机关责令缴纳应纳税款限期内，有明显转移、隐匿其应纳税的商品、货物以及应纳税收入的迹象的
C.欠缴税款、滞纳金的纳税人或者其法定代表人需要出境的
D.从事生产、经营的纳税人未按规定期限缴纳税款，税务机关责令限期缴纳，逾期仍未缴纳的

17.某纳税人应在3月15日前缴纳税款30万元，逾期未缴纳，税务机关责令其在3月31日前缴纳，但直到4月24日才缴纳。根据税收征收管理法律制度的规定，应加收滞纳金（　　）万元。
A.30×0.5‰×15　B.30×0.5‰×16
C.30×0.5‰×24　D.30×0.5‰×40

18.下列情形中，纳税人应当先向复议机关申请行政复议，对行政复议决定不服，可以再向人民法院提起行政诉讼的是（　　）。
A.税收保全措施
B.税收强制执行措施
C.税务机关的行政审批行为
D.纳税人对纳税期限有异议的

19.税务机关作出的下列具体行政行为中，纳税人不服时可以选择申请税务行政复议或者直接提起行政诉讼的是（　　）。
A.征收税款　B.加收滞纳金
C.确认纳税主体　D.没收财物和违法所得

20.纳税人对国家税务总局的具体行政行为不服的，应当向其申请行政复议的机关是（　　）。
A.国务院　B.国家税务总局
C.最高人民法院　D.全国人大常委会

21.税务行政复议机关审查被申请人的具体行政行为时，认为其依据不合法，本机关有权处理的，应在一定期限处理，该期限为（　　）。
A.60日　B.30日　C.90日　D.180日

22.下列关于税务行政复议决定的表述中，不正确的是（　　）。
A.复议机关应当自受理申请之日起180日内作出行政复议决定
B.具体行政行为认定事实清楚，证据确凿，适用依据正确，程序合法，内容适当的，行政复议机构作出维持的复议决定
C.具体行政行为适用依据错误的，行政复议机构作出撤销、变更该具体行政行为或者确认该具体行政行为违法的复议决定
D.被申请人不履行法定职责的，行政复议机构作出要求被申请人在一定期限内履行的复议决定

23.关于发票开具和保管的下列表述中，正确的是（　　）。
A.销售货物开具发票时，可按付款方要求变更品名和金额
B.经单位财务负责人批准后，可拆本使用发票
C.已经开具的发票存根联保存期满后，开具发票的单位可直接销毁
D.收购单位向个人支付收购款项时，由付款方向收款方开具发票

24.下列关于纳税申报方式的表述中，不正确的是（　　）。
A.邮寄申报以税务机关收到的日期为实际申报日期
B.数据电文方式的申报日期以税务机关计算机网络系统收到该数据电文的时间为准
C.实行定期定额缴纳税款的纳税人，可以实行简易申报、简并征期等方式申报纳税
D.自行申报是指纳税人、扣缴义务人按照规定的期限自行直接到主管税务机关办理纳税申报手续

## 二、多项选择题

1.一般纳税人销售货物、提供加工修理修配劳务和发生应税行为，使用增值税发票管理新系统可以开具的发票种类有（　　）。
A.增值税专用发票　B.增值税普通发票
C.机动车销售统一发票　D.增值税电子普通发票

2.下列关于发票开具和保管的表述中，正确的有（　　）。
A.不得为他人开具与实际经营业务不符的发票
B.已经开具的发票存根联和发票登记簿应当保存3年
C.取得发票时，不得要求变更品名和金额
D.开具发票的单位和个人应当建立发票使用登记制度，设置发票登记簿

3.下列各项涉税业务中，应当由具有税务师事务所、会计师事务所、律师事务所资质的涉税专业服务机构从事的有（　　）。
A.专业税务顾问　B.税收策划
C.涉税鉴证　D.纳税情况审查

4.下列情形中，属于税务机关有权责令纳税人提供纳税担保的有（　　）。
A.欠缴税款、滞纳金的纳税人或者其法定代表人需要出境的
B.纳税人同税务机关在纳税上发生争议而未缴清税款，需要申请行政复议的
C.纳税人未按规定的期限缴纳税款，经税务机关责令限期缴纳，逾期仍未缴纳
D.税务机关有根据认为纳税人有逃避纳税义务行为的

5.下列各项中，属于税收保全措施的有（　　）。
A.要求纳税人以抵押的方式为其应当缴纳的税款及滞纳金提供担保
B.书面通知纳税人开户银行或者其他金融机构冻结纳税人的金额相当于应纳税款的存款
C.扣押、查封纳税人的价值相当于应纳税款的商品、货物或者其他财产
D.依法拍卖纳税人的价值相当于应纳税款的商品，以拍卖所得抵缴税款

6.下列各项中，可以适用税收保全的财产有（　　）。
A.金银首饰　B.古玩字画
C.豪华住宅　D.小汽车

7.下列各项中，属于税务机关派出人员在税务检查中应履行的职责有（　　）。
A.出示税务检查通知书
B.出示税务机关组织机构代码证
C.为被检查人保守秘密
D.出示税务检查证

8.下列各项中属于税务机关税务检查职责范围的有（　　）。
A.责成纳税人提供与纳税有关的资料
B.可按规定的批准期限采取税收保全措施
C.询问纳税人与纳税有关的问题和情况
D.检查纳税的账簿、记账凭证和报表

9.下列各项中，属于涉税专业服务机构可以接受委托从事的涉税业务有（　　）。
A纳税申报代理　B.专业税务顾问
C.税收策划　D.纳税情况审查

10.下列各项中，属于可以适用拍卖、变卖的情形有（　　）。
A.采取税收保全措施后，限期期满仍未缴纳税款的
B.设置纳税担保后，限期期满仍未缴纳所担保的税款的
C.逾期不按规定履行税务处理决定的
D.逾期不按规定履行行政处罚决定的

11.M县税务局对甲企业作出罚款决定，甲企业不服，拟提出行政复议申请。下列关于甲企业申请行政复议的表述中，正确的是（　　）。
A.可向M县人民法院申请行政复议
B.可向M县税务局申请行政复议
C.可向M县人民政府申请行政复议
D.可向M县所在市级税务局申请行政复议

12.下列各项中，属于行政复议期间可以停止执行具体行政行为的有（　　）。
A.被申请人认为需要停止执行的
B.申请人认为需要停止执行的
C.行政复议机关认为需要停止执行的
D.法律规定停止执行的

13.下列各项中，属于增值税专用发票的有（　　）。
A.增值税专用发票
B.农产品销售发票
C.税控机动车销售统一发票
D.收款收据

14.下列财务资料中，除另有规定外，至少要保存10年的有（　　）。

A.出口凭证

B.发票

C.已开具的发票的存根联

D.发票登记簿

15.下列各项中，属于税款征收措施的有（　　）。

A.加收滞纳金

B.责令提供纳税担保

C.驱逐出境

D.采取税收保全措施

## 三、判断题

1.企业在外地设立从事生产、经营的场所不需要办理税务登记。（　　）

2.甲企业按照国家规定享受3年内免缴企业所得税的优惠待遇，则甲企业在这3年内不需办理企业所得税纳税申报。（　　）

3.纳税人发生纳税义务，未按照规定的期限办理纳税申报，经税务机关责令限期申报，逾期仍不申报，税务机关有权核定其应纳税额。（　　）

4.纳税人有偷漏税前科的，税务机关有权核定纳税人应纳税额（　　）。

5.纳税人对税务检查人员未出示税务检查证和税务检查通知书的，有权拒绝检查。（　　）

6.申请人对税务机关作出逾期不缴纳罚款加处罚款的决定不服的，应当先缴纳罚款和加处罚款，再申请行政复议。（　　）

7.申请人可以在知道税务机关作出具体行政行为之日起90日内提出行政复议申请。

8.复议机构受理申请人的复议申请后，不得撤回申请。（　　）

9.纳税人编造虚假计税依据的，由税务机关责令限期改正，并处以罚款。（　　）

10.纳税人有骗税行为，由税务机关追缴其骗取的退税款，并处骗取税款1倍以上3倍以下的罚款；构成犯罪的，依法追究刑事责任。（　　）

## 四、不定项选择题

（一）2018年12月10日，某市税务机关在对某农产品贸易公司甲公司进行检查时，发现下列现象：

（1）存在拆本使用发票的情况。

（2）存在以收据代替发票使用的情况。

（3）2018年11月销毁了2014年开具的发票存根联。税务机关在对相关发票进行拍照和复印时，甲公司以发票属于商业秘密为由拒绝。经税务机关核实，甲公司通过各种非法手段，共计少缴税款15万元。据此，税务机关责令甲公司于12月15日前补缴少缴的15万元税款。

（4）甲公司一直拖延缴纳税款，市税务机关在多次催缴无效的情况下，责令甲公司提供纳税担保，甲公司予以拒绝；经市税务局局长批准，市税务机关遂于12月20日要求甲公司的开户银行冻结了甲公司20万元存款。甲公司不服，拟向上级税务机关申请行政复议。

要求：根据上述资料，回答下列小题。

1.下列关于发票的说法中，正确的是（　　）。

A.甲公司不得拆本使用发票

B.甲公司以收据代替发票使用，不符合规定

C.甲公司销毁2014年度开具的发票存根联不符合发票保管规定

D.已开具的发票存根联应当保存10年

2.下列关于税务机关进行发票检查的说法中，不正确的是（　　）。

A.税务人员进行税务检查时，应当出示税务检查证

B.税务机关在对甲公司的发票管理中有权对相关发票进行拍照和复印

C.甲公司拒绝税务机关的发票检查合法

D.税务机关需要将已开具的发票调出查验时，需向甲公司开具发票换票证

3.下列各项表述中，正确的是（　　）。

A.甲公司少缴税款15万元属于偷税行为

B.甲公司少缴税款15万元属于抗税行为

C.在账簿上多列支出，少列收入，属于偷税手段

D.伪造虚假的记账凭证，属于抗税手段

4.下列表述正确的是（　　）。

A.税务机关责令甲公司提供纳税担保符合规定

B.纳税担保的范围包括税款、滞纳金和实现税款、滞纳金的费用

C.甲公司对税务机关冻结银行存款的行为不服的，可以申请行政复议

D.甲公司对税务机关冻结银行存款的行为不服的，只能先申请行政复议，对复议决定不服的，才可以再提起行政诉讼

# 章章练参考答案及解析

## 一、单项选择题

1.【答案】B
【解析】从事生产、经营的纳税人应当自领取营业执照或者发生纳税义务之日起“15日内”，按照国家有关规定设置账簿。

2.【答案】D
【解析】已开具的发票存根联和发票登记簿，应当保存“5年”。

3.【答案】D
【解析】财务会计报告审计不属于涉税专业服务。

4.【答案】C
【解析】（1）选项A，财务会计制度健全，可以采取查账征收；（2）选项B，能控制原材料或进销货，可以采取查定征收；（3）选项D，达不到规定设置账簿标准，可以定期定额征收。

5.【答案】A
【解析】（1）增值税的纳税人以1个月为1个纳税期的，自期满之日起15日内申报纳税；（2）3月份的税款应在4月15日之前缴纳，从4月16日开始计算滞纳天数，至4月25日，共计10天。

6.【答案】D
【解析】个人及其所扶养家属维持生活必需的住房和用品（不包括机动车辆、金银饰品、古玩字画、豪华住宅或者一处以外的住房），不在税收保全措施的范围之内。

7.【答案】B
【解析】税务机关采取税收保全措施的期限一般不得超过6个月；重大案件需要延长的，应当报国家税务总局批准。

8.【答案】D

9.【答案】C
【解析】欠缴税款的纳税人或者其法定代表人在出境前未按规定结清应纳税款、滞纳金或者提供纳税担保的，税务机关可以通知出境管理机关阻止其出境。

10.【答案】D

11.【答案】D
【解析】除国家机关、个人和无固定生产经营场所的流动性农村小商贩外，凡是从事生产经营、负有纳税义务的纳税人，均应当办理税务登记。

12.【答案】A
【解析】“五证合一、一照一码”登记制度改革工商所述的“五证”是指：营业执照、组织机构代码证、税务登记证、社会保险登记证、统计登记证，不包括基本存款账户开户许可证。

13.【答案】C

14.【答案】C
【解析】加收滞纳金的起止时间：自税款法定缴纳期限届满次日起（4月16日）至纳税人、扣缴义务人实际缴纳或者解缴税款之日止（6月10日）。

15.【答案】D
【解析】纳税人发生纳税义务，未按照规定的期限办理纳税申报，经税务机关责令限期申报，逾期仍不申报的，税务机关有权核定其应纳税额。

16.【答案】D
【解析】选项D，纳税人未按照规定期限缴纳税款的，税务机关可责令限期缴纳，逾期仍未缴纳的，经县以上税务局（分局）局长批准，税务机关可以依法采取“税收强制执行措施”。

17.【答案】D
【解析】加收滞纳金的起止时间，为自税款法定缴纳期限届满次日起至纳税人、扣缴义务人实际缴纳或者解缴税款之日止。故滞纳天数从3月16日开始计算，至4月24日，共计40天。

18.【答案】D
【解析】决定纳税期限，属于征税行为。申请人对税务机关作出的征税行为不服的，应当先向复议机关申请行政复议，对行政复议决定不服的，可以再向人民法院提起行政诉讼。

19.【答案】D
【解析】选项ABC：属于“征税行为”，必须首先申请行政复议。

20.【答案】B

21.【答案】B
【解析】税务行政复议机关审查被申请人的具体行政行为时，认为其依据不合法，本机关有权处理的，应当在“30日内”依法处理。

22.【答案】A
【解析】选项A：行政复议机关应当自受理申请之日起“60日内”作出行政复议决定。

23.【答案】D
【解析】（1）选项A，属于虚开发票行为；（2）选项B，禁止拆本使用发票；（3）选项C，保存期满，不能直接销毁，应报经税务机关查验后才可以销毁。

24.【答案】A
【解析】选项A：邮寄申报以“寄出的邮戳日期”为实际申报日期。

## 二、多项选择题

1.【答案】ABCD
【解析】一般纳税人销售货物、提供加工修理修配劳务和发生应税行为，使用增值税发票管理新系统开具增值税专用发票、增值税普通发票、机动车销售统一发票、增值税电子普通发票。

2.【答案】ACD
【解析】选项B，已开具的发票存根联和发票登记簿应当保存“5年”。

3.【答案】ABCD
【解析】根据规定，涉及专业税务顾问（选项A）、税收策划（选项B）、涉税鉴证（选项C）、纳税情况审查（选项D）等涉税业务，应当由具有税务师事务所、会计师事务所、律师事务所资质的涉税专业服务机构从事，相关文书应由税务师、注册会计师、律师签字，并承担相应的责任。

4.【答案】AB
【解析】（1）选项C，属于税务机关可以采取税收强制执行措施的情形；（2）选项D，税务机关有根据认为纳税人有逃避纳税义务行为时，可以责令纳税人在规定的纳税期之前限期缴纳应纳税款。在限期内，纳税人有明显的转移、隐匿其应纳税的商品、货物以及其他财产或者应纳税收入迹象的，税务机关才有权责令纳税人提供纳税担保，而不能直接责令提供担保。

5.【答案】BC

【解析】（1）选项A，属于“责令纳税人提供纳税担保”；（2）选项BC，属于“税收保全措施”；（3）选项D，属于“税收强制执行措施”。

6.【答案】ABCD

【解析】（1）个人及其所扶养的家属维持生活必需的住房和用品，不在税收保全措施范围之内；（2）个人及其所扶养家属维持生活必需的住房和用品不包括机动车辆、金银首饰、古玩字画、豪华住宅或一处以外的住房。因此选项ABCD均属于可以适用税收保全措施的财产。

7.【答案】ACD

【解析】税务机关派出的人员进行税务检查时，应当出示税务检查证和税务检查通知书，并有责任为被检查人保守秘密。

8.【答案】ABCD

9.【答案】ABCD

10.【答案】ABCD

11.【答案】CD

【解析】对各级税务机关的具体行政行为不服的，可以选择向其上一级税务机关（选项D）或者该税务机关的本级人民政府申请行政复议（选项C）。

12.【答案】ACD

【解析】行政复议期间具体行政行为不停止执行。但有下列情形之一的，可以停止执行：（1）被申请人认为需要停止执行的（A）；（2）行政复议机关认为需要停止执行的（C）；（3）申请人申请停止执行，复议机关认为其要求合理，决定停止执行的；（4）法律规定停止执行的（D）。

13.【答案】AC

【解析】（1）选项AC，增值税专用发票包括增值税专用发票和税控机动车销售统一发票；（2）选项B，属于“其他发票”；（3）选项D，不属于发票。

14.【答案】AB

【解析】选项CD，保存5年。

15.【答案】BD

【解析】税款征收措施包括：责令缴纳、责令提供纳税担保（选项B）、采取税收保全措施（D）、采取强制执行措施、阻止出境。

## 三、判断题

1.【答案】错误。

【解析】企业在外地设立的分支机构和从事生产、经营的场所，“应当办理”税务登记。

2.【答案】错误。

【解析】纳税人享受减税、免税待遇的，在减税、免税期间应当按照规定办理纳税申报。

3.【答案】正确。

4.【答案】错误。

【解析】纳税人有偷漏税前科不是应当核定应纳税额的前提。

5.【答案】正确。

6.【答案】正确。

7.【答案】错误。

【解析】申请人可以在知道税务机关作出具体行政行为之日起“60日内”提出行政复议申请。

8.【答案】错误

【解析】申请人在行政复议决定作出以前撤回行政复议申请的，经行政复议机构同意，“可以”撤回申请。

9.【答案】正确。

10.【答案】错误。

【解析】纳税人有骗税行为，由税务机关追缴其骗取的退税款，并处骗取税款“1倍以上5倍以下”的罚款；构成犯罪的，依法追究刑事责任。

## 四、不定项选择题

（一）【答案】1.ABC；2.C；3.AC；4.ABC；

【解析】

1.现象D，已开具的发票存根联应当保存5年。

2.选项C，印制、使用发票的单位和个人，必须接受税务机关依法检查，如实反映情况，提供有关资料，不得拒绝、隐瞒。

3.（1）选项AB，甲公司少缴税款15万元属于偷税行为，故A正确，B错误；（2）选项CD，在账簿上多列支出，少列收入以及伪造虚假的记账凭证，都属于偷税手段，故C正确，D错误。

4.选项D，冻结银行存款不属于征税行为，甲公司可以申请行政复议，也可以直接提起行政诉讼。

08

# 第八章 劳动合同与社会保险法律制度

## 精准考点　提前了解

劳动合同的订立的形式 P426

工伤认定与劳动能力鉴定 P467

# 考情早知道

## 【考情分析】

本章平均分值15分左右，单项选择题、多选选择题、判断题、不定项选择题等各种题型都会涉及。考试要过记忆关和理解关，比如，带薪年休假的期限、试用期的期限、经济补偿金的计算、保险费缴费金额、基本医疗保险费的结算、医疗期期间等规定，必须准确记忆并会计算。本章出题形式灵活，大多以小案例形式出现，不定项选择题在本章一般都会出题。

## 【考题形式及重要程度】

| 节　次 | 考试题型 | 重要程度 |
| --- | --- | --- |
| 第一节　劳动合同法律制度 | 单选、多选、判断、不定项选择 | ★★★ |
| 第二节　社会保险法律制度 | 单选、多选、判断、不定项选择 | ★★★ |

# 第一节　劳动合同法律制度

## 一、劳动关系与劳动合同

（一）劳动关系与劳动合同的概念与特征（★★）

1.劳动关系与劳动合同的概念。

（1）劳动关系是劳动者与用人单位依法签订劳动合同而在劳动者与用人单位之间产生的法律关系。

（2）劳动合同是劳动者和用人单位之间依法确立劳动关系，明确双方权利义务的协议。

2.劳动关系的特征。

（1）劳动关系主体具有特定性，一方是劳动者，另一方是用人单位。

（2）劳动关系内容具有较强的法定性。为了保护建立劳动关系后处于弱势的劳动者的权利，法律规定了较多的强制性规范。当事人双方签订劳动合同不得违反强制性规定，否则无效。

（3）劳动者在签订和履行劳动合同时的地位是不同的。签订劳动合同时，遵守平等、自愿、协商一致的原则，双方法律地位是平等的；一旦双方签订了劳动合同，在履行劳动合同的过程中，用人单位和劳动者就具有了支配与被支配、管理与服从的从属关系。

【例题·多选题】下列关于劳动关系的表述中，正确的有（　　）。

A.劳动关系主体具有特定性　　B.劳动关系内容具有较强的法定性

C.劳动者在订立与履行劳动合同时的地位是相同的　　D.劳动者在订立与履行劳动合同时的地位是不同的

【答案】ABD

【解析】选项C，劳动者在订立与履行劳动合同时的地位是不同的，签订合同时是平等的，履行合同中，双方的地位就不平等了，故选项C错误。

（二）《劳动合同法》的适用范围（★）

1.用人单位与劳动者建立的劳动关系适用《劳动合同法》。

2.地方各级人民政府及县级以上地方人民政府有关部门为安置就业困难人员提供的给予岗位补贴和社会保险补贴的公益性岗位，其劳动合同不适用劳动合同法有关无固定期限劳动合同的规定以及支付经济补偿的规定。

【例题·多选题】地方各级人民政府及县级以上地方人民政府有关部门为安置就业困难人员提供的给予岗位补贴和社会保险补贴的公益性岗位，其劳动合同不适用劳动合同法中的下列规定的有（　　）。

A.有关无固定期限劳动合同的规定　　B.有关支付经济补偿的规定

C.有关最低工资制度的规定　　D.有关试用期的规定

【答案】AB

【解析】地方各级人民政府及县级以上地方人民政府有关部门为安置就业困难人员提供的给予岗位补贴和社会保险补贴的公益性岗位，其劳动合同不适用劳动合同法有关无固定期限劳动合同的规定（A）以及支付经济补偿的规定（B）。

## 二、劳动合同的订立

（一）劳动合同订立的原则（★★）

1.合法原则。

2.公平原则。

3.平等自愿原则。

4.协商一致原则。

5.诚实信用原则（双方均不得有欺诈行为）。

（二）劳动合同订立的主体（★★）

1.劳动合同订立主体的资格要求。

（1）劳动者有劳动权利能力和行为能力。

①劳动者的劳动权利能力

劳动者就业，不因民族种族、性别、宗教信仰不同而受歧视；妇女享有与男子平等的就业权利。除国家规定的不适合妇女的工种或者岗位外，不得以性别为由拒绝录用妇女或者提高对妇女的录用标准；残疾人、少数民族人员、退役军人就业，法律、法规有特别规定的，从其规定。

②劳动者的劳动行为能力

16周岁以上的有劳动行为能力；文艺、体育和特种工艺单位招收未满16周岁的未成年人，要履行审批手续，并保障其接受义务教育的权利。

【例题·多选题】（2018）用人单位招用未满16周岁的未成年人应按规定履行审批手续并保障其接受义务教育的权利。下列用人单位中，可招用未满16周岁未成年人的有（　　）。

A.文艺单位　　B.物流配送单位　　C.体育单位　　D.餐饮单位

【答案】AC

【解析】禁止用人单位招用未满16周岁的未成年人；文艺、体育、特种工艺单位招用未满16周岁的未成年人，必须依照国家有关规定，履行审批手续，并保障其接受义务教育的权利。

（2）用人单位有用人权利能力和行为能力。

用人单位设立的分支机构，依法取得营业执照或者登记证书的，可以作为用人单位与劳动者订立劳动合同；未依法取得营业执照或者登记证书的，受用人单位委托可以与劳动者订立劳动合同。

2.劳动合同订立主体的义务。

（1）用人单位的义务和责任。

①如实告知劳动者相关劳动情况。

②不得扣押劳动者的居民身份证和其他证件，否则，由劳动行政部门责令退还劳动者本人，并依照有关规定处罚。

③不得以担保或其他名义收取劳动者财物，否则，由劳动行政部门责令退还劳动者本人，并以每人500元以上2 000元以下的标准处以罚款，给劳动者造成损失的，应承担赔偿责任。

【例题·单选题】（2016）下列情形中，用人单位招用劳动者符合法律规定的是（　　）。

A.甲公司设立的分公司已领取营业执照，该分公司与张某订立劳动合同

B.乙公司以只招男性为由拒绝录用应聘者李女士从事会计工作

C.丙超市与刚满15周岁的初中毕业生赵某签订劳动合同

D.丁公司要求王某提供2 000元保证金后才与其订立劳动合同

【答案】A

（2）劳动者的义务。

用人单位了解劳动者与劳动合同直接相关的基本情况时，应如实说明。

【例题·判断题】用人单位了解劳动者的基本情况时，劳动者应如实说明。（　　）

【答案】错误。

【解析】用人单位了解劳动者“与劳动合同直接相关的基本情况”时，劳动者应如实说明。

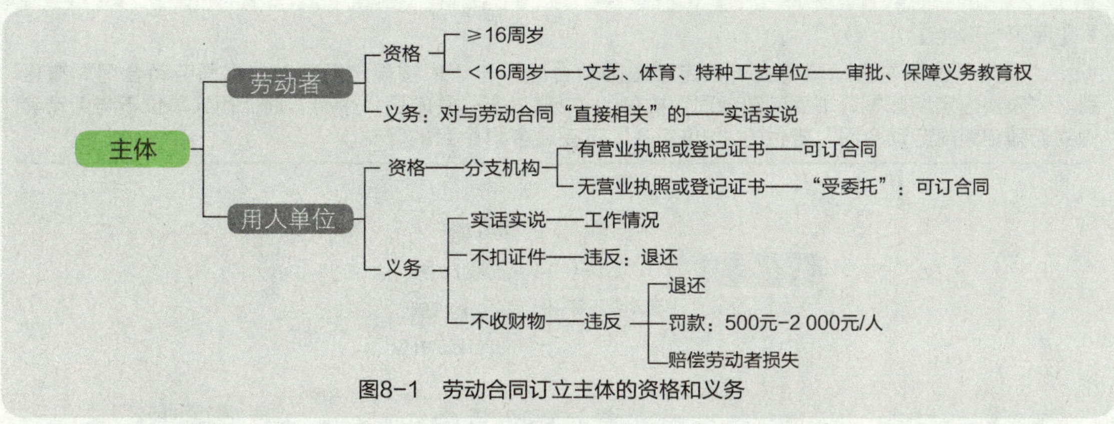

图8-1　劳动合同订立主体的资格和义务

（三）劳动关系建立的时间（★★★）

1.劳动关系自用工之日建立。

★【专家一对一】

实际上班日是劳动关系建立日。无论是否签订劳动合同、何时签订劳动合同，用人单位与劳动者建立劳动关系的时间都是用工之日。签了劳动合同不等于建立了劳动关系，未签劳动合同也不等于未建立劳动关系。

【例题·单选题】（2016）2015年6月5日，张某到甲公司工作。6月8日甲公司与张某签订劳动合同，约定合同期限自2015年6月9日起至2017年6月8日止，每月20日发放工资。甲公司与张某劳动关系建立的时间为（　　）。

A.2015年6月5日　　B.2015年6月8日　　C.2015年6月9日　　D.2015年6月20日

【答案】A

2.用人单位应当建立职工名册备查。违反职工名册建立规定的，由劳动行政部门责令限期改正；逾期不改正的，可处2 000元以上2万元以下的罚款。

（四）劳动合同订立的形式（★★★）

1.书面形式。

建立劳动关系应当订立书面劳动合同。已建立劳动关系，未同时订立书面劳动合同的，用人单位应当自用工之日起1个月内与劳动者订立书面劳动合同。

（1）自用工之日起一个月内，经用人单位书面通知后，劳动者不与用人单位订立书面劳动合同的，用人单位应当书面通知劳动者终止劳动关系，无需向劳动者支付经济补偿，但是应当依法向劳动者支付其实际工作时间的劳动报酬。

（2）用人单位自用工之日起超过一个月不满一年未与劳动者订立书面劳动合同的，应当向劳动者每月支付两倍的工资，并与劳动者补订书面劳动合同；劳动者不与用人单位订立书面劳动合同的，用人单位应当书面通知劳动者终止劳动关系，并支付经济补偿。用人单位向劳动者每月支付两倍工资的起算时间为用工之日起满一个月的次日，截止时间为补订书面劳动合同的前一日。

（3）用人单位自用工之日起满一年未与劳动者订立书面劳动合同的，自用工之日起满一个月的次日至满一年的前一日应当向劳动者每月支付两倍的工资，并视为自用工之日起满一年的当日已经与劳动者订立无固定期限劳动合同，应当立即与劳动者补订书面劳动合同。

★【专家一对一】

用人单位超过一年不与劳动者订立劳动合同的，只需履行补订合同责任，不再支付2倍工资，因为自满一年的当日已经视为订立了无固定期限劳动合同，意味着对用人单位已经进行了惩罚。所以，满一年之后不再支付2倍工资补偿，即劳动者最多只能获得11个月的工资补偿。

（4）用人单位不与劳动者订立无固定期限劳动合同的，自应当订立无固定期限劳动合同之日起向劳动者每月支付2倍的工资。

★【专家一对一】

“用人单位不与劳动者订立无固定期限劳动合同”与“未按规定期限签订书面劳动合同”有区别。“未按规定期限签订书面劳动合同”支付的“2倍工资”最多是11个月，而“用人单位不与劳动者订立无固定期限劳动合同”支付的“2倍工资”不受最多11个月的限制。

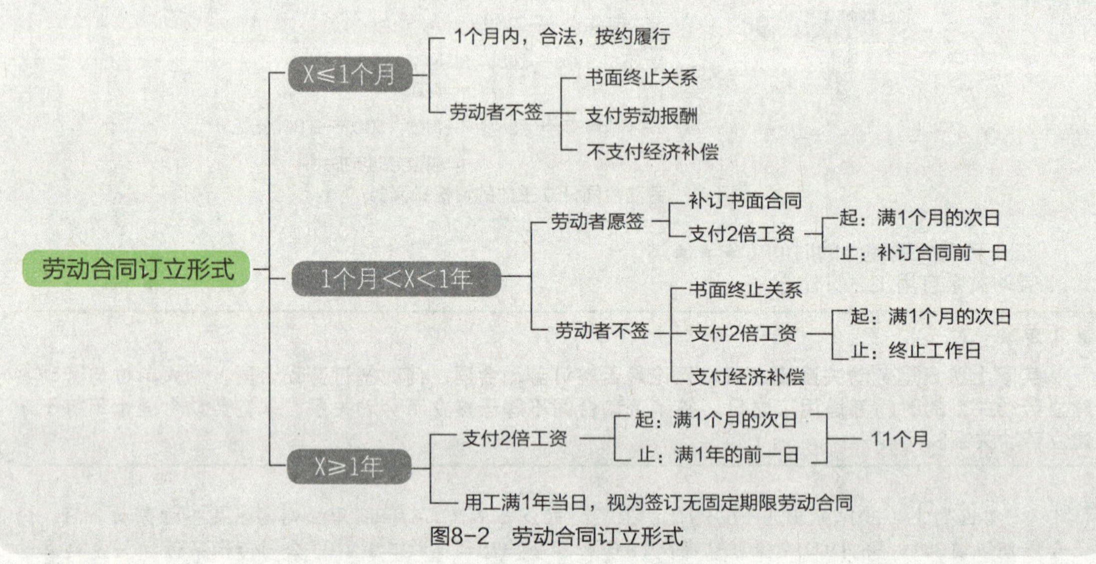

图8-2　劳动合同订立形式

【例题·单选题】（2018）2017年7月1日，李某到甲公司工作，按月领取工资3 000元。同年9月1日，甲公司与李某签订书面劳动合同。已知，当地月最低工资标准为1 800元，当地上年度职工月平均工资为3 500元。因未及时与李某签订书面劳动合同，甲公司应向其补偿的工资数额为（　　）。

A.7 000元　　B.1 800元　　C.3 000元　　D.3 500元

【答案】C

【解析】用人单位自用工之日起超过1个月不满1年未与劳动者订立书面劳动合同的，应当自用工之日满1个月的次日起至补订书面劳动合同的前1日向劳动者每月支付2倍的工资。本题中，甲公司与李某补订合同时距用工之日起已满2个月，应当自用工之日满1个月的次日起至补订书面劳动合同的前1日（8月1日—8月31日），向劳动者每月支付2倍的工资（1倍正常工资+1倍工资补偿）。由于李某已经按月领取正常工资，因此，甲公司还需要向李某支付8月1日—8月31日的工资补偿3 000元。

2.口头形式。

（1）非全日制用工可以订立口头协议。

（2）从事非全日制用工的劳动者可以与一家以上的用人单位订立劳动合同，但后订立的不能影响先订立的劳动合同的履行。

（3）非全日制用工双方不得约定试用期。

（4）非全日制用工任何一方都可以随时通知对方终止用工。且用人单位无需向劳动者支付经济补偿。

（5）非全日制用工报酬标准不得低于用人单位所在地最低小时工资标准。用人单位可以按小时、日或周为单位结算工资，但结算周期最长不得超过15日。

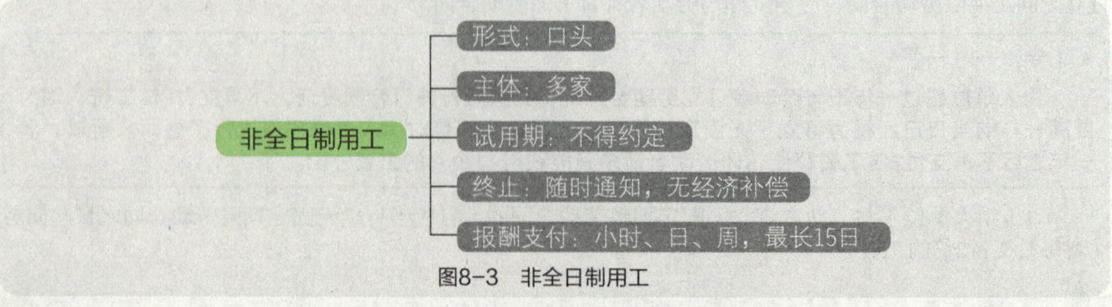

图8-3　非全日制用工

【例题·单选题】（2018）下列关于非全日制用工的表述中，不正确的是（　　）。
A.双方当事人任何一方可以随时通知对方终止用工
B.双方当事人不得约定试用期
C.双方当事人可以订立口头协议
D.用人单位可以按月结算劳动报酬
【答案】D
【解析】选项D，非全日制用工劳动报酬结算支付周期“最长不得超过15日”。

（五）劳动合同的效力（★★）

1.劳动合同的生效。

双方协商一致，签字盖章依法订立即生效。

★【专家一对一】

**劳动合同是劳动关系的一种载体，劳动合同是否生效，不影响劳动关系的建立。**

【例题·判断题】劳动合同生效后，劳动关系才能建立。（　　）
【答案】错误。
【解析】劳动合同是否生效，不影响劳动关系的建立。

2.无效劳动合同。

（1）以欺诈、胁迫的手段或者乘人之危，使对方在违背真实意思的情况下订立或者变更劳动合同的。

（2）用人单位免除自己的法定责任、排除劳动者权利的。

（3）违反法律、行政法规强制性规定的。

【例题·多选题】（2014）下列各项中，属于无效或者部分无效劳动合同的有（　　）。
A.用人单位免除自己的法定责任，排除劳动者权利的劳动合同
B.以欺诈手段使对方在违背真实意思的情况下订立的劳动合同
C.以胁迫的手段使对方在违背真实意思的情况下订立的劳动合同
D.乘人之危使对方在违背真实意思的情况下订立的劳动合同
【答案】ABCD

3.合同效力争议的认定。

对劳动合同的无效或者部分无效有争议的，由劳动争议仲裁机构或者人民法院确认。

4.无效劳动合同的法律后果。

（1）无效劳动合同，从订立时起就没有法律约束力。劳动合同部分无效，不影响其他部分效力的，其他部分仍然有效。

（2）劳动合同被确认无效，劳动者已付出劳动的，用人单位应当向劳动者支付劳动报酬。

（3）劳动合同被确认无效，给对方造成损失的，有过错的一方应当承担赔偿责任。

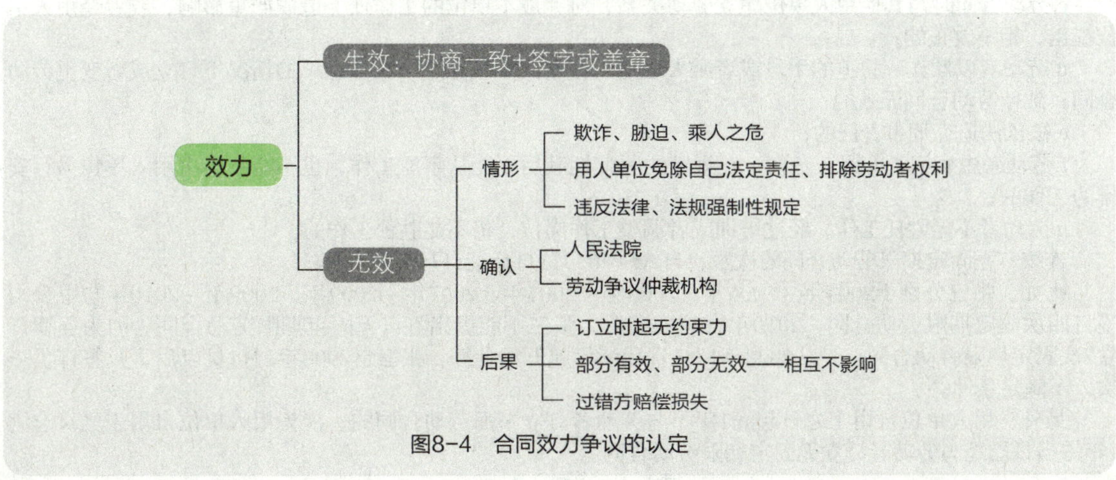

图8-4　合同效力争议的认定

【例题·多选题】（2018）下列关于无效劳动合同法律后果的表述中，正确的有（　　）。
A.劳动合同部分无效，不影响其他部分效力的，其他部分仍然有效
B.劳动合同被确认无效，给对方造成损害的，有过错的一方应当承担赔偿责任
C.无效劳动合同，从合同订立时起就没有法律约束力
D.劳动合同被确认无效，劳动者已付出劳动的，用人单位应当向劳动者支付劳动报酬
【答案】ABCD

## 三、劳动合同的主要内容

（一）劳动合同的必备条款（★★★）

1.用人单位的名称、住所和法定代表人或者主要负责人。

2.劳动者的姓名、住址和居民身份证或者其他有效身份证件号码。

3.劳动合同期限。

（1）固定期限劳动合同。

固定期限劳动合同是指明确约定合同终止时间的劳动合同。期限届满，劳动关系终止；协商一致，可续订。

（2）以完成一定工作任务为期限的劳动合同。

①以完成单项工作任务为期限的劳动合同；

②以项目承包方式完成承包任务的劳动合同；

③因季节原因用工的劳动合同；

④其他双方约定的以完成一定工作任务为期限的劳动合同。

（3）无固定期限劳动合同。

有下列情形之一，劳动者提出或者同意续订、订立劳动合同的，除劳动者提出订立固定期限劳动合同外，应当订立无固定期限劳动合同：

①劳动者在该用人单位连续工作满10年的。连续工作满10年的起始时间，应当自用人单位用工之日起计算，包括2008年1月1日《劳动合同法》施行前的工作年限。劳动者非因本人原因从原用人单位被安排到新用人单位工作的，在原用人单位的工作年限合并计算为新用人单位的工作年限。原用人单位已经向劳动者支付经济补偿的，新用人单位在依法解除、终止劳动合同计算支付经济补偿的工作年限时，不再计算劳动者在原用人单位的工作年限。

②用人单位初次实行劳动合同制度或者国有企业改制重新订立劳动合同时，劳动者在该用人单位连续工作满10年且距法定退休年龄不足10年的。

比如，张三自2001年起一直在甲公司工作，期间分别签订多次固定期限合同，假设合同2015年已经到期，则张三有权要求与甲公司签订无固定期限劳动合同，因为从2001年到2015年，张三已经在甲公司连续工作满10年，满足与公司签订无固定期限劳动合同的条件。

③“连续订立”2次固定期限劳动合同，且劳动者没有下述情形，续订劳动合同的：

a.严重违反用人单位的规章制度的；

b.严重失职，营私舞弊，给用人单位造成重大损害的；

c.劳动者同时与其他用人单位建立劳动关系，对完成本单位的工作任务造成严重影响，或者经用人单位提出，拒不改正的；

d.劳动者以欺诈、胁迫的手段或者乘人之危，使用人单位在违背真实意思的情况下订立或者变更劳动合同，致使劳动合同无效的；

e.被依法追究刑事责任的；

f.劳动者患病或者非因工负伤，在规定的医疗期满后不能从事原工作，也不能从事由用人单位另行安排的工作的；

g.劳动者不能胜任工作，经过培训或者调整工作岗位，仍不能胜任工作的。

连续订立固定期限劳动合同的次数，自2008年1月1日后续订起开始计算。

比如，张三分别于2004年－2006年，2006年－2007年，2007年－2009年，2009年－2010年与甲公司签订四次固定期限劳动合同，2010年合同期满后，张三不能提出签订无固定期限劳动合同，因为连续订立2次固定期限劳动合同，是从2008年1月1日后续订起开始计算，张三自2008年1月1日以后，只签订了一次，不满足条件。

另外，用人单位自用工之日起满1年不与劳动者订立书面劳动合同的，视为用人单位自用工之日起满1年的当日已经与劳动者订立无固定期限劳动合同。

★【专家一对一】

（1）用人单位违反规定不与劳动者订立无固定期限劳动合同的，自应当订立无固定期限劳动合同之日起向劳动者每月支付2倍的工资。此处“2倍工资”规定不受最多11个月的限制。

（2）无固定期限劳动合同订立分为三种：一是协商确定的，即用人单位与劳动者协商一致，可以订立无固定期限劳动合同；二是法律规定的，出现法律规定的三种情形，“劳动者”有权要求订立无固定期限的劳动合同，用人单位无选择权；三是“视为订立”，即用人单位自用工之日起满1年不与劳动者订立书面劳动合同的，视为用人单位自用工之日起满1年的当日已经与劳动者订立无固定期限劳动合同。

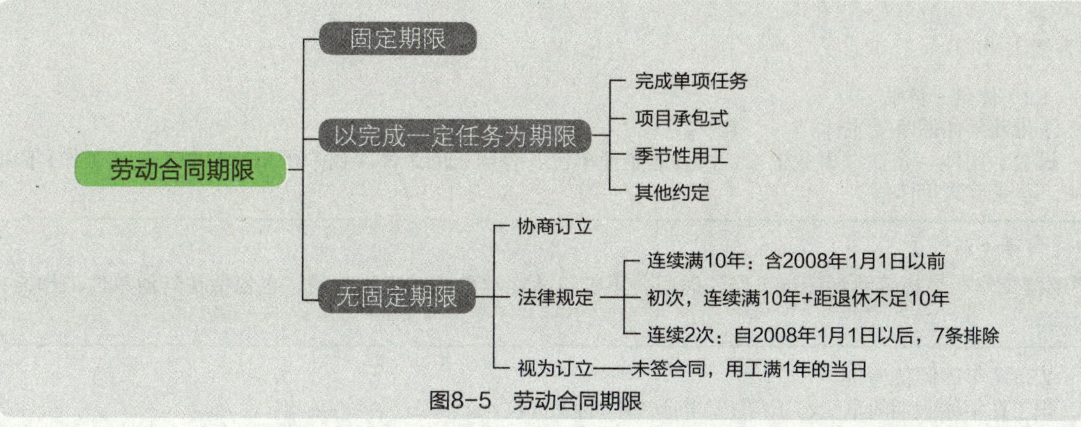


图8-5　劳动合同期限

【例题·多选题】（2016）2008年以来，甲公司与下列职工均已连续订立2次固定期限劳动合同，再次续订劳动合同时，除职工提出订立固定期限劳动合同外，甲公司应与之订立无固定期限劳动合同的有（　　）。

A.不能胜任工作，经过培训能够胜任的李某

B.因交通违章承担行政责任的范某

C.患病休假，痊愈后能继续从事原工作的王某

D.同时与乙公司建立劳动关系，经甲公司提出立即改正的张某

【答案】ABCD

【解析】（1）选项A，劳动者不能胜任工作，经过培训或者调整工作岗位，仍不能胜任工作的，才能不签订无固定期限劳动合同，李某经过培训能够胜任工作，应当订立无固定期限劳动合同；（2）选项B，被依法追究刑事责任的，才能不签订无固定期限劳动合同，范某承担的是行政责任，应当订立无固定期限劳动合同；（3）选项C，劳动者“患病或者非因工负伤”，在规定的医疗期满后不能从事原工作，也不能从事由用人单位另行安排的工作的，才能不签订无固定期限劳动合同，王某痊愈后能继续从事原工作，应当订立无固定期限劳动合同；（4）选项D，劳动者同时与其他用人单位“建立劳动关系”，经用人单位提出，拒不改正的，才能不签订无固定期限劳动合同，张某经甲公司提出后立即改正了，应当订立无固定期限劳动合同。

4.工作内容和工作地点。

工作内容是劳动者判断自己是否胜任工作、是否愿意从事该工作的关键信息；工作地点影响到劳动者的切身利益。

5.工作时间和休息休假。

（1）工作时间。

①标准工时制

a.每日工作8小时，每周工作40小时。

b.因生产经营需要，用人单位与工会和劳动者协商后可延长工作时间，一般每日不得超过1小时；特殊原因的，在保障劳动者身体健康的条件下，每日不超过3小时，每月不超过36小时。

c.下列情形出现，延长工作时间不受限制：第一，发生自然灾害、事故或者因其他原因，威胁劳动者生命健康和财产安全，需要紧急处理的；第二，生产设备、交通运输线路、公共设施发生故障，影响生产和公众利益，必须及时抢修的。

②不定时工作制：应保证每天工作不超过8小时，每周工作不超过40小时，每周至少休息1天。

③综合计算工时制：以周、月、季、年为周期总和计算，但平均日工作时间和平均周工作时间与标准工时制基本相同。

【例题·多选题】下列关于我国劳动者工作时间的说法中，正确的有（　　）。
A.国家实行每日工作8小时、每周工作40小时的标准工时制度
B.实行不定时工作制的，应保证每天工作不超过8小时，每周工作不超过40小时，每周至少休息1天
C.实行标准工时制的，因生产经营需要，用人单位与工会和劳动者协商后可延长工作时间，一般每日不得超过1小时
D.实行标准工时制的，因特殊原因，在保障劳动者身体健康的条件下，每日不超过3小时，每月不超过36小时
【答案】ABCD

（2）休息、休假。

①带薪年休假享受主体

机关、团体、企业、事业单位、民办非企业单位、有雇工的个体工商户等单位的职工连续工作1年以上的，享受带薪年休假。

★【专家一对一】
**“连续工作”是指劳动者参加工作的时间，不仅包括在本单位的工作时间，也包括在其他单位工作的时间。**

②带薪年休假待遇

职工在年休假期间享受与正常工作期间相同的工资收入。

③带薪年休假的时间：

a.职工累计工作已满1年不满10年的，年休假5天；

b.职工累计工作已满10年不满20年的，年休假10天；

c.职工累计工作已满20年的，年休假15天。

累计工作年限是指劳动者自参加工作以来的工作时间。国家法定休假日、休息日不计入年休假的假期。

★【专家一对一】
**累计工作年限之所以把在其他单位的工作时间也计算在内，是因为年休假是国家给予职工的待遇，并非单位的恩赐。而且，单位之间相互承认，也是一种对等。**

【例题·多选题】（2015）下列关于职工带薪年休假制度的表述中，正确的有（　　）。
A.职工连续工作1年以上方可享受年休假
B.机关、团体、企业、事业单位、民办非企业单位、有雇工的个体工商户等单位的职工均可依法享受年休假
C.国家法定休假日、休息日不计入年休假的假期
D.职工在年休假期间享受与正常工作期间相同的工资收入
【答案】ABCD

④带薪年休假的安排

年休假在1个年度内可以集中安排，也可以分段安排，一般不跨年度安排，但因特殊原因（生产、工作特点等）可跨1个年度安排。

⑤不享受带薪年休假的情形

a.职工依法享受寒暑假，其假期天数多于年休假天数的；

★【专家一对一】
**享受寒暑假的，主要是教师。**

b.职工请事假累计20天以上且单位按照规定不扣工资的；

★【专家一对一】

**请事假按照规定不扣工资的，指的是婚假、产假、丧假，一般的事假还是会扣工资。**

c.累计工作满1年不满10年的职工，请病假累计2个月以上的；

d.累计工作满10年不满20年的职工，请病假累计3个月以上的；

e.累计工作满20年以上的职工，请病假累计4个月以上的。

【例题·单选题】（2018）公司职工罗某已享受带薪年休假3天，同年10月罗某又向公司提出补休当年剩余年休假的申请。已知罗某首次就业即到甲公司工作，工作已满12年，且不存在不能享受当年年休假的情形。罗某可享受剩余年休假的天数是（　　）。

A.2天　　B.5天　　C.7天　　D.12天

【答案】C

【解析】职工累计工作已满10年不满20年的，年休假10天。本题中，罗某首次就业即到甲公司工作，且工作已满12年，年休假10天，罗某可享受剩余年休假的天数为10–3=7天。

⑥职工新进用人单位带薪年休假

职工新进用人单位且符合享受带薪年休假条件的，当年度休假天数按照在本单位剩余日历天数折算确定，折算后不足1整天的部分不享受年休假。

剩余年休假天数＝[当年度在本单位剩余日历天数/365天]×职工本人全年应当享受的年休假天数

【例题·单选题】赵某工作已满6年，2017年在甲公司休带薪年休假5天，2017年7月1日调到乙公司工作，提出补休年休假的申请。乙公司对赵某补休年休假申请符合法律规定的答复是（　　）。

A.不能补休　　B.可以补休2天　　C.可以补休5天　　D.可以补休10天

【答案】B

【解析】职工累计工作已满1年不满10年的，年休假5天；职工新进用人单位且符合享受带薪年休假条件的，当年度休假天数按照在本单位剩余日历天数折算确定，折算后不足1整天的部分不享受年休假。剩余年休假天数＝（当年度在本单位剩余日历天数÷365天）×职工本人全年应当享受的年休假天数=184÷365×5=2.5天，不足一整天的部分，不享受年休假，故只能补休假2天。

★【专家一对一】

**计算年休假天数时，在其他单位的工作年限计入实际工作年限；在一年中转到新单位，在计算新单位的休假天数时，不能扣除在原单位已经休假的天数。**

6.劳动报酬。

（1）劳动报酬与支付。

①工资支付

a.应当以法定货币支付，不得以实物、有价证券代替；

b.必须在约定日期支付，遇休息日、休假日，应提前支付；

c.至少每月支付一次，实行周、日、小时工资制的，可按周、日、小时支付工资；

d.对完成一次性临时劳动或某项具体工作的劳动者，用人单位应在其完成劳动任务后立即支付。

②加班工资

a.在部分公民放假的节日期间（妇女节、青年节），对参加社会活动或单位组织庆祝活动和照常工作的职工，单位应支付工资报酬，但不支付加班工资；

b.用人单位依法安排劳动者在日标准工作时间以外延长工作时间的，按照不低于劳动合同规定的劳动者本人小时工资标准的150%支付劳动者工资；

c.用人单位依法安排劳动者在休息日工作，而又不能安排补休的，按照不低于劳动合同规定的劳动者本人日或小时工资标准的200%支付劳动者工资；

d.用人单位依法安排劳动者在法定休假日工作的，按照不低于劳动合同规定的劳动者本人日或小时工资标准的300%支付劳动者工资；

e.实行计件工资的劳动者，在完成计件定额任务后，由用人单位安排延长工作时间的，根据上述原则，分别按照不低于其本人法定工作时间计件单价的150%、200%、300%支付；

f.用人单位安排加班不支付加班费的，由劳动行政部门责令限期支付加班费；逾期不支付的，责令用人单位按应付金额50%以上100%以下的标准向劳动者加付赔偿金。

表8-1 加班工资

| 加班时间 | 工资支付标准 | 处罚 |
| --- | --- | --- |
| 部分公民放假的节日 | 有工资，无加班费 | 责令限期支付；逾期不支付，应付金额50%以上100%以下向劳动者加付赔偿金。 |
| 平时加班（8小时以外） | ≥150% | |
| 周末加班 | ≥200%（或补休） | |
| 法定休假日 | ≥300% | |

★【专家一对一】

**平时加班（8小时以外），无论用人单位是否安排补休，都按150%给加班工资；周末加班，如果用人单位没有安排补休，就按200%给加班工资，安排了补休，就不给加班费；法定休假日加班，无论用人单位是否安排补休，都按300%给加班工资。**

【例题·单选题】（2017）2016年5月甲公司安排李某于5月1日（国际劳动节）、5月7日（周六）分别加班1天，事后未安排补休，已知甲公司实行标准工时制，李某的日工资为200元。计算甲公司应支付李某5月最低加班工资的下列算式中，正确的是（　　）。

A.200×300%＋200×200%＝1 000元　　B.200×200%＋200×150%＝700元

C.200×100%＋200×200%＝500元　　D.200×300%＋200×300%＝1 200元

【答案】A

【解析】5月1日加班，加班工资=200×300%=600元；5月7日（周六）加班，加班工资=200×200%=400元，共600+400=1 000元。

③最低工资制度

a.最低工资不包括加班工资、住房补贴、伙食补贴、特殊工作环境和劳动条件下的津贴及法定的社会保险福利待遇；

b.最低工资的具体标准由省、自治区、直辖市人民政府规定，报国务院备案；

c.劳动合同履行地与用人单位注册地不一致的，最低工资标准、劳动保护、劳动条件、职业危害防护和本地区上年度职工月平均工资标准等事项，按照劳动合同履行地的有关规定执行；用人单位注册地的标准高于劳动合同履行地的标准，且用人单位与劳动者约定按照用人单位注册地的有关规定执行的，从其约定；

★【专家一对一】

**没有“约定”，即使“用人单位注册地的标准高于劳动合同履行地的标准”，仍然按照“劳动合同履行地”的有关规定执行。**

d.因劳动者本人原因给用人单位造成经济损失的，用人单位可按照劳动合同的约定要求其赔偿经济损失。经济损失的赔偿，可从劳动者本人的工资中扣除。但每月扣除的部分不得超过劳动者当月工资的20%。若扣除后的剩余工资部分低于当地月最低工资标准，则按最低工资标准支付；

★【专家一对一】

**每月扣除≤月工资×20%；每月剩余≥当地月最低工资标准。**

e.用人单位低于当地最低工资标准支付劳动者工资的，由劳动行政部门责令限期支付其差额部分；逾期不支付的，责令用人单位按应付金额50%以上100%以下的标准向劳动者加付赔偿金。

【例题·多选题】（2018）甲公司职工齐某因违章操作给公司造成经济损失8 000元，甲公司按照劳动合同约定要求齐某赔偿该损失，并按月从其工资中扣除，已知齐某月工资2 600元，当地月最低工资标准为2 200元，甲公司每月可以从齐某工资中扣除的最高限额为（　　）。

A.400元　　B.2 600元　　C.520元　　D.2 200元

【答案】A

【解析】2 600×20%=520元，2 600-520=2 080元，扣除520元后低于当地月最低工资标准（2 200元），则按最低工资标准支付，2 600-2 200=400，故最多只能按月扣除400元。

7.社会保险。

参加社会保险、缴纳社会保险费是用人单位与劳动者的法定义务，双方都必须履行。

★【专家一对一】

日常生活中，经常出现劳动者与用人单位之间签订关于社会保险的协议，即用人单位把买社会保险的钱直接给劳动者，劳动者写书面保证书，保证以后不“扯皮”。这样做是违法的，签订的协议是无效的，对用人单位极端不利：劳动者可以用人单位未买社会保险为由，随时通知解除劳动合同，用人单位不仅要为劳动者补办社会保险，还要给劳动者经济补偿，得不偿失。

8.劳动保护、劳动条件和职业危害防护。

劳动保护、劳动条件和职业危害防护，是劳动合同中保护劳动者身体健康和安全的重要条款。

9.法律、法规规定应当纳入劳动合同的其他事项。

【例题·多选题】（2017）下列各项中，属于劳动合同必备条款的有（　　）。

A.社会保险　　B.劳动报酬　　C.服务期　　D.劳动合同期限

【答案】ABD

【解析】选项C，服务期属于约定条款。

（二）劳动合同约定条款（★★★）

约定事项包括试用期、服务期、保密＋竞业限制，约定事项不能违反法律、行政法规的强制性规定，否则该约定无效。

1.试用期。

（1）试用期的性质。

试用期是用人单位和劳动者双方的考察期，属于劳动合同的约定条款，双方可以约定，也可以不约定。

【例题·判断题】没有约定试用期的劳动合同属于无效劳动合同。（　　）

【答案】错误。

【解析】试用期属于劳动合同的约定条款，可以约定，也可以不约定。

（2）试用期的期限。

①劳动合同期限3个月以上不满1年的，试用期不得超过1个月；劳动合同期限1年以上不满3年的，试用期不得超过2个月；3年以上固定期限劳动合同和无固定期限的劳动合同，试用期不得超过6个月。

②不得约定试用期的情形：以完成一定工作任务为期限的劳动合同或者劳动合同期限不满3个月的，不得约定试用期。

★【专家一对一】

非全日制用工不得约定试用期。

★【专家一对一】

劳动合同试用期期限总结表

<table>
<tr><th>劳动合同期限</th><th>试用期期限</th></tr>
<tr><td>非全日制用工</td><td rowspan="3">不得约定</td></tr>
<tr><td>以完成一定工作任务为期限</td></tr>
<tr><td>合同期<3个月</td></tr>
<tr><td>3个月≤合同期<1年</td><td>≤1个月</td></tr>
<tr><td>1年≤合同期<3年</td><td>≤2个月</td></tr>
<tr><td>合同期≥3年</td><td rowspan="2">≤6个月</td></tr>
<tr><td>无固定期限</td></tr>
</table>

【例题·多选题】（2018）甲公司与其职工对试用期期限的下列约定中，符合法律规定的有（ ）。
A.夏某的劳动合同期限4年，双方约定的试用期为4个月
B.周某的劳动合同期限1年，双方约定的试用期为1个月
C.刘某的劳动合同期限2年，双方约定的试用期为3个月
D.林某的劳动合同期限5个月，双方约定的试用期为5日
【答案】ABD
【解析】（1）选项A，3年以上固定期限和无固定期限的劳动合同，试用期不得超过6个月；（2）选项BC，劳动合同期限1年以上（包括1年）不满3年的，试用期不得超过2个月；（3）选项D，劳动合同期限3个月以上不满1年的，试用期不得超过1个月。

（3）试用期次数。

同一用人单位与同一劳动者只能约定一次试用期。

★【专家一对一】

**在试用期内解除劳动合同，不管是用人单位解除还是劳动者解除，用人单位再次招用该劳动者时，不得再约定试用期；试用期结束后，不管是在劳动合同期限内，还是劳动合同续订，用人单位不得与该劳动者再约定试用期；劳动合同终止后一段时间又招用该劳动者的，对该劳动者用人单位不得再约定试用期。总之，同一单位对同一个劳动者考察，一生仅试用一次。**

【例题·多选题】下列关于试用期的表述正确的有（ ）。
A.劳动者和用人单位签订无固定期限劳动合同，必须约定试用期
B.劳动合同期限3个月以上，不满1年的，试用期不得超过2个月
C.同一用人单位与同一劳动者只能约定一次试用期
D.以完成一定工作任务为期限的劳动合同，不得约定试用期
【答案】CD
【解析】（1）选项A错误：试用期属于劳动合同的约定条款，双方可以约定，也可以不约定；（2）选项B错误：劳动合同期限3个月以上，不满1年的，试用期不得超过1个月。

（4）违法约定试用期的责任。

用人单位违反规定与劳动者约定试用期的，由劳动行政部门责令改正；违法约定的试用期已经履行的，由用人单位以劳动者试用期满月工资为标准，按已经履行的超过法定试用期的期间向劳动者支付赔偿金。

【例题·单选题】赵某与甲公司签订的劳动合同中约定，合同期限2年，试用期4个月，试用期工资3 500元，试用期满月工资4 000元。则赵某可以主张的试用期赔偿金是（ ）。
A.4 000元　　B.8 000元　　C.500元　　D.1 000元
【答案】B
【解析】合同期限2年，试用期不得超过2个月。用人单位违反试用期规定的，以劳动者试用期满月工资（4 000元）为标准，按已经履行的超过法定试用期的期间（4-2=2个月）向劳动者支付赔偿金，即：4 000×2=8 000元。

（5）试用期工资。

劳动者在试用期的工资不得低于本单位相同岗位最低档工资或者不得低于劳动合同约定工资的80%，并不得低于用人单位所在地的最低工资标准。

★【专家一对一】

**试用期工资打八折且≥最低工资标准。**

【例题·单选题】（2015）张某与A公司签订了3年期限的劳动合同，试用期2个月，工资2 000元，当地最低工资标准为1 500元，试用期工资不得低于（ ）。
A.1 600元　　B.1 500元　　C.2 000元　　D.1 400元
【答案】A
【解析】劳动者在试用期的工资不得低于本单位相同岗位最低档工资或者劳动合同约定工资的80%，并不得低于用人单位所在地的最低工资标准。2 000×80%=1 600元，高于当地最低工资标准1 500元。

2.服务期。

（1）服务期的适用范围。

①用人单位为劳动者提供专项培训费用，对其进行专业技术培训的，可以与该劳动者订立协议，约定服务期。

★【专家一对一】

**培训费用必须“有凭证”。无法提供培训凭证，不能要求劳动者承担违约责任。**

②约定服务期，不影响按照正常的工资调整机制提高劳动者在服务期期间的劳动报酬。

③劳动合同期满，但是用人单位与劳动者约定的服务期尚未到期的，劳动合同应当续延至服务期满；双方另有约定的，从其约定。

（2）劳动者违反服务期约定的违约责任。

①劳动者违反服务期约定的，应当按照约定向用人单位支付违约金；违约金数额不得超过用人单位提供的培训费用。用人单位要求劳动者支付的违约金不得超过服务期尚未履行部分所应分摊的培训费用。培训费用包括有凭证的培训费用、培训期间的差旅费用及因培训产生的其他直接费用。

【例题·单选题】（2016）吴某受甲公司委派去德国参加技术培训，公司为此支付培训费用10万元。培训前双方签订协议，约定吴某自培训结束后5年内不得辞职，否则应支付违约金10万元。吴某培训完毕后，在甲公司连续工作满2年时辞职。甲公司依法要求吴某支付的违约金数额最高为（　　）。

A.0　　B.10万元　　C.6万元　　D.4万元

【答案】C

【解析】违约金的数额不得超过用人单位提供的培训费用。用人单位要求劳动者支付的违约金不得超过服务期“尚未履行部分”所应分摊的培训费用。10万元培训费，服务期为5年，每年分担培训费2万元，还有3年未履行，则违约金最多是3×2=6万元。

②违约金只有劳动者在服务期内提出与单位解除劳动关系时，用人单位才可以要求其支付。

★【专家一对一】

**服务期满解除劳动关系，即使有培训费，用人单位也无权要求支付违约金。**

③劳动者因违纪等重大过错行为而被用人单位解除劳动关系的，用人单位仍有权要求其支付违约金：

a.劳动者严重违反用人单位的规章制度的；

b.劳动者严重失职，营私舞弊，给用人单位造成重大损害的；

c.劳动者同时与其他用人单位建立劳动关系，对完成本单位的工作任务造成严重影响，或者经用人单位提出，拒不改正的；

d.劳动者以欺诈、胁迫的手段或者乘人之危，使用人单位在违背真实意思的情况下订立或者变更劳动合同的；

e.劳动者被依法追究刑事责任的。

★【专家一对一】

**这样规定，是为了避免劳动者故意制造可被解雇的事由”诱使”用人单位解除劳动合同，达到规避服务期约定的目的。**

（3）劳动者解除劳动合同不属于违反服务期约定的情形。

①用人单位未按照劳动合同约定提供劳动保护或者劳动条件的；

②用人单位未及时足额支付劳动报酬的；

③用人单位未依法为劳动者缴纳社会保险费的；

④用人单位的规章制度违反法律、法规的规定，损害劳动者权益的；

⑤用人单位以欺诈、胁迫的手段或者乘人之危，使劳动者在违背真实意思的情况下订立或者变更劳动合同的；

⑥用人单位在劳动合同中免除自己的法定责任、排除劳动者权利的；

⑦用人单位违反法律、行政法规强制性规定的；

⑧法律、行政法规规定劳动者可以解除劳动合同的其他情形。

★【专家一对一】

**用人单位与劳动者约定了服务期，由于“用人单位过错”导致劳动者解除劳动合同的，不属于违反服务期的约定，用人单位不得要求劳动者支付违约金。**

【例题·单选题】（2013）甲公司为员工张某支付培训费用3万元，约定服务期3年。2年后，张某以公司自他入职起从未按照合同约定提供劳动保护为由，向单位提出解除劳动合同。以下说法正确的是（　　）。

A.张某违反了服务期的约定　　B.公司可以要求张某支付3万元违约金

C.公司可以要求张某支付1万元违约金　　D.张某无需支付违约金

【答案】D

【解析】用人单位与劳动者约定了服务期，由于“用人单位过错”导致劳动者解除劳动合同的，不属于违反服务期的约定，用人单位不得要求劳动者支付违约金。

3.保守商业秘密和竞业限制。

（1）竞业限制的概念。

竞业限制是用人单位与劳动者双方约定，在劳动合同解除或终止后，限制劳动者一定时期的择业权，并对因此给劳动者造成的损害，用人单位按月给予劳动者经济补偿。劳动者违反竞业限制约定的，应当按约定向用人单位支付违约金。

（2）适用人群。

竞业限制的人员限于用人单位的高级管理人员、高级技术人员和其他负有保密义务的人员，而非所有的劳动者。

★【专家一对一】

**用人单位要求劳动者签订竞业限制条款，必须给予相应的经济补偿，否则该条款“无效”。**

（3）竞业限制期限。

竞业限制期限不得超过2年。超过2年的，超过部分无效。

★【专家一对一】

**竞业限制协议，约定了补偿金的才有效，未约定补偿金的竞业限制，属于无效劳动合同中的“用人单位免除自己的法定责任、排除劳动者权利”的情形，是无效的。约定的竞业限制期限不得超过2年，超过2年的，超过部分无效。**

（4）违约责任。

劳动者违反竞业限制约定的，应当按照约定向用人单位支付违约金。

★【专家一对一】

**用人单位只能就“服务期”、“竞业限制”与劳动者约定由劳动者承担“违约金”，不能就其他事项约定违约金。**

【例题·多选题】（2015）下列各项中，用人单位不能和劳动者约定由劳动者承担违约金的有（　　）。

A.竞业限制　　B.工作时间　　C.休息休假　　D.试用期

【答案】BCD

【解析】用人单位只能在“服务期”及“竞业限制”中与劳动者约定由劳动者承担“违约金”，在其他方面不能约定违约金。

（5）竞业限制的司法解释。

①当事人在劳动合同或者保密协议中约定了竞业限制，但未约定经济补偿，劳动者履行了竞业限制义务，要求用人单位按照劳动者在劳动合同解除或者终止前12个月平均工资的30%按月支付经济补偿的，

人民法院应予支持。月平均工资的30%低于劳动合同履行地最低工资标准的，按照劳动合同履行地最低工资标准支付。

②当事人在劳动合同或者保密协议中约定了竞业限制和经济补偿，当事人解除劳动合同时，除另有约定外，用人单位要求劳动者履行竞业限制义务，或者劳动者履行了竞业限制义务后要求用人单位支付经济补偿的，人民法院应予支持。

③当事人在劳动合同或者保密协议中约定了竞业限制和经济补偿，劳动合同解除或者终止后，因用人单位的原因导致3个月未支付经济补偿，劳动者请求解除竞业限制约定的，人民法院应予支持。

④在竞业限制期限内，用人单位请求解除竞业限制协议时，人民法院应予支持，在解除竞业限制协议时，劳动者请求用人单位额外支付劳动者3个月的竞业限制经济补偿的，人民法院应予支持。

⑤劳动者违反竞业限制约定，向用人单位支付违约金后，用人单位要求劳动者按照约定继续履行竞业限制义务的，人民法院应予支持。

★【专家一对一】

**竞业限制补偿金与竞业限制违约金不同：劳动者遵守竞业限制协议时，用人单位按照约定给予劳动者补偿金；劳动者不遵守竞业限制协议时，劳动者按照约定向用人单位支付违约金。**

【例题·多选题】（210）下列情形中，劳动者需要向用人单位支付违约金的有（ ）。

A.劳动者违反商业秘密及竞业限制约定的

B.劳动者违反试用期约定的

C.劳动者违反休息休假约定的

D.劳动者违反服务期约定的

【答案】AD

【解析】选项BC，劳动合同法禁止用人单位与劳动者就“服务期和竞业限制”以外的其他事项约定违约金。

## 四、劳动合同的履行和变更

（一）劳动合同的履行（★）

1.用人单位与劳动者应当按照劳动合同的约定，全面履行各自的义务。

（1）用人单位拖欠或者未足额支付劳动者报酬的，劳动者可以依法向当地人民法院申请支付令，人民法院应当依法发出支付令。

★【专家一对一】

**用人单位安排加班不支付加班费的，用人单位未及时足额支付劳动者报酬或低于当地最低工资标准支付劳动者工资的，由劳动行政部门责令限期支付或限期支付其差额部分；逾期不支付的，责令用人单位按应付金额50%以上100%以下的标准向劳动者加付赔偿金。**

（2）劳动者拒绝用人单位管理人员违章指挥、强令冒险作业的，不视为违反劳动合同。劳动者对危害生命安全和身体健康的劳动条件，有权对用人单位提出批评、检举和控告。

（3）用人单位变更名称、法定代表人、主要负责人或者投资人等事项，不影响劳动合同的履行。

（4）用人单位发生合并分立等情况，原劳动合同继续有效，劳动合同由承继其权利和义务的用人单位继续履行。

【例题·多选题】（2016）下列关于劳动合同履行的表述中，正确的有（ ）。

A.用人单位拖欠劳动报酬的，劳动者可以依法向人民法院申请支付令

B.用人单位发生合并或者分立等情况，原劳动合同不再继续履行

C.劳动者拒绝用人单位管理人员违章指挥、强令冒险作业的，不视为违反劳动合同

D.用人单位变更名称的，不影响劳动合同的履行

【答案】ACD

【解析】选项B，用人单位发生合并分立等情况，原劳动合同继续有效，由承继其权利和义务的用人单位继续履行。

2.用人单位应当建立和完善劳动规章制度。

（1）单位制定的合法有效的劳动规章制度是劳动合同的组成部分，对用人单位和劳动者均具有法律约束力。

★【专家一对一】

**单位的规章制度，即使未明确写入合同，也视为合同的组成部分。**

（2）单位在制定、修改或者决定有关“劳动报酬、工作时间、休息休假、劳动安全卫生、保险福利、职工培训、劳动纪律以及劳动定额管理”等直接涉及劳动者切身利益的规章制度和重大事项时，应当经职工代表大会或全体职工讨论。

（3）用人单位的规章制度未经公示或者未对劳动者告知，该规章制度对劳动者不生效。

（二）劳动合同的变更（★）

1.变更劳动合同应当采用书面形式。变更后的劳动合同文本由用人单位和劳动者各执一份。

2.变更劳动合同未采用书面形式，但已经实际履行了口头变更的劳动合同超过1个月，且变更后的劳动合同内容不违反法律、行政法规、国家政策以及公序良俗，当事人以未采用书面形式为由主张劳动合同变更无效的，人民法院不予支持。

【例题·单选题】（2016）2014年10月，张某到甲公司工作。2015年11月，甲公司与张某口头商定将其月工资由原来的4 500元提高至5 400元。双方实际履行3个月后，甲公司法定代表人变更。新任法定代表人认为该劳动合同内容变更未采用书面形式，变更无效，决定仍按原每月4 500元的标准向张某支付工资。张某表示异议并最终提起诉讼。关于双方口头变更劳动合同效力的下列表述中，正确的是（　　）。

A.双方口头变更劳动合同且实际履行已超过1个月，该劳动合同变更有效

B.劳动合同变更在实际履行3个月期间有效，此后无效

C.因双方未采取书面形式，该劳动合同变更无效

D.双方口头变更劳动合同但实际履行未超过6个月，该劳动合同变更无效

【答案】A

【解析】选项A，变更劳动合同未采用书面形式，但已经实际履行了口头变更的劳动合同超过1个月，且变更后的劳动合同内容不违反法律、行政法规、国家政策以及公序良俗，当事人以未采用书面形式为由主张劳动合同变更无效的，人民法院不予支持。

## 五、劳动合同的解除和终止

（一）劳动合同的解除（★★★）

1.劳动合同解除的概念。

劳动合同解除是指在劳动合同订立后，劳动合同期限届满之前，因双方协商提前结束劳动关系，或因出现法定情形，一方单方面通知对方结束劳动关系的法律行为。劳动合同解除分协商解除和法定解除。

★【专家一对一】

**劳动合同期限届满之前结束劳动关系，叫劳动合同解除；劳动合同期限届满之后结束劳动关系，叫劳动合同终止。**

2.协商解除。

（1）用人单位与劳动者协商一致，可以解除劳动合同。

（2）由用人单位提出解除劳动合同而与劳动者协商一致的，必须依法向劳动者支付经济补偿；由劳动者主动辞职而与用人单位协商一致解除劳动合同的，用人单位无需向劳动者支付经济补偿。

★【专家一对一】

**用人单位与劳动者双方均可提出解除劳动合同，但谁先提出谁“倒霉”。用人单位先提出，则用人单位要付经济补偿，劳动者先提出，用人单位不付经济补偿。**

【例题·多选题】下列各项中，关于协商解除劳动合同的表述，正确的是（　　）。
A.由用人单位提出解除劳动合同而与劳动者协商一致的，必须依法向劳动者支付经济补偿
B.经协商一致解除劳动合同的，用人单位不必向劳动者支付经济补偿金
C.双方当事人具有平等的解除合同请求权
D.由劳动者主动辞职而与用人单位协商一致解除劳动合同的，用人单位仍需向劳动者支付经济补偿。
【答案】AC
【解析】（1）选项B：由用人单位提出解除劳动合同而与劳动者协商一致的，必须依法向劳动者支付经济补偿；由劳动者主动辞职而与用人单位协商一致解除劳动合同的，用人单位无需向劳动者支付经济补偿；（2）选项D：由劳动者主动辞职而与用人单位协商一致解除劳动合同的，用人单位无需向劳动者支付经济补偿。

3.法定解除。

（1）劳动者可单方面解除劳动合同的情形。

①劳动者提前通知解除劳动合同的情形

a.劳动者在试用期内提前3日通知用人单位，可以解除劳动合同；

b.劳动者提前30日以书面形式通知用人单位，可以解除劳动合同。

★【专家一对一】

一般情况下，劳动者辞职，只需要提前通知即可，不需理由，不要条件。主动辞职是劳动者自己不想在单位干了，单位没有任何过错，所以，用人单位不给补偿，但劳动者应履行提前告知义务。否则对用人单位造成损失的，要承担赔偿责任。劳动者试用期提前3天通知，书面、口头都可以，正式员工必须提前30天以书面形式通知。

②劳动者可以随时通知解除劳动合同的情形

a.用人单位未按照劳动合同约定提供劳动保护或者劳动条件的；

b.用人单位未及时足额支付劳动报酬的；

c.用人单位未依法为劳动者缴纳社会保险费的；

d.用人单位的规章制度违反法律、法规的规定，损害劳动者权益的；

e.用人单位以欺诈、胁迫的手段或者乘人之危，使劳动者在违背真实意思的情况下订立或者变更劳动合同的；

f.用人单位在劳动合同中免除自己的法定责任、排除劳动者权利的；

g.用人单位违反法律、行政法规强制性规定的。

★【专家一对一】

上述7条，由于用人单位过错在先，因此应向劳动者支付补偿金。但该过错并未危及劳动者的人身安全，则劳动者履行“通知”义务即可解除合同，而无需履行“提前”义务。

【例题·多选题】（2016）下列劳动者中，可以随时通知用人单位解除劳动合同的有（　　）。
A.所在单位规章制度违法，损害其利益的王某
B.所在单位未依法为其缴纳社会保险费的李某
C.所在单位未及时足额向其支付劳动报酬的张某
D.所在单位未按照劳动合同约定为其提供劳动保护的赵某
【答案】ABCD

③劳动者不需事先告知即可解除劳动合同的情形

a.用人单位以暴力、威胁或者非法限制人身自由的手段强迫劳动者劳动的；

b.用人单位违章指挥、强令冒险作业危及劳动者人身安全的。

★【专家一对一】

上述2条由于用人单位过错在先，因此应向劳动者支付补偿金，且该过错十分严重，危及到劳动者的人身安全，则劳动者保命要紧，不需要履行“通知”义务即可解除合同。

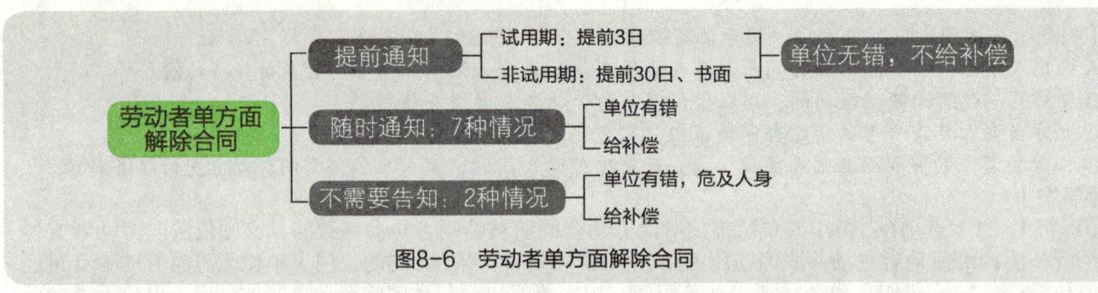

图8-6 劳动者单方面解除合同

【例题·单选题】（2018）下列情形中，劳动者不需事先告知用人单位即可解除劳动合同的有（ ）。
A.用人单位未按照劳动合同约定提供劳动保护的
B.用人单位违章指挥、强令冒险作业危及劳动者人身安全的
C.用人单位以欺诈手段使劳动者在违背真实意思的情况下签订劳动合同的
D.用人单位未及时足额支付劳动报酬的
【答案】B
【解析】选项ACD：属于劳动者可随时通知解除劳动合同的情形。

（2）用人单位可以单方面解除劳动合同的情形。

①因劳动者过错解除劳动合同的情形

a.劳动者在试用期间被证明不符合录用条件的；

b.劳动者严重违反用人单位的规章制度的；

c.劳动者严重失职，营私舞弊，给用人单位造成重大损害的；

d.劳动者同时与其他用人单位建立劳动关系，对完成本单位的工作任务造成严重影响，或者经用人单位提出，拒不改正的；

e.劳动者以欺诈、胁迫的手段或者乘人之危，使用人单位在违背真实意思的情况下，订立或者变更劳动合同的；

f.劳动者被依法追究刑事责任的。

★【专家一对一】

**以上情形除劳动者在“试用期间被证明不符合录用条件”的以外，其余都是因为劳动者有过错导致的。上述六种情形下，用人单位可以“随时通知”劳动者解除合同，且不给经济补偿。**

②无过失性辞退的情形

有下列情形之一的，用人单位提前30日以书面形式通知劳动者本人或者额外支付劳动者1个月工资后（1个月工资按该劳动者上一个月的工资标准确定），可以解除劳动合同：

a.劳动者患病或者非因工负伤，在规定的医疗期满后不能从事原工作，也不能从事由用人单位另行安排的工作的；

b.劳动者不能胜任工作，经过培训或者调整工作岗位，仍不能胜任工作的；

c.劳动合同订立时所依据的客观情况发生重大变化，致使劳动合同无法履行，经用人单位与劳动者协商，未能就变更劳动合同内容达成协议的。

★【专家一对一】

**以上情形下，劳动者对单位实在“没用”了，但劳动者也没有过错，用人单位可以“随时通知”劳动者解除合同，还应支付经济补偿。用人单位也没过错，为什么还要支付经济补偿呢？主要是考虑劳动者解除劳动合同后不一定能马上找到工作，所以，让单位支付经济补偿，帮助劳动者渡过难关。**

【例题·判断题】（2012）劳动者不能胜任工作岗位，用人单位应先经过培训或者调整工作岗位，仍不能胜任工作的，方可按程序与其解除劳动合同。（ ）
【答案】正确。
【解析】不能胜任工作，不能直接辞退。

③经济性裁员的情形

有下列情形之一，需要裁减人员20人以上或者裁减不足20人但占企业职工总数10%以上的，用人单位

提前30日向工会或者全体职工说明情况，听取工会或者职工的意见后，裁减人员方案经向劳动行政部门报告，可以裁减人员，并向劳动者支付经济补偿。

a.依照《企业破产法》规定进行重整的；

b.生产经营发生严重困难的；

c.企业转产、重大技术革新或者经营方式调整，经变更劳动合同后，仍需裁减人员的；

d.其他因劳动合同订立时所依据的客观“经济情况”发生重大变化，致使劳动合同无法履行的。

裁减人员时，应当优先留用下列人员：与本单位订立较长期限的固定期限劳动合同的；与本单位订立无固定期限劳动合同的；家庭无其他就业人员，有需要扶养的老人或者未成年人的。

用人单位裁减人员后，在6个月内重新招用人员的，应当通知被裁减的人员，并在同等条件下优先招用被裁减的人员。

★【专家一对一】

**以上情形下，单位实在“没办法”了，但劳动者也没有过错，用人单位可单方面解除合同，还应支付经济补偿。**

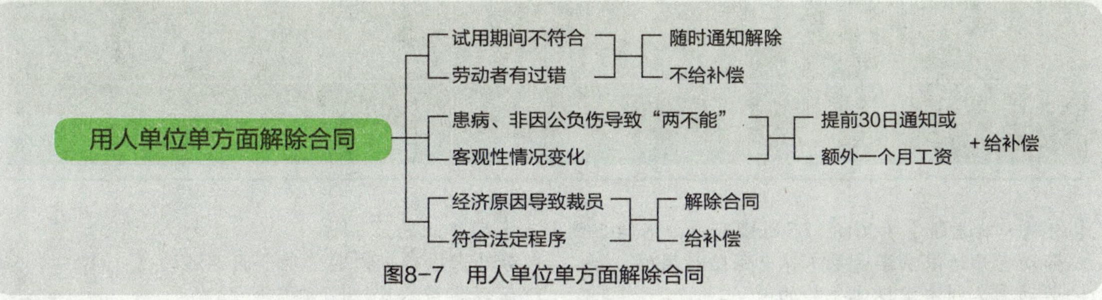

图8-7 用人单位单方面解除合同

【例题·多选题】（2016）下列各项中，属于用人单位可依据法定程序进行经济性裁员的情形有（ ）。

A.企业转产，经变更劳动合同后，仍需裁减人员的

B.依照企业破产法规定进行重整的

C.企业重大技术革新，经变更劳动合同后，仍需裁减人员的

D.生产经营发生严重困难的

【答案】ABCD

【解析】经济性裁员是指因经济原因、符合法定程序下的裁员。

（二）劳动合同的终止（★★★）

1.劳动合同终止的概念。

（1）劳动合同的终止是指用人单位和劳动者之间的劳动关系因某种法律事实的出现而自动归于消灭，或导致劳动关系的继续履行成为不可能而不得不消灭。

（2）劳动合同终止一般不涉及双方意思表示，法定情形出现，双方劳动关系消灭。

★【专家一对一】

**劳动合同的解除和终止不同。劳动合同的解除是合同未到期之前，双方“主动”协商一致或一方“主动”地“提前”结束合同；劳动合同的终止是当法定事由出现时，劳动合同“如期”结束或“不得不”“提前”结束。导致劳动合同解除的是劳动者或用人单位的有目的、有意识的行为；导致劳动合同终止的条件是法律规定的，不得自行约定，即使约定也无效。**

2.劳动合同终止的法定情形。

（1）劳动合同期满的；（可能给经济补偿）

（2）劳动者开始依法享受基本养老保险待遇的；（不给经济补偿）

（3）劳动者达到法定退休年龄的；（不给经济补偿）

（4）劳动者死亡，或者被人民法院宣告死亡或者宣告失踪的；（不给经济补偿）

（5）用人单位被依法宣告破产的；（给经济补偿）

（6）用人单位被吊销营业执照、责令关闭、撤销或者用人单位决定提前解散的；（给经济补偿）

（7）法律、行政法规规定的其他情形。

☆【专家一对一】

**劳动合同终止的情形主要是三大类：合同期满、退休和死亡（人死、单位死）。劳动合同终止时，用人单位是否给经济补偿视特定条件而定，一个总体原则是倾斜保护劳动者。具体情形及理由如下：**

| 劳动合同终止情形 | | | 是否支付经济补偿金 | 理由 |
|---|---|---|---|---|
| 期满 | | 单位决定不续订或降低条件订（不留用） | √ | 劳动者不一定能立即找到工作，单位人道主义援助 |
| | | 单位维持或提高条件续订而劳动者拒绝 | × | 劳动者自己拒绝 |
| 退休 | | 劳动者达到法定退休年龄 | × | 有了"下家" |
| | | 劳动者开始依法享受基本养老保险待遇 | | |
| 死亡 | 劳动者死 | 劳动者死亡，或被人民法院宣告死亡或宣告失踪的 | × | 人死了，不需要了 |
| | 单位死 | 被依法宣告破产的；被吊销营业执照、责令关闭、撤销或者用人单位决定提前解散 | √ | 单位快"死"了，人还在，对人进行人道主义援助 |

【例题·单选题】（2018）下列情形中，不能导致劳动合同终止的是（　　）。

A.劳动者开始依法享受基本养老保险待遇的

B.劳动者医疗期内遇劳动合同期满的

C.劳动者达到法定退休年龄的

D.劳动者被人民法院宣告死亡的

【答案】B

【解析】劳动合同终止的情形主要是三大类：合同期满、退休和死亡。选项AC属于退休；选项D属于死亡。

（三）对劳动合同解除和终止的限制性规定（★★★）

有下列情况之一，用人单位既不得解除劳动合同也不得终止劳动合同，劳动合同应当延续到相应情形消失时为止：

1.从事接触职业病危害作业的劳动者未进行离岗前职业健康检查，或者疑似职业病病人在诊断或者医学观察期间的。

2.在本单位患职业病或者因工负伤并被确认丧失或者部分丧失劳动能力的。

3.患病或者非因工负伤，在规定的医疗期内的。

4.女职工在孕期、产期、哺乳期的。

5.在本单位连续工作满15年，且距法定退休年龄不足5年的。

6.法律、行政法规规定的其他情形。

☆【专家一对一】

**注意区分以下几种情形：**

| 情形 | 处理 |
|---|---|
| 劳动者在本单位连续工作满"15年"，且距法定退休年龄不足"5年"的 | 用人单位既不得解除劳动合同，也不得终止劳动合同 |
| 用人单位初次实行劳动合同制度或者国有企业改制重新订立劳动合同时，劳动者在该单位连续工作满10年，且距法定退休年龄不足10年的 | 应订立无固定期限劳动合同 |
| 劳动者在本单位患"职业病"或者"因工负伤"并被确认丧失或者部分丧失劳动能力的 | 用人单位既不得解除劳动合同也不得终止劳动合同 |
| 患病或者非因工负伤，在规定的医疗期内的 | |
| 劳动者"患病"或者"非因工负伤"，在规定的"医疗期满后"不能从事原工作，也不能从事由用人单位另行安排的工作的 | 用人单位提前30日以书面形式通知劳动者本人或者额外支付劳动者1个月工资后，可解除劳动合同 |

【例题·多选题】下列情形中，用人单位不得与劳动者解除或终止劳动合同的有（　　）。
A.农药灌装工作人员未进行离岗前职业健康检查
B.张三生病，医疗期满后不能从事原工作，经调岗后仍然无法胜任
C.处于哺乳期的员工孙某
D.员工李某在本单位连续工作满15年，且距法定退休年龄还有3年
【答案】ACD
【解析】选项B：劳动者“患病”或者“非因工负伤”，在规定的“医疗期满后”不能从事原工作，也不能从事由用人单位另行安排的工作的，用人单位可解除劳动合同，但要提前30日以书面形式通知劳动者本人或者额外支付劳动者1个月工资。

（四）劳动合同解除和终止的经济补偿（★★★）

1.经济补偿的概念。

（1）经济补偿是指按照劳动合同法的规定，在劳动者无过错的情况下，用人单位与劳动者解除或终止劳动合同而依法应给予劳动者的经济上的补助，也称经济补偿金。

（2）经济补偿金、违约金、赔偿金的区别。

①经济补偿金是法定的，是针对劳动关系的解除和终止，在劳动者无过错的情况下，用人单位给予劳动者的经济上的补偿。经济补偿金的支付主体是用人单位。

②违约金是约定的，是劳动者违反了服务期和竞业限制的约定而向用人单位支付的违约补偿。禁止用人单位对劳动合同服务期和竞业限制之外的其他事项与劳动者约定由劳动者承担违约金。违约金的支付主体是劳动者。

③赔偿金是用人单位和劳动者由于自己的过错给对方造成损害时，所应承担的不利的法律后果。赔偿金的支付主体可能是用人单位，也可能是劳动者。

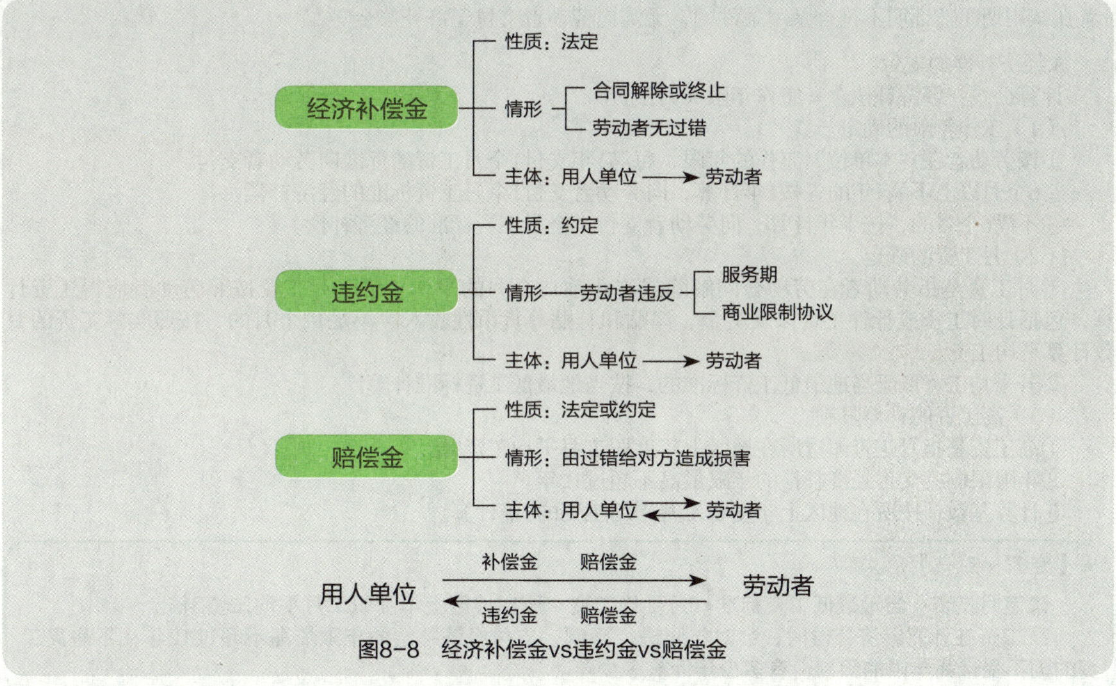


图8-8　经济补偿金vs违约金vs赔偿金

【例题·单选题】（2016）下列关于经济补偿金和违约金的表述中，不正确的是（　　）。
A.违约金的支付主体只能是劳动者
B.经济补偿金只能由用人单位和劳动者在劳动合同中约定
C.违约金只能在服务期和竞业限制条款中约定
D.经济补偿金的支付主体只能是用人单位
【答案】B
【解析】选项B，经济补偿金是法定的，是针对劳动关系的解除和终止，在劳动者无过错的情况下，用人单位给予劳动者的经济上的补偿。

2.用人单位应当向劳动者支付经济补偿的情形。

（1）劳动者符合随时通知解除和不需事先通知即可解除劳动合同规定情形而解除劳动合同的。

（2）由用人单位提出解除劳动合同并与劳动者协商一致而解除劳动合同的。

（3）用人单位符合提前30日以书面形式通知劳动者本人或者额外支付劳动者1个月工资后，可以解除劳动合同规定情形而解除劳动合同的。

（4）用人单位符合可裁减人员规定而解除劳动合同的。

（5）除用人单位维持或者提高劳动合同约定条件续订劳动合同，劳动者不同意续订的情形外，劳动合同期满终止固定期限劳动合同的。

（6）用人单位被依法宣告破产或者被吊销营业执照、责令关闭、撤销或者用人单位决定提前解散而终止劳动合同的。

（7）以完成一定工作任务为期限的劳动合同因任务完成而终止的。

（8）法律、行政法规规定的其他情形。

【例题·多选题】（2018）下列解除或者终止劳动合同的情形中，用人单位不向劳动者支付经济补偿的有（　　）。

A.用人单位通知非全日制用工劳动者终止用工的

B.自用工之日起1个月内，经用人单位书面通知后，劳动者不与用人单位订立劳动合同，用人单位书面通知劳动者终止劳动关系的

C.劳动者达到法定退休年龄而终止劳动合同的

D.用人单位因劳动者在试用期间被证明不符合录用条件而解除劳动合同的

【答案】ABCD

【解析】（1）选项A：非全日制终止用工，用人单位不向劳动者支付经济补偿金；（2）选项B：经用人单位书面通知，劳动者不与用人单位订立书面劳动合同，无需向劳动者支付经济补偿金；（3）选项C：劳动者达到法定退休年龄的，劳动合同终止，无需向劳动者支付经济补偿金；（4）选项D：劳动者在试用期间被证明不符合录用条件的，无需向劳动者支付经济补偿金。

3.经济补偿的支付。

计算公式：经济补偿金＝工作年限×月工资

（1）工作年限的确定。

①按劳动者在“本单位”工作的年限，每满1年支付1个月工资的标准向劳动者支付。

②6个月以上不满1年的，按1年计算，向劳动者支付1个月工资标准的经济补偿。

③不满6个月的，按半年计算，向劳动者支付半个月工资标准的经济补偿。

（2）月工资的确定。

①月工资是指劳动者在劳动合同解除或终止前12个月的平均工资。月工资按照劳动者应得工资计算，包括计时工资或计件工资以及奖金、津贴和补贴等货币性收入。不足12个月的，按照实际工资的月数计算平均工资。

②若平均工资低于当地最低工资标准的，按当地最低工资标准计算。

（3）高工资的补偿限制。

①高工资是指月工资超过所在地区上年度职工月平均工资3倍。

②年限限制：支付经济补偿的年限最高不超过12年。

③计算基数：按所在地区上年度职工月平均工资的3倍计算。

★【专家一对一】

**确定月工资：当地最低工资标准≤月平均工资≤所在地区上年度职工月平均工资3倍。**

**高工资在计算经济补偿时，会对年限进行限制，支付经济补偿的年限最高不超过12年；不是高工资的则不受最高年限的限制，有多少年计算多少年。**

【例题·单选题】（2017）2010年4月1日，张某到甲公司工作，2016年8月1日，双方的劳动合同期满，甲公司不再与张某续签，已知劳动合同终止前12个月，张某月平均工资5 000元，甲公司所在地职工月平均工资4 500元，计算劳动合同终止后甲公司应向张某支付经济补偿的下列公式中，正确的是（　　）。

A.4 500×6=27 000元　B.4 500×7=31 500元　C.5 000×5.5=27 500元　D.5 000×6.5=32 500元

【答案】D

【解析】（1）工作年限：张某在甲公司工作6年零4个月，工作年限算6.5年，补6.5个月工资；（2）月工资：张某的工资未超过当地职工月平均工资的三倍，按张某正常工资计算；（3）经济补偿金为：5 000×6.5=32 500元。

（五）劳动合同解除和终止的法律后果及双方义务（★★）

1.劳动合同解除和终止后，双方劳动关系消灭。

2.劳动合同解除和终止的，用人单位应当在解除或者终止劳动合同时出具解除或终止劳动合同的证明（离职证明），并在15日内为劳动者办理档案和社会保险关系转移手续。

3.用人单位对已经解除或终止的劳动合同文本，至少保存2年备查。

4.用人单位未向劳动者出具解除或者终止劳动合同的书面证明，由劳动行政部门责令改正；给劳动者造成损害的，应当承担赔偿责任。

劳动者依法解除或者终止劳动合同，用人单位扣押劳动者档案或者其他物品的，由劳动行政部门责令限期退还劳动者本人，并以每人500元以上2 000元以下的标准处以罚款；给劳动者造成损害的，应当承担赔偿责任。

5.用人单位应当在解除或者终止劳动合同时向劳动者支付经济补偿的，在办结工作交接时支付。

解除或者终止劳动合同，用人单位未依照《劳动合同法》的规定向劳动者支付经济补偿的，由劳动行政部门责令限期支付经济补偿；逾期不支付的，责令用人单位按照应付金额50%以上100%以下的标准向劳动者加付赔偿金。

6.用人单位违反规定解除或者终止劳动合同，劳动者要求继续履行劳动合同的，用人单位应当继续履行；劳动者不要求继续履行劳动合同或者劳动合同已经不能继续履行的，用人单位应当依照《劳动合同法》规定的经济补偿标准的2倍向劳动者支付赔偿金。用人单位支付了赔偿金的，不再支付经济补偿。赔偿金的计算年限自用工之日起计算。

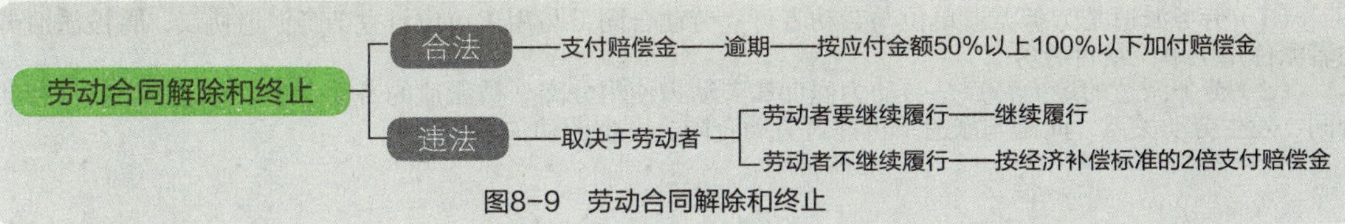


图8-9　劳动合同解除和终止

7.劳动者违反《劳动合同法》规定解除劳动合同，给用人单位造成损失的，应当承担赔偿责任。

【例题·多选题】（2013）甲公司在职工王某怀孕期间提出解除劳动合同，则下列说法中正确的有（　　）。

A.甲公司不能解除劳动合同

B.甲公司可以解除劳动合同

C.如果甲公司提出解除劳动合同，王某提出继续履行劳动合同的，应当继续履行

D.如果甲公司提出解除劳动合同，王某也同意不继续履行劳动合同的，解除劳动合同后，甲公司应当向王某支付经济补偿金

【答案】AC

【解析】（1）选项B，题干所述情形属于不能用人单位不能解除劳动合同的情形；（2）选项D，解除和终止合同在违法的情况下，需要按照经济补偿标准的“2倍”向劳动者“支付”赔偿金，不再支付经济补偿金。

## 六、集体合同与劳务派遣

（一）集体合同（★★）

1.集体合同的概念和种类。

（1）集体合同是工会代表企业职工一方与企业签订的劳动合同。尚未建立工会的单位，可由上级工会指导劳动者推荐的代表与用人单位订立集体合同。

（2）专项集体合同。企业职工一方与用人单位可以签订劳动安全卫生、女职工权益保护、工资调整机制等专项集体合同。

（3）行业性集体合同、地域性集体合同。建筑业、采矿业、餐饮业等行业可以由工会与企业代表签订行业性集体合同、地域性集体合同。

2.集体合同的订立。

（1）合同内容由双方派代表协商。双方的代表人数应当对等，每方至少3人，并各确定1名首席代表。

（2）协商一致的合同草案应当提交职工代表大会或者全体职工讨论。讨论会议应当有2/3以上职工代表或者职工出席，且须经全体职工代表半数以上或者全体职工半数以上同意，方获通过。通过后，由双方首席代表签字。

（3）集体合同订立后，应当报送劳动行政部门，劳动行政部门自“收到”集体合同文本之日起“15

日内未提出异议”的，集体合同即行生效。

（4）集体合同中劳动报酬和劳动条件等标准不得低于当地人民政府规定的最低标准；单位与劳动者订立的劳动合同中劳动报酬和劳动条件等标准不得低于集体合同规定的标准。

【例题·多选题】下列关于集体合同的表述中正确的有（　　）。
A.用人单位与工会各应派出至少3名代表参加集体协商会议，并各确定1名首席代表
B.集体合同订立后，应当报送劳动行政部门，劳动行政部门自收到集体合同文本之日起30日内未提出异议的，集体合同即行生效
C.集体合同中劳动报酬和劳动条件等标准不得低于当地人民政府规定的最低标准
D.集体合同通过后，应当由出席会议的双方全体代表签字
【答案】AC
【解析】（1）选项B，劳动行政部门自收到集体合同文本之日起“15日内”未提出异议的，集体合同即行生效；（2）选项D，集体合同通过后，应当由“双方首席代表”签字。

3.集体合同纠纷和法律救济。

因履行集体合同发生争议，经协商解决不成的，工会可以依法申请仲裁、提起诉讼。

（二）劳务派遣（人事外包、人才租赁）（★★★）

1.劳务派遣的概念和特征。

（1）劳务派遣是劳务派遣单位与劳动者订立劳动合同，与用工单位订立劳务派遣协议，将被派遣劳动者派往用工单位给付劳务。

（2）劳务派遣的最大特点是劳动力雇佣和劳动力使用分离。被派遣的劳动者不与用工单位签订劳动合同、发生劳动关系，而是与派遣单位签订劳动合同、发生劳动关系。

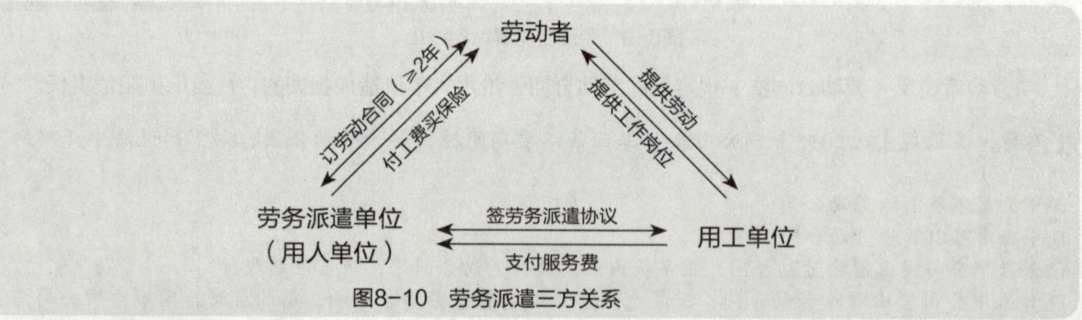


图8-10　劳务派遣三方关系

2.劳务派遣的适用范围。

（1）合同用工是企业基本用工形式，劳务派遣用工是补充形式，只能在临时性（<6个月）、辅助性或替代性的工作岗位上实施。

（2）用工单位使用的被派遣劳动者数量不得超过其用工总量的10%，该用工总量是指用工单位订立劳动合同人数与使用的被派遣劳动者人数之和。

★【专家一对一】
派遣员工÷（正式员工+派遣员工）≤10%

（3）用人单位不得设立劳务派遣单位向本单位或者所属单位派遣劳动者。用工单位不得将被派遣劳动者再派遣到其他单位。劳务派遣单位不得以非全日制用工形式招用被派遣劳动者。

【例题·多选题】（2017）下列劳务派遣用工形式中，不符合法律规定的有（　　）。
A.丙劳务派遣公司以非全日制用工形式招用被派遣劳动者
B.乙公司将使用的被派遣劳动者又派遣到其他公司工作
C.丁公司使用的被派遣劳动者数量达到其用工总量的5%
D.甲公司设立劳务派遣公司向其所属分公司派遣劳动者
【答案】ABD
【解析】（1）选项A错误：劳务派遣单位不得以非全日制用工形式招用被派遣劳动者；（2）选项B错误：用工单位不得将被派遣劳动者再派遣到其他单位；（3）选项C正确：用工单位使用的被派遣劳动者数量不得超过其用工总量的10%；（4）选项D错误：用人单位不得设立劳务派遣单位向本单位或者所属单位派遣劳动者。

3.劳务派遣单位、用工单位与劳动者的权利和义务。

（1）劳务派遣单位的权利和义务。

①劳务派遣单位是用人单位，履行用人单位对劳动者的义务。

②劳务派遣单位与被派遣劳动者订立的劳动合同，除了载明劳动合同必备条款外，还要载明被派遣劳动者的用工单位、派遣期限、工作岗位等情况。

③劳务派遣单位应当与被派遣劳动者订立2年以上的固定期限劳动合同，按月支付劳动报酬。被派遣劳动者在无工作期间，劳务派遣单位应当按照所在地人民政府规定的最低工资标准，向其按月支付报酬。

【例题·多选题】（2018）下列关于不同用工形式劳动报酬结算支付周期的表述中，正确的有（　　）。

A.非全日制用工劳动者的劳动报酬结算支付周期最长不得超过15日

B.全日制用工劳动者的劳动报酬至少每周支付一次

C.被派遣劳动者的劳动报酬，在结束劳务派遣用工时支付

D.对完成一次性临时劳动或某项具体工作的劳动者，用人单位应按有效协议或者合同规定其完成劳动任务后即支付劳动报酬

【答案】AD

【解析】（1）选项B：全日制用工劳动者的劳动报酬至少每月支付一次；（2）选项C：劳务派遣单位应当与被派遣劳动者订立2年以上的固定期限劳动合同，按月支付劳动报酬。

（2）用工单位的权利和义务。

①用工单位应当与劳务派遣单位签订劳务派遣协议。协议应当约定派遣岗位和人员数量、派遣期限、劳动报酬和社会保险费的数额与支付方式以及违反协议的责任。

②用工单位应当根据工作岗位的实际需要与劳务派遣单位确定派遣期限，不得将连续用工期限分割订立数个短期劳务派遣协议。

（3）劳动者的权利和义务。

①劳务派遣单位应当将劳务派遣协议的内容告知被派遣劳动者，不得克扣用工单位按协议支付给劳动者的劳动报酬。

②劳务派遣单位和用工单位均不得向被派遣劳动者收取费用。

③被派遣劳动者享有与用工单位的劳动者同工同酬的权利。

④被派遣劳动者有权在劳务派遣单位或者用工单位依法参加或者组织工会，维护自身的合法权益。

★【专家一对一】

劳务派遣单位与被派遣劳动者之间是劳动合同关系，“劳务派遣单位”应承担向劳动者依法支付解除或终止劳动合同后的经济补偿金或者赔偿金的义务。

【例题·单选题】（2015）乙劳务派遣公司应甲公司要求，将张某派遣到甲公司工作。下列关于该劳务派遣用工的表述中，正确的是（　　）。

A.乙公司可向张某收取劳务中介费

B.甲公司可将张某再派遣到其他用人单位

C.甲公司与张某之间存在劳动合同关系

D.乙公司应向张某按月支付劳动报酬

【答案】D

【解析】（1）选项A：劳务派遣单位和用工单位均不得向被派遣劳动者收取费用；（2）选项B：用工单位不得将被派遣劳动者再派遣到其他单位；（3）选项C：乙劳务派遣公司与张某之间存在劳动合同关系。

## 七、劳动争议的解决

### （一）劳动争议的解决及解决方法（★）

1.劳动争议的概念及范围。

（1）劳动争议的概念。

劳动争议是指劳动关系当事人之间因实现劳动权利、履行劳动义务发生分歧而引起的争议。

（2）劳动争议的适用范围。

①因确认劳动关系发生的争议；

②因订立、履行、变更、解除和终止劳动合同发生的争议；

③因除名、辞退和辞职、离职发生的争议；

④因工作时间、休息休假、社会保险、福利、培训以及劳动保护发生的争议；

⑤因劳动报酬、工伤医疗费、经济补偿或者赔偿金等发生的争议；
⑥法律、法规规定的其他劳动争议。

【例题·多选】下列劳动争议中，劳动者可以向劳动仲裁部门申请劳动仲裁的有（　　）。
A.张三因被单位除名与单位发生的争议　　B.赵某因经济赔偿金与单位发生的争议
C.李某因节假日加班工资发放与单位发生的争议　　D.王某因工伤医疗费与单位发生的争议
【答案】ABCD

2.劳动争议的解决原则和方法。
（1）劳动争议解决的基本原则。
解决劳动争议，应当根据事实，遵循合法、公正、及时、着重调解的原则，依法保护当事人的合法权益。
（2）劳动争议解决的基本方法。
①劳动争议解决的方法有协商、调解、仲裁和诉讼。
②劳动者可以与单位协商，也可以请工会或者第三方共同与单位协商，达成和解协议。
③当事人不愿协商、协商不成或者达成和解协议后不履行的，可以向调解组织申请调解。
④不愿调解、调解不成或者达成调解协议后不履行的，可以向劳动争议仲裁委员会申请仲裁

★【专家一对一】
双方可不经和解、调解，直接提起劳动仲裁。

⑤对仲裁裁决不服的，除劳动争议调解仲裁法另有规定的以外，可以向人民法院提起诉讼。

★【专家一对一】
经济纠纷的仲裁需要事前或事后达成仲裁协议，而劳动争议的仲裁不需要达成仲裁协议，只要一方申请，仲裁机构就可受理；经济纠纷的仲裁"一裁终局"，对裁决不服的，不能向人民法院起诉；劳动争议的裁决一般不是终局的，对裁决不服，除劳动争议调解仲裁法另有规定的以外，还可以向人民法院提起诉讼。

【例题·判断题】（2013）劳动者与用人单位发生劳动争议无需经过劳动仲裁，可直接向人民法院提起诉讼。（　　）
【答案】错误。

（3）举证责任。
当事人对自己提出的主张有责任提供证据。与争议有关的证据属于用人单位掌握管理的，用人单位应当提供；用人单位不提供的，应当承担不利后果。
（二）劳动调解（★）
1.劳动争议调解组织。
（1）企业劳动争议调解委员会
企业劳动争议调解委员会由职工代表和企业代表组成。职工代表由工会成员担任或者由全体职工推举产生，企业代表由企业负责人指定。企业劳动争议调解委员会主任由工会成员或者双方推举的人员担任。
（2）依法设立的基层人民调解组织
（3）在乡镇、街道设立的具有劳动争议调解职能的组织

【例题·多选题】发生劳动争议，可以进行劳动争议调解的组织有（　　）。
A.企业劳动争议调解委员会　　B.基层人民调解组织
C.乡镇、街道设立的具有劳动争议调解职能的组织　　D.经济仲裁庭
【答案】ABC

2.劳动调解程序。
（1）申请劳动争议调解可以书面，也可以口头。
（2）调解协议书由双方当事人签名或盖章，经调解员签名并加盖调解组织印章后生效。调解协议书对双方当事人具有约束力，当事人应当履行。
（3）自劳动争议调解组织收到调解申请之日起15日内未达成调解协议的，当事人可以申请仲裁。

（4）达成调解协议后，一方当事人在协议约定期限内不履行调解协议的，另一方当事人可以依法申请仲裁。因支付拖欠劳动报酬、工伤医疗费、经济补偿或者赔偿金事项达成调解协议，用人单位在协议约定期限内不履行的，劳动者可以持调解协议书依法向人民法院申请支付令。人民法院应当依法发出支付令。

【例题·多选题】下列有关劳动调解程序的说法中正确的有（　　）。
A.申请劳动争议调解应当采取书面形式
B.调解协议书对双方当事人具有约束力，当事人应当履行。
C.自劳动争议调解组织收到调解申请之日起30日内未达成调解协议的，当事人可以申请仲裁。
D.达成调解协议后，一方当事人在协议约定期限内不履行调解协议的，另一方当事人可以依法申请仲裁
【答案】BD
【解析】（1）选项A：申请劳动争议调解可以书面，也可以口头；（2）选项C：自劳动争议调解组织收到调解申请之日起“15日内”未达成调解协议的，当事人可以申请仲裁。

（三）劳动仲裁（★★）

1.劳动仲裁机构、劳动仲裁参加人和劳动仲裁管辖。

（1）劳动仲裁机构。

劳动仲裁机构是劳动人事争议仲裁委员会。仲裁委员会按照统筹规划、合理布局和适应实际需要的原则设立，不按行政区划层层设立。仲裁委员会下设实体化的办事机构，称为劳动人事争议仲裁院。

（2）劳动仲裁参加人。

①当事人。发生劳动争议的劳动者和用人单位是劳动争议仲裁案件的双方当事人。劳务派遣单位或用工单位与劳动者发生争议的，劳务派遣单位和用工单位为共同当事人。劳动者与个人承包经营者发生争议，申请仲裁时，应当将发包的组织和个人承包经营者作为当事人。发生争议的用人单位未办理营业执照、被吊销营业执照、营业执照到期继续经营、被责令关闭、被撤销以及用人单位决定提前解散、歇业，不能承担相关责任的，依法将用人单位和其出资人、开办单位或主管部门作为共同当事人。

②当事人代表。发生争议的劳动者一方在10人以上，并有共同请求的，劳动者可以推举3至5名代表参加仲裁活动。代表人参加仲裁的行为对其所代表的当事人发生效力，但代表人变更、放弃仲裁请求或者承认对方当事人的仲裁请求，进行和解，必须经被代表的当事人同意。

③第三人。与劳动争议案件处理结果有利害关系的第三人，可以申请参加仲裁活动或由仲裁委员会通知其参加仲裁活动。

④代理人。当事人可以委托代理人参加仲裁活动。丧失或者部分丧失民事行为能力的劳动者，由其法定代理人代为参加仲裁活动，无法定代理人的，劳动争议仲裁委员会为其指定。劳动者死亡的，由其近亲属或者代理人参加仲裁活动。

【例题·多选题】劳动仲裁时，代表人参加仲裁必须经被代表的当事人同意的行为有（　　）。
A.代表人变更仲裁请求　　B.放弃仲裁请求
C.承认对方当事人的仲裁请求　　D.进行和解
【答案】ABCD
【解析】劳动仲裁时，代表人参加仲裁的行为对其所代表的当事人发生效力，但代表人变更、放弃仲裁请求或者承认对方当事人的仲裁请求，进行和解，必须经被代表的当事人同意。

（3）劳动争议仲裁案件的管辖。

①劳动争议由劳动合同履行地或者用人单位所在地的劳动争议仲裁委员会管辖。

②双方当事人分别向两地申请仲裁的，由劳动合同履行地的劳动争议仲裁委员会管辖。

③有多个劳动合同履行地的，由最先受理的仲裁委员会管辖。

④劳动合同履行地不明确的，由用人单位所在地的仲裁委员会管辖。

⑤案件受理后，合同履行地或用人单位所在地发生变化的，不改变争议仲裁的管辖。

【例题·多选题】下列关于劳动争议仲裁案件管辖的说法中正确的有（　　）。
A.劳动争议由劳动合同履行地或者用人单位所在地的劳动争议仲裁委员会管辖
B.有多个劳动合同履行地的，由最先受理的仲裁委员会管辖
C.劳动合同履行地不明确的，由用人单位所在地的仲裁委员会管辖
D.案件受理后，合同履行地或用人单位所在地发生变化的，不改变争议仲裁的管辖
【答案】ABCD

2.申请和受理。

（1）仲裁时效。

①劳动争议申请仲裁的时效期间为1年，从当事人知道或者应当知道其权利被侵害之日起计算。劳动关系存续期间因拖欠劳动报酬发生争议的，劳动者申请仲裁不受1年仲裁时效期间的限制；但是，劳动关系终止的，应当自劳动关系终止之日起1年内提出。

★【专家一对一】

**劳动关系承续期间，单位拖欠工资，劳动者一般不敢告，怕丢了饭碗。所以，劳动关系存续期间因“拖欠劳动报酬”发生争议的，劳动者申请仲裁不受1年仲裁时效期间的限制。**

【例题·单选题】（2018）2016年7月10日，刘某到甲公司上班，公司自9月10日起一直拖欠其劳动报酬，直至2017年1月10日双方劳动关系终止。下列关于刘某申请劳动仲裁的期间的表述中，正确的是（　　）。

A.应自2016年9月10日起1年内提出申请

B.应自2016年9月10日起3年内提出申请

C.应自2017年1月10日起1年内提出申请

D.应自2016年7月10日起3年内提出申请

【答案】C

【解析】劳动关系存续期间因拖欠劳动报酬发生争议的，劳动者申请仲裁不受1年仲裁时效期间的限制；但是，劳动关系终止的，应当自劳动关系终止之日起1年内提出。本题中，劳动关系的终止日期是2017年1月10日，应自此日起1年内提出申请，故正确答案是选项C。

②仲裁时效的中断

当事人一方向对方当事人主张权利，或者向有关部门请求权利救济，或者对方当事人同意履行义务，劳动仲裁时效中断。从中断时起，仲裁时效期间重新计算。

③仲裁时效的中止

因不可抗力或者其他正当理由，当事人不能在仲裁时效期间申请仲裁的，仲裁时效中止。从原因消除之日起继续计算。

（2）仲裁申请。

当事人应当提交书面仲裁申请；书写仲裁申请确实有困难的，可以口头申请。

（3）仲裁受理。

劳动争议仲裁委员会收到仲裁申请之日起5日内，决定是否受理；不予受理或者逾期未作出决定的，申请人可以就该劳动争议事项向人民法院提起诉讼。

★【专家一对一】

**劳动仲裁是劳动诉讼的必经程序，但是劳动者申请仲裁不被受理或者逾期不答复，劳动者有权提起诉讼。**

3.开庭和裁决。

（1）仲裁基本制度。

①公开仲裁制度。劳动争议仲裁公开进行，但当事人协议不公开或者涉及商业秘密和个人隐私的，经相关当事人书面申请，仲裁委员会应当不公开审理。

②仲裁庭制度。仲裁庭由3名仲裁员组成，设首席仲裁员。简单劳动争议案件可以由1名仲裁员仲裁。

③回避制度。有可能影响案件公正审理的，当事人可以口头或书面提出回避申请。

★【专家一对一】

**经济仲裁和劳动争议仲裁都实行开庭审理和回避制度。但经济仲裁不公开进行，当事人协议公开的，可以公开，但涉及国家秘密的除外；劳动争议仲裁公开进行，但当事人协议不公开或者涉及商业秘密和个人隐私的，经相关当事人书面申请，仲裁委员会应当不公开审理。**

（2）仲裁开庭程序。

仲裁庭裁决劳动争议案件，应当自受理仲裁申请之日起45日内结束。案情复杂需要延期的，经仲裁委员会主任批准，可以延期并书面通知当事人，但延期不得超过15日。逾期未作出仲裁的，当事人可以就该劳动争议事项向人民法院起诉。

（3）仲裁裁决。

①裁决的原则。仲裁应当按照多数仲裁员的意见作出；仲裁庭不能形成多数意见时，裁决应当按照首席仲裁员的意见作出。裁决书由仲裁员签名，加盖劳动争议仲裁委员会印章。对裁决持不同意见的仲裁员，可以签名，也可以不签名。

②一裁终局的案件。下列劳动争议，除法律另有规定外，仲裁裁决为终局裁决，裁决书自作出之日起发生法律效力：

a.追索劳动报酬、工伤医疗费、经济补偿金或者赔偿金，不超过当地月最低工资标准12个月金额的争议。如果仲裁裁决涉及数项，对单项裁决数额不超过上述标准，应当适用终局裁决。

b.因执行国家的劳动标准在工作时间、休息休假、社会保险等方面发生的争议。

③裁决内容同时涉及终局裁决和非终局裁决的，应当分别制作裁决书，并告知当事人相应的救济权利。

★【专家一对一】

**劳动者对劳动仲裁的终局裁决不服可以“直接”向法院提起诉讼；用人单位对终局裁决不服只能向法院“申请撤销”该裁决，而不能直接起诉。**

【例题·多选题】下列劳动争议除法律另有规定外，仲裁裁决为终局裁决的有（　　）。

A.追索劳动报酬超过当地月最低工资标准12个月金额的争议　　B.工作时间

C.休息休假　　D.服务期

【答案】BC

【解析】（1）选项A：追索劳动报酬不超过当地月最低工资标准12个月金额的争议，为终局裁决；（2）选项D：因执行国家的劳动标准在工作时间、休息休假、社会保险等方面发生的争议，为终局裁决。

（4）仲裁裁决的撤销。

用人单位有证据证明上述一裁终局的裁决有下列情形之一，可以自收到仲裁裁决书之日起30日内向劳动争议仲裁委员会所在地的中级人民法院申请撤销裁决：

①适用法律、法规确有错误的；

②劳动争议仲裁委员会无管辖权的；

③违反法定程序的；

④裁决所根据的证据是伪造的；

⑤对方当事人隐瞒了足以影响公正裁决的证据的；

⑥仲裁员在仲裁该案时有索贿受贿、徇私舞弊、枉法裁决行为的。

人民法院经组成合议庭审查核实裁决有上述规定情形之一的，应当裁定撤销。

★【专家一对一】

**申请撤销仲裁裁决只适用于用人单位，不适用于劳动者，因为劳动者对劳动仲裁的终局裁决不服可以“直接”向法院提起诉讼。而用人单位对劳动仲裁的终局裁决不服只能申请撤销，不能直接起诉。**

【例题·多选题】用人单位有证据证明一裁终局的裁决有下列情形之一，可以自收到仲裁裁决书之日起30日内向劳动争议仲裁委员会所在地的中级人民法院申请撤销裁决。可以依法申请撤销的情形主要有（　　）。

A.劳动争议仲裁委员会无管辖权的　　B.违反法定程序的

C.裁决所根据的证据是伪造的　　D.对方当事人隐瞒了足以影响公正裁决的证据的

【答案】ABCD

4.执行。

（1）仲裁庭对追索劳动报酬、工伤医疗费、经济补偿或者赔偿金的案件，根据当事人的申请，可以裁决先予执行，移送人民法院执行。

（2）仲裁庭裁决先予执行的，应当符合下列条件：

①当事人之间权利义务关系明确；

②不先予执行将严重影响申请人的生活。

（3）劳动者申请先予执行的，可以不提供担保。

（4）当事人对发生法律效力的调解书、裁决书，应当依照规定的期限履行。一方当事人逾期不履行的，另一方当事人可向人民法院申请执行。受理申请的人民法院应当依法执行。

（四）劳动诉讼（★）

1.劳动者对劳动争议的终局裁决不服的，可以自收到仲裁裁决书之日起15日内提起诉讼。

2.当事人对非终局裁决争议不服的，可以自收到仲裁裁决书之日起15日内提起诉讼。

3.终局裁决被人民法院裁定撤销的，当事人可以自收到裁定书之日起15日内提起诉讼。

★【专家一对一】

劳动者对劳动争议仲裁裁决不服，无论是终局裁决还是非终局裁决，均可向人民法院起诉；用人单位对劳动仲裁的终局裁决不服只能申请撤销，不能起诉，对非终局裁决不服，可向人民法院起诉。

【例题·单选题】（2018）下列关于劳动争议终局裁决效力的表述中，正确的是（　　）。

A.一方当事人逾期不履行终局裁决的，另一方当事人可以向劳动仲裁委员会申请强制执行

B.终局裁决被人民法院裁定撤销的，当事人可以自收到裁定书之日起15日向人民法院提起诉讼

C.劳动者对终局裁决不服的，不得向人民法院提起诉讼

D.用人单位对终局裁决不服的，应向基层人民法院申请撤销

【答案】B

【解析】（1）选项A：一方当事人逾期不履行的，另一方当事人可以向“人民法院”申请执行。（2）选项C：劳动者对劳动争议的终局裁决不服的，可以自收到仲裁裁决书之日起15日内向人民法院提起诉讼。（3）选项D：用人单位有证据证明仲裁裁决有法律规定的撤销情形的，可以自收到仲裁裁决书之日起30日内向劳动争议仲裁委员会所在地的“中级人民法院”申请撤销裁决。

## 八、违反劳动合同法的法律责任

（一）用人单位违法责任（★）

1.用人单位规章制度违反法律规定的法律责任。

2.用人单位订立劳动合同违反法律规定的法律责任。

3.用人单位履行劳动合同违反法律规定的法律责任。

4.用人单位违反法律规定解除和终止劳动合同的法律责任。

5.其他法律责任：

（1）用人单位招用与其他用人单位尚未解除或者终止劳动合同的劳动者，给其他用人单位造成损失的，应当承担连带赔偿责任。

（2）劳务派遣单位、用工单位违反《劳动合同法》有关劳务派遣规定的，由劳动行政部门责令限期改正；逾期不改正的，以每人5 000元以上1万元以下的标准处以罚款，对劳务派遣单位，吊销其劳务派遣业务经营许可证。用工单位给被派遣劳动者造成损害的，劳务派遣单位与用工单位承担连带赔偿责任。

（3）对不具备合法经营资格的用人单位的违法犯罪行为，依法追究法律责任；劳动者已经付出劳动的，该单位或者其出资人应当依照《劳动合同法》的有关规定向劳动者支付劳动报酬、经济补偿、赔偿金；给劳动者造成损害的，应当承担赔偿责任。

（4）个人承包经营违反《劳动合同法》规定招用劳动者，给劳动者造成损害的，发包的组织与个人承包经营者承担连带赔偿责任。

（二）劳动者违反劳动合同法的法律责任（★）

1.劳动合同被确认无效，给用人单位造成损失的，有过错的劳动者应当承担赔偿责任。

2.劳动者违反劳动合同法规定解除劳动合同，给用人单位造成损失的，应当承担赔偿责任。

3.劳动者违反劳动合同中约定的保密义务或者竞业限制，劳动者应当按照劳动合同的约定，向用人单位支付违约金。给用人单位造成损失的，应当承担赔偿责任。

4.劳动者违反培训协议，未满服务期解除或者终止劳动合同的，或者因劳动者严重违纪，用人单位与劳动者解除约定服务期的劳动合同的，劳动者应当按照劳动合同的约定，向用人单位支付违约金。

★【专家一对一】

（1）劳动者承担赔偿责任的前提：一是劳动者有过错；二是给用人单位造成损失。两个条件同时具备，才承担赔偿责任。（2）劳动者承担违约责任的前提：一是违反两项义务（服务期、竞业限制或保密义务）；二是有约定。

【例题·多选题】（2017）关于用人单位未按照劳动合同约定或者国家规定支付劳动者劳动报酬应承担法律责任的下列表述中，正确的有（　　）。
A.由用人单位向劳动者支付违约金
B.劳动报酬低于当地最低工资标准的，用人单位应当支付其差额的部分
C.用人单位按照应付劳动报酬金额200%的标准向劳动者加付赔偿金
D.由劳动行政部门责令用人单位限期支付劳动报酬
【答案】BD
【解析】（1）选项A，用人单位未按照劳动合同约定或者国家规定支付劳动者劳动报酬，不属于违约金约定范围；（2）选项C，赔偿金的标准是应付劳动报酬的50%~100%。

★【专家一点通】

**劳动仲裁与经济仲裁**

| | 经济仲裁 | 劳动仲裁 |
|---|---|---|
| 法律依据 | 《仲裁法》 | 《劳动争议调解仲裁法》 |
| 自愿 | 双方自愿，达成仲裁协议，没有仲裁协议，只能提起民事诉讼 | 不需双方自愿，不需签订仲裁协议 |
| 裁决与诉讼 | 或裁或审（仲裁和诉讼二选一） | 仲裁是劳动诉讼的前置程序（先裁后审） |
| 一裁终局 | 一裁终局，裁决后，不得再申请仲裁或向法院起诉 | （1）对"终局裁决"不服，用人单位不能起诉，劳动者可以起诉<br>（2）对"非终局裁决"不服，用人单位和劳动者都可起诉 |
| 管辖 | 不实行级别管辖和地域管辖，当事人协议选定仲裁委员会 | （1）实行地域管辖，由合同履行地或用人单位所在地的仲裁委员会管辖<br>（2）双方当事人分别向两地申请仲裁的，由劳动合同履行地的劳动争议仲裁委员会管辖<br>（3）有多个劳动合同履行地的，由最先受理的仲裁委员会管辖<br>（4）劳动合同履行地不明确的，由用人单位所在地的仲裁委员会管辖<br>（5）案件受理后，合同履行地或用人单位所在地发生变化的，不改变争议仲裁的管辖 |
| 收费 | 收费 | 不收费，仲裁委员会的经费由财政保障 |
| 仲裁时效 | 适用民事诉讼时效规定 | （1）一般争议，自知道或应当知道其权利被侵害之日起1年<br>（2）拖欠劳动报酬的，劳动关系存续期间不受仲裁时效限制，劳动关系终止的，自终止之日起1年 |
| 形式 | 书面 | 书面、口头 |
| 开庭 | 开庭 | 开庭 |
| 公开 | 不公开，协议公开的可以公开，但涉及国家秘密的除外。 | 公开，协议不公开或商业秘密、个人隐私，经书面申请，可不公开 |
| 回避 | 实行回避制度 | 实行回避制度 |
| 和解 | 可以自行和解 | 可以自行和解 |
| 调解 | 可以调解 | 应当调解 |
| 裁决生效 | 作出之日起 | 终局裁决：作出之日起<br>非终局裁决：自收到裁决书之日起15日内不起诉 |
| 强制执行 | 法院执行 | 法院执行 |

★【专家一点通】

劳动合同的法定解除

| 主体 | 解除类型 | 具体期限 | 用人单位是否支付补偿 |
|---|---|---|---|
| 劳动者 | 提前通知 | ①劳动者在试用期内提前3日通知用人单位，可以解除劳动合同②劳动者提前30日以书面形式通知用人单位，可以解除劳动合同 | 不支付 |
| | 随时通知 | ①用人单位未按照劳动合同约定提供劳动保护或者劳动条件的；②用人单位未及时足额支付劳动报酬的；③用人单位未依法为劳动者缴纳社会保险费的；④用人单位的规章制度违反法律、法规的规定，损害劳动者权益的；⑤用人单位以欺诈、胁迫的手段或者乘人之危，使劳动者在违背真实意思的情况下订立或者变更劳动合同的；⑥用人单位在劳动合同中免除自己的法定责任、排除劳动者权利的；⑦用人单位违反法律、行政法规强制性规定的；⑧法律、行政法规规定劳动者可以解除劳动合同的其他情形 | 支付 |
| | 不需要事先告知 | ①用人单位以暴力、威胁或者非法限制人身自由的手段强迫劳动者劳动的；②用人单位违章指挥、强令冒险作业危及劳动者人身安全的 | 支付 |
| 用人单位 | 提前30日书面通知或额外支付1个月工资 | ①劳动者患病或者非因工负伤，在规定的医疗期满后不能从事原工作，也不能从事由用人单位另行安排的工作的；②劳动者不能胜任工作，经过培训或者调整工作岗位，仍不能胜任工作的；③劳动合同订立时所依据的客观情况发生重大变化，致使劳动合同无法履行，经用人单位与劳动者协商，未能就变更劳动合同内容达成协议的 | 支付 |
| | 随时通知 | ①劳动者在试用期间被证明不符合录用条件的；②劳动者严重违反用人单位的规章制度的；③劳动者严重失职，营私舞弊，给用人单位造成重大损害的；④劳动者同时与其他用人单位建立劳动关系，对完成本单位的工作任务造成严重影响，或者经用人单位提出，拒不改正的；⑤劳动者以欺诈、胁迫的手段或者乘人之危，使用人单位在违背真实意思的情况下，订立或者变更劳动合同的；⑥劳动者被依法追究刑事责任的 | 不支付 |
| | 经济性裁员 | ①依照《企业破产法》规定进行重整的；②生产经营发生严重困难的；③企业转产、重大技术革新或者经营方式调整，经变更劳动合同后，仍需裁减人员的；④其他因劳动合同订立时所依据的客观经济情况发生重大变化，致使劳动合同无法履行的 | 支付 |
| | 不得解除劳动合同 | ①从事接触职业病危害作业的劳动者未进行离岗前职业健康检查，或者疑似职业病病人在诊断或者医学观察期间的；②在本单位患职业病或者因工负伤并被确认丧失或者部分丧失劳动能力的；③患病或者非因工负伤，在规定的医疗期内的；④女职工在孕期、产期、哺乳期的；⑤在本单位连续工作满15年，且距法定退休年龄不足5年的；⑥法律、行政法规规定的其他情形 | |

# 知识图谱

- 劳动合同法律制度
  - 劳动关系的特征
    - 主体特定
    - 较强的法定性
    - 双方地位变化
  - 劳动合同的订立
    - 合同主体资格要求
      - 劳动者：可招用不满16周岁劳动者情形
      - 用人单位——分支机构：有执照、无执照
    - 合同主体的义务
      - 用人单位
        - 如实告知义务
        - 不得扣押证件
        - 不得要求提供担保
        - 不得收取财物
        - （违反的：按人罚500-2 000元+赔偿）
      - 劳动者——如实回答义务
    - 劳动关系建立时间——用工之日
    - 合同订立形式
      - 书面形式
        - 订立时间要求
        - 支付2倍工资的起止时间
      - 口头形式
        - 非全日制用工
        - 不得约定试用期
        - 报酬结算周期不得超过15日
    - 无效合同
      - 欺诈、胁迫、乘人之危
      - 单位免除自己的责任、排除劳动者权利
      - 违法法律强制性规定
  - 劳动合同主要内容
    - 必备条款
      - 用人单位信息
      - 劳动者信息
      - 工作内容、工作地点
      - 社会保险
      - 劳动保护、劳动条件、职业危害保护
      - 劳动合同期限
        - 固定期限
        - 以完成一定工作任务为期限
        - 无固定期限：应订立的情形
      - 工作时间、休息、休假
        - 工作时间
          - 标准工时
          - 不定时工作制
          - 综合计算工时制
        - 休息——带薪年休假：时间计算
        - 休假——不享受年休假情形
      - 劳动报酬
        - 工资支付：不得以实务、有价证券代替
        - 加班工资
          - 平时：150%
          - 休息日：安排调休的不支付几班工资；不安排调休的，200%
          - 法定假日：300%
        - 不支付加班费——责令支付，并按应付金额的50%—100%加付赔偿
        - 最低工资标准：不包括延长工资时间的报酬
        - 合同履行地与单位注册地不一致的处理
        - 扣工资：不得超过20%，扣除后余额不得低于最低工资标准
    - 约定条款
      - 试用期
        - 期限
        - 同一用人单位与劳动者只能约定一次
        - 不得约定试用期的情形
        - 违法约定试用期的责任：已经履行的，按满月工资标准支付赔偿金
        - 试用期工资：不得低于80%，不得低于最低工资标准
      - 服务期
        - 违约金的数额：不得超过单位提供的培训费用
        - 支付的违约金，不得超过未履行部分分摊的培训费
      - 竞业限制
        - 适用范围：高级管理人员、高级技术人员及其他负有保密义务的人员
        - 期限：不得超过2年

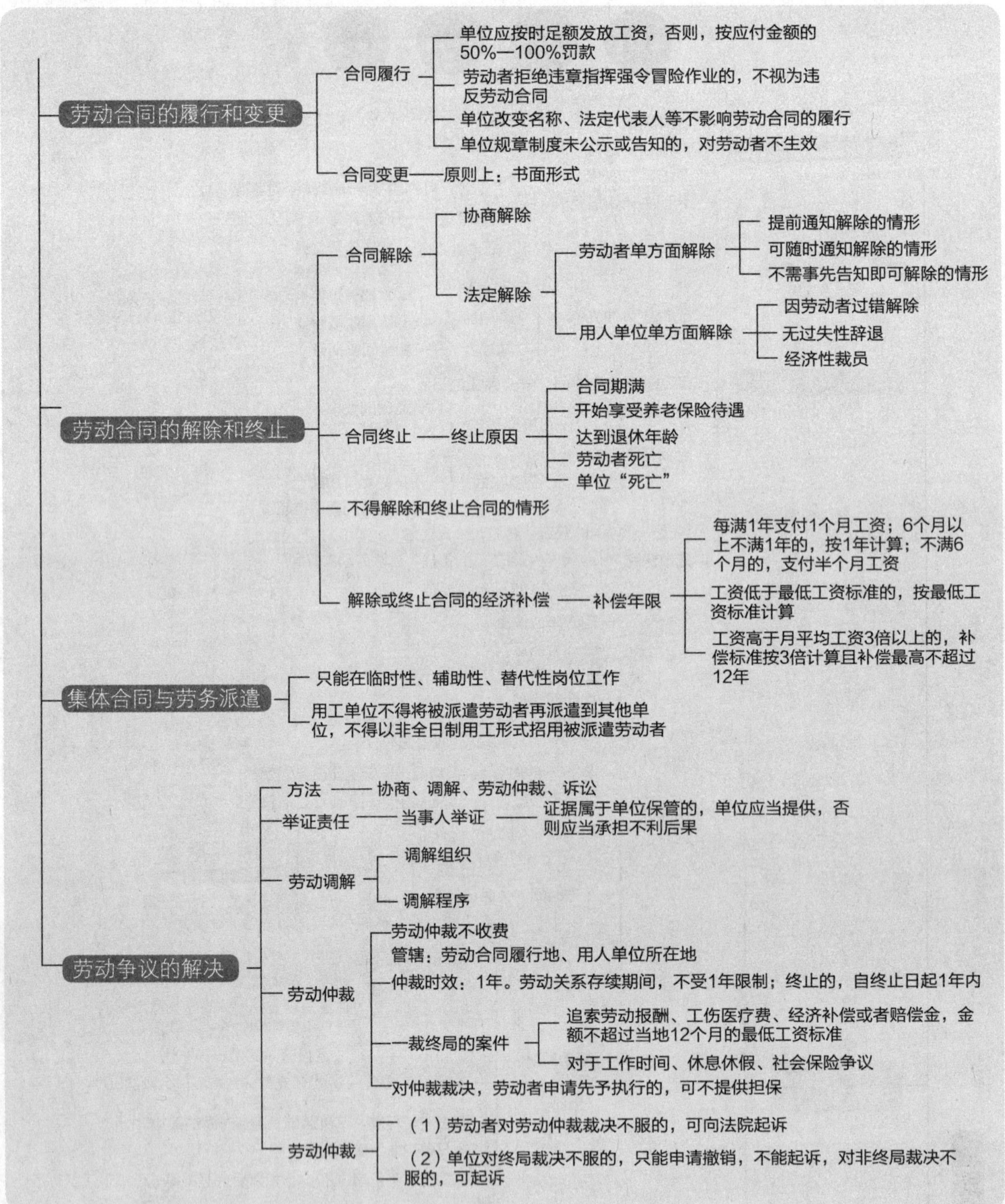
劳动合同的履行和变更
合同履行
单位应按时足额发放工资，否则，按应付金额的50%—100%罚款
劳动者拒绝违章指挥强令冒险作业的，不视为违反劳动合同
单位改变名称、法定代表人等不影响劳动合同的履行
单位规章制度未公示或告知的，对劳动者不生效
合同变更——原则上：书面形式
劳动合同的解除和终止
合同解除
协商解除
法定解除
劳动者单方面解除
提前通知解除的情形
可随时通知解除的情形
不需事先告知即可解除的情形
用人单位单方面解除
因劳动者过错解除
无过失性辞退
经济性裁员
合同终止——终止原因
合同期满
开始享受养老保险待遇
达到退休年龄
劳动者死亡
单位“死亡”
不得解除和终止合同的情形
解除或终止合同的经济补偿——补偿年限
每满1年支付1个月工资；6个月以上不满1年的，按1年计算；不满6个月的，支付半个月工资
工资低于最低工资标准的，按最低工资标准计算
工资高于月平均工资3倍以上的，补偿标准按3倍计算且补偿最高不超过12年
集体合同与劳务派遣
只能在临时性、辅助性、替代性岗位工作
用工单位不得将被派遣劳动者再派遣到其他单位，不得以非全日制用工形式招用被派遣劳动者
劳动争议的解决
方法——协商、调解、劳动仲裁、诉讼
举证责任——当事人举证——证据属于单位保管的，单位应当提供，否则应当承担不利后果
劳动调解
调解组织
调解程序
劳动仲裁
劳动仲裁不收费
管辖：劳动合同履行地、用人单位所在地
仲裁时效：1年。劳动关系存续期间，不受1年限制；终止的，自终止日起1年内
一裁终局的案件
追索劳动报酬、工伤医疗费、经济补偿或者赔偿金，金额不超过当地12个月的最低工资标准
对于工作时间、休息休假、社会保险争议
对仲裁裁决，劳动者申请先予执行的，可不提供担保
劳动仲裁
（1）劳动者对劳动仲裁裁决不服的，可向法院起诉
（2）单位对终局裁决不服的，只能申请撤销，不能起诉，对非终局裁决不服的，可起诉

# 节节测

## 一、单项选择题

1. 某高科技公司与研发人员签到劳动合同，约定条款如下："乙方（员工）如在办公室随地吐痰，一经发现，甲有权立即解除劳动合同。"该条款违反的劳动合同订立原则的是（　　）。
A.公平原则　B.平等自愿原则
C.协商一致原则　D.诚实信用原则
【答案】A

2. 2013年3月12日，吴某应聘到甲公司工作，每月领取工资2 000元，直至2014年2月12日甲公司方与其订立书面劳动合同。未及时订立书面劳动合同的工资补偿为（　　）。
A.18 000元　B.20 000元
C.22 000元　D.44 000元
【答案】B
【解析】甲公司与吴某补订书面劳动合同时距用工之日起已满11个月，第一个月拿正常工资，另外的10个月拿2倍工资。由于吴某已经按月领取正常工资，因此，甲公司还需要向吴某支付10个月的工资补偿2 000×10=20 000元。

3. 无效劳动合同从（　　）之日就没有法律效力。
A.从劳动合同订立　B.从提起劳动仲裁
C.从劳动合同解除起　D.从提起民事诉讼
【答案】A
【解析】无效劳动合同，从订立时起就没有法律约束力。

4. 刘某在甲公司工作3年。已知刘某累计工作18年且符合享受年休假条件。刘某可享受的当年年休假天数是（　　）。
A.10天　B.5天　C.15天　D.20天
【答案】A
【解析】职工累计工作已满10年不满20年的，年休假10天。

5. 2016年5月甲公司安排职工刘某在日标准工作时间以外延长工作时间累计12小时。已知甲公司实行标准工时制度，刘某日工资为160元。分析甲公司应支付刘某5月最低加班工资的下列算式中，正确的是（　　）。
A.160÷8×12×100%=240元
B.160÷8×12×150%=360元
C.160÷8×12×200%=480元
D.160÷8×12×300%=720元
【答案】B
【解析】平时（八小时以外）加班，按不低于150%支付加班工资，每天工作8小时，加班12小时的加班工资=160÷8×12×150%=360元。

6. 张三与甲公司签订了2年期劳动合同，约定工资为3 000元，当地最低工资为2 500元，则下列约定中符合《劳动合同法》规定的是（　　）。
A.约定试用期为1个月
B.约定试用期内每天工作10小时，每周休息1天
C.约定试用期不包含在劳动合同期限内
D.约定试用期工资为2 400元
【答案】A
【解析】（1）选项A正确，合同期限2年，试用期不得超过2个月；（2）选项B错误：劳动者每天工作不得超过8小时；（3）选项C错误：试用期包含在劳动合同期限内；（4）选项D错误：试用期工资可以打八折（3 000×80%=2 00元）但不得低于当地最低工资标准（2 500元），试用期工资不得低于2 500元。

7. 对负有保密义务的劳动者，用人单位可以在劳动合同或者保密协议中与劳动者约定竞业限制条款，但竞业限制不得超过一定期限。该期限为（　　）。
A.3年　B.2年　C.5年　D.1年
【答案】B
【解析】用人单位可以与劳动者签订竞业限制协议，但约定的期限不得超过2年。

8. 下列各项中，不属于劳动合同终止情形的是（　　）。
A.劳动者达到法定退休年龄的
B.用人单位被吊销营业执照的
C.劳动者开始依法享受基本养老保险待遇的
D.劳动者不能胜任工作的
【答案】D
【解析】选项D：劳动者不能胜任工作的，应先经过培训或者调整工作岗位。如果没有经过培训或者调整工作岗位就直接解除劳动合同，属于违法解除。

9. 孙某与甲公司签订了为期3年的劳动合同，月工资1 200元（当地最低月工资标准为800元）。期满终止合同时，甲公司未向孙某提出以不低于原工资标准续订劳动合同意向，甲公司应向孙某支付的经济补偿金额为（　　）元。
A.800　B.1 200　C.2 400　D.3 600
【答案】D
【解析】经济补偿按劳动者在本单位工作的年限，每满1年支付1个月工资的标准向劳动者支付。6个月以上不满1年的，按1年计算；不满6个月的，向劳动者支付半个月工资标准的经济补偿，本题中孙某工作满3年，应支付3个月的工资作为补偿。即经济补偿金=1 200×3=3 600（元）。

10. 劳务派遣临时性岗位最长期限为（　　）。
A.3个月　B.6个月　C.9个月　D.12个月
【答案】B

11. 关于因用人单位在劳动关系存续期间拖欠劳动报酬发生争议的仲裁时效期间的下列表述中，正确的是（　　）。
A.自用人单位拖欠劳动报酬之日起1年
B.劳动关系终止的，自劳动关系终止之日起3年
C.自用人单位拖欠劳动报酬之日起3年
D.劳动关系终止的，自劳动关系终止之日起1年
【答案】D
【解析】劳动争议申请仲裁的时效期间为1年。仲裁时效期间从当事人知道或者应当知道其权利被侵害之日起计算。劳动关系存续期间因拖欠劳动报酬发生争议的，劳动者申请仲裁不受1年仲裁时效期间的限制；但是，劳动关系终止的，应当自劳动关系终止之日起1年内提出。

## 二、多项选择题

1. 根据劳动合同法律制度的规定，用人单位需承担的义务有（　　）。
A.告知劳动者工作内容、工作条件、工作地点、职业危害、安全生产状况、劳动报酬等
B.不得扣押劳动者相关证件
C.不得向劳动者索取财物
D.不得要求劳动者提供担保
【答案】ABCD

2. 下列各项中，可作为非全日制用工劳动者劳动报酬支付周期结算单位的有（　　）。
A.周　B.日　C.月　D.小时
【答案】ABD
【解析】非全日制用工用人单位可以按小时、日或周为单位结算工资，但结算周期最长不得超过15日。

3. 下列收入不应计入最低工资标准的有（　　）。
A.周末的加班工资　B.伙食补贴
C.住房补贴　D.高温津贴
【答案】ABCD
【解析】最低工资"不包括"加班工资（选项A）、住房补贴（选项C）、伙食补贴（选项B）、特殊工作环境和劳动条件下的津贴及法定的社会保险福利待遇（选项D）。

4. 下列各项中，属于劳动合同必备条款的有（　　）。
A.试用期　B.工作内容　C.工作时间　D.劳动保护
【答案】BCD
【解析】选项A，试用期属于"约定条款"。

5. 下列情形中，可导致劳动合同关系终止的有（　　）。
A.劳动合同期满
B.劳动者达到法定退休年龄
C.用人单位被依法宣告破产
D.女职工在哺乳期
【答案】ABC
【解析】选项D，女职工在孕期、产期、哺乳期的，用人单位不得终止劳动合同。

6. 下列选项中，属于劳动合同期满，用人单位既不得解除劳动合同，也不得终止劳动合同，劳动合同应当续延至相应的情形消失时终止的有（　　）。
A.疑似职业病病人在诊断或者医学观察期间的
B.非因工负伤，在规定的医疗期内的
C.非因工负伤被确认丧失或者部分丧失劳动能力的
D.非因工负伤，在规定的医疗期满后不能从事原工作，也不能从事由用人单位另行安排的工作的
【答案】AB
【解析】选项CD，属于可以解除或者终止劳动合同的情形。

7. 劳动合同解除或者终止的下列情形中，用人单位应向劳动者支付经济补偿的有（　　）。
A.劳动者提前30日以书面形式通知无过错用人单位而解除劳动合同的
B.劳动者提出并与无过错用人单位协商一致解除劳动合同的
C.劳动者符合不需事先告知用人单位即可解除劳动合同的情形解除劳动合同的
D.以完成一定工作任务为期限的劳动合同因任务完成而终止的
【答案】CD
【解析】选项AB，劳动者先提出解除劳动合同，用人单位无过错时，用人单位不向劳动者支付经济补偿。

8. 下列工作岗位中，企业可以采用劳务派遣用工形式的有（　　）。
A.主营业务岗位　B.替代性岗位
C.临时性岗位　D.辅助性岗位
【答案】BCD

9. 下列关于劳动争议解决应遵循的基本原则的说法中，正确的有（　　）。
A.及时　B.公正　C.着重调解　D.一裁终局
【答案】ABC
【解析】（1）选项ABC，劳动争议解决应遵循合法、公正、及时、着重调解的基本原则。（2）选项D，一裁终局是经济仲裁应遵循的原则。

10. 下列劳动争议除法律另有规定外，仲裁裁决为终局裁决的有（　　）。
A.竞业限制争议
B.社会保险
C.服务期
D.追索工伤医疗费不超过当地月最低工资标准12个月金额的争议
【答案】BD
【解析】选项AC为非终局裁决。

## 三、判断题

1. 用人单位自用工之日起满一年不与劳动者订立书面劳动合同的，视为用人单位自用工之日起满一年的当日已经与劳动者订立无固定期限劳动合同。（　　）
【答案】正确。

2. 劳动合同部分无效，不影响其他部分效力，其他部分仍然有效。（　　）
【答案】正确。

3. 在试用期内解除劳动合同后，用人单位再次招用该劳动者时，不得再约定试用期。（　　）
【答案】正确。

4. 用人单位没有为劳动者提供专项培训费用，对其进行专业技术培训的，也可以与该劳动者订立协议，约定服务期。（　　）
【答案】错误。
【解析】用人单位为劳动者"提供专项培训费用"，对其进行专业技术培训的，可以与该劳动者订立协议，约定服务期。

5. 竞业限制的人员限于用人单位的高级管理人员、高级技术人员和其他负有保密义务的人员。
【答案】正确。

6. 只有明确写入劳动合同的劳动规章制度才是劳动合同的组成部分。（　　）
【答案】错误。
【解析】无论是否写入劳动合同，单位制定的合法有效的劳动规章制度都是劳动合同的组成部分，对用人单位和劳动者均具有法律约束力。

7. 劳动者开始依法享受基本养老保险待遇的，劳动合同终止。（　　）
【答案】正确。

8. 用人单位和劳动者可以约定经济补偿金。（　　）
【答案】错误。
【解析】经济补偿金是法定的。

9. 劳务派遣中，被派遣劳动者在无工作期间，劳务派遣单位可以不支付报酬。（　　）

【答案】错误。

【解析】被派遣劳动者在无工作期间，劳务派遣单位应当按照当地最低工资标准，向其按月支付报酬。

10. 劳动争议仲裁委员会收到仲裁申请之日起5日内，决定是否受理；不予受理或者逾期未作出决定的，申请人可以就该劳动争议事项向人民法院提起诉讼。（　）

【答案】正确。

11. 劳动者申请先予执行的，应当提供担保。（　）

【答案】错误。

【解析】劳动者申请先予执行的，可以不提供担保。

## 四、不定项选择题

（一）2007年1月1日，大学毕业的张某进入甲公司工作，双方签订了5年期限劳动合同，工资3 000元/月。甲公司是丁某和王某于2005年1月1日设立的私营企业，在设立时即采用劳动合同制。

（1）2010年1月1日，张某与甲公司约定，甲公司将张某送去美国进行技术培训，培训费用为10万元，张某培训回来后需要在甲公司工作5年，如张某违反约定，需向甲公司承担违约责任。甲公司与张某对此再无其他约定。

（2）因张某在甲公司表现良好，在5年期限劳动合同到期后，甲公司又与张某重新签订了5年期限的劳动合同，工资涨为5 000元/月。

（3）截止到2014年1月1日，张某已经连续在甲公司工作7年。2014年8月，张某想陪家人去英国旅游，于是拟休年假。

（4）张某休年假回来后，因积攒了大量工作，于是公司安排张某在9月27日（星期六）和10月1日（国庆节）加班。

要求：根据上述资料，不考虑其他因素，分析回答下列小题。

1.根据事项（1）所提示的内容，下列选项的表述中，不正确的是（　）。

A.如果合同期限届满，甲公司与张某约定的服务期尚未到期的，劳动合同应当顺延至服务期满

B.如张某培训归来在甲公司工作2年后，因丙公司给的报酬更高一些跳槽至丙公司，甲公司最多可要求张某支付10万元违约金

C.如张某因甲公司不按时足额支付劳动报酬而解除与甲公司的劳动合同，则无须向甲公司支付违约金

D.即使张某与甲公司约定了服务期，也不影响按照正常的工资调整机制提高张某在服务期间的劳动报酬

【答案】B

【解析】（1）选项A，合同期限届满，服务期尚未到期的，劳动合同应当顺延至服务期满；（2）选项B，违约金数额不得超过用人单位提供的培训费用，用人单位要求劳动者支付的违约金不得超过服务期“尚未履行部分”所应分摊的培训费用。本题中，培训费用为10万元，服务期5年，已履行2年，用人单位要求劳动者支付的违约金不得超过10÷5×3=6万元；（3）选项C，由于“用人单位过错”导致劳动者解除劳动合同的，不属于违反服务期的约定，用人单位不得要求劳动者支付违约金；（4）选项D，约定服务期，不影响按照正常的工资调整机制提高劳动者在服务期期间的劳动报酬。

2.根据事项（2）所提示的内容，如张某在甲公司工作到2017年1月1日，又要重新签订劳动合同，此时张某想签订无固定期限劳动合同。下列选项中，能成为张某主张签订无固定期限劳动合同的法律依据的是（　）。

A.劳动者在该用人单位连续工作满10年

B.用人单位初次实行劳动合同制度或者国有企业改制重新订立劳动合同时，劳动者在该用人单位连续工作满10年且距法定退休年龄不足10年

C.连续订立两次固定期限劳动合同，且劳动者无违反规定情形，续订劳动合同

D.劳动者连续在本单位工作满15年，且距法定退休年龄不足5年

【答案】A

【解析】（1）选项A，张某2007年1月1日进入甲公司工资，至2017年1月1日连续工作满10年；（2）选项B，甲公司在2005年设立时即采用劳动合同制，张某2007年1月1日进入甲公司工作，不满足“用人单位初次实行劳动合同制度或者国有企业改制重新订立劳动合同”的条件；（3）选项C，连续订立固定期限劳动合同的次数，自2008年1月1日后续订劳动合同起开始计算。本题中，张某于2007年1月1日与2012年1月1日（第一次五年合同期满）与甲公司连续订立2次无固定期限劳动合同，但其中第一次是在2008年劳动合同法实施以前订立的，不计算在连续订立的次数之内，所以不满足连续订立两次固定期限劳动合同的条件；（4）选项D，属于不得解除和终止劳动合同的法定条件，而不是签订无固定期限劳动合同的法律依据。

3.根据要点（3）所提示内容，如张某无不能休年假情形，则张某可休年假（　）。

A.5天　　B.10天　　C.15天　　D.20天

【答案】A

【解析】职工累计工作已满1年不满10年的，年休假5天。

4.根据事项（4）所提示内容，下列选项关于甲公司向张某支付加班费的表述中，不正确的是（　）。

A.9月27日，如不能安排补休，甲公司应向张某支付不低于其日工资150%的加班费

B.9月27日，如不能安排补休，甲公司应向张某支付不低于其日工资200%的加班费

C.10月1日，甲公司应向张某支付不低于其日工资250%的加班费

D.10月1日，甲公司应向张某支付不低于其日工资300%的加班费

【答案】BD

【解析】（1）选项AB，“休息日”加班，“不能安排补休”的，按照不低于劳动合同规定的劳动者本人日工资标准的200%支付劳动者工资，故选项A错误，选项B正确；（2）选项CD，“法定休假日”加班，按照不低于劳动合同规定的劳动者本人日工资标准的300%支付劳动者工资，故选项C错误，选项D正确。

# 第二节 社会保险法律制度

## 一、社会保险概述（★）

社会保险，是指国家依法建立的，由国家、用人单位和个人共同筹集资金、建立基金，使个人在年老（退休）、患病、工伤（因工伤残或者患职业病）、失业、生育等情况下获得物质帮助和补偿的一种社会保障制度。

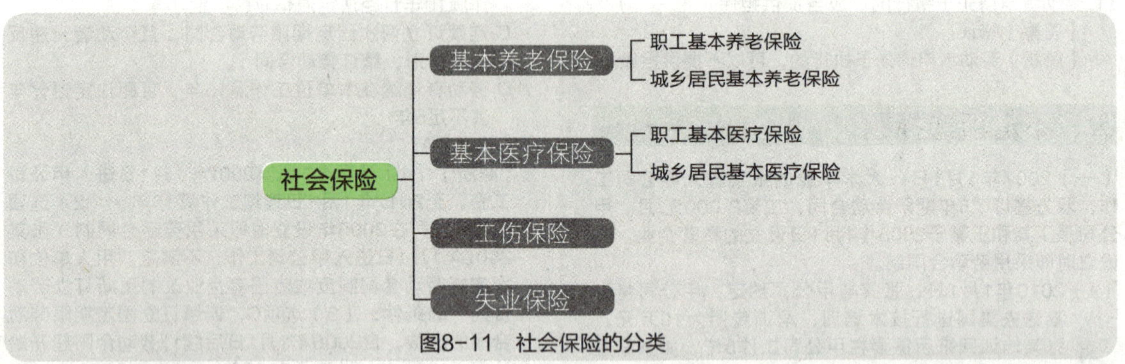


图8-11 社会保险的分类

## 二、基本养老保险

（一）基本养老保险的含义（★）

基本养老保险制度，是指缴费达到法定期限并且个人达到法定退休年龄后，国家和社会提供物质帮助以保证因年老而退出劳动领域者稳定、可靠的生活来源的社会保险制度。

（二）基本养老保险的覆盖范围（★）

1.基本养老保险制度的组成。

（1）职工基本养老保险。

（2）城乡居民基本养老保险。

★【专家一对一】

**职工基本养老保险针对的是企业职工；城乡居民基本养老保险针对的是年满16周岁的非在校学生、非公务员和非职工。在校学生无基本养老保险，但可通过学校缴纳基本医疗保险，属于城乡居民基本医疗保险的覆盖范围。**

2.职工基本养老保险。

（1）职工基本养老保险的征缴范围是指所有类型的企业及其职工，包括实行“企业化管理”的事业单位及其职工。基本养老保险费由用人单位和职工共同缴纳。

（2）无雇工的个体工商户、未在用人单位参加基本养老保险的非全日制从业人员以及其他灵活就业人员可以参加基本养老保险，由个人缴纳基本养老保险费。

（3）公务员和参照公务员法管理的工作人员养老保险的办法由国务院规定，不参加基本养老保险。

【例题·多选题】（2015）参加职工基本养老保险的下列人员中，基本养老保险费全部由个人缴纳的有（ ）。

A.城镇私营企业的职工

B.无雇工的个体工商户

C.未在用人单位参加基本养老保险的非全日制从业人员

D.实行企业化管理的事业单位职工

【答案】BC

【解析】选项AD：基本养老保险费由用人单位和职工共同缴纳。

（三）职工基本养老保险基金的组成和来源（★★）

1.基本养老保险基金由用人单位和个人缴费以及政府补贴等组成。基本养老保险实行社会统筹与个人账户相结合。基本养老金由统筹养老金和个人账户养老金组成。

2.用人单位按照国家规定的本单位职工工资总额的比例缴纳基本养老保险费，计入基本养老保险统筹基金；职工按照国家规定的本人工资比例缴纳基本养老保险费，计入个人账户。

3.基本养老保险基金出现支付不足时，政府给予补贴。

4.个人账户不得提前支取，记账利率不得低于银行定期存款利率，免征利息税，死亡可继承。

★【专家一对一】

**储蓄存款免征利息税，个人账户养老金当然也应免征利息税。**

5.个人跨统筹地区就业的，其基本养老保险关系随本人转移，缴费年限累计计算。

6.个人达到法定退休年龄时，基本养老金分段计算、统一支付。

【例题·多选题】（2015）根据社会保险法律制度的规定，下列表述中，不正确的有（　　）。

A.无雇工的个体工商户参加基本养老保险的，缴纳的养老保险全全部划入其个人账户

B.未在用人单位参加基本养老保险的非全日制从业人员参加基本养老保险的，缴纳的养老保险全全部划入其个人账户

C.养老保险个人账户中的存款免征利息税

D.养老保险个人账户不得提前支取

【答案】AB

【解析】选项AB：应分别记入基本养老保险统筹基金和个人账户，不能全部划入其个人账户。

（四）职工基本养老保险费的缴纳与计算（★★★）

1.单位缴费。

自2018年5月1日起，企业职工基本养老保险单位缴费比例超过19%的省(区、市)，以及按照人力资源社会保障部、财政部规定，单位缴费比例已降至19%，基金累计结余可支付月数高于9个月的省(区、市)，可阶段性执行19%的单位缴费比例至2019年4月30日。

2.个人缴费。

（1）职工个人按照本人缴费工资的8%缴费，计入个人账户。

计算公式：个人养老账户月存储额＝本人月缴费工资×8%

（2）缴费工资基数

①一般情况：职工本人上年度月平均工资（新职工第一年以起薪当月工资作为缴费基数）。

②本人月平均工资低于当地职工月平均工资60%的，按当地职工月平均工资的60%作为缴费基数。

★【专家一对一】

**劳动合同解除和终止时，经济补偿金计算的工资基数底线为当地最低工资标准。**

③本人月平均工资高于当地职工月平均工资300%的，按当地职工月平均工资的300%作为缴费基数，超过部分不计入缴费工资基数，也不计入计发养老金的基数。

★【专家一对一】

**劳动者月工资超过所在地区上年度职工月平均工资3倍的，向其支付经济补偿金的标准按照所在地区上年度职工月平均工资的3倍计算，支付经济补偿的年限最高不超过12年。**

④城镇个体工商户和灵活就业人员的缴费基数为当地上年度在岗职工月平均工资，缴费比例为20%，其中，8%记入个人账户。

（3）个人缴费不计征个人所得税。

【例题·单选题】（2017）甲公司职工孙某已参加职工基本养老保险，月工资15 000元。已知甲公司所在地职工月平均工资为4 000元，月最低工资标准为2 000元。计算甲公司每月应从孙某工资中扣缴基本养老保险费的下列算式中，正确的是（　　）。

A.15 000×8%＝1 200元　　B.4 000×3×8%＝960元

C.2 000×3×8%＝480元　　D.4 000×8%＝320元

【答案】B

【解析】（1）孙某本人的月工资高于当地职工月平均工资（4 000元）的300%，应以当地职工月平均工资的300%作为缴费基数；（2）孙某应当缴纳的基本养老保险费为4000×300%×8%=960元。

（五）职工基本养老保险享受条件与待遇（★★）

1.职工基本养老保险享受条件。

（1）年龄条件：达到法定退休年龄。

表8-2 法定退休年龄

| 适用范围 | 性别 | 退休年龄 |
|---|---|---|
| 一般情况 | 男 | 60 |
| | 女 | 50 |
| | 女干部 | 55 |
| 从事井下、高温、高空、特别繁重体力劳动或其他有害身体健康工作的 | 男 | 55 |
| | 女 | 45 |
| 因病或非因工致残，由医院证明并经劳动鉴定委员会确认完全丧失劳动能力的 | 男 | 50 |
| | 女 | 45 |

★【专家一对一】

**上述第三种情况“因病或非因工致残，由医院证明并经劳动鉴定委员会确认完全丧失劳动能力的”，不足退休年龄可以领取病残津贴，所需资金从基本养老保险中支付。**

（2）缴费年限：达到法定退休年龄时累计缴费满15年的，按月领取基本养老金。

★【专家一对一】

**“累计缴费满15年”，缴费不一定连续，可以中断，累计15年就可以了。若选择交费至满15年，只能为延缴保费，而不能一次性补足。比如张三现年60岁了，只交了13年保费，则不能一次性补交2年，只能明年再交一年，后年再交一年，这样就交满15年，可以领取养老金了。为什么这样规定呢，因为领取的年限会有区别：假如可以活80岁，一次性补交的话，可以领取20年，延交的话只能领取18年。**

【例题·单选题】（2013、2018）参加基本养老保险的个人，达到法定退休年龄，累计缴费满（　　）年的，可以按月领取基本养老金。

A.10　　B.15　　C.20　　D.25

【答案】B

2.职工基本养老保险待遇。

（1）基本养老保险金。

符合条件的人员，国家按月支付基本养老保险金。

（2）丧葬补助金和遗属抚恤金。

①参加基本养老保险的个人，“因病或非因工”死亡的，其遗属可以领取丧葬补助金和抚恤金，所需资金从基本养老保险基金中支付。

②同时符合领取基本养老保险丧葬补助金、工伤保险丧葬补助金、失业保险丧葬补助金条件，遗属只能选择领取其一。

（3）病残津贴。

参保人未达到法定退休年龄时“因病或非因工致残完全丧失劳动能力”的，可以领取病残津贴，所需资金从基本养老保险基金中支付。

★【专家一对一】

**因工致残的，在评定伤残等级后可以领取病残津贴，由工伤保险基金支付。**

【例题·多选题】（2017）下列关于职工基本养老保险待遇的表述中，正确的有（　　）。

A.参保职工未达到法定退休年龄时因病完全丧失劳动能力的，可以领取病残津贴

B.参保职工死亡后，其个人账户中的余额可以全部依法继承

C.参保职工达到法定退休年龄时累计缴费满15年，按月领取基本养老金

D.参保职工死亡同时符合领取基本养老保险丧葬补助金、工伤保险丧葬补助金和失业保险丧葬补助金条件的，其遗属可以同时领取

【答案】ABC
【解析】选项D，参保职工死亡同时符合领取基本养老保险丧葬补助金、工伤保险丧葬补助金和失业保险丧葬补助金条件的，其遗属“只能选择领取其中的一项”。

## 三、基本医疗保险

（一）基本医疗保险的含义（★）

基本医疗保险是指按照国家规定缴纳一定比例的医疗保险金，参保人因患病和意外伤害而就医诊疗，由医疗保险基金支付其一定医疗费用的社会保险制度。

（二）基本医疗保险的覆盖范围（★）

1.职工基本医疗保险。

职工基本医疗保险的征缴范围除了包括国家机关及其工作人员、事业单位及其职工等外，其他与基本养老保险的覆盖范围一致。

2.城乡居民基本医疗保险。

城乡居民基本医疗保险覆盖除职工基本医疗保险应参保人员以外的其他所有城乡居民，包括学生。

【例题·多选题】（2016）下列人员中，属于基本医疗保险覆盖范围的有（　　）。
A.大学生　B.国有企业职工　C.城镇私营企业职工　D.灵活就业人员
【答案】ABCD

（二）职工基本医疗保险费的缴纳（★★★）

职工基本医疗保险基金由社会统筹基金和个人账户基金构成。

1.单位缴费。

一般为职工工资总额的6%左右。用人单位缴纳的基本医疗保险费分为两部分，一部分用于建立统筹基金，一部分划入个人账户。

2.基本医疗保险个人账户的资金来源。

（1）个人缴费部分。个人缴费率一般为本人工资收入的2%。

（2）用人单位缴费的划入部分。用人单位所缴医疗保险费划入个人医疗账户的具体比例，一般为30%左右。

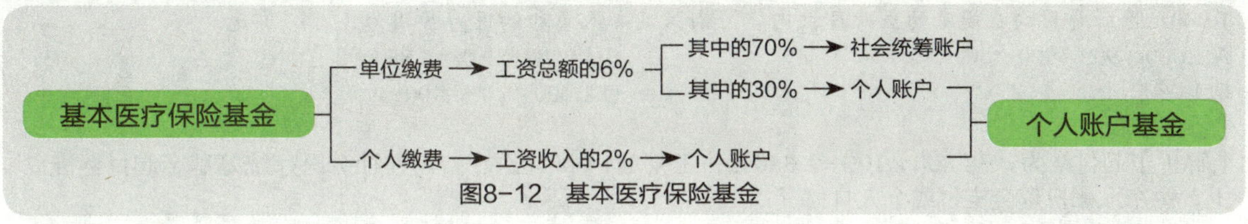

图8-12　基本医疗保险基金

【例题·单选题】（2015）甲公司职工周某的月工资为6 800元，已知当地职工基本医疗保险的单位缴费率为6%，职工个人缴费率为2%，用人单位所缴医疗保险费划入个人医疗账户的比例为30%。关于周某个人医疗保险账户每月资金增加额的下列计算中，正确的是（　　）。
A.6 800×6%×30%=122.4元　B.6 800×2%+6 800×6%×30%=258.4元
C.6 800×2%=136元　D.6 800×2%+6 800×6%=544元
【答案】B
【解析】基本医疗保险个人账户的资金来源：（1）个人缴费部分（6 800×2%）；（2）用人单位缴费的划入部分（6 800×6%×30%）。

3.基本医疗保险关系转移接续制度。个人跨统筹地区就业的，其基本医疗保险关系随本人转移，缴费年限累计计算。

4.退休人员基本医疗保险费的缴纳。

（1）参加职工基本医疗保险的个人，达到法定退休年龄时累计缴费达到国家规定年限的，退休后不再缴纳基本医疗保险费，按照国家规定享受基本医疗保险待遇。

（2）未达到国家规定缴费年限的，可以缴费至国家规定年限。

（3）最低缴费年限“没有全国统一的规定”，由各统筹地区根据本地情况确定。

（四）职工基本医疗费用的结算（★★★）

1.享受基本医疗保险待遇的条件。

（1）参保人员必须到基本医疗保险的"定点"医疗机构就医购药或"定点"零售药店购买药品。

（2）参保人员在看病就医过程中所发生的医疗费用必须符合基本医疗保险药品目录、诊疗项目、医疗服务设施标准的"范围"和给付标准。急诊、抢救除外。

2.支付标准。

（1）参保人员符合基本医疗保险支付范围的医疗费用中，在社会医疗统筹基金起付标准以下的费用部分，由个人账户资金支付或个人自付。

（2）参保人员符合基本医疗保险支付范围的医疗费用中，在社会医疗统筹基金起付标准（一般为当地职工年平均工资的10%左右）以上与最高支付限额（一般为当地职工年平均工资的6倍左右）以下的费用部分，由个人和社会医疗统筹基金按一定比例支付（个人一般为10%、社会医疗统筹基金一般为90%）。

（3）参保人员在封顶线以上的医疗费用部分，可以通过单位补充医疗保险或者参加商业保险等途径解决。

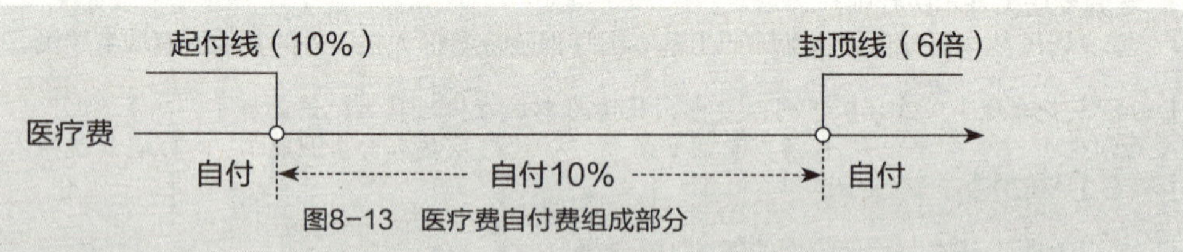


图8-13　医疗费自付费组成部分

★【专家一对一】

自付费部分由四部分组成：①起付线以下的部分；②起付线以上到封顶线以下自己负担的比例部分；③封顶线以上的部分；④"定点医疗机构（零售药店）、规定药品目录（项目、设施）范围"之外产生的医疗费用部分。

【例题·单选题】假定上海市职工年平均工资为38 800元，基本医疗保险起付标准为当地职工年平均工资的10%，最高支付限额为当地职工年平均工资的6倍，医保报销比例为90%；张某在定点医院发生的1 000元医疗费用均在规定的医疗目录内。应由张某本人负担的医疗费用为（　　）元。

A.1 000×90%=900　　B.38 800×10%=3 880

C.1 000　　D.1 000×10%=100

【答案】C

【解析】起付线为：38 800×10%=3 880元，王某的1 000元医疗费用在社会医疗统筹基金起付标准以下，由个人账户资金支付或个人自付。

（五）基本医疗保险基金不支付的医疗费用（★★★）

1.不纳入基本医疗保险基金支付的医疗费用。

（1）应当从工伤保险基金中支付的。

（2）应当由第三人负担的。

（3）应当由公共卫生负担的。

（4）在境外就医的。

2.医疗费应当由第三人负担，第三人不支付或者无法确定第三人的，由基本医疗保险基金先行支付。基本医疗保险基金先行支付后，有权向第三人追偿。

【例题·不定项选择题】吴某在定点医院做外科手术，共发生医疗费用18万元，其中在规定医疗目录内的费用为15万元，目录以外费用3万元。当地职工平均工资水平为2 000元/月。

要求：根据上述资料，分析回答下列第1～5小题。

1.基本医疗保险的起付线为（　　）元。

A.1 000　　B.1 200　　C.2 000　　D.2 400

【答案】D

【解析】基本医疗保险的起付线为当地职工年平均工资10%，即2 000×12×10%=2 400元。

2.基本医疗保险的封顶线为（　　）元。

A.180 000　　B.150 000　　C.144 000　　D.129 600

【答案】C
【解析】基本医疗保险的封顶线为年平均工资6倍，即2 000×12×6=144 000元。
3.应由基本医疗保险基金支付的医疗费用为（　　）元。

A.150 000　　B.144 000　　C.129 600　　D.127 440

【答案】D
【解析】（144 000 －2 400）×90%=127 440元。
4.应由吴某个人支付的医疗费为（　　）元。

A.14 160　　B.6 000　　C.30 000　　D.52 560

【答案】D
【解析】180 000-127 440=52 560元。其中：
（1）起付线以下：2 400元
（2）起付线以上、封顶线以下自费部分（144 000-2 400）×10%=4 160元
（3）封顶线以上：150 000-14 400=6 000元
（4）目录外部分：30 000元。

（六）医疗期（★★★）

1.概念。

医疗期是指企业职工因患病或非因工负伤停止工作，治病休息，但不得解除劳动合同的期限。

★【专家一对一】

**职工“因工负伤”停止工作，享受停工留薪期；职工因“患病或非因工负伤”停止工作，享受医疗期待遇。**

【例题·判断题】（2015）医疗期是指企业职工因工负伤停止工作，治病休息的期限。（　　）
【答案】错误。
【解析】医疗期是指企业职工因患病或非因工负伤停止工作，治病休息，但不得解除劳动合同的期限。

2.医疗期期间。

企业职工因患病或非因工负伤，需要停止工作，进行医疗时，根据本人实际参加工作年限和在本单位工作年限，给予3个月到24个月的医疗期：

（1）实际工作年限10年以下的，在本单位工作年限5年以下的为3个月；5年以上的为6个月。

（2）实际工作年限10年以上的，在本单位工作年限5年以下的为6个月；5年以上10年以下的为9个月；10年以上15年以下的为12个月；15年以上20年以下的为18个月；20年以上的为24个月。

3.医疗期的计算方法。

（1）医疗期的计算。

①3个月的按6个月内累计病休时间计算；
②6个月的按12个月内累计病休时间计算；
③9个月的按15个月内累计病休时间计算；
④12个月的按18个月内累计病休时间计算；
⑤18个月的按24个月内累计病休时间计算；
⑥24个月的按30个月内累计病休时间计算。

表8-3　医疗期的计算

| 实际工作年限 | 在本单位工作年限 | 医疗期期间 | 累计计算期 | 记忆要点 |
|---|---|---|---|---|
| <10年 | <5年 | 3个月 | 6个月 | 医疗期×2=累计计算期 |
| | ≥5年 | 6个月 | 12个月 | |
| ≥10年 | <5年 | | | |
| | 5年≤Y<10年 | 9个月 | 15个月 | 医疗期+6=累计计算期 |
| | 10年≤Y<15年 | 12个月 | 18个月 | |
| | 15年≤Y<20年 | 18个月 | 24个月 | |
| | ≥20年 | 24个月 | 30个月 | |

★【专家一对一】

**医疗期期间——由“累计工作年限”和“本单位工作年限”共同决定。**

（2）医疗期的起算。

医疗期的计算从病休第一天开始，累计计算。病休期间，公休、假日和法定节日包括在内。

★【专家一对一】

**国家法定休假日、休息日不计入带薪年休假的假期。**

【例题·单选题】（2017）甲公司王某实际工作8年，在甲公司工作3年。因患病住院治疗，王某可享受的医疗期期间为（　　）。

A.12个月　　B.3个月　　C.6个月　　D.9个月

【答案】B

【解析】实际工作年限10年以下的，在本单位工作年限5年以下的，医疗期为3个月。

3.医疗期内的待遇。

（1）病假工资或疾病救济费可以低于当地最低工资标准支付，但最低不能低于最低工资标准的80%。

（2）医疗期内不得解除劳动合同。如医疗期内遇合同期满，则合同必须续延至医疗期满，职工在此期间仍然享受医疗期内待遇。

★【专家一对一】

**劳动合同期满，但是用人单位与劳动者约定的服务期尚未到期的，劳动合同应当续延至服务期满；双方另有约定的，从其约定。**

（3）对医疗期满尚未痊愈者，或者医疗期满后，不能从事原工作，也不能从事用人单位另行安排的工作，被解除劳动合同的，用人单位需按规定给予其经济补偿金。

【例题·多选题】（2015）甲公司职工汪某非因工负伤住院治疗。已知汪某月工资3 800元，当地最低月工资标准为2 000元，汪某医疗期内工资待遇的下列方案中，甲公司可以依法采用的有（　　）。

A.3 040元/月　　B.1 900元/月　　C.1 500元/月　　D.2 000元/月

【答案】ABD

【解析】医疗期内病假工资可以低于当地最低工资标准支付，但最低不能低于最低工资标准的80%，2 000×80%=1 600元，超过1 600元的都是可以的。

## 四、工伤保险

（一）工伤保险的含义（★）

工伤保险，是指劳动者在职业工作中或规定的特殊情况下遭遇意外伤害或职业病，导致暂时或永久丧失劳动能力以及死亡时，劳动者或其遗属能够从国家和社会获得物质帮助的社会保险制度。

（二）工伤保险费的缴纳和工伤保险基金（★★）

1.工伤保险费的缴纳。

（1）职工应当参加工伤保险，工伤保险费用由用人单位缴纳，职工不缴纳工伤保险费。

★【专家一对一】

**基本养老保险、基本医疗保险和失业保险费用由用人单位和劳动者共同缴纳。四险中只有“工伤保险”仅由用人单位缴纳。**

（2）企业、事业单位、社会团体、民办非企业单位、基金会、律师事务所、会计师事务所等组织的职工和个体工商户的雇工，均有依法享受工伤保险待遇的权利。

（3）用人单位应当按照本单位职工工资总额，根据社会保险经办机构确定的费率按时足额缴纳工伤保险费。对难以按照工资总额缴纳工伤保险费的行业，其缴纳工伤保险费的具体方式，由国务院社会保险行政部门规定。

★【专家一对一】

工伤保险的费率国家没有规定统一的标准，因为各行业发生工伤的差异性很大。比如，煤矿下井工人和写字楼的白领，二者的工伤保险费就会有很大差异。

【例题·多选题】（2018）下列人员中，属于工伤保险覆盖范围的有（　　）。

A.个体工商户的雇工　B.国有企业职工　C.事业单位职工　D.民办非企业单位职工

【答案】ABCD

【解析】境内的企业（选项B）、事业单位（选项C）、社会团体、民办非企业单位（选项D）、基金会、律师事务所、会计师事务所等组织的职工和个体工商户的雇工（选项A），均有依照规定享受工伤保险待遇的权利。

2.工伤保险基金。

（1）工伤保险基金由用人单位缴纳的工伤保险费、工伤保险基金的利息和依法纳入工伤保险基金的其他资金构成。

（2）工伤保险基金存入社会保障基金财政专户，用于工伤保险相关事项的费用支付。

（3）任何单位或个人不得将工伤保险基金用于投资运营、兴建或改建办公场所、发放奖金，或挪作其他用途。

（三）工伤认定与劳动能力鉴定（★★★）

1.工伤认定。

（1）应当认定为工伤的情形。

①在工作时间和工作场所内，因工作原因受到事故伤害的；

②工作时间前后在工作场所内，从事与工作有关的预备性或收尾性工作受到事故伤害的；

③在工作时间和工作场所内，因履行工作职责受到暴力等意外伤害的；

④患职业病的；

⑤因工外出期间，由于工作原因受到伤害或者发生事故下落不明的；

⑥在上下班途中，受到非本人主要责任的交通事故或者城市轨道交通、客运轮渡、火车事故伤害的；

⑦法律、行政法规规定应当认定为工伤的其他情形。

（2）视同工伤的情形。

①在工作时间和工作岗位，突发疾病死亡或者在48小时内经抢救无效死亡的；

②在抢险救灾等维护国家利益、公共利益活动中受到伤害的；

③原在军队服役，因战、因公负伤致残，已取得革命伤残军人证，到用人单位后旧伤复发的。

（3）不认定为工伤的情形。

①故意犯罪；

②醉酒或者吸毒；

③自残或者自杀；

④法律、行政法规规定的其他情形。

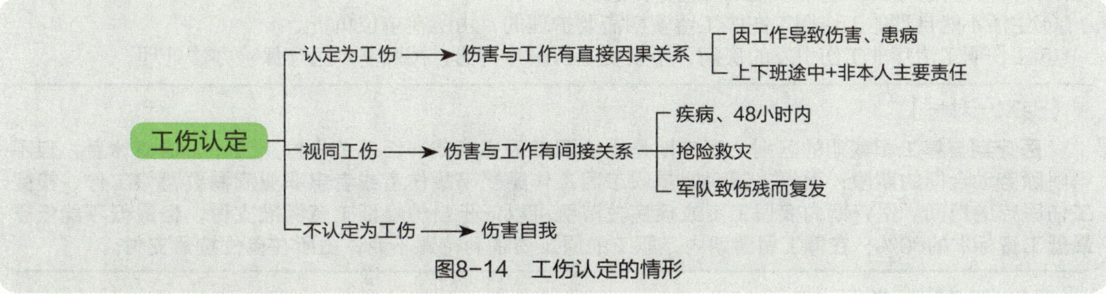


图8-14　工伤认定的情形

【例题·单选题】（2015）职工出现伤亡的下列情形中，应当认定为工伤的是（　　）。

A.在下班途中受到本人负主要责任交通事故伤害的

B.因本人故意犯罪导致在工作中伤亡的

C.在工作时间和工作岗位，突发疾病72小时后死亡的

D.工作时间前在工作场所内，从事与工作有关的预备性工作受到事故伤害的

【答案】D

【解析】（1）选项A：在上下班途中，受到“非本人”主要责任的交通事故或者城市轨道交通、客运轮渡、火车事故伤害的，应当认定为工伤；（2）选项B：职工因故意犯罪导致本人在工作中伤亡的，不认定为工伤；（3）选项C：在工作时间和工作岗位，突发疾病死亡或者在“48小时内”经抢救无效死亡的，视同工伤；（4）选项D：工作时间前后在工作场所内，从事与工作有关的预备性或收尾性工作受到事故伤害的，应当认定为工伤。

【例题·多选题】（2015）职工出现的下列伤亡中，视同工伤的有（　　）。

A.在上班途中，受到非本人主要责任的交通事故伤害

B.在抢险救灾等维护国家利益、公共利益活动中受到伤害

C.在因工外出期间，由于工作原因受到伤害

D.在工作时间和工作岗位，突发疾病死亡

【答案】BD

【解析】选项AC，属于“应当认定为工伤”。

2.劳动能力鉴定。

（1）职工发生工伤，经治疗伤情相对稳定后存在残疾、影响劳动能力的，应当进行劳动能力鉴定（包括劳动功能障碍程度和生活自理障碍程度）。

（2）劳动功能障碍分为十个伤残等级，最重的为一级，最轻的为十级；生活自理障碍分为三个等级，生活完全不能自理、生活大部分不能自理和生活部分不能自理。

（3）自劳动能力鉴定结论“作出之日起1年后”，“工伤职工或者其近亲属、所在单位或者经办机构”认为伤残情况发生变化的，可以申请劳动能力复查鉴定。

（四）工伤保险待遇（★★★）

职工因工作原因受到事故伤害或者患职业病，且经工伤认定的，享受工伤保险待遇，其中，经劳动能力鉴定丧失劳动能力的，享受伤残待遇。

1.工伤医疗待遇。

职工因工作遭受到事故伤害或者患职业病进行治疗，享受工伤医疗待遇。

（1）治疗工伤的医疗费用（诊疗费、药费、住院费）。

（2）住院伙食补助费、交通食宿费。

（3）康复性治疗费；

（4）停工留薪期工资福利待遇。

①职工因工作遭受事故伤害或者患职业病需要暂停工作接受工伤医疗的，在停工留薪期内，职工的原工资福利待遇不变，由所在单位按月支付。

②停工留薪期一般不超过12个月；伤情严重或者情况特殊，经设区的市级劳动能力鉴定委员会确认，可以适当延长，但延长不得超过12个月。

③工伤职工评定伤残等级后，停止享受停工留薪期待遇，按照规定享受伤残待遇；工伤职工在停工留薪期满后仍需治疗的，继续享受工伤医疗待遇。

④生活不能自理的工伤职工在停工留薪期需要护理的，由所在单位负责。

⑤工伤职工治疗非工伤引发的疾病，不享受工伤医疗待遇，按照基本医疗保险办法处理。

★【专家一对一】

医疗期与停工留薪期的区别。医疗期是企业职工因患病或非因工负伤停止工作，治病休息，但不得解除劳动合同的期限；而停工留薪期是职工因工作遭受事故伤害或者患职业病需要暂停工作、接受工伤医疗的期间。医疗期内病假工资或疾病救济费可以低于当地最低工资标准支付，但最低不能低于最低工资标准的80%；在停工留薪期内，职工的原工资福利待遇不变，由所在单位按月支付。

2.辅助器具装配费。

3.伤残待遇。

（1）生活护理费。

工伤职工已经评定伤残等级并经劳动能力鉴定委员会确认需要生活护理的，从工伤保险基金按月支付生活护理费。

（2）一次性伤残补助金。

职工因工致残被鉴定为一级至十级伤残的，从工伤保险基金按伤残等级支付一次性伤残补助金。

（3）伤残津贴。

①职工因工致残被鉴定为1—4级伤残的，保留劳动关系，退出工作岗位，从工伤保险基金中按月支付伤残津贴，伤残津贴实际金额低于当地最低工资标准的，由“工伤保险基金”补足差额。

②职工因工致残被鉴定为5—6级伤残的，保留劳动关系，由用人单位安排适当工作。难以安排工作的，由用人单位按月发给伤残津贴，伤残津贴实际金额低于当地最低工资标准的，由“用人单位”补足差额。

★【专家一对一】

伤残津贴

| 伤残等级 | 伤残津贴 |
|---|---|
| 1—4级 | 工伤保险支付 |
| 5、6级 | 用人单位支付 |
| 7—10级 | 无 |

（4）一次性工伤医疗补助金和一次性伤残就业补助金。

五级、六级伤残，经工伤职工本人提出，可以与用人单位解除或者终止劳动关系；七级至十级伤残，劳动、聘用合同期满为止，或者职工本人提出解除劳动、聘用合同的，由工伤保险基金支付一次性工伤医疗补助金，由用人单位支付一次性伤残就业补助金。一次性工伤医疗补助金和一次性伤残就业补助金的具体标准由省、自治区、直辖市人民政府规定。

★【专家一对一】

**对医疗期满尚未痊愈者，或者医疗期满后不能从事原工作，也不能从事用人单位另行安排的工作，被解除劳动合同的，用人单位按规定给予经济补偿。**

4.工亡待遇。

职工“因工死亡”，或者伤残职工在“停工留薪期内”因工伤导致死亡的，其近亲属依法从工伤保险基金领取丧葬补助金、供养亲属抚恤金和一次性工亡补助金的待遇。

（1）丧葬补助金，为6个月的统筹地区上年度职工月平均工资。

（2）供养亲属抚恤金，按照职工本人工资的一定比例发放给由因工死亡职工生前提供主要生活来源、无劳动能力的亲属。

（3）一次性工亡补助金，为上一年度全国城镇居民人均可支配收入的20倍。1～4级伤残职工在停工留薪期满后死亡的，其近亲属可以领取丧葬补助金和供养亲属抚恤金，不享受一次性工亡补助金待遇。

★【专家一对一】

**参加基本养老保险的个人，因病或者非因工死亡的，其遗属可以领取“丧葬补助金和抚恤金”，所需资金从基本养老保险基金中支付。**

【例题·单选题】（2018、2017、2014）参加工伤保险的职工因工死亡，其近亲属可以按照一定标准从工伤保险基金领取一次性工亡补助金，该标准为（　　）。

A.上一年度全国城镇居民人均可支配收入的5倍　　B.上一年度全国城镇居民人均可支配收入的10倍

C.上一年度全国城镇居民人均可支配收入的15倍　　D.上一年度全国城镇居民人均可支配收入的20倍

【答案】D

【解析】职工因工死亡，或者伤残职工在停工留薪期内因工伤导致死亡的，其近亲属按照规定从工伤保险基金领取丧葬补助金、供养亲属抚恤金和一次性工亡补助金，其中“一次性工亡补助金”的标准为上一年度全国城镇居民人均可支配收入的20倍。

（五）工伤保险待遇负担（★）

1.因工伤发生的下列费用，按照国家规定从工伤保险基金中支付：

（1）治疗工伤的医疗费用和康复费用。

（2）住院伙食补助费。

（3）到统筹地区以外就医的交通食宿费。

（4）安装配置伤残辅助器具所需费用。

（5）生活不能自理的，经劳动能力鉴定委员会确认的生活护理费。

（6）一次性伤残补助金和一至四级伤残职工按月领取的伤残津贴。

（7）终止或者解除劳动合同时，应当享受的一次性医疗补助金。

（8）因工死亡的，其遗属领取的丧葬补助金、供养亲属抚恤金和因工死亡补助金。

（9）劳动能力鉴定费。

2.因工伤发生的下列费用，按照国家规定由用人单位支付：

（1）治疗工伤期间的工资福利。

（2）五级、六级伤残职工按月领取的伤残津贴。

（3）终止或者解除劳动合同时，应当享受的一次性伤残就业补助金。

（六）特别规定（★★）

1.工伤职工有下列情形之一的，停止享受工伤保险待遇：

（1）丧失享受待遇条件的。

（2）拒不接受劳动能力鉴定的。

（3）拒绝治疗的。

2.工伤职工符合领取基本养老金条件的，停发伤残津贴，享受基本养老保险待遇。基本养老保险待遇低于伤残津贴的，由工伤保险基金补足差额。

3.职工所在用人单位未依法缴纳工伤保险费，发生工伤事故的，由用人单位支付工伤保险待遇；用人单位不支付的，从工伤保险基金中先行支付，由用人单位偿还；用人单位不偿还的，社会保险经办机构可以追偿。

4.由于第三人的原因造成工伤，第三人不支付工伤医疗费用或者无法确定第三人的，由工伤保险基金先行支付；工伤保险基金先行支付后，有权向第三人追偿。

5.职工（包括非全日制从业人员）在两个或者两个以上用人单位同时就业的，各用人单位应当分别为职工缴纳工伤保险费。职工发生工伤，由职工“受到伤害时工作的单位”依法承担工伤保险责任。

【例题·多选题】下列关于工伤保险待遇的说法中正确的有（　　）。

A.职工所在用人单位未依法缴纳工伤保险费，发生工伤事故的，从工伤保险基金中支付

B.停职留薪期一般不超过12个月

C.工伤职工符合领取基本养老金条件的，停发伤残津贴，享受基本养老保险待遇

D.停工留薪期满劳动者未康复，用人单位在支付经济补偿后可以与劳动者解除劳动合同

【答案】BC

【解析】（1）选项A：职工所在用人单位未依法缴纳工伤保险费，发生工伤事故的，“由用人单位支付工伤保险待遇，用人单位不支付的，从工伤保险基金中先行支付，由用人单位偿还”；（2）选项D：停工留薪期满劳动者未康复，“继续享受停工留薪期待遇”。

## 五、失业保险

（一）失业保险的含义（★）

失业保险是指国家通过立法强制实行的，由社会集中建立基金，保障因失业而暂时中断生活来源的劳动者的基本生活，并通过职业培训、职业介绍等措施促进其再就业的社会保险制度。

（二）失业保险费的缴纳（★★）

1.职工应当参加失业保险，由用人单位和职工按照国家规定共同缴纳失业保险费。

2.城镇企业事业单位按照本单位工资总额的2%缴纳失业保险费，职工按照本人工资的1%缴纳失业保险费。为减轻企业负担，促进扩大就业，人力资源和社会保障部、财政部规定，将用人单位和职工失业保险缴费比例总和从3%阶段性降至1%，个人费率不得超过单位费率。

3.职工跨统筹地区就业的，其失业保险关系随本人转移，缴费年限累计计算。

【例题·单选题】（2018）下列各项保险，只需用人单位缴纳的是（　　）。

A.失业保险　　B.工伤保险　　C.基本养老保险　　D.基本医疗保险

【答案】B

【解析】选项ACD，失业保险、基本养老保险、基本医疗保险均由单位与个人共同缴纳。

（三）失业保险待遇（★★★）

1.失业保险待遇的享受条件。

（1）失业前用人单位和本人已经缴纳失业保险费满1年的。

（2）非因本人意愿中断就业，包括劳动合同终止，用人单位解除劳动合同，被用人单位开除、除名和辞退，因用人单位过错由劳动者解除劳动合同，法律、法规、规章规定的其他情形。

（3）已经进行失业登记，并有求职要求的。

【例题·多选题】领取失业保险金必须满足的条件有（ ）。
A.失业前用人单位和本人已经缴纳失业保险费满3年
B.非因本人意愿中断就业
C.已经进行失业登记
D.有求职要求
【答案】BCD
【解析】选项A，失业前用人单位和本人已经缴纳失业保险费“满1年”的，可以领取。

2.失业保险金领取期限。

（1）用人单位应当及时为失业人员出具终止或解除劳动关系的证明，并将失业人员的名单自终止或解除劳动关系之日起15日内告知社会保险经办机构。

（2）失业人员应当持本单位为其出具的终止或解除劳动关系的证明，及时到指定的公共就业服务机构办理失业登记。

（3）失业人员凭失业登记证明和个人身份证明，到社会保险经办机构办理领取失业保险金的手续。

（4）失业保险金领取期限自办理失业登记之日起计算。

（5）失业人员失业前用人单位和本人累计缴费满1年不足5年的，领取失业保险金的期限最长为12个月；累计缴费满5年不足10年，领取失业保险金的期限最长为18个月；累计缴费10年以上的，领取失业保险金的期限最长为24个月。

表8-4 失业保险金领取期限

| 缴费年限 | 领取期限 |
| --- | --- |
| 1年≤Y＜5年 | ≤12个月 |
| 5年≤Y＜10年 | ≤18个月 |
| Y≥10年 | ≤24个月 |

★【专家一对一】

失业保险金的领取时限与累计缴费年限有关，与工作年限无关。

【例题·单选题】（2015）刘某与甲公司共同缴纳失业保险费累计12年后因劳动合同终止而失业，已知刘某符合领取失业保险金的条件。则其领取失业保险金的最长期限是（ ）。
A.18个月 B.12个月 C.6个月 D.24个月
【答案】D

3.失业保险金的发放标准。

失业保险金的标准，不得低于城市居民最低生活保障标准；一般也不高于当地最低工资标准，具体数额由省、自治区、直辖市人民政府确定。

4.失业保险待遇。

（1）失业保险金。

（2）享受基本医疗保险待遇。

★【专家一对一】

失业人员应当缴纳的基本医疗保险费从失业保险金中支付，个人不缴纳基本医疗保险费。

（3）死亡补助。

失业人员领取失业保险金期间死亡，向遗属发放一次性丧葬补助金和抚恤金，由失业保险基金支付。

★【专家一对一】

个人死亡同时符合领取基本养老保险丧葬补助金、工伤保险丧葬补助金和失业保险丧葬补助金条件的，其遗属只能选择领取其中的一项。

（4）职业介绍与职业培训补贴。

（5）国务院规定或批准的与失业保险有关的其他费用。

【例题·多选题】（2017）甲公司职工高某因公司被依法宣告破产而失业。已知高某失业前，甲公司与高某已累计缴纳失业保险满4年，失业后高某及时办理了失业登记。下列关于高某领取失业保险待遇的表述中，正确的有（　　）。

A.高某在领取失业保险金期间，不参加职工基本医疗保险，亦不享受基本医疗保险待遇

B.高某领取失业保险金的标准，不得低于城市居民最低生活保障标准

C.高某领取失业保险金期限自办理失业登记之日起计算

D.高某领取失业保险金的期限最长为12个月

【答案】BCD

【解析】（1）选项A：失业人员在领取失业保险金期间，参加职工基本医疗保险，享受基本医疗保险待遇；（2）选项B：失业保险金的标准，不得低于城市居民最低生活保障标准，一般也不高于当地最低工资标准；（3）选项CD：失业人员失业前用人单位和本人累计缴费满1年不足5年的，领取失业保险金的期限最长为12个月。

（四）停止领取失业保险金及其他失业保险待遇的情形（★★）

1.重新就业的。

2.应征服兵役的。

3.移居境外的。

4.享受基本养老保险待遇的。

5.无正当理由，拒不接受当地人民政府指定部门或者机构介绍的适当工作或者提供的培训的。

## 六、社会保险费征缴与管理

（一）社会保险登记（★）

1.用人单位的社会保险登记。

根据国务院规定，在全面实施企业、农民专业合作社工商营业执照、组织机构代码证、税务登记证、社会保险登记证、统计登记证“五证合一、一照一码”登记制度改革和个体工商户工商营业执照、税务登记证“两证整合”的基础上，将涉及企业登记、备案等有关事项和各类证照进一步整合到营业执照上，被整合证照不再发放，实现“多证合一、一照一码”。申请人办理企业注册登记时只需填写“一张表格”，向“一个窗口”提交“一套材料”，登记部门直接核发加载统一社会信用代码的营业执照。根据国家工商行政管理总局等十三部门《关于推进全国统一“多证合一”改革的意见》，在“五证合一”基础上，将19项涉企证照事项进一步整合到营业执照上，首批实行“二十四证合一”。

2.个人的社会保险登记。

（1）用人单位自用工之日起30日内为其职工向社保经办机构申办社保登记。

（2）无雇工的个体工商户、非全日制从业人员及其他灵活就业人员，自行向社保经办机构申办。

【例题·单选题】（2015、2016）用人单位应当自用工之日起（　　）内为其职工向社会保险经办机构申请办理社会保险登记。

A.60日　　B.30日　　C.45日　　D.90日

【答案】B

（二）社会保险缴费（★）

1.用人单位应当自行申报、按时足额缴纳社会保险费，非因不可抗力等法定事由不得缓缴、减免。

2.职工应当缴纳的社会保险费由用人单位代扣代缴，用人单位应当按月将缴纳社会保险费的明细情况告知本人。

3.无雇工的个体工商户、未在用人单位参加社会保险的非全日制从业人员及其他灵活就业人员，可以直接向社会保险费征收机关缴纳。

4.为提高社会保险资金征管效率，基本养老保险费、基本医疗保险费、失业保险费等各项社会保险费交由税务部门统一征收。自2019年1月1日起由税务部门统一征收各项社会保险费和先行划转的非税收入。

表8-5 社会保险费征收机构的权利义务

| 用人单位 | 社会保险费征收机构 |
| --- | --- |
| 未按规定申报 | 按上月缴费额的110%确定应纳数 |
| 未按时足额缴纳 | 责令限期→逾期仍未缴纳→查询存款账户→申请划拨→通知银行划拨 |
| 余额不足 | 申请法院扣押、查封、拍卖 |

【例题·多选题】(2018)下列关于社会保险费征缴的表述中，正确的有(　　)。
A.已在用人单位参加社会保险的非全日制从业人员可以直接向社会保险费征收机构缴纳社会保险费
B.职工应缴纳的社会保险费由用人单位代扣代缴
C.用人单位应当自用工之日起30日内为其职工向社会保险经办机构申请办理社会保险登记
D.用人单位未按时足额缴纳社会保险费的，由社会保险费征收机构责令其限期缴纳或者补足
【答案】BCD
【解析】选项A，“未在用人单位参加社会保险的”非全日制从业人员以及其他灵活就业人员，可以直接向社会保险费征收机构缴纳社会保险费。

(三)社会保险基金管理运营(★)

1.社会保险基金按照社会保险险种分别建账，分别核算，执行国家统一的会计制度。社会保险基金专款专用，任何组织和个人不得侵占和挪用。

2.社会保险基金存入财政专户，按照统筹层次设立预算，通过预算实现收支平衡。

3.社会保险基金预算按照社会保险基金项目分别编制。县级以上人民政府在社会保险基金出现支付不足时，给予补贴。

4.社会保险基金在保证安全的前提下，按国务院规定投资运营实现保值增值。不得违规投资运营，不得用于平衡其他政府预算，不得用于兴建、改建办公场所和支付人员经费、运行费用、管理费用，或违反规定挪作其他用途。

【例题·多选题】(2013)关于社会保险基金管理运营的下列表述中，正确的有(　　)。
A.社会保险基金专款专用
B.按照社会保险险种分别建账、分账核算
C.社会保险基金存入财政专户，通过预算实现收支平衡
D.社会保险机构的人员经费、运营经费、管理费用由社会保险基金支付
【答案】ABC
【解析】选项D，社会保险基金不得用于支付人员经费、运行费用、管理费用，或违反规定挪作其他用途。

## 七、违反社会保险法律制度的法律责任

(一)用人单位违反社会保险法的法律责任(★)

1.用人单位不办理社会保险登记的，由社会保险行政部门责令限期改正；逾期不改正的，对用人单位处应缴社会保险费额数1倍以上3倍以下的罚款，对其直接负责的主管人员和其他直接负责人员处500元以上3 000元以下的罚款。

2.用人单位未按时足额缴纳社会保险费的，由社会保险费征收机构责令限期缴纳或者补足，并自欠缴之日起，按日加收0.05%的滞纳金；逾期仍不缴纳的，由有关行政部门处欠缴数额1倍以上3倍以下的罚款。

3.用人单位拒不出具终止或者解除劳动关系证明的，由劳动行政部门责令改正；给劳动者造成损害的，应当承担赔偿责任。

(二)骗保行为的法律责任(★)

1.以欺诈、伪造证明材料或者其他手段骗取社会保险待遇的，由社会保险行政部门责令退回骗取的社会保险金，处骗取金额2倍以上5倍以下的罚款。

2.社会保险经办机构以及医疗机构、药品经营单位等社会保险服务机构以欺诈、伪造证明材料或者其他手段骗取社会保险基金支出的，由社会保险行政部门责令退回骗取的社会保险金，处骗取金额2倍以上5倍以下的罚款；属于社会保险服务机构的，解除服务协议；直接负责的主管人员和其他直接负责人员有执业资格的，依法吊销其执业资格。

【例题·判断题】（2017）用人单位未按时足额缴纳社会保险费的，由社会保险费征收机构责令限期缴纳或者补足，并自欠缴之日起按日加收滞纳金。（　　）
【答案】正确。

★【专家一点通】

医疗期、停工留薪期待遇

| | 医疗期 | 停工留薪期 |
|---|---|---|
| 适用范围 | 因病或非因工负伤 | 因工负伤 |
| 期间 | 根据累计工作年限及本单位工作年限确定 | 12个月＋12个月 |
| 工资待遇 | 当地最低工资的80% | 不变 |
| 期满后未康复 | 支付经济补偿后可解除合同 | 继续享受工伤医疗待遇 |
| 合同解除 | 支付经济补偿后可解除合同 | 1～4级不得解除；5、6级经本人提出可以解除；7～10级合同期满或经本人提出可以解除 |

★【专家一点通】

职工基本社会保险费用的缴纳

| | 单位缴费 | 个人缴费 |
|---|---|---|
| 职工基本养老保险 | 职工工资总额×20% | 月缴费工资×8% |
| 职工基本医疗保险 | 职工工资总额×6% | 单位缴费数额×30%+本人工资×2% |
| 工伤保险 | 职工工资总额×题目给定的缴费率 | × |
| 失业保险 | 工资总额×题目给定的单位缴费率 | 本人工资×题目给定的个人缴费率 |

# 知识图谱

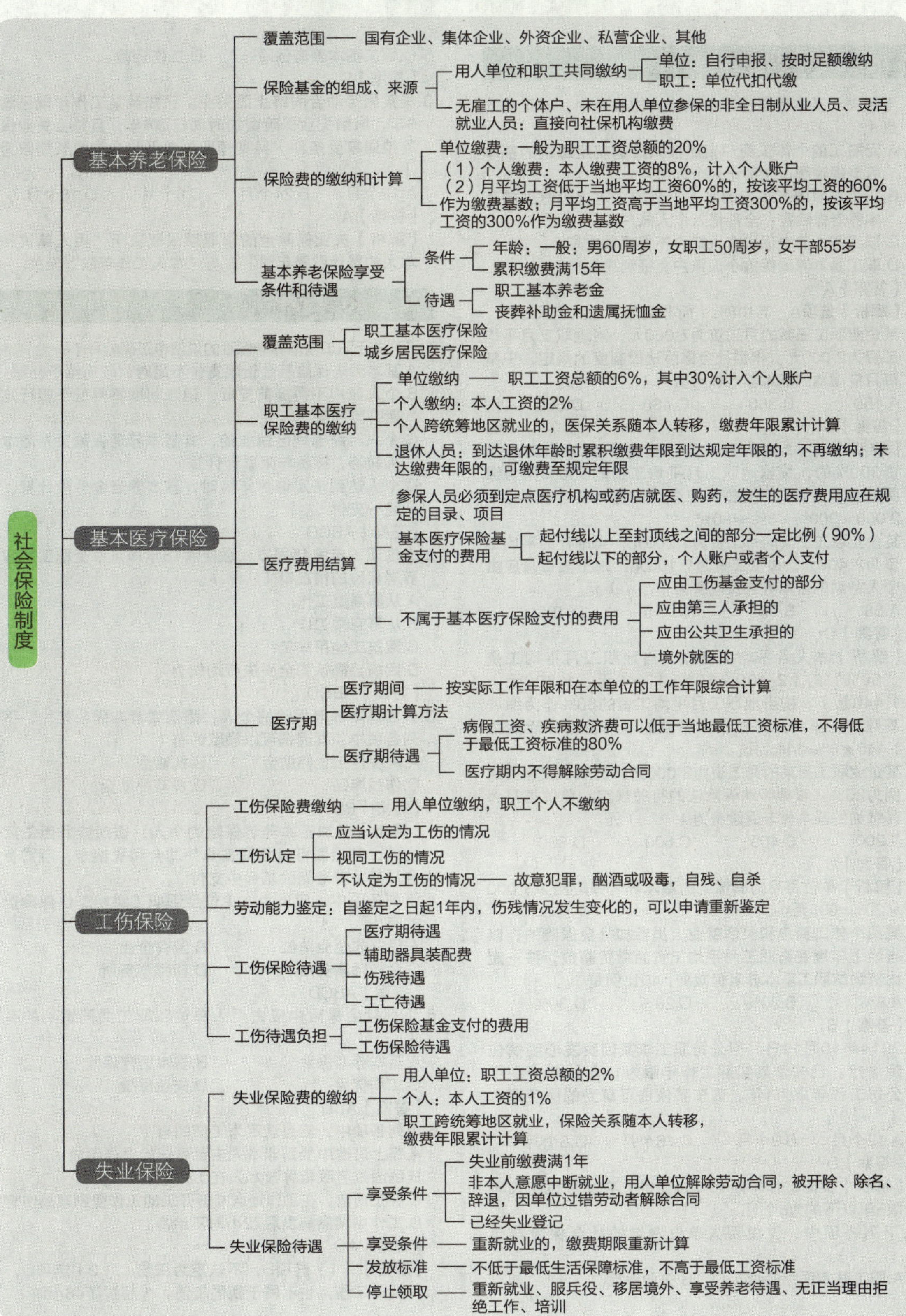
社会保险制度
基本养老保险
覆盖范围——国有企业、集体企业、外资企业、私营企业、其他
保险基金的组成、来源
用人单位和职工共同缴纳
单位：自行申报、按时足额缴纳
职工：单位代扣代缴
无雇工的个体户、未在用人单位参保的非全日制从业人员、灵活就业人员：直接向社保机构缴费
保险费的缴纳和计算
单位缴费：一般为职工工资总额的20%
（1）个人缴费：本人缴费工资的8%，计入个人账户
（2）月平均工资低于当地平均工资60%的，按该平均工资的60%作为缴费基数；月平均工资高于当地平均工资300%的，按该平均工资的300%作为缴费基数
基本养老保险享受条件和待遇
条件
年龄：一般：男60周岁，女职工50周岁，女干部55岁
累积缴费满15年
待遇
职工基本养老金
丧葬补助金和遗属抚恤金
基本医疗保险
覆盖范围
职工基本医疗保险
城乡居民医疗保险
职工基本医疗保险费的缴纳
单位缴纳——职工工资总额的6%，其中30%计入个人账户
个人缴纳：本人工资的2%
个人跨统筹地区就业的，医保关系随本人转移，缴费年限累计计算
退休人员：到达退休年龄时累积缴费年限到达规定年限的，不再缴纳；未达缴费年限的，可缴费至规定年限
医疗费用结算
参保人员必须到定点医疗机构或药店就医、购药，发生的医疗费用应在规定的目录、项目
基本医疗保险基金支付的费用
起付线以上至封顶线之间的部分一定比例（90%）
起付线以下的部分，个人账户或者个人支付
不属于基本医疗保险支付的费用
应由工伤基金支付的部分
应由第三人承担的
应由公共卫生承担的
境外就医的
医疗期
医疗期间——按实际工作年限和在本单位的工作年限综合计算
医疗期计算方法
医疗期待遇
病假工资、疾病救济费可以低于当地最低工资标准，不得低于最低工资标准的80%
医疗期内不得解除劳动合同
工伤保险
工伤保险费缴纳——用人单位缴纳，职工个人不缴纳
工伤认定
应当认定为工伤的情况
视同工伤的情况
不认定为工伤的情况——故意犯罪，酗酒或吸毒，自残、自杀
劳动能力鉴定：自鉴定之日起1年内，伤残情况发生变化的，可以申请重新鉴定
工伤保险待遇
医疗期待遇
辅助器具装配费
伤残待遇
工亡待遇
工伤待遇负担
工伤保险基金支付的费用
工伤保险待遇
失业保险
失业保险费的缴纳
用人单位：职工工资总额的2%
个人：本人工资的1%
职工跨统筹地区就业，保险关系随本人转移，缴费年限累计计算
失业保险待遇
享受条件
失业前缴费满1年
非本人意愿中断就业，用人单位解除劳动合同，被开除、除名、辞退，因单位过错劳动者解除合同
已经失业登记
享受条件——重新就业的，缴费期限重新计算
发放标准——不低于最低生活保障标准，不高于最低工资标准
停止领取——重新就业、服兵役、移居境外、享受养老待遇、无正当理由拒绝工作、培训

# 节节测

## 一、单项选择题

1.下列关于基本养老保险个人账户的表述中，不正确的是（　　）。

A.无雇工的个体工商户自愿按照国家规定缴纳的基本养老保险费，全部记入个人账户

B.职工按照国家规定的本人工资的一定比例缴纳的基本养老保险费，全部记入个人账户

C.职工基本养老保险个人账户不得提前支取

D.职工基本养老保险个人账户免征利息税

【答案】A

【解析】选项A：其中8%（而非全部）记入个人账户

2.某企业职工王某的月工资为7 000元，当地职工月平均工资为2 000元。根据社会保险法律制度的规定，王某每月应缴纳的基本养老保险费为（　　）元。

A.160　B.360　C.480　D.560

【答案】C

【解析】（1）本人月平均工资高于当地职工月工资300%的，按当地职工月平均工资的300%作为缴费基数；（2）王某每月应缴纳的基本养老保险费=2 000×300%×8%=480元。

3.某企业职工王某的月工资为1 200元，当地社会平均工资为2 400元，最低工资为1 100元，则王某每月应由个人缴纳的基本养老保险费为（　　）元。

A.88　B.96　C.115　D.192

【答案】C

【解析】本人月平均工资低于当地职工月平均工资"60%"的（2 400×60%=1 440元，1 200元＜1 440元），按当地职工月平均工资的60%作为缴费基数。王某每月应由个人缴纳的基本养老保险费为1 440×8%=115.2元。

4.某企业职工王某的月工资为3 000元，已知单位缴费比例为20%，根据劳动保险法的有关规定，单位每月为其缴纳的基本养老保险费为（　　）元。

A.200　B.400　C.600　D.800

【答案】C

【解析】单位每月为其缴纳的基本养老保险费为3 000×20%=600元。

5.城镇个体工商户和灵活就业人员参加社会保险的，以当地上年度在岗职工月平均工资为缴费基数，按一定比例缴纳职工基本养老保险费，该比例是（　　）。

A.8%　B.20%　C.28%　D.30%

【答案】B

6.2014年10月19日，甲公司职工李某因突发心脏病住院治疗。已知李某实际工作年限为12年，其中在甲公司工作年限为4年。则李某依法可享受的医疗期为（　　）。

A.12个月　B.9个月　C.18个月　D.6个月

【答案】D

【解析】实际工作年限10年以上的，在本单位工作年限5年以下的为6个月。

7.下列各项中，仅由用人单位缴纳的社会保险费是（　　）。

A.职工基本医疗保险　B.失业保险

C.职工基本养老保险　D.工伤保险

【答案】D

8.吴某因劳动合同终止而失业。已知吴某工作年限已满6年，缴纳失业保险费的时间已满4年，且符合失业保险待遇享受条件。吴某领取失业保险金的最长期限为（　　）。

A.12个月　B.24个月　C.6个月　D.18个月

【答案】A

【解析】失业保险金的领取期限取决于"用人单位和本人的累计缴费年限"，与"本人工作年限"无关。

## 二、多项选择题

1.下列关于职工基本养老保险的说法中正确的有（　　）。

A.基本养老保险基金出现支付不足时，政府给予补贴

B.个人账户不得提前支取，记账利率不得低于银行定期存款利率

C.个人跨统筹地区就业的，其基本养老保险关系随本人转移，缴费年限累计计算

D.个人达到法定退休年龄时，基本养老金分段计算、统一支付

【答案】ABCD

2.女性职工年满45周岁，缴费满15年即可享受职工基本养老保险的情况有（　　）。

A.从事高温工作

B.从事空乘工作

C.建筑工地吊车工

D.因病经确认完全丧失劳动能力

【答案】ABCD

3.参加基本养老保险的个人，因病或者非因公死亡，下列各项中，其遗属可以领取的有（　　）。

A.一次性工亡补助金　B.抚恤金

C.伤残津贴　D.丧葬补助金

【答案】BD

【解析】参加基本养老保险的个人，因病或非因工死亡的，其遗属可以领取丧葬补助金和抚恤金，所需资金从基本养老保险基金中支付。

4.下列各项中，应当为本单位全部职工缴纳工伤保险费的有（　　）。

A.民办非企业单位　B.国有企业

C.会计师事务所　D.律师事务所

【答案】ABCD

5.下列社会保险中应由用人单位和职工共同缴纳的有（　　）。

A.基本养老保险　B.基本医疗保险

C.工伤保险　D.失业保险

【答案】ABD

6.下列各项中，应当认定为工伤的有（　　）。

A.在上班途中受到非本人主要责任的交通事故

B.酗酒或者吸毒导致本人在工作中伤亡

C.在上班前，在工作地点准备开工的工作受到事故伤害

D.工作中突然病发后72小时不治身亡

【答案】AC

【解析】（1）选项B，不认定为工伤。（2）选项D，不属于工伤，也不属于视同工伤。（超过了48小时）

7.下列行为视同工伤的有（　　）。
A.在工作时间和工作岗位突发疾病死亡
B.因工外出期间，由于工作原因受到伤害或者发生事故下落不明的
C.在上班途中，由于非本人责任受到的交通事故伤害
D.在抢险救灾等维护国家利益、公共利益活动中受伤的
【答案】AD
【解析】选项BC，属于应当认定为工伤的情形。
8.职工因工死亡的，其近亲属可享受遗属待遇。下列各项中，属于该待遇的有（　　）。
A.一次性工亡补助金　　B.供养亲属抚恤金
C.遗属慰问金　　D.丧葬补助金
【答案】ABD
【解析】职工因工死亡，或者伤残职工在停工留薪期内因工伤导致死亡的，其近亲属享受从工伤保险基金领取丧葬补助金、供养亲属抚恤金和一次性工亡补助金的待遇（遗属待遇）。
9.下列关于失业保险待遇的表述中，正确的有（　　）。
A.参加职工基本医疗保险的失业人员在领取失业保险金期间，享受基本医疗保险待遇
B.失业保险金的领取期限自办理失业登记之日起计算
C.失业保险金的领取期限最长为24个月
D.失业人员在领取失业保险金期间死亡的，其遗属可以领取一次性丧葬补助金和抚恤金
【答案】ABCD

## 三、判断题

1.职工基本养老保险基金里的个人账户不得提前支取，记账利率不得低于银行活期存款利率，免征利息税。（　　）
【答案】错误。
【解析】记账利率不得低于银行“定期”存款利率。
2.职工基本医疗保险基金由社会统筹基金和个人账户基金构成。（　　）
【答案】正确。
3.参保人员符合基本医疗保险支付范围的医疗费用中，在当地职工年平均工资的10%以上与当地职工年平均工资的6倍以下的费用部分，由个人10%和社会医疗统筹基金90%的比例支付。（　　）
【答案】正确。
4.医疗期病假工资或疾病救济费可以低于当地最低工资标准支付，但最低不能低于最低工资标准的80%。（　　）
【答案】正确。
5.医疗期内不得解除劳动合同。如医疗期内遇合同期满，则合同必须续延至医疗期满，职工在此期间仍然享受医疗期内待遇。（　　）
【答案】正确。
6.职工参加工伤保险，由用人单位和职工本人共同缴纳工伤保险费。（　　）
【答案】错误。
7.自劳动能力鉴定结论作出之日起2年后，工伤职工或者其近亲属、所在单位或者经办机构认为伤残情况发生变化的，可以申请劳动能力复查鉴定。
【答案】错误。
【解析】自劳动能力鉴定结论“作出之日起1年后”，工伤职工或者其近亲属、所在单位或者经办机构认为伤残情况发生变化的，可以申请劳动能力复查鉴定。
8.在停工留薪期内，职工的原工资福利待遇不变，由工伤保险基金按月支付。（　　）
【答案】错误。
【解析】应由“所在单位”按月支付。
9.职工发生工伤事故但所在用人单位未依法缴纳工伤保险费的，不享受工伤保险待遇。（　　）
【答案】错误。
【解析】职工所在用人单位未依法缴纳工伤保险费，发生工伤事故的，由用人单位支付工伤保险待遇。
10.失业人员个人不缴纳基本医疗保险费，也不享受基本医疗保险待遇。（　　）
【答案】错误。
【解析】失业人员在领取失业保险金期间，参加职工基本医疗保险，“享受”基本医疗保险待遇；失业人员应当缴纳的基本医疗保险费从失业保险基金中支付，个人不缴纳基本医疗保险费。

## 一、单项选择题

1. 2011年3月1日，甲公司与陈某签订劳动合同，陈某于3月5日正式上班，4月1日过了试用期，4月15日领取工资。甲公司与陈某建立劳动关系的时间为（ ）。
A.3月5日 B.3月1日 C.4月1日 D.4月15日
2. 用人单位招用未满16周岁的未成年人应按规定履行审批手续并保障其接受义务教育的权利。下列用人单位中，不能招用未满16周岁未成年人的是（ ）。
A.文工团 B.快递公司
C.杂技团 D.特种工艺单位
3. 下列关于无效劳动合同的说法中，不正确的是（ ）。
A.劳动者与用人单位在订立劳动合同的过程中存在欺诈行为劳动合同无效
B.双方订立的劳动合同违反了法律、行政法规的强制性规定劳动合同无效
C.对劳动合同的无效或者部分无效有争议必须由劳动争议仲裁机构确认
D.无效劳动合同，从订立时起就没有法律约束力
4. 下列各项中，不属于劳动合同无效或者部分无效的是（ ）。
A.以欺诈手段，使对方在违背真实意思的情况下订立的劳动合同
B.用人单位免除自己的法定责任、排除劳动者权利的劳动合同
C.违反法律、行政法规强制性规定的劳动合同
D.劳动合同订立后，用人单位变更名称的
5. 下列关于非全日制用工形式的表述中，正确的是（ ）。
A.终止用工时，用人单位不向劳动者支付经济补偿
B.双方当事人可约定试用期
C.劳动报酬结算支付周期最长不得超过30日
D.双方当事人应当订立书面劳动合同
6. 甲公司与职工对试用期期限的下列约定中，不符合法律规定的是（ ）。
A.李某的劳动合同期限2年，双方约定的试用期为2个月
B.王某的劳动合同期限6个月，双方约定的试用期为20日
C.赵某的劳动合同期限2个月，双方约定的试用期为5个月
D.张某的劳动合同期限4年，双方约定的试用期为4个月
7. 李某自2000年1月1日以来一直在甲公司工作，2014年李某与甲公司在续订劳动合同时，李某（ ）。
A.有权要求订立无固定期限的劳动合同
B.只能要求订立无固定期限的劳动合同
C.无权要求订立无固定期限的劳动合同
D.与甲公司协商一致可订立无固定期限劳动合同
8. 方某工作已满15年，2009年上半年在甲公司已休带薪年休假5天；下半年调到乙公司工作，提出补休年休假的申请。乙公司对方某补休年休假申请符合法律规定的答复是（ ）。
A.不可以补休年休假 B.可补休5天年休假
C.可补休10天年休假 D.可补休15天年休假
9. 工人李某在加工一批零件时因疏忽致使所加工产品全部报废，给工厂造成经济损失6 000元。工厂要求李某赔偿经济损失，从其每月工资中扣除，已知李某每月工资收入1 100元，当地月最低工资标准900元。该工厂可从李某每月工资中扣除的最高限额为（ ）元。
A.500 B.220
C.200 D.110
10. 某公司为员工张某支付培训费10 000元，约定服务期为5年，3年后，张某以劳动合同期满为由，不肯再续签合同。公司可以要求其支付的违约金最高数额为（ ）元。
A.10 000 B.6 000 C.4 000 D.0
11. 下列情形中，用人单位不得单方解除劳动合同的是（ ）。
A.张某严重失职，营私舞弊，给用人单位造成重大损失
B.胡某被依法追究刑事责任
C.钱某严重违反用人单位规章制度
D.王某因怀孕无法胜任工作
12. 下列情形中，用人单位不需要向劳动者支付经济补偿的是（ ）。
A.用人单位被依法宣告破产而终止劳动合同的
B.由用人单位提出并与劳动者协商一致而解除劳动合同的
C.固定期限劳动合同期满，用人单位维持或者提高劳动合同约定条件续订劳动合同，劳动者不同意续订的
D.以完成一定工作任务为期限的劳动合同因任务完成而止的
13. 下列情形中，劳动者需要提前通知用人单位才可解除劳动合同的是（ ）。
A.劳动者尚处于试用期内
B.用人单位违章指挥、强令冒险作业危及劳动者人身安全的
C.用人单位未按照劳动合同约定提供劳动保护的
D.用人单位未及时足额支付劳动报酬的
14. 韩某在甲公司已工作10年，经甲公司与其协商同意解除劳动合同。已知韩某在劳动合同解除前12个月平均工资为7 000元，当地人民政府公布的本地区上年度职工平均工资为2 000元。甲公司应向韩某支付的经济补偿金额是（ ）元。
A.20 000 B.24 000 C.60 000 D.70 000
15. 甲公司因企业重整与李某解除劳动合同，已知李某在甲公司工作期限为5年，合同解除前12个月李某的平均工资为10 000元，当地上年度职工月平均工资为3 000元。根据劳动合同法律制度的规定，劳动合同解除时，甲公司应向李某支付的经济补偿金为（ ）。
A.3 000×3×5＝45 000元
B.3 000×5＝15 000元

C.10 000×5＝50 000元
D.10 000元

16. 下列关于劳务派遣用工形式的表述中，不正确的是（　　）。
A.被派遣劳动者在无工作期间，劳务派遣单位应当按照所在地人民政府规定的最低工资标准，向其按月支付报酬
B.劳务派遣单位可与被派遣劳动者订立1年期劳动合同
C.用人单位不得设立劳务派遣单位向本单位或者所属单位派遣劳动者
D.被派遣劳动者享有与用工单位的劳动者同工同酬的权利

17. 某企业职工王某的月工资为3 000元，已知单位缴费比例为20%，根据劳动保险法的有关规定，单位每月为其缴纳的基本养老保险费为（　　）元。
A.200　B.400　C.600　D.800

18. 某企业职工王某的月工资为8 500元，当地社会平均工资为2 400元，根据劳动保险法的有关规定，王某每月应由个人缴纳的基本养老保险费为（　　）元。
A.192　B.576　C.680　D.1 700

19. 王某工作年限为15年，在A公司工作已满8年，则王某依法可享受患病医疗期为（　　）。
A.24个月　B.9个月　C.12个月　D.18个月

20. 关于符合条件的失业人员享受失业保险待遇的下列表述中，不正确的是（　　）。
A.失业人员在领取失业保险金期间死亡的，其遗属有权领取一次性丧葬补助金和抚恤金
B.失业人员领取失业保险金的期限自办理失业登记之日起计算
C.失业人员领取失业保险金的标准，不得低于当地最低工资标准
D.失业人员在领取失业保险金期间享受基本医疗保险待遇

21. 用人单位和劳动者就有关事项达成调解协议，用人单位在协议约定期限内不履行的，劳动者可以持调解协议书依法向人民法院申请支付令。下列不属于可以申请支付令的有关事项是（　　）。
A.拖欠劳动报酬　B.工伤医疗费
C.经济补偿金　D.违约金

22. 下列关于职工基本养老保险制度的表述中，不正确的是（　　）。
A.职工基本养老保险实行社会统筹与个人账户相结合
B.城镇个体工商户和灵活就业人员的缴费基数为当地上年度在岗职工月平均工资
C.职工基本养老保险基金由用人单位和个人缴费以及政府补贴等组成
D.个人缴纳的基本养老保险费应计入个人所得税的应税收入

23. 下列社会保险项目中，不属于由用人单位和劳动者共同缴纳的是（　　）。
A.失业保险　B.职工基本养老保险
C.工伤保险　D.职工基本医疗保险

24. 下列关于失业人员领取失业保险金的最长期限的说法中，不正确的是（　　）。
A.累计缴费满1年不足5年的，领取失业保险金的期限最长为12个月
B.累计缴费满5年不足10年，领取失业保险金的期限最长为18个月
C.累计缴费10年以上的，领取失业保险金的期限最长为24个月
D.累计缴费10年以上的，领取失业保险金的期限最长为36个月

## 二、多项选择题

1. 下列各项中，属于劳动合同订立原则的有（　　）。
A.公平原则　B.平等自愿原则
C.协商一致原则　D.诚实信用原则

2. 某公司招聘了10名销售人员，为提供统一的公司制服，向每位员工收取了1 000元制服押金，约定等合同到期后再退还。下列对该公司应承担的法律责任的表述中，正确的有（　　）。
A.劳动行政部门可以责令该公司限期返还押金
B.劳动行政部门可以对该公司处以5 000元的罚款
C.劳动行政部门可以对该公司处以20 000元的罚款
D.如果该公司的行为给员工造成损害的，应当承担赔偿责任

3. 赵某日工资300元，元月1日至3日公司安排其加班，元月2日、3日为周末，三天加班均未支付加班费，经劳动行政部门责令限期支付，逾期仍不支付，根据规定，劳动行政部门可以要求用人单位加付的赔偿金符合规定的有（　　）。
A.1 050元　B.1 200元　C.2 100元　D.4 200元

4. 某公司拟与张某签订为期3年的劳动合同，关于该合同试用期约定的下列方案中，符合法律制度规定的有（　　）。
A.不约定试用期　B.试用期1个月
C.试用期3个月　D.试用期6个月

5. 关于用人单位和劳动者对竞业限制约定的下列表述中，正确的有（　　）。
A.竞业限制约定适用于用人单位与其高级管理人员、高级技术人员和其他负有保密义务的人员之间
B.用人单位应按照双方约定在竞业限制期限内按月给予劳动者经济补偿
C.用人单位和劳动者约定的竞业限制期限不得超过2年
D.劳动者违反竞业限制约定的，应按照约定向用人单位支付违约金

6. 因下列情形解除劳动合同的，用人单位应向劳动者支付经济补偿的有（　　）。
A.劳动者不能胜任工作，经过培训或者调整工作岗位，仍不能胜任工作的
B.用人单位未按照劳动合同约定提供劳动保护或者劳动条件的
C.劳动者同时与其他用人单位建立劳动关系，经用人单位提出，拒不改正的
D.用人单位未及时足额支付劳动报酬的

7. 下列各项中，可导致劳动合同终止的情形有（　　）。
A.劳动合同期满
B.用人单位决定提前解散
C.用人单位被依法宣告破产
D.劳动者达到法定退休年龄

8. 用人单位与劳动者发生劳动争议，可以采取的解决方法包括（　　）。
A.协商　B.调解　C.仲裁　D.诉讼

9. 劳动者因用人单位拖欠劳动报酬发生劳动争议申请仲裁的，应当在仲裁时效期间内提出。关于该仲裁时效期间的下列表述中，正确的有（　　）。
A.从用人单位拖欠劳动报酬之日起1年
B.从用人单位拖欠劳动报酬之日起2年

C.劳动关系存续期间无仲裁时效期间限制
D.劳动关系终止的自劳动关系终止之日起1年

10. 下列选项中属于职工基本养老保险的征缴范围的有（　　）。
A.国有企业职工　　B.外商投资企业职工
C.高校教师　　D.国家机关公务员

11. 根据社会保险法律制度的规定，下列各项中，表述正确的有（　　）。
A.职工按照国家规定的本人工资的比例缴纳基本养老保险费，可以全额计入个人账户
B.灵活就业人员按照国家规定缴纳基本养老保险费全部计入个人账户
C.职工按照国家规定的本人工资的比例缴纳基本养老保险费，计入个人账户的免征利息税
D.职工按照国家规定的本人工资的比例缴纳基本养老保险费，不得提前支取

12. 下列关于职工基本养老保险待遇的表述中，正确的有（　　）。
A.对符合基本养老保险享受条件的人员，国家按月支付基本养老金
B.参保职工因病死亡的，其遗属可以领取丧葬补助金
C.参保职工非因公死亡的，其遗属可以领取抚恤金
D.参保职工在未达到法定退休年龄时因病残而完全丧失劳动能力的，可以领取病残津贴

13. 无雇工的个体工商户可自行购买的保险包括（　　）。
A.生育保险　　B.基本养老保险
C.基本医疗保险　　D.工伤保险

14. 下列情形中，视同工伤的有（　　）。
A.上班时发病死亡
B.上班时突发疾病经抢救第50小时死亡
C.因抢救国家财产而受伤的
D.上班时出去报私仇而受伤的

15. 参加基本养老保险的个人，因病或者非因工死亡，下列各项中，其遗属可以领取的有（　　）。
A.一次性工亡补助金　　B.抚恤金
C.伤残津贴　　D.丧葬补助金

## 三、判断题

1. 劳动者在试用期的工资不得低于本单位相同岗位最低档工资或者不得低于劳动合同约定工资的80%，并不得低于用人单位所在地的最低工资标准。（　　）
2. 当事人在劳动合同或者保密协议中约定了竞业限制和经济补偿，劳动合同解除或者终止后，因用人单位的原因导致“3个月”未支付经济补偿，劳动者“请求”解除竞业限制约定的，人民法院应予支持。（　　）
3. 由劳动者主动辞职而与用人单位协商一致解除劳动合同的，用人单位无需向劳动者支付经济补偿。（　　）。
4. 协商解除劳动合同时，用人单位是否需要向劳动者支付经济补偿，取决于用人单位是否先提出解除劳动合同的请求。（　　）
5. 劳动者在本单位连续工作满10年，且距法定退休年龄不足5年的，用人单位既不得解除劳动合同也不得终止劳动合同。（　　）
6. 用人单位和劳动者可以就服务期和竞业限制以外的事项约定违约金。（　　）
7. 用人单位对已经解除或终止的劳动合同文本，至少保存5年备查。（　　）
8. 合同用工是企业基本用工形式，劳务派遣用工是补充形式，只能在临时性、辅助性或替代性的工作岗位上实施。（　　）
9. 发生争议的劳动者一方在10人以上，并有共同请求的，劳动者可以推举3至5名代表参加仲裁活动。（　　）
10. 职工基本养老保险费中个人缴费不计征个人所得税。（　　）

## 四、不定项选择题

（一）【材料1】2012年4月1日，周某开始在甲公司上班。2012年4月20日，周某与甲公司签订了书面劳动合同。劳动合同的部分条款如下：（1）劳动合同期限为1年，试用期为3个月；（2）劳动合同期限内，未经甲公司同意，周某不得单方面解除合同；为此，甲公司要求周某缴纳了1万元的保证金。

2012年7月4日，下班后，周某在处理收尾性工作时，不幸被工场内的吊灯砸伤，住院治疗2个月。住院期间，甲公司按周某平时工资的50%向周某支付工资。周某痊愈出院后，甲公司以已无适合岗位为由，通知周某解除劳动合同，此时周某与甲公司之间的劳动合同尚未到期。

要求：根据上述资料，分别回答下列问题。

1. 根据劳动合同法律制度的规定，下列表述中，不正确的是（　　）。
A.甲公司自2012年4月20日起与周某建立劳动关系
B.甲公司与周某约定的试用期不得超过2个月
C.对于甲公司要求周某缴纳保证金的行为，由劳动行政部门责令甲公司限期退还周某本人，并对甲公司处以500元以上2 000元以下的罚款
D.甲公司要求周某缴纳保证金的行为，如果给周某造成损害的，甲公司应当承担赔偿责任

2. 关于周某受伤住院所享受的待遇，下列表述中，正确的是（　　）。
A.周某享受医疗期待遇，住院期间甲公司向其支付的工资不得低于周某平时工资的80%
B.周某享受医疗期待遇，住院期间甲公司向其支付的工资不得低于当地最低工资标准的80%
C.周某享受工伤保险待遇，住院期间甲公司向其支付的工资不得低于周某平时工资的80%
D.周某享受工伤保险待遇，住院期间周某的原工资福利待遇不变

3. 周某住院期间的下列费用中，应当由甲公司支付的是（　　）。
A.治疗工伤的医疗费用
B.治疗工伤的康复费用
C.住院伙食补助费
D.治疗工伤期间的工资福利

4. 周某与甲公司因劳动合同解除发生的纠纷，可以选择通过（　　）解决。
A.企业劳动争议调解委员会调解
B.直接向仲裁委员会申请劳动仲裁
C.直接向人民法院提起劳动诉讼
D.向劳动行政部门申请行政复议

（二）【材料2】2013年7月18日，孙某到甲公司应聘，双方口头约定合同期限2年，试用期1个月。8月1日孙某到甲公司上班，8月20日领取当月工资。2014年11月孙某因工受伤后，得知公司未为其缴纳工伤保险费，遂要

求甲公司支付工伤保险待遇。甲公司对孙某工伤没有异议，但以双方未订立书面劳动合同为由拒绝支付。双方遂发生争议。

要求：根据上述资料，不考虑其他因素，分析回答下列小题。

1.孙某与甲公司劳动关系建立的时间为（ ）。

A.2013年9月1日 B.2013年7月18日

C.2013年8月1日 D.2013年8月20日

2.关于双方未订立书面劳动合同的法律后果，下列表述正确的是（ ）。

A.因已经与孙某达成口头协议，甲公司无须向孙某支付工资补偿

B.2014年8月1日起视为双方已经订立无固定期限劳动合同

C.甲公司应向孙某支付未及时订立书面劳动合同的工资补偿

D.甲公司应与孙某补订书面劳动合同

3.关于孙某因工受伤的法律后果，下列表述正确的是（ ）。

A.因甲公司未为其缴纳工伤保险费，孙某无权享受工伤保险待遇

B.因双方未订立书面劳动合同，孙某无权享受工伤保险待遇

C.孙某有权享受工伤保险待遇，由甲公司向其支付一部分，剩余部分由孙某自行承担

D.孙某有权享受工伤保险待遇，由甲公司支付

4.对双方发生的劳动争议，孙某可选择的解决途径是（ ）。

A.直接与甲公司协商

B.向劳动争议调解组织申请调解

C.向劳动争议仲裁委员会申请仲裁

D.请工会或者第三方共同与甲公司协商

（三）【材料3】2017年3月甲劳务派遣公司与乙公司签订劳务派遣协议，将张某派遣到乙公司工作。

2017年7月张某在乙公司的工作结束。此后甲、乙未给张某安排工作，也未向其支付任何报酬。

2017年9月，张某得知自2017年3月被派遣以来，甲公司、乙公司均未为其缴纳社会保险费，遂提出解除劳动合同。

要求：根据上述资料，不考虑其他因素，分析回答下列小题。

1.下列各项中，属于甲劳务派遣公司和乙公司签订劳务派遣协议中应当约定的是（ ）。

A.派遣岗位 B.派遣期限

C.派遣人员数量 D.劳动报酬

2.关于张某无工作期间报酬支付及标准的表述中正确的是（ ）。

A.张某无权要求支付报酬

B.乙公司应向其按月支付报酬

C.张某报酬标准为支付单位所在地的最低工资标准

D.甲公司应向其按月支付报酬

3.关于张某解除劳动合同的方式中，正确的是（ ）。

A.不需要事先告知公司即可解除劳动合同

B.可随时解除劳动合同

C.应提前30日以书面形式提出方能解除劳动合同

D.应提前30日通知公司方能解除劳动合同

4.关于张某解除劳动合同的法律后果的表述中，正确的是（ ）。

A.张某无权要求经济补偿

B.甲公司应向张某支付经济补偿

C.甲公司可要求张某支付违约金

D.乙公司应向张某支付违约金

# 章章练参考答案及解析

## 一、单项选择题

1.【答案】A

2.【答案】B

【解析】（1）选项ACD，属于依照国家有关规定、履行审批手续、并保障其接受义务教育的权利的情形下，可以招用未满16周岁的未成年人。（2）选项B，不得招用不满16周岁的人员。

3.【答案】C

【解析】选项C，对劳动合同的无效或者部分无效有争议的，由“劳动争议仲裁机构或者人民法院”确认。

4.【答案】D

【解析】选项D：用人单位变更名称、法定代表人、主要负责人或者投资人等事项，不影响劳动合同的履行，劳动合同继续有效。

5.【答案】A

【解析】（1）选项B，非全日制用工不得约定试用期；（2）选项C，不得超过“15日”；（3）选项D，可以订立口头协议。

6.【答案】C

【解析】选项C，劳动合同期限不满3个月的，不得约定试用期。

7.【答案】A

【解析】连续工作满10年，劳动者有权提出订立无固定期限劳动合同，这是法定情形，不存在协商的问题，劳动者有选择权。

8.【答案】B

【解析】职工累计工作已满10年不满20年的，年休假10天。方某上半年在甲公司已休带薪年休假5天，到乙公司可补休5天年休假。

9.【答案】C

【解析】因劳动者本人原因给用人单位造成经济损失的，可从劳动者本人的工资中扣除。但每月扣除的部分不得超过劳动者当月工资的20%。若扣除后的剩余工资部分低于当地月最低工资标准，则按最低工资标准支付。即1 100－900=200，最多扣除200元。

10.【答案】C

【解析】违约金的数额不得超过用人单位提供的培训费用。用人单位要求劳动者支付的违约金不得超过服务期“尚未履行部分”所应分摊的培训费用。10 000元培训费，服务期为5年，每年分担培训费2 000元，还有2年未履行，则违约金最多是2×2 000=4 000元。

11.【答案】D

【解析】（1）选项ABC，劳动者有过错，用人单位可单方随时通知解除劳动合同；（2）选项D，属于不能解除劳动合同的情形。

12.【答案】C

【解析】选项C，“除用人单位维持或者提高劳动合同约定条件续订劳动合同，劳动者不同意续订的情形外，”劳动合同期满终止固定期限劳动合同的，应当向劳动者支付经济补偿。

13.【答案】A

【解析】（1）选项A，属于需提起3天通知解除劳动合同的情形；（2）选项B，属于不需事先告知就可解除劳动合同的情形；（3）选项CD，属于可随时通知解除劳动合同的情形。

14.【答案】C

【解析】劳动者月工资高于用人单位所在直辖市、设区的市级人民政府公布的本地区上年度职工月平均工资3倍的，向其支付经济补偿的标准按职工月平均工资3倍的数额支付，向其支付经济补偿的年限最高不超过12年。则本题中应支付的经济补偿金额=10×2 000×3=60 000元。

15.【答案】A

【解析】（1）李某的月工资已经超过本地区上年度职工月平均工资3倍；（2）甲公司应向李某支付的经济补偿金＝当地上年度职工月平均工资3倍×工作年限（最高不超过12年）=3 000×3×5=45 000元。

16.【答案】B

【解析】选项B：劳务派遣单位应当与被派遣劳动者订立“2年以上”的固定期限劳动合同。

【答案】C

【解析】单位每月为其缴纳的基本养老保险费为3 000×20%=600元。

18.【答案】B

【解析】王某的月工资为8 500元高于当地职工平均月工资的300%，则应按当地职工月平均工资的300%作为缴费基数，即应缴纳的基本养老保险为2 400×3×8%=576元。

19.【答案】B

【解析】实际工作年限10年以上的，在本单位工作年限5年以上10年以下的为9个月。

20.【答案】C

【解析】选项C：失业保险金的标准，不得低于“城市居民最低生活保障标准”；一般也不高于当地最低工资标准。

21.【答案】D

【解析】选项ABC，因支付拖欠劳动报酬（A）、工伤医疗费（B）、经济补偿（C）或者赔偿金事项达成调解协议，用人单位在协议约定期限内不履行的，劳动者可以持调解协议书依法向人民法院申请支付令。

22.【答案】D

【解析】选项D，个人缴费不计征个人所得税，在计算个人所得税的应税收入时，应当扣除个人缴纳的养老保险费。

23.【答案】C

【解析】（1）选项ABD，由用人单位和劳动者共同缴纳；（2）选项C，由用人单位缴纳。

24.【答案】D

【解析】累计缴费10年以上的，领取失业保险金的期限最长为“24个月”。

## 二、多项选择题

1.【答案】ABCD

2.【答案】ABCD

3.【答案】ABC